펼쳐 보면 느껴집니다

단 한 줄도 배움의 공백이 생기지 않도록
문장 한 줄마다 20년이 넘는
해커스의 영어교육 노하우를 담았음을

덮고 나면 확신합니다

수많은 선생님의 목소리와
정확한 출제 데이터 분석으로 꽉 찬
교재 한 권이면 충분함을

해커스북 중·고등
HackersBook.com

<해커스 보카 어원편>이 특별한 이유!

단어의 뜻이 단번에 이해되는 **그림 설명**

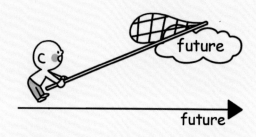

anti	+	cip	+	ate
전에		잡다(cap)		동·접

➡ 일이 일어나기 전에
미리 감을 잡다, 즉 예상하다

▶anticipate

동 예상하다, 기대하다

어원으로 **줄줄이** 쉽게 외워지는 영단어

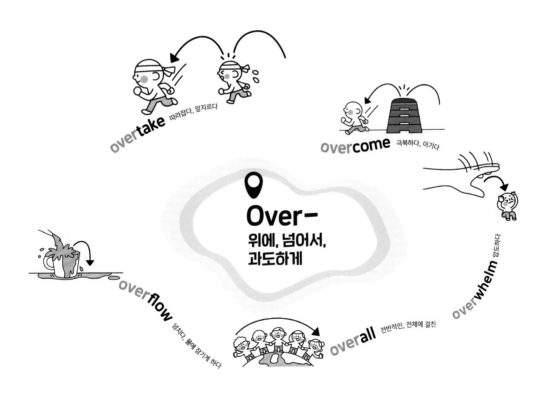

overtake 따라잡다, 앞지르다

overcome 극복하다, 이기다

overwhelm 압도하다

Over-
위에, 넘어서, 과도하게

overflow 넘치다, 물에 잠기게 하다

overall 전반적인, 전체에 걸친

해커스 어학연구소 자문위원단 3기

강원
박정선 잉글리쉬클럽
최현주 최쌤영어

경기
강민정 YLP김진성열정어학원
강상훈 평촌RTS학원
강지인 강지인영어학원
권계미 A&T+ 영어
김미아 김쌤영어학원
김설화 업라이트잉글리쉬
김성재 스윗스터디학원
김세훈 모두의학원
김수아 더스터디(The STUDY)
김영아 백송고등학교
김유경 벨트어학원
김유경 포시즌스어학원
김유동 이스턴영어학원
김지숙 위디벨럽학원
김지현 이지프레임영어학원
김해빈 해빛영어학원
김현지 지앤비영어학원
박가영 한민고등학교
박영서 스윗스터디학원
박은별 더킹영수학원
박재홍 록키어학원
성승민 SDH어학원 불당캠퍼스
신소연 Ashley English
오귀연 루나영어학원
유신애 에듀포커스학원
윤소정 ILP이화어학원
이동진 이룸학원
이상미 버밍엄영어교습소
이연경 명품M비욘드수학영어학원
이은수 광주세종학원
이지혜 리케이온
이진희 이엠원영수학원
이충기 영어나무
이효명 갈매리드앤톡영어독서학원
임한글 Apsun앞선영어학원
장광명 엠케이영어학원
전상호 평촌이지어학원
정선영 코어플러스영어학원
정준 고양외국어고등학교
조연아 카이트학원
채기림 고려대학교EIE영어학원
최지영 다른영어학원
최한나 석사영수전문
최희정 SJ클쌤영어학원
현지환 모두의학원
홍태경 공감국어영어전문학원

경남
강다원 더(the)오르다영어학원
라승희 아이작잉글리쉬
박주언 유니크학원
배송현 두잇영어교습소
안윤서 어썸영어학원
임진희 어썸영어학원

경북
권현민 삼성영어석적우방교실
김으뜸 EIE영어학원 옥계캠퍼스
배세왕 비케이영수전문고등관학원
유영선 아이비티어학원

광주
김유희 김유희영어학원
서희연 SDL영어수학학원
송승연 송승연영수학원
오진우 SLT어학원수학원
정영철 정영철영어전문학원
최경옥 봉선중학교

대구
권익재 제이슨영어
김명일 독학인학원
김보곤 베스트영어
김연정 달서고등학교
김혜란 김혜란영어학원
문애주 프렌즈입시학원
박정근 공부의힘pnk학원
박희숙 열공열강영어수학학원
신동기 신통외국어학원
위영선 위영선영어학원
윤창원 공터영어학원 상인센터
이승현 학문당입시학원
이주현 이주현영어학원
이헌욱 이헌욱영어학원
장준현 장쌤독해종결영어학원
최윤정 최강영어학원

대전
곽선영 위드유학원
김지운 더포스둔산학원
박미현 라시움영어대동학원
박세리 EM101학원

부산
김건희 레지나잉글리쉬 영어학원
김미나 위드중고등영어학원
박수진 정모클영어국어학원
박수진 지니잉글리시
박인숙 리더스영어전문학원
옥지윤 더센텀영어학원
윤진희 위니드영어전문교습소
이종혁 대동학원
정혜인 엠티엔영어학원
조정래 알파카의영어농장
주태양 솔라영어학원

서울
Erica Sull 하버드브레인영어학원
강고은 케이앤학원
강신아 교우학원
공현미 이은재어학원
권영진 경동고등학교
김나영 프라임클래스영어학원
김달수 대일외국어고등학교
김대니 채움학원
김문영 창문여자고등학교
김정은 강북뉴스터디학원
김혜경 대동세무고등학교
남혜원 함영원입시전문학원
노시은 케이앤학원
박선정 강북세일학원
박수진 이은재학원
박지수 이플러스영수학원
서승희 함영원입시전문학원
양세희 양세희수능영어학원
우정용 제임스영어앤드학원

이박원 이박원어학원
이승혜 스텔라영어
이정욱 이은재어학원
이지연 중계케이트영어학원
임예찬 학습컨설턴트
장지희 고려대학교사범대학부속고등학교
정미라 미라정영어학원
조민규 조민규영어
채가희 대성세그루영수학원

울산
김기태 그라티아어학원
이민주 로이아카데미
홍영민 더이안영어전문학원

인천
강재민 스터디위드제이쌤
고현순 정상학원
권효진 Genie's English
김솔 전문과외
김정아 밀턴영어학원
서상천 최정서학원
이윤주 트리플원
최예영 영웅아카데미

전남
강희진 강희진영어학원
김두환 해남맨체스터영수학원
송승연 송승연영수학원
윤세광 비상구영어학원

전북
김길자 맨투맨학원
김미영 링크영어학원
김효성 연세입시학원
노빈나 노빈나영어전문학원
라성남 하포드어학원
박재훈 위니드수학지앤비영어학원
박향숙 STA영어전문학원
서종원 서종원영어학원
이상훈 나는학원
장지원 링컨더글라스학원
지근영 한솔영어수학학원
최성령 연세입시학원
최혜영 이든영어수학학원

제주
김랑 KLS어학원
박자은 KLS어학원

충남
김예지 더배움프라임영수학원
김철홍 청경학원
노태겸 최상위학원

충북
라은경 이화윤스영어교습소
신유정 비타민영어클리닉학원

해커스 보카

어원편

해커스 어학연구소

목차

PART 01 앞에서 의미를 더하는 **접두사**

핵심 의미를 가진 **어근**

목차

PART 03

뒤에서 품사를 결정하는 접미사

<해커스 보카 어원편> 구성 미리보기

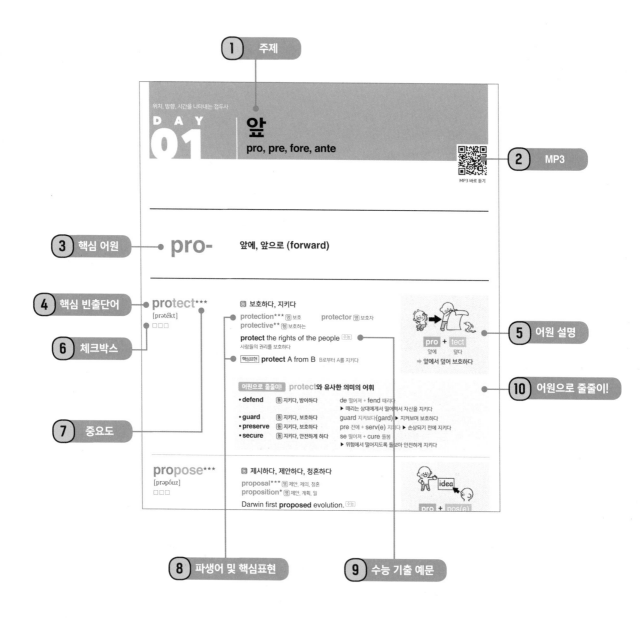

① 주제

② MP3

③ 핵심 어원

pro-   앞에, 앞으로 (forward)

④ 핵심 빈출단어

protect*** [prətékt]

⑤ 어원 설명

⑥ 체크박스

⑩ 어원으로 줄줄이!

⑦ 중요도

⑧ 파생어 및 핵심표현

⑨ 수능 기출 예문

👉 다음의 품사와 접미사 기호를 알아두면 좋아요!

명 명사   **동** 동사   **형** 형용사   **부** 부사   **전** 전치사   **접** 접속사   **감** 감탄사

명·접: 명사형 접미사   **동·접**: 동사형 접미사   **형·접**: 형용사형 접미사   **부·접**: 부사형 접미사

① **주제**	핵심 어원들을 유사한 주제별로 묶어서 한 **DAY**에서 학습할 수 있습니다.	
② **MP3**	모든 단어와 뜻, 예문에 대한 원어민 음성을 **QR** 코드를 이용해 쉽게 들을 수 있습니다.	
③ **핵심 어원**	핵심 빈출단어를 구성하는 핵심 어원과 그 뜻을 확인할 수 있습니다.	
④ **핵심 빈출단어**	핵심 어원이 포함된 단어 중 가장 자주 출제되는 핵심 빈출단어를 학습할 수 있습니다.	
⑤ **어원 설명**	핵심 빈출단어가 만들어지는 원리를 재미있는 그림과 함께 익힐 수 있습니다.	
⑥ **체크박스**	잘 외워지지 않는 단어를 스스로 체크해보고 다시 확인할 수 있습니다.	
⑦ **중요도**	핵심 빈출단어의 중요도를 별표 개수로 확인하여 학습의 우선순위를 정할 수 있습니다.	
⑧ **파생어 및 핵심표현**	핵심 빈출단어의 파생어와 자주 쓰이는 형태의 핵심표현을 한꺼번에 학습할 수 있습니다.	
⑨ **수능 기출 예문**	핵심 빈출단어가 실제 수능에서 어떻게 쓰였는지 기출 예문을 통해 확인할 수 있습니다.	
⑩ **어원으로 줄줄이!**	핵심 빈출단어와 유사한 의미의 어휘, 핵심 어원과 유사한 다른 어원, 핵심 어원이 포함된 추가 어휘를 함께 학습할 수 있습니다.	

➕ 추가 학습 자료로 어휘 실력 업그레이드!

어원 트리로 꽉 잡는
핵심 다의어

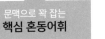

문맥으로 꽉 잡는
핵심 혼동어휘

문제로 확인하는
워크북

언제 어디서나
휴대용 암기장

단어 암기용
가리개

성향별 맞춤 학습플랜

완벽을 추구하는 꼼꼼한 친구에게 추천하는 **학습플랜**

- 1회독을 할 때는 하루에 1개 DAY씩 **핵심 빈출단어의 의미와 파생어, 핵심표현, 어원으로 줄줄이!**까지 꼼꼼히 학습하세요.

- 2회독부터는 하루에 학습하는 **DAY 개수를 늘리되, 기억이 나지 않는 단어 위주로 학습하세요.

복잡한 건 딱 싫은 시원시원한 친구에게 추천하는 **학습플랜**

- 1회독을 할 때는 하루에 1개 DAY씩 **핵심 빈출단어의 의미 위주로 그림과 어원 설명**을 이용해 빠르게 학습하세요.

- 2회독을 할 때는 1회독에서 외운 의미를 기억하고 있는지 확인하면서, **파생어와 핵심표현**을 학습하세요.

- 3회독을 하면서는 2회독 내용을 기억하고 있는지 확인하면서 **어원으로 줄줄이!**를 학습하세요.

앉아만 있는 건 지루한 활동적인 친구에게 추천하는 **학습플랜**

- 회독별로 하루에 학습할 DAY 개수를 정하고 학교나 학원 갈 때, 급식 줄 설 때, 집에 올 때와 같은 이동 시간에 목표로 정한 DAY의 QR 코드를 찍어 MP3를 들으면서 학습하세요.
  *휴대용 암기장을 들고 다니며 함께 학습하면 더 좋아요.

- 마지막으로 잠들기 전에 교재를 펼쳐 가리개를 사용해 단어를 암기했는지 간단하게 확인하면 학습 끝!

기억을 오래 간직하고픈 정 많은 친구에게 추천하는 **학습플랜**

- 1개 DAY 학습을 하고 나면 10분 후, 하루 후, 일주일 후에 학습했던 내용을 한 번씩 빠르게 훑어보는 복습 시간을 가져보세요. 점차 간격을 늘려가며 훑어보는 것만으로도 단어를 기억하는 시간을 크게 늘릴 수 있어요.

■ 나만의 맞춤 학습플랜을 세워 보세요.

- 학습을 완료한 DAY에 ☆ 표시를 해보세요.
- 복습을 한 횟수만큼 ★ 표시를 더 그려도 좋아요!

- **1회독**: 하루에 _____개 DAY 외우기
- **2회독**: 하루에 _____개 DAY 외우기
- **3회독**: 하루에 _____개 DAY 외우기

	DAY 01	DAY 02	DAY 03	DAY 04	DAY 05	DAY 06	DAY 07	DAY 08	DAY 09	DAY 10
1회독	☆★★									
2회독										
3회독										
	DAY 11	DAY 12	DAY 13	DAY 14	DAY 15	DAY 16	DAY 17	DAY 18	DAY 19	DAY 20
1회독										
2회독										
3회독										
	DAY 21	DAY 22	DAY 23	DAY 24	DAY 25	DAY 26	DAY 27	DAY 28	DAY 29	DAY 30
1회독										
2회독										
3회독										
	DAY 31	DAY 32	DAY 33	DAY 34	DAY 35	DAY 36	DAY 37	DAY 38	DAY 39	DAY 40
1회독										
2회독										
3회독										
	DAY 41	DAY 42	DAY 43	DAY 44	DAY 45	DAY 46	DAY 47	DAY 48	DAY 49	DAY 50
1회독										
2회독										
3회독										
	DAY 51	DAY 52	DAY 53	DAY 54	DAY 55	DAY 56	DAY 57	DAY 58	DAY 59	DAY 60
1회독										
2회독										
3회독										

PART

01

앞에서 의미를 더하는

접두사 | PREFIX

접두사는 어근 앞에 붙어 "앞에/뒤에" 또는 "위로/아래로" 같은 위치나 방향, "아닌" 또는 "아주"와 같은 부정이나 강조의 의미 등을 단어에 더해주는 역할을 한다.

이 파트에서는 가장 자주 만날 수 있는 접두사와 그 접두사가 포함된 빈출 어휘를 의미별로 나누어 익혀보도록 하자.

DAY 01

앞
pro, pre, fore, ante

MP3 바로 듣기

---

pro-　　앞에, 앞으로 (forward)

---

protect***
[prətékt]
□□□

⑧ 보호하다, 지키다

protection*** 몡 보호　　　**protector** 몡 보호자
protective** 혱 보호하는

protect the rights of the people 수능
사람들의 권리를 보호하다

[핵심표현] **protect** A from B　B로부터 A를 지키다

pro + tect
앞에　덮다
➡ 앞에서 덮어 보호하다

[어원으로 줄줄이!] **protect**와 유사한 의미의 어휘

- **defend**　⑧ 지키다, 방어하다　　de 떨어져 + fend 때리다
　　　　　　　　　　　　　　　　　▶ 때리는 상대에게서 떨어져서 자신을 지키다
- **guard**　⑧ 지키다, 보호하다　　guard 지켜보다(gard) ▶ 지켜보며 보호하다
- **preserve**　⑧ 지키다, 보호하다　　pre 전에 + serv(e) 지키다 ▶ 손상되기 전에 지키다
- **secure**　⑧ 지키다, 안전하게 하다　　se 떨어져 + cure 돌봄
　　　　　　　　　　　　　　　　　▶ 위험에서 떨어지도록 돌보아 안전하게 지키다

---

propose***
[prəpóuz]
□□□

⑧ 제시하다, 제안하다, 청혼하다

proposal*** 몡 제안, 제의, 청혼
proposition* 몡 제안, 계획, 일

Darwin first **proposed** evolution. 수능
Darwin이 처음 진화론을 제시했다.

idea

pro + pos(e)
앞에　놓다
➡ 상대 앞에 의견을 놓아 제시하다

---

prospect**
[prá:spekt]
□□□

몡 전망, 예상, 가능성

prospective* 혱 예상되는, 잠재적인
prospectless 혱 전망 없는, 가망 없는

We have no **prospects** of repaying the debt. 수능
우리는 부채를 상환할 전망이 없다.

pro + spect
앞에　보다(spec)
➡ 앞을 내다봄, 즉 전망

---

proverb★★
[prɑ́:vəːrb]
☐☐☐

몡 속담, 격언

proverbial 혱 속담에도 나오는, 유명한

She knew a lot of wise **proverbs**.
그녀는 지혜로운 속담을 많이 알았다.

pro + verb
앞에 　 말
➡ 다른 말을 앞에서 함축적으로
대표하는 속담

proactive★
[pròuǽktiv]
☐☐☐

혱 앞서서 주도하는

He was **proactive** in finding solutions.
그는 해결책을 찾는 데 앞서서 주도했다.

pro + active
앞에 　 활동적인
➡ 가장 활동적으로 앞에 나서
주도하는

progress★★★
[명 prɑ́:gres]
[동 prəgrés]
☐☐☐

몡 발전, 진전, 진행　동 나아가다, 진전을 보이다

progressive★★ 혱 진보적인　　progression★ 몡 진보, 진행
progressively★★ 뷔 점진적으로, 서서히

make steady **progress** 수능
꾸준한 발전을 하다

핵심표현 make **progress** 발전하다, 진행하다

pro + gress
앞으로 　 걸어가다(grad)
➡ 점점 앞으로 걸어 나아가며
이루는 발전 또는 진전

profile★★
[próufail]
☐☐☐

몡 윤곽, 개요, 약력, (얼굴의) 옆 모습

I read a short **profile** of the company before
I applied.
나는 지원하기 전에 그 회사에 대한 짧은 개요를 읽었다.

pro + file
앞으로 　 실을 뽑다
➡ 자세한 것에서 실선만 앞으로
뽑아내 그린 윤곽, 개요

---

pre-　　앞서, 미리 (before, beforehand)

---

predict★★★
[pridíkt]
☐☐☐

동 예측하다, 전망하다

prediction★★ 몡 예측, 예견　　predictor★★ 몡 예측 변수
predictable★★★ 혱 예측할 수 있는

Why is **predicting** the future so difficult? 수능
미래를 예측하는 것은 왜 이렇게 어려울까?

핵심표현 **predict** A with B　B로 A를 예측하다

pre + dict
앞서 　 말하다
➡ 미래에 발생할 일을 앞서 말하다,
즉 예측하다

preview★★
[príːvjùː]
□□□

圆 시사(회), 시연, 사전 검토
图 사전 검토하다

The painter arranged a second **preview**. 수능
그 화가는 두 번째 시사회를 준비했다.

pre + view
앞서   보다
➡ 남들보다 앞서 사전에 보는
시사회, 사전 검토

predetermine★★
[prìditə́rmin]
□□□

图 미리 결정하다, 미리 정하다, 예정하다

predeterminate 圈 미리 정해진, 예정된
predetermination 圆 선결, 예정

focus on **predetermined** results 수능
미리 정해진 결과에 집중하다

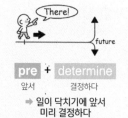

There!
future
pre + determine
앞서   결정하다
➡ 일이 닥치기에 앞서
미리 결정하다

preoccupy★★
[priːάːkjupai]
□□□

图 몰두하게 하다, (생각에) 사로잡히게 하다

preoccupation 圆 몰두, 사로잡힘

She was **preoccupied** with the test.
그녀는 시험에 몰두해 있었다.

핵심표현 be **preoccupied** with ~에 몰두하다, ~에 사로잡히다

pre + occupy
앞서   차지하다
➡ 한 생각이 다른 것에 앞서
머릿속을 차지해 몰두하게 하다

precaution★★
[prikɔ́ːʃən]
□□□

圆 예방책, 예방 조치, 사전 조치

precautionary 圈 예방의
precautious 圈 조심하는, 주의 깊은

Wear a seatbelt as a **precaution**.
예방책으로 안전벨트를 착용해라.

future
pre + caution
앞서   주의
➡ 상황 발생에 앞서 미리 주의하기
위한 예방책

premature★
[prìːmətʃúər]
□□□

圈 시기상조의, 조기의, 조숙한

prematurely 圉 이르게, 시기상조로
prematurity 圆 조숙, 시기상조

It's **premature** to say that we'll win.
우리가 이길 것이라고 말하는 건 시기상조이다.

7 years old
pre + mature
앞서   성숙한
➡ 적절한 시기보다 앞서 성숙한,
즉 시기상조의

previous★★★
[príːviəs]
□□□

圈 이전의, (시간순으로) 앞의

previously★★★ 圉 이전에, 미리

careful reviews of **previous** work 수능
이전의 업무에 대한 세심한 검토

핵심표현 in the **previous** year 작년에

past
pre + vi + ous
앞서 길(via) 형·접
➡ 걸어온 길 중 앞선 부분의,
즉 이전의

fore-

앞에, 미리 (before)

---

forearm★★
[fɔːrάːrm]
□□□

명 (손목에서 팔꿈치까지) 팔뚝

He hurt his **forearm** playing tennis.
그는 테니스를 하다가 팔뚝을 다쳤다.

fore + arm
앞에   팔
➡ 팔의 앞쪽

---

forehead★★
[fɔːrhèd]
□□□

명 이마, (사물의) 앞부분

The hat protects the **forehead**. [수능]
그 모자는 이마를 보호한다.

fore + head
앞에   머리
➡ 머리의 앞쪽

---

forefather★
[fɔːrfάːðer]
□□□

명 (남자) 조상, 선조

My **forefathers** are from Scotland.
나의 조상들은 스코틀랜드 출신이다.

fore + father
앞에   아버지
➡ 아버지의 앞에 있었던 아버지,
즉 조상

---

foremost★
[fɔːrmoùst]
□□□

형 맨 앞의, 가장 중요한

Exams are the **foremost** concern of students.
시험은 학생들에게 가장 중요한 관심사이다.

fore + most
앞에   가장
➡ 맨 앞에 있어 가장 중요한

---

forecast★★★
[fɔːrkæ̀st]
□□□

동 예측하다, 예보하다
명 (일기) 예보, 예측

forecaster 명 (일기) 예보관

The **forecast** says it'll clear up soon. [수능]
그 일기 예보는 곧 날씨가 갤 것이라고 한다.

핵심표현 weather **forecast** 일기 예보

fore + cast
미리   던지다
➡ 날씨 등 미래의 정보를 미리
던지다, 즉 예측하다 또는 예보하다

---

foresee*
- foresaw - foreseen
[fɔːrsí]
□□□

[동] 예견하다, 예상하다

foreseeable** [형] 예견할 수 있는
foresight [명] 예견, 선견(지명)

He couldn't **foresee** the problem.
그는 그 문제점을 예견할 수 없었다.

fore + **see**
미리 보다
➡ 상황을 미리 보다, 즉 예견하다

foretell**
- foretold - foretold
[fɔːrtél]
□□□

[동] 예언하다, 예고하다

foreteller [명] 예언자, 예고하는 사람

foretell the future [수능]
미래를 예언하다

fore + **tell**
미리 말하다
➡ 사건 발생 전에 미리 말하다,
즉 예언하다

어원으로 줄줄이! fore 추가 어휘

• **forego** [동] 앞에 가다, 앞서다   fore 앞에 + go 가다 ▶ 앞에 가다
• **foreground** [명] 전경(전체적인 경치)   fore 앞에 + ground 지대 ▶ 앞쪽에 있어 한눈에 전체적으로 보이는 지대의 경치

---

ante-
전에, 앞에 (before)
[변화형] ant(i), anc(i)

---

anticipate***
[æntísəpèit]
□□□

[동] 예상하다, 기대하다

anticipation** [명] 예상, 기대
anticipated [형] 기대되는, 대망의
unanticipated** [형] 예기치 않은, 기대하지 않은

We've **anticipated** the Christmas season. [수능]
우리는 크리스마스 시즌을 기대해 왔다.

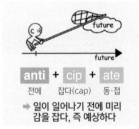

anti + **cip** + **ate**
전에 잡다(cap) 동·접
➡ 일이 일어나기 전에 미리
감을 잡다, 즉 예상하다

어원으로 줄줄이! anticipate와 유사한 의미의 어휘

• **expect** [동] 예상하다, 기대하다   ex 밖으로 + (s)pect 보다(spec)
    ▶ 밖을 내다보며 앞으로 올 것을 예상하다
• **forecast** [동] 예측하다, 예보하다   fore 미리 + cast 던지다 ▶ 정보를 미리 던지다, 즉 예측하다
• **foresee** [동] 예견하다, 예상하다   fore 미리 + see 보다 ▶ 상황을 미리 보다, 즉 예견하다
• **foretell** [동] 예언하다, 예고하다   fore 미리 + tell 말하다 ▶ 사건 발생 전에 미리 말하다, 즉 예언하다
• **predict** [동] 예측하다, 전망하다   pre 앞서 + dict 말하다 ▶ 미래에 발생할 일을 앞서 말하다, 즉 예측하다

antique**
[æntíːk]
□□□

형 과거의, 오래된, 고대의
명 골동품

antiquely 문 오래되어, 고대에
antiquity* 명 아주 오래됨, 고대, 유물

exhibition of **antique** items 수능
과거 물품들의 전시

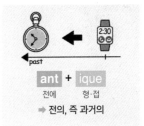

ant + ique
전에   형·접
→ 전의, 즉 과거의

---

ancient***
[éinʃənt]
□□□

형 고대의, 아주 오래된, 먼 옛날의

ancient desire to live forever 수능
영원히 살고자 하는 아주 오래된 바람

anci + ent
전에   형·접
→ 먼 이전의, 즉 고대의
또는 아주 오래된

---

ancestor***
[ǽnsestər]
□□□

명 조상, 선조

ancestral* 형 조상의, 선조의
ancestry 명 가계, 혈통

Our **ancestors** inhabited a wonderful world. 수능
우리 조상들은 멋진 세상에 살았다.

anc + (c)est + or
앞에   가다(cede) 명·접(사람)
→ 앞에 간 사람, 즉 조상

---

anchor**
[ǽŋkər]
□□□

명 닻, 고정 장치
동 닻을 내리다, 정박시키다

anchorage 명 닻을 내림, 정박(지)

Anchors keep ships from moving.
닻은 선박이 움직이는 것을 막는다.

anc + hor
앞에   뻗은
→ 배의 앞쪽에 뻗어 있는 닻

DAY 02 | 뒤, 옆
re/retro, with, by, para

MP3 바로 듣기

re-/retro- 뒤로/뒤에 (back), 다시 (again)

---

replace***
[ripléis]
□□□

동 교체하다, 대신하다, 대체하다

replacement** 명 교체, 대체
replaceable* 형 교체 가능한, 대신할 수 있는

I can **replace** the guitar strings easily.
나는 기타 줄을 쉽게 교체할 수 있다.

re + place
뒤로   놓다

➡ 앞의 것을 뒤로 놓고,
뒤의 것으로 그것을 교체하다

---

respect***
[rispékt]
□□□

동 존경하다, 존중하다   명 존경, 경의

respectful* 형 존경심을 보이는
respectable** 형 존경할 만한
respective** 형 각자의
respectively** 부 각자

feelings of love and **respect** 수능 사랑과 존경의 감정
핵심표현 in this **respect** 이런 점에서

re + spect
뒤로   보다(spec)

➡ 뒤로 돌아 다시 볼 만큼 존경하다

---

retire**
[ritáiər]
□□□

동 은퇴하다, 후퇴하다

retirement** 명 은퇴, 퇴직
retiree** 명 은퇴자, 퇴직자

I have free time now that I'm **retired**.
나는 은퇴했기 때문에 여가 시간이 있다.

re + tire
뒤로   끌다

➡ 뒤로 끌어 자리에서 물러나
은퇴하다

---

refuge**
[réfju:dʒ]
□□□

명 도피(처), 피난(처)

refugee** 명 난민, 망명자

a **refuge** from public attention 수능
대중의 관심으로부터의 도피

re + fuge
뒤로   도망치다

➡ 뒤로 도망치는 것, 즉 도피

---

remain***
[riméin]
☐☐☐

통 남아 있다, 계속 ~이다

remains 몡 나머지, 유적
remaining* 혱 남아 있는
remainder** 몡 나머지

The economy must **remain** strong. 수능
경제는 튼튼하게 남아 있어야 한다.

re + main
뒤에   남다
➡ 뒤에 그대로 남아 있다

research***
[risə́ːrtʃ]
☐☐☐

몡 연구, 조사
통 연구하다, 조사하다

researcher*** 몡 연구원, 조사원

I'm doing **research** for my biology paper. 수능
나는 생물학 논문을 위해 연구를 하고 있다.

핵심표현 **research** on ~에 대한 연구

re + search
다시   찾다
➡ 자료를 다시 넘겨 찾아 보면서
하는 연구, 조사

recycle***
[riːsáikl]
☐☐☐

통 재활용하다, 재생하다

recycling*** 몡 재활용
recyclable 혱 재활용할 수 있는

We don't reuse or **recycle** anything. 수능
우리는 아무것도 재사용하거나 재활용하지 않는다.

recycle
re + cycle
다시   돌다, 순환하다
➡ 다시 쓸 수 있는 상태로 돌려
재활용하다

remark***
[rimáːrk]
☐☐☐

몡 논평, 말
통 논평하다, 발언하다, 주목하다

remarkable*** 혱 놀랄 만한, 주목할 만한
remarkably** 뷔 놀랍도록, 몹시

People want to hear positive **remarks**. 수능
사람들은 긍정적인 논평을 듣고 싶어 한다.

Great! Great! Great!
re + mark
다시   표시하다
➡ 의견을 반복해서 다시 표시하는
논평

rejoin*
[riːdʒɔ́in]
☐☐☐

통 다시 합류하다, 재가입하다

He **rejoined** the team after time off.
그는 휴식 후 팀에 다시 합류했다.

re + join
다시   합류하다
➡ 다시 합류하다

resort***
[rizɔ́ːrt]
☐☐☐

몡 수단, 휴양지, 리조트
통 의지하다, 자주 가다

War should be a last **resort**. 수능
전쟁은 최후의 수단이 되어야 한다.

re + sort
다시   나가다
➡ 나갔다가도 자꾸 다시 돌아가게
되는 의지가 되는 장소 또는 수단

★★★ =최빈출 ★★ =빈출 ★ =기출

reunion**
[rijúːnjən]
□□□

명 재결합, 재회, 모임

Kevin rushed to a joyful **reunion**. 수능
Kevin은 즐거운 재회를 하러 서둘러 갔다.

re + union
다시   결합
➡ 다시 결합함,
즉 재결합 또는 재회

---

restore***
[ristɔ́ːr]
□□□

동 복원하다, 복구하다, 회복시키다

restorer 명 복원/복구 전문가
restoration** 명 복원, 복구
restorable 형 복원할 수 있는

restore economic equality in poor states 수능
가난한 국가들의 경제적 평등을 복원하다

re + store
다시   서다(sta)
➡ 무너진 것을 다시 세워 복원하다

---

reconcile*
[rékənsàil]
□□□

동 화해시키다, 조화시키다

reconciliation** 명 화해, 조화
reconcilable 형 화해시킬 수 있는, 조화시킬 수 있는
reconciliatory 형 화해의, 조화의

Sally and her friends were **reconciled**.
Sally와 그녀의 친구들은 화해했다.

re + concile
다시   친하게 하다
➡ 다시 친해지게 화해시키다

---

retrospect**
[rétrəspèkt]
□□□

동 돌이켜보다, 추억하다
명 추억, 회상

In **retrospect**, they made a poor choice. 수능
돌이켜보면, 그들은 좋지 못한 선택을 했다.

핵심표현 in **retrospect** 돌이켜보면

retro + spect
뒤로   보다(spec)
➡ 뒤로 돌이켜보며 과거를
추억하다, 회상하다

---

with-   뒤로, 뒤에 (back)

---

withdraw**
- withdrew - withdrawn
[wiðdrɔ́ː]
□□□

동 물러나게 하다, 취소하다, 철수하다

withdrawal** 명 취소, 철회

The consumers **withdrew** from the deal. 수능
소비자들은 계약을 취소했다.

핵심표현 **withdraw** from ~을 취소하다, ~에서 철수하다

with + draw
뒤로   끌다
➡ 뒤로 끌어 물러나게 하다,
뒤로 물러나 계획을 취소하다

withhold★
- withheld - withheld

[wiðhóuld]

□□□

동 억제하다, 주지 않다

withholder 명 억제하는 사람

She tried to **withhold** a cough.

그녀는 기침을 억제하려고 노력했다.

with + hold
뒤에   잡고 있다

➡ 나가지 못하도록 뒤에서 잡아
억제하다

withstand★
- withstood - withstood

[wiðstǽnd]

□□□

동 견뎌내다, 버티다

I **withstood** the pain at the dentist's.

나는 치과에서의 고통을 견뎌냈다.

with + stand
뒤에   서다

➡ 무너지지 않도록 뒤에 서서
견뎌내다, 버티다

어원으로 줄줄이! with와 유사한 의미의 접두사 post(뒤에)

- **posterior**   형 뒤의, 이어지는   post(er) 뒤에 + ior 더 ~한 ▶ 어떤 것보다 더 뒤의
- **postpone**   동 연기하다, 미루다   post 뒤에 + pon(e) 놓다(pos) ▶ 예정된 시점보다 뒤에 놓다, 즉 연기하다
- **postwar**   형 전쟁 후의, 전후의   post 뒤에 + war 전쟁 ▶ 전쟁이 끝난 뒤의

---

by-

옆에 / 옆으로 (beside), 부수적인 (secondary)

---

bygone★

[báigɔ̀ːn]

□□□

형 지나간, 과거의

He always misses **bygone** days.

그는 언제나 지나간 날들을 그리워한다.

by + gone
옆으로   가버린

➡ 옆으로 지나쳐 가버린,
즉 지나간

어원으로 줄줄이! bygone과 유사한 의미의 어휘

- **ancient**   형 고대의, 먼 옛날의   anci 전에(ante) + ent 형·접 ▶ 먼 이전의, 고대의
- **former**   형 과거의, 전의, 전임의   form(er) 처음 ▶ 어떤 것이 처음 생긴 예전의, 즉 과거의
- **past**   형 과거의, 지난, 이전의   past 통과하다(pass) ▶ 통과해서 지나가 버린 시간, 즉 과거의

---

bystander★
[báistændər]
□□□

명 구경꾼, 방관자

A **bystander** filmed the accident.
한 구경꾼이 사고를 촬영했다.

by + stand + er
옆에 서다 명·접(사람)
➡ 옆에 서서 구경하는 구경꾼

bypass★
[báipæ̀:s]
□□□

명 우회 도로
동 우회하다

They took the **bypass** around the construction.
그들은 공사 현장을 돌아 우회 도로로 갔다.

by + pass
옆으로 통과하다
➡ 막힌 곳을 비켜 옆으로 통과해
갈 수 있는 우회 도로

by-product★★
[báiprà:dəkt]
□□□

명 부산물, 부작용

Straw is a **by-product** of grain harvests.
지푸라기는 곡물 수확의 부산물이다.

by + product
부수적인 생산물
➡ 부수적으로 생긴 생산물,
즉 부산물

---

para-   옆에 (beside), 반하는 (against)

---

parade★★★
[pəréid]
□□□

명 (가두) 행진, 퍼레이드
동 행진하다

political rallies and **parades** 수능
정치 집회와 행진

para + (a)de
옆에 명·접
➡ 옆에 나란히 서서 걷는 행진

paradise★★
[pǽrədàis]
□□□

명 낙원, 천국, 파라다이스

It's like living in **paradise**. 수능
낙원에서 사는 것 같다.

para + dise
옆에 벽을 세우다
➡ 옆에 벽을 세워 가기 어려운 낙원

parallel★★
[pǽrəlèl]
☐☐☐

형 나란한, 평행의, 비슷한

parallelism 명 평행, 유사
unparalleled★★ 형 비할 데 없는

The two roads are **parallel** to each other.
두 도로는 서로 나란히 위치한다.

para + (a)ll + el
옆에   다른(alter) 형·접
➡ 서로 다른 것이 옆에 나란히 있는

---

parasite★★
[pǽrəsàit]
☐☐☐

명 기생충, 기생 동물/식물

parasitic★★ 형 기생충의

Ticks are common **parasites**.
진드기는 흔한 기생충이다.

para + site
옆에   음식
➡ 옆에 붙어서 음식을 빼앗아
먹고 사는 기생충

---

paralyze★★★
[pǽrəlàiz]
☐☐☐

동 마비시키다, 쓸모없게 만들다

paralysis★ 명 마비

Jay's arms and legs were **paralyzed**. 수능
Jay의 팔과 다리는 마비되었다.

para + ly + (i)ze
반하는 느슨하게 하다(lax) 동·접
➡ 의지에 반해 느슨하게 처지게
마비시키다

---

paradox★
[pǽrədɑ̀:ks]
☐☐☐

명 역설, 모순

paradoxical 형 역설의, 모순적인
paradoxically 부 역설적으로, 모순적으로

The scientific theory contained a **paradox**.
그 과학 이론은 역설을 포함했다.

para + dox
반하는 의견
➡ 서로 반하는 의견, 즉 역설

해커스 보카 어원편 (DAY 02 측면 탭)

DAY 03 | 위, 아래
up, super, over, de (1), under, sub

MP3 바로 듣기

---

up-   위로 (up)

---

upcoming***
[ʌ́pkʌ̀miŋ]
□□□

형 다가오는, 곧 있을

a weekly newsletter about **upcoming** events [수능]
다가오는 행사에 관한 주간 소식지

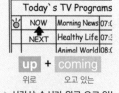

Today's TV Programs
NOW Morning News 07:0
NEXT Healthy Life 07:3
Animal World 08:0

up + **coming**
위로   오고 있는

➡ 시간상 순서가 위로 오고 있는,
즉 다가오는

---

update***
[동 ʌpdéit]
[명 ʌ́pdèit]
□□□

동 갱신하다, 업데이트하다
명 갱신, 업데이트

We'll **update** the flight information. [수능]
우리는 항공편 정보를 갱신할 것이다.

Date of Access 2050. 02. 27
2050. 02. 15

up + **date**
위로   날짜를 적다

➡ 최신이 되도록 날짜를 위로
올려 적어 갱신하다

---

uphold**
- upheld - upheld
[ʌphóuld]
□□□

동 지지하다, 유지시키다

upholder 명 지지자

Police **uphold** the rule of law.
경찰은 법치주의를 유지시킨다.

up + **hold**
위로   떠받치다

➡ 위로 떠받쳐 지지하다,
유지시키다

---

upright**
[ʌ́pràit]
□□□

형 똑바른, 수직의
부 똑바로, 꼿꼿이

He stood **upright** and battled the wave. [수능]
그는 똑바로 서서 파도와 싸웠다.

핵심표현 stand **upright** 똑바로 서다

90°   0°

up + **right**
위로   정확한

➡ 정확하게 위로 똑바른

---

super-

위에 (above), 넘어서 (beyond)

변화형 sur

---

superior ★★★
[səpíəriər]
☐☐☐

형 우월한, 우수한, 상급의
명 선배, 상급자

superiority 명 우월(함), 우수

got **superior** scores on intelligence tests 수능
지능 검사에서 우수한 점수를 받았다

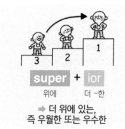

super + ior
위에   더 ~한

➡ 더 위에 있는,
즉 우월한 또는 우수한

---

supernatural ★★
[sùpərnǽtʃərəl]
☐☐☐

형 초자연적인, 불가사의한

supernaturally 부 초자연적으로
supernaturalism 명 초자연주의
supernaturalistic 형 초자연주의적인

She didn't believe in **supernatural** things.
그녀는 초자연적인 것들을 믿지 않았다.

super + natural
넘어서   자연스러운

➡ 자연스러운 것을 넘어
초자연적인

---

superstition ★★
[sù:pərstíʃən]
☐☐☐

명 미신

superstitious 형 미신적인

According to a **superstition**, moles reveal a person's character. 수능
미신에 따르면, 점은 사람의 성격을 알려준다.

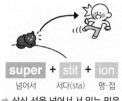

super + stit + ion
넘어서   서다(sta)   명·접

➡ 상식 선을 넘어서 서 있는 믿음,
즉 미신

---

surface ★★★
[sə́:rfis]
☐☐☐

명 표면, 수면, 외양
형 표면의, 외관의
동 수면으로 올라오다

glide over the water's **surface** 수능
수면 위를 미끄러지듯이 가다

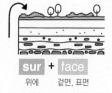

sur + face
위에   겉면, 표면

➡ 가장 위에 보이는 겉면, 표면

---

surround ★★★
[səráund]
☐☐☐

동 에워싸다, 둘러싸다

surrounding ★★ 형 인근의, 주위의
surroundings ★★★ 명 환경

We **surround** ourselves with similar people. 수능
우리는 비슷한 사람들로 우리 자신을 에워싼다.

핵심표현 **surround** A with B   A를 B로 에워싸다

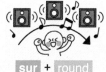

sur + round
위에   둥글게 돌다

➡ 어떤 것 위에 둥글게 돌아
에워싸다

---

surrender**

[səréndər]

☐☐☐

동 넘겨주다, 항복하다, 포기하다
명 항복, 굴복

Each step of **surrender** will be painful and sad. 수능
항복의 각 단계는 고통스럽고 슬플 것이다.

sur + render
위에   주다

➡ 권력 등을 위로 넘겨주어
항복하다

어원으로 줄줄이! super와 유사한 의미의 접두사 ultra(넘어서)

- ultrasound   명 초음파   ultra 넘어서 + sound 소리 ▶ 사람이 들을 수 있는 범위를 넘어서는 소리
- ultraviolet   명 자외선   ultra 넘어서 + violet 보라색 ▶ 가시광선의 보라색 범위를 넘어선 파장의 빛

---

over-   위에 (above), 넘어서 (beyond), 과도하게 (excessively)

---

overall***

[형, 부 òuvərɔ́ːl]
[명 óuvərɔ̀ːl]

☐☐☐

형 전반적인, 전체에 걸친
부 전반적으로
명 (상·하의가 하나로 된) 작업복

the patient's **overall** physical condition 수능
환자의 전반적인 신체 상태

over + all
위에   전체

➡ 전체를 위에서 아우르는,
즉 전반적인

---

overlap**

[동 òuvərlǽp]
[명 óuvərlæ̀p]

☐☐☐

동 겹치다, 포개다
명 겹침, 중복

The event won't **overlap** with my trip. 수능
행사는 내 여행과 겹치지 않을 것이다.

over + lap
위에   겹치다

➡ 위에 겹치다

---

overwhelm**

[òuvərhwélm]

☐☐☐

동 압도하다, 제압하다, 사로잡다

overwhelmed* 형 압도된
overwhelming** 형 압도적인
overwhelmingly* 부 압도적으로

The pressure **overwhelmed** him.
압박감은 그를 압도했다.

over + whelm
위에   짓누르다

➡ 위에서 짓눌러 압도하다

---

overlook★★★
[òuvərlúk]
□□□

동 못 보고 넘어가다, 간과하다

People often **overlook** safety. [수능]
사람들은 종종 안전을 간과한다.

over + look
넘어서 | 보다

➡ 상대를 못 보고 넘어서 가다,
대강 보고 넘기다

---

overcome★★★
- overcame - overcome
[òuvərkÁm]
□□□

동 극복하다, 이기다

I try to **overcome** my prejudice. [수능]
나는 내 편견을 극복하기 위해 노력한다.

over + come
넘어서 | 오다

➡ 난관을 넘어서 오다, 즉 극복하다

어원으로 줄줄이! overcome과 유사한 의미의 어휘

- **conquer** 동 정복하다, 이기다 | con 모두(com) + quer 구하다(quir)
  ▶ 구하던 것을 모두 얻다, 즉 그것을 정복하다
- **defeat** 동 패배시키다, 이기다 | de 아래로 + feat 만들다(fac)
  ▶ 상대를 아래로 숙이게 만들다, 즉 패배시키다
- **overwhelm** 동 제압하다, 압도하다 | over 위에서 + whelm 짓누르다 ▶ 상대를 위에서 짓눌러 제압하다

---

overtake★★
- overtook - overtaken
[òuvərtéik]
□□□

동 따라잡다, 앞지르다

Kim **overtook** the other racers.
Kim은 다른 선수들을 따라잡았다.

over + take
넘어서 | 잡다

➡ 앞의 것을 잡고 넘어가다,
즉 따라잡다

---

overflow★★
[동 òuvərflóu]
[명 óuvərflòu]
□□□

동 넘치다, 물에 잠기게 하다
명 넘쳐흐른 물, 범람

overflowing 형 넘쳐흐르는

Overflow from the lake flowed into the ocean. [수능]
호수에서 넘쳐흐른 물이 바다로 흘러갔다.

over + flow
과도하게 | 흐르다

➡ 물이 과도하게 흘러서 넘치다

어원으로 줄줄이! over 추가 어휘

- **overboard** 부 배 밖으로, (배 밖의) 물속으로 | over 넘어서 + board 배의 갑판 ▶ 배의 갑판을 넘어 배 밖으로
- **overhear** 동 우연히 듣다, 몰래 엿듣다 | over 넘어서 + hear 듣다 ▶ 어깨 넘어 우연히 듣다
- **overseas** 형 해외의 부 해외로, 외국에 | over 넘어서 + seas 바다 ▶ 바다 넘어 해외의/해외로
- **overweight** 형 과체중의, 비만의, 중량 초과의 | over 과도하게 + weight 체중, 무게 ▶ 정해진 체중 또는 무게를 과도하게 넘는

---

de- (1) 아래로 (down), 떨어져 (away)

---

devour★★
[diváuər]
☐☐☐

동 게걸스럽게 먹다, 집어삼키다

He **devoured** his meal because he was hungry.
그는 배고파서 식사를 게걸스럽게 먹었다.

depict★★
[dipíkt]
☐☐☐

동 그리다, 묘사하다

depiction★★ 명 묘사
depictive 형 묘사적인

depict a feature 수능
특징을 묘사하다

delicate★★
[délikət]
☐☐☐

형 섬세한, 세련된, 연약한

delicacy★ 명 섬세함

Jane has **delicate** feelings.
Jane은 섬세한 감정을 가지고 있다.

desire★★★
[dizáiər]
☐☐☐

명 바람, 욕구 동 바라다, 원하다

desired★ 형 바랐던
desirable★★★ 형 바람직한
undesirable★★ 형 바람직하지 않은

The **desire** to make money can challenge us. 수능
돈을 벌고자 하는 욕구는 우리에게 도전 정신을 심어준다.

핵심표현 **desire** to ~하고자 하는 욕구

derive★★★
[diráiv]
☐☐☐

동 비롯되다, 유래하다, 파생하다

derived 형 유래된, 파생된
derivative 형 (~에서) 끌어낸, 모방적인 명 파생어, 파생물

The term **derives** from a Greek word. 수능
그 용어는 그리스 단어에서 비롯된다.

핵심표현 **derive** from ~에서 비롯되다, ~에서 유래하다

detect***
[ditékt]
☐☐☐

동 발견하다, 감지하다

detector** 명 발견자, 탐지 장치
detective* 명 탐정 형 탐정의

the failure to **detect** toxic food 수능
유독성 식품을 발견하는 것의 실패

de + tect
떨어져   덮다
➡ 덮고 있던 것을 떨어뜨려
   안의 것을 발견하다

depart***
[dipá:rt]
☐☐☐

동 떠나다, 출발하다

departure** 명 떠남, 출발

The flight will **depart** from gate 7. 수능
그 비행기는 7번 게이트에서 출발할 것이다.

de + part
떨어져   나누다
➡ 본래 있던 곳에서 떨어져
   다른 곳으로 떠나다

under-   아래에 (under)

underlie***
- underlay - underlain
[ʌ̀ndərlái]
☐☐☐

동 ~의 기초가 되다, ~의 밑바닥에 잠재하다

Anger **underlay** his speech.
분노는 그의 연설의 기초가 되었다.

under + lie
아래에   누워 있다
➡ 어떤 것의 아래에 누워
   그것의 기초가 되다

undermine***
[ʌ̀ndərmáin]
☐☐☐

동 약화시키다, ~의 밑을 파다

Anxiety **undermines** the intellect. 수능
불안은 지적 능력을 약화시킨다.

under + mine
아래에   땅굴을 파다
➡ 아래에 땅굴을 파서 약화시키다

undergo**
- underwent - undergone
[ʌ̀ndərgóu]
☐☐☐

동 겪다, 경험하다

undergoer 명 경험자

undergo the great climatic change 수능
엄청난 기후 변화를 겪다

under + go
아래에   가다
➡ 어떤 것의 영향 아래에서 가다,
   즉 그것을 겪다

undertake★★
- undertook - undertaken

[ʌ̀ndərtéik]

☐☐☐

동 책임을 맡다, 착수하다

Josh **undertook** difficult tasks at work.
Josh는 직장에서 어려운 업무의 책임을 맡았다.

under + **take**
아래에   잡다

➡ 일을 아래로 잡아 내려 그것을
해야 할 책임을 맡다

---

sub-

아래에/아래로 (under/down), 부차적인 (secondary)

변화형 suf, sug, sup

---

subtle★★★

[sʌ́tl]

☐☐☐

형 미묘한, 감지하기 힘든, 희미한

subtly★★ 부 미묘하게

Ads influence us in more **subtle** ways.
광고들은 더 미묘한 방법들로 우리에게 영향을 준다.

sub + **tle**
아래에   짜여진

➡ 다른 것 아래에 무늬가 짜여
있어 알아보기 힘든, 미묘한

---

suffer★★★

[sʌ́fər]

☐☐☐

동 고통받다, ~에 시달리다

suffering★★★ 명 고통

suffer from long-lasting pains 수능
오래 지속되는 통증으로 고통받다

핵심표현 **suffer** from ~으로 고통받다

suf + **fer**
아래에   나르다

➡ 무거운 고통을 아래에서 지고
나르다, 즉 고통받다

---

suggest★★★

[səgdʒést]

☐☐☐

동 제안하다, 암시하다

suggestion★★★ 명 제안
suggestive 형 암시하는, 연상시키는

I'd **suggest** changing where you study. 수능
나는 네가 공부하는 장소를 바꾸는 것을 제안한다.

sug + **gest**
아래로   가져오다

➡ 생각을 아래로 가져와 상대에게
제안하다

---

suppress★★

[səprés]

☐☐☐

동 억제하다, 진압하다, 억압하다

suppression 명 억제, 진압

suppress emotion such as anger 수능
분노와 같은 감정을 억제하다

sup + **press**
아래로   누르다

➡ 아래로 눌러 나오지 못하도록
억제하다

MP3 바로 듣기

ad-

~에 (to), ~쪽으로/향하여 (toward)

변화형 ap, as, ac, al, a

---

admire★★
[ædmáiər]
☐☐☐

동 감탄하다, 존경하다, 칭찬하다

admirer★★ 명 찬양자, 팬
admiration★★ 명 감탄, 존경
admirable 형 감탄스러운, 존경스러운

admire the beauty of a swan 수능
백조의 아름다움에 감탄하다

ad + mir(e)
~에   감탄하다
➡ ~에 감탄하다

어원으로 줄줄이! **admire**와 유사한 의미의 어휘

- **appreciate** 동 높이 평가하다, 감사하다   ap ~에(ad) + preci 값 + ate 동·접
  ▶ 어떤 것에 높은 값을 매기다, 즉 그것을 높이 평가하다
- **praise** 동 칭찬하다, 찬양/찬송하다   prais(e) 값(preci) ▶ 값어치를 인정하다, 즉 칭찬하다
- **respect** 동 존경하다, 존중하다   re 뒤로 + spect 보다(spec)
  ▶ 뒤로 돌아 다시 볼 만큼 존경하다
- **value** 동 가치 있게 여기다, 존중하다   val(ue) 가치 있는 ▶ 가치 있게 여겨 존중하다

---

advent★★
[ǽdvent]
☐☐☐

명 출현, 도래

the **advent** of the railroad 수능
철도의 출현

ad + vent
~에   오다
➡ ~에 와서 나타남, 즉 출현

---

approach★★★
[əpróutʃ]
☐☐☐

동 접근하다, 다가오다
명 접근(법), 다가감

She heard the car **approach** and stop outside. 수능
그녀는 밖에서 차가 다가와서 멈추는 소리를 들었다.

ap + proach
~에   접근하다
➡ ~에 접근하다, 다가오다

---

approximate**

[형 əprά:ksəmət]
[동 əprά:ksəmèit]
□□□

형 대략의, 근사치의
동 (수량 등이) ~에 가깝다

approximately** 분 대략
approximation** 명 접근, 근사

Our funding **approximates** to zero.
우리의 자금은 0에 가깝다.

ap + proxim + ate
~에   가까이 오다   형·접
➡ ~에 가까이 온, 즉 대략의

assure**

[əʃúər]
□□□

동 확신시키다, 보장하다, 안심시키다

assured 형 보증된, 자신이 있는
assuredly* 분 확실히, 틀림없이
assurance 명 보장, 확신

The singers' passion **assures** that these fans remain loyal. 수능
그 가수들의 열정은 이 팬들이 계속 충성스럽게 남아있을 것임을 보장한다.

as + sure
~에   확신하다
➡ ~에 대해 확신할 수 있게
보장하다

어원으로 줄줄이! **assure**와 유사한 의미의 어휘

- **confirm** 동 확인해 주다, 확실히 하다   con 함께(com) + firm 확실한
  ▶ 여럿이 함께 확실하다고 확인해 주다

- **convince** 동 납득시키다, 설득하다   con 모두(com) + vince 이기다(vict)
  ▶ 논쟁의 모든 쟁점에서 이겨 상대를 납득시키다

- **persuade** 동 설득하다, 납득시키다   per 완전히 + suade 충고하다
  ▶ 상대의 의견이 완전히 넘어오도록 충고하여 설득하다

asset***

[ǽset]
□□□

명 자산, 재산, 유용한 것

Your family is your greatest **asset**. 수능
네 가족이 너의 가장 큰 자산이다.

as + set
~쪽으로 충분한(satis)
➡ 가치가 충분하여 내 쪽으로
가져오는 자산

accumulation**

[əkjù:mjuléiʃən]
□□□

명 쌓아 올림, 축적(물)

accumulate*** 동 모으다, 축적하다

Accumulation of material wealth itself is not wrong. 수능
물질적인 부를 쌓아 올리는 것 자체는 잘못이 아니다.

ac + cumulat(e) + ion
~쪽으로   쌓다   명·접
➡ ~쪽으로 무언가를 쌓아 올림

accelerate**

[æksélərèit]
□□□

동 가속하다, 빨라지다

acceleration* 명 가속
accelerative 형 가속적인, 촉진시키는

Money **accelerates** the rate of technical progress. 수능
돈은 기술의 발전 속도를 가속한다.

ac + celer + ate
~쪽으로   빠른   동·접
➡ 빨라지는 쪽으로 가속하다

alarm★★★
[əláːrm]
☐☐☐

동 놀라게 하다, ~에 경보를 발하다
명 경보, 불안

alarmed★★ 형 불안해하는
alarming 형 불안하게 하는, 걱정스러운

We did not want to **alarm** her. [수능]
우리는 그녀를 놀라게 하고 싶지 않았다.

al + arm
~쪽으로   무장하다
➡ 무장하는 쪽으로 가도록
경보를 울려 놀라게 하다

---

aspect★★★
[ǽspekt]
☐☐☐

명 (측)면, 방향, 관점

We were treated well in every **aspect**.
우리는 모든 측면에서 좋은 대우를 받았다.

a + spect
~쪽으로   보다(spec)
➡ 보이는 쪽으로 있는 한쪽 면,
측면

---

abandon★★★
[əbǽndən]
☐☐☐

동 포기하다, 버리다, 떠나다

abandoned 형 버림받은
abandonment 명 포기, 버림, 유기

The crew **abandoned** the sinking ship.
선원들은 가라앉는 배를 포기했다.

a + bandon
~쪽으로   지배 범위
➡ 다른 사람의 지배 범위 쪽으로
넘겨주고 포기하다

---

await★★
[əwéit]
☐☐☐

동 기다리다, 대기하다

await the birth of a new baby [수능]
새로운 아기의 탄생을 기다리다

a + wait
~쪽으로   기다리다
➡ 오는 쪽으로 몸을 돌려 기다리다

---

in- (1)

안에 (in)
변화형 il, im

---

income★★★
[ínkʌm]
☐☐☐

명 수입, 소득

The aged live on fixed **incomes**. [수능]
노인들은 고정된 수입으로 생활한다.

in + come
안에   오다
➡ 주머니 안에 들어온 것, 즉 수입

★★★=최빈출   ★★=빈출   ★=기출

insight★★★
[ínsàit]
□□□

명 통찰(력), 간파, 이해

insightful★★ 형 통찰력이 있는

new **insights** into another culture 수능
다른 문화에 대한 새로운 통찰력

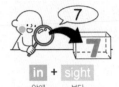

in + sight
안에   보다
➡ 보이지 않는 안을 들여다보는
통찰력

invest★★★
[invést]
□□□

동 투자하다, (시간, 노력, 돈 등을) 들이다

investment★★★ 명 투자
investor★★ 명 투자자

a chance to **invest** in a new product 수능
새 제품에 투자할 기회

in + vest
안에   옷을 입다
➡ 안에 옷을 입어 추위에 대비해
투자하다

intake★★★
[íntèik]
□□□

명 섭취(량), 흡입(물)

Food **intake** is essential for survival. 수능
음식 섭취는 생존에 필수적이다.

in + take
안에   취하다
➡ 어떤 것을 취해서 몸 안에
받아들임, 즉 섭취

incentive★★★
[inséntiv]
□□□

형 자극하는, 고무하는
명 보상, 장려(금), 동기

Good behavior must be supported with
incentives. 수능
선행은 보상으로 뒷받침되어야만 한다.

in + cent + ive
안에   노래하다   형·접
➡ 안에 노래를 불러 신나게 자극하는,
행동하도록 자극하는 보상

indoor★★
[índɔ̀:r]
□□□

형 실내(용)의, 내부의

indoors★★ 부 실내에서

The hotel has an **indoor** pool and gym.
그 호텔엔 실내 수영장과 체육관이 있다.

in + door
안에   문
➡ 문 안에 있는 공간의, 즉 실내의

inherent★★★
[inhérənt]
□□□

형 내재된, 본질적인, 고유의

inherently★★ 부 내재적으로, 선천적으로

There are **inherent** dangers to diving.
다이빙하는 것엔 내재된 위험이 있다.

in + her + ent
안에   붙다   형·접
➡ 원래부터 안에 붙어 있는,
즉 내재된

inborn★★
[ínbɔ́ːrn]
☐☐☐

형 타고난, 선천적인

Humans have an **inborn** fear of risk.
인간은 위험에 대한 타고난 두려움이 있다.

in + born
안에   태어난
➡ 안에 가지고 태어난, 즉 타고난

inflame★★
[infléim]
☐☐☐

동 자극하다, 불을 붙이다, 타오르다

The referee's unfair call **inflamed** the crowd.
심판의 불공평한 판정이 관중을 자극했다.

in + flame
안에   타오르다
➡ 마음 안이 타오르게 불을 붙여
자극하다

illusion★★★
[ilúːʒən]
☐☐☐

명 환상, 착각, 망상

illusionary 형 환상의, 착각의
illusionist 명 마술사, 요술쟁이

She thinks luck is just an **illusion**.
그녀는 행운이 그저 환상이라고 생각한다.

il + lus + ion
안에 놀다 명·접
➡ 머리 안에서 제멋대로 노는 것,
즉 환상 또는 착각

impose★★
[impóuz]
☐☐☐

동 강요하다, 부과하다, (법, 세금 등을) 도입하다

Schools should not **impose** religion. 수능
학교는 종교를 강요해서는 안 된다.

im + pos(e)
안에   놓다
➡ 누군가의 책임 안에 놓아
부담하도록 강요하다

---

intro-

안으로 (inward), 안쪽에 (inside)

변화형 inter

---

introduction★★★
[ìntrədʌ́kʃən]
☐☐☐

명 도입, 소개, 서론

introduce★★★ 동 소개하다
introductory 형 도입부의, 소개의

I opened my show with a brief **introduction**. 수능
나는 간단한 소개로 내 공연을 시작했다.

intro + duc + tion
안으로 끌다 명·접
➡ 새로운 것을 안으로 끌고 들어옴,
즉 도입 또는 소개

DAY 04

해커스 보카 어원편

introvert★★

[íntrəvə̀ːrt]

☐☐☐

- 형 내성적인, 내향적인
- 명 내성적인/내향적인 사람
- 동 안으로 향하게 하다

Introverts do not like attention.
내성적인 사람들은 관심을 좋아하지 않는다.

intro + vert
안으로   돌리다
➡ 생각이나 감정을 표현하지 않고
안으로 돌리는, 즉 내성적인

---

introspective★★

[ìntrəspéktiv]

☐☐☐

- 형 자기 성찰적인, 자기반성의

introspect 동 자기 반성하다
introspection 명 자기 성찰, 자기반성

Introspective reflections helped her improve.
자기 성찰적인 반성이 그녀가 나아지도록 도왔다.

intro + spect + ive
안쪽에 보다(spec) 형·접
➡ 자기 안쪽의 내면을 들여다보는,
즉 자기 성찰적인

---

interior★★

[intíəriər]

☐☐☐

- 형 실내의, 내부의
- 명 실내, 내부

interiorize* 동 내면화하다

There will be a lecture on **interior** design. 수능
실내 디자인에 대한 강좌가 있을 것이다.

inter + ior
안쪽에 더 ~한
➡ 마당보다 더 안쪽의, 즉 실내의

DAY 05

밖, 가로질러
out, ex/exo, extra, trans, dia

MP3 바로 듣기

---

out-

밖으로 (out / outside), 더 ~한 (better / more ~ than)

변화형 ut

---

outcome★★★
[áutkλm]
☐☐☐

명 결과, 성과, 결론

They can predict the **outcome** with some information. 수능

그들은 일부 정보를 가지고 결과를 예측할 수 있다.

out + come
밖으로   오다

➡ 노력의 결과 밖으로 나오는 결과, 성과

어원으로 줄줄이! **outcome**과 유사한 의미의 어휘

- **conclusion** 명 결론, 판단   con 모두(com) + clus 닫다(clos) + ion 명·접
  ▶ 고민하던 것을 모두 닫고 내는 결론
- **consequence** 명 결과, 결론   con 함께(com) + sequ 따라가다 + ence 명·접
  ▶ 어떤 행위를 함께 따라가서 나오는 결과
- **result** 명 결과, 성과   re 다시 + sult 뛰어오르다
  ▶ 어떤 행위의 반응으로 다시 뛰어올라 나타나는 결과

---

output★★★
[áutpùt]
☐☐☐

명 생산(량), 산출(량)
동 생산하다, 산출하다

The graph shows the total **output** in the U.S. 수능

그래프는 미국의 총 생산량을 보여준다.

out + put
밖으로   놓다

➡ 만들어서 밖으로 내어놓음, 즉 생산

---

outlet★★
[áutlèt]
☐☐☐

명 배출구, 방수구, 할인점

The lake has no **outlet**. 수능

그 호수엔 배출구가 없다.

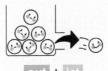

out + let
밖으로   ~하도록 허락하다

➡ 밖으로 나갈 수 있도록 허락해 주는 구멍, 즉 배출구

---

outlook★★
[áutlùk]
□□□

명 경치, 전망, 견해

The resort had a beautiful **outlook** on the top floor.
그 리조트는 꼭대기 층의 아름다운 경치를 지니고 있다.

outstanding★★
[àutstǽndiŋ]
□□□

형 눈에 띄는, 뛰어난

outstandingly 부 두드러지게, 현저하게

Outstanding achievements of African Americans have been stolen. 수능
아프리카계 미국인들의 눈에 띄는 업적들은 도난당해왔다.

어원으로 줄줄이! **outstanding**과 유사한 의미의 어휘

- **extraordinary** 형 보통이 아닌, 특별한   extra 밖에 + ordinary 평범한
  ▶ 평범한 범위 밖에 있는, 즉 보통이 아니고 특별한
- **notable** 형 눈에 띄는, 유명한   not 알다 + able 할 수 있는 ▶ 누구나 알 수 있게 눈에 띄는
- **prominent** 형 눈에 잘 띄는, 현저한   pro 앞으로 + min 돌출하다(mount) + ent 형·접
  ▶ 앞으로 돌출되어 있어 눈에 잘 띄는

outbreak★★
[áutbrèik]
□□□

명 (전쟁, 질병 등의) 발생, 발발

outbreaks of infectious diseases 수능
전염병의 발생

outweigh★★
[àutwéi]
□□□

동 ~보다 무겁다, 능가하다

Elephants **outweigh** most other land animals.
코끼리는 다른 대부분의 육지 동물보다 무겁다.

utmost★★
[ʌ́tmòust]
□□□

형 최고의, 최대(한)의, 극도의

the **utmost** importance to human happiness 수능
인간의 행복에 최고로 중요한 것

ex-/exo-

밖으로 (out)

변화형 e, es

---

exchange***

[ikstʃéindʒ]

☐☐☐

동 교환하다, 환전하다
명 교환, 환전

She came as an **exchange** student for a month. 수능

그녀는 한 달 동안 교환학생으로 왔다.

핵심표현 **exchange** A with B A를 B와 교환하다

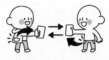

ex + change
밖으로   바꾸다

➡ 가진 것을 밖으로 내어
서로 바꾸다, 즉 교환하다

---

expand***

[ikspǽnd]

☐☐☐

동 확장하다, 확대하다, 팽창시키다

expanse** 명 넓게 트인 공간, 확장
expansion** 명 확장, 확대, 팽창
expansive 형 팽창성 있는, 광범위한

Global markets **expand** rapidly. 수능

세계 시장은 빠르게 확장한다.

ex + pand
밖으로   펼치다

➡ 밖으로 펼쳐 범위를 확장하다

---

exhaust***

[igzɔ́ːst]

☐☐☐

동 다 써버리다, 기진맥진하게 만들다
명 배출 (장치)

exhaustion** 명 고갈, 탈진
exhaustively* 부 소모적으로, 철저하게

They got **exhausted** and gave up their studies. 수능

그들은 기진맥진해져서 공부를 포기했다.

ex + haust
밖으로   물을 푸다

➡ 밖으로 물을 다 퍼내 없애다,
물을 퍼내느라 기진맥진하게 하다

---

examine***

[igzǽmin]

☐☐☐

동 조사하다, 시험하다, 진찰하다

examiner 명 조사관, 시험관
examination*** 명 조사, 검토

Research was done to **examine** the taste difference. 수능

맛의 차이를 조사하기 위해 연구가 행해졌다.

ex + amine
밖으로   움직이게 하다

➡ 밖으로 움직여 나오게 해서
자세히 조사하다

---

explore**

[iksplɔ́ːr]

☐☐☐

동 탐험하다, 탐구하다, 조사하다

explorer** 명 탐험가
exploration*** 명 탐험

I've always wanted to **explore** the Amazon. 수능

나는 항상 아마존강을 탐험하고 싶어 했다.

ex + plore
밖으로   소리치다

➡ 밖으로 소리를 크게 외치며
미지의 장소를 탐험하다

---

exotic**
[igzά:tik]
□□□

형 이국적인, 색다른, 외국(풍)의

exotically 부 이국적으로, 외국산으로

meet new people from **exotic** places 수능
이국적인 장소에서 온 새로운 사람들을 만나다

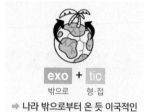

exo + tic
밖으로   형·접

➡ 나라 밖으로부터 온 듯 이국적인

---

evaporate**
[ivǽpərèit]
□□□

동 증발하다, 증발시키다, 사라지다

evaporation** 명 증발

Water **evaporates** quickly in hot weather.
물은 더운 날씨에 빨리 증발한다.

e + vapor + ate
밖으로   증기   동·접

➡ 증기가 밖으로 날아가 마르다,
즉 증발하다

---

erosion**
[iróuʒən]
□□□

명 침식, 부식, 쇠퇴

erode** 동 침식하다, 부식시키다

The coastline was created by **erosion**.
이 해안선은 침식에 의해 만들어졌다.

e + ros + ion
밖으로   갉아먹다   명·접

➡ 어떤 것의 표면을 밖으로
갉아 내는 것, 즉 침식

---

escort**
[동 iskɔ́:rt]
[명 éskɔːrt]
□□□

동 호위하다, 동행하다
명 호위대, 수행원

A soldier **escorted** the king.
한 병사가 왕을 호위했다.

es + cort
밖으로   안내하다

➡ 밖으로 나갈 때 곁에서
안내하며 호위하다

---

extra-

밖에 (outside)

변화형 exter, extr

---

extra***
[ékstrə]
□□□

형 추가의, 여분의
명 여분의 것, 특별한 것
부 추가로, 특별히

Is there an **extra** charge for that? 수능
그것에 추가 요금이 있나요?

extra
밖에

➡ 정해진 수량이나 성질 밖에
추가로 있는

---

extraordinary★★
[ikstrɔ́ːrdənèri]

☐☐☐

형 특별한, 보통이 아닌, 놀라운

extraordinarily★★ 부 이례적으로, 유별나게

Heroes are selfless people who perform **extraordinary** acts. 수능
영웅은 특별한 행동을 하는 이타적인 사람이다.

extra + ordinary
밖에   평범한

➡ 평범한 범위 밖에 있어 특별한

external★★★
[ekstə́ːrnəl]

☐☐☐

형 외부의, 바깥쪽의

externally 부 외부에
externalize★★ 동 외면화하다
externalization★ 명 외적 표현, 외면성

Dogs aren't affected by **external** circumstances like humans. 수능
개들은 인간만큼 외부 환경에 영향을 받지 않는다.

exter(n) + al
밖에   형·접

➡ 밖에 있는, 즉 외부의

extreme★★★
[ikstríːm]

☐☐☐

형 극단적인, 극심한, 맨 끝의
명 극단

extremely★★★ 부 극도로, 극히
extremity 명 극도, 맨 끝

My emotions swung from one **extreme** to another. 수능
내 감정은 한 극단에서 다른 극단으로 흔들렸다.

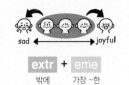

sad ←→ joyful

extr + eme
밖에   가장 ~한

➡ 가장 바깥쪽, 즉 극단에 있는

어원으로 줄줄이! **extreme**과 유사한 의미의 어휘

- **intense** 형 극심한, 강렬한   in 안에 + tens(e) 뻗다(tend)
  ▶ 어떤 일 안으로 신경이 완전히 뻗을 만큼 그 일이 강렬하고 극심한

- **radical** 형 극단적인, 급진적인   radic 뿌리 + al 형·접
  ▶ 식물의 뿌리와 같이 어떤 것의 끝에 있는, 즉 극단적인

---

trans-   가로질러 (across)

---

transfer★★★
[동 trænsfə́ːr]
[명 trǽnsfər]

☐☐☐

동 옮기다, 이동하다, 환승하다
명 이동, 전학

transferable★ 형 이동 가능한
transference 명 이동 (과정), 이전

transfer to a new school 수능
새로운 학교로 옮기다

trans + fer
가로질러   나르다

➡ 길을 가로질러 다른 곳으로
  날라서 옮기다

transport***

[동 trænspɔ́:rt]
[명 trǽnspɔ:rt]
□□□

동 수송하다, 운송하다   명 수송, 운송

transportation*** 명 수송, 운송
transportable* 형 수송 가능한
transportability 명 수송 가능함

Buses **transport** many people throughout the area. 수능
버스는 많은 사람들을 그 지역 도처로 수송한다.

trans + port
가로질러   운반하다

➡ 바다 등을 가로질러 다른 지역으로 운반하다, 즉 수송하다

어원으로 줄줄이! transport와 유사한 의미의 어휘

• **convey** 동 전하다, 나르다   con 함께(com) + vey 길(via) ▶ 길을 갈 때 함께 가져가서 전하다
• **deliver** 동 배달하다, 전달하다   de 떨어져 + liver 자유롭게 하다
                                    ▶ 떨어진 곳에서도 자유롭게 쓸 수 있도록 배달하다

---

transmit***

[trænsmít]
□□□

동 전송하다, 발송하다, (질병 등을) 옮기다

transmitter* 명 전송기
transmission** 명 전송, 전염, 전파

system for **transmitting** information 수능
정보를 전송하기 위한 시스템

trans + mit
가로질러   보내다

➡ 먼 장소로 가로질러 보내다, 즉 전송하다

---

transform**

[trænsfɔ́:rm]
□□□

동 변화시키다, 변형하다

transformer 명 변화시키는 것/사람, 변압기
transformation** 명 변화, 변신

The old building was **transformed** into a museum.   그 오래된 건물은 박물관으로 변화되었다.

핵심표현 **transform** A into B   A를 B로 변화시키다/변형하다

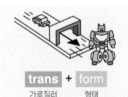

trans + form
가로질러   형태

➡ 먼 거리를 가로지른 듯 완전히 다른 형태로 변화시키다

---

transaction**

[trænsǽkʃən]
□□□

명 거래, 매매, 처리

transact 동 거래하다

The **transaction** was worth 2 million dollars.
그 거래는 2백만 달러의 값어치가 있었다.

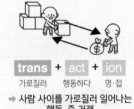

trans + act + ion
가로질러   행동하다   명·접

➡ 사람 사이를 가로질러 일어나는 행동, 즉 거래

---

transition**

[trænzíʃən]
□□□

명 변화, 변천, 전환, 전이

transit* 동 횡단하다, 운반하다 명 횡단, 운반, 환승

The teen years are a period of **transition**.
10대는 변화의 시기이다.

trans + it + ion
가로질러   가다   명·접

➡ 다른 상태나 조건으로 가로질러 가는 것, 즉 변화

---

dia-   가로질러 (across)

diabetes★★
[dàiəbíːtis]
□□□

명 당뇨병

such dangerous diseases as cancer and
diabetes 수능
암과 당뇨병 같은 위험한 질병

dia + betes
가로질러   가다
➡ 당이 몸을 가로질러 가서
소변으로 배출되는 당뇨병

diagonal★
[daiǽgənəl]
□□□

형 대각선의, 사선의

Diagonal stripes can make a wall look larger.
대각선의 줄무늬는 벽을 더 커 보이게 할 수 있다.

dia + gon + al
가로질러   각   형·접
➡ 각과 각 사이를 가로지르는
대각선의

diameter★
[daiǽmətər]
□□□

명 지름, 직경

diametric 형 직경의

Bill measured the **diameter** of the circle.
Bill은 그 원의 지름을 측정했다.

dia + meter
가로질러   측정하다
➡ 원의 끝에서 끝까지 가로질러
측정한 길이인 지름

diarrhea★
[dàiəríːə]
□□□

명 설사

This medicine can cause severe **diarrhea**.
이 약은 심한 설사를 야기할 수 있다.

dia + rrhea
가로질러   흐름
➡ 뱃속을 가로질러 흐르는 설사

DAY 06

떨어져
ab, dis, se, for

MP3 바로 듣기

---

ab-

떨어져 (away from), ~로부터 (from)

[변화형] a, adv

---

abnormal*
[æbnɔ́:rməl]
□□□

형 보통과 다른, 비정상적인, 이상한

abnormally 부 이상하게, 이례적으로
abnormality 명 이상, 비정상

18°C is an **abnormal** winter temperature.
섭씨 18도는 비정상적인 겨울 온도이다.

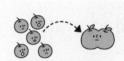

ab + normal
떨어져   보통의

➡ 보통의 것과 동떨어져
비정상적인

---

absurd**
[æbsə́:rd]
□□□

형 터무니없는, 불합리한
명 부조리, 불합리

absurdly 부 불합리하게
absurdity 명 불합리, 모순

The book's ending was **absurd**.
그 책의 결말은 터무니없었다.

ab + surd
떨어져   안 들리는

➡ 상식에서 떨어져 있어 그것이
안 들리는 듯 터무니없는

---

absorb***
[əbzɔ́:rb]
□□□

동 빨아들이다, 흡수하다

absorption** 명 흡수

Greenhouse gases are known to **absorb** heat. 수능
온실가스는 열을 흡수하는 것으로 알려져 있다.

ab + sorb
~로부터   빨아들이다

➡ 어떤 것으로부터 무언가를
빨아들이다, 흡수하다

---

abundant***
[əbʌ́ndənt]
□□□

형 풍부한, 넘칠 정도로 많은

abundance*** 명 풍부

Tropical plants need **abundant** rainfall.
열대식물은 풍부한 강우량이 필요하다.

ab + und + ant
~로부터   물결치다   형·접

➡ 무언가로부터 물결쳐
흘러나올 정도로 풍부한

---

amend★
[əménd]
☐☐☐

동 고치다, 개정하다, 수정하다

amends★★ 명 보상, 변상
amendment 명 (법 등의) 개정, 수정

The school **amended** the uniform policy.
학교는 교복 정책을 개정했다.

핵심표현 make **amends** 보상해주다

a + **mend**
~로부터   고치다
➡ 원래 것으로부터 달라지도록
고치다, 개정하다

---

advantage★★★
[ædvǽntidʒ]
☐☐☐

명 유리함, 장점, 우위

advantageous 형 유리한, 이로운

advantages of critical thinking on writing 수능
글쓰기에서 비판적 사고의 유리함

핵심표현 take **advantage** of ~을 이용하다

adv + **ant** + **age**
~로부터 앞에(ante) 명·접
➡ 남들로부터 앞에 있는 유리함

---

advance★★★
[ædvǽns]
☐☐☐

명 전진, 발전   동 전진하다, 발전하다

advanced★★★ 형 전진한, 진보한, 고급의
advancement★★ 명 발전, 진보

There have been many **advances** in technology. 수능 기술에는 많은 발전이 있어왔다.

핵심표현 in **advance** 미리, 사전에

adv + **anc(e)**
~로부터   앞에(ante)
➡ 어딘가로부터 앞에 있는 목표로
나아가는 전진, 발전

어원으로 줄줄이! **advance**와 유사한 의미의 어휘

• **develop** 동 성장하다, 발전하다
de 반대의(dis) + velo(pe) 싸다
▶ 꽁꽁 싸매서 자라지 못하는 것의 반대, 즉 성장하다

• **proceed** 동 나아가다, 진척되다
pro 앞으로 + ceed 가다(cede) ▶ 계속 앞으로 나아가다

• **progress** 동 나아가다, 진전을 보이다
pro 앞으로 + gress 가다(grad)
▶ 앞으로 나아가며 진전을 보이다

---

dis-

떨어져 (away / apart), 반대의 (opposite)

변화형 di, dif

---

discussion★★★
[diskʌ́ʃən]
☐☐☐

명 토론, 토의, 논의

discuss 동 토론하다, 논의하다

We invite famous authors to our **discussions**. 수능
우리는 토론에 유명한 저자들을 초청한다.

dis + **cuss** + **ion**
떨어져   흔들다   명·접
➡ 현재 생각에서 떨어지도록
상대의 마음을 흔드는 토론

★★★ =최빈출 ★★ =빈출 ★ =기출

discard ★★
[diskáːrd]
☐☐☐

동 버리다, 폐기하다
명 폐기, 포기

Some items are used once and **discarded**. 수능
몇몇 물건들은 한 번 사용되고 버려진다.

dis + card
떨어져　카드
➡ 들고 있던 카드를 떨어뜨려서 버리다

disguise ★★
[disgáiz]
☐☐☐

동 변장하다, 위장하다, 숨기다
명 변장, 거짓 행동

disguised 형 변장한, 속임수의

Joe **disguised** himself as his brother.
Joe는 그의 형으로 변장했다.

dis + guise
떨어져　모습
➡ 본 모습과는 동떨어진 다른 모습으로 변장하다

dispersal ★★
[dispə́ːrsəl]
☐☐☐

명 분산, 살포, 해산

disperse★ 동 흩어지게 하다, 퍼뜨리다

The **dispersal** of light through a prism creates a rainbow.
프리즘을 통한 빛의 분산은 무지개를 만들어 낸다.

dis + pers + al
떨어져　뿌리다　명·접
➡ 서로 떨어지도록 흩뜨려 뿌림, 즉 분산 또는 살포

disease ★★★
[dizíːz]
☐☐☐

명 질병, 질환
동 병에 걸리게 하다

Laughing prevents numerous **diseases**. 수능
웃음은 수많은 질병을 예방한다.

dis + ease
반대의　몸의 편함
➡ 몸을 편한 것과 반대의 상태로 만드는 질병

disappear ★★★
[dìsəpíər]
☐☐☐

동 사라지다, (눈앞에서) 없어지다

disappearance 명 사라짐, 소멸, 실종

In isolation, hope **disappears**. 수능
고립 상태에서는 희망이 사라진다.

dis + appear
반대의　나타나다
➡ '나타나다'의 반대, 즉 사라지다

disadvantage ★★★
[dìsədvǽntidʒ]
☐☐☐

명 불리(함), 약점
동 불리하게 하다

disadvantageous 형 불리한

disadvantages of group tours 수능
단체 여행의 불리함

dis + advantage
반대의　유리함
➡ 유리함의 반대인 불리함

dislike**
[disláik]
□□□

图 싫어하다, 좋아하지 않다
圈 혐오, 싫어함

It is no wonder that people **dislike** changing. 수능
사람들이 변화를 싫어하는 것은 놀라운 일이 아니다.

dis + like
반대의   좋아하다
➡ '좋아하다'의 반대, 즉 싫어하다

---

disgust**
[disgʌ́st]
□□□

图 혐오, 역겨움, 반감
圈 혐오감을 유발하다, 역겹게 만들다

disgusting* 圈 혐오스러운, 역겨운

Others may be **disgusted** by displays of violence. 수능
다른 사람들은 폭력적인 표현에 의해 역겨워할지도 모른다.

dis + gust
반대의   맛
➡ 맛있어하는 것의 반대인 혐오, 역겨움

---

disability**
[dìsəbíləti]
□□□

圈 무능(력), (신체적·정신적) 장애

disabled** 圈 장애를 가진

focus on immigrants' **disabilities** in English 수능
이민자들의 영어에 대한 무능에 초점을 맞추다

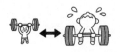

dis + ability
반대의   능력
➡ 능력이 있는 것의 반대인 무능(력)

---

discomfort**
[diskʌ́mfərt]
□□□

圈 불편(함), (가벼운) 통증
圈 불편하게 하다

discomfortable 圈 편안하지 않은, 불쾌한

In this modern world, people are not used to living with **discomfort**. 수능
이 현대 세계에서, 사람들은 불편함을 가지고 사는 것에 익숙하지 않다.

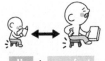

dis + comfort
반대의   편안함
➡ 편안함의 반대인 불편함

---

disobedient**
[dìsəbí:diənt]
□□□

圈 순종하지 않는, 반항하는

disobey* 圈 반항하다   obey** 圈 순종하다
disobedience 圈 반항   obedient** 圈 순종적인

prevent children from being **disobedient** to their parents 수능
아이들이 부모에게 순종하지 않는 것을 막다

dis + obedient
반대의   순종적인
➡ '순종적인'의 반대, 즉 순종하지 않는

---

distance***
[dístəns]
□□□

圈 거리, 간격
圈 거리를 두다, 멀리 두다

distant** 圈 먼, 떨어져 있는

The **distance** of the walk is 7 kilometers. 수능
걷는 거리는 7킬로미터이다.

핵심표현 keep **distance** from ~로부터 거리를 두다

di + st + ance
떨어져 서다(sta)   명·접
➡ 떨어져 서 있는 거리

---

diffusion★★
[difjúːʒən]
□□□

명 확산, 유포, 보급

diffuse 동 확산시키다, 분산되다 형 널리 퍼진, 분산된

The rate of **diffusion** depends on the degree of social contact. 수능
확산의 속도는 사회적 접촉의 정도에 달려있다.

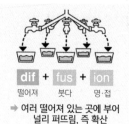

dif + fus + ion
떨어져 붓다 명·접

➡ 여러 떨어져 있는 곳에 부어
널리 퍼뜨림, 즉 확산

---

se- 떨어져 (away / apart)

---

separate★★★
[동 sépərèit]
[형 sépərət]
□□□

동 분리하다, 갈라지다
형 분리된, 별개의

separately★★ 부 개별적으로, 따로따로
separation★★ 명 분리, 구분

separate the valuable things from the junk 수능
귀중한 것과 잡동사니를 분리하다

핵심표현 **separate** A from B A와 B를 분리하다

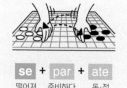

se + par + ate
떨어져 준비하다 동·접

➡ 따로 준비하도록 떨어뜨리다,
즉 분리하다

어원으로 줄줄이! **separate**와 유사한 의미의 어휘

- **individual** 형 개개의, 개별의   in 아닌 + di 떨어져(dis) + vid 나누다 + ual 형·접
  ▶ 더 이상 떨어뜨려 나눌 수 없는 개개의
- **particular** 형 개개의, 특정한   part(i) 나누다 + cul 명·접 + ar 형·접 ▶ 나눠져 있는 특정한 것들 개개의

select★★★
[səlékt]
□□□

동 고르다, 선택하다, 선발하다
형 고른, 엄선한

selection★★★ 명 선택
selective★★ 형 선택적인
selectively★ 부 선택적으로

how to **select** a topic for your speech 수능
당신의 연설 주제를 고르는 방법

se + lect
떨어져 고르다

➡ 다른 것에서 따로 떨어뜨려
고르다

secure★★★
[sikjúər]
□□□

형 안전한, 확신하는
동 안전하게 지키다, 확보하다

securely★★ 부 안전하게, 단단히
security★★★ 명 안전, 안보, 보안
insecure★★ 형 위험한, 불안한

the right to **secure** private information 수능
개인적인 정보를 안전하게 지킬 권리

se + cure
떨어져 돌봄

➡ 위험한 것에서 떨어져 있도록
돌보아 안전한

segregation★
[sègrigéiʃən]
□□□

명 분리 (정책), 차별 (정책)

segregate 동 분리하다, 차별하다

Racial **segregation** is always wrong.
인종 차별은 항상 잘못된 것이다.

for-   떨어져 (away / apart)

foreign★★★
[fɔ́:rən]
□□□

형 외국의, 타지역의

foreigner★ 명 외국인

travel to a **foreign** country 수능
외국으로 여행 가다

forbid★★★
- forbade - forbidden
[fərbíd]
□□□

동 금(지)하다, 방해하다

forbidden 형 금지된

New laws **forbid** smoking in restaurants.
새로운 법안은 식당에서의 흡연을 금지한다.

forgive★★
- forgave - forgiven
[fərgív]
□□□

동 용서하다, (빚 등을) 면제해주다

forgiveness★★ 명 용서

Please **forgive** me one more time. 수능
부디 나를 한 번만 더 용서해줘.

DAY 07

함께, 서로, 스스로
sym, com, inter, auto

MP3 바로 듣기

sym-

함께 (together), 같은 (same)

변화형 syn

---

symptom***
[símptəm]
□□□

명 증상, 조짐, 징후

This medicine is taken when you have **symptoms** of headache. 수능

이 약은 두통 증상이 있을 때 복용된다.

sym + ptom
함께   떨어지다

➡ 병에 걸릴 때 함께 떨어지는 증상

---

symphony**
[símfəni]
□□□

명 교향곡, 교향악단

The word "**symphony**" means "sounding together." 수능

"교향곡"이라는 단어는 "함께 소리를 내는 것"을 의미한다.

sym + phon + y
함께   소리   명·접

➡ 관악기와 현악기가 함께 소리를 내는 음악인 교향곡

---

syndrome*
[síndroum]
□□□

명 증후군, 신드롬

The **syndrome** mostly affects people over 50.

그 증후군은 주로 50세 이상의 사람들에게 영향을 미친다.

syn + drome
함께   달리다

➡ 여러 증상이 함께 달려들어 나타나는 증후군

---

synergy*
[sínərdʒi]
□□□

명 시너지, 동반 상승효과

The two companies have great **synergy**.

두 회사는 훌륭한 시너지가 있다.

syn + ergy
함께   일하다(organ)

➡ 함께 일해 더 좋은 결과를 내는 시너지

---

synthesize★
[sínθəsàiz]
□□□

동 종합하다, 통합하다, 합성하다

synthesis 명 종합, 통합, 합성
synthetic★★ 형 종합적인, 합성한

Chemists **synthesize** various materials.
화학자들은 다양한 물질을 합성한다.

syn + thes + ize
함께 두다 동·접

➡ 여러 가지를 한곳에 함께 두어
종합 또는 합성하다

symbol★★★
[símbəl]
□□□

명 상징(물), 기호, 부호

symbolic★★ 형 상징적인　**symbolize★★** 동 상징하다
symbolically 부 상징적으로　**symbolism★** 명 상징주의

Cars or houses are considered status
symbols. 수능
자동차 또는 주택은 지위의 상징으로 간주된다.

sym + bol
같은 던지다

➡ 같은 의미를 던져 주는 것,
즉 상징

DAY 07

해커스 보카 어원편

com-

함께, 모두 (together)

변화형 con, col, cor, co

combine★★★
[kəmbáin]
□□□

동 결합하다, 겸비하다

combination★★★ 명 결합, 조합

combine information that you already know with
new facts 수능
당신이 이미 알고 있는 정보와 새로운 사실을 결합하다

핵심표현 **combine** A with B　A와 B를 결합하다

com + bin(e)
함께 둘(bi)

➡ 함께하도록 둘을 결합하다

compact★★
[kəmpǽkt]
□□□

형 꽉 찬, 간결한
동 꽉 채우다, 압축하다

He couldn't fit the couch in such a **compact**
space.
그는 그렇게 꽉 찬 공간에 소파를 맞게 놓을 수 없었다.

com + pact
함께 묶다

➡ 함께 묶인 여럿으로 꽉 찬

combustion★★
[kəmbʌ́stʃən]
□□□

명 연소, 산화, 불에 탐

combustive 형 연소성의

The **combustion** of oxygen sends out
by-products. 수능
산소의 연소는 부산물을 내보낸다.

com + bust + ion
함께 타다 명·접

➡ 산소와 함께 합쳐져 빛과 열을
내며 타는 연소

connect***
[kənékt]
☐☐☐

통 연결하다, 이어지다, 접속하다

connection*** 명 연관성, 접속
connectivity* 명 연결(성)
connectedness 명 소속감, 유대감

The new generations of mobile were **connected** to the Internet. 수능
새로운 세대의 휴대폰은 인터넷에 연결되었다.

con + nect
함께   잇다
➡ 떨어져 있는 것을 함께 이어 연결하다

configuration**
[kənfìgjuréiʃən]
☐☐☐

명 배치, 배열, 별자리

She managed the **configuration** of the museum's art.
그녀는 박물관 미술품들의 배치를 관리했다.

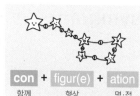

con + figur(e) + ation
함께   형상   명·접
➡ 여럿이 함께 어떤 형상을 이루도록 하는 것, 즉 배치

collision**
[kəlíʒən]
☐☐☐

명 충돌, 대립, 상충

collide 통 충돌하다, 부딪치다

Every boat requires lighting to avoid **collisions**. 수능
모든 배는 충돌을 피하기 위해 조명이 필요하다.

col + lis + ion
함께   치다   명·접
➡ 서로 함께 치는 것, 즉 충돌

correction**
[kərékʃən]
☐☐☐

명 수정, 정정, 교정

correct*** 통 수정하다, 바로잡다 형 정확한, 옳은
correctly*** 부 정확하게
incorrectly** 부 부정확하게

You need to make some **corrections** to your paper. 너는 네 논문을 약간 수정할 필요가 있다.

핵심표현 make a **correction** to ~을 수정하다

cor + rect + ion
함께   똑바로 하다   명·접
➡ 잘못된 것을 모두 함께 똑바르게 함, 즉 수정

coexist**
[kòuigzíst]
☐☐☐

통 공존하다, 동시에 존재하다

coexistence 명 공존

The two groups **coexisted** in harmony.
두 집단은 조화를 이루며 공존했다.

co + exist
함께   존재하다
➡ 여럿이 함께 존재하다, 즉 공존하다

concern***
[kənsə́ːrn]
☐☐☐

명 걱정, 우려
통 걱정하게 하다, ~에 관한 것이다

concerned*** 형 걱정하는

Some residents express **concern** about tourists. 수능 일부 주민들은 관광객들에 대한 걱정을 표현한다.

핵심표현 be **concerned** about ~에 대해 걱정하다/관심을 가지다
be **concerned** with ~와 관계가 있다

con + cern
모두   체에 거르다
➡ 모든 것을 체에 걸러 자세히 보는 마음, 즉 걱정

concentrate***
[kά:nsəntrèit]
☐☐☐

동 집중시키다, 집중하다 명 농축물

concentrated* 형 집중적인, 농축된
concentration*** 명 집중, 농축

She is unable to **concentrate** and feels exhausted. 수능 그녀는 집중할 수 없고 기진맥진해졌다.

핵심표현 **concentrate** on ~에 집중하다

con + centr + ate
모두 중심 동·접
➡ 중심에서 모두의 관심을 집중시키다

---

contour**
[kά:ntuər]
☐☐☐

명 윤곽(선), 등고선
동 ~의 윤곽을 그리다

A **contour** line connects all points that lie at the same height. 수능
등고선은 같은 높이에 놓여 있는 모든 점을 연결한다.

con + tour
모두 돌다
➡ 어떤 것의 바깥쪽을 모두 함께 돌아서 그려지는 윤곽선

---

corrupt**
[kərʌ́pt]
☐☐☐

형 부패한, 타락한
동 부패하게 만들다, 타락시키다

corruption* 명 부패, 타락
corruptive 형 부패성의, 타락시키는

Power **corrupted** the politician.
권력은 그 정치인을 부패하게 만들었다.

cor + rupt
모두 깨뜨리다
➡ 법이나 도덕을 모두 깨뜨려 부패한

---

inter-   서로 (each other), 사이에 (between)

---

interview***
[íntərvjù:]
☐☐☐

명 면접, 인터뷰
동 면접을 보다, 인터뷰하다

interviewer 명 면접관, 인터뷰를 하는 사람
interviewee 명 면접/인터뷰의 대상자

Are you ready for your **interview** next week? 수능
너는 다음 주에 있을 면접 준비가 되었니?

inter + view
서로 보다
➡ 면접관과 면접자가 마주 앉아 서로 보는 면접

---

interpret***
[intə́:rprit]
☐☐☐

동 해석하다, 이해하다, 통역하다

interpreter** 명 통역사
interpretation*** 명 해석, 이해
reinterpret 동 재해석하다

To **interpret** those finds, they had to learn Russian. 수능
발견한 것들을 해석하기 위해서 그들은 러시아어를 배워야만 했다.

inter + pret
서로 거래하다
➡ 거래하는 사이에서 서로 말이 통하도록 해석하다

---

interact***
[ìntərǽkt]
□□□

동 상호 작용하다, 소통하다

interaction*** 명 상호 작용
interactive*** 형 상호 작용을 하는

Hotel clerks **interact** with many guests.
호텔 직원들은 많은 손님들과 상호 작용한다.

inter + act
서로   행동하다
➡ 서로에게 영향을 미치는 행동을
   해서 상호 작용을 하다

---

interfere**
[ìntərfíər]
□□□

동 방해하다, 간섭하다

interference** 명 방해, 간섭

Linda's brother **interfered** with her plans.
Linda의 오빠는 그녀의 계획을 방해했다.

핵심표현 **interfere** with ~을 방해하다

inter + fere
서로   치다
➡ 서로 상대방을 쳐서 방해하다

---

interchange**
[동 ìntərtʃéindʒ]
[명 íntərtʃèindʒ]
□□□

동 서로 교환하다, 주고받다
명 교환, (도로의) 분기점

interchangeable** 형 서로 교환할 수 있는

Team members **interchanged** ideas.
팀 구성원들은 의견을 서로 교환했다.

inter + change
서로   바꾸다
➡ 서로 가진 것을 맞바꾸어
   교환하다

---

interrelate**
[ìntəriléit]
□□□

동 서로 연관시키다, 상호 관계를 갖다

Design and styling are **interrelated**. 수능
디자인과 스타일링은 서로 연관되어 있다.

inter + relate
서로   관련 짓다
➡ 서로 관련 지어 연관시키다

---

international***
[ìntərnǽʃənəl]
□□□

형 국가 간의, 국제적인

internationally 부 국제적으로

I won the first prize in an **international** cooking contest. 수능
나는 국제 요리 대회에서 1등을 했다.

inter + nation + al
사이에   국가   형·접
➡ 국가와 국가 사이의

---

interpersonal**
[ìntərpə́:rsənəl]
□□□

형 사람과 사람 사이의, 대인 관계의

interpersonally 부 사람과 사람 사이에서, 대인관계에서

Interpersonal relationships can be hard.
사람과 사람 사이의 관계는 어려울 수 있다.

inter + person + al
사이에   사람   형·접
➡ 사람과 사람 사이의

---

interval★★
[íntərvəl]
□□□

명 간격, 중간 휴식 시간

Buses depart in 20-minute **intervals**.
버스들은 20분 간격으로 출발한다.

inter + val
사이에   벽
➡ 벽과 벽 사이의 빈 간격

intermission★
[ìntərmíʃən]
□□□

명 (공연 등의) 휴식 시간, 중단

Latecomers will be admitted during
intermission. 수능
늦게 온 사람들은 휴식 시간 동안 입장이 허락될 것이다.

inter + mission
사이에   임무
➡ 임무와 임무 사이의 휴식 시간

---

auto-

스스로, 자신의 (self)

변화형 aut

---

automobile★★★
[ɔ́ːtəməbíːl]
□□□

명 자동차
형 자동차의, 자동의

Gases from **automobiles** are dangerous. 수능
자동차에서 나오는 가스는 위험하다.

auto + mobile
스스로   이동하는
➡ 소나 말이 끌지 않아도 스스로
이동하는 자동차

automatic★★
[ɔ̀ːtəmǽtik]
□□□

형 자동의
명 자동 조작 기계

automatically★★★ 부 자동적으로

The lawn is watered by an **automatic** sprinkler.
자동 스프링클러가 잔디밭에 물을 준다.

auto + mat + ic
스스로 움직이다 형·접
➡ 스스로 움직이는, 즉 자동의

authenticity★★
[ɔ̀ːθentísəti]
□□□

명 진품임, 진짜임, 신빙성

authentic★★ 형 진짜의

Experts confirm the **authenticity** of paintings.
전문가들은 그림이 진품임을 확인한다.

aut + hent + ic + ity
스스로 되다 형·접 명·접
➡ 자기 스스로 원본이 되는 것,
즉 진품임

관계를 나타내는 접두사

DAY 08 | 대항하여 / 맞서, 하게 만들다
anti, counter, ob, en

MP3 바로 듣기

---

anti-
대항하여 (against), 반대의 (opposite)
변화형 ant

---

antibiotic★★
[æ̀ntibaiá:tik]
□□□

형 항생 물질의
명 항생제
Antibiotics have no impact on viruses.
항생제는 바이러스에 아무런 영향을 주지 않는다.

anti + bio + tic
대항하여 생물 형·접
➡ 세균 등의 다른 생물에 대항하는 항생 물질의

---

antibacterial★
[æ̀ntibæktíəriəl]
□□□

형 항균성의
Using **antibacterial** soap is recommended.
항균성 비누를 사용하는 것이 권장된다.

anti + bacterial
대항하여 세균의
➡ 세균에 대항하는 성질을 지닌, 즉 항균성의

---

antibody★
[æ̀ntibà:di]
□□□

명 항체
The body creates its own **antibodies**.
신체는 스스로의 항체를 만든다.

anti + body
대항하여 신체
➡ 신체에 들어온 병원균에 대항하는 항체

Antarctic★
[æntá:rktik]
□□□

명 남극 (지방)
형 남극의
They went on an **Antarctic** trip.
그들은 남극 여행을 떠났다.

Ant + arctic
반대의 북극
➡ 북극의 반대 지역인 남극

---

56 들으면서 외우는 MP3 및 단어시험지 제공 HackersBook.com

counter-
대항하여 (against), 반대의 (opposite)
[변화형] contra, contro

---

counterpart★★
[káuntərpàːrt]
□□□

명 상대, 대응 관계에 있는 사물/사람

The CEO had a meeting with his **counterpart** from another company.
그 CEO는 다른 회사의 상대 CEO와 회의를 했다.

counter + part
대항하여 / 부분, 구성원
➡ 양편 중 서로 대항하는 부분 또는 구성원, 즉 상대

---

counteract★★
[kàuntərǽkt]
□□□

동 대항하다, 거스르다, 대응하다

The soldiers **counteracted** the enemy forces.
군인들은 적군에 대항했다.

counter + act
대항하여 / 행동하다
➡ 대항하여 행동하다, 즉 대항하다

---

contrast★★★
[명 káːntræst]
[동 kəntrǽst]
□□□

명 차이, 대비, 대조
동 대조하다, 대비하다

The **contrast** between Europe and America is sharp. [수능]
유럽과 미국의 차이는 분명하다.

[핵심표현] **contrast** between A and B A와 B 사이의 대조

YES NO

contra + st
반대의 / 서다(sta)
➡ 반대하는 위치에 서 있어서 드러나는 차이, 대비

---

contrary★★★
[káːntreri]
□□□

형 반대의, 반하는   명 상반되는 것
부 반대로, ~에 반해서

Contrary to what many believe, Napoleon wasn't short.
많은 사람들이 믿는 것에 반해, 나폴레옹은 키가 작지 않았다.

[핵심표현] **contrary** to ~에 반해

contra + (a)ry
반대의 / 형·접
➡ 반대의, 반하는

---

control★★★
[kəntróul]
□□□

동 통제하다, 지배하다   명 통제, 제어, 지배

controllable★★ 형 통제 가능한
uncontrollably★★ 부 통제할 수 없게, 제어하기 힘들게
self-control★★ 명 자제력

In business, competition **controls** the market. [수능]
사업에서는, 경쟁이 시장을 통제한다.

[핵심표현] in **control** of ~을 통제하고 있는, ~을 관리하는

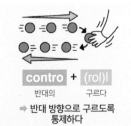

contro + (rol)l
반대의 / 구르다
➡ 반대 방향으로 구르도록 통제하다

해커스 보카 어원편

DAY 08

ob-

맞서 (against), 향하여 (toward)

(변화형) op, oc, of

---

obstacle★★★
[ɑ́:bstikəl]

□□□

명 장애(물), 방해(물)
동 불명확하게 하다

My love was so strong that I overcame the
obstacle. (수능)
내 사랑은 매우 강해서 나는 장애물을 극복했다.

ob + sta + cle
맞서   서다   명·접
➡ 맞서서 막고 서 있는 장애물

---

obscure★★
[əbskjúər]

□□□

형 분명치 않은, 모호한, 눈에 띄지 않는

obscurely 부 모호하게
obscurity 명 모호함

The author used **obscure** words.
그 작가는 분명치 않은 단어들을 사용했다.

ob + scure
맞서   덮여진
➡ 보려는 시도에 맞서 무언가로
덮여져 분명하게 보이지 않는

---

opponent★★★
[əpóunənt]

□□□

명 상대, 반대자
형 적대하는, 반대하는

oppose★★★ 동 반대하다
opposed★★ 형 반대의, 대항하는

He decided to select his **opponent** randomly. (수능)
그는 그의 상대를 무작위로 선택하기로 했다.

op + pon + ent
맞서   놓다(pos)   명·접(사람)
➡ 맞서서 반대 수를 놓는 상대

(어원으로 줄줄이!) **opponent와 유사한 의미의 어휘**

- **competitor**   명 경쟁자, 경쟁상대   com 함께 + pet(it) 찾다 + or 명·접(사람)
  ▶ 어떤 것을 먼저 찾기 위해 함께 경쟁하는 사람, 즉 경쟁자
- **enemy**   명 적(군), 반대자   en 아닌(in) + emy 친구(ama) ▶ 친구가 아닌 상대, 즉 적
- **rival**   명 경쟁자, 라이벌   riv(e) 작은 강, 개울 + al 명·접 ▶ 강을 사이에 두고 대치 중인 적, 경쟁자

---

oppress★
[əprés]

□□□

동 억압하다, 압박하다

oppression 명 억압, 압박

Some governments **oppress** the people.
어떤 정부는 국민을 억압한다.

op + press
맞서   누르다
➡ 상대에 맞서 일어나지 못하도록
눌러 억압하다

---

observe***

[əbzə́ːrv]

☐☐☐

⑧ (법 등을) 지키다, 관찰하다

observer*** 몡 목격자
observation*** 몡 관찰
observatory** 몡 관측소, 천문대

Always **observe** the traffic signals. 수능
항상 교통 신호를 지켜라.

ob + **serve**
향하여   지키다

➡ 어떤 것을 향하여 서서 그것을
지키다, 지키고 서서 관찰하다

---

occasion***

[əkéiʒən]

☐☐☐

몡 (특별한) 일/경우, 행사

occasional*** 휑 가끔의
occasionally*** 뮈 가끔

What's the **occasion**? 수능
무슨 특별한 일이야?

oc + **cas** + **ion**
향하여   떨어지다   명·접

➡ 현실을 향하여 떨어진
특별한 일, 행사

---

offer***

[ɔ́ːfər]

☐☐☐

⑧ 제공하다, 제안하다, 주다
몡 제공, 제안

offering 몡 제공된 것, 제물, 선물

We've heard you accepted a job **offer**. 수능
우리는 네가 일자리 제안을 받아들였다고 들었다.

of + **fer**
향하여   나르다

➡ 상대방을 향하여 날라서
제공하다

---

en-

하게 만들다 (make), 안에 (in)

변화형 em

---

enable***

[inéibl]

☐☐☐

⑧ ~할 수 있게 하다, 가능하게 하다

Textbooks **enable** you to increase your
knowledge. 수능
교과서는 당신이 지식을 늘릴 수 있게 한다.

핵심표현 **enable** A to B A가 B할 수 있게 하다

en + **able**
하게 만들다 할 수 있는

➡ 어떤 일을 할 수 있게 만들다

---

enhance***

[inhǽns]

☐☐☐

⑧ 향상시키다, 강화하다

enhancement 몡 향상

enhance the quality of our professional
career 수능
우리의 직업적 경력의 질을 향상시키다

en + **hance**
하게 만들다 앞서(ante)

➡ 능력, 자질 등이 지금보다 앞서게
만들다, 즉 향상시키다

★★★ = 최빈출 ★★ = 빈출 ★ = 기출

DAY 08

해커스 보카 어원편

ensure***
[inʃúər]
☐☐☐

동 확실하게 하다, 반드시 ~하게 하다

All travellers should **ensure** they have travel insurance. 수능
모든 여행객들은 여행 보험에 들었는지 확실하게 해야 한다.

en + sure
하게 만들다   확실한
➡ 어떤 일이 일어나는 것을 확실하게 만들다

endanger**
[indéindʒər]
☐☐☐

동 위험하게 하다, 위험에 빠뜨리다

endangered*** 형 멸종 위기에 처한

Pollution is **endangering** the Earth's future.
공해는 지구의 미래를 위험하게 하고 있다.

en + danger
하게 만들다   위험
➡ 위험하게 만들다

entitle**
[intáitl]
☐☐☐

동 자격/권리를 주다, ~이라 제목을 붙이다

entitlement* 명 자격, 권리

They are **entitled** to look wherever they want. 수능
그들은 그들이 원하는 곳을 어디든지 볼 권리가 있다.

핵심표현 be **entitled** to ~할 자격/권리가 있다

Manager
en + title
하게 만들다 지위, 제목
➡ 지위를 갖게 만들어 어떤 일을 할 자격 또는 권리를 주다

ensue**
[insú:]
☐☐☐

동 잇따라 일어나다, 계속되다

ensuing 형 다음의, 뒤이은

When sincere apologies are offered, harmony **ensues**. 수능
진심 어린 사과가 행해질 때, 화합이 잇따라 일어난다.

Sorry!
en + sue
하게 만들다   따르다
➡ 어떤 일이 다른 일을 따르게 만들어 그 일들이 잇따라 일어나다

enlarge**
[inlá:rdʒ]
☐☐☐

동 확대하다, 확장하다, 커지다

enlargement** 명 확대, 확장

Leisure time was **enlarged** by workers' union campaigns. 수능
근로자 조합 운동에 의해 여가 시간이 확대되었다.

en + large
하게 만들다   큰
➡ 커지게 만들다, 즉 확대하다

enrich**
[inrítʃ]
☐☐☐

동 부유하게 하다, 풍요롭게 하다

enrichment 명 풍부하게 함

Art **enriches** our spirit. 수능
예술은 우리의 정신을 풍요롭게 한다.

en + rich
하게 만들다   부유한
➡ 부유하게 만들다

empower***
[impáuər]

□□□

동 권한을 주다, 권력을 위임하다

empowerment 명 권한 부여

Empowering people allows you to focus on the important things. 수능

사람들에게 권한을 주는 것은 당신이 중요한 것에 집중할 수 있게 해준다.

em + power
하게 만들다   권력
➡ 권력 또는 권한을 갖게 만들다

---

engage***
[ingéidʒ]

□□□

동 약속하다, 참가하다, 종사하다

engagement** 명 약속, 약혼, 개입, 참여, 계약
disengage 동 (연결 등을) 풀다, 분리되다

Every day, we **engage** in many types of activities. 수능

매일 우리는 여러 종류의 활동에 참가한다.

핵심표현 be **engaged** in ~에 관련되다/종사하다, ~하느라 바쁘다

en + gage
안에   서약
➡ 서약 안에 들어가 약속하다,
약속한 일에 참가하다

---

enthusiasm***
[inθú:ziæzm]

□□□

명 열정, 열광(시키는 것)

enthusiastic** 형 열광적인, 열렬한

The baseball team showed great **enthusiasm**.

그 야구팀은 대단한 열정을 보여줬다.

en + thus + iasm
안에   신   명·접(ism)
➡ 마음 안에 신이 불어 넣는 것,
즉 열정

---

embrace**
[imbréis]

□□□

동 껴안다, 받아들이다

embracement 명 포옹, 수락

The water seemed to **embrace** her. 수능

물이 그녀를 껴안는 것 같이 보였다.

em + brace
안에   팔
➡ 팔 안에 들어오게 껴안다

---

embed**
[imbéd]

□□□

동 깊이 박다, 끼워 넣다

He **embedded** a message in the stone.

그는 돌에 메시지를 깊이 박았다.

em + bed
안에   놓다
➡ 어떤 것을 다른 것 안에 놓기
위해 깊이 박아 넣다

DAY 08

해커스 보카 어원편

아닌
in(2), un, de(2)

---

in- (2)

아닌 (not)

변화형 im, il, ir

---

incorrect***
[ìnkərékt]

□□□

형 부정확한, 틀린

incorrectly** 부 부정확하게

We are flooded by **incorrect** information. 수능
우리는 부정확한 정보에 잠겨 있다.

in + correct
아닌   정확한
➡ 정확하지 않은, 틀린

어원으로 줄줄이! incorrect와 유사한 의미의 어휘

• **false**   형 잘못된, 틀린   fals(e) 잘못된 ▶ 잘못된, 틀린
• **inaccurate**   형 부정확한, 틀린   in 아닌 + ac ~에(ad) + cur 관심 + ate 형·접
                                  ▶ 어떤 것에 충분히 관심을 쏟지 않아 부정확한
• **mistaken**   형 잘못된, 틀린   mis 잘못된 + take(n) 취하다 ▶ 행동이나 생각이 잘못 취해져 틀린

---

inevitable***
[inévətəbəl]

□□□

형 피할 수 없는, 부득이한, 필연적인

inevitably** 부 불가피하게

suffer from an **inevitable** mental trauma 수능
피할 수 없는 정신적 외상으로 고통받다

in + evit(e) + able
아닌   피하다   할 수 있는
➡ 피할 수 있는 것이 아닌

---

innocent**
[ínəsənt]

□□□

형 결백한, 무죄의, 순진한

innocence* 명 결백, 무죄

He is **innocent** until the court proves that he is guilty. 수능
법정이 그가 유죄임을 입증할 때까지 그는 무죄이다.

in + nocent
아닌   해로운, 유죄의
➡ 해를 끼치지 않은,
유죄가 아니라 무죄인

---

indirect★★
[ìndərékt]
□□□

혱 간접적인, 우회하는

indirectly★★ 闸 간접적으로

Smoking is an **indirect** cause of some diseases.
흡연은 일부 질병들의 간접적인 원인이다.

in + direct
아닌 직접적인, 직행의

➡ 직접적이거나 직행하지 않고
간접적인 또는 우회하는

---

invariable★★
[invéəriəbl]
□□□

혱 불변의, 변하지 않는
몡 불변의 것

invariably★★ 闸 변함없이

Laws of space and time are **invariable**. 수능
공간과 시간의 법칙은 변하지 않는다.

in + vari + able
아닌 달라지다(vary) 할 수 있는

➡ 달라질 수 있는 것이 아닌,
즉 불변의

---

inability★★
[ìnəbíləti]
□□□

몡 무능, 불능, 할 수 없음

He failed due to laziness, not **inability**.
그는 무능이 아니라 게으름 때문에 실패했다.

in + ability
아닌 능력, 할 수 있음

➡ 능력 있지 않음, 할 수 없음

---

impractical★★★
[imprǽktikəl]
□□□

혱 실용적이지 않은, 비현실적인

The **impractical** white scarf was pulled out of
the donation bag at the last minute. 수능
실용적이지 않은 그 흰색 스카프는 마지막 순간에 기증품 가방에서 빼내어졌다.

im + practical
아닌 실용적인, 현실적인

➡ 실용적이지 않은,
현실적이지 않은

---

immortality★★
[ìmɔːrtǽləti]
□□□

몡 불멸, 불사, 영원한 생명

immortal★ 혱 죽지 않는, 불멸의
mortal★ 혱 죽음의

immortality in literature itself 수능
문학 그 자체 속에서의 불멸

im + mortal + ity
아닌 언젠가 반드시 죽는 명·접

➡ 언젠가 반드시 죽는 것이 아니라
영원히 사는 불멸

---

imbalance★★
[imbǽləns]
□□□

몡 불균형, 불안정

She has a severe vitamin **imbalance**.
그녀는 심각한 비타민 불균형이 있다.

im + balance
아닌 균형

➡ 균형 잡히지 않은 것, 즉 불균형

---

immoral★★
[imɔ́:rəl]
□□□

형 비도덕적인, 부도덕한

immorality 명 부도덕(함), 악행

Knowledge itself is neither moral nor **immoral**.
지식 그 자체는 도덕적이지도 비도덕적이지도 않다.

im + moral
아닌   도덕적인
➡ 도덕적이지 않은

illegal★★
[ilíːgəl]
□□□

형 불법적인, 위법의

illegally★★ 부 불법적으로

He was arrested for his **illegal** actions.
그는 불법적인 행위들로 체포되었다.

il + legal
아닌   합법적인
➡ 힙법적이시 않은

irresistible★★
[ìrizístəbəl]
□□□

형 저항할 수 없는, 거부할 수 없는

He had an **irresistible** urge to go see his wife. 수능
그는 아내를 보러 가고 싶은 저항할 수 없는 충동을 느꼈다.

ir + resist + ible
아닌   저항하다 할 수 있는
➡ 저항할 수 있지 않은

---

un-   아닌 (not)

---

unknown★★★
[ʌnnóun]
□□□

형 알려지지 않은, 미지의
명 알려지지 않은 사람, 미지의 것

I found success in this **unknown** land. 수능
나는 이 미지의 땅에서 성공을 거뒀다.

un + known
아닌   알려진
➡ 알려지지 않은, 미지의

unexpected★★★
[ʌnikspéktid]
□□□

형 예상 밖의, 갑작스러운

unexpectedly★★★ 부 예상외로

unexpected death of Belgium's king in 1993 수능
1993년 벨기에 국왕의 갑작스러운 죽음

un + expect(ed)
아닌   예상하다
➡ 예상한 것이 아니라 갑작스러운

unable★★★

[ʌnéibəl]

□□□

형 ~할 수 없는, 무능한, 무력한

One of the puppies is weak and **unable** to eat. 수능

강아지들 중 한 마리는 약하고 먹을 수 없다.

un + able
아닌   할 수 있는
➡ 어떤 일을 할 수 있지 않은

unfair★★★

[ʌnféər]

□□□

형 불공평한, 부당한

unfairness 명 불공평

It's **unfair** to decide the children's career paths based on the test results. 수능

시험 결과를 바탕으로 아이들의 진로를 결정하는 것은 불공평하다.

un + fair
아닌 공평한, 타당한
➡ 공평하지 않은, 타당하지 않은

unfamiliar★★★

[ʌnfəmíliər]

□□□

형 익숙하지 않은, 낯선

reasons for people's rejection of **unfamiliar** foods 수능

사람들이 익숙하지 않은 음식을 거부하는 이유들

un + familiar
아닌   익숙한
➡ 익숙하지 않은, 낯선

unforgettable★★

[ʌnfərgétəbəl]

□□□

형 잊을 수 없는, 언제까지나 기억에 남는

unforgettably 부 잊을 수 없게

Let's make this party an **unforgettable** memory. 수능

이번 파티를 잊을 수 없는 기억으로 만들자.

un + forget(t) + able
아닌   잊다   할 수 있는
➡ 잊을 수 있는 것이 아닌

unlikely★★

[ʌnláikli]

□□□

형 ~할 것 같지 않은, 있을 법하지 않은

It's **unlikely** that we'll finish in time.

우리는 시간에 맞춰 끝낼 것 같지 않다.

핵심표현 It's **unlikely** that ~할 것 같지 않다

un + likely
아닌 ~할 것 같은, 그럴듯한
➡ ~할 것 같지 않은,
   그럴듯하지 않은

unwanted★★

[ʌnwɔ́ːntid]

□□□

형 원치 않는, 불필요한, 바람직하지 않은

When you photograph, remember to exclude **unwanted** objects. 수능

사진을 찍을 때, 불필요한 물체는 제외할 것을 기억해라.

un + want(ed)
아닌   원하다
➡ 원하거나 필요한 것이 아닌

---

unbearable**
[ʌnbérəbəl]
□□□

형 견딜 수 없는, 참기 어려운

bear** 동 견디다, 참다
bearable** 형 견딜 만한, 참을 만한

A broken bone causes **unbearable** pain.
부러진 뼈는 견딜 수 없는 고통을 초래한다.

un + bear + able
아닌   견디다   할 수 있는
➡ 견딜 수 있는 것이 아닌

unlock**
[ʌnlá:k]
□□□

동 (잠긴 것을) 열다, 드러내다

unlock new secrets of the DNA 수능
DNA의 새로운 비밀을 드러내다

un + lock
아닌   잠그다
➡ 잠기지 않은 상태로 만들다,
   즉 열다

unfortunate**
[ʌnfɔ́:rtʃənət]
□□□

형 운이 없는, 불행한, 유감스러운

unfortunately*** 부 불행하게도, 유감스럽게도
fortune** 명 운, 행운, 재산
fortunately** 부 운 좋게도

It was **unfortunate** that John lost his job.
John이 직업을 잃은 것은 불행한 일이었다.

un + fortun(e) + ate
아닌   운   형·접
➡ 운이 있지 않은, 불행한

어원으로 줄줄이! **unfortunate**과 유사한 의미의 어휘

- **disastrous** 형 비참한, 불운한   dis 떨어져 + astro 별 + (o)us 형·접
  ▶ 별이 떨어지는 재난이 생겨서 비참하고 불행한

- **miserable** 형 비참한, 불행한   mis(er) 잘못된 + able 할 수 있는
  ▶ 잘못된 일이 일어날 수 있는 상태인, 즉 비참한 또는 불행한

- **tragic** 형 비극적인, 비참한   trag 염소 + ic 형·접
  ▶ 고대 연극배우들이 염소 가죽을 입고 노래를 불렀던 비극과도 같은

---

de- (2)   아닌 (not)

---

decode**
[di:kóud]
□□□

동 (암호를) 해독하다, 이해하다

Suzy was able to **decode** the message.
Suzy는 그 메시지를 해독할 수 있었다.

de + code
아닌   암호화하다
➡ 암호화한 것을 아닌 상태로
   해독하다

deforestation★★

[diːfɔ̀ːristéiʃən]

☐☐☐

명 삼림 벌채, 삼림 개간

deforest 동 삼림을 벌채하다

Deforestation exposed the soil to harsh weather. 수능

삼림 벌채는 토양을 거친 날씨에 노출시켰다.

de + forest + ation

아닌   숲, 삼림   명·접

➡ 숲을 베어 숲이 아닌 상태로 만드는 삼림 벌채

demerit★

[dimérit]

☐☐☐

명 단점, 결점, 잘못

Selfishness is one of Drew's **demerits**.

이기적임은 Drew의 단점 중 하나이다.

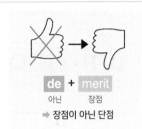

de + merit

아닌   장점

➡ 장점이 아닌 단점

MP3 바로 듣기

uni-/mono-/sol- 하나 (one), 혼자 (alone)

unique★★★
[juːníːk]
□□□

형 유일한, 고유한, 독특한

uniquely★★ 분 독특하게

Everyone is **unique** and has different gifts. 수능
모든 사람은 고유하고 서로 다른 재능을 가지고 있다.

uni + (i)que
하나   형·접
➡ 하나만 있어 유일하거나 고유한

uniform★★★
[júːnəfɔ̀ːrm]
□□□

명 제복, 유니폼
형 똑같은, 획일적인

uniformly★ 분 균일하게, 한결같이
uniformity★ 명 획일, 일치

The players look all the same in those
uniforms. 수능
선수들은 그 유니폼을 입으면 모두 똑같아 보인다.

uni + form
하나   형태, 모습
➡ 하나의 모습으로 보이기 위해
입는 제복, 유니폼

union★★★
[júːnjən]
□□□

명 연합, 조합, 동맹

unionism 명 연방주의

The European **Union** has experienced difficulties
with members' taxes. 수능
유럽 연합은 회원국들의 세금과 관련해 어려움을 겪어왔다.

핵심표현 student **union** 학생 자치회, 학생 회관

uni + (i)on
하나   명·접
➡ 여럿이 하나로 모인 연합

unite★★
[juːnáit]
□□□

동 연합하다, 결합하다, 통합하다

unity★ 명 통합, 통일(성), 단결

The two political parties **united** under her
leadership.
두 정당은 그녀의 리더십 하에 연합했다.

We are 1!
uni + (a)te
하나   동·접
➡ 하나로 연합하다

monotonous ★★
[mənáːtənəs]
□□□

형 단조로운, 지루한, 변화가 없는

monotone 명 단조로운 소리/방식

He fell asleep because of the **monotonous** lecture.
그는 지루한 강의 때문에 잠이 들었다.

mono + ton + ous
하나   소리   형·접
➡ 하나의 소리만 나서 단조롭고 지루한

---

monopoly ★
[mənáːpəli]
□□□

명 독점(권), 독점 기업

monopolize 동 독점하다
monopolistic 형 독점적인

The company has a **monopoly** on phone service.
그 회사는 전화 서비스에 대한 독점권을 가지고 있다.

mono + poly
혼자   팔다
➡ 어떤 물건을 혼자만 파는 독점

---

sole ★★
[soul]
□□□

형 유일한, 단독의
명 발바닥, 신발 밑창

solely 부 오로지, 단지

He was the **sole** survivor of the accident.
그는 그 사고의 유일한 생존자였다.

sol(e)
하나
➡ 하나만 있는, 즉 유일한 또는 단독의

---

solid ★★★
[sáːlid]
□□□

형 고체의, 단단한, 꽉 찬
명 고체, 입체
부 일치하여

solidify ★ 동 굳어지다, 굳히다
solidness 명 굳음, 빽빽함

Water becomes **solid** when it's frozen.
물은 얼면 고체가 된다.

sol + id
하나   형·접
➡ 하나로 단단하게 뭉친 고체의, 하나의 물질로 단단하게 꽉 채운

---

solitary ★★★
[sáːlətèri]
□□□

형 혼자의, 고독한, 외딴

In rivers and streams, the fish are more **solitary**. 수능
강과 시내에서 그 물고기들은 혼자인 경우가 더 많다.

sol + it + ary
혼자   가다   형·접
➡ 혼자 가는, 혼자 가서 고독한

어원으로 줄줄이! solitary**와 유사한 의미의 어휘**

- **isolated** 형 고립된, 격리된　isol 섬(insula) + ate(d) 형·접 ▶ 섬처럼 혼자 고립되어 격리된
- **lonely** 형 고독한, 외로운　lone 고독의 + ly 형·접 ▶ 고독한, 외로운
- **remote** 형 외딴, 동떨어진　re 뒤로 + mot(e) 움직이다(mob) ▶ 뒤로 움직여 멀리 떨어져 있는, 즉 외딴

DAY 10

해커스 보카 어원편

solitude★★

[sá:lətjù:d]

□□□

몡 고독, 독거, 외딴 장소

We want some stillness and **solitude**. 수능

우리는 어느 정도의 고요함과 고독을 원한다.

sol(i) + tude
혼자   명·접
➡ 혼자 있어 느끼는 고독

---

du-/bi-/twi-

둘 (two)

변화형 du: dou, di

　　　 bi: bin

---

dual★★

[djú:əl]

□□□

혱 둘의, 이중의, 두 부분으로 된

Copyright laws serve a **dual** purpose. 수능

저작권법은 이중의 목적에 기여한다.

du + al
둘   형·접
➡ 둘로 된, 이중의

---

duet★

[djuét]

□□□

몡 이중창, 이중주

The couple sang the **duet** beautifully.

그 부부는 이중창을 아주 잘 불렀다.

du + et
둘   명·접
➡ 노래나 연주를 둘이 같이 하는
　이중창 또는 이중주

---

duplicate★

[동 djú:pləkèit]

[형, 명 djú:plikət]

□□□

동 복제하다, 되풀이하다
혱 중복의, 복제의
몡 사본, 복제

The artist **duplicated** the famous painting.

그 화가는 유명한 그림을 복제했다.

du + plic + ate
둘   접다   동·접
➡ 접어서 똑같은 둘을 만들다,
　즉 복제하다

어원으로 줄줄이! duplicate**과 유사한 의미의 어휘**

• **overlap**	동 겹치다 몡 겹침, 중복	over 위에 + lap 겹치다 ▶ 같은 것을 위에 겹쳐서 놓음, 즉 중복
• **replicate**	동 복제하다 혱 반복된	re 다시 + plic 접다 + ate 동·접 ▶ 접어서 같은 것을 다시 복제하다
• **repeat**	동 되풀이하다, 반복하다	re 다시 + peat 추구하다(pet) ▶ 추구하는 것을 얻기 위해 어떤 일을 다시 되풀이하다
• **reproduce**	동 복제하다, 복사하다	re 다시 + produce 생산하다 ▶ 한 번 만들었던 것을 다시 생산하다, 즉 복제하다

doubt★★★

[daut]

☐☐☐

명 의심, 의혹 동 의심하다

undoubtedly★★ 부 의심할 여지 없이

There is no **doubt** that air pollution is a big problem. 수능

대기 오염이 큰 문제라는 것에 의심의 여지가 없다.

핵심표현 There is no **doubt** that ~라는 것에 의심의 여지가 없다

dou(bt)
둘

➡ 진실과 거짓 둘 중 무엇인지 몰라 믿지 못하는 의심

---

dilemma★★★

[dilémə]

☐☐☐

명 딜레마, 궁지, 진퇴양난

AIs could lead us in resolving moral **dilemmas**. 수능

AI는 우리를 도덕적 딜레마를 해결하는 쪽으로 이끌 수 있다.

di + lemma
둘   전제

➡ 결과가 나쁜 두 가지 전제밖에 없는 상황, 즉 딜레마

---

dioxide★★

[daiá:ksaid]

☐☐☐

명 이산화물

Plants take in carbon **dioxide** from the air.

식물은 공기로부터 이산화탄소를 흡수한다.

di + oxide
둘   산화물

➡ 산소 원소 두 개가 붙어 있는 물질

---

diploma★

[diplóumə]

☐☐☐

명 졸업증, 학위, (수료) 증서

She got a **diploma** in biology.

그녀는 생물학 학위를 받았다.

di + plo + (o)ma
둘   접다(plic) 명·접

➡ 두 페이지로 접혀 있는 졸업증, 학위

---

diplomat★

[dípləmæt]

☐☐☐

명 외교관, 외교나 흥정에 능한 사람

diplomatic★★ 형 외교의
diplomacy★ 명 외교

He served as a U.S. **diplomat** to Iraq.

그는 이라크 주재 미국 외교관으로 일했다.

diploma(t)
증서

➡ 나라를 대표하는 증서를 가진 외교관

---

bilingual★★

[bailíŋgwəl]

☐☐☐

형 두 언어를 할 줄 아는, 이중 언어 사용자인
명 이중 언어 사용자

Lisa is **bilingual**, speaking both Spanish and English.

Lisa는 스페인어와 영어를 둘 다 말하는 이중 언어 사용자이다.

bi + lingu + al
둘   언어   형·접

➡ 두 언어를 쓰는

---

bidirectional*
[bàidirékʃənəl]
☐☐☐

형 양방향의, 두 방향으로 작용하는

The subway tracks are **bidirectional**.
지하철 선로는 양방향이다.

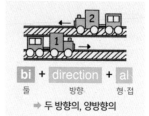

binocular*
[bənáːkjulər]
☐☐☐

형 두 눈으로 보는
명 (복수형으로) 쌍안경

He looked at birds through **binoculars**.
그는 쌍안경을 통해 새들을 보았다.

twin***
[twin]
☐☐☐

명 쌍둥이 (중 한쪽)
형 쌍둥이의
동 쌍둥이로 낳다

I'm looking for inline skates for my **twins**. 수능
나는 내 쌍둥이들에게 줄 인라인스케이트를 찾고 있다.

twist**
[twist]
☐☐☐

동 꼬(이)다, 비틀다
명 꼬임, 엉킴

The clown **twisted** the balloons into all kinds of shapes.
그 광대는 풍선을 꼬아서 온갖 모양으로 만들었다.

핵심표현 **twist** A into A를 꼬아서 ~으로 만들다

---

tri- 셋 (three)

---

tribe**
[traib]
☐☐☐

명 부족, 종족

tribal** 형 부족의, 종족의

Native American **tribes** had to leave their lands.
아메리카 원주민 부족들은 그들의 땅을 떠나야만 했다.

triple★★

[trípəl]

□□□

📕 세 배의, 세 부분으로 이루어진

📗 세 배로 만들다

India has **tripled** its food production in the last 30 years. 수능

인도는 지난 30년간 식량 생산량을 세 배로 만들었다.

tri + ple

셋   접다(plic)

➡ 하나를 접어서 셋이 된, 즉 세 배가 된

---

tricycle★

[tráisikəl]

□□□

📕 세발자전거, 삼륜 오토바이

The child rode a **tricycle** down the street.

그 아이는 세발자전거를 타고 거리를 지나갔다.

tri + cycle

셋   자전거, 오토바이

➡ 바퀴가 셋 달린 자전거나 오토바이

---

trilogy★

[trílədʒi]

□□□

📕 (극·소설 등의) 3부작

Those books are my favorite sci-fi **trilogy**.

그 책들은 내가 가장 좋아하는 공상 과학 3부작이다.

tri + log + y

셋   말   명·접

➡ 셋으로 나눠 말하는 것, 즉 3부작

DAY 11 | 십·백·천, 여럿, 강조
deca/cent/milli, multi, a, per

MP3 바로 듣기

---

deca-/cent-/milli- 십 (ten) / 백 (hundred) / 천 (thousand)

---

decade★★★
[dékeid]
□□□

명 10년, 10개가 한 벌로 된 것

The impact of color has been studied for **decades**. 수능
색깔의 영향은 수십 년 동안 연구되어 왔다.

핵심표현 for **decades** 수십 년 동안

---

century★★★
[séntʃəri]
□□□

명 100년, 1세기

In the twentieth **century**, there were many advances in technology. 수능
20세기에는 기술에 많은 발전이 있었다.

---

centennial★
[senténiəl]
□□□

형 100년마다의, 100년간의
명 100주년

The museum's **centennial** festival was fun.
그 박물관의 100주년 축제는 재미있었다.

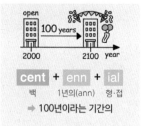

---

millennium★★
[miléniəm]
□□□

명 1000년, 새로운 천 년이 시작하는 시기

millennial 형 천 년간의

The castle was built a **millennium** ago.
그 성은 1000년 전에 지어졌다.

---

million***

[míljən]

☐☐☐

명 백만

형 백만의, 다수의

Today, **millions** of people own automobiles. 수능

오늘날에는 수백만의 사람들이 자동차를 소유하고 있다.

핵심표현 **millions of** 수백만의 ~

milli + on
천   큰

➡ 천보다 천 배만큼 큰 것,
즉 백만

millionaire**

[mìljənéər]

☐☐☐

명 백만장자, 큰 부자

I want to be a **millionaire**. 수능

나는 백만장자가 되고 싶다.

million + aire
백만   ~을 가진 사람

➡ 백만을 가진 사람, 즉 백만장자

어원으로 줄줄이! **milli**와 유사한 의미의 접두사 **kilo**(천)

• **kilogram** 명 킬로그램   kilo 천 + gram 그램 ▶ 천 그램, 즉 1kg
• **kilometer** 명 킬로미터   kilo 천 + meter 미터 ▶ 천 미터, 즉 1km

---

multi- 여럿, 많은 (many, much)

---

multiple***

[mʌ́ltipəl]

☐☐☐

형 많은, 다수의

명 배수

multiply** 동 곱하다
multiplication* 명 곱셈

There are **multiple** winners in the game of life. 수능

인생이라는 경기에는 많은 승자가 있다.

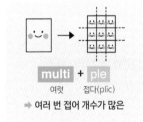

multi + ple
여럿   접다(plic)

➡ 여러 번 접어 개수가 많은

multitask**

[mʌ̀ltitǽsk]

☐☐☐

동 동시에 여러 일을 처리하다

When people **multitask**, they often get distracted.

사람들이 동시에 여러 일을 처리할 때, 그들은 종종 산만해진다.

multi + task
여럿   일

➡ 여러 일을 동시에 함께 처리하다

multipurpose★★

[mʌ̀ltipə́ːrpəs]

⬜⬜⬜

형 다목적의, 여러 용도로 쓰이는

He brought a **multipurpose** tool for camping.
그는 캠핑을 위해 다목적 도구를 가져왔다.

multi + purpose
여럿   목적, 용도
➡ 여러 목적으로 쓰는,
   즉 다목적의

multicultural★★

[mʌ̀ltikʌ́ltʃərəl]

⬜⬜⬜

형 다문화의, 여러 문화가 공존하는

raise awareness for **multicultural** families 수능
다문화 가정들에 대한 인식을 높이다

multi + cultur(e) + al
여럿   문화   형·접
➡ 여러 문화가 함께 있는,
   즉 다문화의

multitude★

[mʌ́ltətjùːd]

⬜⬜⬜

명 다수, 수많음, 많은 사람

The president gave a speech in front of the **multitude**.
대통령은 많은 사람들 앞에서 연설했다.

핵심표현 a **multitude** of 다수의 ~, 아주 많은 ~

multi + tude
여럿, 많은 명·접
➡ 여럿, 많은 수가 있음

---

a-

매우, 정말 (very), 아닌 (not), ~(위)에 (on / in)

변화형 ana

amazing★★★

[əméiziŋ]

⬜⬜⬜

형 놀라운, 굉장한

amaze 동 놀라게 하다
amazed★ 형 놀란
amazement★ 명 놀라움

The boss is expecting an **amazing** show. 수능
사장님은 놀라운 쇼를 기대하고 있다.

a + maz(ing)
매우 당황하게 하다
➡ 매우 당황하게 할 만큼 놀라운

ashamed★★★

[əʃéimd]

⬜⬜⬜

형 부끄러운, 수치스러운

We need not feel **ashamed** of making mistakes. 수능
우리는 실수하는 것을 부끄러워할 필요가 없다.

핵심표현 be **ashamed** of ~을 부끄러워하다

a + shame(d)
매우 부끄럽게 하다
➡ 매우 부끄러운

alike★★★
[əláik]
☐☐☐

형 매우 비슷한, 서로 같은
부 매우 비슷하게, 똑같이

Children and adults **alike** want to hear positive remarks. 수능
아이들과 어른들은 매우 비슷하게 긍정적인 말을 듣고 싶어 한다.

a + like
매우　비슷한
➡ 매우 비슷한, 매우 비슷하게

arouse★★
[əráuz]
☐☐☐

동 (감정·생각 등을) 일으키다, 자극하다, 깨우다

The story **aroused** my curiosity.
그 이야기는 나의 호기심을 일으켰다.

a + rouse
매우　깨우다
➡ 잠재된 감정, 생각 등을 깨워서 매우 강하게 일으키다

어원으로 줄줄이! arouse와 유사한 의미의 어휘

- **inflame**　동 자극하다, 불을 붙이다　in 안에 + flame 타오르다 ▶ 마음 안이 타오르게 불을 붙여 자극하다
- **prompt**　동 자극하다, 촉구하다　pro 앞으로 + (e)mpt 취하다
　　　　　　　　　　　　　　　▶ 생각, 자세 등을 취한 것이 앞으로 드러나게 자극하다
- **stimulate**　동 자극하다, 활성화하다　stim(ul) 찌르다(sting) + ate 동·접
　　　　　　　　　　　　　　　▶ 움직이도록 찔러서 자극하다

arise★★★
- arose - arisen
[əráiz]
☐☐☐

동 (문제 상황이) 일어나다, 발생하다

A lot of CO_2 emissions **arise** from transportation. 수능
많은 이산화탄소 배출은 교통수단에서 발생한다.

a + rise
정말　일어나다
➡ 어떤 일이 정말 일어나다, 어떤 것이 정말 발생하다

atom★★
[ǽtəm]
☐☐☐

명 원자, 미립자

atomic★★ 형 원자의

An apple appears red, but its **atoms** are not red. 수능
사과는 빨갛게 보이지만, 그것의 원자는 빨간색이 아니다.

a + tom
아닌　자르다
➡ 과거에는 잘리지 않는다고 믿었던 물질 구성의 기본 입자인 원자

abroad★★★
[əbrɔ́:d]
☐☐☐

부 해외에서, 해외로, 널리
명 해외, 국외

Many universities offer Korean language programs **abroad**. 수능
많은 대학들이 해외에서 한국어 프로그램을 제공한다.

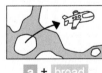

a + broad
~에　넓은
➡ 나라 밖의 더 넓은 지역인 해외에서

해커스 보카 어원편

aboard**
[əbɔ́ːrd]
□□□

図 (배·비행기 등에) 탑승해 있는
閉 (배·비행기 등을) 타고

Sailors in the 1800s sang **aboard** their ships. 수능
1800년대의 선원들은 그들의 배를 타고 노래를 불렀다.

a + board
~ 위에　갑판
➡ 배의 갑판 위에 탑승해 있는

analyze***
[ǽnəlàiz]
□□□

图 분석하다, 해부하다

analysis* 명 분석
analytical 형 분석적인

The path to success is through **analyzing** failure. 수능
성공의 길은 실패를 분석하는 것을 통한다.

ana + ly + (i)ze
매우 느슨하게 하다(lax) 동·접
➡ 어떤 것을 다 느슨하게 풀이서 매우 자세히 분석하다

anatomy**
[ənǽtəmi]
□□□

图 해부(학), 분석

anatomic 형 해부(학)의

The man knew nothing about **anatomy**. 수능
그 남자는 해부학에 대해서 아무것도 몰랐다.

ana + tom + y
매우　자르다　명·접
➡ 어떤 것을 매우 잘게 잘라서 보는 해부

per-　완전히 (completely), 두루 (through)

perform***
[pərfɔ́ːrm]
□□□

图 공연하다, 수행하다

performer* 명 연주자, 연기자, 수행자
performance* 명 공연, 수행

improve how a work is **performed** and experienced 수능
한 작품이 공연되고 경험되어지는 방식을 개선하다

per + form
완전히　제공하다
➡ 연주, 연기 등을 완전히 다듬어 제공하다, 즉 공연하다

perfect***
[형 pə́ːrfikt]
[동 pərfékt]
□□□

형 완벽한, 완전한
图 완성하다, 완전하게 하다

perfectly* 閉 완전히
perfection 명 완벽, 완성

The waves were **perfect** for surfing. 수능
파도는 서핑하기에 완벽했다.

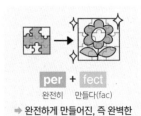

per + fect
완전히　만들다(fac)
➡ 완전하게 만들어진, 즉 완벽한

permanent★★★
[pə́:rmənənt]
□□□

형 (반)영구적인, 오래 지속되는
명 영원불변의 것

permanently★★ 부 영구적으로, 영원히

Most of the loss of tropical forests will be **permanent**. 수능
열대 우림 손실의 대부분은 영구적일 것이다.

per + mane + (e)nt
완전히　남다　형·접
➡ 없어지거나 변하지 않고 완전히
　남아 있는, 즉 영구적인

어원으로 줄줄이! **permanent**와 유사한 의미의 어휘

- **enduring** 형 오래 가는, 지속되는 　en 안에 + dur(ing) 지속적인
　▶ 어려운 상황 안에서도 오래 지속되는
- **eternal** 형 영원한, 끝없는, 불변의 　etern 영원 + al 형·접 ▶ 영원한
- **lasting** 형 오래 견디는, 영구적인 　last(ing) 자국 ▶ 자국이 사라지지 않고 오래 가는
- **perpetual** 형 끊임없이 계속되는 　per 완전히 + pet 찾다 + ual 형·접
　▶ 완전히 다 찾을 때까지 끊임없이 계속하는

---

persuade★★★
[pərswéid]
□□□

동 설득하다, 납득시키다

persuasion★ 명 설득
persuasive★★ 형 설득력 있는

He **persuaded** the opera house to host the concert. 수능
그는 오페라 하우스가 그 공연을 주최하도록 설득했다.

핵심표현 **persuade** A to B　A가 B하도록 설득하다

per + suade
완전히　충고하다
➡ 상대에게 충고하여 의견이
　완전히 넘어오도록 설득하다

---

persist★★
[pərsíst]
□□□

동 고집하다, 주장하다, 지속하다, 존속하다

persistent★★ 형 끈질긴, 지속적인
persistently★★ 부 고집스럽게, 지속적으로
persistence★★ 명 고집, 지속(성)

The reporter **persisted** in asking questions.
그 기자는 질문하기를 고집했다.

핵심표현 **persist** in　~을 고집하다

per + sist
완전히　서다(sta)
➡ 한 자리에 완전히 자리 잡고
　서서 그것을 고집하다

---

perspective★★★
[pərspéktiv]
□□□

명 관점, 시각, 원근법

negative **perspective** on life and abilities 수능
삶과 능력에 대한 부정적인 관점

per + spect + ive
두루　보다(spec)　명·접
➡ 전체적으로 두루 보는 관점, 시각

---

perfume★★
[pə́:rfju:m]
□□□

명 향기, 향수, 향료
동 향을 풍기다

The **perfume** of wildflowers fills the air. 수능
야생화의 향기가 공기를 가득 채운다.

per + fume
두루　향기, 냄새
➡ 두루 퍼지는 향기, 향수

DAY 12 | 기타

bio, eco, geo, bene, mis, micro, tele

MP3 바로 듣기

---

bio- 생명 (life)

---

biology***
[baiá:lədʒi]
□□□

몡 생물학, 생태학

biologist★★★ 몡 생물학자
biological★★★ 혱 생물학의, 생물학적인
biologically★★★ 뷔 생물학적으로

I finished writing my **biology** paper. 수능
나는 생물학 논문 쓰는 것을 끝냈다.

bio + **log** + **y**
생명   말   명·접
➡ 생명에 대해 말하는 생물학

---

biodiversity**
[bàioudivə́:rsəti]
□□□

몡 생물의 다양성

Rainforests are known for their **biodiversity**.
열대 우림은 생물의 다양성으로 알려져 있다.

bio + **divers(e)** + **ity**
생명   다양한   명·접
➡ 생명체의 다양성

---

biofuel*
[báioufjù:əl]
□□□

몡 바이오 연료

Corn can be used to create a **biofuel**.
옥수수는 바이오 연료를 만드는 데 사용될 수 있다.

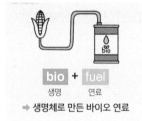

bio + **fuel**
생명   연료
➡ 생명체로 만든 바이오 연료

---

biochemistry*
[bàioukémistri]
□□□

몡 생화학, 생리

biochemist 몡 생화학자
biochemically 뷔 생화학적으로

Biochemistry is an important field in medical research.
생화학은 의학 연구에서 중요한 분야이다.

bio + **chemistry**
생명   화학
➡ 생명체 내의 화학 물질이나
화학 반응에 대한 학문인 생화학

---

eco-　환경 (environment), 집 (house)

ecosystem★★★
[ì:kousístəm]
☐☐☐

명 생태계

consequences of the destruction of
ecosystems 수능
생태계 파괴의 결과

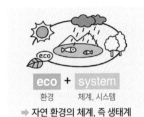

eco + system
환경　체계, 시스템
➡ 자연 환경의 체계, 즉 생태계

eco-friendly★★
[í:kəufrèndli]
☐☐☐

형 친환경적인, 환경친화적인

He bought a new **eco-friendly** car.
그는 친환경적인 새 차를 구입했다.

eco + friendly
환경　우호적인, 친절한
➡ 자연 환경에 우호적인,
　즉 친환경적인

economy★★★
[iká:nəmi]
☐☐☐

명 경제, 경기, 절약

economic★★★ 형 경제의　　economics★★★ 명 경제학
economical★★ 형 경제적인
economically★★★ 부 경제적으로

The industrial **economy** is changing into a
knowledge **economy**. 수능
산업 경제는 지식 경제로 바뀌고 있다.

eco + nomy
집　관리
➡ 관리를 해야 하는 집 또는
　국가의 살림살이, 즉 경제

geo-　땅, 지구 (earth)

geography★★★
[dʒiá:grəfi]
☐☐☐

명 지리(학), 지형

geographical★★ 형 지리학의, 지리적인

significance of **geography** in understanding
history 수능
역사를 이해하는 데 있어서 지리의 중요성

geo + graph + y
땅　쓰다, 그리다　명·접
➡ 땅의 모양에 대해 쓰거나 그리는
　지리학

geometry**

[dʒiá:mətri]

□□□

명 기하학, 기하학적 구조

geometric** 형 기하학의, 기하학적인

Renaissance artists achieved perspective using **geometry**. 수능
르네상스 시대의 예술가들은 기하학을 사용해서 원근법을 만들었다.

geo + metr + y
땅   재다(meter) 명·접
➡ 공간 연구를 위해 땅의 수치를 재는 기하학

geology**

[dʒiá:lədʒi]

□□□

명 지질(학), 암석 분포

geologist* 명 지질학자
geological 형 지질학의, 지질학적인
geologically** 부 지질학적으로

differences between geography and **geology** 수능
지리학과 지질학의 차이

geo + log + y
땅   말   명·접
➡ 땅의 구성이나 구성 물질에 대해 말하는 지질학

geothermal*

[dʒì:ouθə́:rməl]

□□□

형 지열의, 지열에 관한

Geothermal energy comes from under the ground.
지열 에너지는 땅속으로부터 생겨난다.

geo + therm + al
땅   열, 온도 형·접
➡ 땅에서 나는 열인 지열의

---

bene-   좋은 (good)

---

benefit***

[bénəfit]

□□□

명 이익, 이득
동 이익을 주다, ~에게 이롭다

beneficial*** 형 유익한, 이로운
beneficiary** 명 이익을 얻는 사람, 수혜자
beneficent* 형 도움을 주는

Even old information can **benefit** all of us. 수능
오래된 정보조차 우리 모두에게 이익을 줄 수 있다.

bene + fit
좋은   행하다(fac)
➡ 어떤 대상에게 좋게 행해진 것, 즉 이익

어원으로 줄줄이! **benefit**과 유사한 의미의 어휘

- **advantage**　명 유리함, 이점, 장점　　adv ~로부터(ab) + ant 앞에(ante) + age 명·접
  ▶ 남들로부터 앞에서 시작하는 유리함

- **profit**　　　명 이익 동 이익을 얻다　　pro 앞으로 + fit 만들다(fac)
  ▶ 남보다 앞으로 나아가야 만들 수 있는 것, 즉 이익

benevolent★
[bənévələnt]
□□□

형 자비로운, 인정 많은, 자선 (목적)의

benevolence 명 자비심

Benevolent judges give lighter punishments.
자비로운 판사들은 더 가벼운 처벌을 내린다.

bene + vol + ent
좋은   의지   형·접
➡ 좋은 의지를 갖고 상대를 대하는,
즉 자비로운

---

mis-   잘못된 (bad, wrong)

---

mistake★★★
[mistéik]
□□□

명 실수, 잘못   동 오해하다, 잘못 생각하다

mistaken★ 형 오해한, 잘못된
mistakenly★★ 부 잘못하여, 실수로

I can't believe I made such **mistakes**. 수능
내가 그런 실수를 하다니 믿을 수 없어.

핵심표현 make a **mistake** 실수하다

mis + take
잘못된   취하다
➡ 잘못 취해진 행동, 즉 실수

---

mislead★★★
- misled - misled
[mìslí:d]
□□□

동 잘못 인도하다, 오도하다, 속이다

misleading 형 오도하는, 오해의 소지가 있는

The false news report **misled** many people.
그 가짜 뉴스 보도는 많은 사람들을 잘못 인도했다.

mis + lead
잘못된   이끌다
➡ 잘못된 방향으로 이끌다,
즉 잘못 인도하다

---

misery★★
[mízəri]
□□□

명 불행, 고통, 비참(함)

miserable★★ 형 비참한

A cold wind completes your **misery**. 수능
차가운 바람이 당신의 불행을 완성한다.

mis + ery
잘못된   명·접
➡ 잘못된 일이 가져오는
불행 또는 고통

---

misunderstand★★
- misunderstood
- misunderstood
[mìsʌndərstǽnd]
□□□

동 오해하다, 잘못 해석하다

misunderstanding★★★ 명 오해, 착오

She **misunderstood** what her friends said.
그녀는 친구들이 한 말을 오해했다.

mis + understand
잘못된   이해하다
➡ 잘못된 내용으로 이해하다,
즉 오해하다

★★★ =최빈출   ★★ =빈출   ★ =기출

misguide**
[mìsgáid]
□□□

동 잘못 지도하다, 그릇되게 이끌다

We believe this view to be **misguided**. 수능
우리는 이러한 견해는 잘못 지도된 것이라고 믿는다.

misplace**
[mìspléis]
□□□

동 잘못된 장소에 두다, 두고 잊어버리다

misplacement 명 잘못 두는 것, 오해

He often **misplaces** his keys.
그는 종종 자신의 열쇠를 잘못된 장소에 둔다.

어원으로 줄줄이! mis와 유사한 의미의 접두사 mal(잘못된, 나쁜)

- **malfunction** 명 고장, 오작동 동 잘못 작동하다   mal 잘못된 + function 기능 ▶ 잘못 기능하는 고장, 오작동
- **maladaptive** 형 적응력이 없는, 적응하지 못하는   mal 나쁜 + adapt 적응하다 + ive 형·접 ▶ 적응하는 능력이 나쁜
- **malnutrition** 명 영양실조, 영양부족   mal 나쁜 + nutrition 영양 ▶ 영양이 나쁜 상태인 영양실조

---

micro-   작은, 미세한 (small)

---

microphone**
[máikrəfòun]
□□□

명 마이크, 확성기

There was a problem with the **microphone** you used. 수능
당신이 사용한 마이크에 문제가 있었다.

microwave**
[máikrouwèiv]
□□□

명 전자레인지, 극초단파
형 전자레인지 조리용의
동 전자레인지로 조리하다

Many people stand in front of their **microwaves** thinking "Hurry up!" 수능
많은 사람들은 전자레인지 앞에서 "빨리!"라는 생각을 하며 서 있다.

microclimate★
[máikrouklàimit]
☐☐☐

명 미기후(특정 좁은 지역에서 나타나는 주변과 다른 기후)

Microclimates develop around mountains.
미기후는 산 근처에서 발달한다.

microscope★
[máikrəskòup]
☐☐☐

명 현미경

microscopic 형 현미경으로밖에 볼 수 없는

look closely at the bacteria with a **microscope**
현미경으로 박테리아를 자세히 보다

---

tele-

멀리 (far off), 멀리 있는 (distant)

---

telescope★★★
[téləskòup]
☐☐☐

명 망원경

telescopic 형 망원경의, 망원경으로 본

We explore the universe by observing it with a **telescope**. 수능
우리는 망원경으로 우주를 관찰함으로써 그것을 탐험한다.

telegraph★
[téləgræf]
☐☐☐

명 전보, 전신
동 전보를 치다

telegraphic 형 전보의, 전신의

A century ago, people used **telegraphs** to communicate.
한 세기 전에, 사람들은 의사소통을 하기 위해 전보를 사용했다.

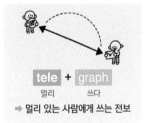

telecommunication★
[tèləkəmjù:nikéiʃən]
☐☐☐

명 원격 통신, 원거리 전기통신

Telecommunication technology has advanced rapidly.
원격 통신 기술은 빠르게 성장해왔다.

PART

02

핵심 의미를 가진

어근 | ROOT

어근은 한 단어 내에서 가장 중심이 되는 실질적인 의미를 가진 단위
이다. 어근은 그 자체로 단어가 되기도 하며, 앞뒤에 접두사와 접미
사가 붙어 어근이 가진 의미보다 확장된 의미를 가진 단어가 되기도
한다.

이 파트에서는 가장 자주 만날 수 있는 어근과 그 어근이 포함된
빈출 어휘를 주제별로 나누어 익혀보도록 하자.

MP3 바로 듣기

mob

움직이다 (move)

변화형 mot, mov, mom

---

mobile★★★
[móubəl]
□□□

형 이동하는, 휴대의, 움직임이 자유로운
명 휴대 전화, 모빌

mobility★★ 명 이동성, 유동성
mobilize★★ 동 (사람들을) 동원하다, 결집하다

Go out into nature and leave your **mobile** phone behind. 수능
자연으로 나가되 휴대 전화를 남겨두고 가라.

mob + ile
움직이다 형·접
➡ 움직일 수 있는,
즉 이동하는 또는 휴대의

---

motion★★★
[móuʃən]
□□□

명 움직임, 동작, 운동

motionless★★ 형 움직이지 않는

The robot's arms perform the same **motions** as humans. 수능
그 로봇의 팔은 사람과 똑같은 동작을 수행한다.

mot + ion
움직이다 명·접
➡ 움직임, 동작

---

emotion★★★
[imóuʃən]
□□□

명 감정, 정서

emotional★★★ 형 감정적인, 정서의
emotionally★★★ 부 감정적으로, 정서적으로

Music covers the whole range of **emotions**. 수능
음악은 감정의 모든 영역을 포괄한다.

e + mot + ion
밖으로(ex) 움직이다 명·접
➡ 마음이 밖으로 움직여
나타나는 감정

---

promote★★★
[prəmóut]
□□□

동 촉진하다, 홍보하다, 승진시키다

promoter★★ 명 촉진자, 촉진물
promotion★★★ 명 촉진, 홍보, 승진
promotional★★ 형 촉진의, 홍보의, 승진의

The purpose of the Olympics is to **promote** world peace. 수능
올림픽의 목적은 세계 평화를 촉진하는 것이다.

SHOP

pro + mot(e)
앞으로 움직이다
➡ 앞으로 움직여 더 좋은 자리로
가게 촉진하다 또는 승진시키다

remote***
[rimóut]
☐☐☐

형 (거리가) 먼, 외딴, 원격의

remotely** **부** 멀리서, 원격으로

He moved to a **remote** village.
그는 외딴 마을로 이사 갔다.

re + mot(e)
뒤로   움직이다
➡ 뒤로 움직여 거리가 먼, 외딴

---

motive**
[móutiv]
☐☐☐

형 움직이게 하는, 동력이 되는
명 주제, 동기

interpret the **motives** in *Hamlet* using cultural knowledge 수능
문화적 지식을 활용하여 '햄릿'의 주제를 이해하다

mot + ive
움직이다   형·접
➡ 누군가를 움직이게 하는,
움직여서 만들도록 한 것의 주제

---

motivate***
[móutəvèit]
☐☐☐

동 동기를 부여하다, 자극하다

motivation*** **명** 동기 부여
motivational** **형** 동기의, 동기를 부여하는

Employees will be **motivated** to work harder. 수능
직원들은 더 열심히 일하도록 동기가 부여될 것이다.

핵심표현 **motivate** A to B   A가 B하도록 동기를 부여하다

motive + ate
움직이게 하는   동·접
➡ 상대가 움직이게 동기를
부여하다

어원으로 줄줄이! **motivate**와 유사한 의미의 어휘

- **arouse**   **동** 자극하다, 깨우다, 일으키다   a 매우 + rouse 깨우다
  ▶ 잠재된 감정, 생각 등을 깨우도록 매우 강하게 자극하다

- **encourage** **동** 격려하다, 용기를 북돋우다   en 하게 만들다 + courage 용기
  ▶ 용기가 나게 만들다, 즉 격려하다

- **inspire**   **동** 영감을 주다, 격려하다   in 안에 + spir(e) 숨 쉬다
  ▶ 누군가의 안에 숨 쉬듯 영감을 불어 넣다

---

motor**
[móutər]
☐☐☐

명 원동력, 모터, 자동차
형 모터가 달린, 동력을 내는

motorist** **명** 운전자

I worked at a **motor** company as a salesman. 수능
나는 자동차 회사에서 영업 사원으로 일했다.

mot + or
움직이다   명·접
➡ 움직이게 하는 힘 또는 모터,
모터로 가는 자동차

---

remove***
[rimú:v]
☐☐☐

동 제거하다, 치우다

removed **형** 제거된, 떨어진, 먼
removal** **명** 제거
removable* **형** 제거할 수 있는

remove something stuck between teeth 수능
치아 사이에 낀 무언가를 제거하다

re + mov(e)
뒤로   움직이다
➡ 뒤로 움직여 안 보이게 제거하다

---

moment ***
[móumənt]
□□□

명 순간, 잠깐, 지금

momentary* 형 순간적인
momentous* 형 중대한

Can we stop for a **moment** at a restaurant? 수능
우리가 식당에 잠깐 들를 수 있을까?

핵심표현 for a **moment** 잠깐, 잠시 동안

mom + (m)ent
움직이다   명·접
➡ 움직인 바로 그 순간

어원으로 줄줄이! **mob** 추가 어휘

• **automobile** 명 자동차 형 자동(차)의   auto 스스로 + mob 움직이다 + ile 명·접
       ▶ 다른 동물이 끌지 않아도 스스로 움직일 수 있는 자동차
• **movement** 명 움직임, 이동, 운동   mov(e) 움직이다 + ment 명·접 ▶ 움직임, 이동

---

migr   이동하다 (move)

---

migrate **
[máigreit]
□□□

동 이동하다, 이주하다

migration ** 명 이동, 이주
migratory * 형 이동하는, 이주하는
migrant * 명 이주자

Money spent on newspaper advertising **migrated** to the Internet. 수능
신문 광고에 쓰였던 돈은 인터넷으로 이동했다.

migr + ate
이동하다   동·접
➡ 이동하다

---

emigrate **
[émigrèit]
□□□

동 (타국으로) 이주하다, 이민 가다

emigration * 명 (타국으로의) 이주
emigrant 명 이주자, 이민자

He **emigrated** to the U.S. to make films. 수능
그는 영화를 만들기 위해 미국으로 이민 갔다.

핵심표현 **emigrate** from A to B A에서 B로 이민 가다

e + migr + ate
밖으로(ex) 이동하다 동·접
➡ 나라 밖으로 이동해서 이민 가다

---

immigrate *
[íməgrèit]
□□□

동 이주해 오다, 와서 살다

immigration * 명 (다른 나라에 살러 오는) 이주
immigrant *** 명 이주민

She **immigrated** to Korea in 2002.
그녀는 2002년에 한국으로 이주해 왔다.

im + migr + ate
안으로(in) 이동하다 동·접
➡ 나라 안으로 이동해서 들어와
     살다, 즉 이주해 오다

---

pass

통과하다 (pass)

변화형 pace

---

passage★★★
[pǽsidʒ]
☐☐☐

명 통과, 통로, 통행, (글·음악 등의) 한 구절

passageway★ 명 복도, 좁은 길

The cafeteria is at the end of the **passage**.
그 구내식당은 통로 끝에 있다.

---

passenger★★★
[pǽsəndʒər]
☐☐☐

명 승객, 통행인

All **passengers** must wear their seat belts.
모든 승객들은 안전벨트를 매야만 한다.

---

pastime★★
[pǽstàim]
☐☐☐

명 취미, 여가, 기분 전환

Playing video games is my favorite **pastime** activity.
비디오 게임을 하는 것은 내가 가장 좋아하는 취미 활동이다.

---

surpass★★
[sərpǽs]
☐☐☐

동 넘어서다, 능가하다

People often achieve results that **surpass** their expectations. 수능
사람들은 종종 자신의 기대를 넘어서는 결과를 성취한다.

핵심표현 **surpass** A in B B에 있어서 A를 능가하다

---

compass★★
[kʌ́mpəs]
☐☐☐

명 나침반, 컴퍼스
동 둘러싸다, 에워싸다

Jane used a **compass** to find her way.
Jane은 길을 찾기 위해 나침반을 사용했다.

DAY 13

해커스 보카 어원편

passport★★
[pǽspɔːrt]
□□□

명 여권, 통행증

I renew my **passport** every ten years.
나는 10년마다 여권을 갱신한다.

pass + **port**
통과하다 항구

➡ 항구·공항 등을 통과할 때
내는 여권

---

pace★★★
[peis]
□□□

명 걸음, 보폭, 속도
동 보조를 맞추다

rapid **pace** of living and working 수능
생활과 일의 빠른 속도

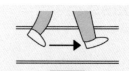

pace
통과하다

➡ 어딘가 통과하는 걸음,
걸음의 보폭 또는 속도

어원으로 줄줄이! **pass** 추가 어휘
• **bypass** 동 우회하다 명 우회 도로   by 옆으로 + pass 통과하다 ▶ 막힌 곳을 비켜 옆으로 통과하다, 즉 우회하다
• **encompass** 동 포함하다, 아우르다   en 하게 만들다 + compass 둘러싸다 ▶ 어떤 것을 둘러싸서 포함되게 만들다
• **passerby** 명 지나가는 사람, 통행인   pass 통과하다 + er 명·접(사람) + by 옆 ▶ 옆을 통과해 지나가는 사람

---

flu
흐르다 (flow)

---

influence★★★
[ínfluəns]
□□□

명 영향, 영향력
동 영향을 주다, (마음을) 움직이다

influential★★ 형 영향력 있는

One important experience greatly **influenced** my life. 수능
한 가지 중요한 경험이 내 삶에 크게 영향을 주었다.

in + **flu** + **ence**
안으로 흐르다 명·접

➡ 안으로 흘러들어와 어떤 효과를
내는 힘, 즉 영향

---

fluent★★
[flúːənt]
□□□

형 (언어가) 유창한, 능수능란한

fluently 부 유창하게
fluency 명 유창성

You have to be **fluent** in French. 수능
당신은 프랑스어를 유창하게 해야 한다.

핵심표현 **fluent in** (언어)에 유창한

flu + **ent**
흐르다 형·접

➡ 술술 흐르듯 유창하게 말하는

---

fluid★★
[flú:id]
□□□

명 액체, 유동체, 마실 것
형 유동성 있는, 부드러운

fluidity★ 명 유동성

Eat fruit and drink a lot of **fluids**. 수능
과일을 먹고 마실 것을 많이 마셔라.

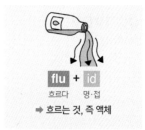

flu + id
흐르다 명·접
➡ 흐르는 것, 즉 액체

---

via
길 (way)
변화형 vi, vey, voy

---

via★
[ví:ə]
□□□

전 ~를 거쳐, ~를 경유하여, ~을 통해

She went to Paris **via** Türkiye.
그녀는 튀르키예를 거쳐 파리로 갔다.

via
길
➡ 어딘가 가기 위해 길을 거쳐

---

obvious★★★
[á:bviəs]
□□□

형 분명한, 확실한

obviously★★★ 부 분명히, 확실히

It was an easy task and the correct answer was
obvious. 수능
그것은 쉬운 일이었고 정답은 분명했다.

ob + vi + ous
맞서 길 형·접
➡ 길 앞에 맞서 있어 분명히 보이는

어원으로 줄줄이! obvious**와 유사한 의미의 어휘**

• **evident** 형 분명한, 명백한　e 밖으로(ex) + vid 보다(vis) + ent 형·접
▶ 밖으로 잘 보이는, 즉 분명한

• **distinct** 형 뚜렷한, 명료한　di 떨어져(dis) + stinct 찌르다(sting)
▶ 다른 것끼리 떨어지게 사이에 막대를 찔러 넣어 차이가 뚜렷하게 보이는

• **manifest** 형 명백한, 분명한　mani 손(manu) + fest 쥐어진 ▶ 손에 쥐어진 듯 분명하게 보이는

---

trivial★★
[tríviəl]
□□□

형 사소한, 하찮은

We decide what is important or **trivial** in life. 수능
우리는 삶에서 무엇이 중요하거나 사소한지 결정한다.

tri + vi + al
셋 길 형·접
➡ 길이 셋으로 갈라져
작고 사소해진

---

convey***
[kənvéi]
□□□

동 (생각·감정을) 전하다, 나르다

conveyor 명 전달자, 전달하는 것, 컨베이어 벨트

Alice **conveyed** her opinions clearly.
Alice는 그녀의 생각을 명확하게 전했다.

con + vey
함께(com) 길
➡ 길을 갈 때 함께 가져가서 전하다

voyage*
[vɔ́iidʒ]
□□□

명 항해, 여행
동 항해하다

voyager 명 항해자, 여행자

The Titanic sank on its first **voyage**.
타이태닉호는 첫 항해에서 침몰했다.

voy + age
길   명·접
➡ 바닷길을 가는 것, 즉 항해

어원으로 줄줄이! via 추가 어휘

- **deviate** 동 벗어나다, 빗나가다, 일탈하다   de 떨어져 + via 길 + (a)te 동·접 ▶ 정해진 길에서 떨어져 벗어나다
- **previous** 형 이전의, (시간순으로) 앞의   pre 앞서 + vi 길 + ous 형·접 ▶ 걸어온 길 중 앞선 부분의, 즉 이전의

DAY 14

가다 (1)
cede, fare, it, vad, tend

cede

가다 (go)
변화형 ceed, cess, ceas

---

precede*
[prisí:d]
☐☐☐

통 앞서다, 선행하다, 우선하다

preceding 형 앞서는
precedence 명 앞섬, 선행
precedent* 명 선례, 전례 형 이전의, 선행하는
unprecedented* 형 전례 없는

Lightning **precedes** the sound of thunder.
번개가 천둥소리보다 앞선다.

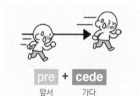

pre + cede
앞서 　 가다
➡ 다른 것보다 먼저 앞서가다

---

procedure***
[prəsí:dʒər]
☐☐☐

명 절차, 순서, 수술

run the study again, following **procedures** 수능
절차를 따라서 연구를 다시 진행하다

STEP
pro + ced(e) + ure
앞으로 　 가다 　 명·접
➡ 순서대로 일을 진행해
　 앞으로 나가는 절차

---

succeed***
[səksí:d]
☐☐☐

통 성공하다, ~의 뒤를 잇다

success*** 명 성공　　successive** 형 연속적인
successful*** 형 성공한
successfully*** 부 성공적으로

He felt that he would never **succeed.** 수능
그는 자신이 절대 성공하지 못할 것이라고 느꼈다.

핵심표현 **succeed** in ~에 성공하다

suc + ceed
아래로(sub) 　 가다
➡ 왕위가 아래 후손에게 가는 데
　 성공하다

---

exceed***
[iksí:d]
☐☐☐

통 넘다, 초과하다, 능가하다

excess** 명 초과(량), 과잉
excessive*** 형 과도한, 지나친
excessively* 부 과도하게, 지나치게

Many modern structures **exceed** those of Egypt in terms of size. 수능
많은 현대 구조물들은 크기 면에서 이집트의 것을 능가한다.

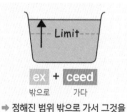

Limit
ex + ceed
밖으로 　 가다
➡ 정해진 범위 밖으로 가서 그것을
　 넘다, 능가하다

---

proceed★★
[prəsíːd]
□□□

동 나아가다, 계속하다, 진척되다

process★★★ 명 과정, 처리
procession 명 진행

We will **proceed** with our project.
우리는 프로젝트를 계속해나갈 것이다.

핵심표현 **proceed with** ~을 계속해나가다

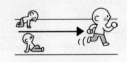

pro + ceed
앞으로   가다
➡ 앞으로 계속 나아가다

---

access★★★
[ǽkses]
□□□

동 접근하다, 이용하다   명 접근(권), 출입(구)

accessible★★ 형 접근할 수 있는
accessibility★ 명 접근하기 쉬움

learn how to **access** data 수능
데이터에 접근하는 법을 배우다

핵심표현 **access to** ~에의 접근, ~로의 입장

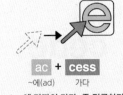

ac + cess
~에(ad)   가다
➡ ~에 가까이 가다, 즉 접근하다

---

recess★★
[rísés]
□□□

명 휴식, (법정의) 휴정, (우묵하게) 들어간 곳
동 휴정하다, (깊숙한 곳에) 놓다

recession★ 명 후퇴, 침체   recede★ 동 후퇴하다

Want success? Take a **recess**! 수능
성공을 원하나요? 휴식을 취하세요!

핵심표현 **take a recess** 휴식하다, 휴정하다

re + cess
뒤로   가다
➡ 뒤로 물러가서 쉬는 휴식

---

cease★★
[siːs]
□□□

동 그만두다, 그치다, 중지하다

ceaseless★ 형 끊임없는

We **ceased** our search for buried treasure.
우리는 매장된 보물에 대한 수색을 그만두었다.

ceas(e)
가다
➡ 어떤 일을 하던 중에 가버리다,
   즉 그만두다

---

fare   가다 (go)

---

fare★★
[fɛər]
□□□

명 (버스/택시 등의) 요금, 승객
동 가다, 여행하다

The standard **fare** is 50 dollars per person. 수능
기본요금은 한 사람당 50달러이다.

fare
가다
➡ 가다, 가는 데 드는 요금,
   가는 승객

---

farewell***
[fὲərwél]
□□□

명 작별 (인사), 헤어짐
형 작별의, 송별의
감 (헤어질 때 인사) 잘 가세요!, 잘 계세요!

We've decided to have a **farewell** party for him. 수능
우리는 그를 위한 작별 파티를 하기로 결정했다.

fare + well
가다   잘
➡ 잘 가라고 인사하는 작별

welfare***
[welféər]
□□□

명 복지, 번영, 행복
형 복지의

Ann became interested in social **welfare**. 수능
Ann은 사회 복지에 관심을 갖게 되었다.

wel(l) + fare
잘   가다
➡ 사회나 개인의 삶이 잘 돌아가게 하는 복지

---

it   가다 (go)

---

exit***
[égzit]
□□□

명 출구, 퇴장
동 나가다, 퇴장하다

We approached the **exit** after the game. 수능
우리는 경기가 끝난 후 출구로 다가갔다.

EXIT
ex + it
밖으로 가다
➡ 밖으로 나가는 출구

hesitate***
[hézətèit]
□□□

동 주저하다, 망설이다, 망설이며 말하다

hesitation** 명 주저, 망설임
hesitancy** 명 주저, 망설임

I didn't **hesitate** to sign up for the program. 수능
나는 그 프로그램에 등록하는 것을 주저하지 않았다.

핵심표현 **hesitate to** ~하는 것을 주저하다/망설이다

hes + it + ate
달라붙다 가다 동·접
➡ 원래 있던 곳에 달라붙은 채로 가기를 주저하다

ambition**
[æmbíʃən]
□□□

명 야망, 야심

ambitious** 형 야심 있는

He had an **ambition** to become a rock climber. 수능
그는 암벽 등반가가 되고자 하는 야망이 있었다.

SUCCESS
amb(i) + it + ion
주변에   가다 명·접
➡ 어떤 것의 주변에 가서 그것을 얻으려는 야망

해카스 보카 어원편

DAY 14

initial**
[iníʃəl]
□□□

- 형 처음의, 초기의
- 명 이름의 첫 글자

initially*** 부 처음에
initiate** 동 시작하다, 가입시키다
initiative** 명 시작, 계획, 주도(권)

Packing was the **initial** step in the move.
짐 싸는 것은 이사의 처음 단계였다.

in + it + ial
안에   가다   형·접

➡ 어떤 것 안에 들어가서 가장
먼저인, 즉 처음의

---

issue***
[íʃuː]
□□□

- 명 안건, 문제, 발행(물)
- 동 발행하다, 지급하다

Would you attend the meeting to bring up the **issue**? 수능
너는 그 안건을 제기하기 위해 그 회의에 참석할 거니?

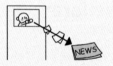

NEWS

*고대 프랑스어인 issir에서 유래
iss 밖으로(ex) + ir 가다(it)

➡ 문제점 또는 신문 등이 밖으로
가서 나타난 것, 즉 안건 또는 발행

---

vad   가다 (go)

---

invade**
[invéid]
□□□

- 동 쳐들어가다, 침략하다, 침해하다

invader** 명 침략군, 침입자
invasion** 명 침략, 침입
invasive 형 침략적인, 침입하는

Napoleon **invaded** Egypt in 1798. 수능
나폴레옹은 1798년에 이집트를 침략했다.

in + vad(e)
안에   가다

➡ 다른 대상의 영역 안에
쳐들어가다, 즉 침략하다

---

evade**
[ivéid]
□□□

- 동 피하다, 회피하다, 빠져나가다

evasion 명 회피, 모면

The company **evaded** paying its taxes.
그 회사는 세금 내는 것을 피했다.

e + vad(e)
밖으로(ex)   가다

➡ 밖으로 나가서 어떤 것을 피하다

어원으로 줄줄이! evade와 유사한 의미의 어휘

- **avoid** 동 피하다, 회피하다   a 밖으로 + void 빈(vac) ▶ 자리를 비우고 밖으로 나가 상대를 피하다
- **escape** 동 탈출하다, 빠져나오다   es 밖으로(ex) + cap(e) 머리 ▶ 머리부터 밖으로 빠져나와 탈출하다

pervade★
[pərvéid]
□□□

동 널리 퍼지다, 고루 미치다

pervasive 형 널리 퍼진, 고루 스며드는

The smell of food **pervaded** the kitchen.
음식 냄새가 주방에 널리 퍼졌다.

per + vad(e)
두루   가다

➡ 여기저기 두루 가서 널리 퍼지다

---

tend

뻗다 **(stretch)**

변화형 tens

---

tend★★★
[tend]
□□□

동 경향이 있다, ~하기 쉽다, 향하여 가다

tendency★★★ 명 경향, 추세

Children **tend** to make a lot of noise.
아이들은 많은 소음을 내는 경향이 있다.

핵심표현 **tend** to ~하는 경향이 있다

Sleep?   Go?

tend
뻗다

➡ 한쪽으로 뻗어서 그쪽으로 가려
하다, 즉 그런 경향이 있다

---

attend★★★
[əténd]
□□□

동 출석하다, 참석하다, 주의를 기울이다

attendee★ 명 참석자, 출석자
attendance★ 명 출석, 참석
attention★★★ 명 주의, 관심
attentive★★ 형 주의 깊은, 신경을 쓰는

He decided not to **attend** the conference. 수능
그는 회의에 참석하지 않기로 결정했다.

at + tend
~쪽으로(ad) 뻗다

➡ 어떤 장소 쪽으로 발걸음을
뻗어가서 그곳에 출석하다

---

extend★★★
[iksténd]
□□□

동 뻗다, 확장하다, 연장하다

extended★★★ 형 확장된, 연장된
extension★★★ 명 확장, 연장
extensive★★ 형 넓은, 광범위한
extent★★★ 명 범위, 정도

He **extended** his arm above his head. 수능
그는 머리 위로 팔을 뻗었다.

ex + tend
밖으로 뻗다

➡ 현재의 범위 밖으로 뻗어
확장하다

---

intend★★★
[inténd]
□□□

동 의도하다, 작정하다, (~하려고) 생각하다

intention★★★ 명 의도   intent★★★ 형 열중하는, 작정한
intentional★★ 형 의도적인   intently★★ 부 집중하여, 열심히

Malika **intends** to attend university next year.
Malika는 내년에 대학에 다닐 작정이다.

핵심표현 **intend** to ~할 작정이다

in + tend
안에 뻗다

➡ 마음 안의 의도가 어떤 쪽으로
뻗다, 즉 그럴 작정이다

pretend★★
[priténd]
☐☐☐

图 ~인 척하다, 가장하다

pretense 圆 가식, 겉치레
pretension 圆 가식, 허세

I **pretended** nothing was there. 수능
나는 그곳에 아무것도 없는 척했다.

핵심표현 **pretend to** ~하는 체하다

➡ 실제와 다른 모습이 앞서게 뻗어
보여주다, 즉 다른 것인 척하다

---

tender★★
[téndər]
☐☐☐

图 다정한, 부드러운, 약한

tenderness 圆 다정, 부드러움

Laura is a very **tender** person.
Laura는 매우 다정한 사람이다.

➡ 부드러운 손길을 뻗는, 즉 다정한

---

intense★★★
[inténs]
☐☐☐

图 강렬한, 치열한, 심한

intensity★★★ 圆 강렬함, 격렬함
intensify★★ 图 격렬해지다, 심화시키다

The bargaining in the noisy market became
intense. 수능
시끄러운 시장에서의 흥정이 치열해졌다.

➡ 안으로 신경이 완전히 뻗을 만큼
어떤 것이 강렬하고 치열한

어원으로 줄줄이! **intense**와 유사한 의미의 어휘

• **drastic**	图 강렬한, 과감한	drast 행동하다 + ic 형·접 ▶크게 행동해서 그 효과가 강렬한
• **extreme**	图 극단적인, 극심한	extr 밖에(extra) + eme 가장 ~한 ▶가장 바깥쪽, 즉 극단에 있는
• **fierce**	图 맹렬한, 격렬한	fier(ce) 야생 짐승 ▶ 야생 짐승과 같이 기운이 맹렬한
• **serious**	图 심각한, 진지한	seri 무거운 + ous 형·접 ▶ 분위기가 무거운, 즉 심각한

---

tense★★★
[tens]
☐☐☐

图 팽팽한, 긴장한
圆 (문법에서 동사의) 시제

tension★★★ 圆 긴장(감), 긴장 상태

The horror movie made him feel **tense**.
그 공포 영화는 그를 긴장하게 했다.

➡ 쭉 뻗어 팽팽하고 긴장한

DAY 15

가다 (2), 오다
grad, sequ, vent

MP3 바로 듣기

grad

단계 (grade), 걸어가다 (walk)

변화형 gree, gred, gress

---

grade***
[greid]
☐☐☐

명 단계, 등급, 성적, 학년
동 등급/성적을 매기다

grader** 명 (1, 2, 3 …) 학년생

I'm not sure if we'll get good **grades**. 수능
우리가 좋은 등급을 받을지 잘 모르겠다.

grad(e)
단계
➡ 순서대로 밟는 단계,
단계별로 매기는 등급 또는 성적

---

gradually***
[grǽdʒuəli]
☐☐☐

부 차츰, 서서히

gradual** 형 서서히 일어나는

Gradually, people lost interest in my paintings. 수능
차츰 사람들은 내 그림에 흥미를 잃었다.

grad + **ual** + **ly**
단계   형·접   부·접
➡ 단계적으로, 차츰

---

graduate***
[동 grǽdʒuèit]
[명 grǽdʒuət]
☐☐☐

동 졸업하다, 학위를 수여하다
명 (대학) 졸업자

graduation*** 명 졸업

She's going to **graduate** from high school
tomorrow. 수능 그녀는 내일 고등학교를 졸업할 것이다.

핵심표현 **graduate** from ~를 졸업하다

grad(u) + **ate**
단계   동·접
➡ 학교에서의 단계를 다 마치다,
즉 졸업하다

---

upgrade**
[ʌ̀pgréid]
☐☐☐

동 (등급, 품질 등을) 올리다, 업그레이드하다
명 향상, 개량형, 업그레이드

You need to **upgrade** your German listening
skills.
너는 네 독일어 듣기 실력을 올려야 한다.

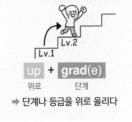

up + **grad(e)**
위로   단계
➡ 단계나 등급을 위로 올리다

---

degree***
[digrí:]
□□□

명 온도, 각도, 정도, 학위

He has a master's **degree** in engineering. 수능
그는 공학 석사 학위를 가지고 있다.

de + gree
떨어져 단계

➡ 온도, 학위 등 단계를 떨어뜨려
그 정도를 표시하는 단위

ingredient***
[ingrí:diənt]
□□□

명 재료, 성분, 구성 요소

With these **ingredients**, you can make different dishes. 수능
이 재료들을 가지고, 당신은 다른 요리들을 만들 수 있다.

in + gred(i) + ent
안에 걸어가다 명·접

➡ 어떤 것 안에 걸어 들어간 것,
즉 그것의 재료

aggressive***
[əgrésiv]
□□□

형 공격적인, 적극적인

aggressively** 부 공격적으로
aggression* 명 공격, 공격성

I'm less **aggressive** than my older brothers. 수능
나는 내 형들보다 덜 공격적이다.

ag + gress + ive
~에(ad) 걸어가다 형·접

➡ 상대에게로 걸어가서 먼저
공격하려 하는

어원으로 줄줄이! grad 추가 어휘

• **progress** 명 발전, 진전 동 나아가다, 진전을 보이다 　 pro 앞으로 + gress 걸어가다
　　　　　　　　　　　　　　　　　　　　　　　　　　　▶ 목표를 향해 점점 앞으로 걸어 나아감, 즉 발전 또는 진전

• **regress** 동 퇴보하다, 퇴행하다 명 퇴보, 퇴행, 후퇴 　 re 뒤로 + gress 걸어가다 ▶ 뒤로 걸어가 상태가 퇴보하다

---

sequ

따라가다, 뒤를 잇다 (follow)

변화형 secu, su

---

sequence***
[sí:kwəns]
□□□

명 순서, 연속, 연속적인 사건
동 차례로 배열하다, 나열하다

sequential 형 순차적인
sequel 명 속편

rely on clues to understand the **sequence** of events 수능
사건의 순서를 이해하기 위해 단서에 의존하다

sequ + ence
따라가다 명·접

➡ 앞의 것을 따라가면서 나타나는
순서, 연속

consequence★★★
[kάːnsəkwèns]
□□□

명 결과, 결론, 중요성

consequent★ **형** 결과로 일어나는, 필연적인
consequently★★★ **부** 그 결과, 따라서

The failure to detect toxins can have deadly **consequences**. 수능
독소를 발견하는 데 실패하는 것이 치명적인 결과를 낳을 수 있다.

con + sequ + ence
함께(com) 따라가다 명·접
➡ 어떤 행위를 따라서 함께 나타나는 결과

---

subsequently★★
[sʌ́bsikwəntli]
□□□

부 그 후에, 나중에, 이어서

subsequent★★ **형** 그다음의
subsequence **명** 다음, 뒤에 이어지는 것

The symptoms were **subsequently** called Minamata disease. 수능
그 증상은 나중에 미나마타병으로 불렸다.

sub + sequ + ent + ly
아래에 따라가다 형·접 부·접
➡ 순서상 어떤 일의 아래에 따라가면서, 즉 그 후에

---

execute★★
[éksikjùːt]
□□□

동 실행하다, 수행하다, 처형하다

execution★★ **명** 실행, 수행, 처형
executive★★★ **형** 운영의, 집행의 **명** 운영진

Sam quickly **executed** the boss's orders.
Sam은 상사의 지시를 빨리 실행했다.

ex + (s)ecu + (a)te
밖으로 따라가다 동·접
➡ 계획에 따라 밖으로 나가 어떤 일을 실행하다

---

prosecute★
[prάːsikjùːt]
□□□

동 고발하다, 기소하다

prosecutor★ **명** 기소자, 검사
prosecution **명** 고발, 기소

Tim was **prosecuted** for causing the accident.
Tim은 사고를 일으켜서 고발당했다.

핵심표현 **prosecute** A for B A를 B로 고발하다

pro + secu + (a)te
앞에 따라가다 동·접
➡ 앞에 있는 범죄자를 따라가며 죄를 고발하다

---

suit★★★
[suːt]
□□□

동 ~에 알맞다, 적응시키다
명 정장, 소송

suitable★★★ **형** 알맞은, 적합한

That style really **suits** you. 수능
그 스타일은 너한테 매우 알맞다.

su(it)
따라가다
➡ 상황을 따라가며 변화해 그에 알맞다, 알맞게 맞춘 정장

---

pursue★★★
[pərsúː]
□□□

동 추구하다, 추격하다, 계속하다

pursuit★★ **명** 추구, 추격

Give yourself time to **pursue** your dreams. 수능
너 스스로에게 꿈을 추구할 시간을 주어라.

pur + su(e)
앞으로(pro) 따라가다
➡ 목표 등을 잡기 위해 앞으로 따라가다, 즉 추구하다

DAY 15

해커스 보카 어원편

vent

오다 (come)

변화형 ven

---

event***
[ivént]
☐☐☐

명 행사, 사건, 일

eventful 형 사건 많은, 다사다난한
eventual* 형 최종적인, 궁극적인
eventually*** 부 결국, 마침내

The **event** will take place, rain or shine. 수능
그 행사는 비가 오든 날이 개든 개최될 것이다.

핵심표현 in the **event** of ~할 경우에는

e + vent
밖으로(ex) 오다
➡ 특별한 일이 밖으로 나와서 진행되는 것, 즉 행사

---

prevent***
[privént]
☐☐☐

동 막다, 방해하다, 예방하다

prevention** 명 예방, 방지
preventive** 형 예방(용)의, 방지하는

We often fail to **prevent** tragedies. 수능
우리는 종종 비극을 막지 못한다.

핵심표현 **prevent** A from B A가 B하는 것을 막다

pre + vent
앞에 오다
➡ 어떤 것의 앞에 와서 진행을 막다

어원으로 줄줄이! **prevent**와 유사한 의미의 어휘

- **forbid** 동 금지하다, 방해하다 for 떨어져 + bid 명령하다 ▶ 떨어져 있도록 명령하여 접근을 금지하다
- **inhibit** 동 억제하다, 제지하다 in 안에 + hib(it) 잡다(hab) ▶ 안에 잡아두고 행동을 억제하다
- **prohibit** 동 방해하다, 금지하다 pro 앞에 + hib(it) 잡다(hab) ▶ 앞에서 잡아 진행하지 못하게 방해하다

---

invent*
[invént]
☐☐☐

동 발명하다, 지어내다, 창작하다

inventor** 명 발명가
invention*** 명 발명, 발명품
inventive* 형 독창적인

He **invented** his own method of rock climbing. 수능
그는 암벽 등반을 하는 자신만의 방법을 발명했다.

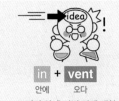

in + vent
안에 오다
➡ 머리 안에 어떤 것에 대한 아이디어가 와서 그것을 발명하다

---

venture***
[véntʃər]
☐☐☐

명 모험, 벤처 (사업)
동 모험하다

venturous 형 모험적인

You have to **venture** beyond your boundaries. 수능
너는 네 한계를 넘어 모험을 해야 한다.

핵심표현 **venture** into (위험을 무릅쓰고) ~에 뛰어들다

vent + ure
오다 명·접
➡ 인생을 살아가는 중 다가오는 것, 즉 헤쳐나가야 할 모험

---

adventurous ★★
[ædvéntʃərəs]
□□□

[형] 모험심이 강한, 모험적인, 위험한

adventure [명] 모험

She is very brave and **adventurous**.
그녀는 매우 용감하고 모험심이 강하다.

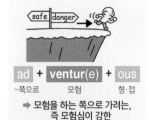

ad + ventur(e) + ous
~쪽으로   모험   형·접
➡ 모험을 하는 쪽으로 가려는,
즉 모험심이 강한

convention ★★
[kənvénʃən]
□□□

[명] (특정 집단의) 집회/총회, 관습, 전통

conventional ★★★ [형] 집회의, 관습적인
convene [동] 소집하다

Many doctors attended this year's medical **convention**.
많은 의사들이 올해 의학 총회에 참석했다.

con + vent + ion
함께(com)   오다   명·접
➡ 여럿이 함께 와서 모이는
집회, 총회

convenient ★★★
[kənvíːnjənt]
□□□

[형] 편리한, 손쉬운

convenience ★★★ [명] 편리, 편의

Digital cameras are so **convenient**. [수능]
디지털카메라는 매우 편리하다.

con + ven(i) + ent
함께(com)   오다   형·접
➡ 도움이 함께 와서 편리한

inconvenience ★★★
[ìnkənvíːnjəns]
□□□

[명] 불편(한 것/사람)
[동] ~에게 불편함을 주다

inconvenient ★ [형] 불편한, 곤란한

We apologize for the **inconvenience**. [수능]
불편에 대해 사과드립니다.

in + con + ven(i) + ence
아닌 함께(com) 오다   명·접
➡ 도움이 함께 오지 않아 불편함

intervene ★★
[intərvíːn]
□□□

[동] 개입하다, 끼어들다, 방해하다

intervention ★★★ [명] 개입, 중재

necessity of **intervening** in disputes between siblings [수능]
형제자매 사이의 분쟁에 개입할 필요성

inter + ven(e)
사이에   오다
➡ 둘 사이에 와서 끼어들다,
즉 개입하다

어원으로 줄줄이! intervene과 유사한 의미의 어휘

- **interfere** [동] 간섭하다, 방해하다   inter 서로 + fere 치다
  ▶ 서로 상대방을 치면서 상대의 일을 방해하고 간섭하다
- **intrude** [동] 개입하다, 침입하다   in 안에 + trude 밀다 ▶ 안에 밀고 들어가 개입하다
- **mediate** [동] 중재하다, 중간에 끼다   medi 중간 + ate 동·접 ▶ 중간에 끼어 들어가서 양쪽을 중재하다

해커스 보카 어원편

souvenir***
[sùːvəníər]
☐☐☐

명 기념품, 선물

Peter wanted to buy some **souvenirs.** 수능
Peter는 몇 가지 기념품을 사기를 원했다.

sou + ven(ir)
아래에(sub) 오다
➡ 의식 아래에 있던 옛 추억을 의식 위로 올라오게 하는 기념품

avenue***
[ǽvənjùː]
☐☐☐

명 길, 대로, 방법

Trees are planted along the **avenue.**
나무들이 대로를 따라 심어져 있다.

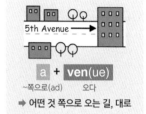

a + ven(ue)
~쪽으로(ad) 오다
➡ 어떤 것 쪽으로 오는 길, 대로

revenue**
[révənjùː]
☐☐☐

명 수입, 세입

discuss the company's expenses and **revenue** 수능
회사의 경비와 수입에 대해 논의하다

re + ven(ue)
다시 오다
➡ 노동이나 투자의 대가로 다시 오는 수입

어원으로 줄줄이! vent 추가 어휘

- **advent** 명 출현, 등장, 도래 ad ~에 + vent 오다 ▶ 어딘가에 와서 나타남, 즉 출현
- **venue** 명 (행사나 사건의) 장소 ven(ue) 오다 ▶ 행사, 일 등을 위해 사람들이 오는 장소

오르다, 떨어지다
mount, scend, lev, sult, cid, merg

MP3 바로 듣기

mount
오르다 (go up), 돌출하다 (project)

변화형 min

---

mount★★
[maunt]
☐☐☐

동 올라가다, 증가하다
명 (산 이름 앞에 Mt.로 써서) 산

Citizens' anger **mounted** over the city's tax increase.
도시의 세금 인상에 대해 시민들의 분노가 증가했다.

mount
오르다

➡ 어딘가를 올라가다,
수량 등이 올라 증가하다

---

amount★★★
[əmáunt]
☐☐☐

명 총액/총계, 양
동 (액수·수량이) ~에 달하다

The U.S. consumed the greatest **amount** of electricity in 1999. 수능
미국은 1999년에 가장 많은 양의 전기를 소비했다.

a + mount
~에(ad) 오르다

➡ 액수가 올라서 달한 총액,
수량이 늘어나 달한 양

---

surmount★★
[sərmáunt]
☐☐☐

동 (산 등을) 타고 넘다, 극복하다

Tom **surmounted** his injuries after the accident.
Tom은 사고 후 부상을 극복했다.

sur + mount
넘어 오르다

➡ 산 등을 올라서 넘어가다,
어려움을 넘어 극복하다

---

prominent★★★
[prá:minənt]
☐☐☐

형 두드러진, 유명한, 중요한

prominently 부 두드러지게
prominence★ 명 유명함, 중요성

One **prominent** scholar said, "Anything can look like a failure in the middle." 수능
한 유명한 학자가 '무엇이든 중도엔 실패로 보일 수 있다'라고 말했다.

pro + min + ent
앞으로 돌출하다 형·접

➡ 남들보다 앞으로 돌출되어 있어
두드러지고 유명한

---

scend

오르다 (climb)

변화형 scand, scal

---

descendant***

[diséndənt]

□ □ □

명 자손, 후예

descend* 동 내려오다, 내려가다
descent** 명 하강, 혈통, 가문

We should keep the Earth clean for our **descendants**. 수능

우리는 우리 자손들을 위해 지구를 깨끗하게 지켜야 한다.

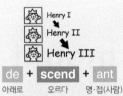

Henry I
Henry II
Henry III

de + **scend** + ant
아래로   오르다   명·접(사람)

➡ 혈통이 아래로 흘러 2, 3세 등 뒤에 붙는 수가 올라간 자손

---

scandal**

[skǽndl]

□ □ □

명 추문, 스캔들, 불명예

There is a lot of greed behind the public **scandals**. 수능

공공연한 추문 뒤에는 많은 탐욕이 있다.

He is ...

scand + al
오르다   명·접

➡ 사람들의 입에 오르는 충격적인 소문, 스캔들

---

scale***

[skeil]

□ □ □

명 규모, 저울
동 (가파른 곳을) 오르다, 크기를 조정하다

The **scale** of human activities has increased. 수능

인간의 활동 규모는 증가해왔다.

핵심표현 on a large **scale** 대규모로

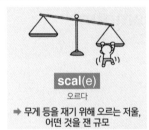

scal(e)
오르다

➡ 무게 등을 재기 위해 오르는 저울, 어떤 것을 잰 규모

---

lev

올리다 (lift, raise)

변화형 liev, lief

---

lever**

[lévər]

□ □ □

명 지렛대, 레버
동 지렛대로 움직이다

leverage 명 지렛대의 힘, 영향력

open the doors by pressing a **lever** 수능

레버를 눌러서 문을 열다

lev + er
올리다   명·접

➡ 어떤 것을 들어 올리기 위해 사용하는 지렛대

---

elevate★★
[éləvèit]
□□□

图 (들어) 올리다, 증가시키다

elevation★★ 명 높이, 향상, 승진
elevator 명 엘리베이터

She **elevated** her feet on a pillow to relax.
그녀는 휴식을 취하기 위해 베개에 발을 올렸다.

e + lev + ate
밖으로(ex) 올리다 동·접
➡ 어떤 것을 현재의 자리 밖으로
들어 올리다

어원으로 줄줄이! **elevate**와 유사한 의미의 어휘

- **increase** 图 증가시키다, 늘리다   in 안에 + crea(se) 자라다
  ▶ 안에 있던 것을 밖으로 자라나게 높이를 증가시키다

- **promote** 图 증진하다, 승진시키다   pro 앞으로 + mot(e) 움직이다(mob)
  ▶ 더 잘 보이게 앞으로 움직이다, 즉 그 역할을 증진하다

---

irrelevant★★
[iréləvənt]
□□□

형 무관한, 엉뚱한, 부적절한

irrelevance 명 무관함
relevant★★ 형 관련 있는, 적절한

Robots often collect data that are **irrelevant**. [수능]
로봇은 종종 무관한 자료들을 수집한다.

ir + re + lev + ant
아닌(in) 다시 올리다 형·접
➡ 다시 주제로 올리지 않을 만큼
관련 없는

---

alleviate★
[əlí:vièit]
□□□

图 (고통 등을) 덜다, 완화하다

alleviation 명 경감, 완화

The medicine **alleviated** his symptoms.
그 약은 그의 증상을 완화해 주었다.

al + lev(i) + ate
~쪽으로(ad) 올리다 동·접
➡ 몸 상태가 좋은 쪽으로 올라
가도록 고통을 덜다

---

relieve★★★
[rilí:v]
□□□

图 (고통 등을) 없애다, 완화하다

relieved★★★ 형 안도하는
relief★★★ 명 완화, 경감, 안도

Taking a trip is a great way to **relieve** stress. [수능]
여행하는 것은 스트레스를 없애는 좋은 방법이다.

re + liev(e)
다시 올리다
➡ 상태가 다시 좋은 상태로
올라가도록 통증 등을 없애다

---

belief★★★
[bilí:f]
□□□

명 믿음, 신념, 신뢰

believe★★★ 图 믿다, (진실로) 여기다
believable 형 믿을 수 있는, 그럴듯한

My **belief** is that all music has an expressive
power. [수능]
내 믿음은 모든 음악에 표현력이 있다는 것이다.

be + lief
만들다 올리다
➡ 의심으로 무거운 마음을 가볍게
만들어 들어 올리는 것, 즉 믿음

DAY 16

해커스 보카 어원편

sult

뛰어오르다 (leap)

변화형 sault, sal

result***
[rizΛlt]
□□□

명 결과, 성과   동 결과로 생기다

resultant** 형 그 결과로 생긴

Did the X-ray **result** come out? 수능
엑스레이 결과가 나왔나요?

핵심표현 as a **result**   결과적으로
　　　　 result in   그 결과 ~이 되다, ~을 야기하다

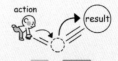

re + sult
다시　뛰어오르다

➡ 어떤 행위를 하면 다시 뛰어올라
　　나타나는 결과

어원으로 줄줄이!	**result**와 유사한 의미의 어휘

- **consequence**　명 결과, 결론   con 함께(com) + sequ 따라가다 + ence 명·접
  ▶ 어떤 행위를 따라가서 함께 나타나는 결과
- **effect**　명 결과, 효과   ef 밖으로(ex) + fec(t) 만들다(fac)
  ▶ 어떤 것을 만들어서 밖으로 드러난 결과, 효과
- **outcome**　명 결과, 결론   out 밖으로 + come 오다 ▶ 노력의 결과 밖으로 나오는 결과

consult**
[kənsΛlt]
□□□

동 상담하다, 상의하다
명 상담, 협의

consultant** 명 상담가

If you want to diet, **consult** a physician. 수능
만약 네가 식이요법을 하고 싶다면 의사와 상담해라.

con + sult
함께(com)　뛰어오르다

➡ 문제 해결을 위해 논의의 장으로
　 함께 뛰어올라 상담하다

insult**
[동 insΛlt]
[명 ínsΛlt]
□□□

동 모욕하다, ~에게 무례하게 하다
명 모욕, 무례

offensive and **insulting** behavior 수능
불쾌하고 모욕적인 행동

in + sult
위로(en)　뛰어오르다

➡ 상대의 위로 뛰어올라 모욕감을
　 느끼게 하다

assault*
[əsɔ́:lt]
□□□

동 공격하다, 급습하다, 폭행하다
명 공격, 습격, 폭행

assaultive 형 공격적인

They **assaulted** the enemy base.
그들은 적의 기지를 공격했다.

as + sault
~쪽으로(ad)　뛰어오르다

➡ 상대 쪽으로 뛰어올라 공격하다

salient★★

[séiliənt]

☐☐☐

형 두드러진, 현저한, 핵심적인

She focused on the **salient** points in her paper.
그녀는 자신의 논문에서 두드러지는 요점에 집중했다.

sal(i) + ent
뛰어오르다   형·접
➡ 높이 뛰어올라 눈에 확 띄는,
즉 두드러지는

어원으로 줄줄이! **salient**와 유사한 의미의 어휘

- **noticeable** 형 눈에 띄는, 두드러진   notice 알아채다 + able 할 수 있는 ▶ 알아챌 수 있을 만큼 눈에 띄는
- **primary** 형 주요한, 근본적인   prim 첫 번째의 + ary 형·접 ▶ 첫 번째로 중요한
- **principal** 형 주요한, 주된, 중요한   prin 첫 번째의(prim) + cip 취하다(cap) + al 형·접
  ▶ 첫 번째 자리를 취하는, 즉 가장 주된
- **prominent** 형 두드러진, 중요한   pro 앞으로 + min 돌출하다(mount) + ent 형·접
  ▶ 앞으로 돌출되어 있어 눈에 잘 띄게 두드러지는

---

cid

떨어지다 (fall)

변화형 cay

---

incident★★★

[ínsidənt]

☐☐☐

명 (범죄 등) 사건, 사고

incidental★★ 형 우연히 일어나는, 부수적인
incidentally 부 우연히, 부수적으로
incidence 명 (사건 등의) 발생, 발생 빈도

The **incident** was reported in the news.
그 사건은 뉴스에 보도되었다.

in + cid + ent
안에   떨어지다   명·접
➡ 본래 있어서는 안 될 범위 안에
떨어진 것, 즉 사건 또는 사고

---

coincidence★★

[kouínsidəns]

☐☐☐

명 우연의 일치, 동시에 일어난 사건, 동시 발생

coincident 형 일치하는, 동시에 일어나는
coincidental 형 우연의 일치인
coincidentally★ 부 일치하게, 동시 발생적으로

What a **coincidence**! 수능
이런 우연의 일치가 있나!

co + incidence
함께(com)   발생
➡ 우연히 두 가지가 함께 발생하는
우연의 일치

---

accidental★★

[æksidéntl]

☐☐☐

형 우연한, 돌발적인, 부수적인

accidentally★★★ 부 우연히
accident 명 우연, 사고

The **accidental** discovery of jewels excited people.
보석의 우연한 발견이 사람들을 흥분시켰다.

ac + cid + ent + al
~쪽으로(ad) 떨어지다 명·접 형·접
➡ 어떤 것이 이유 없이 내 쪽으로
떨어진, 즉 우연한

DAY 16

해커스 보카 어원편

decay★★
[dikéi]
☐☐☐

⑤ 썩다, 부패하다, 부식하다, 쇠퇴하다
⑲ 부패, 부식, 쇠퇴

The trees grow faster, but die earlier and soon **decay**. 수능
그 나무들은 더 빨리 자라지만 더 일찍 죽고 곧 썩는다.

de + cay
아래로 떨어지다

➡ 아래로 떨어져 나올 만큼 썩다

---

merg

흡수하다, 물에 잠기다 (dip)
변화형 mers

---

merge★★
[məːrdʒ]
☐☐☐

⑤ 합병하다, 녹아들게 하다, 융합하다

merger ⑲ 합병

The two companies will **merge** into one.
두 회사는 하나로 합병할 것이다.

핵심표현 **merge** into ~로 합병하다, ~에 융합하다

merg(e)
흡수하다

➡ 다른 것을 흡수하여 하나로 합병하다

---

submerge★★
[səbmə́ːrdʒ]
☐☐☐

⑤ (물속에) 잠기다, 잠수하다, (물에) 담그다

The entire region was **submerged** beneath a lake. 수능
그 지역 전체가 호수 아래로 잠겼다.

sub + merg(e)
아래로 물에 잠기다

➡ 물 아래로 깊이 잠기다

---

emerge★★★
[imə́ːrdʒ]
☐☐☐

⑤ 드러나다, 부상하다, 나오다

emergence★★ ⑲ 출현, 발생
emergency ⑲ 비상 (사태)

New industries were **emerging** to develop the leisure market. 수능
레저 시장을 개발하기 위해 새로운 산업이 부상하고 있었다.

e + merg(e)
밖으로(ex) 물에 잠기다

➡ 물에 잠겼던 것이 밖으로 드러나도록 물 위로 부상하다

---

immerse★
[imə́ːrs]
☐☐☐

⑤ 담그다, 가라앉히다, 빠져들게 하다

immersion ⑲ 담금, 몰입

I **immersed** my feet in the cool water.
나는 발을 차가운 물에 담갔다.

im + mers(e)
안에(in) 물에 잠기다

➡ 물 안에 잠기도록 담그다

이동, 위치를 나타내는 어근

DAY 17

나르다, 던지다
lat, gest, fer, cast, ject

MP3 바로 듣기

DAY 17

해커스 보카 어원편

lat 나르다 (carry)

relate★★★
[riléit]
□□□

동 관련 짓다, 관련이 있다

relation★★★ 명 관련(성), 관계
relative★★★ 형 관련 있는, 상대적인
relatively★★★ 부 비교적, 상대적으로

popular professions **related** to animals 수능
동물과 관련된 인기 있는 직업들

핵심표현 be **related** to/with ~과 관련 있다

re + lat(e)
다시   나르다
➡ 어딘가에 뒀던 것을 다시 날라와
다른 것에 연결시켜 관련 짓다

어원으로 줄줄이! **relate**와 유사한 의미의 어휘

• **associate** 동 관련시키다, 연상하다   as ~에(ad) + soci 친구, 동료 + ate 동·접
▶ 친구, 동료와 관계를 맺듯이 다른 대상에 관련시키다

• **connect** 동 연결하다, 이어지다   con 함께(com) + nect 잇다
▶ 떨어져 있는 것을 함께 이어 연결하다

correlation★★
[kɔ̀:rəléiʃən]
□□□

명 연관성, 상호 관련

correlate★ 동 연관성이 있다, 서로 관련시키다
correlative 형 상호 관계가 있는 명 상관관계가 있는 것

Researchers found a **correlation** between age and weight.
연구원들은 나이와 체중 사이의 연관성을 발견했다.

핵심표현 **correlation** between ~ 사이의 상관관계

cor + relat(e) + ion
함께(com) 관련 짓다 명·접
➡ 두 가지가 함께 관련 지어져
생긴 연관성

translate★★★
[trænsléit]
□□□

동 번역하다, 해석하다

translation★★ 명 번역, 통역
translator★★ 명 번역가, 통역사

Katy **translated** the book from Korean to English.
Katy는 그 책을 한국어에서 영어로 번역했다.

핵심표현 **translate** into ~로 번역하다

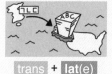

trans + lat(e)
가로질러   나르다
➡ 바다를 가로질러 나르기 위해
다른 언어로 번역하다

gest

나르다 (carry)

변화형 gist, ger

---

congestion★★
[kəndʒéstʃən]
☐☐☐

명 (교통) 혼잡, (인구) 밀집

congest 동 혼잡하게 하다

Tourists may cause traffic **congestion**. 수능
관광객들은 교통 혼잡을 야기할 수도 있다.

con + **gest** + ion
함께(com)　나르다　명·접
➡ 여럿이 함께 나르느라 생긴 혼잡

---

digest★★
[동 daidʒést]
[명 dáidʒest]
☐☐☐

동 소화시키다
명 요약(문)

digestion★★ 명 소화
digestive★★ 형 소화의, 소화를 돕는

Some fruits have a tough skin, which can be hard to **digest**. 수능
일부 과일은 질긴 껍질을 가지고 있고, 소화시키기 힘들 수 있다.

di + **gest**
떨어져(dis)　나르다
➡ 음식을 작게 떨어뜨려
신체 여기저기로 날라 소화시키다

---

register★★★
[rédʒistər]
☐☐☐

동 등록하다, 신고하다　명 등록부

registration★★★ 명 등록, 신고
registry 명 등록, 등기, 등기소

Spaces are limited, so **register** as soon as possible. 수능
공간이 제한되어 있으므로 가능한 한 빨리 등록하세요.

핵심표현 **register** for ~에 등록하다

re + **gist**(er)
다시　나르다
➡ 다시 볼 수 있도록 날라온
정보를 등록하다

어원으로 줄줄이! **register**와 유사한 의미의 어휘

- **declare** 동 (세관에) 신고하다　de 아래로 + clar(e) 명백한
  ▶ 권한을 가진 국가 기관 등의 아래로 가서 명백하게 신고하다
- **enroll** 동 등록하다, 입학시키다　en 안에 + rol(l) 두루마리(rot) ▶ 두루마리 안에 이름을 써서 등록하다
- **report** 동 보고하다, 신고하다　re 다시 + port 운반하다
  ▶ 얻은 정보를 다시 운반해 다른 곳에도 알리다, 즉 보고하다

---

exaggerate★★
[igzǽdʒərèit]
☐☐☐

동 과장하다, 지나치게 강조하다

exaggeration★★ 명 과장

The importance of this can hardly be **exaggerated**. 수능
이것의 중요성은 아무리 강조해도 지나치지 않는다.

핵심표현 can hardly be **exaggerated**
아무리 강조해도 지나치지 않다

ex + ag + **ger** + ate
밖으로　높이　나르다　동·접
➡ 밖으로는 크게 보이도록
높이 날라 크기를 과장하다

fer

나르다 (carry)

prefer★★★

[prifə́:r]

☐☐☐

동 더 좋아하다, 선호하다, 차라리 ~을 택하다

preferred★★★ 형 우선의
preference★★★ 명 선호
preferential 형 우선권을 주는

Goats **prefer** weeds to grass. 수능
염소들은 잔디보다 잡초를 더 좋아한다.

핵심표현 **prefer** A to B B보다 A를 더 좋아하다

pre + fer
앞서 나르다
➡ 다른 것보다 앞서 날라
가져올 만큼 더 좋아하다

refer★★★

[rifə́:r]

☐☐☐

동 참고하다, 언급하다, 인용하다

reference★★★ 명 참고, 언급
referee★★ 명 심판, 보증인, 추천인

Refer to the notice on the bulletin board. 수능
게시판의 공지를 참고해라.

핵심표현 **refer** to ~을 참고하다

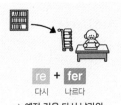

re + fer
다시 나르다
➡ 예전 것을 다시 날라와
참고하거나 언급하다

conference★★★

[kɑ́:nfərəns]

☐☐☐

명 회의, 회담, 학회

confer★ 동 상의하다

The **conference** is held every year in Chicago. 수능
그 회의는 매년 시카고에서 개최된다.

con + fer + ence
함께(com) 나르다 명·접
➡ 여럿이 함께 안건을 날라와서
하는 회의

differ★★★

[dífər]

☐☐☐

동 다르다, 의견을 달리하다

difference★★★ 명 다름, 차이
differentiate★ 동 구별하다

Written language may **differ** from spoken
language in style. 수능
문어는 구어와 스타일이 다를 수도 있다.

핵심표현 **differ** from ~과 다르다

dif + fer
떨어져(dis) 나르다
➡ 날라서 떨어뜨려 분리할 정도로
다르다

어원으로 줄줄이! **differ**와 유사한 의미의 어휘

• **disagree**　동 동의하지 않다, 의견이 다르다　　dis 반대의 + agree 동의하다
　　　　　　　　　　　　　　　　　　　　　　　▶ '동의하다'의 반대, 즉 동의하지 않다

• **dissent**　　 동 반대하다, 의견을 달리하다　　　dis 반대의 + sent 느끼다(sens)
　　　　　　　　　　　　　　　　　　　　　　　▶ 반대로 느끼다, 즉 반대하다

indifferent★★★
[indífərənt]
□□□

형 무관심한, 무관한

indifference★★ 명 무관심

Many people are **indifferent** to politics.
많은 사람들은 정치에 무관심하다.

in + different
아닌   다른
➡ 다른 것과 다르지 않아서 관심을
주지 않는, 즉 무관심한

---

infer★★
[infə́:r]
□□□

동 추론하다, 암시하다

inference★★ 명 추론
inferential 형 추론의, 추정에 의한

Adam **inferred** that I was angry from my tone.
Adam은 내가 화났었다는 것을 내 말투로부터 추론했다.

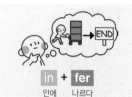

in + fer
안에   나르다
➡ 머리 안에서 어떤 일을 끝으로
날라서 결론을 내다, 즉 추론하다

---

fertile★★
[fə́:rtl]
□□□

형 비옥한, 다산의

fertility 명 비옥함
fertilize 동 비옥하게 하다
fertilizer★★ 명 비료

You need **fertile** soil in order to grow vines. 수능
포도나무를 기르기 위해서는 비옥한 토양이 필요하다.

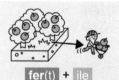

fer(t) + ile
나르다   형·접
➡ 날라야 할 생산물이 많이 나오는,
즉 비옥한

---

ferry★
[féri]
□□□

명 (사람, 화물 운반용의) 연락선
동 나르다, 수송하다

The **ferry** departs every 45 minutes.
그 연락선은 45분마다 출발한다.

fer + ry
나르다   명·접
➡ 물건이나 사람을 나르는 배인
연락선

---

defer★
[difə́:r]
□□□

동 미루다, 연기하다, 경의를 표하다

deferrable★ 형 연기할 수 있는
deference★ 명 존경, 경의, 복종

Payments can be **deferred** for six months.
납입은 6개월 동안 미뤄질 수 있다.

de + fer
떨어져   나르다
➡ 다른 것과 떨어지도록
나르는 것을 미루다

어원으로 줄줄이! fer 추가 어휘

- offer 동 제공하다, 제안하다, 주다 명 제공, 제안 of 향하여(ob) + fer 나르다 ▶ 상대방을 향하여 날라서 제공하다
- suffer 동 고통받다, ~에 시달리다, (부상 등을) 겪다 suf 아래에(sub) + fer 나르다 ▶ 무거운 짐을 아래에서 지고 나르며 고통받다
- transfer 동 옮기다, 이동하다, 환승하다 명 이동, 전학 trans 가로질러 + fer 나르다 ▶ 어떤 장소를 가로질러 다른 곳으로 날라 옮기다

cast

던지다 (throw)

cast★★★
- cast - cast

[kæst]

☐☐☐

동 던지다, (그림자를) 드리우다
명 던지기

The sun **casts** the trees' shadows to the west. 수능
태양은 나무의 그림자를 서쪽으로 드리운다.

핵심표현 **cast** doubt on ~에 의문을 던지다, ~을 의심하다

cast
던지다
➡ 어떤 것을 던지다

broadcast★★
- broadcast(ed)
- broadcast(ed)

[brɔ́ːdkæst]

☐☐☐

동 방송하다, 방영하다
명 방송

broadcasting★★ 명 방송업(계)
broadcaster★ 명 방송인, 방송사

Most networks **broadcasted** the president's speech.
대부분의 방송망은 대통령 연설을 방영했다.

broad + cast
넓은   던지다
➡ 음성이나 영상 전파를 널리 던져 방송하다

outcast★

[áutkæst]

☐☐☐

형 버림받은, 쫓겨난
명 버림받은 사람, 따돌려진 사람

The aged are often treated like **outcasts** by prejudiced attitude. 수능
나이 든 사람들은 편협한 태도로 인해 종종 버림받은 사람들처럼 대우받는다.

out + cast
밖으로 던지다
➡ 밖으로 던져진, 즉 버림받은

---

ject

던지다 (throw)

object★★★

[명 á:bdʒekt]
[동 əbdʒékt]

☐☐☐

명 물건, 대상, 목표   동 반대하다

objective★★★ 형 객관적인   **objection**★★ 명 반대, 이의
objectively★★ 부 객관적으로
objectivity★★★ 명 객관성

A status symbol is usually an expensive **object**. 수능 지위의 상징은 보통 값비싼 물건이다.

핵심표현 **object** to ~에 반대하다

ob + ject
맞서   던지다
➡ 어떤 대상에 맞서 던지는 물건, 맞서는 의견을 던져 반대하다

---

subject***

[동 səbdʒékt]
[형, 명 sʌ́bdʒikt]

□□□

동 지배하에 두다   형 ~의 지배하에 있는
명 과목, 주제, (연구) 대상, 백성/신하

subjective*** 형 주관의, 주관적인
subjectivity** 명 주관성, 주관적임

At one time, the Philippines was **subject** to the United States. 한때, 필리핀은 미국의 지배하에 있었다.

핵심표현 be **subject** to ~의 지배하에 있다, ~을 조건으로 하다

sub + ject
아래에   던지다
➡ 던져서 누군가의 지배 아래에 들어가도록 하다

project***

[명 prάːdʒekt]
[동 prədʒékt]

□□□

명 (연구) 과제, 사업
동 계획하다, 투사하다

projection** 명 투사(된 영상), 예상
projector 명 영사기

I have a history **project** due next week. 수능
나는 다음 주까지 하기로 되어 있는 역사 과제가 있다.

pro + ject
앞에   던지다
➡ 누군가의 앞에 해결하라고 던져진 과제

reject***

[ridʒékt]

□□□

동 거절하다, 거부하다, 부인하다

rejection** 명 거부, 거절

He submitted some cartoons, but they were **rejected**. 수능
그는 몇 편의 만화를 제출했지만, 그것들은 거절당했다.

re + ject
다시   던지다
➡ 온 것을 받아들이지 않고 다시 던져서 돌려보내다, 즉 거절하다

어원으로 줄줄이! **reject**와 유사한 의미의 어휘

• **decline** 동 거절하다, 사양하다   de 떨어져 + clin(e) 기울다
▶ 접시를 기울여서 주는 것을 떨어뜨리다, 즉 거절하다

• **deny** 동 거부하다, 부인하다   de 떨어져 + ny 아닌(neg)
▶ 원하지 않는다고 한 발짝 떨어져서 거부하다

• **refuse** 동 거부하다, 거절하다   re 다시 + fus(e) 붓다
▶ 안에 부어준 것을 다시 밖으로 부어내다, 즉 거부하다

inject*

[indʒékt]

□□□

동 주사하다, 주입하다

injection 명 주사

The doctor **injected** his patients with vaccines.
그 의사는 환자들에게 백신을 주사했다.

in + ject
안으로   던지다
➡ 약물 등을 몸 안으로 던져 넣다, 즉 주입 또는 주사하다

eject*

[idʒékt]

□□□

동 튀어나오게 하다, 쫓아내다

ejection 명 방출, 분출

The pilot was **ejected** from his seat in the plane before it crashed.
그 조종사는 비행기가 추락하기 전에 자신의 좌석에서 튀어나왔다.

e + ject
밖으로(ex)   던지다
➡ 어떤 것을 밖으로 던져 튀어나오게 하다

끌다, 몰다
tract, duc, pel

MP3 바로 듣기

---

tract

끌다 (draw)

변화형 tra(c), trai, tray, treat

---

attract★★★
[ətrǽkt]
☐☐☐

图 (관심 등을) 끌다, 끌어모으다

attraction★★★ 명 끌림, 매력
attractive★★★ 형 마음을 끄는, 매력적인
unattractive★★ 형 매력적이지 않은

Mexico **attracts** different types of visitors. 수능
멕시코는 다른 종류의 방문객들을 끌어모은다.

at + tract
~쪽으로(ad) 끌다

➡ 관심을 어떤 쪽으로 끌다

---

contract★★★
[동 kəntrǽkt]
[명 kɑ́:ntrækt]
☐☐☐

图 계약하다, 수축하다
명 계약(서)

contraction★★ 명 수축, 축소
contractor★★ 명 계약자

Did you receive the **contract** I sent to you? 수능
너는 내가 너에게 보낸 계약서를 받았니?

con + tract
함께(com) 끌다

➡ 양쪽 당사자들을 함께 끌어와서
계약하다

---

distract★★★
[distrǽkt]
☐☐☐

图 (주의를) 산만하게 하다

distraction★★★ 명 집중을 방해하는 것, 주의 산만

I was **distracted** by a cute puppy. 수능
나는 귀여운 강아지 때문에 주의가 산만해졌다.

dis + tract
떨어져 끌다

➡ 어떤 것에서 주의가 떨어지도록
끌어 산만하게 하다

---

abstract★★★
[동, 형 æbstrǽkt]
[명 ǽbstrækt]
☐☐☐

图 추출하다, 끌어내다   형 추상적인
명 추상 (개념)

abstraction★★ 명 추상적 개념
abstractive 형 추상적인

move away from direct representation to the
abstract painting 수능
직접적인 표현에서 멀어져 추상적인 회화로 이동하다

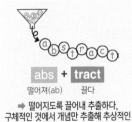

abs + tract
떨어져(ab) 끌다

➡ 떨어지도록 끌어내 추출하다,
구체적인 것에서 개념만 추출해 추상적인

---

extract**

[동 ikstrǽkt]
[명 ékstrækt]
□□□

동 추출하다, 발췌하다
명 추출물, 발췌

extraction** 명 뽑아냄, 추출

The DNA **extracted** from whale skin identifies the individuals in the group. 수능
고래 피부에서 추출된 DNA는 무리에서 개체를 식별한다.

ex + tract
밖으로 끌다

➡ 안에 있던 것을 밖으로 끌어내어 추출하다

---

subtract**

[səbtrǽkt]
□□□

동 빼다, 덜다

subtraction* 명 빼냄, 뺄셈, 공제

You should **subtract** the discount from the total.
너는 총액에서 할인액을 빼야 한다.

5 - 2
sub + tract
아래로 끌다

➡ 일부를 아래로 끌어내어 수량을 떨어뜨리다, 즉 빼다

---

track***

[træk]
□□□

명 (지나다녀서 생긴) 길, 선로, 경주로
동 추적하다

tracker* 명 추적자

Children ran the quarter-mile **track** during lunch. 수능 아이들은 점심시간 동안 1/4마일의 길을 달렸다.

핵심표현 keep **track** of ~을 놓치지 않도록 하다, ~을 추적하다
lose **track** of ~을 놓치다

trac(k)
끌다

➡ 짐이나 수레를 끌고 다녀서 생긴 길

---

trace***

[treis]
□□□

명 자취, 흔적
동 추적하다, 따라가다

traceable* 형 추적할 수 있는

My cat disappeared without a **trace**.
내 고양이는 흔적 없이 사라졌다.

trac(e)
끌다

➡ 어떤 것을 끌어서 생긴 자취, 흔적

---

trade***

[treid]
□□□

명 거래, 무역
동 거래하다, 교역하다

the rules of international **trade** that benefit rich countries 수능
부유한 국가들에 이익이 되는 국제 무역의 규칙

tra + (a)de
끌다   명·접

➡ 서로의 물건을 끌고 와서 바꾸는 것, 즉 거래

---

trail***

[treil]
□□□

명 자국, 시골길, (특정한) 코스
동 뒤쫓다

People are walking along a beautiful **trail**. 수능
사람들이 아름다운 시골길을 따라 걷고 있다.

trai(l)
끌다

➡ 어떤 것을 끌고 가서 생긴 자국 또는 길

---

trait★★★
[treit]
☐☐☐

명 특성, 특징

It's a human **trait** to define the things in the world. 수능

세상에 있는 것들을 정의하는 것은 인간의 특성이다.

trai(t)
끌다

➡ 행동을 특정 방향으로 끌고 가는
특성, 특징

어원으로 줄줄이!	**trait**과 유사한 의미의 어휘

- **attribute** **명** 특성, 속성   at ~에(ad) + tribute 배정하다
  ▶ 어떤 것이 특정한 부류에 배정되도록 하는 특징, 속성
- **characteristic** **명** 특성, 특징   character 인물, 성격 + ist 명·접 + ic 형·접
  ▶ 인물의 성격을 결정 짓는 특성, 특징
- **feature** **명** 특징, 기능   feat 만들다(fac) + ure 명·접 ▶ 어떤 것을 눈에 띄게 만드는 특징, 기능

---

portray★★
[pɔːrtréi]
☐☐☐

동 묘사하다, 그리다, 보여주다

portrait★★★ **명** 묘사, 초상화

the world that is **portrayed** on TV 수능

TV에 묘사된 세상

por + **tray**
앞으로(pro)   끌다

➡ 특징이 잘 보이게 앞으로
끌어내어 묘사하다

---

treat★★★
[triːt]
☐☐☐

동 대(접)하다, 다루다, 치료하다
명 대접

treatment★★★ **명** 대우, 치료

I'll **treat** you to dinner at the restaurant we went to last week. 수능

나는 우리가 지난주에 갔었던 식당에서 너에게 저녁을 대접할 것이다.

treat
끌다

➡ 상대를 어떤 방향으로 끌고 가다,
즉 특정 방식으로 대(접)하다

---

retreat★★
[ritríːt]
☐☐☐

동 후퇴하다, 물러나다
명 후퇴, 철수, (일상에서 물러나서 가는) 휴양 시설

The army **retreated** from the battlefield.

그 군대는 전장에서 후퇴했다.

re + **treat**
뒤로   끌다

➡ 있던 자리에서 뒤로 끌어
물러나다, 즉 후퇴하다

---

treaty★
[tríːti]
☐☐☐

명 조약, 협정

The countries signed the peace **treaty**.

그 국가들은 평화 조약에 서명했다.

treat + **y**
끌다   명·접

➡ 여러 나라를 끌어와서 함께
맺는 조약

duc 끌다, 이끌다 (lead)

produce***
[prədjúːs]
☐☐☐

동 생산하다, 제작하다

product*** 명 생산물, 제품　　productive*** 형 생산하는
production*** 명 생산　　productivity*** 명 생산성

Many textbooks have been **produced** for learners of Korean. 수능
많은 교과서가 한국인 학습자들을 위해 생산되어왔다.

pro + duc(e)
앞으로　끌다
➡ 소비자 앞으로 끌고 올 새 제품을 생산하다

reproduce***
[rìːprədús]
☐☐☐

동 재생하다, 번식하다, 복사하다

reproduction*** 명 재생, 번식, 복사

A virus can **reproduce** inside a living cell. 수능
바이러스는 살아있는 세포 안에서 재생할 수 있다.

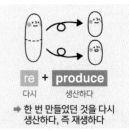

re + produce
다시　생산하다
➡ 한 번 만들었던 것을 다시 생산하다, 즉 재생하다

reduce***
[ridjúːs]
☐☐☐

동 줄이다, 감소하다

reduction*** 명 축소, 감소

Playing with toy guns helps kids **reduce** their anger. 수능
장난감 총을 가지고 노는 것은 아이들의 분노를 줄이는 데 도움이 된다.

re + duc(e)
뒤로　끌다
➡ 일부를 뒤로 끌어내 수량을 줄이다

education***
[èdʒukéiʃən]
☐☐☐

명 교육 (기관), 교육학

educational*** 형 교육적인
educate 동 교육하다
educator** 명 교육자

I'd like to talk about the future of **education**. 수능
나는 교육의 미래에 대해 이야기하고 싶다.

e + duc + ation
밖으로(ex)　끌다　명·접
➡ 내재된 재능을 밖으로 끌어내는 일, 즉 교육

conduct***
[동 kəndʌ́kt]
[명 káːndʌkt]
☐☐☐

동 이끌다, 지휘하다, (어떤 행동을) 실시하다
명 지도, 행위, 품행

conductor** 명 지휘자

A survey was **conducted** just after a plane crash. 수능
비행기 사고 직후에 조사가 실시되었다.

con + duc(t)
함께(com)　이끌다
➡ 여럿을 함께 이끌거나 지휘하다, 이끌어져 어떤 일을 실시하다

induce★★★

[indjúːs]

□□□

동 유도하다, 유발하다, 설득하다

inducement 명 유인(책)
induction 명 유도, 유발

The threat of punishment is enough to **induce** the desired behavior. 수능
처벌하겠다는 위협은 원하는 행동을 유도하기에 충분하다.

in + duc(e)
안에   이끌다
➡ 안에 들어오도록 이끌다,
즉 유도하다

deduce★

[didjúːs]

□□□

동 추론하다, 연역하다

deduction★ 명 추론, 연역, 공제(액)

It was hard to **deduce** the answer to the question.
그 문제의 답을 추론하는 것은 어려웠다.

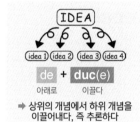

IDEA
(idea 1) (idea 2) (idea 3) (idea 4)
de + duc(e)
아래로   이끌다
➡ 상위의 개념에서 하위 개념을
이끌어내다, 즉 추론하다

어원으로 줄줄이! **duc 추가 어휘**

• **by-product** 명 부산물, 부작용   by 부수적인 + product 생산물 ▶ 부수적으로 생긴 생산물, 즉 부산물
• **introduction** 명 도입, 소개, 서론   intro 안으로 + duc 끌다 + tion 명·접 ▶ 새로운 것을 안으로 끌고 들어옴, 즉 도입 또는 소개

---

pel

끌어내다, 몰다 (drive)

변화형 peal, pul

---

compel★★

[kəmpél]

□□□

동 강요하다, 억지로 ~하게 하다

compulsion★ 명 강요, 충동
compulsory★ 형 강제적인, 의무적인

The thief **compelled** the man to give up his wallet.
그 도둑은 그 남자에게 지갑을 넘기라고 강요했다.

핵심표현 **compel** A to B   A에게 B하도록 강요하다

com + pel
함께   끌어내다
➡ 억지로 다 함께 끌어내어
어떤 일을 하도록 강요하다

propel★★

[prəpél]

□□□

동 나아가게 하다, 추진하다

propeller★ 명 추진기, 프로펠러
propulsion 명 추진

The wind **propels** sailboats.
바람이 돛단배를 나아가게 한다.

pro + pel
앞으로   몰다
➡ 몰아서 앞으로 나아가게 하다

DAY 18

해커스 보카 어원편

expel**
[ikspél]
□□□

⑧ 쫓아내다, 추방하다, 배출하다

expulsion 몡 추방, 배출
expulsive 혱 추방하는, 배제적인

Firefighters **expelled** smoke from houses.
소방관들은 집에서 연기를 배출했다.

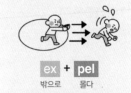

ex + pel
밖으로　몰다
➡ 안에 있던 것을 밖으로 몰아서
쫓아내다, 배출하다

---

repel*
[ripél]
□□□

⑧ 쫓아버리다, 물리치다

repellent 혱 물리치는, 혐오감을 주는　몡 반발력, 방충제

The smell of pepper can **repel** mice.
후추 냄새는 쥐를 쫓아버릴 수 있다.

re + pel
뒤로　몰다
➡ 상대를 뒤로 몰아서 쫓아버리다

---

appeal***
[əpíːl]
□□□

⑧ 관심을 끌다, 호소하다
몡 호소, 매력

appealing* 혱 매력적인

Horror movies **appeal** to teenagers.
공포 영화는 십 대들의 관심을 끈다.

ap + peal
~에(ad)　끌어내다
➡ 어떤 대상에게 향하도록
마음, 관심 등을 끌어내다

---

pulse**
[pʌls]
□□□

몡 맥박, 진동, 파동
⑧ 맥박치다

cause plankton to release tiny **pulses** of light 수능
플랑크톤이 작은 빛의 진동을 내보내도록 야기하다

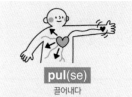

pul(se)
끌어내다
➡ 혈액을 끌어내기 위해 뛰는 맥박,
맥박처럼 위아래로 뛰는 진동

---

impulsive**
[impʌ́lsiv]
□□□

혱 충동적인, 행동을 자극하는

impulse* 몡 충동, 자극, 충격

Following your instincts could lead you to
impulsive decisions. 수능
본능을 따르는 것은 너를 충동적인 결정으로 이끌 수 있다.

im + pul(s) + ive
안에(in)　끌어내다　형·접
➡ 마음 안에 있던 욕구가 갑자기
끌어내진, 즉 충동적인

어원으로 줄줄이! pel 추가 어휘

- **dispel**　⑧ (근심, 의심 등을) 떨쳐 버리다, 없애다　　dis 떨어져 + pel 몰다 ▶ 나쁜 생각이 떨어지도록 몰아내어 떨쳐 버리다
- **impel**　⑧ 몰아대다, 재촉하다, 앞으로 나아가게 하다　　im 안에(in) + pel 몰다 ▶ 안으로 들어가서 일을 하도록 몰아대다

DAY 19

보내다, 놓다
mit, pos, thes

mit

보내다 (send)

변화형 mis(s), mess

---

submit★★★
[səbmít]
☐☐☐

동 제출하다, 굴복시키다, 복종하다

submission★★★ 명 제출, 굴복, 항복
submissive 형 복종하는

We have to **submit** our report by midnight. 수능
우리는 자정까지 보고서를 제출해야만 한다.

sub + mit
아래에 보내다

➡ 어떤 사람 아래에 무언가를
보내다, 즉 그에게 제출하다

---

admit★★★
[ædmít]
☐☐☐

동 받아들이다, 인정하다, 시인하다

admission★★★ 명 입장, 입학, 인정

Brad **admits** that he was too sensitive. 수능
Brad는 자신이 너무 예민했던 것을 인정한다.

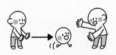

ad + mit
~에 보내다

➡ 자신에게 보내진 것을
받아들이다

---

permit★★★
[동 pərmít]
[명 pə́:rmit]
☐☐☐

동 허락하다
명 허가(증), 면허(증)

permission★★★ 명 허락, 허가

Sitting on lawns is not **permitted**. 수능
잔디밭에 앉는 것은 허락되지 않는다.

per + mit
통하여 보내다

➡ 어딘가를 통하여 갈 수 있도록
보내주다, 즉 허락하다

---

emit★★★
[imít]
☐☐☐

동 배출하다, 내보내다, 내뿜다

emission★★★ 명 배출

The UK has been **emitting** greenhouse gases
for longer than most countries. 수능
영국은 대부분의 국가들보다 더 오래 온실가스를 배출해오고 있다.

e + mit
밖으로(ex) 보내다

➡ 안에서 밖으로 내보내다,
즉 배출하다

---

commit**
[kəmít]
☐☐☐

동 이행하다, 전념하다, 저지르다

committee*** 명 위원회
commitment*** 명 약속, 전념, 헌신

They are as **committed** to performances as I am. 수능 그들은 나만큼이나 성과에 전념한다.

핵심표현 be **committed** to ~에 전념하다

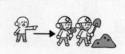

com + mit
함께　보내다

➡ 명령과 함께 보내진 사람들이 일을 이행하다, 그 일에 전념하다

---

promise***
[prá:mis]
☐☐☐

동 약속하다
명 약속, 전망

promising*** 형 유망한

I **promise** to help you more. 수능
내가 너를 더 도와줄 거라고 약속해.

pro + mis(e)
앞에　보내다

➡ 앞에 미리 보내서 앞으로 할 일을 약속하다

---

compromise**
[ká:prəmaiz]
☐☐☐

동 타협하다, 양보하다
명 타협, 양보

We **compromised** to make agreements.
우리는 합의를 하기 위해 타협했다.

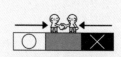

com + promise
함께　약속하다

➡ 중간으로 하자고 함께 약속하다, 즉 타협하다

---

dismiss**
[dismís]
☐☐☐

동 해산시키다, 해고하다, 묵살하다

dismissal 명 해산, 해고, 묵살
dismissive 형 무시하는

You will be **dismissed** from the company on October 14. 수능
당신은 10월 14일 자로 회사에서 해고될 것입니다.

dis + miss
떨어져　보내다

➡ 있던 자리에서 떨어뜨려 보내다, 즉 해산시키다 또는 해고하다

---

mission**
[míʃən]
☐☐☐

명 임무, 과제, 선교 (단체)

missionary* 명 선교사

mission to move the world towards social justice 수능
세상을 사회적 정의를 향해 가도록 하는 임무

miss + ion
보내다　명·접

➡ 사람을 보내어 달성하고자 하는 임무

---

commission**
[kəmíʃən]
☐☐☐

명 위원(회), 수수료
동 위임하다, 의뢰하다

Ms. Fang serves on the city's health **commission**.
Fang 씨는 시 보건 위원회에서 근무한다.

com + mission
함께　임무

➡ 임무를 함께 맡은 사람들이 모인 위원회

---

mess★★
[mes]
□□□

명 엉망진창, 곤경
동 엉망으로 만들다

You **mess** everything up! 수능
너는 모든 것을 다 망쳐!

핵심표현 **mess** up 다 망치다

mess
보내다

➡ 어떤 일을 완료하여 보내고
난 뒤의 엉망진창

---

pos

놓다 (put, place)
변화형 pon, pound

---

pose★★★
[pouz]
□□□

동 자세를 취하다, (문제 등을) 제기하다
명 자세

Let's **pose** for a picture. 수능
사진을 위해 자세를 취하자.

pos(e)
놓다

➡ 카메라 앞에 놓이기 위해
자세를 취하다

---

positive★★★
[pάːzətiv]
□□□

형 긍정적인, 확신하는, 양성 (반응)의

positivity★ 명 확실함, 확신, 적극성

If you aren't **positive**, you can't be productive on
your job. 수능
네가 긍정적이지 않으면, 일에서 생산적일 수 없다.

pos(it) + **ive**
놓다   형·접

➡ 놓을 자리가 마음에 드는,
즉 그곳에 두는 것에 긍정적인

---

position★★★
[pəzíʃən]
□□□

명 자리, 위치, 입장
동 배치하다

positional 형 위치상의

I offered you the sales director **position**. 수능
나는 당신에게 영업부장 자리를 제안했다.

pos(it) + **ion**
놓다   명·접

➡ 놓는 곳, 자리

---

suppose★★★
[səpóuz]
□□□

동 추정하다, 가정하다

supposed★ 형 추정되는, 여겨지는
supposedly★★ 부 추정상, 아마

Suppose you are leaving on a long trip
tomorrow. 수능
네가 내일 긴 여행을 떠난다고 가정해 보자.

핵심표현 be **supposed** to ~하기로 되어 있다

sup + **pos**(e)
아래에(sub) 놓다

➡ 근거를 아래에 깔아 놓고 미루어
생각하다, 즉 추정하다

---

purpose***
[pə́:rpəs]
☐☐☐

명 목적, 용도, 의도

purposely* 분 고의로, 일부러

The **purpose** of the court system is to protect people's rights. 수능
사법 체계의 목적은 사람들의 권리를 보호하는 것이다.

pur + pos(e)
앞에(pro)   놓다
➡ 앞에 놓고 이루기 위해
노력하는 목적

---

expose***
[ikspóuz]
☐☐☐

동 노출시키다, 드러내다, 폭로하다

exposure*** 명 노출, 폭로
exposition* 명 공개, 전시, 진열

Expose your child to as many things as possible. 수능 당신의 아이를 최대한 많은 것에 노출시켜라.

ex + pos(e)
밖으로   놓다
➡ 밖으로 내놓아 노출시키다

---

oppose***
[əpóuz]
☐☐☐

동 반대하다, 대항하다

opposing** 형 대립하는
opposite 형 반대의, 맞은편의
opposition** 명 반대

My parents **oppose** my plan to open a restaurant.
우리 부모님은 식당을 차리려는 내 계획에 반대한다.

op + pos(e)
대항하여(ob)   놓다
➡ 상대에게 대항하는 의견을 놓다,
즉 반대하다

어원으로 줄줄이! **oppose**와 유사한 의미의 어휘

• **protest** 동 반대하다, 항의하다　pro 앞에 + test 증언하다
　　　　　　　　　　　　　　　　▶ 앞에 나서서 증언하며 잘못된 것에 반대하다
• **resist** 동 저항하다, 반대하다　re 다시 + sist 서다(sta) ▶ 압박에 굴하지 않고 다시 일어서 저항하다

---

compose***
[kəmpóuz]
☐☐☐

동 구성하다, 작곡/작문하다, 조립하다

composer*** 명 작곡가
composite 형 합성의, 복합의
composition*** 명 구성(물), 작곡/작문, 조립

He has **composed** experimental music. 수능
그는 실험적인 음악을 작곡해왔다.

핵심표현 be **composed** of ~으로 구성되어 있다

com + pos(e)
함께   놓다
➡ 여러 요소를 함께 놓아 어떤 것을
구성하다, 작곡하다

---

posture***
[pá:stʃər]
☐☐☐

명 자세, 태도
동 자세를 취하다, 태도를 보이다

Proper **posture** is the first step to healthy computer use. 수능
올바른 자세는 건강한 컴퓨터 사용의 첫걸음이다.

BAD   GOOD
pos(t) + ure
놓다   명·접
➡ 어떤 것 또는 누군가가
놓여 있는 자세

---

deposit★★
[dipá:zit]
☐☐☐

명 보증금, 예치금
동 (돈을) 맡기다

I paid the **deposit** for the summer camp program. 수능
나는 그 여름 캠프 프로그램을 위해 보증금을 지불했다.

de + pos(it)
아래로   놓다

→ 계약 조건 아래 미리 넣어 두는 보증금

---

disposable★★
[dispóuzəbəl]
☐☐☐

형 처분할 수 있는, 일회용의

dispose★ 동 처리하다, 처분하다
disposal★★ 명 처분, 처리

Disposable razors and cameras are meant to be used once. 수능
일회용 면도기와 카메라는 한 번 사용하게 되어 있다.

dis + pos + able
떨어져 놓다 ~할 수 있는

→ 한 번 쓰고 다른 곳에 떨어뜨려 놓아 처분할 수 있는, 일회용의

---

component★★★
[kəmpóunənt]
☐☐☐

명 구성 요소
형 구성 요소를 이루는

The engine is the most important **component** of car.
엔진은 자동차의 가장 중요한 구성 요소이다.

com + pon + ent
함께 놓다 명·접

→ 어떤 것을 이루기 위해 함께 놓여진 구성 요소

---

postpone★★
[poustpóun]
☐☐☐

동 연기하다, 뒤로 미루다

postponement 명 연기

We **postponed** the game due to the rain.
우리는 비 때문에 경기를 연기했다.

post + pon(e)
뒤에 놓다

→ 예정했던 시점보다 뒤에 놓다, 즉 연기하다

어원으로 줄줄이! **postpone**과 유사한 의미의 어휘

• **defer** 동 미루다, 연기하다 de 떨어져 + fer 나르다 ▶ 다른 것과 떨어지도록 나르는 것을 미루다
• **delay** 동 늦추다, 지연시키다 de 떨어져 + lay 느슨하게 하다(lax)
  ▶ 느슨하게 떨어져 늦게 와서 진행을 늦추다
• **suspend** 동 중단하다, 연기하다 sus 아래에(sub) + pend 매달다
  ▶ 아래에 방해물을 매달아 진행을 중단하거나 연기하다

---

compound★★
[명, 형 ká:mpaund]
[동 kəmpáund]
☐☐☐

명 (화학적) 혼합물
형 합성의
동 혼합하다, 구성되다

The **compound** is made from iron and carbon.
그 혼합물은 철과 탄소로 만들어진다.

com + pound
함께 놓다

→ 서로 다른 것을 함께 섞어 놓은 혼합물

- **impose** 동 강요하다, 부과하다, (법 등을) 도입하다   im 안에 + pos(e) 놓다 ▶ 무거운 짐을 누군가의 책임 안에 놓아 옮기도록 강요하다
- **propose** 동 제안하다, 제시하다, 청혼하다   pro 앞에 + pos(e) 놓다 ▶ 상대가 고려해보도록 앞에 놓아 제안하다
- **opponent** 명 반대자, 적수 형 반대하는, 적대하는   op 맞서 + pon 놓다 + ent 명·접(사람) ▶ 상대에 맞서 반대 수를 놓는 반대자, 적수
- **multipurpose** 형 다목적의, 여러 가지 용도로 쓰이는   multi 여럿 + purpose 목적, 용도 ▶ 여러 가지 목적이나 용도로 쓰이는

---

thes

두다 (place)

변화형 them

---

thesis★
[θíːsis]
☐☐☐

명 명제, 논제, 학위 논문

Irene wrote a **thesis** about Chinese History.
Irene은 중국 역사에 관해 학위 논문을 썼다.

thes + (s)is
두다   명·접
➡ 논리적 판단을 실어둔 문장인 명제, 그런 글 또는 논문

---

hypothesis★★★
[haipάːθəsis]
☐☐☐

명 가설, 가정, 추측

an experiment that successfully proves a **hypothesis** 수능
가설을 성공적으로 증명하는 실험

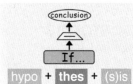

hypo + thes + (s)is
아래에   두다   명·접
➡ 어떤 결론의 아래에 깔아둔 가설

---

photosynthesis★
[fòutəsínθəsis]
☐☐☐

명 광합성

Plants use **photosynthesis** to create energy.
식물은 에너지를 만들기 위해 광합성을 이용한다.

photo + syn + thes + (s)is
빛   함께(sym)   두다   명·접
➡ 빛과 함께 둔 것, 즉 빛과 합성하는 광합성

---

theme★★★
[θiːm]
☐☐☐

명 주제, 테마

essay contest on the **theme** of 'future career' 수능
'미래 진로'를 주제로 한 에세이 대회

핵심표현 on the **theme** of ~을 주제로 하는

them(e)
두다
➡ 글이나 작품 등에 실어둔 주제

DAY 20

교통, 힘
port, nav, car, fort, pot

MP3 바로 듣기

port
항구 (port / harbor), 운반하다 (carry)

---

port★★
[pɔːrt]
☐☐☐

몡 항구, 항구 도시

The ship should be at the **port**, waiting for me. 수능
그 배는 나를 기다리면서 항구에 있을 것이다.

port
항구

➡ 항구

---

opportunity★★★
[à:pərtúːnəti]
☐☐☐

몡 (좋은) 기회, 호기

We don't want to miss this great **opportunity**. 수능
우리는 이 훌륭한 기회를 놓치고 싶지 않다.

op + port + un(e) + ity
향하여(ob) 항구 형·접 명·접

➡ 날씨가 좋아서 배가 항구를
향하여 갈 수 있는 기회

---

support★★★
[səpɔ́ːrt]
☐☐☐

동 지지하다, 지원하다, 떠받치다
몡 지지, 지원, 후원

supporter★★★ 몡 지지자
supportive★★ 형 지원하는, 도와주는

Thank you for your continued **support**. 수능
당신의 지속적인 지원에 감사드립니다.

sup + port
아래에(sub) 운반하다

➡ 아래에서 떠받치고 운반하며
어떤 것을 지지하다

---

export★★★
[몡 ékspɔ̀ːrt]
[동 ikspɔ́ːrt]
☐☐☐

몡 수출(품), 수출액
동 수출하다

exporter 몡 수출업자
exportable 형 수출할 수 있는

Colombia's major **export** crop is coffee. 수능
콜롬비아의 주요한 수출 작물은 커피이다.

ex + port
밖으로 운반하다

➡ 나라 밖으로 파는 물품을
운반해 가는 수출

★★★=최빈출 ★★=빈출 ★=기출

import***

[명 ímpɔːrt]
[동 impɔ́ːrt]

명 수입(품)
동 수입하다

importation** 명 수입, 수입품
importer 명 수입업자
importable 형 수입할 수 있는

concern with the **import** of goods or services 수능
상품이나 서비스의 수입에 대한 걱정

im + port
안에(in) 운반하다
➡ 산 물품을 나라 안으로
운반해오는 수입

---

importantly***

[impɔ́ːrtəntli]
☐☐☐

부 중요하게

important*** 형 중요한

More **importantly**, I learned to enjoy life
again. 수능
더 중요하게, 나는 삶을 즐기는 법을 다시 배웠다.

im + port + ant + ly
안에(in) 운반하다 형·접 부·접
➡ 안에 운반해 들여올 정도로
중요하게

어원으로 줄줄이! **port** 추가 어휘

• **portable** 형 휴대용의, 휴대가 쉬운 명 휴대용 제품   port 운반하다 + able 할 수 있는 ▶ 가지고 운반할 수 있는, 즉 휴대용의
• **transport** 동 수송하다, 운송하다 명 수송, 운송   trans 가로질러 + port 운반하다 ▶ 바다 등을 가로질러 다른 지역으로 운반하다

---

nav   배 (ship)

---

navy**

[néivi]
☐☐☐

명 해군, 짙은 남색

naval 형 해군의

Ken spent 10 years serving in the **navy**.
Ken은 해군에 복무하며 10년을 보냈다.

nav + y
배   명·접
➡ 배를 타는 군대, 즉 해군

---

navigate**

[nǽvəgèit]
☐☐☐

동 항해하다, 길을 찾다, 운전하다

navigator** 명 항해자, 조종사
navigation** 명 항해(술), 조종(술)

GPS helps you **navigate** while driving. 수능
GPS는 운전하는 동안 네가 길을 찾는 것을 도와준다.

nav + ig + ate
배   운전하다 동·접
➡ 배를 운전해서 항해하다,
운전하기 위한 길을 찾다

---

car

마차, 수송 (carriage)

변화형 char

---

career***

[kəríər]

□□□

명 (전문적) 직업, 경력
형 직업적인, 전문적인

The competition is very important for my **career.** 수능

그 대회는 내 경력에 매우 중요하다.

car + eer
마차   명·접

➡ 마차가 오래 다녀서 생긴 길처럼 오랜 직업 생활로 쌓인 경력

---

carpenter**

[ká:rpəntər]

□□□

명 목수

The **carpenters** requested more time to finish the job.

그 목수들은 그 일을 끝내기 위해 더 많은 시간을 요청했다.

car + pent + er
마차   만들다   명·접(사람)

➡ 마차를 만드는 사람, 즉 목수

---

carrier**

[kǽriər]

□□□

명 운송인, 운송 회사, 매개체

Words can be **carriers** of information.

말은 정보의 매개체가 될 수 있다.

car(ri) + er
마차   명·접(사람)

➡ 짐을 싣고 마차를 모는 운송인, 짐을 전달하는 매개체

---

carriage*

[kǽridʒ]

□□□

명 마차, 운반, 수송

The **carriages** take tourists around the city center.

그 마차들은 관광객들을 도심 주변으로 데려간다.

car(ri) + age
마차   명·접

➡ 마차, 마차로 하는 운반

---

charge***

[tʃá:rdʒ]

□□□

명 요금, 책임
동 (요금을) 청구하다, (일을) 맡기다, 충전하다

recharge* 동 (재)충전하다 rechargeable** 형 재충전되는

We can deliver it for an extra **charge.** 수능

우리는 추가 요금을 받고 그것을 배달할 수 있다.

핵심표현 free of **charge** 무료로
in **charge** of ~에 책임이 있는, ~을 담당하는

char(ge)
마차

➡ 마차에 짐을 싣듯이 비용이나 의무를 지운 것, 즉 요금 또는 책임

---

discharge★★★

[동 dístʃáːrdʒ]
[명 dístʃɑːrdʒ]
☐☐☐

동 방출하다, 해고하다
명 방출(물), 해고, 이행

Factories were **discharging** waste into the ocean.
공장들이 폐기물을 바다에 방출하고 있었다.

dis + char(ge)
떨어져   마차

➡ 마차에서 떨어뜨리듯 밖으로
떨어뜨려 방출하다

---

fort

힘 (force), 강한 (strong)

변화형 force

---

fort★★

[fɔːrt]
☐☐☐

명 요새, 성채, (군의) 주둔지

fortify★ 동 요새화하다, 강화하다
fortress★ 명 요새

The **fort** was located on top of the mountain.
그 요새는 산꼭대기에 위치해 있었다.

fort
힘

➡ 군사적인 힘이 모여 있는 요새

---

effort★★★

[éfərt]
☐☐☐

명 노력(의 성과), 수고

effortless 형 노력하지 않는, 쉬운
effortlessly★★ 부 노력하지 않고, 쉽게

Your **efforts** will pay off. 수능
너의 노력은 결실을 볼 것이다.

핵심표현 in an **effort** to ~해보려는 노력으로
make an **effort** (to) (~하려는) 노력을 하다

ef + fort
밖으로(ex) 힘

➡ 무언가를 위해 힘을 밖으로
내보내는 것, 즉 노력

---

comfort★★★

[kʌ́mfərt]
☐☐☐

명 편안(함), 위안   동 위로하다

comfortable★★★ 형 편안한
comfortably 부 편안하게
uncomfortable★★★ 형 불편한
discomfort★★ 명 불편, 가벼운 통증

Giving up old **comforts** and habits is hard. 수능
이전의 편안함과 습관을 버리는 것은 어렵다.

com + fort
모두   강한

➡ 주변 모두가 강해서 걱정 없이
편안함

---

force★★★

[fɔːrs]
☐☐☐

명 힘, 폭력   동 강요하다, 억지로 ~시키다

forceful 형 강력한, 강압적인

Laughter is a powerful **force** for calming
tension. 수능 웃음은 긴장을 진정시키기 위한 강력한 힘이다.

핵심표현 be **forced** to ~하도록 강요받다
force A to B A에게 B하도록 강요하다

force
힘

➡ 힘, 힘으로 강요하다

---

workforce★★

[wə́ːrkfɔ̀ːrs]

☐☐☐

명 노동력, 노동자

Demand for the **workforce** is expected to grow. 수능

노동력에 대한 수요는 증가할 것으로 예상된다.

work + force
일, 노동   힘
➡ 노동을 하는 힘, 즉 노동력

---

enforce★★

[infɔ́ːrs]

☐☐☐

동 강요하다, (법 등을) 집행하다, 시행하다

enforcement★ 명 강제, 집행, 시행
enforceable★★ 형 집행할 수 있는

The aged live with **enforced** leisure. 수능

나이 든 사람들은 강요된 여가를 누리며 산다.

en + force
하게 만들다   힘
➡ 법 등의 힘을 써서 어떤 일을 하게 만들다, 즉 강요하다 또는 (법을) 집행하다

---

reinforce★★★

[rìːinfɔ́ːrs]

☐☐☐

동 강화하다, 보강하다

reinforcement★ 명 강화, 보강

reinforce human rights and respect other people's freedom 수능

인권을 강화하고 다른 사람들의 자유를 존중하다

re + in + force
다시 하게 만들다(en) 강한
➡ 힘을 다시 한번 더 강하게 만들다, 즉 강화하다

---

pot

힘 (power)

변화형 pos

---

potent★★

[póutənt]

☐☐☐

형 강한, 영향력/효력 있는

potential★★★ 형 가능성 있는, 잠재적인
potentially★★★ 부 가능성 있게, 잠재적으로

The **potent** medicine was needed to cure the illness.

그 병을 치료하기 위해 강한 약이 필요했다.

pot + ent
힘   형·접
➡ 힘 있는, 즉 강한

어원으로 줄줄이! **potent**와 유사한 의미의 어휘

- **dominant** 형 지배적인, 우세한   domin 다스리다(dom) + ant 형·접
  ▶ 어떤 곳을 다스릴 수 있는 힘이 있는, 그 힘이 지배적인

- **influential** 형 영향력이 있는   in 안으로 + flu 흐르다 + ent 형·접 + ial 형·접
  ▶ 누군가의 안으로 흘러들어와 영향을 줄 만큼 힘이 있는

- **powerful** 형 강력한, 유력한   power 힘 + ful 형·접 ▶ 힘이 강한, 힘이 있는

---

possible***

[pá:səbəl]

□□□

형 가능한, 있을 수 있는

possibly*** 부 아마
possibility*** 명 가능성

Is it **possible** to break a glass by shouting? 수능
소리를 질러서 유리잔을 깨는 것이 가능할까?

핵심표현 as soon as **possible** 가능한 한 빨리

pos(s) + ible
힘   할 수 있는
➡ 어떤 일을 할 수 있는 힘이 있는,
즉 그 일이 가능한

---

impossible***

[impá:səbəl]

□□□

형 불가능한, 있을 수 없는

impossibly 부 불가능하게

It's **impossible** to throw and catch at the same time. 수능
동시에 던지고 받는 것은 불가능하다.

im + possible
아닌(in)   가능한
➡ 가능하지 않은

---

possess***

[pəzés]

□□□

동 소유하다, (능력 등을) 지니다

possession** 명 소유(물), 소지(품)

People that **possess** the highest-quality information prosper economically. 수능
가장 품질이 높은 정보를 소유한 사람이 경제적으로 성공한다.

pos + sess
힘   앉다
➡ 왕좌에 앉을 힘이 있어서 그것을
소유하다

어원으로 줄줄이! **pot과 유사한 의미의 어근 power, dynam(힘)**

- **empower** 동 권한을 주다, 권력을 위임하다   em 하게 만들다 + power 힘 ▶ 어떤 일을 할 힘을 갖게 만들다, 즉 권한을 주다
- **overpower** 동 제압하다, 압도하다   over 위에 + power 힘 ▶ 힘이 있어서 누군가를 위에서 제압하다

- **dynamic** 형 역동적인 명 역학, 원동력   dynam 힘 + ic 형·접 ▶ 힘이 많아 활발하게 움직이는, 즉 역동적인
- **dynamics** 명 역학 (관계), 동역학, 원동력   dynam 힘 + ics 명·접 ▶ 힘을 연구하는 학문인 역학
- **dynasty** 명 왕가, 왕조, 왕조의 통치 (기간)   dyna(sty) 힘 ▶ 나라는 다스리는 힘을 가진 집안인 왕가, 그 왕가가 다스리는 왕조

DAY 21

위치, 장소
loc, point, front, fund, medi, sum(1)

MP3 바로 듣기

loc
장소 (place)

local***
[lóukəl]
☐☐☐

형 **지방의, 지역의, 현지의**

locally★★ 부 지방(주의)적으로, 가까이에
localize★ 동 지방의 특색을 부여하다, 지역화하다
localization 명 지방화, 지방 분권

My uncle runs a **local** record shop. [수능]
내 삼촌은 지역 음반 가게를 운영한다.

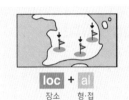

loc + al
장소 형·접
➡ **특정 장소의,
즉 특정 지방 또는 지역의**

locate***
[lóukeit]
☐☐☐

동 **(~에) 두다, 위치시키다, 위치를 알아내다**

location★★★ 명 위치, 장소
locational★★ 형 위치 선정의, 소재지의

Where's the school **located**? [수능]
그 학교는 어디에 위치하나요?

loc + ate
장소 동·접
➡ **어떤 장소에 두다, 위치시키다**

allocate**
[æləkèit]
☐☐☐

동 **할당하다, 배분하다, 배치하다**

allocation 명 할당량, 할당액

Twenty percent of the budget was **allocated** to advertising.
그 예산의 20퍼센트는 광고에 할당되었다.

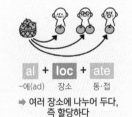

al + loc + ate
~에(ad) 장소 동·접
➡ **여러 장소에 나누어 두다,
즉 할당하다**

어원으로 줄줄이! **allocate**와 유사한 의미의 어휘

• **assign** 동 할당하다, 배정하다 　as ~에(ad) + sign 표시
　　　　　　　　　　　　　　　　　▶ 각각의 것에 누구의 것인지 표시하여 그 사람에게 할당하다

• **distribute** 동 나눠주다, 분배하다 　dis 떨어져 + tribute 나눠주다 ▶ 따로 떨어진 여럿에게 나눠주다

point

점, 지점 (point)

변화형 punct

---

point***
[pɔint]
□□□

통 (손가락으로) 가리키다, 지적하다
명 점, 지점, 요점

Experts **point** out that this is a serious economic problem. 수능
전문가들은 이것이 심각한 경제 문제라고 지적한다.

핵심표현 **point** out 가리키다, 지적하다

point
점, 지점

➡ 점, 한 지점을 가리켜 지적하다

---

appoint**
[əpɔ́int]
□□□

통 (시간, 장소 등을) 지정하다, 임명하다

appointment*** 명 약속, 예약

Mr. Smith was **appointed** company chairman.
Smith 씨는 회사의 회장으로 지정되었다.

ap + point
~에(ad) 지점

➡ 어떤 지점에 모이자고 지정하다

어원으로 줄줄이! **appoint**와 유사한 의미의 어휘

• **designate** 통 지정하다, 임명하다 de 아래로 + sign 표시 + ate 동·접
  ▶ 누군가의 아래에 특별히 표시하여 어떤 역할을 지정하다

• **nominate** 통 임명하다, 지명하다 nomin 이름 + ate 동·접
  ▶ 어떤 직책의 이름을 붙여주어 그 자리에 임명하다

---

disappoint***
[dìsəpɔ́int]
□□□

통 실망시키다

disappointed*** 형 실망한
disappointing** 형 실망스러운
disappointment** 명 실망

I **disappointed** the man who loved me like a father. 수능
나는 아버지처럼 나를 사랑해 준 그 남자를 실망시켰다.

dis + appoint
반대의 지정하다

➡ 지정한 것과 반대로 움직여 실망시키다

---

punctuate**
[pʌ́ŋktʃuèit]
□□□

통 구두점을 찍다, (말을) 중단시키다

punctuation 명 구두점, 중단

The audience **punctuated** the speech with cheers.
청중들이 환호성을 질러 그 연설을 중단시켰다.

They all lived happily ever after.

punct(u) + ate
점 동·접

➡ 점을 찍다,
점을 찍어 끝나게 중단시키다

---

punctual*

[pʌ́ŋktʃuəl]

□□□

형 시간을 잘 지키는, 규칙적인

punctually** 부 시간대로, 엄수하여
punctuality 명 시간 엄수, 정확함

Managers ask employees to be **punctual**.
관리자들은 직원들에게 시간을 잘 지키라고 요구한다.

punct + ual
점   형·접

➡ 작은 점까지 맞추는,
즉 시간이나 규칙을 잘 지키는

---

front   앞쪽 (forward)

---

confront***

[kənfrʌ́nt]

□□□

동 직면하다, 맞서다, 닥치다

confrontation 명 직면, 대립

Some wild plants **confronted** an uncertain future. 수능
몇몇 야생 식물들은 불확실한 미래에 직면했다.

con + front
함께(com)   앞쪽

➡ 둘이 함께 서로의 앞쪽에 있다,
즉 서로 직면하다

---

frontier**

[frʌntíər]

□□□

명 국경, 경계, 미개척 영역

Purchasing Alaska greatly expanded America's **frontier**.
알래스카를 매입한 것은 미국의 국경을 크게 확장시켰다.

front + ier
앞쪽   부분

➡ 국가가 끝나는 앞쪽의 부분,
즉 국경

---

frontal*

[frʌ́ntl]

□□□

형 정면의, 앞면의, (머리) 앞부분의

front 명 앞면

The brain's **frontal** part controls language.
뇌의 앞부분은 언어를 통제한다.

front + al
앞쪽   형·접

➡ 앞쪽을 보는, 즉 정면의

---

forefront*

[fɔ́ːrfrʌ̀nt]

□□□

명 선두, 맨 앞

She was at the **forefront** of space research.
그녀는 우주 연구의 선두에 있었다.

fore + front
앞에   앞쪽

➡ 앞쪽에서도 가장 앞, 즉 선두

---

fund

기반 (base), 바닥 (bottom)

변화형 found

---

fund★★★
[fʌnd]
□□□

명 기금, 자금
동 자금을 제공하다

funding★ 명 자금 제공, 재정 지원

This **fund** will help the flood victims recover their losses. 수능
이 기금은 홍수 피해자들이 피해를 복구하는 것을 도울 것이다.

fund
기반
➡ 어떤 일의 기반이 되는
기금 또는 자금

---

fundamental★★★
[fʌ̀ndəméntl]
□□□

형 근본적인, 중요한
명 기본 (원리), 근본

fundamentally★★ 부 근본적으로
fundamentalism 명 근본주의

Rhythm is a **fundamental** concept of music.
리듬은 음악의 근본적인 개념이다.

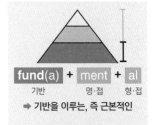

fund(a) + ment + al
기반   명·접   형·접
➡ 기반을 이루는, 즉 근본적인

---

found★★★
[faund]
□□□

동 설립하다, 세우다, 기반을 두다

founder★ 명 설립자
foundation★★★ 명 토대, 기반

The organization fighting for social change was **founded** in 1996. 수능
사회 변화를 위해 투쟁하는 그 단체는 1996년에 설립되었다.

found
기반
➡ 어딘가에 기반을 두고
단체, 기관 등을 설립하다

---

profound★★
[prəfáund]
□□□

형 엄청난, 깊은, 심오한

profoundly★★ 부 깊이, 극심하게
profundity 명 깊이, 심오함

The lecture had a **profound** impact on her.
그 강의는 그녀에게 엄청난 영향을 주었다.

pro + found
앞에   바닥
➡ 바닥보다도 앞서 쌓인,
즉 엄청나게 깊은

어원으로 줄줄이! fund와 유사한 의미의 어근 **base**(기반, 바닥)

- **base**   명 맨 아랫부분, 기초, 본부   동 ~에 본부를 두다   base 바닥, 기반 ▶ 어떤 것의 바닥이 되는 맨 아랫부분, 기초
- **basement**   명 (건물의) 지하층, 지하실, (구조물의) 최하부   base 바닥 + ment 명·접 ▶ 건물의 바닥에 있는 지하층
- **debase**   동 (가치나 품위를) 떨어뜨리다, 저하시키다   de 떨어져 + base 바닥 ▶ 가치, 기능 등을 바닥으로 떨어뜨리다

medi

중간, 가운데 (middle)

변화형 mid, me

---

medium***
[mí:diəm]
☐☐☐

명 매체, 수단, 중간
형 중간의

Money is a convenient **medium** of exchange. 수능
돈은 편리한 교환 수단이다.

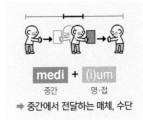

medi + (i)um
중간　명·접
➡ 중간에서 전달하는 매체, 수단

---

immediate***
[imí:diət]
☐☐☐

형 즉각적인, 직접적인

immediately*** 부 즉시, 즉각

We expect **immediate** results and satisfaction. 수능
우리는 즉각적인 결과와 만족을 기대한다.

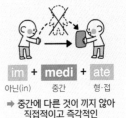

im + medi + ate
아닌(in)　중간　형·접
➡ 중간에 다른 것이 끼지 않아
직접적이고 즉각적인

---

mediation**
[mì:diéiʃən]
☐☐☐

명 중재, 조정, 매개

mediate** 동 중재하다, 조정하다
mediator 명 중재인, 조정관

They requested **mediation** from a judge for their fight.
그들은 판사에게 그들의 싸움에 대한 중재를 요청했다.

medi + ation
중간　명·접
➡ 중간에서 양쪽을 조정하는 중재

---

median**
[mí:diən]
☐☐☐

형 중간의, 중간값의, 중앙의

Median household income in New York is nearly $58,000.
뉴욕시 가계 소득의 중간값은 대략 5만 8천 달러이다.

medi + (i)an
중간　형·접
➡ 중간의, 중간값의

---

intermediate**
[ìntərmí:diət]
☐☐☐

형 중간의, 중급의
명 중간물, 중급자

Jenny speaks English at an **intermediate** level.
Jenny는 중급 수준의 영어를 구사한다.

inter + medi + ate
사이에　중간　형·접
➡ 둘 사이 중간의, 중급 수준의

DAY 21

해커스 보카 어원편

medieval★★ (= mediaeval)

[mìːdíːvəl]

☐☐☐

형 중세의, 중세풍의

The **medieval** period was full of war.
중세 시대는 전쟁으로 가득했다.

medi + **ev** + **al**
중간   시대   형·접
➡ 역사적으로 중간 시대인 중세의

---

meditation★★

[mèditéiʃən]

☐☐☐

명 명상, 심사숙고

meditate* 동 명상하다

enrich life through **meditation** [수능]
명상을 통해 삶을 풍요롭게 하다

medi + **(i)t** + **ation**
중간   가다   명·접
➡ 깊은 생각의 중간으로
들어가는 것, 즉 명상

---

midterm★★★

[mìdtə́ːrm]

☐☐☐

명 중간, 중간고사
형 (학기, 임기 등의) 중간의

Her **midterm** exam is only a couple of days away. [수능]
그녀의 중간고사 시험이 겨우 이틀 남았다.

mid + **term**
중간   기간
➡ 특정 기간의 중간,
학기 중간에 치르는 중간고사

---

midst★★

[midst]

☐☐☐

명 중앙, 한가운데

I find myself alone in the **midst** of isolation. [수능]
나는 고독의 한가운데에서 홀로 있는 자신을 발견한다.

핵심표현 in the **midst** of ~의 한가운데에

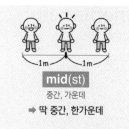

mid(st)
중간, 가운데
➡ 딱 중간, 한가운데

---

mean★★★

[miːn]

☐☐☐

동 의미하다, 의도하다   형 비열한
명 (복수로) 수단

meaning★★★ 명 의미, 뜻
meaningful★★★ 형 의미 있는, 중요한
meaningless★ 형 의미 없는

The red light **means** 'Do not walk.' [수능]
빨간불은 '건너지 마시오'를 의미한다.

me(an)
가운데
➡ 어떤 것의 가운데 있는 뜻을
나타내다, 즉 의미하다

어원으로 졸졸이! **mean과 유사한 의미의 어휘**

- **express**   동 표현하다, 나타내다   ex 밖으로 + press 누르다
  ▶ 마음속의 생각, 감정을 눌러서 밖으로 표현하다

- **indicate**   동 보여주다, 나타내다   in 안에 + dic 말하다(dict) + ate 동·접
  ▶ 안에 가진 생각을 말로 하여 보여주다

- **represent**   동 나타내다, 대표하다   re 다시 + pre 앞에 + sent 존재하다(ess)
  ▶ 다른 것 앞에 존재하며 그 뜻을 다시 나타내다 또는 대표하다

meanwhile★★★

[míːnwàil]

☐☐☐

🜛 그동안에, 한편

My friend went on vacation. **Meanwhile**, I had to work.

내 친구는 휴가를 갔다. 그동안에, 나는 일을 해야 했다.

me(an) + while
중간   동안에
➡ 어떤 일이 일어나는 중간에,
   즉 그동안에

어원으로 줄줄이! **medi**와 유사한 의미의 어근 **centr**(중앙, 중심)

• **central**	형 중앙의, 중심적인	centr 중앙, 중심 + al 형·접 ▶ 중앙의, 중심이 되는
• **concentrate**	동 집중시키다, 집중하다	con 모두(com) + centr 중앙 + ate 동·접 ▶ 중앙으로 모두 모아 집중시키다
• **egocentric**	형 자기중심적인, 이기적인	ego 자기 자신 + centr 중심 + ic 형·접 ▶ 자기 자신만을 중심으로 여기는
• **ethnocentrism**	명 자기 민족 중심주의	ethno 민족 + centr 중심 + ism 명·접 ▶ 자기 민족을 중심으로 여겨 타민족을 배척하는 태도

---

sum (1) 가장 높은, 정상 (highest)

---

sum★★★

[sʌm]

☐☐☐

명 총합, 합계
동 총합하다

The whole is more than the **sum** of its parts. 수능
전체는 부분의 총합보다 더 많다.

핵심표현 a large **sum** of money 거액의 돈
　　　　 in **sum** 요약하면, 결국

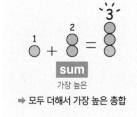

sum
가장 높은
➡ 모두 더해서 가장 높은 총합

---

summit★★

[sʌ́mit]

☐☐☐

명 산의 정상, 정점, (국가 사이의) 정상 회담

Jack reached the **summit** of the mountain.
Jack은 산의 정상에 도달했다.

sum(mit)
가장 높은, 정상
➡ 가장 높은 봉우리, 산의 정상

---

summary★★

[sʌ́məri]

☐☐☐

명 요약, 개요
형 간략한, 약식의

summarize★★ 동 요약하다, 간추려 말하다

He wrote a short **summary** of the book.
그는 그 책의 짧은 요약을 작성했다.

sum(m) + ar(y)
가장 높은   명·접
➡ 간추려서 가장 높은 곳에 요점을
   남기는 일, 즉 요약

★★★ = 최빈출 ★★ = 빈출 ★ = 기출

DAY 22

형태, 모양
form, line, rang, can, long, circul, sphere

MP3 바로 듣기

---

form   형태 (form, shape)

---

form***
[fɔːrm]
□□□

명 형태, 형식   동 형성되다, 구성하다

formal*** 형 형식적인, 모양의
formation*** 명 형성 (과정)
formative 형 모양을 만드는, 형성하는

In warmer areas the sandal is the most popular **form** of footwear. 수능
더 따뜻한 지역에서는 샌들이 가장 인기 있는 신발 형태이다.

form
형태
➡ 형태 또는 형식,
어떤 형태로 형성되다

---

informal**
[infɔ́ːrməl]
□□□

형 형식에 매이지 않는, 편안한

informally 부 형식에 구애되지 않고, 비공식으로

The event is casual, so you can wear **informal** clothes.
그 행사는 격식을 차리지 않아서 너는 편안한 옷을 입을 수 있다.

in + **form** + al
아닌   형태   형·접
➡ 정해진 형태나 형식에
매이지 않고 편안한

---

inform***
[infɔ́ːrm]
□□□

동 알리다, 알려주다, 통지하다

information*** 명 정보
informative** 형 정보를 제공하는, 유익한

inform students of a new field of science 수능
학생들에게 과학의 새 분야를 알려주다

핵심표현 **inform** A of B   A에게 B를 알리다

in + **form**
안에   형태
➡ 머릿속에 어떤 형태가
그려지도록 정보를 알리다

어원으로 줄줄이! **inform**과 유사한 의미의 어휘

- **advise**   동 조언하다, 알려주다   ad ~쪽으로 + vis(e) 보다
  ▶ 일을 어떤 쪽으로 보라고 조언하다, 알려주다
- **announce**   동 발표하다, 알리다   an ~에(ad) + nounc(e) 알리다 ▶ 누군가에게 발표해서 알리다
- **notify**   동 알리다, 통지하다   not 알다 + ify 동·접 ▶ 어떤 것에 대해 알게 하다, 즉 알리다

---

conform ★★
[kənfɔ́:rm]

□□□

동 (행동, 생각을) 같이하다, (규칙 등에) 순응하다

conformity 명 따름, 순응
conformance 명 일치, 부합

Larger groups put more pressure on their members to **conform**. 수능
규모가 더 큰 집단은 구성원들에게 행동을 같이하도록 더 많은 압력을 가한다.

con + form
함께(com) 형태

→ 여럿이 함께 형태를 똑같이 하다

reform ★★
[rifɔ́:rm]

□□□

동 개정하다, 개혁하다
명 개정, 개혁

reformation 명 개혁, 개선

Artists during the Renaissance **reformed** painting. 수능
르네상스 시대의 예술가들은 화법을 개혁했다.

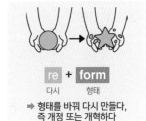

re + form
다시 형태

→ 형태를 바꿔 다시 만들다,
즉 개정 또는 개혁하다

formula ★
[fɔ́:rmjulə]

□□□

명 (수학) 공식, 화학식, 제조법

formulate ★ 동 만들어 내다, 공식으로 나타내다
formulaic ★ 형 정형화된

Dr. Brown used complex **formulas** to find solutions.
Brown 박사는 정답을 찾기 위해 복잡한 공식을 사용했다.

$Ca+Cl_2=CaCl_2$

form + ula
형태 명·접

→ 어떤 형태를 만드는 공식

어원으로 줄줄이! form 추가 어휘

• **deform**	동 변형시키다, 기형으로 만들다	de 떨어져 + form 형태 ▶ 원래 형태에서 동떨어진 다른 모양으로 변형시키다
• **formation**	명 형성(과정), (군대 등의) 대형	form 형태 + ation 명·접 ▶ 형태를 만드는 과정, 만들어서 생긴 대형
• **transform**	동 변형하다, 변화시키다, 전환하다	trans 가로질러 + form 형태 ▶ 먼 거리를 가로지른 듯 완전히 다른 형태로 변형하다
• **uniform**	명 제복, 유니폼 형 균일한, 획일적인	uni 하나 + form 형태 ▶ 하나의 형태로 보이기 위해 입는 제복

---

line
선, 줄 (line)

---

deadline ★★★
[dédlàin]

□□□

명 기한, 마감 시한

I won't be able to finish by the **deadline**. 수능
나는 기한까지 끝낼 수 없을 것이다.

Sun	Mon	Tue	Wed	Thu	Fri
1	2	3	4	5	6
					deadline
8	9	10	11	12	13

dead + line
죽은, 끝난 선

→ 어떤 일이 끝나야 하는
시간적인 선, 즉 기한

★★★ =최빈출 ★★ =빈출 ★ =기출

guideline***
[gáidlàin]
□□□

명 지침, 정책, 가이드라인

Be sure to follow the **guidelines** exactly. 수능
반드시 그 지침을 정확히 따르라.

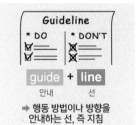

outline**
[áutlàin]
□□□

명 윤곽, 개요
동 윤곽을 그리다, 개요를 서술하다

We have just **outlined** the problems. 수능
우리는 방금 그 문제들의 개요를 서술했다.

borderline**
[bɔ́:rdərlàin]
□□□

명 국경선, 경계선
형 국경의, 경계선상의

There are **borderline** cases that fit partly into
one category and partly into another. 수능
부분적으로 한 범주에 속하면서 부분적으로 또 다른 범주에도 속하는 경계선상의
사례들이 있다.

linear**
[líniər]
□□□

형 (직)선의, 직선 모양의

linearly* 부 선으로, 길이로

The shuttle followed a **linear** path to the
parking lot.
그 정기 왕복 버스는 주차장으로 가는 직선 길을 따라갔다.

rang
줄, 선 (line)
변화형 rank

range***
[reindʒ]
□□□

명 줄, 열, 범위, 산맥
동 정렬시키다, ~의 범위에 이르다

What's your budget **range**? 수능
당신의 예산 범위가 어떻게 되나요?

핵심표현 a **range** of 다양한
range from A to B (범위가) A에서 B까지 이르다

arrange***
[əréindʒ]
☐☐☐

동 정리하다, 배열하다, 준비하다
arrangement*** 명 정리, 배열, 준비
rearrange** 동 재배열하다

We will contact you to **arrange** your schedule. 수능
우리는 당신의 일정을 정리하기 위해 연락할 것입니다.

ar + rang(e)
~쪽으로 (ad)   줄
➡ 한 쪽으로 줄을 세워 정리하다

rank***
[ræŋk]
☐☐☐

명 순위, 등급
동 (순위, 등급을) 매기다, (순위를) 차지하다
ranking 명 순위, 랭킹

The sales of organic produce **ranked** the highest in 2010. 수능
2010년에 유기농 제품 판매량이 최고를 차지했다.

rank
줄
➡ 줄을 세워 매긴 순위,
순위를 매기다/차지하다

---

can

관 (tube)
변화형 chan

---

canal**
[kənǽl]
☐☐☐

명 운하, (체내의) 관
canalize 동 (강을) 운하로 만들다

The Erie **Canal** took four years to build. 수능
에리 운하는 건설하는 데 4년이 걸렸다.

can + al
관   명·접
➡ 육지에 관 모양으로 파 놓은
큰 물길, 즉 운하

canyon*
[kǽnjən]
☐☐☐

명 협곡, 깊은 골짜기

The **canyon** is ninety meters deep.
그 협곡의 깊이는 90미터이다.

can(y) + on
관   큰
➡ 관 모양으로 크게 패인 골짜기,
즉 협곡

channel***
[tʃǽnl]
☐☐☐

명 (의사소통 등의) 수단, (TV 등의) 채널

The TV program is on **Channel** 2 at nine o'clock. 수능
그 TV 프로그램은 9시에 2번 채널에서 한다.

chan(n) + el
관   명·접
➡ 관에 물이 흐르듯 통신·전파
등이 흐르게 하는 수단, 채널

---

long

긴 (long), 갈망하다 (want)

변화형 leng, ling

long***

[lɔːŋ]

□□□

형 긴, 오랜 부 오랫동안 동 갈망하다

longing** 명 갈망, 열망

Everyone **longed** for peace during the war.

전쟁 동안에 모든 이들이 평화를 갈망했다.

핵심표현 for a **long** time 오랫동안

as **long** as ~하는 한

belong***

[bilɔ́ːŋ]

□□□

동 (~에) 속하다, (~의) 소유이다

belongings*** 명 소지품, 재산

All members feel they **belong** to the community. 수능

모든 구성원은 자신들이 공동체에 속한다고 느낀다.

핵심표현 **belong** to ~에 속하다

longevity**

[lɑːndʒévəti]

□□□

명 장수, 수명

The whole family wished for grandmother's **longevity**.

온 가족이 할머니의 장수를 기원했다.

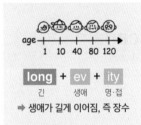

prolong*

[prəlɔ́ːŋ]

□□□

동 연장하다, 늘이다

Anna **prolonged** her vacation by two days.

Anna는 휴가를 이틀 연장했다.

longitude*

[lɑ́ːndʒətjùːd]

□□□

명 경도

The local time is based on **longitude**.

지역 시간은 경도를 근거로 한다.

length★★★

[leŋkθ]

☐☐☐

명 길이, 기간

lengthy★★ 형 너무 긴, 장황한
lengthen★★ 동 길게 하다, 늘이다

The **length** of the discussions was cut down to ten minutes. 수능 토론의 길이는 10분으로 줄어들었다.

핵심표현 at **length** 길게, 마침내

leng + th
긴   명·접

➡ 사물, 시간 등 어떤 것의 길이

---

linger★★

[líŋgər]

☐☐☐

동 남아 있다, 계속되다, 오래 머무르다

lingering 형 오래 끄는

The faint scent of pine **lingers** on the dress. 수능 희미한 소나무 향이 드레스에 남아있다.

ling(er)
긴

➡ 어떤 것이 길게 남아 있다

---

circul

원 (circle), 둘레 (around)

변화형 circu(m)

---

circular★★★

[sə́:rkjulər]

☐☐☐

형 원형의, 둥근, 순환하는

circle 명 원형, 동그라미
circulate★★ 동 순환하다
circulation★★ 명 순환

Carpenters may request a lightweight **circular** saw. 수능 목수들은 가벼운 원형 톱을 요구할 수도 있다.

circul + ar
원   형·접

➡ 원 모양의

---

circuit★★

[sə́:rkit]

☐☐☐

명 순환 (도로), 둘레, (전기) 회로

There are many cars on the **circuit** road.
그 순환 도로에는 많은 차가 있다.

circu + it
원   가다

➡ 원 모양으로 가는 순환 도로
또는 회로

---

circumstance★★★

[sə́:rkəmstæns]

☐☐☐

명 환경, 상황

circumstantial 형 상황과 관련된, 정황적인

Be courageous under all **circumstances**. 수능
어떤 상황에서도 용기를 내라.

핵심표현 under ~ **circumstances** ~한 상황에서

circum + sta + (a)nce
둘레   서다   명·접

➡ 서 있는 곳의 둘레, 즉 환경

DAY 22

해커스 보카 어원편

sphere 구 (globe)

sphere*
[sfiər]
☐☐☐

명 구(체), 영역, 분야
The moon is not a perfect **sphere**.
달은 완벽한 구체가 아니다.

atmosphere***
[ǽtməsfiər]
☐☐☐

명 (지구 등 행성의) 대기, 공기, 분위기
One reason why I like the beach is its
atmosphere. 수능
내가 그 해변을 좋아하는 한 가지 이유는 그것의 분위기이다.

hemisphere**
[hémisfiər]
☐☐☐

명 (지구나 뇌의) 반구
It is the largest salt lake in the Western
Hemisphere. 수능
그것은 서반구에서 가장 큰 염수호이다.

biosphere*
[báiəsfiər]
☐☐☐

명 생물권(생물이 살 수 있는 지구 표면과 대기권)
Scientists are working to protect the **biosphere**.
과학자들이 그 생물권을 보호하기 위해 노력하고 있다.

형태, 제작을 나타내는 어근

DAY 23

무게, 크기, 부피
grav, tru, magni, min, plain, pile, tum

MP3 바로 듣기

DAY 23

해커스 보카 어원편

grav

무거운 (heavy)

변화형 griev

---

grave★★
[greiv]
☐☐☐

명 무덤, 묘(석)
형 엄숙한, 중대한

gravely★ 부 중대하게, 근엄하게

In Scandinavia, the welfare state is characterized by the phrase "cradle to **grave**." 수능
스칸디나비아에서 복지 제도는 "요람에서 무덤까지"라는 구절로 특징지어진다.

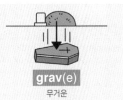

grav(e)
무거운

➡ 관이 땅 밑으로 무겁게 가라앉은 엄숙한 장소인 무덤

---

gravity★★★
[grǽvəti]
☐☐☐

명 (지구의) 중력, 엄숙함, 중대함

Newton's theory of **gravity** 수능
뉴턴의 중력 이론

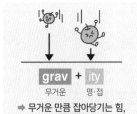

grav + **ity**
무거운 명·접

➡ 무거운 만큼 잡아당기는 힘, 즉 중력

---

aggravate★
[ǽgrəvèit]
☐☐☐

동 악화시키다, 화나게 하다

aggravation 명 악화

A poor diet can **aggravate** health problems.
질 낮은 식단이 건강 문제들을 악화시킬 수 있다.

ag + **grav** + **ate**
~쪽으로(ad) 무거운 동·접

➡ 더 무거운, 즉 더 나쁜 쪽으로 악화시키다

---

grieve★
[griːv]
☐☐☐

동 몹시 슬퍼하다, 슬프게 하다

grief★★ 명 큰 슬픔, 비통

Sam **grieved** when he saw his friend suffering.
Sam은 그의 친구가 고통받는 것을 보았을 때 몹시 슬퍼했다.

griev(e)
무거운

➡ 마음이 슬픔으로 무겁다, 즉 몹시 슬퍼하다

---

tru 단단한 (firm)

truth***
[tru:θ]
□□□

圈 진실, 진리

truthful** 圈 진실한, 정직한
truthfulness* 圀 정직함, 참됨

We can either tell the **truth** or tell a lie. 수능
우리는 진실을 말할 수도 있고 거짓말을 할 수도 있다.

tru + th
단단한 명·접

➡ 단단하여 변하지 않는 것,
즉 진실

trust***
[trʌst]
□□□

圄 신뢰하다, 맡기다, 의지하다   圀 신뢰, 위탁

trustful 圈 신뢰하는
trustworthy*** 圈 신뢰할 수 있는

Some people believe that no one should be
trusted. 수능
어떤 사람들은 아무도 신뢰하면 안 된다고 믿는다.

핵심표현 **trust** in ~을 믿다

tru(st)
단단한

➡ 서로 관계가 단단하여 신뢰하다

어원으로 줄줄이! **trust**와 유사한 의미의 어휘

• **credit** 圀 신뢰, 신용   cred(it) 믿다 ▶ 믿음, 신뢰
• **faith** 圀 믿음, 신념   fai 믿다(fid) + th 명·접 ▶ 어떤 대상에 대한 믿음

entrust**
[intrʌ́st]
□□□

圄 (일을) 맡기다, 위임하다

entrustment 圀 위탁

My mother **entrusted** me with feeding the dog.
엄마는 내게 개에게 먹이 주는 일을 맡겼다.

핵심표현 **entrust** A with B   A에게 B를 맡기다

en + trust
하게 만들다 신뢰

➡ 신뢰하여 중요한 일을 하게
만들다, 즉 일을 맡기다

mistrust*
[mistrʌ́st]
□□□

圄 불신하다, 의심하다
圀 불신, 의혹

mistrustful 圈 불신하는, 의심 많은

After many failures, I **mistrust** my judgment.
많은 실패 이후, 나는 내 판단을 불신한다.

mis + trust
잘못된 신뢰

➡ 신뢰가 잘못되어 불신하다

magni

큰, 거대한 (great)

[변화형] major, mayor, master, maxim, majes

---

magnify★★
[mǽgnəfài]
☐☐☐

동 확대하다, 과장하다

magnification 명 확대, 배율

A glass lens can **magnify** objects.
유리 렌즈는 물체를 확대할 수 있다.

magni + fy
큰 　 동·접
➡ 어떤 것을 크게 확대하다

> **어원으로 줄줄이!** **magnify**와 유사한 의미의 어휘
> • **enlarge** 동 확대하다, 커지다　　en 하게 만들다 + large 큰 ▶ 커지게 만들다, 즉 확대하다
> • **expand** 동 확대하다, 확장하다　　ex 밖으로 + pand 펼치다 ▶ 밖으로 펼쳐 범위를 확대하다

---

magnitude★★
[mǽgnətjùːd]
☐☐☐

명 (엄청난) 규모, 거대함, 중요성

I have never been in a storm of this **magnitude**.
나는 이런 규모의 폭풍을 경험해본 적이 없다.

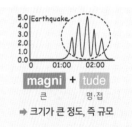

magni + tude
큰 　 명·접
➡ 크기가 큰 정도, 즉 규모

---

major★★★
[méidʒər]
☐☐☐

형 큰, 대다수의, 주요한
명 전공 (과목), 전공자
동 전공하다

majority★★★ 명 대다수, 대부분

A **major** challenge for map-makers is the depiction of hills. 수능
지도 제작자들에게 있어 큰 도전은 언덕에 대한 묘사이다.

major
큰
➡ 수나 비중 등이 큰

---

mayor★★
[méiər]
☐☐☐

명 시장

You are the **mayor** of our city. 수능
당신은 우리 도시의 시장이다.

mayor
큰
➡ 시에서 권력이 가장 큰 사람,
즉 시장

DAY 23

해커스 보카 어원편

master***

[mǽstər]

□□□

- 뎽 달인, 주인, 석사 (학위)
- 뎽 숙달하다, 완전히 익히다
- 뎽 달인의

mastery** 뎽 숙달, 통달

You've **mastered** the basic skills of painting. 수능
너는 회화의 기본 기술을 숙달했다.

master
큰

➡ 지식이나 기술이 큰 달인,
지식이나 기술 등을 숙달하다

---

masterpiece**

[mǽstərpìs]

□□□

- 뎽 걸작, 명작

the public's opinions of Apelles's
masterpieces 수능
아펠레스의 걸작에 대한 대중의 의견

master + piece
큰 　　작품

➡ 큰 찬사를 받는 작품, 즉 걸작

---

maximum***

[mǽksəməm]

□□□

- 뎽 (수량/값 등의) 최대, 최고　　뎽 최고의, 최대의

maximize*** 뎽 극대화하다
maximization 뎽 극대화

The essay must be a **maximum** of 10 pages. 수능
그 에세이는 최대 10페이지여야 한다.

핵심표현 a **maximum** of 최대로 ~인

maxim(um)
큰

➡ 수량, 값 등이 가장 큰
최대 또는 최고

---

majestic**

[mədʒéstik]

□□□

- 뎽 웅장한, 장엄한, 위엄 있는

majesty* 뎽 장엄함

All the beauty had gone out of the **majestic**
river. 수능
모든 아름다움은 그 장엄한 강에서 사라져버렸다.

majes(t) + ic
큰 　　형·접

➡ 규모가 커서 웅장한

---

min

작은 (small)

변화형 minim

---

minor***

[máinər]

□□□

- 뎽 작은, 소수의, 부전공의
- 뎽 부전공

minority*** 뎽 소수

I had a **minor** bike accident on my way home. 수능
나는 집에 가는 길에 작은 자전거 사고를 당했다.

min(or)
작은

➡ 수나 비중 등이 작은

diminish★★★
[dimíniʃ]
□□□

图 줄어들다, 줄이다, 약해지다, 깎아내리다

The Earth's forests are expected to **diminish**. 수능
지구의 삼림이 줄어들 것으로 예상된다.

di + **min** + ish
떨어져(dis) 작은 동·접
➡ 큰 것을 떨어뜨려 크기가 작게
줄어들다

---

minister★★
[mínəstər]
□□□

图 장관, 각료, 성직자

ministry 图 (정부의 각) 부처

The **minister** told funny stories at the party. 수능
그 장관은 파티에서 재미있는 이야기를 했다.

min(i) + ster
작은 명·접(사람)
➡ 몸을 작게 숙여 봉사하는
장관 또는 성직자

---

administer★★
[ədmínistər]
□□□

图 관리하다, 운영하다, 집행하다

administrate 图 취급하다, 조종하다
administration★★ 图 관리, 행정
administrative★★ 图 관리상의, 행정상의

The banker **administers** important customers.
그 은행원은 중요 고객들을 관리한다.

ad + **minister**
~에 장관, 각료
➡ 장관, 각료들에게 행정을
맡겨서 관리하다

---

minimum★★★
[mínəməm]
□□□

图 최소한도, 최저치 图 최소한의, 최저의

minimal★★★ 图 최소의
minimize★★★ 图 최소화하다

minimum necessary for food and shelter 수능
음식과 주거를 위해 필요한 최소한도

핵심표현 a **minimum** of 최소로 ~인

minim(um)
작은
➡ 수량, 값 등이 가장 작은
최소한도 또는 최소치

---

plain 평평한 (flat)

---

plain★★★
[plein]
□□□

图 평원
图 무늬가 없는, 평범한, 분명한
图 분명히

She's wearing a **plain** T-shirt. 수능
그녀는 무늬가 없는 티셔츠를 입고 있다.

plain
평평한
➡ 평평한 평원,
평평하게 무늬가 없고 평범한

---

explain***
[ikspléin]
☐☐☐

동 설명하다, 이유를 대다

explanation*** 명 설명, 이유

I can **explain** how to get there. 수능
나는 그곳에 어떻게 가는지 설명할 수 있다.

ex + plain
밖으로   분명한
→ 밖으로 분명히 보이게 내놓아
  설명하다

어원으로 줄줄이! **explain**과 유사한 의미의 어휘

• **clarify** 동 명백하게 설명하다   clar 명백한 + ify 동·접 ▶ 명백하게 설명하다
• **describe** 동 서술하다, 묘사하다   de 아래로 + scrib(e) 쓰다
                                      ▶ 어떤 것에 대해 아래로 써 내려가며 서술하다

---

pile

더미, 무더기 (heap)

변화형 pill

---

pile***
[pail]
☐☐☐

명 포개 놓은 것, 무더기
동 쌓다, 포개다

He had **piled** wood against the garage. 수능
그는 나무를 차고에 기대어 쌓았다.

핵심표현 **pile** up (양이) 쌓이다, 많아지다

pile
더미
→ 더미가 되도록 어떤 것들을
  쌓아서 포개 놓은 것

---

pillow***
[pílou]
☐☐☐

명 베개, 머리 받침

You're getting one blanket and two **pillows**. 수능
너는 담요 한 장과 베개 두 개를 받을 것이다.

pill(ow)
더미
→ 머리를 받치기 위해 솜 등을
  더미로 뭉친 것

---

pillar**
[pílər]
☐☐☐

명 기둥, 중심이 되는 것

Some **pillars** are holding up the old building's roof.
몇몇 기둥들이 오래된 건물의 지붕을 떠받치고 있다.

pill + ar
더미   명·접
→ 돌 더미를 쌓아 만든 기둥

---

tum

부풀어 오르다 (swell)

[변화형] tom

---

tumor★

[tjúːmər]

☐☐☐

명 종양, 종기

tumoral 형 종양의

Doctors found a **tumor** in the patient's brain.
의사들은 그 환자의 뇌에서 종양을 발견했다.

tum + or
부풀어 오르다 명·접
➡ 신체 일부가 부풀어 오른
종양 또는 종기

---

tomb★★

[tuːm]

☐☐☐

명 무덤, 묘소

Archaeologists don't cooperate with **tomb** robbers. [수능]
고고학자들은 무덤 도굴꾼들과 협력하지 않는다.

tom(b)
부풀어 오르다
➡ 시신을 묻어 땅 위로 부풀어
오른 무덤

DAY 24

제작, 건설
fac, struct

MP3 바로 듣기

---

fac

행하다 (do), 만들다 (make)

[변화형] fec, fic, fit, feat, feit

---

factor★★★
[fǽktər]
□□□

명 요소, 요인

Some **factors** caused political differences among countries. [수능]
일부 요소들이 국가들 사이의 정치적 차이를 야기했다.

fac(t) + or
행하다, 만들다 명·접
➡ 어떤 일을 행하거나 어떤 것을 만드는 데 필요한 요소

---

facility★★★
[fəsíləti]
□□□

명 시설, 설비, 편의

facilitate★★★ 동 가능하게 하다
facilitator★ 명 조력자, 촉진제

This health club has great **facilities**. [수능]
이 헬스클럽은 훌륭한 시설을 가지고 있다.

fac + il(e) + ity
행하다 쉬운 명·접
➡ 어떤 일을 행하기 쉽게 하는 시설 또는 설비

---

faculty★★
[fǽkəlti]
□□□

명 능력, (대학의) 교수진

Dr. Smith was added to the university **faculty**.
Smith 박사가 대학 교수진에 추가되었다.

fac(ul) + ty
행하기 쉬운(facile) 명·접
➡ 일을 쉽게 행할 수 있는 능력, 그런 능력을 가진 교수진

---

difficulty★★★
[dífikʌ̀lti]
□□□

명 어려움, 곤경

difficult★★★ 형 어려운

Sorry to hear about your **difficulty**. [수능]
네 어려움에 대해 듣게 되어 유감이다.

[핵심표현] have **difficulty** with ~에 어려움을 겪다

dif + fic(ul) + ty
반대의(dis) 행하기 쉬운(facile) 명·접
➡ 행하기 쉬운 것의 반대, 즉 어려움

---

factual★★
[fǽktʃuəl]
☐☐☐

혱 사실의, 사실에 근거한

fact★ 몡 사실

The news report was based on **factual** information.
그 뉴스 보도는 사실에 근거한 정보를 바탕으로 했다.

fac(t) + ual
행하다   혱·접
➡ 행해서 실제가 된, 즉 사실인

affect★★★
[əfékt]
☐☐☐

图 영향을 미치다

affection★★★ 몡 영향, 작용, 애정
affective★★ 혱 감정의, 정서적인

Your language use **affects** your teachers' attitudes toward you. 수능
네 언어 사용은 너를 대하는 선생님들의 태도에 영향을 미친다.

af + fec(t)
~에(ad)   행하다
➡ 어떤 일을 행해서 상대에게 영향을 미치다

effect★★★
[ifékt]
☐☐☐

몡 영향, 효과, 결과

effective★★★ 혱 효과적인
effectively★★★ 團 효과적으로
ineffective★★ 혱 효과 없는

healing **effect** of gardening 수능
정원 가꾸기의 치료 효과

핵심표현 have an **effect** on ~에 영향을 미치다

ef + fec(t)
밖으로(ex)   만들다
➡ 어떤 것을 만든 결과 밖으로 드러난 영향, 효과

어원으로 줄줄이! **effect**와 유사한 의미의 어휘

• **consequence** 몡 결과, 영향   con 함께(com) + sequ 따라가다 + ence 명·접
     ▶ 어떤 행위를 따라서 함께 나타나는 결과

• **outcome** 몡 결과, 성과   out 밖으로 + come 오다 ▶ 노력의 결과 밖으로 나오는 결과, 성과

• **result** 몡 결과, 성과   re 다시 + sult 뛰어오르다
     ▶ 어떤 행위를 하면 다시 뛰어올라 나타나는 결과

defect★★★
[díːfekt]
☐☐☐

몡 결함, 결점, 부족

defective★★ 혱 결함이 있는

The machine's failure is caused by a **defect**. 수능
그 기계의 고장은 결함에 의한 것이다.

de + fec(t)
떨어져   만들다
➡ 질이 떨어지게 만들어진 것, 즉 결함

infect★★
[infékt]
☐☐☐

图 감염시키다, 전염시키다, 오염시키다

infection★★ 몡 감염, 전염병
infectious★★ 혱 전염되는

Some computers were **infected** with a virus. 수능
일부 컴퓨터들이 바이러스에 감염되었다.

핵심표현 be **infected** with ~에 감염되다

in + fec(t)
안에   만들다
➡ 세균이 몸 안에서 병을 만들다, 즉 감염시키다

sufficient***

[səfíʃənt]

□□□

형 충분한

sufficiently** 부 충분히
sufficiency** 명 충분(함), 충분한 양
insufficient*** 형 불충분한

Crops are not being produced in **sufficient** amounts. 수능
작물이 충분한 양으로 생산되고 있지 않다.

suf + fic(i) + ent
아래로(sub) 만들다 형·접
➡ 아래로 흘러넘칠 정도로 만들어서 충분한

---

efficient***

[ifíʃənt]

□□□

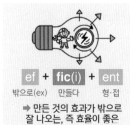

형 효율이 좋은, 효과 있는, 유능한

efficiently*** 부 효율적으로, 효과적으로
efficiency*** 명 효율, 능률
inefficient** 형 비효율적인

Energy-**efficient** goods are expensive. 수능
에너지 효율이 좋은 상품들은 비싸다.

ef + fic(i) + ent
밖으로(ex) 만들다 형·접
➡ 만든 것의 효과가 밖으로 잘 나오는, 즉 효율이 좋은

---

fiction***

[fíkʃən]

□□□

명 소설, 허구

fictionalize* 동 소설화하다

I'm not really into science **fiction**. 수능
난 공상 과학 소설에는 별로 관심이 없다.

fic + tion
만들다 명·접
➡ 사실이 아니라 만들어진 이야기인 소설

---

deficit**

[défəsit]

□□□

명 적자, 부족액, 결손

deficient** 형 부족한, 결핍된
deficiency** 명 결핍, 부족

The trade **deficit** grew by 20 percent.
무역 적자가 20퍼센트 증가했다.

de + fic(it)
떨어져 만들다
➡ 만들어서 가져온 돈이 지출보다 떨어지는 것, 즉 적자

---

magnificent**

[mægnífəsənt]

□□□

형 웅장한, 장엄한, 위대한

magnificently 부 웅장하게, 장대하게

They were hardly able to believe how **magnificent** the sight was. 수능
그들은 그 광경이 얼마나 웅장한지 거의 믿을 수가 없었다.

magni + fic + ent
큰 만들다 형·접
➡ 크게 만들어 웅장한

---

proficient*

[prəfíʃənt]

□□□

형 능숙한, 숙달한
명 숙달한 사람

proficiency* 명 능숙, 숙달

Linda became **proficient** at speaking Spanish.
Linda는 스페인어를 말하는 데 능숙해졌다.

pro + fic(i) + ent
앞으로 만들다 형·접
➡ 빠르게 만들며 앞으로 나갈 수 있는, 즉 능숙한

---

profit***
[prá:fit]
☐☐☐

- 명 이익, 수익, 이윤
- 동 이익을 얻다, ~의 이익이 되다

profitable*** 형 유익한

The farmer received the **profit** from the sale of the cattle. 그 농부는 소를 팔아서 이익을 얻었다.

핵심표현 non-**profit** organization 비영리 기관

pro + fit
앞으로 만들다

➡ 남보다 앞으로 나아가야 만들 수 있는 이익 또는 수익

---

feat*
[fí:t]
☐☐☐

- 명 공(적), 위업, 재주

Finishing a marathon is an impressive **feat**.
마라톤을 완주하는 것은 인상적인 위업이다.

NEWS
New World Record!

feat
만들다

➡ 노력으로 만들어 낸 공적, 위업

---

feature***
[fí:tʃər]
☐☐☐

- 명 특징, 기능
- 동 특색으로 삼다

Customers request new product **features**. 수능
고객들은 새로운 제품 기능을 요구한다.

SAFE!

feat + ure
만들다 명·접

➡ 어떤 것을 눈에 띄게 만드는 특징 또는 기능

---

defeat**
[difí:t]
☐☐☐

- 동 패배시키다
- 명 패배, 실패

defeated 형 패배한

celebrate the **defeat** of an invading army 수능
침략군의 패배를 기념하다

de + feat
아래로 만들다

➡ 상대를 이겨서 아래로 숙이게 만들다, 즉 패배시키다

---

counterfeit*
[káuntərfìt]
☐☐☐

- 동 위조하다
- 형 위조의, 가짜의
- 명 위조품, 가짜

They **counterfeited** thousands of dollars.
그들은 수천 달러를 위조했다.

counter + feit
반대의 만들다

➡ 진품 반대의 것을 만들다, 즉 위조하다

어원으로 줄줄이! **fac** 추가 어휘

- **perfect** 형 완벽한, 더할 나위 없는, 완전한   per 완전히 + fec(t) 만들다(fac) ▶ 완전하게 만들어진, 즉 완벽한
- **benefit** 명 이익, 이득 동 이익을 얻다   bene 좋은 + fit 행하다(fac) ▶ 누군가에게 좋게 행해진 것, 즉 그 사람의 이익, 이득

DAY 24

해커스 보카 어원편

struct

세우다 (build)

변화형 stroy, stry

---

structure***

[strʌ́ktʃər]

□□□

명 구조(물), 건축물
동 구조화하다

structural** 형 구조적인

several different positions in the complex
structure of society 수능
복잡한 사회 구조 안의 몇몇 다른 지위들

struct + ure
세우다 　 명·접

➡ 어떤 것을 세우기 위한 구조,
세워진 구조물

---

construct***

[kənstrʌ́kt]

□□□

동 건설하다, 세우다, 구성하다

constructive** 형 건설적인
construction** 명 건설
reconstruct** 동 재건하다, 복원하다
reconstruction** 명 재건, 복원

The deluxe hotel was **constructed** in the 12th
century. 수능 그 고급 호텔은 12세기에 건설되었다.

con + struct
함께(com) 　 세우다

➡ 여러 재료를 함께 사용해 건물을
세우다, 즉 건설하다

---

destruction***

[distrʌ́kʃən]

□□□

명 파괴, 파멸, 말살

destruct 동 자폭시키다, 파괴되다
destructive** 형 파괴적인

consequences of the **destruction** of
ecosystems 수능
생태계 파괴의 결과

de + struct + ion
아래로 　 세우다 　 명·접

➡ 세운 것을 아래로 무너뜨리는
행위, 즉 파괴

---

instruct**

[instrʌ́kt]

□□□

동 가르치다, 지시하다, 명령하다

instructor** 명 강사, 교사
instruction** 명 설명, 지시

Tim's coach **instructed** him to run every day.
Tim의 코치는 그에게 매일 달리라고 지시했다.

핵심표현 **instruct** A in B A에게 B를 가르치다

in + struct
안에 　 세우다

➡ 마음 안에 어떤 원칙이
세워지도록 가르치다

---

instrument***

[ínstrəmənt]

□□□

명 도구, 수단, 악기

I'm not good at playing musical **instruments**. 수능
나는 악기 연주하는 것을 잘 못 한다.

instru(ct) + ment
가르치다 　 명·접

➡ 가르치기 위해 쓰는 도구,
음악의 도구인 악기

---

obstruct*

[əbstrʌ́kt]

□□□

⑧ 막다, 방해하다

obstruction ⑲ 방해, 차단
obstructive ⑲ 방해하는

She **obstructed** the trial by lying in court.
그녀는 법정에서 거짓말을 하여 재판을 방해했다.

ob + struct
맞서   세우다

➡ 맞서는 벽을 세워 진로를 막고
방해하다

destroy***

[distrɔ́i]

□□□

⑧ 파괴하다, 말살하다

Many roads and buildings were **destroyed** by a serious flood. 수능
심각한 홍수로 인해 많은 도로와 건물들이 파괴되었다.

de + stroy
아래로   세우다

➡ 세운 것을 아래로 무너뜨리다,
즉 파괴하다

industry***

[índəstri]

□□□

⑲ 산업(계), 제조업, 근면(성)

industrial** ⑲ 산업의
industrialize** ⑧ 산업화하다
industrialization** ⑲ 산업화

The e-business **industry** is faced with a labor shortage. 수능
전자 상거래 산업은 노동력 부족에 직면해 있다.

indu + stry
안에   세우다

➡ 나라 안의 여러 생산 주체가
세운 산업

DAY 25

바꾸다, 돌리다, 비틀다, 꼬다
meta, vert, tort, plic

MP3 바로 듣기

---

meta   바꾸다, 변화하다 (change)

---

metaphor★★
[métəfɔ̀ːr]
☐☐☐

명 은유, 비유, 상징
metaphorical★★ 형 은유의, 비유의
Money is often used as a **metaphor** for time.
돈은 종종 시간의 은유로써 사용된다.

meta + phor
바꾸다   나르다
➡ 다른 것으로 바꾸어 의미를 나르는 방식, 즉 은유

---

metabolism★★
[mətǽbəlìzm]
☐☐☐

명 신진대사, 대사 (작용)
metabolic 형 신진대사의
What you do after eating your meal sends signals to your **metabolism**. 수능
식사 후에 네가 하는 행위가 네 신진대사에 신호를 보낸다.

meta + bol + ism
바꾸다 던지다 명·접
➡ 음식을 에너지로 바꿔 신체 곳곳으로 던지는 신진대사 작용

---

metamorphosis★
[mètəmɔ́ːrfəsis]
☐☐☐

명 (생물의) 변태, 변형
The frog is an animal that goes through a **metamorphosis**.
개구리는 변태를 거치는 동물이다.

meta + morpho + sis
바꾸다   형태   명·접
➡ 생물이 그 형태를 바꾸는 변태

---

method★★★
[méθəd]
☐☐☐

명 방법, 방식, 체계
Researchers follow the scientific **method** to perform studies. 수능
연구자들은 연구를 수행하기 위해 과학적인 방법을 따른다.

met(a) + hod
바꾸다   길
➡ 목표를 향해 바꾸어 갈 수 있는 여러 길, 즉 여러 방법

---

vert

돌리다 (turn)

변화형 vers, vorc

---

advertise★★★
[ǽdvərtàiz]
□□□

동 광고하다, 선전하다

advertising★★★ 명 광고, 광고업
advertiser 명 광고주
advertisement★★★ 명 광고

Bell Electronics **advertised** its new phone.
Bell 전자 회사는 자사의 새로운 전화기를 광고했다.

ad + vert + ise
~쪽으로　돌리다　동·접
➡ 상품 쪽으로 고개를 돌려 보게
　만들다, 즉 광고하다

---

convert★★
[kənvə́ːrt]
□□□

동 바꾸다, 변화하다, 개조하다

convertible★ 형 바꿀 수 있는, 개조할 수 있는
conversion★ 명 전환, 개조

convert inaccurate drawings into accurate
ones 수능
부정확한 그림을 정확한 것으로 바꾸다

핵심표현 **convert** A to/into B A를 B로 바꾸다

con + vert
모두(com)　돌리다
➡ 모든 것을 다 돌려서 바꾸다

어원으로 줄줄이! **convert**와 유사한 의미의 어휘

- **alter** 　동 바꾸다, 변경하다　alter 다른 ▶ 다른 것으로 바꾸다
- **modify** 　동 바꾸다, 수정하다　mod 기준 + ify 동·접 ▶ 기준에 맞게 바꾸다, 수정하다
- **transform** 동 변형하다, 변화시키다　trans 가로질러 + form 형태
　　　　　　　　　　　　　　　▶ 먼 거리를 가로지른 듯 완전히 다른 형태로 변형하다

---

vertical★★
[və́ːrtikəl]
□□□

형 수직의, 세로의
명 수직선

vertically 부 수직으로

The fish has dark **vertical** bands along its
sides. 수능
그 물고기는 옆면을 따라 어두운 수직의 띠를 가지고 있다.

vert + ical
돌리다　형·접
➡ 수평선을 돌려서 수직의
　모양이 된

---

version★★★
[və́ːrʒən]
□□□

명 형태, 버전

Ask him to send you the English **version**. 수능
그에게 영어 버전을 보내 달라고 부탁해라.

ver. 1　ver. 2　ver. 3

vers + ion
돌리다　명·접
➡ 돌려서 약간 바꾼 형태, 버전

DAY 25

해커스 보카 어원편

universe★★★

[júːnəvə̀ːrs]

□□□

圐 우주, 영역, 활동권

universal★★★ 圐 일반적인, 전 세계적인, 보편적인
universally★★ 圐 일반적으로, 보편적으로
university★★★ 圐 대학

The Earth is a part of the **universe**. 수능
지구는 우주의 일부분이다.

uni + vers(e)
하나   돌리다
➡ 하나가 되어 도는 우주

---

diverse★★★

[divə̀ːrs]

□□□

圐 다양한, 다른 종류의

diversity★★★ 圐 다양성
diversify★★ 圐 다양화하다
diversion 圐 전환, (방향) 바꿈

The power of music is **diverse**, and people respond in different ways. 수능
음악의 힘은 다양하며 사람들은 서로 다른 방식으로 반응한다

di + vers(e)
떨어져(dis) 돌리다
➡ 떨어뜨려 돌려서 방향이 다양한

---

reverse★★★

[rivə̀ːrs]

□□□

圐 뒤집다, 반전시키다
圐 반대, 반전

reversible 圐 뒤집을 수 있는
irreversible★ 圐 뒤집을 수 없는

Mirrors display images in **reverse**.
거울은 모습을 반대로 보여준다.

핵심표현 in **reverse** 반대로, 거꾸로

re + vers(e)
뒤로   돌리다
➡ 뒷면이 앞으로 오도록 뒤로 돌려
뒤집다

---

adverse★

[ædvə̀ːrs]

□□□

圐 부정적인, 불리한, 반대하는

adversity★★ 圐 역경, 불운

Her choice had many **adverse** effects.
그녀의 선택은 많은 부정적인 영향을 가져왔다.

ad + vers(e)
~에   돌리다
➡ 어떤 일에 등을 돌린,
즉 그것에 부정적인

어원으로 줄줄이! **adverse**와 유사한 의미의 어휘

• **contrary** 圐 반대의, 반하는   contra 반대의(counter) + (a)ry 형·접 ▶ 반대의, 반하는
• **negative** 圐 부정적인, 반대의   neg 아닌 + ative 형·접 ▶ 좋지 않다고 하는, 즉 부정적인

---

converse★

[동, 형 kənvə̀ːrs]
[명 kάːnvərs]

□□□

圐 대화하다
圐 정반대의, 거꾸로의
圐 반대

conversely★★ 圐 정반대로, 역으로
conversation★★★ 圐 대화

Friends **converse** about a lot of topics.
친구들은 많은 주제에 대해 대화한다.

con + vers(e)
함께(com) 돌리다
➡ 여럿이 함께 순서를 돌려가며
이야기하다, 즉 대화하다

divorce★
[divɔ́:rs]
□□□

명 이혼, 분리
동 이혼하다, 분리하다

The number of **divorces** increases during bad economies.
불경기에는 이혼 건수가 증가한다.

di + vorc(e)
떨어져(dis) 돌리다
➡ 서로 떨어진 다른 방향으로 등을 돌려 헤어짐, 즉 이혼 또는 분리

DAY 25

어원으로 줄줄이! vert 추가 어휘

- **extrovert** 형 외향적인 명 외향적인 사람   extro 밖으로 + vert 돌리다 ▶ 생각, 감정을 숨기지 않고 밖으로 돌리는, 즉 외향적인
- **introvert** 형 내향적인 명 내향적인 사람   intro 안으로 + vert 돌리다 ▶ 생각, 감정을 표현하지 않고 안으로 돌리는, 즉 내성적인
- **invert** 동 뒤집다, 거꾸로 하다, 뒤바꾸다   in 안에 + vert 돌리다 ▶ 안에 있던 것이 밖으로 나오게 돌려서 뒤집다

---

tort

비틀다 (twist)

변화형 tor

---

distort★★
[distɔ́:rt]
□□□

동 비틀다, 왜곡하다, 일그러뜨리다

distortion★★ 명 왜곡, 일그러뜨림

They will **distort** the truth to escape from your negative reaction. 수능
그들은 당신의 부정적인 반응을 피하기 위해 진실을 왜곡할 것이다.

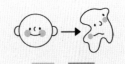

dis + tort
떨어져 비틀다
➡ 본래의 모습과 동떨어지게 비틀어 왜곡하다

---

torment★
[명 tɔ́:rment]
[동 tɔːrmént]
□□□

명 고통, 고민거리
동 고통을 주다, 괴롭히다

The mosquitos were a **torment** for the campers.
모기는 야영객들에게 고통이었다.

tor + ment
비틀다 명·접
➡ 비틀어져서 생기는 고통

어원으로 줄줄이! tort 추가 어휘

- **retort** 동 대꾸하다, 쏘아붙이다 명 말대꾸, 응수   re 다시 + tort 비틀다 ▶ 상대의 말의 방향을 비틀어서 다시 돌려주다, 즉 대꾸하다
- **torture** 명 고문, 심한 고통 동 고문하다, 괴롭히다   tort 비틀다 + ure 명·접 ▶ 비틀어서 주는 고통 또는 고통을 주는 행위

---

plic

꼬다 (twist), 접다 (fold)

변화형 ply, play, ploy, plo(it), plex

---

simplicity★★★
[simplísəti]
☐☐☐

명 단순함, 간단함

simple 형 단순한, 간단한
simply★★★ 부 단순하게, 간단히
simplify★★ 동 간단하게 하다, 간소화하다

Simplicity is the essence of great novels. 수능
단순함은 위대한 소설의 본질이다.

sim + **plic** + ity
같은   꼬다   명·접
➡ 같은 방향으로 꼬아 단순함

---

complicate★★
[동 ká:mpləkèit]
[형 ká:mplikət]
☐☐☐

동 복잡하게 하다   형 복잡한, 뒤얽힌

complicated★★★ 형 복잡한
complication★★ 명 복잡(화), 복잡한 문제
uncomplicated 형 복잡하지 않은, 단순한

The transportation problems **complicated** her schedule.
교통 문제가 그녀의 일정을 복잡하게 했다.

com + **plic** + ate
함께   꼬다   동·접
➡ 여러 가지를 함께 꼬아 복잡하게 하다

---

replicate★★
[동 répləkèit]
[형 réplikət]
☐☐☐

동 복제하다   형 반복된

replication 명 복제(본), 되풀이
replicable 형 복제 가능한, 반복 가능한
replica 명 복제품, 모형

Mechanical processes have **replicated** the behaviors of humans. 수능
기계식 공정은 인간의 행동을 복제해왔다.

re + **plic** + ate
다시   접다   동·접
➡ 접어서 같은 것을 다시 만들다, 즉 복제하다

---

explicit★★
[iksplísit]
☐☐☐

형 분명한, 명백한, 솔직한

explicitly★★ 부 명쾌하게
explicate 동 확실히 하다, 설명하다

Henry always made every detail **explicit**.
Henry는 늘 모든 세부 사항을 분명하게 했다.

ex + **plic**(it)
밖으로   접다
➡ 밖으로 접어 안의 것이 분명히 드러나는

어원으로 줄줄이! **explicit**과 유사한 의미의 어휘

• **definite** 형 분명한, 확실한   de 떨어져 + fin 경계 + ite 형·접
▶ 다른 것과 확실히 떨어져 있어 경계가 분명한

• **obvious** 형 분명한, 명백한   ob 맞서 + vi 길(via) + ous 형·접 ▶ 길 앞에 맞서 있어 분명히 보이는

• **specific** 형 구체적인, 분명한   spec(i) 보다 + fic 만들다(fac)
▶ 볼 수 있도록 형태가 다 만들어져 모습이 구체적인

apply★★★
[əplái]
□□□

동 지원하다, 신청하다, 적용하다, (약 등을) 바르다

applicant★★★ 명 지원자
application★★★ 명 지원, 적용
appliance★★★ 명 적용, 응용, (가정용) 기기

apply the advantage to other goods [수능]
그 장점을 다른 제품에 적용하다

핵심표현 **apply** for ~에 지원하다

ap + ply
~에(ad)   접다

➡ 자리에 맞도록 접어서 맞춰보다,
즉 그 자리에 지원하다

---

reply★★★
[riplái]
□□□

동 답장하다, 대답하다
명 답장, 대답

I'm busy **replying** to my fans. [수능]
나는 내 팬들에게 답장해주느라 바쁘다.

POST

re + ply
다시   접다

➡ 답신을 접어서 다시 보내다

---

imply★★★
[implái]
□□□

동 암시하다, 넌지시 내비치다

implication★★ 명 암시, 함축
implicit★ 형 암시된, 내포된

I didn't know what the word really **implied**. [수능]
나는 그 단어가 진짜로 암시하는 게 무엇인지 몰랐다.

im + ply
안에(in)   접다

➡ 하고픈 말을 접어서 몰래 안에
싣다, 즉 암시하다

---

display★★★
[displéi]
□□□

동 드러내다, 전시하다
명 전시

The works made by 100 designers will be
displayed. [수능]
100명의 디자이너들이 만든 작품들이 전시될 것이다.

New Items

dis + play
떨어져   접다

➡ 접혔던 것을 떨어뜨려서 보이게
드러내다, 전시하다

---

employ★★★
[implói]
□□□

동 고용하다, 이용하다

employer★★★ 명 고용주, 사용자
employee★★★ 명 고용인, 종업원
employment★★★ 명 고용, 취업
unemployment★★ 명 실업

The French were slow to **employ** the new
technology. [수능] 프랑스 사람들은 새로운 기술을 이용하는 데에 느렸다.

Resume   Resume

em + ploy
안에(en)   접다

➡ 접어서 안에 들어오게 하다,
즉 고용 또는 이용하다

---

exploit★★
[동 iksplóit]
[명 éksplɔit]
□□□

동 (부당하게) 이용하다, 개척하다
명 위업, 공적

Europe's first Homo sapiens mercilessly
exploited the weakness of reindeer. [수능]
유럽 최초의 호모 사피엔스는 순록의 약점을 무자비하게 이용했다.

ex + ploit
밖으로   접다

➡ 접어서 밖으로 꺼낸 것을
이용하다

---

complex***

[형, 동 kəmpléks]
[명 kάːmpleks]

□□□

형 복잡한, 복합의
동 복잡하게 하다
명 복합 건물, 합성물

complexity*** 명 복잡성

Global politics have become more **complex**. 수능
국제 정치는 더 복잡해져 왔다.

com + plex
함께   꼬다

➡ 여럿이 함께 꼬여 복잡한,
여러 공간이 함께 꼬인 복합 건물

---

perplex*

[pərpléks]

□□□

동 당황하게 하다, 혼란케 하다

perplexity 명 당혹감

Jared was **perplexed** by the difficult vocabulary.
Jared는 어려운 어휘 때문에 당황했다.

per + plex
완전히   꼬다

➡ 풀 수 없게 완전히 꼬여
당황하게 하다

어원으로 줄줄이! plic 추가 어휘

- **duplicate** 동 복제하다 형 중복의 명 복제   du 둘 + plic 접다 + ate 동·접 ▶ 접어서 똑같은 둘을 만들다, 즉 복제하다
- **diploma** 명 졸업증, 학위, (수료) 증서   di 둘(du) + plo 접다(plic) + (o)ma 명·접
    ▶ 두 페이지로 되어 접어지는 졸업 또는 수료 증서
- **diplomat** 명 외교관, 외교/흥정에 능한 사람   diploma(t) 증서 ▶ 나라를 대표하는 증서를 가진 외교관
- **multiple** 형 많은, 다수의, 다양한 명 배수   multi 여럿 + ple 접다(plic) ▶ 여러 번 접어 개수가 많아진

DAY 26

말다, 기울다, 팽팽/느슨하게 하다
volv, rot, clin, strict, lax, solv

MP3 바로 듣기

volv

말다, 돌다 (roll)

변화형 volu

---

involve***
[inváːlv]
☐☐☐

통 포함하다, 수반하다, 관련시키다

involvement*** 명 포함, 관련, 개입, 몰두

Reading **involves** a complex form of mental activity. 수능
독서는 복잡한 형식의 정신 활동을 포함한다.

핵심표현 be **involved** in ~에 관련되다

in + volv(e)
안에   말다
➡ 어떤 것을 다른 것 안에 말아서 포함하다

어원으로 줄줄이! **involve**와 유사한 의미의 어휘

• **comprise** 통 포함하다, 구성되다   com 함께 + pris(e) 붙잡다(prehend)
  ▶ 어떤 것 안에 여럿을 함께 붙잡아 포함하다

• **include** 통 포함하다, 포함시키다   in 안에 + clud(e) 닫다(clos)
  ▶ 어떤 것을 집어넣고 닫아 그것을 포함하다

• **associate** 통 연관 짓다, 연상하다   as ~에(ad) + soci 친구, 동료 + ate 동·접
  ▶ 친구, 동료와 관계를 맺듯이 다른 대상에 연관을 짓다

• **relate** 통 관련 짓다, 관련이 있다   re 다시 + lat(e) 나르다
  ▶ 어딘가에 뒀던 것을 다시 날라 다른 것에 관련 짓다

---

evolve***
[iváːlv]
☐☐☐

통 발전시키다, 발달시키다, 진화하다

evolution*** 명 발전, 진화
evolutionary*** 형 진화의

Humans have **evolved** taste preferences for sweet foods. 수능
사람들은 단 음식에 대한 맛의 선호를 발달시켜왔다.

e + volv(e)
밖으로(ex)   말다
➡ 말려 있던 것을 밖으로 펼쳐 점점 크게 발전시키다

---

volume***
[váːljuːm]
☐☐☐

명 부피, 양, 음량

voluminous 형 아주 큰, 방대한

Ken played the piano very hard to get enough **volume**. 수능
Ken은 충분한 음량을 내기 위해 피아노를 아주 세게 쳤다.

volu(me)
말다
➡ 말린 것이 차지하는 부피 또는 양

★★★=최빈출 ★★=빈출 ★=기출

revolution***
[rèvəlúːʃən]
□□□

명 회전, 공전, 혁명

revolutionize** 동 혁명을 일으키다
revolutionary* 형 혁명적인
revolve* 동 돌다, 회전하다

The Earth makes one **revolution** around the sun each year.
지구는 매년 태양 주위를 한 바퀴 공전한다.

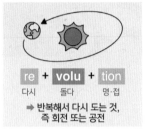

re + **volu** + tion
다시   돌다   명·접

➡ 반복해서 다시 도는 것,
즉 회전 또는 공전

---

rot

돌다, 두루마리 (roll)

변화형 rol

---

rotate**
[róuteit]
□□□

동 (일을) 교대로 하다, 회전하다

rotation** 명 교대, 회전, 자전
rotary 형 회전하는 명 (도로상의) 로터리

My colleagues **rotate** working on Saturdays.
내 동료들은 토요일마다 근무하는 것을 교대로 한다.

rot + ate
돌다   동·접

➡ 어떤 것을 하는 순서가 돌아가다,
즉 교대로 하다

enroll**
[inróul]
□□□

동 등록하다, 입대하다, 입학시키다

enrollment*** 명 등록, 입학, 입대

the number of international students **enrolled** in the U.S. colleges 수능
미국 대학에 등록된 국제 학생들의 수

Join

en + **rol(l)**
안에   두루마리

➡ 두루마리 안에 이름을 써서
등록하다

scroll**
[skroul]
□□□

명 두루마리
동 두루마리에 쓰다

the amount of time required to copy a **scroll** by hand 수능
두루마리를 손으로 베끼는 데 필요한 시간의 양

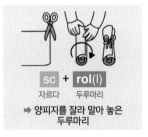

sc + **rol(l)**
자르다   두루마리

➡ 양피지를 잘라 말아 놓은
두루마리

어원으로 줄줄이! **rot 추가 어휘**

- **roll**   명 두루마리, 통 동 구르다, 굴리다   rol(l) 돌다 ▶ 돌아서 말린 두루마리
- **control**   동 통제하다, 지배하다 명 통제, 제어   cont(ro) 반대의(counter) + rol 구르다 ▶ 구르던 것을 반대로 구르도록 통제하다

clin

기울다(lean), 경사지다 (slope)

[변화형] clim

---

decline***
[dikláin]
☐☐☐

동 줄어들다, 쇠퇴하다, 거절하다
명 감소, 축소, 하락

declination 명 하락, 쇠퇴

The percentage of the population involved in agriculture is **declining**. [수능]
농업에 종사하는 인구의 비율이 줄어들고 있다.

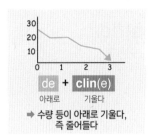

de + clin(e)
아래로   기울다
➡ 수량 등이 아래로 기울다,
   즉 줄어들다

> **어원으로 줄줄이!** decline과 유사한 의미의 어휘
>
> • **decrease** 동 줄다, 하락하다   de 아래로 + crea(se) 자라다 ▶ 아래로 자라다, 즉 줄다
> • **diminish** 동 줄어들다, 줄이다   di 떨어져(dis) + min 작은 + ish 동·접 ▶ 큰 것을 떨어뜨려 작게 줄어들다

---

incline**
[동 inkláin]
[명 ínklain]
☐☐☐

동 (마음이) 기울다, 경향이 생기게 하다
명 기울기, 경사

inclination 명 경사, 성향

She is **inclined** to think that she is right.
그녀는 자신이 옳다고 생각하는 경향이 있다.

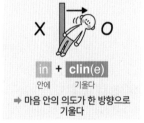

in + clin(e)
안에   기울다
➡ 마음 안의 의도가 한 방향으로
   기울다

[핵심표현] be **inclined** to ~하는 경향이 있다

---

clinic**
[klínik]
☐☐☐

형 진료소의, 임상의
명 병원, 진료소

clinical 형 병상의, 임상의

Dr. Goldman opened a medical **clinic** last year. [수능]
Goldman 박사는 작년에 병원을 개원했다.

clin + ic
기울다   형·접
➡ 기울어지는 진찰용 침대가 있는
   진료소의

---

climate***
[kláimit]
☐☐☐

명 기후, 풍토

climatic 형 기후의
microclimate* 명 미기후

The city of Kathmandu enjoys a warm **climate** year-round. [수능]
카트만두시는 일 년 내내 따뜻한 기후를 누린다.

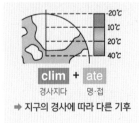

clim + ate
경사지다   명·접
➡ 지구의 경사에 따라 다른 기후

> **어원으로 줄줄이!** clin과 유사한 의미의 어근 flect(구부리다)
>
> • **deflect** 동 방향을 바꾸다, 피하다   de 떨어져 + flect 구부리다 ▶ 본래 진로에서 떨어지도록 구부려 방향을 바꾸다
> • **reflect** 동 반사하다, 반영하다, 비추다   re 뒤로 + flect 구부리다 ▶ 들어온 빛을 뒤로 구부려 반사하다
> • **flexible** 형 잘 구부러지는, 신축성 있는   flex 구부리다(flect) + ible 할 수 있는 ▶ 잘 구부릴 수 있는

strict

팽팽히 당기다 (draw tight), 묶다 (bind)

변화형 strai(n), stress, stig

---

strict★★
[strikt]
□□□

형 엄격한, 긴장한, 정밀한

strictly 부 엄격히

Successful people work hard, but within **strict** limits. 수능
성공한 사람들은 열심히 일하지만 엄격한 한도 내에서 한다.

strict
팽팽히 당기다
➡ 팽팽히 당긴 선을 쳐서 제한이 엄격한

---

restrict★★★
[ristríkt]
□□□

동 제한하다, 한정하다, 금지하다

restriction★★★ 명 제한, 규제
unrestricted★★ 형 제한이 없는

The company policy **restricts** employees from working overtime.
그 회사의 정책은 직원들이 초과 근무 하는 것을 제한한다.

핵심표현 **restrict** A from B A가 B하는 것을 제한하다

re + strict
뒤로   팽팽히 당기다
➡ 선을 넘지 못하게 뒤로 팽팽히 당겨 제한하다

---

district★★
[dístrikt]
□□□

명 구역, (특정한) 지역, 지방

Do not enter the restricted **district**.
제한 구역에 들어가지 말아라.

Seoul

di + strict
떨어져(dis)   묶다
➡ 넓은 땅을 여럿으로 떨어뜨려 따로 묶은 구역

---

strain★★
[strein]
□□□

명 팽팽함, 긴장(감), 접질림
동 잡아당기다, 긴장시키다, (근육 등을) 상하게 하다

The **strain** is hard to bear. 수능
그 긴장감은 참기 어렵다.

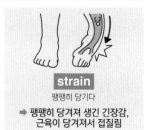

strain
팽팽히 당기다
➡ 팽팽히 당겨져 생긴 긴장감, 근육이 당겨져서 접질림

---

restrain★★
[ristréin]
□□□

동 억누르다, 참다, 저지하다

restrained 형 자제된, 억제된
restraint★★ 명 규제, 통제

Chris was unable to **restrain** himself. 수능
Chris는 자기 자신을 억누를 수가 없었다.

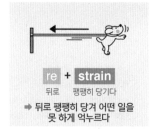

re + strain
뒤로   팽팽히 당기다
➡ 뒤로 팽팽히 당겨 어떤 일을 못 하게 억누르다

---

constrain*

[kənstréin]

☐☐☐

동 억누르다, 제약하다

constraint** 명 제약, 통제

The possibility of going to prison **constrains** many criminals.

감옥에 갈 가능성이 많은 범죄자들을 억누른다.

con + strain
함께(com) 묶다

➡ 다른 것과 함께 묶어 두어 못 움직이게 억누르다

---

strait*

[streit]

☐☐☐

명 해협, 곤경
형 좁은, 곤란한

A large **strait** connects the two seas.

큰 해협이 두 바다를 이어준다.

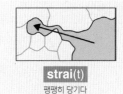

strai(t)
팽팽히 당기다

➡ 팽팽히 당긴 듯 좁고 길게 생긴 바다인 해협

---

stress***

[stres]

☐☐☐

명 스트레스, 강조, 강세
동 스트레스를 받다/주다, 강조하다, 강세를 두다

stressful*** 형 스트레스가 많은

I'm so **stressed** out! 수능 나 너무 스트레스받아!

핵심표현 **stress** out 스트레스를 받다/주다
relieve **stress** 스트레스를 풀다

stress
팽팽히 당기다

➡ 팽팽히 당겨서 생긴 긴장, 즉 스트레스

---

distress***

[distrés]

☐☐☐

명 고통, 고민
동 괴롭히다, 슬프게 하다

distressful 형 괴로운, 고민이 많은

The upcoming deadline **distressed** her.

다가오는 마감기한이 그녀를 괴롭혔다.

di + stress
떨어져(dis) 팽팽히 당기다

➡ 팽팽히 당긴 것이 떨어지면서 생긴 고통

---

prestige*

[prestí:ʒ]

☐☐☐

명 명성, 위세
형 명성 있는

prestigious* 형 명망 있는, 일류의

The athlete's **prestige** increased after the Olympics.

올림픽 이후에 그 운동선수의 명성이 높아졌다.

No. 1 Company

pre + stig(e)
앞에 묶다

➡ 크게 쓴 이름을 앞에 묶어 자랑할 만한 명성

어원으로 줄줄이! **prestige**와 유사한 의미의 어휘

- **fame** 명 명성, 명망 fa(me) 말하다 ▶ 사람들 사이에 많이 말해지는 평판 높은 이름, 즉 명성
- **reputation** 명 명성, 평판 re 다시 + put 생각하다 + ation 명·접 ▶ 다시 생각이 날 만큼 대단한 명성

---

lax

느슨하게 하다 (loosen), 남겨두다 (leave)

[변화형] lay, leas

---

relax***

[riláeks]

□□□

동 긴장을 풀다, 쉬다, 완화하다

relaxing*** 형 마음을 느긋하게 해주는, 편한
relaxation*** 명 휴식, 완화

Why don't you sit down and relax? [수능]
앉아서 쉬는 건 어때?

re + lax
다시 느슨하게 하다

➡ 긴장했던 것을 다시
느슨하게 풀고 쉬다

---

delay***

[diléi]

□□□

동 지연시키다, 연기하다
명 지연, 연기

The 2 o'clock flight to Dallas is delayed. [수능]
Dallas로 가는 2시 비행기가 지연되었다.

de + lay
떨어져 느슨하게 하다

➡ 느슨하게 떨어져 늦게 와서
진행을 지연시키다

[어원으로 줄줄이!] **delay와 유사한 의미의 어휘**

• **defer**   동 미루다, 연기하다   de 떨어져 + fer 나르다 ▶ 다른 것과 떨어지도록 나르는 것을 미루다
• **postpone** 동 연기하다, 늦추다   post 뒤에 + pon(e) 놓다(pos)
                                  ▶ 예정된 시점보다 뒤에 놓다, 즉 연기하다
• **suspend**   동 연기하다, 중단하다   sus 아래에(sub) + pend 매달다
                                  ▶ 아래에 방해물을 매달아 진행을 연기하거나 중단하다

---

relay*

[rí:lei]

□□□

동 전달하다
명 릴레이 경주, 교대

**I relayed the complaint to the customer service
department.**
나는 그 불만 사항을 고객 서비스 부서로 전달했다.

re + lay
뒤에 남겨두다

➡ 뒤에 남겨 두어 다음 사람에게
전달하다

---

release***

[rilí:s]

□□□

동 풀어주다, 해방시키다, 개봉하다
명 석방, 개봉

release himself from the control of his parents [수능]
부모의 통제로부터 그 스스로를 해방시키다

[핵심표현] **release A from B** B로부터 A를 해방시키다

re + leas(e)
다시 느슨하게 하다

➡ 묶었던 것을 느슨하게 해서
다시 풀어주다, 해방시키다

---

solv

느슨하게 하다 (loosen)

변화형 solu

---

solve***
[sɑ:lv]
□□□

통 (문제 등을) 풀다, 해결하다, 용해하다

solvent★★ 형 녹이는 명 용제, 용매
solution★★★ 명 해결(책), 용액, 용해

Something had to be done to **solve** the problem. 수능
그 문제를 해결하기 위해 어떤 일이 행해져야만 했다.

solv(e)
느슨하게 하다

➡ 꼬여있던 문제 상황을
느슨하게 풀어 해결하다

---

resolve***
[rizɑ́:lv]
□□□

통 해결하다, 결심하다
명 결심, 다짐, 결의

resolute 형 단호한, 확고한
resolution★★★ 명 해결, 결단력
unresolved★★ 형 해결되지 않은, 결심이 서지 않은

We must work to **resolve** conflicts. 수능
우리는 갈등을 해결하기 위해 노력해야만 한다.

re + **solv(e)**
다시   느슨하게 하다

➡ 엉킨 것을 다시 느슨하게 풀어
해결하다

---

dissolve**
[dizɑ́:lv]
□□□

통 녹다, (녹아) 없어지다

dissolution 명 용해, 해소, 소멸

Sugar quickly **dissolves** in hot water.
설탕은 뜨거운 물에서 빨리 녹는다.

dis + **solv(e)**
떨어져   느슨하게 하다

➡ 뭉친 것들이 느슨하게 떨어져
풀어지다, 즉 녹다

---

absolute***
[ǽbsəlù:t]
□□□

형 완전한, 절대적인, 확실한
명 절대적인 것

absolutely★★★ 부 절대적으로, 틀림없이

There is no such thing as **absolute** truth.
절대적인 진리라는 것은 없다.

ab + **solu(te)**
~로부터   느슨하게 하다

➡ 제약으로부터 느슨하게 풀려나
완전하고 절대적인

DAY 26

해커스 보카 어원편

DAY 27

채우다, 비우다, 누르다, 덮다
ple, fus, flat, vac, press, cover

MP3 바로 듣기

---

ple

채우다 (fill)
[변화형] ply, pli, plen

---

complete***
[kəmplíːt]
☐☐☐

[동] 완성하다, 완료하다　[형] 완벽한, 완전한

completely*** [부] 완벽하게, 완전히
completion** [명] 완료, 완성
incomplete** [형] 불완전한, 미완성의

I wasn't able to **complete** my part of our project. [수능]
나는 우리 프로젝트에서 내가 맡은 부분을 완성하지 못했다.

com + ple(te)
모두　채우다
➡ 빈 곳 없이 모두 채워 완성하다

---

complement*
[명 ká:pləmənt]
[동 ká:pləmènt]
☐☐☐

[명] 보완물, 보충물
[동] 보완하다, 보충하다

complementary** [형] 상호 보완적인

This white wine **complements** the fish dish.
이 화이트 와인은 그 생선 요리를 보완해 준다.

com + ple + ment
모두　채우다　명·접
➡ 부족한 부분을 모두 채워 주는 보완물

---

deplete**
[diplíːt]
☐☐☐

[동] 고갈시키다, 크게 감소시키다

depletion [명] 고갈, 소모
depletive [형] 고갈시키는, 소모시키는

Humans increase their intake of sweets when their energy becomes **depleted**. [수능]
인간은 에너지가 고갈될 때 단것의 섭취를 늘린다.

de + ple(te)
떨어져　채우다
➡ 채웠던 것을 크게 떨어뜨리다, 즉 고갈시키다

---

implement*
[명 ímpləmənt]
[동 ímpləmènt]
☐☐☐

[명] 도구, 수단
[동] 이행하다, 실시하다

implementation** [명] 이행, 실행

The company **implemented** its new sales plan.
그 회사는 새로운 판매 계획을 이행했다.

im + ple + ment
안에(in)　채우다　명·접
➡ 계획대로 안을 채우는 일을 이행하기 위한 도구, 수단

---

supplement★★

[명 sʌ́pləmənt]
[동 sʌ́pləmènt]

☐☐☐

명 추가(물), 보충(제)
동 보충하다, 추가하다

supplementary 형 보충의, 추가의

He takes **supplements** for his health.
그는 건강을 위해 보충제를 먹는다.

sup + ple + ment
아래에(sub) 채우다 명·접

➡ 기존의 것 아래에 더 채우는 추가 또는 보충

---

supply★★★

[səplái]

☐☐☐

동 공급하다, 주다
명 공급(품)

supplier★★ 명 공급자, 공급 회사

The water **supply** affects the lives of the people. 수능
물의 공급은 사람들의 삶에 영향을 미친다.

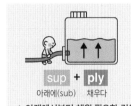

sup + ply
아래에(sub) 채우다

➡ 아래에서부터 채워 필요한 것을 공급하다

---

comply★

[kəmplái]

☐☐☐

동 (명령, 요구 등에) 따르다, 준수하다

compliant 형 순응하는, 준수하는

Citizens must **comply** with all laws.
시민들은 모든 법을 따라야만 한다.

com + ply
모두 채우다

➡ 요구받은 것을 모두 채우다, 즉 요구에 따르다

---

compliment★★

[명 ká:mpləmənt]
[동 ká:mpləmènt]

☐☐☐

명 칭찬, 경의
동 칭찬하다, 경의를 표하다

complimentary★★ 형 칭찬하는

John needs to learn to take **compliments** from others.
John은 다른 사람들의 칭찬을 받아들이는 것을 배울 필요가 있다.

com + pli + ment
모두 채우다 명·접

➡ 인간의 욕구를 모두 채우기 위해 필요한 것, 즉 칭찬

---

accomplish★★★

[əká:mpliʃ]

☐☐☐

동 완수하다, 성취하다

accomplished★★ 형 완성된, 성취된
accomplishment★★★ 명 업적, 공적, 재주

Focus on the things you need to **accomplish**. 수능
네가 완수해야 하는 것에 집중해라.

ac + com + pli + (i)ish
~에(ad) 모두 채우다 동·접

➡ 빈 곳에 모두 채워서 완수하다

어원으로 줄줄이! accomplish와 유사한 의미의 어휘

- **achieve** 동 성취하다, 이루다   a ~에(ad) + chiev(e) 머리(cap)
  ▶ 머리와 같이 높은 목표에 이르러 그것을 성취하다
- **complete** 동 완성하다, 완료하다   com 모두 + ple(te) 채우다 ▶ 빈 곳 없이 모두 채워 완성하다
- **fulfill** 동 완수하다, 이루다   ful(l) 가득 + fill 채우다 ▶ 요구받은 대로 가득 채워 임무를 완수하다

---

plenty***
[plénti]
☐☐☐

명 많음, 충분함, 풍부함 형 많은, 충분한, 풍부한
부 충분히

plentiful** 형 풍부한

We've got **plenty** of time. 수능
우리는 많은 시간이 있다.

핵심표현 **plenty** of 많은 ~

plen + ty
채우다 명·접
➡ 꽉 채울 정도로 많음

---

fus
붓다 (pour), 녹이다 (melt)
변화형 fund

---

fuse**
[fjuːz]
☐☐☐

동 융합되다, 녹이다
명 퓨즈, 도화선

fusion 명 융합

The heated metals **fused** together.
가열된 금속들이 서로 융합되었다.

fus(e)
붓다, 녹이다
➡ 녹인 것이 부어져 합쳐지다,
즉 융합되다

---

confuse***
[kənfjúːz]
☐☐☐

동 혼동하다, 혼란스럽게 하다

confused** 형 혼란스러워하는
confusing*** 형 혼란스럽게 하는
confusion** 명 혼란, 혼동

Often we **confuse** means with ends. 수능
우리는 종종 수단과 목적을 혼동한다.

핵심표현 **confuse** A with B A와 B를 혼동하다

con + fus(e)
함께(com) 붓다
➡ 여러 가지를 함께 부어 혼동하다

---

refuse***
[rifjúːz]
☐☐☐

동 거부하다, 거절하다

refusal* 명 거부, 거절

Successful people **refuse** to give up. 수능
성공한 사람들은 포기하는 것을 거부한다.

NO!
re + fus(e)
다시 붓다
➡ 들어온 것을 다시 부어내다,
즉 거부하다

---

refund***
[동 rifʌ́nd]
[명 ríːfʌnd]
☐☐☐

동 환불하다, 상환하다 명 환불, 상환

refundable 형 환불 가능한
non-refundable** 형 환불이 안 되는

I'd like to get a **refund** for this ticket. 수능
저는 이 표를 환불받고 싶습니다.

핵심표현 get a **refund** 환불받다

re + fund
다시 붓다
➡ 샀던 것을 다시 부어내 돌려주다,
즉 환불하다

---

flat

(바람을) 불어넣다 (blow)

flatter★★
[flǽtər]
□□□

동 아첨하다, 추켜세우다

flattery★★ 명 아첨

Lisa **flattered** Joe with kind words.
Lisa는 친절한 말로 Joe에게 아첨했다.

flat(ter)
바람을 불어넣다
➡ 좋은 말로 상대의 마음에 바람을
불어넣다, 즉 아첨하다

어원으로 줄줄이! **flatter**와 유사한 의미의 어휘

• **compliment** 명 칭찬 동 칭찬하다 com 모두 + pli 채우다(ple) + ment 명·접
➤ 인간의 욕구를 모두 채우기 위해 필요한 칭찬

• **praise** 동 칭찬하다, 찬양하다 prais(e) 값(preci) ➤ 값어치가 높다고 칭찬하다

inflation★★
[infléiʃən]
□□□

명 인플레이션
(통화량의 증가로 물가가 크게 상승하는 현상)

inflate★ 동 (가격이) 오르다, 부풀리다

Inflation makes money less valuable.
인플레이션은 돈을 덜 가치 있게 만든다.

in + flat + ion
안에 불어넣다 명·접
➡ 시장 안에 많은 돈이 불어넣어져
물가가 오르는 현상

vac

빈 (empty)

변화형 vag, va(i)n, void

vacuum★★★
[vǽkjuəm]
□□□

명 진공 (상태)
형 진공의
동 진공청소기로 청소하다

In **vacuums**, there is no wind or dust.
진공 상태에서는 바람도 먼지도 없다.

vac(uum)
빈
➡ 비어 있는 진공 상태

vacant*

[véikənt]

☐☐☐

형 빈, 비어 있는, 사람이 없는

vacate 동 비우다
vacation 명 휴가, 방학, 휴정
vacancy 명 빈방, 공석

There are no **vacant** parking spots today.
오늘은 빈 주차 공간이 없다.

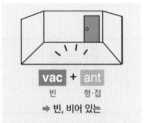

vague**

[veig]

☐☐☐

형 희미한, 막연한, 애매한

vaguely★★ 부 희미하게, 애매하게
vagueness★★ 명 막연함, 분명치 않음

A **vague** voice came out of the dark, "Who's there?" 수능
어둠 속에서 "거기 누구 있어요?"라는 희미한 목소리가 들려왔다.

vanish**

[vǽniʃ]

☐☐☐

동 사라지다, 없애다

The magician made his assistant **vanish**.
그 마술사는 그의 조수를 사라지게 했다.

어원으로 줄줄이! **vanish**와 유사한 의미의 어휘

- **disappear** 동 사라지다, 없어지다   dis 반대의 + appear 나타나다 ▶ '나타나다'의 반대, 즉 사라지다
- **evaporate** 동 증발하다, 사라지다   e 밖으로(ex) + vapor 증기 + ate 동·접
  ▶ 증기가 밖으로 증발해 사라지다

---

avoid***

[əvɔ́id]

☐☐☐

동 피하다, 회피하다, 막다

avoidance★★★ 명 회피, 방지
avoidable★★ 형 피할 수 있는
unavoidable★★ 형 불가피한

I try to **avoid** junk food. 수능
나는 건강에 좋지 않은 음식을 피하려고 노력한다.

어원으로 줄줄이! **vac** 추가 어휘

- **evacuate** 동 비우다, 대피하다, 철수시키다   e 밖으로(ex) + vac(u) 비어 있는 + ate 동·접 ▶ 안을 비우고 밖으로 나가서 위험에서 대피하다
- **vain** 형 헛된, 쓸데없는, 허영심 강한   vain 빈 ▶ 속이 비어 헛된, 쓸데없는

press

누르다 (press)

press***
[pres]
□□□

동 누르다, 압력을 가하다
명 압축 기계, 언론

pressure*** 명 압력, 압박

If you'd like to place an order, **press** "one" now. 수능

주문하기를 원하시면 지금 '1번'을 눌러주세요.

button
press
누르다
➡ 누르다, 압력을 가하다

express***
[iksprés]
□□□

동 (감정, 의견 등을) 표현하다, 나타내다
형 명확한, 급행의

expression*** 명 표현, 표출
expressive*** 형 표정이 있는, 나타내는

Some residents **express** concern that tourists overcrowd the local areas. 수능

몇몇 주민들은 관광객들이 현지 지역에 지나치게 몰린다고 우려를 나타낸다.

Good!
ex + **press**
밖으로   누르다
➡ 생각, 감정을 눌러 밖으로 드러내어 표현하다

impress***
[imprés]
□□□

동 깊은 인상을 주다, 감명을 주다

impression*** 명 인상, 감명
impressionist** 명 인상파 화가
impressive*** 형 인상적인
impressively 부 인상 깊게

I was very **impressed** by their creativity. 수능

나는 그들의 창의력에 매우 깊은 인상을 받았다.

Great!
im + **press**
안에(in)   누르다
➡ 마음 안에 도장 눌러 찍듯 깊은 인상을 주다

depress***
[diprés]
□□□

동 우울하게 하다, 낙담하게 하다

depressed*** 형 우울한, 침체된
depressing** 형 우울하게 만드는
depression*** 명 우울(증), 불경기

I've been a little **depressed** lately. 수능

나는 최근에 약간 우울해졌다.

de + **press**
아래로   누르다
➡ 기분을 아래로 눌러 우울하게 하다

compress*
[kəmprés]
□□□

동 압축하다, 요약하다

compression* 명 압축, 요약
compressible 형 압축할 수 있는

The software can **compress** large files.

그 소프트웨어는 큰 파일들을 압축할 수 있다.

com + **press**
함께   누르다
➡ 여러 방향에서 함께 눌러 작게 압축하다

cover 덮다 (cover)

cover***
[kʌ́vər]
☐☐☐

동 덮다, 가리다, 다루다, 포함하다
명 덮개, 표지
coverage*** 명 범위, 보도

Big discoveries are **covered** in the media. 수능
큰 발견들이 언론에서 다뤄진다.

cover
덮다
➡ 덮다, 덮개,
덮어서 다루는 범위에 포함하다

discover***
[diskʌ́vər]
☐☐☐

동 발견하다, 알아채다, 찾아내다
discovery** 명 발견

the explorers who **discovered** new worlds 수능
새로운 세상을 발견했던 탐험가들

dis + **cover**
떨어져   덮다
➡ 덮었던 것을 떨어뜨려
가려져 있던 것을 발견하다

recover***
[rikʌ́vər]
☐☐☐

동 회복하다, 되찾다
recovery*** 명 회복, 되찾음
recoverable 형 회복 가능한, 되찾을 수 있는

I'm delighted you're **recovered** from your
illness. 수능 네가 병에서 회복되어서 기쁘다.

핵심표현 **recover** from ~에서 회복하다

re + **cover**
다시   덮다
➡ 벌어졌던 상처가 다시 덮이다,
즉 회복하다

uncover**
[ʌnkʌ́vər]
☐☐☐

동 발견하다, 폭로하다

The researchers **uncovered** the cause of the
problem.
연구자들이 그 문제의 원인을 발견했다.

un + **cover**
아닌   덮다
➡ 덮여서 가려져 있던 것을
아닌 상태로 만들다, 즉 발견하다

어원으로 줄줄이! **cover**와 유사한 의미의 어근 **velo**(싸다)

- **develop**   동 성장하다, 개발하다   de 반대의(dis) + velo(p) 싸다 ▶ 꽁꽁 싸서 자라지 못하게 하는 것의 반대, 즉 성장하다
- **envelope**   명 (편지) 봉투, 비닐봉지   en 안에 + velo(pe) 싸다 ▶ 편지 등을 안에 넣고 싸는 봉투
- **underdevelopment**   명 저개발, 발달 부진   under 아래의 + develop 개발하다 + ment 명·접
  ▶ 개발, 발달 수준이 낮게 아래에 있는 상태, 즉 저개발

DAY 28

결합/접촉하다, 묶다, 매달다
sert, tach, tact, band, pend

MP3 바로 듣기

---

sert

결합하다 (join)

변화형 ser

---

insert★★
[insə́ːrt]
☐☐☐

동 끼워 넣다, 꽂다
명 삽입(물)

insertion 명 끼워 넣기, 삽입

Don **inserted** the USB drive into his computer.
Don은 그 USB 드라이브를 자신의 컴퓨터에 꽂았다.

in + sert
안에   결합하다
➡ 어떤 것 안에 결합하기 위해
끼워 넣다, 꽂다

---

assert★★
[əsə́ːrt]
☐☐☐

동 주장하다, 단언하다, 확고히 하다

assertive★★ 형 자기주장이 강한, 단정적인
assertiveness★★ 명 자기주장, 단정적임

To apologize, we must not simply **assert** what we think. 수능
사과를 하기 위해선, 우리는 생각하는 것을 단순히 주장하기만 하면 안 된다.

as + sert
~에(ad) 결합하다
➡ 어떤 의견에 강하게 결합하여
그것을 주장하다

어원으로 줄줄이! **assert**와 유사한 의미의 어휘

- **declare** 동 선언하다, 공표하다 — de 아래로 + clar(e) 명백한
  ▶ 위에 올라서서 아래로 명백하게 선언하다

- **profess** 동 공언하다, 주장하다 — pro 앞에 + fess 말하다(fa)
  ▶ 남들 앞에서 공개적으로 의견을 말하다, 즉 공언하다

- **pronounce** 동 선언하다, 표명하다 — pro 앞에 + nounc(e) 알리다
  ▶ 사람들 앞에서 공개적으로 알리다, 즉 선언하다

- **state** 동 진술하다, 확언하다 — sta(te) 서다 ▶ 굳건히 서서 의견을 진술하다

---

exert★★
[igzə́ːrt]
☐☐☐

동 (힘, 권력을) 행사하다, 노력을 기울이다

exertion★ 명 (권력·영향력의) 행사, 노력

Newton imagined that masses affect each other by **exerting** a force. 수능
뉴턴은 질량들이 힘을 행사함으로써 서로에게 영향을 미친다고 생각했다.

ex + (s)ert
밖으로 결합하다
➡ 내부의 힘을 결합하여
밖으로 행사하다

---

series***

[síriːz]

□□□

명 연속(물), 연쇄, 시리즈

He watched his favorite **series** of movies.
그는 그가 가장 좋아하는 영화 시리즈를 봤다.

핵심표현 a **series** of 일련의 ~

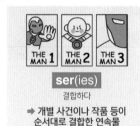

ser(ies)
결합하다
➡ 개별 사건이나 작품 등이
순서대로 결합한 연속물

---

tach

들러붙게 하다 (stick, fasten)

변화형 tack, tak

---

attach***

[ətǽtʃ]

□□□

동 붙이다, 첨부하다, 덧붙이다

attachment** 명 부착(물), 첨부 (파일), 애착

a bicycle with a basket **attached** to the
handlebars 수능
핸들에 바구니가 붙어 있는 자전거

핵심표현 **attach** to ~에 붙이다/첨부하다

at + tach
~에(ad) 들러붙게 하다
➡ 어떤 것에 들러붙게 붙이다

---

detach**

[ditǽtʃ]

□□□

동 분리하다, 파견하다

detachment 명 분리, 파견

Judges must **detach** themselves from their
personal feelings.
판사들은 개인적인 감정에서 스스로를 분리해야만 한다.

de + tach
떨어져 들러붙게 하다
➡ 들러붙어 있던 것을 떨어뜨려
분리하다

어원으로 줄줄이! **detach**와 유사한 의미의 어휘

• **divide** 동 분리하다, 나누다   di 떨어져(dis) + vid(e) 나누다 ▶ 서로 떨어지게 나누어 분리하다
• **separate** 동 분리하다, 가르다   se 떨어져 + par 준비하다 + ate 동·접
                                    ▶ 서로 떨어져 따로 준비하도록 분리하다

---

attack***

[ətǽk]

□□□

동 공격하다, 폭행하다
명 공격, 폭행

attacker 명 공격자

Each year, a few people are **attacked** by
bears. 수능
매년 몇몇 사람들이 곰에게 공격받는다.

at + tack
~에(ad) 들러붙게 하다
➡ 어떤 것에 들러붙어 공격하다

---

stake★★
[steik]
☐☐☐

명 말뚝, 이해관계, 지분

The investor had a **stake** in many companies.
그 투자자는 많은 회사에 이해관계를 가지고 있었다.

(s)tak(e)
들러붙게 하다

➡ 땅에 들러붙게 할 때 쓰는 말뚝,
서로 들러붙어서 생긴 이해관계

---

tact
접촉하다, 건드리다 (touch)
변화형 tag, teg, tang, tain, ti

---

contact★★★
[kά:ntækt]
☐☐☐

동 접촉하다, 연락하다
명 접촉, 연락

You can **contact** us during business hours. 수능
업무시간 중에 저희와 연락할 수 있습니다.

핵심표현 make **contact** with ~와 연락하다

con + **tact**
함께(com) 접촉하다

➡ 서로 함께 소식을 전하며
계속 접촉하다, 연락하다

tactic★★
[tǽktik]
☐☐☐

형 배열의, 전술적인
명 전술, 전략

tactical★★ 형 전술적인
tactically★★ 부 전술적으로, 전술상

She used a clever **tactic** to succeed.
그녀는 성공하기 위해 영리한 전술을 사용했다.

tact + **ic**
접촉하다 형·접

➡ 손을 접촉하여 위치를 배열한,
위치를 배열해서 짠 전술의

intact★★
[intǽkt]
☐☐☐

형 온전한, 손상되지 않은

An **intact** mummy was found sticking out of the ice. 수능
얼음 밖으로 튀어나와 있는 온전한 미라가 발견되었다.

in + **tact**
아닌 접촉하다

➡ 다른 것이 접촉하지 않아 원래
그대로 온전한

tag★★
[tæg]
☐☐☐

명 꼬리표, 가격표
동 꼬리표를 붙이다

Shoes usually have a price **tag** on the bottom. 수능
신발은 주로 바닥에 가격표가 있다.

tag
접촉하다

➡ 어떤 것에 접촉해서 붙어 있는
꼬리표, 가격표

---

contagious★★
[kəntéidʒəs]
☐☐☐

형 전염성 있는, 전염병에 걸린

contagiously 부 전염적으로

Hugs and laughter are **contagious**. 수능
포옹과 웃음은 전염성 있다.

con + tag(i) + ous
함께(com) 접촉하다 형·접
➡ 함께 접촉하면 옮는,
즉 전염성 있는

---

integrate★★
[íntəgrèit]
☐☐☐

동 통합되다, 통합하다

integration★ 명 통합　　integrity★ 명 완전(함), 진실성
integral★★ 형 통합된, 완전한, 필수적인

The fee is **integrated** into the cost of the ticket.
수수료는 티켓 비용에 통합되어 있다.

핵심표현 be **integrated** into ~에 통합되다, ~에 흡수되다

in + teg(r) + ate
아닌 접촉하다 동·접
➡ 다른 것이 접촉하지 않아
깨지지 않고 통합되다

어원으로 줄줄이! **integrate**와 유사한 의미의 어휘

• **incorporate** 동 통합하다, 포함하다　in 안에 + corpor 몸(corp) + ate 동·접
　　　　　　　　　　　　　　　　　　▶ 다른 것을 몸 안에 합쳐서 통합하다
• **merge** 동 합병하다, 병합하다　merg(e) 흡수하다 ▶ 다른 것을 흡수하여 하나로 합병하다

---

tangible★
[tǽndʒəbəl]
☐☐☐

형 만질 수 있는, 실체가 있는, 명백한

tangibility 명 만져서 알 수 있음, 명백
intangible★★ 형 만질 수 없는, 실체가 없는

The dream was so vivid that things seemed
almost **tangible**.
그 꿈은 너무 선명해서 사물들이 거의 만질 수 있는 것처럼 보였다.

tang + ible
접촉하다 할 수 있는
➡ 접촉할 수 있는, 만질 수 있는

---

attain★★★
[ətéin]
☐☐☐

동 도달하다, 이루다, 달성하다

attainment 명 성취, 달성

attain higher levels of happiness 수능
더 높은 수준의 행복에 도달하다

at + tain
~에(ad) 접촉하다
➡ 목표에 접촉하다,
즉 목표에 도달하다

어원으로 줄줄이! **attain**과 유사한 의미의 어휘

• **accomplish** 동 해내다, 성취하다　ac ~에(ad) + com 모두 + pli 채우다 + (i)sh 동·접
　　　　　　　　　　　　　　　　　▶ 빈 곳에 모두 채워서 어떤 일을 끝까지 해내다
• **achieve** 동 이루다, 성취하다　a ~에(ad) + chiev(e) 머리(cap)
　　　　　　　　　　　　　　　　▶ 머리와 같이 높은 목표에 이르다
• **obtain** 동 획득하다, 얻다　ob 향하여 + tain 잡다
　　　　　　　　　　　　　　　▶ 어떤 것을 향하여 가서 그것을 잡다, 즉 획득하다

---

entire★★★

[intáiər]

□□□

[형] 전체의, 완전한

entirely★★★ [부] 전적으로, 완전히

The **entire** process takes around a month. 수능

그 전체 과정은 한 달 정도 걸린다.

en + ti(re)
아닌(in)　접촉하다

➡ 다른 것이 접촉하지 않아
전체가 완전한

---

band

묶다 (bind)

변화형 bind, bond, bund

---

bandage★★

[bǽndidʒ]

□□□

[명] 붕대
[동] 붕대를 감다

I'll **bandage** your ankle for you. 수능

내가 너를 위해 네 발목에 붕대를 감아줄게.

band + age
묶다　명·접

➡ 상처를 동여 묶는 붕대

---

bind★★★

- bound - bound

[baind]

□□□

[동] 묶다, 제본하다, 결박하다

Please **bind** the copies. 수능

복사본들을 제본해 주세요.

핵심표현 be **bound** to ~에 묶여 있다

bind
묶다

➡ 여러 개를 하나로 묶다,
묶어서 제본하다

---

bond★★★

[bɑ:nd]

□□□

[명] (끈, 띠 등) 묶는 것, 유대, 인연, 속박, 접착제
[동] 유대감을 형성하다, 접착하다

Some people don't build **bonds** with their neighbors. 수능

일부 사람들은 이웃과 유대를 쌓지 않는다.

bond
묶다

➡ 하나로 묶는 것,
사람들을 하나로 묶는 유대감

---

bundle★★

[bʌ́ndl]

□□□

[명] 묶음, 다발, 꾸러미

Her mother gave her a **bundle** of lilies. 수능

그녀의 엄마는 그녀에게 백합 한 다발을 줬다.

핵심표현 a **bundle** of ~ 한 다발

bund + le
묶다　명·접

➡ 묶음, 다발

★★★ = 최빈출　★★ = 빈출　★ = 기출

pend

매달다 (hang), 무게를 달다 (weigh)

변화형 pens, pond

---

depend***
[dipénd]
□□□

동 의존하다, 의지하다, (~에) 달려 있다

dependent*** 형 의존하는, 의지하는
dependence*** 명 의존, 의지
interdependent** 형 상호 의존적인

The value of information **depends** on speed. 수능
정보의 가치는 속도에 달려 있다.

핵심표현 **depend** on ~에 의존하다, ~에 달려 있다

de + pend
아래로   매달다
➡ 상대의 아래에 매달려 의존하다

---

independent***
[ìndipéndənt]
□□□

형 독립된, 독립적인

independently** 부 독립하여, 독립적으로
independence*** 명 독립

Even small villages were economically
independent in the past. 수능
과거에는 심지어 작은 마을들도 경제적으로 독립되어 있었다.

in + dependent
아닌   의존적인
➡ 의존적이지 않은, 즉 독립적인

---

suspend**
[səspénd]
□□□

동 매달다, (잠시) 중단하다, 정학시키다

suspension 명 매달리기

Paul **suspended** a plant near the gate.
Paul은 문 근처에 식물을 매달았다.

핵심표현 **suspend** A from B A를 B에 매달다

sus + pend
아래에   매달다
➡ 어떤 것 아래에 매달다,
매달아 잡아두어 진행을 중단하다

---

expend*
[ikspénd]
□□□

동 (시간, 노력, 돈 등을) 들이다, 소비하다

expenditure** 명 지출, 소비
expense*** 명 돈, 비용
expensive 형 비싼
inexpensive** 형 비싸지 않은

He works hard, **expending** a lot of effort.
그는 많은 노력을 들이며 열심히 일한다.

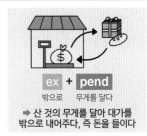

ex + pend
밖으로   무게를 달다
➡ 산 것의 무게를 달아 대가를
밖으로 내어주다, 즉 돈을 들이다

---

compensate***
[kɑ́:mpensèit]
□□□

동 보상하다, 보완하다, 보충하다

compensation*** 명 보상

a way to **compensate** her for the damage 수능
그녀에게 피해를 보상할 방법

핵심표현 **compensate** A for B A에게 B에 대해 보상하다

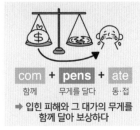

com + pens + ate
함께   무게를 달다   동·접
➡ 입힌 피해와 그 대가의 무게를
함께 달아 보상하다

---

pension*

[pénʃən]

□□□

명 연금, 수당, 보조금

Harry will use his **pension** after retiring.

Harry는 은퇴한 이후에 그의 연금을 사용할 것이다.

pens + ion
무게를 달다   명·접

➡ 살면서 한 일의 무게를 달아
주는 돈, 즉 연금

---

dispense*

[dispéns]

□□□

동 분배하다, 내놓다

dispenser★★ 명 분배자, 분배기, 자동판매기

Volunteers **dispensed** food to victims after the storm.

자원봉사자들은 폭풍이 지나간 후 피해자들에게 식량을 분배했다.

dis + pens(e)
떨어져   무게를 달다

➡ 무게를 달아 여럿에게 떨어뜨려
분배하다

어원으로 줄줄이! dispense**와 유사한 의미의 어휘**

• **allocate**	동 배분하다, 할당하다	al ~에(ad) + loc 장소 + ate 동·접
		▶ 여러 장소에 나누어 주다, 즉 배분하다
• **distribute**	동 분배하다, 유통하다	dis 떨어져 + tribute 나눠주다
		▶ 따로 떨어진 여럿에게 나눠주다, 즉 분배하다

---

ponder*

[pá:ndər]

□□□

동 깊이 생각하다, 숙고하다

Kylie **pondered** the question for a while.

Kylie는 그 문제를 한동안 깊이 생각했다.

pond(er)
무게를 달다

➡ 머릿속에서 무게를 달아보듯
깊이 생각하다

DAY 28

해커스 보카 어원편

DAY 29

나누다, 자르다, 깨다
part, priv, tribute, sect, tail, break, frag

MP3 바로 듣기

---

part

부분 (part), 나누다 (divide)
변화형 par, port

---

part★
[pɑːrt]
□□□

명 부분, 일부 동 가르다, 갈라지다

partly★★★ 부 부분적으로
party 명 파티, 일행, 정당, 당사자

War seems to be **part** of the history of humanity. 수능 전쟁은 인류 역사의 일부인 듯하다.

핵심표현 (a) **part** of ~의 일부
take **part** in ~에 참여하다

part
부분, 나누다
➡ 나눠진 부분, 나눠서 가르다

---

partial★
[pɑ́ːrʃəl]
□□□

형 부분적인, 편파적인, 불완전한

partially 부 부분적으로, 불완전하게
partiality 명 편파, 편애
impartial★ 형 치우치지 않은, 공정한
impartially★★ 부 치우치지 않고, 편견 없이

The marketing plan was a **partial** success.
그 마케팅 계획은 부분적인 성공을 거두었다.

part + ial
부분   형·접
➡ 부분적인, 한 부분만을 편드는

---

particle★★★
[pɑ́ːrtikəl]
□□□

명 아주 작은 조각, 입자

Virus is a **particle** that can be stored like chemicals in a bottle. 수능
바이러스는 화학 물질처럼 병에 저장될 수 있는 입자이다.

part(i) + cle
나누다   명·접
➡ 나눠서 생긴 아주 작은 조각
또는 입자

---

particular★★★
[pərtíkjulər]
□□□

형 특정한, 특별한

particularly★★★ 부 특히, 특별히

One **particular** Korean kite has a unique hole at its center. 수능
한 특정한 한국식 연은 중앙에 특이한 구멍이 있다.

part(i) + cul + ar
나누다   명·접 형·접
➡ 나눠진 것들 중 특정한

---

participate***
[pɑːrtísəpèit]
□□□

동 참가하다, 참여하다

participation*** 명 참가, 참여
participatory* 형 참가의, 참여의
participant*** 명 참가자

He **participated** in a house-building project. 수능
그는 집짓기 프로젝트에 참여했다.

핵심표현 **participate in** ~에 참가하다, ~에 참여하다

part(i) + cip + ate
나누다   취하다(cap)   동·접
➡ 어떤 일의 역할을 나누어 취하다,
즉 그 일에 참가하다

---

apart***
[əpáːrt]
□□□

형 떨어진, 별개의
부 떨어져, 따로

The two of you are hundreds of miles **apart**. 수능
너희 둘은 수백 마일 떨어져 있다.

a + part
~쪽으로(ad)   나누다
➡ 서로 다른 쪽으로 나누어떨어진

---

parcel**
[páːrsəl]
□□□

명 꾸러미, 소포

I'd like to send this **parcel** to LA. 수능
나는 이 소포를 LA로 보내고 싶다.

par(c) + el
나누다   작은 것
➡ 작게 나누어 싼 꾸러미 또는 소포

---

portion**
[pɔ́ːrʃən]
□□□

명 부분, 일부, 몫
동 분할하다

A larger **portion** of the patients were seeking psychological help. 수능
그 환자들의 대부분이 심리적인 도움을 요구하고 있었다.

핵심표현 a large **portion** of ~의 대부분

port + ion
나누다   명·접
➡ 전체를 나눈 부분, 일부

---

proportion***
[prəpɔ́ːrʃən]
□□□

명 비(율), 비례, 부분

The **proportion** of women to men in the class was three to one.
그 학급의 여자 대 남자 비율은 3 대 1이었다.

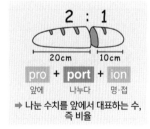

2 : 1
20cm   10cm
pro + port + ion
앞에   나누다   명·접
➡ 나눈 수치를 앞에서 대표하는 수,
즉 비율

어원으로 줄줄이! **part**와 유사한 의미의 어근 **vid**(나누다)

- **divide**　　동 나누다, 분할하다, 분리하다　　di 떨어져(dis) + vid(e) 나누다 ▶ 서로 떨어지게 나누다
- **individual**　형 개인의, 개개의　명 개인, 개체　in 아닌 + di 떨어져(dis) + vid 나누다 + ual 형·접
　　　　　　　　　　　　　　　　　　　　　　▶ 더 이상 떨어뜨려 나눌 수 없는 개인 또는 개체의
- **devise**　　　동 고안하다, 발명하다, 궁리하다　de 떨어져 + vis(e) 나누다(vid)
　　　　　　　　　　　　　　　　　　　　　　▶ 떨어뜨려서 여러 번에 나누어 궁리한 결과 어떤 것을 고안해내다

---

priv 떼어놓다 (separate)

private***
[práivət]
□□□

[형] 개인의, 사적인, 사립의

privately **[부]** 개인적으로, 사적으로
privacy** **[명]** 사생활

He sends his daughter for **private** lessons. [수능]
그는 그의 딸을 개인 교습에 보낸다.

priv + ate
떼어놓다 형·접

➡ 개인용으로 따로 떼어놓은,
즉 개인의 또는 사적인

deprive**
[dipráiv]
□□□

[동] 빼앗다, 박탈하다

deprivation** **[명]** 박탈, 부족

The bad economy **deprived** people of
opportunities.
나쁜 경제 상황은 사람들에게서 기회를 빼앗다.

핵심표현 **deprive** A of B A에게서 B를 빼앗다

de + priv(e)
떨어져 떼어놓다

➡ 소유했던 것에서 떨어뜨려
떼어놓다, 즉 그것을 빼앗다

어원으로 줄줄이! **priv**와 유사한 의미의 어근 **cern**(체에 거르다, 분리하다)

- **concern** **[동]** 걱정하다 **[명]** 걱정   con 모두(com) + cern 체에 거르다 ▶ 섞여 있던 모두를 체에 걸러 볼 정도로 걱정하다
- **discern** **[동]** 분간하다, 식별하다   dis 떨어져 + cern 분리하다 ▶ 섞여 있던 것을 떨어지도록 분리해서 각각을 분간하다
- **crisis** **[명]** 위기, 중대한 국면   cri 분리하다(cern) + sis 명·접 ▶ 평범한 상황과 분리되는 위험하거나 중대한 상황
- **criminal** **[명]** 범죄자 **[형]** 범죄의   crimin 분리하다(cern) + al 명·접 ▶ 따로 분리해서 가둬두는 범죄자
- **discriminate** **[동]** 차별하다, 구별하다   dis 떨어져 + crimin 분리하다(cern) + ate 동·접
  ▶ 떨어뜨려 다른 대우를 받도록 분리하다, 즉 차별하다

tribute 나눠주다 (allot), 배정하다 (assign)

distribute***
[distríbjuːt]
□□□

[동] 나눠주다, 분배하다, 배포하다

distribution*** **[명]** 분배, 배포, 유통
distributor **[명]** 배포자, 배급업자

Could you help with **distributing** hand-outs? [수능]
유인물을 나눠주는 걸 도와줄 수 있나요?

dis + tribute
떨어져 나눠주다

➡ 따로 떨어진 여럿에게 나눠주다

contribute***

[kəntríbjuːt]

☐☐☐

동 기여하다, 공헌하다

contribution*** 명 기여, 공헌
contributor* 명 기여자, 기부자

All artists **contribute** to a better life for everyone. 수능
모든 예술가들은 모두의 더 나은 삶에 기여한다.

con + tribute
함께(com) 배정하다
➡ 역할을 배정해 여럿이 함께 어떤 일에 기여하다

attribute***

[동 ətríbjuːt]
[명 ǽtrəbjùːt]

☐☐☐

동 ~의 탓으로 돌리다, ~의 덕분으로 돌리다
명 속성, 자질

attribution* 명 귀속, 속성

attribute environmental damage to tourism 수능
환경 피해를 관광업의 탓으로 돌리다

핵심표현 **attribute** A to B A를 B의 탓으로/덕분으로 돌리다

at + tribute
~에(ad) 배정하다
➡ 원인을 다른 대상에 배정하다, 즉 그것의 탓으로 돌리다

sect

자르다 (cut)

변화형 seg

insect***

[ínsekt]

☐☐☐

명 곤충, 벌레

Many **insects** get food from flowers. 수능
많은 곤충들은 꽃에서 식량을 얻는다.

in + sect
안에 자르다
➡ 몸 안이 여러 부분으로 잘려있는 곤충

section***

[sékʃən]

☐☐☐

명 (잘라낸) 부분, 구역
동 구분하다

sectional 형 부분적인

You can find office chairs upstairs in **section** A. 수능
당신은 위층 A 구역에서 사무용 의자를 찾을 수 있다.

sect + ion
자르다 명·접
➡ 잘라서 나눠진 부분, 구역

intersection***

[ìntərsékʃən]

☐☐☐

명 교차(로), 횡단

intersectional 형 교차하는, 공통부분의

At the **intersection**, turn left and go straight two blocks. 수능
교차로에서 왼쪽으로 돈 다음 두 블록을 직진해서 가라.

inter + sect + ion
사이에 자르다 명·접
➡ 하나의 길이 다른 길을 자르고 들어간 교차로

DAY 29

해카스 보카 어원편

sector**

[séktər]

☐☐☐

명 부문, 분야, 구역

Millions of people work in the service **sector**.
수백만 명의 사람들이 서비스 부문에서 일한다.

sect + or
자르다 명·접

➡ 어떤 영역을 일정 기준으로
잘라서 나눈 부문

segment**

[명 ségmənt]
[동 ségment]

☐☐☐

명 조각, 부분
동 분할하다

segmental 형 부분의, 분절된
segmentation 명 분할, 구분

Gina cut the orange into 4 **segments**.
Gina는 오렌지를 네 조각으로 잘랐다.

seg + ment
자르다 명·접

➡ 전체에서 잘라져 나온 조각

---

tail   자르다 (cut)

---

detail***

[ditéil]

☐☐☐

명 세부 목록, 세부 사항
동 상세히 열거하다

Keep your emergency contact **details** with
you. 수능
비상 연락 세부 목록을 가지고 있어라.

핵심표현 in **detail** 상세하게

de + tail
떨어져 자르다

➡ 여럿으로 잘라 떨어뜨려 나열한
세부 목록

entail**

[intéil]

☐☐☐

동 (결과를) 수반하다, 일으키다

Smoking often **entails** health problems.
흡연은 종종 건강 문제를 수반한다.

en + tail
하게 만들다 자르다

➡ 어떤 것을 잘라 다른 결과가
나오게 만들다, 즉 결과를 수반하다

retail**

[rí:teil]

☐☐☐

명 소매(업), 소매상
형 소매의, 소매상의
동 소매하다

retailer** 명 소매업자

The job requires two years' experience working
in **retail**. 그 일자리는 소매업에서 일한 2년의 경험을 요구한다.

re + tail
다시 자르다

➡ 도매로 산 것을 다시 작게 잘라서
소비자에게 파는 소매

tailor★★

[téilər]

□□□

- 명 재단사
- 동 (양복을) 짓다, (목적, 사람 등에) 맞추다

He was the son of a **tailor**. 수능

그는 재단사의 아들이었다.

tail + or
자르다 명·접(사람)
➡ 천을 잘라 옷을 만드는 재단사

---

break

깨다 (break)

변화형 bri

---

break★★★

- broke - broken

[breik]

□□□

- 동 깨다, 부수다, (법 등을) 어기다
- 명 휴식 (시간), 휴가

breakable 형 깨지기 쉬운   **unbreakable** 형 깨뜨릴 수 없는

You need to take a **break** for a while. 수능

너는 잠시 휴식을 취해야 해.

핵심표현 take a **break** 휴식을 취하다

break
깨다
➡ 깨다, 부수다,
흐름을 깨고 취하는 휴식

---

breakdown★★

[bréikdàun]

□□□

명 고장, 분해

The **breakdown** of the old car wasn't surprising.

그 낡은 차의 고장은 놀랍지 않았다.

break + down
깨다 아래로
➡ 깨져서 아래로 허물어지는 것,
즉 고장 또는 분해

---

breakthrough★★

[bréikθrùː]

□□□

명 돌파(구), 큰 발전

Scientists have made **breakthroughs** in many fields.

과학자들은 많은 분야에서 돌파구를 마련해왔다.

핵심표현 make a **breakthrough**
돌파구를 마련하다, 발전을 이루다

break + through
깨다 통과하여
➡ 난관을 통과해 나갈 수 있는
깨진 틈, 즉 돌파구

---

brick★★

[brik]

□□□

- 명 벽돌
- 형 벽돌로 지은

a permanent home traditionally built in **brick** 수능

전통적으로 벽돌로 지어진 영구 주택

bri(ck)
깨다
➡ 바위를 깨뜨려 만든 벽돌

어원으로 줄줄이! **break**와 유사한 의미의 어근 **burs**(갑자기 깨다, 터지다)

- **burst** 동 터지다, 터뜨리다   bur(t) 갑자기 깨다 ▶ 갑자기 깨고 터져 나오다
- **outburst** 명 (감정의) 폭발, 분출   out 밖으로 + burst 터지다 ▶ 감정 등이 밖으로 터져 나옴, 즉 폭발 또는 분출

---

frag

부수다 (break)

변화형 fract

---

fragile★★

[frǽdʒəl]

☐☐☐

형 부서지기 쉬운, 연약한

fragility★★ 명 부서지기 쉬움

Glass vases are **fragile**.
유리 꽃병은 부서지기 쉽다.

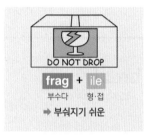

---

fragment★★

[명 frǽgmənt]
[동 frægmént]

☐☐☐

명 (부서진) 파편, 조각
동 산산이 부수다, 해체하다

fragmentary 형 단편적인, 부분적인

Like **fragments** from old songs, clothes can
evoke memories. 수능
옛 노래의 파편처럼, 옷은 기억을 불러일으킬 수 있다.

---

fraction★★

[frǽkʃən]

☐☐☐

명 부분, 일부, 분수

fractional 형 단편적인, 아주 적은, 분수의

Only a small **fraction** of people were interested
in voting.
적은 일부의 사람들만이 투표에 관심이 있었다.

핵심표현 a **fraction** of ~의 일부

---

fracture★

[frǽktʃər]

☐☐☐

명 골절, 균열
동 골절이 되다, 부서지다

Her knee was **fractured** while she was
snowboarding.
그녀는 스노보드를 타다가 무릎이 골절되었다.

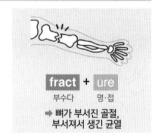

---

198   들으면서 외우는 MP3 및 단어시험지 제공 HackersBook.com

MP3 바로 듣기

equ   같은 (equal)

equal★★★
[íːkwəl]
☐☐☐

형 같은, 동일한, 동등한   동 ~과 같다

equally★★★ 부 동일하게   inequality★★★ 명 불평등, 불균등
equality★★★ 명 평등, 균등   unequal★★ 형 불공평한

Everyone should have an **equal** opportunity. 수능
모두가 같은 기회를 가져야 한다.

핵심표현 **equal** to ~과 같은

equ + al
같은 형·접
➡ 같은, 동일한

equilibrium★★★
[ìːkwəlíbriəm]
☐☐☐

명 평형, 균형 (상태), 평정

equilibrate 동 균형 잡히게 하다, 평형을 유지하다

return to a balanced state of **equilibrium** 수능
균형 잡힌 평형 상태로 돌아오다

핵심표현 in **equilibrium** 균형을 이룬

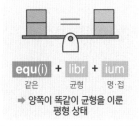

equ(i) + libr + ium
같은 균형 명·접
➡ 양쪽이 똑같이 균형을 이룬
    평형 상태

adequate★★
[ǽdikwət]
☐☐☐

형 알맞은, 적절한, 충분한

adequacy 명 적절, 타당성
inadequate★★ 형 부적당한, 불충분한
inadequately★★ 부 부적당하게, 불충분하게

The apartment is not **adequate** for a family.
그 아파트는 가족에게 적절하지 않다.

ad + equ + ate
~에 같은 형·접
➡ 어떤 기준에 딱 맞게 같은,
    즉 그 기준에 알맞은

equation★★
[ikwéiʒən]
☐☐☐

명 방정식, 등식, 동일시

equate★ 동 동일시하다

In the **equation**, "X" is equal to 4.
그 방정식에서 "X"는 4와 같다.

$$E = mc^2$$

equ + ation
같은 명·접
➡ 양쪽의 값이 같은
    방정식 또는 등식

equivalent★★
[ikwívələnt]
☐☐☐

형 동등한, 같은 양의　**명** 동등한 것, 등가물

equivalence **명** 같음, 등가

One day on Mercury is **equivalent** to 176 days
on Earth.
수성에서의 하루는 지구에서의 176일과 동등하다.

핵심표현 **equivalent** to ~과 동등한, ~에 상응하는

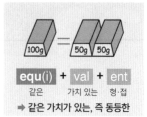

equ(i) + val + ent
같은　가치 있는　형·접
➡ 같은 가치가 있는, 즉 동등한

---

ident　같은 (equal)

---

identify★★★
[aidéntəfài]
☐☐☐

동 (신원 등을) 확인하다, 식별하다, 동일시하다

identification★★ **명** 신원 확인
identifiable★★ **형** 신원을 확인할 수 있는, 알아볼 수 있는

The DNA can **identify** the individuals in the
group. 수능 DNA는 집단에 있는 개체들을 식별할 수 있다.

핵심표현 **identify** with ~과 동일시하다

ident + ify
같은　동·접
➡ 신분증과 주인이 같은지
확인하다, 식별하다

identity★★★
[aidéntəti]
☐☐☐

명 신원, 정체(성), 동일함

identical★★★ **형** 동일한

The republic of Latvia emphasizes its ethnic
identity. 수능
라트비아 공화국은 그들의 민족 정체성을 강조한다.

ident + ity
같은　명·접
➡ 신분증과 같은 사람임,
즉 신원 또는 정체

---

par　동등한 (equal), 보이는 (visible), 준비하다 (prepare)
변화형 peer, pear, pair, per

---

compare★★★
[kəmpéər]
☐☐☐

동 비교하다, 비교가 되다

comparison★★★ **명** 비교
comparative★★ **형** 비교의, 상대적인
comparable★★ **형** 비교할 만한, 비슷한

compare the quality and prices of the furniture 수능
가구의 품질과 가격을 비교하다

com + par(e)
함께　동등한
➡ 둘을 동등한 선에 함께 놓고
비교하다

---

peer★★★
[piər]
☐☐☐

명 또래, 동료, 동등한 사람

peer-oriented＊ **형** 또래 지향적인

People's tendency to agree with their **peers** was stronger. 수능

사람들이 동료들에게 동의하려는 성향이 더 강했다.

핵심표현 **peer**-to-**peer** 또래 사이의, 동년배 간의

17 years old
peer
동등한
➡ 동등한 관계, 즉 또래나 동료

---

apparent★★★
[əpǽrənt]
☐☐☐

형 분명히 보이는, 명백한, 겉보기의

apparently★★★ **부** 분명히, 겉보기에

The plan's problems were **apparent** to everyone who heard it.

그 계획의 문제점은 그것을 들은 모두에게 분명히 보였다.

ap + par + ent
~쪽으로(ad) 보이는 형·접
➡ 보이는 쪽으로 있어 분명히 잘 보이는

어원으로 줄줄이! **apparent**와 유사한 의미의 어휘

• **distinct** **형** 뚜렷한, 구별되는　di 떨어져(dis) + stinct 찌르다(sting)
　▶ 다른 것끼리 떨어지게 사이에 막대를 찔러 넣어 차이가 뚜렷하게 보이는

• **evident** **형** 분명한, 명백한　e 밖으로(ex) + vid 보다(vis) + ent 형·접
　▶ 밖으로 잘 보이는, 즉 분명한

• **obvious** **형** 분명한, 명백한　ob 맞서 + vi 길(via) + ous 형·접 ▶ 길 앞에 맞서 있어 분명히 보이는

---

appear★★★
[əpíər]
☐☐☐

동 나타나다, 나오다, 생기다, ~인 것 같다

appearance★★★ **명** 모습, 외모
disappear★★★ **동** 사라지다

One of her stories **appeared** in *The Washington Post*. 수능

그녀의 이야기 중 하나가 '워싱턴 포스트'지에 나왔다.

ap + pear
~쪽으로(ad) 보이는
➡ 보이는 쪽으로 나타나다, 나오다

---

prepare★★★
[pripéər]
☐☐☐

동 준비하다, 마련하다

preparation★★★ **명** 준비, 대비
preparatory＊ **형** 준비를 위한, 예비의
unprepared **형** 준비가 안 된

Let's check if everything is **prepared**. 수능

모든 것이 준비되었는지 확인해보자.

핵심표현 **prepare** for ~을 준비하다

pre + par(e)
앞서 준비하다
➡ 앞서서 미리 준비하다

---

repair★★★
[ripéər]
☐☐☐

동 수리하다, 회복하다
명 수리

repairman★★ **명** 수리공

repair damaged social relations 수능

손상된 사회적 관계를 회복하다

re + pair
다시 준비하다
➡ 고장 난 것을 다시 쓸 수 있도록 준비하다, 즉 수리하다

---

emperor**
[émpərər]
☐☐☐

명 황제

empress* 명 여자 황제
empire*** 명 제국

People believe the Caesar salad is named after a Roman **emperor**. 수능
사람들은 시저 샐러드가 로마 황제의 이름을 따서 지어진 것이라고 믿는다.

em + per + or
안에(en) 준비하다 명·접(사람)
➡ 나라 안의 군대를 준비시킬
   권한을 가진 황제

---

simil

비슷한 (like), 같이 (together)

변화형 simul, sembl, seem

---

similar***
[símələr]
☐☐☐

형 비슷한, 유사한

similarly*** 부 비슷하게, 유사하게
similarity** 명 유사성
dissimilar 형 다른

We have **similar** taste in movies.
우리는 비슷한 영화 취향을 가지고 있다.

simil + ar
비슷한   형·접
➡ 비슷한

---

assimilate*
[əsíməlèit]
☐☐☐

동 동화하다, (완전히) 이해하다

assimilation** 명 동화, 흡수

Immigrants often work hard to **assimilate** into a new culture.
이민자들은 종종 새로운 문화에 동화하기 위해서 열심히 노력한다.

as + simil + ate
~에(ad) 비슷한   동·접
➡ 어떤 것에 비슷해지게 동화하다

---

simulate**
[símjulèit]
☐☐☐

동 흉내 내다, 모의실험을 하다, 시뮬레이션하다

simulation** 명 흉내 내기, 모의실험

Dummies are made to **simulate** a human body in a crash. 수능
인체 모형은 충돌사고에서의 인체를 흉내 내기 위해 만들어진다.

simul + ate
비슷한   동·접
➡ 어떤 것을 비슷하게 흉내 내다

---

simultaneous*
[sàiməltéiniəs]
☐☐☐

형 동시의, 동시에 일어나는

simultaneously*** 부 동시에

The device can do **simultaneous** translation between languages.
그 기기는 언어 사이의 동시통역을 할 수 있다.

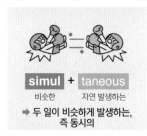

simul + taneous
비슷한   자연 발생하는
➡ 두 일이 비슷하게 발생하는,
   즉 동시의

---

resemble★★

[rizémbəl]

☐☐☐

⑧ 닮다, 비슷하다

resemblance★ **⑲** 닮음, 비슷함

The fruits **resemble** sausages, but they are not edible. 수능

그 열매들은 소시지를 닮았지만, 그것들을 먹을 순 없다.

re + sembl(e)
다시　비슷한
➡ 다시 볼 정도로 비슷하게 닮다

assemble★★★

[əsémbəl]

☐☐☐

⑧ 모으다, 모이다, 조립하다

assembly★★ **⑲** 집회, 조립, 의회
reassemble★★ **⑧** 다시 모이다, 재조립하다
disassemble★★ **⑧** 분해하다, 해체하다

Aaron **assembled** groups of twelve university students. 수능

Aaron은 12명의 대학생 무리를 모았다.

as + sembl(e)
~에(ad)　같이
➡ 한곳에 여럿을 같이 모으다

seemingly★★★

[síːmiŋli]

☐☐☐

⑨ 겉으로 보기에, 보아하니

long-term impact of a **seemingly** trivial act 수능

겉으로 보기에 사소한 행동의 장기적인 영향

seem(ing) + ly
비슷한　부·접
➡ 정확히 보지 않고 언뜻 비슷하게 겉으로 보기에

alter

다른 (other)

변화형 al(t), other

alter★★★

[ɔ́ːltər]

☐☐☐

⑧ 바꾸다, 변경하다, 달라지다

alteration★ **⑲** 변경, 변화

Jacob **altered** his voice to trick his sister over the phone.

Jacob은 전화로 여동생을 속이기 위해 목소리를 바꿨다.

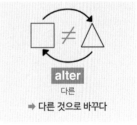

alter
다른
➡ 다른 것으로 바꾸다

alternate★★

[동 ɔ́ːltərnèit]
[형, 명 ɔ́ːltərnət]

☐☐☐

⑧ 번갈아 하다, 교대시키다
⑲ 번갈아 하는, 교대의
⑲ 교대자

alternative★★★ **⑲** 대안　　alternately★★ **⑨** 번갈아, 교대로
alternatively **⑨** 그 대신에

He **alternated** between running and walking.

그는 달리기와 걷기를 번갈아 했다.

alter(n) + ate
다른　동·접
➡ 다른 것과 번갈아 하다

altruism★★
[ǽltruːìzm]

□□□

명 이타심, 이타주의

altruist **명** 이타주의자
altruistic★ **형** 이타적인
altruistically★ **부** 이타적으로

Mother Teresa was known for her **altruism**.
마더 테레사는 이타심으로 알려져 있었다.

allergy★★
[ǽlərdʒi]

□□□

명 알레르기

allergic★★ **형** 알레르기가 있는

He has an **allergy** to cats.
그는 고양이 알레르기가 있다.

alien★
[éiljən]

□□□

형 외국의, 외래의, 외계의
명 외국인, 외계인

Alien species can harm local plants and animals.
외래종은 현지 식물과 동물에 해를 끼칠 수 있다.

alienate★
[éiljənèit]

□□□

동 소외시키다, 멀리하다

alienation★★★ **명** 소외, 멀리함

People often **alienate** others with certain diseases.
사람들은 종종 특정 질병을 가진 다른 사람들을 소외시킨다.

otherwise★★★
[ʌ́ðərwàiz]

□□□

부 그렇지 않으면, 그 외에는, 달리

We should leave soon. **Otherwise**, we will be late.
우리는 곧 떠나야만 한다. 그렇지 않으면 늦을 것이다.

DAY 31

해커스 보카 어원편

just

올바른 (right)

변화형 jud, jur

---

just★★★
[dʒʌst]
□□□

형 공정한, 올바른 부 방금, 단지, 꼭

justly 부 공정하게, 바르게, 당연히
unjust★★ 형 부당한, 불공평한

If he explains only one side of a story, he is not being **just**. 수능
만약 그가 이야기의 한 측면만 설명한다면, 그는 공정하지 않은 것이다.

핵심표현 **just in case (of)** ~인 경우를 대비해, 만약을 위해서

just
올바른
➡ 모두에게 올바른, 즉 공정한

---

adjust★★★
[ədʒʌst]
□□□

동 맞추다, 적응하다, 조정하다

adjustment★★ 명 적응, 조정

Writing will help you **adjust** to Korean university life. 수능
쓰기는 당신이 한국의 대학 생활에 적응하도록 도울 것이다.

핵심표현 **adjust to** ~에 적응하다

ad + just
~에   올바른
➡ 어떤 것에 올바르게 맞추다,
   맞게 적응하다

---

justify★★★
[dʒʌstəfài]
□□□

동 정당화하다, 정당하다고 주장하다

justification★★ 명 정당화, 정당하다는 증거
unjustified★★ 형 정당하지 않은

Many people use their cleverness to **justify** themselves. 수능
많은 사람들은 자신을 정당화하기 위해 영리함을 이용한다.

I'm right!

just + ify
올바른   동·접
➡ 올바른 것으로 만들다,
   즉 정당화하다

---

justice★★★
[dʒʌstis]
□□□

명 정의, 정당성, 공정(성)

His sense of **justice** made him a leader. 수능
그의 정의감은 그를 지도자로 만들었다.

핵심표현 **sense of justice** 정의감

just + ice
올바른   명·접
➡ 올바름, 정의

---

judge***

[dʒʌdʒ]

☐☐☐

명 판사, 심판, 심사위원
동 판결하다, 심사하다

judgement** 명 판단(력), 판결, 비판

The **judges** for the final round are the past winners. 수능
결승전의 심판들은 과거 우승자들이다.

jud + ge
올바른   말하다

➡ 올바른 것을 가려서 말하는
판사, 심판

---

prejudice***

[prédʒudis]

☐☐☐

명 편견, 선입관
동 편견을 갖게 하다

prejudicial 형 편견을 갖게 하는, 불리한, 해로운

They could predict events better if they reduced **prejudice**. 수능
만약 그들이 편견을 줄인다면 사건을 더 잘 예측할 수 있을 것이다.

pre + jud + ice
앞서   올바른   명·접

➡ 무엇이 올바른지 미리 앞서
가지고 있는 생각, 즉 편견

---

injure***

[índʒər]

☐☐☐

동 상처를 입히다, 해치다, 손상시키다

injury*** 명 상처, 부상
injurious 형 손상을 주는, 해로운

Many people are **injured** each day in car accidents. 수능
많은 사람들이 날마다 자동차 사고로 상처를 입는다.

in + jur(e)
아닌   올바른

➡ 상대에게 올바르지 않은 일을
해서 상처를 입히다

---

fals

잘못된 (wrong)

변화형 fail, fall, faul

---

false***

[fɔːls]

☐☐☐

형 잘못된, 틀린, 가짜의

falsify** 동 위조하다
falsehood* 명 거짓(말), 허위

You are under a **false** impression. 수능
당신은 잘못된 인상을 받고 있다.

3 + 4 = 8
TRUE ☐
FALSE ☑

fals(e)
잘못된

➡ 잘못된, 틀린

---

failure***

[féiljər]

☐☐☐

명 실패, 실수, 고장

fail*** 동 실패하다, ~하지 못하다
failing* 명 실패, 결점, 결함
unfailingly* 부 영락없이

I can learn something from **failure**. 수능
나는 실패로부터 무언가를 배울 수 있다.

fail + ure
잘못된   명·접

➡ 일이 잘못된 것, 즉 실패

---

fallacy★★
[fǽləsi]
☐☐☐

명 그릇된 생각, 착오

What the politician said about the war were all **fallacies**.
그 정치인이 전쟁에 대해 말한 것은 모두 그릇된 생각이었다.

fall + acy
잘못된　명·접
➡ 잘못된 생각이나 믿음

fault★★★
[fɔːlt]
☐☐☐

명 잘못, 결함, 결점
동 잘못을 저지르다, ~의 흠을 찾다

faulty★★ 형 결함이 있는
faultless 형 흠잡을 데 없는

It's not your **fault**. 수능
그건 네 잘못이 아니다.

faul(t)
잘못된
➡ 잘못된 행위나 잘못된 점

어원으로 줄줄이! **fault**와 유사한 의미의 어휘

• **defect** 명 결점, 결함　de 떨어져 + fec(t) 만들다(fac) ▶ 질이 떨어지게 만들어진 점, 즉 결점
• **mistake** 명 잘못, 실수　mis 잘못된 + take 취하다 ▶ 잘못되게 취해진 행동, 즉 잘못 또는 실수

ver　진실한 (true)

verdict★★
[və́ːrdikt]
☐☐☐

명 판결, 평결, 판단

Newspapers quickly reported the **verdict**.
신문들은 그 판결을 빠르게 보도했다.

ver + dict
진실한　말하다
➡ 어느 쪽이 진실한지 밝혀서
　말하는 판결

verify★
[vérəfài]
☐☐☐

동 증명하다, 입증하다

verification★ 명 증명, 확인

The scientist wants to **verify** his new theory.
그 과학자는 자신의 새로운 이론을 증명하고 싶어 한다.

ver + ify
진실한　동·접
➡ 증거를 들어 진실함을 밝히다,
　즉 증명하다

DAY 31

해커스 보카 어원편

neg

아닌 (not)

[변화형] ne, ny

---

negative★★★

[négətiv]

□□□

형 부정적인, 반대의, 소극적인

negatively **부** 부정적으로, 소극적으로

We need to curb anger and our **negative** thoughts. [수능]

우리는 분노와 부정적인 생각을 억제할 필요가 있다.

neg + ative
아닌   형·접
➡ 어떤 것이 좋지 않다고 하는,
즉 그것에 부정적인

---

neglect★★★

[niglékt]

□□□

동 무시하다, 등한시하다, 간과하다

명 방치, 소홀

neglect the aged with experience and wisdom [수능]

경험과 지혜를 가진 노인들을 무시하다

neg + lect
아닌   선택하다
➡ 어떤 것을 선택하지 않고
넘어가다, 즉 무시하다

> **어원으로 줄줄이!** **neglect**와 유사한 의미의 어휘
>
> • **ignore** **동** 무시하다, 못 본 척하다   i 아닌(in) + gno(re) 알다 (cogn)
> ▶ 아는 체하지 않고 무시하다
>
> • **overlook** **동** 못 보고 넘어가다, 간과하다   over 넘어서 + look 보다 ▶ 상대를 못 보고 그냥 넘어서 가다

---

negligence★★

[néglidʒəns]

□□□

명 태만, 부주의

negligent **형** 태만한, 부주의한

negligently **부** 태만하게, 부주의하게

Kate felt guilty for her **negligence**. [수능]

Kate는 자신의 태만에 죄책감을 느꼈다.

neg + lig + ence
아닌 선택하다(lect) 명·접
➡ 할 일을 하지 않는 것을 선택함,
즉 태만

---

negotiate★★★

[nigóuʃièit]

□□□

동 협상하다, 교섭하다

negotiation★★★ **명** 협상, 교섭

The woman **negotiated** the price of the car with the seller.

그 여성은 판매자와 자동차 가격을 협상했다.

neg + oti + ate
아닌 쉼, 여가 동·접
➡ 쉬지 않고 여럿 사이를 오가며
협상하다

---

necessary***
[nésəsèri]
□□□

형 필요한, 필수적인　명 (복수형으로) 필수품

necessarily*** 부 필연적으로, 필수적으로
necessity*** 명 필요, 필수품
necessitate** 동 필요로 하다, 필요하게 만들다
unnecessary*** 형 불필요한　명 (복수형으로) 불필요한 것

No advanced reservations are **necessary**. 수능
사전 예약은 필요하지 않다.

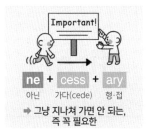

ne + cess + ary
아닌　가다(cede)　형·접
➡ 그냥 지나쳐 가면 안 되는,
즉 꼭 필요한

neutral***
[njú:trəl]
□□□

형 중립적인, 중립(국)의
명 중립국, 중립

neutrality** 명 중립
neutralize* 동 중립국으로 만들다, 중화하다

adopt a **neutral** role between two opposing parties 수능
두 반대되는 상대 사이에서 중립적인 역할을 취하다

ne + utr + al
아닌　둘 중 하나　형·접
➡ 둘 중 하나를 편들지 않고
중립적인

deny***
[dinái]
□□□

동 부정하다, 부인하다, 거부하다

denial 명 부정, 부인
undeniably** 부 명백하게, 틀림없이

We should not **deny** our feelings. 수능
우리는 우리의 감정을 부정해서는 안 된다.

de + ny
떨어져　아닌
➡ 한 발짝 떨어져서 아니라고
부정하다

---

cert　확실한 (sure)

---

certain***
[sə́:rtn]
□□□

형 확실한, 확신하는, 어떤

certainly*** 부 틀림없이, 분명히
certainty** 명 확실한 것, 확실성
uncertain** 형 불확실한, 확신이 없는
uncertainty** 명 불확실한 것, 불확실성

The effects of art are neither so **certain** nor so direct. 수능　예술의 영향은 그리 확실하지도 않고 직접적이지도 않다.

Sure!

cert + ain
확실한　형·접
➡ 확실한, 확신하는

certificate**
[명 sərtífikət]
[동 sərtífikèit]
□□□

명 증명(서), 면허증
동 증명서를 주다

certify* 동 증명하다, 인증하다
certification* 명 증명(서), 인증

They will receive their graduation **certificates**. 수능
그들은 졸업 증명서를 받을 것이다.

CERTIFICATE

cert(i) + fic + ate
확실한　만들다(fac)　명·접
➡ 자격이나 능력을 확실하게
만들어 주는 증명(서)

firm 확실한 (firm)

firm***
[fə:rm]
□□□

형 확실한, 확고한, 단단한
명 회사
firmly 부 단호히, 확고히
I don't have a **firm** understanding of the problem.
나는 그 문제에 대해 확실한 이해를 하지 못했다.

confirm***
[kənfə́:rm]
□□□

동 (사실임을) 확인하다, 더 분명히 해주다
confirmation** 명 확인
They are going to **confirm** their love with this ceremony. 수능
그들은 이 예식으로 그들의 사랑을 확인할 것이다.

핵심표현 **confirm** A with B B로 A를 확인하다

affirm**
[əfə́:rm]
□□□

동 단언하다, 확언하다, 주장하다
affirmation 명 단언, 확언
affirmative* 형 확언적인, 긍정의
He **affirmed** his faith in the government during his speech.
그는 연설 중에 정부에 대한 자신의 믿음을 단언했다.

clar 명백한, 깨끗한 (clear)

clarity**
[klǽrəti]
□□□

명 명확성, 깨끗함
Everyone was amazed by the lake's **clarity**.
모두가 그 호수의 깨끗함에 놀랐다.

clarify**

[klǽrəfài]

☐☐☐

동 명확하게 하다, 정화하다

clarification* 명 깨끗하게 함, 정화, 해명

Big words are used to impress rather than **clarify**. 수능

과장된 말은 명확하게 하기보다 인상을 남기기 위해 사용된다.

clar + ify
명백한, 깨끗한   동·접
➡ 명확하게 하다,
깨끗하게 정화하다

declare**

[diklɛ́ər]

☐☐☐

동 선언하다, 공표하다, (세관에) 신고하다

declaration* 명 선언(문), 공표

Doctors **declared** the success of the treatment.

의사들은 그 치료의 성공을 선언했다.

Success!

de + clar(e)
아래로   명백한
➡ 위에 올라서서 아래로 명백하게
선언하다

어원으로 줄줄이! **declare**와 유사한 의미의 어휘

• **affirm**   동 단언하다, 확언하다   af ~에(ad) + firm 확실한 ▶ 누군가에게 확실하다고 단언하다
• **assert**   동 단언하다, 주장하다   as ~에(ad) + sert 결합하다
　　　　　　　　　　　　　　　　　▶ 어떤 의견에 강하게 결합하여 그것이 맞다고 단언하다
• **proclaim**   동 선언하다, 공포하다   pro 앞에 + claim 외치다 ▶ 사람들 앞에서 외쳐 선언하다

기타 성질 / 성격
apt, satis, soph, val, dur, nov, sacr

MP3 바로 듣기

---

apt

적합한 (fit)
변화형 att

---

apt*
[æpt]
☐☐☐

혱 **적합한, 적당한, ~하기 쉬운**

aptitude** 몡 적성, 소질

Ken was **apt** for his new position at work.
Ken은 직장에서 그의 새로운 직책에 적합했다.

핵심표현 **apt** for ~에 적합한

apt
적합한
➡ 적합한, 적당한

---

adapt***
[ədǽpt]
☐☐☐

툉 **조정하다, 적응하다, 개조하다**

adaptation*** 몡 적응, 각색   adaptability** 몡 적응성
adaptive** 혱 조정의, 적응할 수 있는
adaptively** 囝 적응하여, 순응적으로

The rose business **adapted** to changing conditions
in the marketplace. 수능
장미꽃 업계는 시장의 변화하는 상황에 적응했다.

ad + apt
~에   적합한
➡ 어떤 것에 적합하게 조정하다,
적합하게 적응하다

어원으로 줄줄이! **adapt**와 유사한 의미의 어휘

• **accommodate**   툉 적응시키다, 수용하다   ac ~에(ad) + com 모두 + mod(e) 기준 + ate 동·접
▶ 모두 기준에 맞게 적응시키다, 기준에 맞는 양을 수용하다

• **adjust**   툉 맞추다, 적응하다   ad ~에 + just 올바른
▶ 어딘가에 올바르게 맞추다, 맞게 적응하다

---

attitude***
[ǽtitjùːd]
☐☐☐

몡 **태도, 마음가짐, 자세**

attitudinal 혱 태도의, 사고방식의

build positive **attitudes** within the classroom 수능
교실 안에서 긍정적인 태도를 형성하다

◦Can you do it?
☑ Sure   ☐ No

att(i) + tude
적합한   명·접
➡ 어떤 일을 하기에 적합한
태도, 자세

---

satis 충분한 (enough)

satisfy***
[sǽtisfài]
□□□

동 만족시키다, 충족시키다

satisfied*** 형 만족스러워하는
satisfying** 형 만족스러운, 만족감을 주는
satisfaction*** 명 만족, 충족

The store tries to **satisfy** the needs of customers.
그 상점은 고객들의 요구 사항을 충족시키려고 노력한다.

핵심표현 be **satisfied** with ~에 만족하다

satis + fy
충분한 동·접
➡ 충분하게 줘서 만족시키다,
충족시키다

어원으로 줄줄이! **satisfy**와 유사한 의미의 어휘

• **content** 동 만족시키다, 만족을 주다　con 모두(com) + ten(t) 잡다(tain)
　▶ 필요한 것을 모두 잡아 주어서 만족하게 하다

• **gratify** 동 기쁘게 하다, 만족시키다　grat 기쁨을 주는 + ify 동·접 ▶ 기쁨을 주다, 만족감을 주다
• **please** 동 기쁘게 하다, 만족시키다　pleas(e) 기쁘게 하다 ▶ 기쁘게 하다, 만족하게 하다

dissatisfy**
[dissǽtisfài]
□□□

동 불만을 갖게 하다, 실망시키다

dissatisfied** 형 불만스러워하는
dissatisfaction 명 불만

The lack of job opportunities **dissatisfies** the youth.
취업 기회의 부족은 청년들이 불만을 갖게 한다.

dis + satis + fy
반대의 충분한 동·접
➡ '충분히 줘서 만족시키다'의
반대, 즉 불만을 갖게 하다

satiety**
[sətáiəti]
□□□

명 포만(감), 싫증 남

satiate 동 충분히 만족시키다, 싫증 나게 하다

Everyone was filled to **satiety** at the buffet.
뷔페에서 모두가 포만감에 차 있었다.

sati(s) + ety
충분한 명·접
➡ 배가 충분히 찬 느낌, 즉 포만감

어원으로 줄줄이! **satis** 추가 어휘

• **saturate** 동 흠뻑 적시다, 포화 상태로 만들다　sat(is) 충분한 + ur(e) 명·접 + ate 동·접 ▶ 충분히 스며들게 흠뻑 적시다
• **asset** 명 자산, 재산, 유용한/귀중한 것　as ~쪽으로(ad) + set 충분한(satis) ▶ 가치가 충분하여 내 쪽으로 가져오는 자산

soph 현명한 (wise)

philosophy***
[filά:səfi]
☐☐☐

명 철학

philosophical 형 철학의, 철학에 관련된
philosopher** 명 철학자

difference between **philosophy** and science 수능
철학과 과학의 차이점

phil(o) + **soph** + y
사랑하다   현명한   명·접
➡ 현명함을 사랑하는 사람들이
하는 학문인 철학

sophisticated**
[səfístəkèitid]
☐☐☐

형 세련된, 교양 있는, 정교한

sophistication** 명 세련, 교양
unsophisticated* 형 세련되지 못한

The ancestor of modern people may have been using **sophisticated** language. 수능
현대인의 조상은 세련된 언어를 사용하고 있었을지도 모른다.

soph + ist + icated
현명한   명·접(사람)   형·접
➡ 현명한 사람처럼 교양 있고
세련된

어원으로 줄줄이! sophisticated와 유사한 의미의 어휘

• **delicate**   형 정교한, 섬세한   de 아래로 + lic 빛 + ate 형·접
     ▶ 빛 아래로 가서 봐야 할 정도로 정교하고 섬세한

• **elaborate**   형 정교한, 공들인   e 밖으로(ex) + labor 일 + ate 형·접
     ▶ 공들여 일한 결과 밖으로 내놓을 만큼 정교한

val 가치 있는 (worth), 강한 (strong)
변화형 vail

value***
[vǽljuː]
☐☐☐

동 가치 있게 여기다, 평가하다
명 가치

valuable*** 형 귀중한, 값비싼
invaluable** 형 값을 매길 수 없는, 매우 귀중한

Whitman held faith that the world would **value** his poems. 수능
휘트먼은 세상이 자신의 시를 가치 있게 여길 것이라는 믿음을 갖고 있었다.

val(ue)
가치 있는
➡ 가치 있는 것으로 여기다

evaluate★★★

[ivǽljuèit]

□□□

밖으로(ex)　가치 있는　동·접

➡ 가치가 밖으로 보이게 가격, 등급 등을 이용해 평가하다

图 평가하다, (가치를) 감정하다

evaluation★★ 명 평가

These essays were **evaluated** according to the criteria. 수능

이 에세이들은 기준에 따라 평가되었다.

DAY 32
해커스 보카 어원편

어원으로 줄줄이! **evaluate**과 유사한 의미의 어휘

• **assess** 图 평가하다, 가늠하다 　as ~쪽으로(ad) + sess 앉다(sid)
▶ 어떤 것 쪽으로 앉아 자세히 보고 그것을 평가하다

• **estimate** 图 평가하다, 견적을 내다 　estim 평가하다 + ate 동·접 ▶ 가치, 값 등을 평가하다

• **judge** 图 판결하다, 심사하다 　jud 올바른(just) + ge 말하다
▶ 어느 쪽이 올바른지 가려서 말하다, 즉 판결하다

---

valid★★★

[vǽlid]

□□□

图 유효한, 타당한

validity★ 명 유효함, 타당성
validate★★ 图 입증하다, 인증하다
revalidate 图 재확인하다, 갱신하다

discount for all university students with a **valid** ID 수능　유효한 신분증이 있는 모든 대학생들을 위한 할인

val + id

가치 있는　형·접

➡ 가치가 인정되고 있는, 즉 유효한

---

ambivalent★★

[æmbívələnt]

□□□

图 양면적인, 모순된 감정을 가진

ambivalence 명 양면 가치, 모순

The fruits of science are **ambivalent**. 수능

과학의 성과들은 양면적이다.

ambi + val + ent

양쪽의　가치 있는　형·접

➡ 모순된 양쪽의 가치나 감정을 동시에 가져 양면적인

---

valor★

[vǽlər]

□□□

图 용기, 용맹

The knights showed **valor** while defending the castle.

그 기사들은 성을 방어하는 동안에 용기를 보여줬다.

val + or

강한　명·접

➡ 강한 마음, 즉 용기

---

available★★★

[əvéiləbl]

□□□

图 이용할 수 있는, 여유가 있는

availability★★ 명 유효성, 유용성
unavailable★★ 图 이용할 수 없는

We can choose the best **available** options. 수능

우리는 이용할 수 있는 가장 좋은 선택지를 고를 수 있다.

a + vail + able

~에(ad)　가치 있는　할 수 있는

➡ 가치가 있어 어떤 일에 이용할 수 있는

---

prevail★★

[privéil]

☐☐☐

통 우세하다, 압도하다, 만연하다

prevailing★★ 형 우세한, 지배적인
prevalent★★ 형 널리 퍼져 있는, 일반적인
prevalence★★ 명 널리 퍼짐, 보급

False ideas often **prevail** over proven facts.
잘못된 생각은 종종 입증된 사실을 압도한다.

핵심표현 **prevail** over ~을 압도하다, ~을 이기다

pre + vail
앞서   강한
➡ 상대에 앞서게 힘이 강하다,
즉 우세하다 또는 상대를 압도하다

---

dur   지속적인 (lasting)

---

during★★★

[djúəriŋ]

☐☐☐

전 ~하는 동안, ~ 중에

His parents died **during** World War II. 수능
그의 부모님은 제2차 세계 대전 중에 돌아가셨다.

dur(ing)
지속적인
➡ 어떤 일이 지속하는 동안

---

duration★★★

[djuréiʃən]

☐☐☐

명 지속 (기간)

The **duration** of copyright protection has
increased steadily over the years. 수능
저작권 보호의 지속 기간은 수년에 걸쳐 지속적으로 늘어났다.

dur + ation
지속적인   명·접
➡ 지속, 지속하는 기간

---

endure★★★

[indjúər]

☐☐☐

동 견디다, 참다, 지속하다

enduring★★ 형 오래가는, 지속되는
endurance★★ 명 인내, 참을성

It's hard to **endure** the loss of a cherished
puppy. 수능
소중한 강아지를 잃는 것은 견디기가 힘들다.

en + dur(e)
안에   지속적인
➡ 어려운 상황 안에서도 일을
지속하다, 즉 견디다

---

durable★★

[djúərəbl]

☐☐☐

형 오래가는, 튼튼한, 내구성이 있는

durability★★ 명 튼튼함, 내구성

The old wooden table is very **durable**.
그 오래된 나무 탁자는 매우 튼튼하다.

dur + able
지속적인 할 수 있는
➡ 오래 지속될 수 있는, 튼튼한

---

nov

새로운 (new)

변화형 new

---

novel★★★

[nάːvəl]

□□□

명 (장편) 소설　형 새로운, 신기한

novelist★★ 명 소설가
novelize 동 소설화하다
novelization★★ 명 소설화
novelty★★ 명 새로움, 신기함

Her **novel** will be published in Russia. 수능
그녀의 소설은 러시아에서 출판될 것이다.

nov(el)
새로운
➡ 새로운, 새로 만들어진 이야기인
소설

---

innovate★★

[ínəvèit]

□□□

동 혁신하다, 새로 시작하다

innovation★★★ 명 혁신
innovative★★★ 형 혁신적인

You have to search for opportunities to
innovate. 수능
여러분은 혁신할 수 있는 기회를 찾아야 합니다.

in ＋ nov ＋ ate
안에　새로운　동·접
➡ 안에 있던 묵은 관습 등을 새로운
것으로 혁신하다

---

renovate★★

[rénəvèit]

□□□

동 개조하다, 보수하다

renovation★★ 명 수리, 쇄신

They **renovated** the restaurant this year.
그들은 올해 그 식당을 개조했다.

re ＋ nov ＋ ate
다시　새로운　동·접
➡ 낡아진 것을 다시 새롭게
개조하다

어원으로 줄줄이! **renovate**와 유사한 의미의 어휘

• **repair** 동 수리하다, 보수하다　re 다시 + pair 준비하다(par)
　　　　　　　　　　　　　　　▶ 고장 난 것을 다시 쓸 수 있도록 준비하다, 즉 수리하다

• **restore** 동 복구하다, 복원하다　re 다시 + store 서다(sta) ▶ 무너진 것을 다시 세워 복구하다

---

renew★★★

[rinjúː]

□□□

동 갱신하다, 다시 시작하다

renewable★★ 형 갱신 가능한, 재생 가능한

You have to **renew** your driver's license. 수능
너는 운전면허증을 갱신해야 한다.

re ＋ new
다시　새로운
➡ 다시 새롭게 하다, 즉 갱신하다

---

sacr

신성한 (holy)

[변화형] saint

---

sacrifice***
[sǽkrəfàis]
☐☐☐

🅝 희생(물), 제물
🅥 희생하다, 제물을 바치다

So often we **sacrifice** happiness for money. [수능]
너무 자주 우리는 돈을 위해 행복을 희생한다.

sacr(i) + fic(e)
신성한   만들다
➡ 신성하게 만들어 바치는
   제물, 희생물

---

sacred**
[séikrid]
☐☐☐

🅐 신성한, 성스러운, 종교적인

Many people consider church as a **sacred** place.
많은 사람들이 교회를 신성한 장소로 여긴다.

sacr(ed)
신성한
➡ 신성한, 성스러운

---

saint**
[seint]
☐☐☐

🅝 성인, 성자

There are a lot of **saints** from Italy.
이탈리아 출신의 성인들이 많다.

saint
신성한
➡ 신성한 사람, 즉 성인

DAY 33

측정, 기준, 값, 시간
meter, mod, estim, count, preci, tempo, ann

MP3 바로 듣기

---

meter

재다 (measure)

[변화형] metr, mens, meas

---

thermometer★★
[θərmá:mitər]
☐☐☐

명 온도계, 체온계

When I entered, the **thermometer** registered 32°C. [수능]
내가 들어갔을 때, 온도계는 섭씨 32도를 가리켰다.

thermo + meter
열   재다
➡ 열을 재는 온도계

---

symmetry★
[símətri]
☐☐☐

명 대칭, 균형

symmetrical 형 대칭적인
asymmetry★★ 명 비대칭, 불균형

The building had complete **symmetry**.
그 건물은 완전한 대칭을 이루고 있었다.

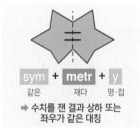

sym + metr + y
같은   재다   명·접
➡ 수치를 잰 결과 상하 또는
   좌우가 같은 대칭

---

immense★
[iméns]
☐☐☐

형 거대한, 엄청난, 막대한

immensely 부 엄청나게, 대단히

The tornado caused **immense** damage.
그 토네이도가 엄청난 피해를 초래했다.

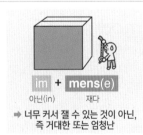

im + mens(e)
아닌(in)   재다
➡ 너무 커서 잴 수 있는 것이 아닌,
   즉 거대한 또는 엄청난

[어원으로 줄줄이!] **immense**와 유사한 의미의 어휘

- **enormous**　형 거대한, 막대한, 엄청난　e 밖으로(ex) + norm 기준 + ous 형·접
  ▶ 기준 밖으로 벗어날 만큼 거대한

- **massive**　형 거대한, 엄청나게 큰　mass 덩어리 + ive 형·접 ▶ 덩어리가 거대한, 엄청나게 큰

- **tremendous**　형 거대한, 엄청난, 막대한　trem(endous) 떨다 ▶ 떨게 만들 정도로 거대하고 엄청난

---

dimension*

[diménʃən]

□□□

명 차원, 측면, 치수

dimensional 형 차원의, 치수의

Some people believe that other **dimensions** exist.
몇몇 사람들은 다른 차원이 존재한다고 믿는다.

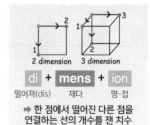

di + **mens** + ion
떨어져(dis) 재다 명·접

➡ 한 점에서 떨어진 다른 점을
연결하는 선의 개수를 잰 치수

measure***

[méʒər]

□□□

명 단위, 기준, 조치, 대책   동 측정하다

measurable** 형 측정할 수 있는
measurement** 명 측정, 치수

measures that protect drivers from bad driving 수능
운전자들을 잘못된 운전으로부터 지킬 조치들

핵심표현 take **measures** 조치를 취하다

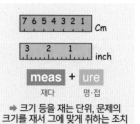

meas + ure
재다 명·접

➡ 크기 등을 재는 단위, 문제의
크기를 재서 그에 맞게 취하는 조치

어원으로 줄줄이! **meter** 추가 어휘

- **barometer** 명 기압계, 지표   baro 무게 + meter 재다 ▶ 공기 압력의 무게를 재는 기압계
- **diameter** 명 지름, 직경   dia 가로질러 + meter 재다 ▶ 원의 끝에서 끝까지 가로질러 길이를 잰 수치인 지름
- **geometry** 명 기하학(적 구조)   geo 땅 + metr 재다 + y 명·접
  ▶ 도형이나 공간을 연구하기 위해 땅의 수치를 재는 학문인 기하학

---

mod

기준, 척도 (measure)

변화형 mold

---

modern***

[mɑ́ːdərn]

□□□

형 현대의, 근대의

modernize* 동 현대화하다

Here you'll meet the leaders in **modern** computer science. 수능
여기서 당신은 현대 컴퓨터 과학의 선도자들을 만날 것이다.

mod(ern)
기준

➡ '지금'이라는 시간적 기준에
맞는, 즉 현대의

accommodate**

[əkɑ́ːmədèit]

□□□

동 수용하다, 공간을 제공하다, 적응시키다

accommodation** 명 숙소, 숙박 시설

There will be enough parking spaces to **accommodate** 100 cars. 수능
100대의 자동차를 수용하기에 충분한 주차 공간이 있을 것이다.

ac + com + **mod** + ate
~에(ad) 함께 기준 동·접

➡ 함께 들어갈 수 있는 수적 기준에
맞춰 어떤 장소에 수용하다

---

modest★★
[mά:dist]
□□□

형 적당한, 겸손한, 보통의

modesty★ **명** 겸손, 보통임, 정숙함

They hoped to buy a **modest** house in two years. 수능
그들은 2년 안에 적당한 집을 사길 바랐다.

mod + est
기준 　 형·접
➡ 부족하거나 과하지 않고 기준에
맞는, 즉 적당한

---

moderate★★
[mά:dərət]
□□□

형 보통의, 중간의, 적당한

moderately★★ **부** 적당히, 알맞게
moderation★★ **명** 적당함, 온건

They walked home at a **moderate** pace.
그들은 보통 속도로 집에 걸어갔다.

mod(er) + ate
기준 　 형·접
➡ 중간 정도에 있어 기준이 되는,
즉 보통의

---

commodity★★
[kəmά:dəti]
□□□

명 상품, 원자재, 유용한 것

the concept of information as a **commodity** with its own value 수능
그 스스로 가치를 지닌 상품으로서의 정보의 개념

com + mod + ity
함께 　 기준 　 명·접
➡ 서로 다른 여럿을 기준에 함께
맞춰 규격화한 상품

---

modify★★★
[mά:dəfài]
□□□

동 변경하다, 변형하다, 수정하다

modification★ **명** 변경, 수정

We shall solve our food problems with genetically **modified** crops. 수능
우리는 유전자 변형 작물로 식량 문제를 해결할 것이다.

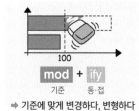

mod + ify
기준 　 동·접
➡ 기준에 맞게 변경하다, 변형하다

어원으로 줄줄이! modify**와 유사한 의미의 어휘**

- **alter** **동** 변경하다, 바꾸다　　alter 다른 ▶ 다른 것으로 변경하다
- **convert** **동** 바꾸다, 변형하다　　con 모두(com) + vert 돌리다 ▶ 모든 것을 다 돌려서 바꾸다
- **reform** **동** 개량하다, 개혁하다　　re 다시 + form 형태 ▶ 형태를 다시 만들어 개량하다

---

mold★★
[mould]
□□□

명 틀, 거푸집
동 거푸집을 만들다, 본뜨다

She made a lot of identical cookies using the **mold**.
그녀는 그 틀을 사용해서 똑같은 쿠키를 많이 만들었다.

mold
기준
➡ 어떤 것을 만들 때
기준이 되는 틀

---

estim

평가하다 (value, assess)

[변화형] esteem

---

estimate***

[동 éstəmèit]
[명 éstəmət]

☐☐☐

동 평가하다, 추정하다, 견적을 내다
명 평가, 추정(치), 견적

estimation** 명 판단, 평가, 평가 가치

I **estimate** that 50 students would like to participate in the program. [수능]
나는 50명의 학생들이 그 프로그램에 참여하고 싶을 것이라고 추정한다.

estim + ate
평가하다   동·접
➡ 가치를 평가하다, 추정하다

---

overestimate**

[òuvəréstəmèit]

☐☐☐

동 과대평가하다

Research shows that people **overestimate** threats to their well-being. [수능]
연구는 사람들이 그들의 안녕에 대한 위협을 과대평가하는 것을 보여준다.

over + estim + ate
과도하게 평가하다 동·접
➡ 가치를 과도하게 평가하다

---

esteem**

[istí:m]

☐☐☐

동 존경하다
명 존경

self-esteem** 명 자부심, 자존감

Ms. Carter is an **esteemed** teacher.
Carter 씨는 존경받는 선생님이다.

esteem
평가하다
➡ 누군가를 중요하게 평가하여 존경하다

---

count

계산하다 (count)

---

count***

[kaunt]

☐☐☐

동 계산하다, (수를) 세다, 의지하다, 중요하다
명 계산

counter*** 명 계산대

The boy **counted** the coins and ordered the ice cream. [수능] 그 소년은 동전을 세더니 아이스크림을 주문했다.

[핵심표현] **count** on/upon ~에 의지하다

$$/// + // = ////$$

count
계산하다
➡ 계산하다, 즉 수를 세다

discount★★★

[명 dískaunt]
[동 diskáunt]

☐☐☐

명 할인(액)

동 할인하다, 무시하다

You can get a 10% **discount** off the total. 수능

당신은 총액에서 10퍼센트 할인을 받을 수 있다.

핵심표현 a **discount** on ~에 대한 할인

dis + count
떨어져   계산하다
➡ 금액을 떨어뜨려 계산하는 할인

---

account★★★

[əkáunt]

☐☐☐

명 계좌, 회계, 설명   동 설명하다, 간주하다

accountant★★ 명 회계사
accountable 형 설명할 수 있는, 설명할 의무가 있는

I only have $20 left in my bank **account**.

내 은행 계좌에 20달러밖에 남아 있지 않다.

핵심표현 **account** for 설명하다, 처리하다
take A into **account** A를 고려하다

ac + count
~에(ad)   계산하다
➡ 입출금 계산 내용이 기록된 계좌,
입출금 내용에 대한 설명

---

countless★★★

[káuntlis]

☐☐☐

형 셀 수 없이 많은, 무수한

You may lose your job for **countless** reasons. 수능

당신은 셀 수 없이 많은 이유로 직업을 잃을 수 있다.

count + less
계산하다   없는
➡ 계산할 수 없을 정도로
무수히 많은

---

preci

값 (price)

변화형 pric, prais

---

appreciate★★★

[əprí:ʃièit]

☐☐☐

동 감상하다, 높이 평가하다, 감사하다

appreciative★ 형 감상하는, 감사하는
appreciation★★★ 명 감상, 감사
misappreciation★★ 명 착오, 잘못된 인식

If you want to **appreciate** artworks, it's important to know their theme. 수능

당신이 예술 작품을 감상하길 원한다면, 그것들의 주제를 아는 것이 중요하다.

ap + preci + ate
~에(ad)   값   동·접
➡ 어떤 작품에 값을 매기기 위해
그것을 감상하다

---

precious★★★

[préʃəs]

☐☐☐

형 귀중한, 값비싼

preciously 부 귀중하게, 소중하게

She thinks that all life is **precious**. 수능

그녀는 모든 생명이 귀중하다고 생각한다.

preci + ous
값   형·접
➡ 값이 나가는, 즉 귀중한

DAY 33

해카스 보카 어원편

priceless**
[práislis]

□□□

혱 값을 매길 수 없는, 아주 귀중한

The Egyptian pyramids contained **priceless** treasures.

이집트의 피라미드에는 값을 매길 수 없는 보물들이 들어 있었다.

praise*
[preiz]

□□□

동 칭찬하다
명 칭찬

She **praised** my class participation and active mind. 수능

그녀는 나의 수업 참여도와 능동적인 마음을 칭찬했다.

tempo 시간, 시대 (time)

tempo**
[témpou]

□□□

명 속도, 빠르기, 박자

The runner maintained a steady **tempo** throughout the marathon.

그 주자는 마라톤 내내 변함없는 속도를 유지했다.

temporal***
[témpərəl]

□□□

혱 시간의, 현세의, 특정 시기의

The book had an interesting **temporal** structure.

그 책은 흥미로운 시간 구조를 가지고 있었다.

temporary***
[témpərèri]

□□□

혱 일시적인, 임시의

temporarily** **뮈** 일시적으로, 임시로

Bandaging your ankle is just a **temporary** fix. 수능

발목에 붕대를 감는 것은 단지 일시적인 해결책일 뿐이다.

contemporary★★★

[kəntémpərèri]

□□□

형 동시대의, 현대의, 당대의

contemporarily 부 동시대에, 당대에

Would you think of a **contemporary** masterpiece? 수능

현대 대표작을 한 가지 생각해보시겠어요?

con + tempo(r) + ary
함께(com) 시대 형·접

➡ 같은 시대 또는 지금 시대에 함께하는, 즉 동시대의 또는 현대의

어원으로 줄줄이! **tempo**와 유사한 의미의 어근 **chrono**(시간)

• **chronic**	형 만성적인, 고질적인	chron(o) 시간 + ic 형·접 ▶ 시간적으로 오래 가는, 즉 만성적인
• **chronological**	형 연대순의, 시간순으로 된	chrono 시간 + log 말하다 + ical 형·접 ▶ 시간 순서대로 된, 즉 연대순의

---

ann 해마다 (yearly)

---

annual★★★

[ǽnjuəl]

□□□

형 해마다의, 연례의, 1년의

annually 부 해마다, 매년

I submitted my application for the 2nd **annual** cooking contest. 수능

나는 제2회 연례 요리 대회에 지원서를 제출했다.

Contest 2050
Contest 2051
Contest 2052

ann + ual
해마다 형·접

➡ 해마다의, 즉 연례의

---

anniversary★★

[ænəvə́:rsəri]

□□□

명 (1년마다 돌아오는) 기념일
형 기념일의

Today is Debbie's 30th wedding **anniversary**. 수능

오늘은 Debbie의 30주년 결혼기념일이다.

2050 2051
3/1   3/1

ann(i) + vers + ary
해마다 돌다(vert) 명·접

➡ 해마다 돌아오는 기념일

어원으로 줄줄이! **ann** 추가 어휘

• **centennial**	형 100년간의, 100년마다의 명 100주년	cent 백 + enn 1년의(ann) + ial 형·접 ▶ 백 년이라는 기간의
• **millennium**	명 1000년, 새로운 천 년이 시작하는 시기	mill(i) 천 + enn 1년의(ann) + ium 명·접 ▶ 천 년이라는 기간

DAY 34 순서, 숫자
ord, numer, prim, ori, fin, term, limit

MP3 바로 듣기

ord 순서 (order)

변화형 ordin

---

order★★★
[ɔ́:rdər]
☐☐☐

명 순서, 질서, 명령, 주문(품)
동 명령하다, 주문하다

disorder★★ 명 무질서, 혼란

I taught my children that politeness and **order** are good things. 수능
나는 내 아이들에게 예의와 질서는 좋은 것이라고 가르쳤다.

핵심표현 in **order** to ~하기 위해

ord(er)
순서
➡ 순서, 순서를 지키는 질서

---

ordinary★★★
[ɔ́:rdənèri]
☐☐☐

형 평상시의, 일상적인, 보통의, 평범한

ordinarily 부 보통, 대개
extraordinary★★ 형 보기 드문, 대단한

In **ordinary** life, you can be comfortable with modern technology. 수능
평상시의 삶에서, 당신은 현대 과학기술을 이용해 편안할 수 있다.

ordin + ary
순서   형·접
➡ 일이 보통의 순서로 흘러가는,
  즉 평상시의

---

subordinate★★★
[형, 명 səbɔ́:rdənət]
[동 səbɔ́:rdənèit]
☐☐☐

형 종속된, 하급의, 부수적인
명 하급자, 부하 (직원)
동 ~의 아래에 두다, 종속시키다

subordination 명 종속, 복종

Max told his **subordinates** to create a new marketing campaign.
Max는 그의 부하 직원들에게 새로운 마케팅 캠페인을 만들라고 했다.

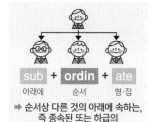

sub + ordin + ate
아래에   순서   형·접
➡ 순서상 다른 것의 아래에 속하는,
  즉 종속된 또는 하급의

---

coordinate★★
[동 kouɔ́:rdənèit]
[명 kouɔ́:rdənət]
☐☐☐

동 조정하다, 조직하다, 조화시키다
명 동등한 것/사람

coordinator★★ 명 조정자, 진행자
coordination★ 명 조직, 조화, 동등

coordinate their actions without making a special effort 수능
특별한 노력을 하는 것 없이 그들의 행동을 조정하다

co + ordin + ate
함께(com) 순서   동·접
➡ 여럿의 순서를 함께 조정하다

---

numer 숫자 (number)

numeral★★
[njúːmərəl]
☐☐☐

명 숫자
형 수의, 수를 나타내는

numeracy★ 명 수리 감각, 산술 능력
numerical★★ 형 숫자로 나타낸, 수와 관련된

Ancient tribes had their own **numeral** systems.
고대 부족들은 그들만의 숫자 체계를 가지고 있었다.

numer + al
숫자   명·접
➡ 숫자

numerous★★★
[núːmərəs]
☐☐☐

형 수많은, 다수의

numerously 부 수없이 많이, 다수로

Many people take **numerous** photos while traveling. 수능
많은 사람들은 여행하는 동안 수많은 사진을 찍는다.

numer + ous
숫자   형·접
➡ 숫자가 많은, 다수의

어원으로 줄줄이! **numerous**와 유사한 의미의 어휘

• **abundant** 형 풍부한, 넘칠 정도로 많은   ab ~로부터 + und 물결치다 + ant 형·접
▶ 무언가로부터 물결쳐 흘러나올 정도로 풍부한

• **countless** 형 셀 수 없이 많은, 무수한   count 계산하다 + less 없는
▶ 계산할 수 없을 정도로 무수히 많은

prim 첫 번째의, 최초의 (first)
변화형 prin, pri

prime★★
[praim]
☐☐☐

형 주된, 주요한, 최고 (등급)의
명 전성기

primeval 형 초기의, 원시적인

My **prime** concern is my health.
나의 주된 걱정은 내 건강이다.

prim(e)
첫 번째의
➡ 첫 번째로 중요한,
   첫 번째 등급의

primary***
[práiməri]
□□□

형 첫 번째의, 최초의, 1위의, 근본적인

primarily*** 부 첫째로, 주로

The **primary** aims of government should be
security and justice. 수능

정부의 첫 번째 목표는 안보와 정의가 되어야 한다.

prim + ary
첫 번째의, 최초의   형·접
➡ 첫 번째의, 최초의

---

primitive***
[prímətiv]
□□□

형 원시의, 원시적인

primitiveness** 명 원시성, 미개한 상태

Diseases are a vital concern to the **primitive**
community. 수능

질병은 원시 사회에서 매우 중요한 관심사이다.

prim(it) + ive
최초의   형·접
➡ 역사상 최초인, 즉 원시의

---

principle***
[prínsəpəl]
□□□

명 원리, 원칙, 신조

You should know the company's basic
principles. 수능

당신은 그 회사의 기본 원칙을 알아야 한다.

Principle
We must
·be honest.

prin + cip + le
첫 번째의 취하다(cap) 명·접
➡ 첫 번째로 취해야 하는
원리, 원칙

---

principal***
[prínsəpəl]
□□□

형 주된, 주요한
명 (단체의) 장, 우두머리, 교장/학장

principally 부 주로

The **principal** effect of inflation is to increase the
cost of living.

인플레이션의 주된 영향은 생계 비용을 증가시키는 것이다.

prin + cip + al
첫 번째의 취하다(cap) 형·접
➡ 첫 번째 자리를 취하는,
즉 가장 주된

---

prior***
[práiər]
□□□

형 이전의, 우선하는, 사전의

priority*** 명 우선임, 우선 사항
prioritize** 동 우선시하다, 우선순위를 매기다

Prior to the Renaissance, objects in paintings
were flat. 수능

르네상스 시대 이전에는 그림 안의 물체들이 납작했었다.

핵심표현 **prior** to ~에 앞서, ~ 이전에

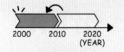

2000 2010 2020
(YEAR)

pri(or)
첫 번째의
➡ 다른 것보다 먼저 첫 번째로
오는, 즉 이전의 또는 우선하는

어원으로 줄줄이! **prim**과 유사한 의미의 어근 **arch**(최초, 우선)

- **archaeology** 명 고고학   arch(ae) 최초 + log 말하다 + y 명·접 ▶ 최초의 시간인 고대에 대해 말하는 학문인 고고학
- **archive** 명 기록 보관소   arch 최초 + ive 명·접 ▶ 최초의 것에 대한 기록이 보관된 장소
- **architect** 명 건축가, 설계자   arch(i) 우선 + tect 목수 ▶ 목수보다 우선해 건물을 설계하는 건축가
- **hierarchy** 명 계급, 계층   hier 성스러운 + arch 우선 + y 명·접 ▶ 성스러운 존재인 천사 중 누가 우선하는지 가려서 매긴 계급

ori

솟아나다, 떠오르다 (rise)

변화형 ort

---

origin***
[ɔ́:rədʒin]
☐☐☐

명 기원, 근원, 유래, 출처

original*** 형 원래의, 독창적인
originally*** 부 원래, 본래
originality** 명 독창성
originate** 동 유래하다, 비롯되다

unexpected **origins** of common foods 수능
흔한 식품들의 예상 밖의 기원

ori(gin)
솟아나다
➡ 어떤 것이 처음 솟아난 곳,
즉 기원

---

aboriginal**
[æbərídʒənəl]
☐☐☐

형 (호주) 원주민의, 토착의

aboriginally 부 원시 상태로

Around 40 percent of Australia is considered
aboriginal land.
호주의 40퍼센트가량이 원주민의 토지라고 여겨진다.

ab + origin + al
떨어져   기원   형·접
➡ 기원이 유럽에서 떨어져
호주에 있는 원주민의

---

orient**
[명 ɔ́:riənt]
[동 ɔ́:riènt]
☐☐☐

명 (the Orient로 써서) 동양
동 (~ 방향으로) 맞게 하다, 적응시키다

oriental 형 동양의
orientation** 명 방향, 성향, 예비 교육

The exhibition will display the treasures of the
Orient.
그 전시회는 동양의 보물들을 전시할 것이다.

ori + ent
떠오르다 명·접
➡ 태양이 떠오르는 동쪽, 동양

---

abort*
[əbɔ́:rt]
☐☐☐

동 중단하다, 유산하다, 낙태하다

abortion 명 실패, 낙태

They decided to **abort** the plan.
그들은 그 계획을 중단하기로 결정했다.

ab + ort
잘못된   솟아나다
➡ 중간에 잘못되어 솟아나는 것을
중단하다

어원으로 줄줄이! **ori**와 유사한 의미의 어근 **surg**(솟아나다)

- **surge** 동 휩싸다, 급등하다　surg(e) 솟아나다 ▶ 위로 솟아나서 다른 것을 휩싸다
- **resource** 명 자원, 공급원　re 다시 + sour(ce) 솟아나다(surg) ▶ 석유와 같이 계속 다시 솟아나는 자원
- **source** 명 원천, 근원, 자료　sour(ce) 솟아나다(surg) ▶ 어떤 것이 솟아나는 원천, 근원

---

fin
끝 (end), 경계 (boundary)

fine***
[fain]
☐☐☐

형 좋은, 건강한, 미세한　　부 잘, 괜찮게
명 벌금　　동 벌금을 부과하다

finely 부 훌륭하게, 섬세하게, 미세하게

The Mona Lisa is a **fine** example of Leonardo's work.
'모나리자'는 레오나르도의 작품의 좋은 예시이다.

→ 일을 끝내도 될 만큼 질이 좋은, 죄를 끝내려고 내는 벌금

refine**
[rifáin]
☐☐☐

동 정제하다, 불순물을 제거하다, 세련되다

refinement 명 정제, 개선
refinery 명 정제 공장

A billion gallons of crude oil is **refined** and used in the U.S. 수능
10억 갤런의 원유는 미국에서 정제되고 사용된다.

→ 끝났던 일을 다시 해서 질을 높이다, 즉 정제하다

final***
[fáinəl]
☐☐☐

형 마지막의, 최종적인, 결정적인
명 결승전, 기말시험

finally*** 부 마침내
finalize* 동 마무리 짓다, 완결하다

The **final** rehearsal is in two days. 수능
마지막 리허설이 이틀 후에 있다.

→ 끝의, 즉 마지막의

infinite**
[ínfinət]
☐☐☐

형 무한한, 막대한
명 무한한 것

infinity** 명 무한성, 무한대
finite** 형 유한한, 한정된

When you were little, you imagined that adults had **infinite** power. 수능
당신이 어렸을 때는 어른들이 무한한 능력을 가졌다고 상상했다.

→ 끝나지 않는, 즉 무한한

finance**
[fáinæns]
☐☐☐

명 자금, 재정, 재무
동 자금을 조달하다

financial*** 형 금융의, 재정의
financially** 부 재정적으로

stretch one's **finances** to buy a larger house 수능
더 큰 집을 사기 위해 자금을 늘리다

→ 빚을 끝나게 해주는 자금

define***
[difáin]
□□□

동 정의를 내리다, 한정하다

definite** **형** 분명한, 확실한
definitely*** **부** 분명히, 확실히
definition*** **명** 정의, 의미

AI will help **define** humanity. [수능]
인공지능이 인간성의 정의를 내리는 데 도움을 줄 것이다.

de + fin(e)
떨어져   경계

➡ 다른 것과 떨어진 의미상의
경계를 짓다, 즉 정의 내리다

---

confine**
[kənfáin]
□□□

동 제한하다, 한정하다, 가두다

confinement **명** 갇힘, 가둠

Please **confine** any questions to the economy.
부디 모든 질문을 경제에 제한해 주세요.

con + fin(e)
모두(com)   경계

➡ 모든 면에서 경계 안에 있게
제한하다

---

term

경계 (boundary), 끝 (end)

변화형 termin

---

term***
[tə:rm]
□□□

명 기간, 학기, 조건, 용어

The consumer agreed to purchase the product
under the original **terms**. [수능]
그 소비자는 원래의 조건하에 제품을 구매하는 데 동의했다.

핵심표현 in **terms** of ~ 면에서, ~에 관하여

Sun	Mon	Tue	Wed	Thu	Fri
1	2	3	4	5	6
				END	
8	9	10	11	12	13

term
경계

➡ 시간을 경계 지어 구분한 기간,
어떤 일을 하는 경계가 되는 조건

---

determine***
[ditə́:rmin]
□□□

동 결정하다, 확정하다, 알아내다

determined* **형** 단호한, 완강한
determination*** **명** 결정, 확인
predetermine** **동** 미리 결정하다, 예정하다

The amount of work doesn't **determine** the level
of stress. [수능]
업무의 양이 스트레스의 정도를 결정하지는 않는다.

de + termin(e)
떨어져   경계

➡ 서로 떨어지도록 경계를 지어
영역을 확실히 결정하다

어원으로 줄줄이! **determine**과 유사한 의미의 어휘

• **conclude** **동** 결론 짓다, 결정하다 　con 모두(com) + clud(e) 닫다(clos)
　　　　　　　　　　　　　　　　　　　　▶ 고민하던 것을 모두 닫다, 즉 고민을 끝내고 결론을 내다

• **decide** **동** 결정하다, 결심하다 　de 떨어져 + cid(e) 자르다
　　　　　　　　　　　　　　　　　　　　▶ 고민을 잘라서 떨어뜨려 그만하고 결정하다

DAY 34

해커스 보카 어원편

terminal**
[tə́:rmənəl]
□□□

- 명 종착역, 터미널
- 형 끝의, 종점의, (병 등이) 말기의

terminally 부 맨 끝에, (병 등이) 말기에

Radio is in seemingly **terminal** decline. 수능
겉으로 보기에 라디오는 쇠퇴기 끝에 있다.

termin + al
끝   명·접
➡ 끝나는 곳, 즉 종착역

---

terminate**
[tə́:rmənèit]
□□□

- 동 끝내다, 종결하다, 경계를 짓다

termination 명 종료, 만료, 결말

The union **terminated** its talks with the company.
노조는 회사와의 협상을 끝냈다.

termin + ate
끝, 경계   동·접
➡ 경계를 지어 끝내다

---

limit

경계 (boundary)
변화형 limin

---

limit***
[límit]
□□□

- 동 한정하다, 제한하다
- 명 한계, 한도

limitation*** 명 한정, 제한, 제약
limitless** 형 제한이 없는, 무한한

The number of participants is **limited** to 20. 수능
참가자의 수는 20명까지로 한정되어 있다.

핵심표현 be **limited** to ~까지로 한정되다

limit
경계
➡ 경계를 지어 범위를 한정하다

---

eliminate***
[ilímənèit]
□□□

- 동 제거하다, 삭제하다, 탈락시키다

elimination** 명 제거, 삭제

The doctor told me to **eliminate** sugar from my diet.
의사가 나에게 식단에서 설탕을 제거하라고 말했다.

e + limin + ate
밖으로(ex) 경계   동·접
➡ 경계 밖으로 치워 제거하다

---

preliminary*
[prilímənèri]
□□□

- 형 예비의, 준비의
- 명 사전 준비, 예비 시험, 예선 경기

preliminarily 부 예비적으로, 미리, 사전에

Carol passed the **preliminary** test for law school.
Carol은 로스쿨 예비 시험을 통과했다.

pre + limin + ary
앞서   경계   형·접
➡ 정해진 경계보다 앞서
사전에 하는, 즉 예비의

DAY 35

출생, 성장
nat, kin, gen, crea

MP3 바로 듣기

---

nat

태어난 (born)

변화형 nai

---

nature***
[néitʃər]
☐☐☐

명 자연, 본성

natural* 형 자연의, 천연의
naturally* 부 자연스럽게, 당연히
naturalist 명 자연주의자
naturalistic 형 자연주의적인

The painters focus on expressing **nature** and people. 수능 그 화가들은 자연과 사람들을 표현하는 데 집중한다.

nat + ur(e)
태어난   명·접
➡ 생물이 태어나는 자연, 가지고 태어난 본성

---

nation***
[néiʃən]
☐☐☐

명 국가, 국민, 민족

national* 형 국가의   **transnational** 형 초국가적인
nationalism* 명 민족주의
nationality* 명 국적, 민족
nationwide 형 전국적인

Recently, a severe disease hit Asian **nations** hard. 수능 최근에 심각한 질병이 아시아 국가들을 강타했다.

nat + ion
태어난   명·접
➡ 태어나서 속하게 된 국가, 국민

---

native***
[néitiv]
☐☐☐

형 태어난 곳의, 토종의
명 현지인

I was charmed by the **native** birds moving among the branches. 수능
나는 나뭇가지 사이에서 움직이는 토종 새들에 매혹되었다.

핵심표현 **native** speaker 모국어 사용자

nat + ive
태어난   형·접
➡ 태어난 그 장소의, 태어난 곳에서 쭉 사는 토종의

---

natal**
[néitl]
☐☐☐

형 태어난 (고향의), 출생의

The female Belding's ground squirrels mature in their **natal** area. 수능
암컷 벨딩땅다람쥐들은 태어난 곳에서 자란다.

nat + al
태어난   형·접
➡ 태어난, 출생한

---

innate**

[inéit]

□□□

형 타고난, 선천적인, 고유의

She has an **innate** athletic ability.
그녀는 타고난 운동 능력이 있다.

in + nat(e)
안에   태어난
➡ 안에 가지고 태어난, 즉 타고난

naive**

[nɑːíːv]

□□□

형 순진해 빠진, 경험이 없는

naively* 부 순진하게

Most of us are **naive** realists. 수능
우리 대부분은 순진해 빠진 현실주의자들이다.

nai + (i)ve
태어난   형·접
➡ 막 태어난 아기처럼 순진해 빠진

---

kin

태어남 (birth)

변화형 kind, kid

---

kin**

[kin]

□□□

명 친척, 친족
형 친족인

kinship* 명 친족, 연대감

All of my **kin** attended my wedding.
내 친척 모두는 나의 결혼식에 참석했다.

kin
태어남
➡ 한 집안에서 태어난 친척

kindergarten*

[kíndərgàːrtn]

□□□

명 유치원, 유아원

The things we learned in **kindergarten** include
"share everything." 수능
우리가 유치원에서 배운 것들은 "모든 것을 나누어 가져라"를 포함한다.

kind(er) + garten
태어남   정원
➡ 태어난 지 얼마 안 된 어린이들이
다니는 유치원

kidnap*

[kídnæp]

□□□

명 유괴, 납치
동 유괴하다, 납치하다

kidnapper 명 유괴범, 납치범

The **kidnap** case happened last week.
그 유괴 사건은 지난주에 발생했다.

kid + nap
태어남   잡아채다
➡ 태어난 지 얼마 안 된 어린이를
잡아채 가는 유괴

gen

출생 (birth), 태생 (born), 발생 (origin), 종류 (kind)

변화형 gener, gn

---

gene★★★
[dʒiːn]
□□□

명 유전자

Genes have nothing to do with success. 수능

유전자는 성공과 아무런 관계가 없다.

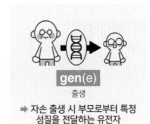

gen(e)
출생

➡ 자손 출생 시 부모로부터 특정 성질을 전달하는 유전자

---

genetic★★★
[dʒənétik]
□□□

형 유전(학)의, 유전자의

genetics★★ 명 유전학
genetically★★ 부 유전적으로
geneticist★★ 명 유전학자

A person's **genetic** code is stored in DNA.

사람의 유전 정보는 DNA에 저장된다.

핵심표현 **genetic** code 유전 정보

Genetics

gene + tic
유전자   형·접

➡ 유전의, 유전자의

---

gender★★★
[dʒéndər]
□□□

명 성, 성별

The drugs work well regardless of **gender** or age. 수능

그 약들은 성별과 나이에 상관없이 효과가 좋다.

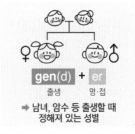

gen(d) + er
출생   명·접

➡ 남녀, 암수 등 출생할 때 정해져 있는 성별

---

genius★★★
[dʒíːnjəs]
□□□

명 천재(성), 특별한 재능

The movie *Amadeus* is a celebration of the **genius** of Mozart. 수능

영화 'Amadeus'는 모차르트의 천재성에 대한 찬사이다.

gen(ius)
태생

➡ 태생부터 특별하게 타고난 천재, 타고난 특별한 재능

---

genuine★★★
[dʒénjuin]
□□□

형 진짜의, 진품의, 진심인

genuinely★★ 부 순수하게, 진심으로

Every young person has a **genuine** opportunity to fulfill himself. 수능

모든 젊은 사람들은 자신을 실현할 진짜 기회를 가지고 있다.

in 1504

gen(u) + ine
태생   형·접

➡ 꾸며서 만들어 내지 않고 태생 그대로 진짜인

DAY 35

해커스 보카 어원편

gentle**
[dʒéntl]
□□□

형 온화한, 완만한, 부드러운

gently** **부** 부드럽게
gentleman **명** 신사

The grass dances upon a **gentle** breeze. 수능
풀이 온화한 산들바람에 춤을 춘다.

gen(t) + le
태생   형·접
➡ 태생이 좋아 성품이 모나지 않고
온화한

oxygen***
[ɑ́:ksidʒən]
□□□

명 산소

The time may come when we have to take an
oxygen tank with us. 수능
우리가 산소 탱크를 가지고 다녀야 할 때가 올지도 모른다.

oxy + gen
산   발생
➡ 다른 것과 결합해 산을
발생시키는 원소인 산소

genre***
[ʒɑ́:nrə]
□□□

명 종류, 유형, (예술 작품의) 장르

a variety of **genres** from easy listening to
classical music 수능
쉽게 들을 수 있는 것에서 클래식 음악까지의 다양한 장르

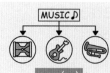

gen(re)
발생, 종류
➡ 어떤 것으로부터 갈라져서
발생한 종류, 장르

homogeneous**
[hòumədʒí:niəs]
□□□

형 동종의, 동질적인

homogeneity **명** 동종성

Not all Native American tribes have
homogeneous cultures today.
오늘날 모든 북미 원주민 부족들이 동질적인 문화를 가지고 있는 것은 아니다.

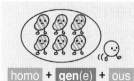

homo + gen(e) + ous
같은   종류   형·접
➡ 같은 종류의, 즉 동종의

general***
[dʒénərəl]
□□□

형 일반적인, 전반적인, 장군의   **명** 장군

generally*** **부** 일반적으로
generalize** **동** 일반화하다, 보편화하다
generalist** **명** 다방면에 걸친 지식을 가진 사람

general downturn in the economy 수능
전반적인 경기 침체

핵심표현 in **general** 보통, 전반적으로

gener + al
종류   형·접
➡ 종류 전체에 걸친,
즉 일반적인 또는 전반적인

generous***
[dʒénərəs]
□□□

형 관대한, 너그러운, 후한

generosity** **명** 관대함, 너그러움

It's all thanks to **generous** people like you. 수능
그 모든 것이 당신 같이 관대한 사람들 덕분입니다.

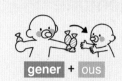

gener + ous
태생   형·접
➡ 태생이 좋아 성품이
너그럽고 관대한

degenerate★
[didʒénərèit]

☐☐☐

동 퇴화하다, 퇴보하다, 타락하다

degeneration 명 퇴화, 퇴보, 타락
degenerative★★ 형 퇴행성의

Cells **degenerate** as people age.
세포는 사람들이 나이 듦에 따라 퇴화한다.

de + gener + ate
떨어져   태생   동·접
➡ 태생 시 타고난 것보다 떨어지게
퇴화하다

generate★★★
[dʒénərèit]

☐☐☐

동 발생시키다, 일으키다

generation 명 발생, (비슷한 연령의) 세대

generate electricity from solar electric panels 수능
태양 전지판으로부터 전기를 발생시키다

핵심표현 **generate** A from B B로부터 A를 발생시키다

gener + ate
발생   동·접
➡ 발생하게 하다

pregnant★
[prégnənt]

☐☐☐

형 임신한, 충만한

pregnancy 명 임신

Pregnant women should eat healthily.
임신한 여성들은 건강하게 먹어야 한다.

pre + gn + ant
전에   출생   형·접
➡ 출생 전의 아기가 배 속에 있는,
즉 임신한

---

crea

자라다 (grow), 만들다 (make)

변화형 cre, cruit

---

decrease★★★
[동 dikríːs]
[명 díkriːs]

☐☐☐

동 줄다, 줄이다, 하락하다, 감소시키다
명 하락, 감소

decreasingly 부 점점 줄어

The number of polar bears is rapidly
decreasing. 수능
북극곰의 수가 빠르게 줄고 있다.

de + crea(se)
아래로   자라다
➡ 아래로 자라다, 즉 줄다

increase★★★
[동 inkríːs]
[명 ínkriːs]

☐☐☐

동 증가하다, 늘리다, 인상하다
명 증가, 인상

increasingly★★★ 부 점점 더, 갈수록 더

I expect that global society will **increase**
investments. 수능
나는 국제 사회가 투자를 늘릴 것이라 예상한다.

in + crea(se)
안에   자라다
➡ 안에서부터 자라나서 증가하다

해커스 보카 어원편

create***
[kriéit]
□□□

동 만들어 내다, 창조하다

creation*** 명 창조, 창작   creature*** 명 창조물, 생물
creative*** 형 창조/창의적인   creator*** 명 창조자
creatively** 부 창조적으로
creativity*** 명 창조성, 독창력

A forest fire in Brazil **created** huge dust clouds. [수능]
브라질의 산불은 거대한 먼지구름을 만들어 냈다.

crea(te)
만들다
➡ 만들어 내다, 창조하다

---

recreate*
[rì:kriéit]
□□□

동 재현하다, 기분 전환하다

recreation*** 명 기분 전환, 레크리에이션, 오락
recreational*** 형 기분 전환의, 레크리에이션의, 오락의

The film **recreates** 18th-century Paris.
그 영화는 18세기 파리를 재현한다.

re + crea(te)
다시   만들다
➡ 예전 것을 다시 만들어 내다,
    즉 재현하다

---

concrete**
[kɑ́:nkri:t]
□□□

형 확실한, 구체적인, 콘크리트로 된
명 구체성, 콘크리트
동 구체화하다, 굳어지다

I don't yet have **concrete** plans for the weekend.
나는 아직 주말에 대한 확실한 계획이 없다.

con + cre(te)
함께(com)   자라다
➡ 여럿이 함께 얽혀 자라
    탄탄하고 확실한

---

recruit**
[rikrú:t]
□□□

동 (신입사원, 신병 등을) 모집하다, 채용하다
명 신입사원, 신병

recruitment* 명 신규 모집, 채용

Ross joined an organization that **recruits** future leaders. [수능]
Ross는 미래의 지도자들을 모집하는 한 단체에 가입했다.

re + cruit
다시   자라다
➡ 규모를 다시 자라게 하기 위해
    인원을 모집하다, 채용하다

어원으로 줄줄이! **crea**와 유사한 의미의 어근 **al**(자라다)

- **altitude**   명 높이, (해발) 고도   al(ti) 자라다 + tude 명·접 ▶ 자라서 도달한 높이
- **abolish**   동 없애다, 폐지하다   ab 떨어져 + ol 자라다(al) + ish 동·접 ▶ 더 못 자라게 떨어뜨려서 없애다
- **adolescent**   명 청소년 형 사춘기의   ad 향하여 + ol(escent) 자라다(al) ▶ 성인을 향해 자라가는 중에 거치는 청소년 시기
- **adult**   명 성인 형 성인의, 성숙한   ad 향하여 + ult 자라다(al) ▶ 사람이 자라서 향하여 가는 성인

DAY 36
생존, 신체기관 (1)
viv, ess, spir, medic, organ, cord

MP3 바로 듣기

---

viv
살다 (live), 생명 (life)
변화형 vit

---

survive★★★
[sərváiv]
☐☐☐

동 살아남다, 생존하다
survival★★★ 명 생존
survivor★ 명 생존자
They **survived** in the wild. 수능
그들은 야생에서 살아남았다.

sur + viv(e)
넘어서(super)   살다
➡ 어려움, 위기 등을 넘어서
살아남다

---

revive★★
[riváiv]
☐☐☐

동 활기를 되찾다, 되살리다
revival★ 명 회복, 부흥, 부활
Drinking coffee **revives** me after work.
일이 끝난 뒤에 커피를 마시는 것은 내가 활기를 되찾게 한다.

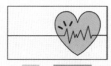

re + viv(e)
다시   살다
➡ 분위기 등이 다시 살아나다,
즉 활기를 되찾다

---

vivid★★★
[vívid]
☐☐☐

형 생생한, 선명한, 생기 있는
vividly★ 부 생생하게
the child's **vivid** imagination 수능
그 아이의 생생한 상상력

viv + id
생명   형·접
➡ 생명이 있는 듯 생생한

---

vital★★★
[váitl]
☐☐☐

형 생명의, 필수적인
vitality★ 명 생기, 활력
vitalize 동 생명을 주다, 생기를 불어넣다
The harshness of the trees' surroundings is a
vital factor in making them strong. 수능
그 나무들의 주변 환경의 가혹함이 그들을 강하게 만드는 필수적인 요인이다.

vit + al
생명   형·접
➡ 생명의, 생명과 같이 필수적인

---

ess

존재하다 (exist)

변화형 est, sent

---

essence***
[ésns]
□□□

명 본질, 정수, 에센스

essential*** 형 본질적인, 필수적인
essentiality** 명 본성, 요점

The core **essence** has not been damaged. 수능
핵심적 본질은 손상되지 않았다.

핵심표현 in **essence** 본질적으로

ess + **ence**
존재하다   명·접
➡ 사물 자체 내에 고유하게
   존재하는 성질, 즉 본질

---

interest*
[íntərəst]
□□□

명 관심, 흥미, 이해관계, 이자
동 관심을 갖게 하다, 흥미를 갖게 하다

uninterested** 형 관심 없는

She's **interested** in translation. 수능
그녀는 번역에 관심이 있다.

핵심표현 be **interested** in ~에 관심이 있다

inter + **est**
사이에   존재하다
➡ 사람들 사이에 존재하는
   관심 또는 이해관계

---

present***
[형, 명 prézənt]
[동 prizént]
□□□

형 존재하는, 참석한, 현재의   명 선물, 현재
동 주다, 제시하다

presentation*** 명 제출, 제시, 발표, 수여
presence*** 명 존재, 있음

the only photographer to be **presented** with the award 수능 그 상을 받은 유일한 사진가

핵심표현 be **presented** with ~을 받다, ~을 제시받다

pre + **sent**
앞에   존재하다
➡ 지금 눈앞에 존재하는,
   지금 눈앞에 주어진 선물

어원으로 줄줄이! **present**와 유사한 의미의 어휘

• **contemporary** 형 현대의, 동시대의   con 함께(com) + tempo(r) 시대 + ary 형·접
▶ 현시대 또는 같은 시대에 함께하는, 즉 현대의 또는 동시대의

• **current** 형 현재의, 통용되는   cur(r) 흐르다 + ent 형·접
▶ 지금 세상에 흐르고 있는, 즉 현재의 또는 통용되는

---

represent***
[rèprizént]
□□□

동 대표하다, 대변하다, 표현하다

representation*** 명 대표, 표현
representative*** 명 대표(자), 대리인

60 participants **representing** 15 countries competed. 수능
15개국을 대표하는 60명의 참가자들이 경쟁했다.

re + **pre** + **sent**
다시   앞에   존재하다
➡ 다른 것 앞에 존재하며 그 뜻을
   다시 나타내다, 즉 대표하다

---

absent***

[형 ǽbsənt]
[동 æbsént]

□□□

형 결석한, 결근한 동 결석하다, 결근하다

absently** 분 멍하니, 넋을 잃고
absence*** 명 결석, 결근, 부재

You were **absent** last Friday. 수능
너는 지난주 금요일에 결석했다.

핵심표현 **absent**-minded 딴 데 정신이 팔린, 건망증이 심한

ab + sent
떨어져 존재하다

➡ 떨어진 다른 곳에 존재하는,
즉 여기에는 결석한

---

spir

숨 쉬다 (breathe)

---

inspire***

[inspáiər]

□□□

동 영감을 주다, 격려하다

inspiring** 형 격려하는, 고무하는
inspiration*** 명 영감, 영감을 주는 것

inspire people to be creative 수능
사람들이 창의적이 되도록 영감을 주다

핵심표현 **inspire** A to B A가 B하도록 영감을 주다

in + spir(e)
안에 숨 쉬다

➡ 누군가의 안에 숨 쉬듯
영감을 불어 넣어 주다

---

expire**

[ikspáiər]

□□□

동 만기가 되다, (숨을) 내쉬다

expiration* 명 만기, 만료

My driver's license **expires** on March 15.
내 운전면허증은 3월 15일에 만기가 된다.

ex + (s)pir(e)
밖으로 숨 쉬다

➡ 숨이 밖으로 달아나 생명이
다하다, 즉 만기가 되다

---

spirit***

[spírit]

□□□

명 영혼, 정신

spiritual** 형 영적인, 정신적인

Local people use the fruit to keep evil **spirits**
away. 수능
현지 사람들은 악한 영혼을 쫓아내기 위해 그 과일을 사용한다.

spir(it)
숨 쉬다

➡ 사람을 살아 숨 쉬게 하는 영혼

---

aspire*

[əspáiər]

□□□

동 열망하다, 염원하다, 포부를 가지다

aspiration** 명 열망, 염원

She **aspires** to be a lawyer.
그녀는 변호사가 되기를 열망한다.

a + spir(e)
~쪽으로(ad) 숨 쉬다

➡ 원하는 것 쪽으로 간절한 숨을
쉬다, 즉 그것을 열망하다

★★★ = 최빈출 ★★ = 빈출 ★ = 기출

respire*

[rispáiər]

□□□

동 호흡하다, 숨 쉬다

respiration* 명 호흡

Humans **respire** with their lungs.

인간들은 폐로 호흡한다.

re + spir(e)

다시   숨 쉬다

➡ 반복해서 여러 번 다시 숨 쉬다,
즉 호흡하다

어원으로 줄줄이! **spir 추가 어휘**

- **conspire** 동 음모를 꾸미다, 공모하다   con 함께(com) + spir(e) 숨 쉬다 ▶ 함께 모여 숨 쉬며 음모를 꾸미다
- **perspire** 동 땀 흘리다, 발산시키다   per 완전히+ spir(e) 숨 쉬다 ▶ 숨을 완전히 몰아쉬도록 움직여 땀을 흘리다

---

medic

병을 고치다 (heal)

변화형 med

---

medical★★★

[médikəl]

□□□

형 의료의, 의학의

medically 부 의학적으로
medication★★ 명 약, 약물 (치료)
medic* 명 의사, 위생병

medical expenses arising from illness or
accident 수능

질병이나 사고로 발생하는 의료 비용

medic + al

병을 고치다   형·접

➡ 병을 고치기 위한, 즉 의료의

---

medicine★★★

[médəsən]

□□□

명 의학, 약, 의료

People are happy with developments in
medicine. 수능

사람들은 의학의 발전에 만족한다.

medic + ine

병을 고치다   명·접

➡ 병을 고치는 의학 또는 약

---

remedy★★

[rémədi]

□□□

명 치료(약), 해결(책)
동 치료하다, 고치다

That's only a temporary **remedy.** 수능

그건 단지 일시적인 치료일 뿐이다.

re + med(y)

뒤로   병을 고치다

➡ 병을 고쳐서 상태를 뒤로 돌림,
즉 치료

---

organ

기관 (organ), 일하다 (work)

변화형 urgeon, ergy

---

organ**
[ɔ́ːrgən]
☐☐☐

명 (신체) 기관, 장기, (특정 단체 등) 기관

organic*** 형 장기의, 유기적인, 유기농의

The liver is the largest **organ** in the human body.
간은 인간의 몸속에서 가장 큰 장기이다.

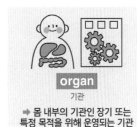

organ
기관

➡ 몸 내부의 기관인 장기 또는
특정 목적을 위해 운영되는 기관

---

organize***
[ɔ́ːrgənàiz]
☐☐☐

동 체계화하다, 조직하다, 준비하다

organized** 형 체계적인, 조직적인
organizer** 명 조직자, 준비 위원
organization*** 명 조직, 단체

I have to **organize** the company fashion show this Friday. 수능
나는 이번 주 금요일에 회사 패션쇼를 준비해야만 한다.

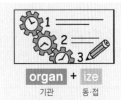

organ + ize
기관   동·접

➡ 운영 체계를 갖춘 기관처럼
만들다, 즉 체계화하다

---

organism***
[ɔ́ːrgənìzm]
☐☐☐

명 생물, 유기체

Some activities such as eating are common to all **organisms**. 수능
먹는 것과 같은 몇몇 활동들은 모든 생물에게 공통적이다.

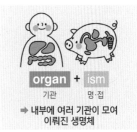

organ + ism
기관   명·접

➡ 내부에 여러 기관이 모여
이뤄진 생명체

---

microorganism**
[màikrouɔ́ːrgənìzm]
☐☐☐

명 (세균 등) 미생물

Viruses are **microorganisms** that can be harmful.
바이러스는 유해할 수 있는 미생물이다.

micro + organism
작은   생물

➡ 아주 작은 생물체, 즉 미생물

---

surgeon**
[sə́ːrdʒən]
☐☐☐

명 외과 의사

surgery** 명 수술

He joined the army as a military **surgeon**. 수능
그는 군의 외과의사로 입대했다.

s + urgeon
손   일하다

➡ 수술처럼 주로 손을 사용한 일을
하는 외과의사

---

energy***
[énərdʒi]
☐☐☐

명 에너지, 활기, 기운

energetic** **형** 활동적인　　energize** **동** 활기를 북돋우다
energetically** **부** 활동적으로

Some countries stopped using coal to produce
energy.
몇몇 국가들은 에너지를 생산하기 위해 석탄을 사용하는 것을 중단했다.

핵심표현 **energy**-efficient 에너지 효율이 좋은

en + ergy
안에　일하다
➡ 일을 하기 위해 안에
필요한 에너지

어원으로 줄줄이! **organ** 추가 어휘

- **allergy**　**명** 알레르기, 과민 증상　　al(l) 다른(alter) + ergy 일하다 ▶ 음식, 약물 등이 보통과 다르게 일해서 나오는 반응인 알레르기
- **synergy**　**명** 시너지, 동반 상승효과　　syn 함께(sym) + ergy 일하다 ▶ 함께 일해 좋은 결과를 내는 시너지

---

cord

마음, 심장 (heart)
변화형 cour, cor

---

accord***
[əkɔ́ːrd]
☐☐☐

동 일치하다, 조화하다　　**명** 합의, 일치

accordingly** **부** 부응해서, 그에 맞춰
accordance** **명** 일치, 조화

The examination confirmed that the witness's
word did **accord** with the facts.
그 조사는 증인의 말이 사실과 일치한다는 것을 확인했다.

핵심표현 **according** to ~에 따르면

ac + cord
~쪽으로(ad)　마음
➡ 같은 쪽으로 마음을 합쳐
뜻이 일치하다

---

discord*
[dískɔːrd]
☐☐☐

동 일치하지 않다, 불화하다
명 불일치, 불화, 불협화음

discordance **명** 부조화, 불일치

There was **discord** among the staff at the office.
사무실의 직원들 사이에 불화가 있었다.

dis + cord
떨어져　마음
➡ 마음이 다른 쪽으로 떨어져
일치하지 않다

---

courage***
[kə́ːridʒ]
☐☐☐

명 용기, 담력

courageous** **형** 용감한

You can save lives with a little time and **courage**
by donating blood.
당신은 헌혈을 함으로써 적은 시간과 용기로 생명을 구할 수 있다.

cour + age
심장　명·접
➡ 심장에서 나오는 용기

---

encourage***

[inkə́:ridʒ]

☐☐☐

图 격려하다, 용기를 북돋우다

encouragement** 图 격려, 고무

Praise may **encourage** children to continue an activity. 수능

칭찬은 아이들이 하나의 행동을 계속하도록 격려할 수도 있다.

핵심표현 **encourage** A to B A가 B하도록 격려하다

en + courage
하게 만들다   용기
➡ 용기가 나게 만들다, 즉 격려하다

어원으로 줄줄이! **encourage**와 유사한 의미의 어휘

• **inspire**　 图 격려하다, 영감을 주다　　 in 안에 + spir(e) 숨 쉬다
　　　　　　　　　　　　　　　　　　　 ▶ 누군가의 안에 숨 쉬듯 용기를 불어넣어 격려하다

• **motivate**　 图 동기를 부여하다, 자극하다　 mot 움직이다(mob) + ive 형·접 + ate 동·접
　　　　　　　　　　　　　　　　　　　 ▶ 상대가 움직이도록 동기를 부여하다

• **stimulate**　 图 자극하다, 활성화하다　　　 stim(ul) 찌르다(sting) + ate 동·접
　　　　　　　　　　　　　　　　　　　 ▶ 움직이도록 찔러서 자극하다, 활성화하다

---

discourage***

[diskə́:ridʒ]

☐☐☐

图 좌절시키다, 말리다, 단념시키다

discouraged** 图 낙담한, 낙심한

The letter advised Ron not to be **discouraged**. 수능

그 편지는 Ron에게 좌절하지 말라고 조언했다.

핵심표현 **discourage** A from B A가 B하는 것을 단념시키다

dis + courage
반대의   용기
➡ '용기 나게 하다'의 반대, 즉 좌절하게 만들다

---

core**

[kɔ:r]

☐☐☐

图 핵심, 주요부
图 핵심의, 중심적인

Review the **core** lessons before the test.

시험 전에 핵심 단원들을 복습해라.

cor(e)
심장
➡ 심장처럼 가장 중요한 것, 즉 핵심

MP3 바로 듣기

corp

몸, 신체 (body)

변화형 corpor

---

corps*
[kɔːr]
□□□

명 부대, 군단

The army includes five **corps**.
그 군대는 5개의 부대를 포함한다.

corp(s)
몸

➡ 군인 여럿이 한 몸을 이룬
부대 또는 군단

---

corpse*
[kɔːrps]
□□□

명 시신, 시체

Ancient Egyptians kept **corpses** by making them into mummies.
고대 이집트인들은 시신들을 미라로 만들어서 보관했다.

corp(se)
몸

➡ 영혼 없이 몸만 남은 시신

---

corporate**
[kɔ́ːrpərət]
□□□

형 기업의, 법인의, 단체의

corporation** 명 기업, 회사

The merger was the largest in **corporate** history.
그 합병은 기업의 역사상 가장 규모가 컸다.

corpor + ate
몸   형·접

➡ 여럿이 한 몸을 이뤄
일하는 곳의, 즉 기업의

---

incorporate***
[동 inkɔ́ːrpərèit]
[형 inkɔ́ːrpərit]
□□□

동 통합하다, 포함하다, 법인으로 만들다
형 결합한, 법인의

Vegetables should be **incorporated** into one's diet. 채소가 식단에 포함되어야 한다.

핵심표현 **incorporate** into ~에 통합하다, ~에 포함하다

in + corpor + ate
안에   몸   동·접

➡ 다른 것을 몸 안에 합쳐서
통합하다

---

phys

몸 (body), 자연 (nature)

변화형 physio

physical ★★★
[fízikəl]
☐☐☐

형 신체적인, 물리적인, 자연의

physically ★★★ 부 신체적으로, 물리적으로
physician ★★ 명 내과 의사
physique ★ 명 체격, 체형

physical balance needed for mental equilibrium 수능
정신적인 평형 상태를 위해 필요한 신체적인 균형

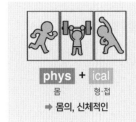

phys + ical
몸   형·접

➡ 몸의, 신체적인

physics ★★
[fíziks]
☐☐☐

명 물리학

physicist ★★★ 명 물리학자

In **physics**, scientists invent theories about the universe. 수능
물리학에서, 과학자들은 우주에 관한 이론들을 만든다.

phys + ics
자연   명·접

➡ 자연 물질의 이치에 대한 학문인 물리학

physiology ★★
[fìziá:lədʒi]
☐☐☐

명 생리학, 생리 (기능)

physiological ★★ 형 생리학의, 생리적인

Doctors study human **physiology**.
의사들은 인간의 생리를 연구한다.

physio + log + y
몸   말   명·접

➡ 몸의 조직이나 기능에 대해 말하는 생리학

---

cap (1)

머리, 우두머리 (head)

변화형 cip, ch(i)ef, chiev

capital ★★★
[kǽpətl]
☐☐☐

명 (국가의) 수도, 대문자, 자본
형 주요한, 대문자의

capitalist 명 자본주의자
capitalism ★★ 명 자본주의

Kathmandu is now the **capital** of Nepal. 수능
카트만두는 현재 네팔의 수도이다.

Seoul is...

cap(it) + al
머리   명·접

➡ 머리가 되는 도시인 수도, 문장의 머리에 쓰는 대문자

escape***

[iskéip]

□□□

동 탈출하다, 빠져나오다

명 탈출, 도피

inescapable** 형 피할 수 없는, 달아날 수 없는

The prisoner **escaped** from the jail.

그 죄수는 감옥에서 탈출했다.

핵심표현 **escape** from ~에서 탈출하다

es + cap(e)

밖으로(ex)   머리

➡ 머리부터 밖으로 빠져나와
탈출하다

---

precipitation***

[prisìpətéiʃən]

□□□

명 강수(량), 강우(량)

The soil is poor and **precipitation** is slight in rocky areas. 수능

암석이 많은 지역은 토양이 척박하고 강수량이 적다.

pre + cip(it) + ation

앞서   머리   명·접

➡ 하늘에서 땅으로 머리가 앞서서
떨어지는 비, 즉 강수

---

chef***

[ʃef]

□□□

명 주방장, 요리사

That hotel in Jeju is looking for a head **chef**. 수능

제주도에 있는 그 호텔이 수석 주방장을 구하고 있다.

chef

우두머리

➡ 주방의 우두머리인 주방장

---

chief**

[tʃiːf]

□□□

명 (조직, 집단의) 장, 추장, 족장

형 주된, 최고위의

chiefly 부 주로

A fire **chief** needs to issue his orders with absolute clarity. 수능

소방서장은 완전히 명료한 명령을 내릴 필요가 있다.

chief

우두머리

➡ 기관/부서/부족 등의
우두머리, 장

---

achieve***

[ətʃíːv]

□□□

동 달성하다, 이루다, 성취하다

achievement*** 명 업적, 성취, 달성

achievable** 형 성취할 수 있는

achiever 명 크게 성공한 사람

Before the target date, the end goal was **achieved**. 수능

목표 날짜 전에 최종 목표가 달성되었다.

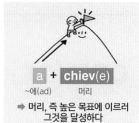

a + chiev(e)

~에(ad)   머리

➡ 머리, 즉 높은 목표에 이르러
그것을 달성하다

어원으로 줄줄이! **cap** (1) 추가 어휘

- **handicap** 명 불리한 조건, 불이익   hand 손 + i 안에(in) + cap 머리 ▶ 손을 머리에 대고 시합하게 하는 것, 즉 불리한 조건
- **snowcapped** 형 꼭대기가 눈으로 덮인   snow 눈 + cap(ped) 머리 ▶ 산의 머리인 꼭대기에 눈이 쌓인

manu

손 (hand)

[변화형] man(i), main

---

manual***
[mǽnjuəl]
□□□

형 손의, 손으로 하는, 수동의
명 설명서, 소책자

manually* 부 손으로, 수동으로

I can't learn how to use a computer just by
reading a **manual**. 수능
나는 설명서를 읽는 것만으로는 컴퓨터를 사용하는 법을 배울 수 없다.

manu + al
손　　형·접
➡ 손의, 손으로 하는,
손을 대는 방법을 알려주는 설명서

---

manufacture***
[mænjufǽktʃər]
□□□

명 생산, 제조, 제작
동 생산하다, 제조하다, 제작하다

manufacturing*** 명 제조업
manufacturer*** 명 생산 회사, 제조자

Korea **manufactured** its first car in 1955. 수능
한국은 1955년에 첫 자동차를 생산했다.

manu + fac(t) + ure
손　　만들다　　명·접
➡ 손으로 물건을 만드는 일,
즉 생산

---

manuscript*
[mǽnjuskrìpt]
□□□

명 원고, 손으로 쓴 것, 필사본

The **manuscript** was sent to many publishers.
그 원고는 여러 출판사에 보내졌다.

manu + script
손　　쓰다(scrib)
➡ 손으로 쓴 것, 원고

---

manage***
[mǽnidʒ]
□□□

동 관리하다, 경영/운영하다, (힘든 일을) 해내다

manager*** 명 관리자, 경영자, 운영자
management*** 명 관리, 경영, 운영
manageable** 형 관리할 수 있는

difficulties of **managing** a relationship 수능
관계를 관리하는 것의 어려움

man(age)
손
➡ 어떤 것에 손을 대다,
즉 그것을 관리하다

---

maneuver**
[mənúːvər]
□□□

명 작전, 조작, 연습
동 작전 행동을 취하다, 연습하다

The **maneuver** confused the enemy.
그 작전은 적을 혼란스럽게 만들었다.

man + euver
손　　일(oper)
➡ 일의 경로를 손으로 이리저리
짜보는 작전

---

manipulate★★★
[mənípjulèit]
☐☐☐

동 (교묘하게) 다루다, 조작하다, 조종하다

manipulation★★ 명 교묘한 처리, 조종
manipulative★★ 형 교묘히 다루는, 조종하는

questions about how the body is **manipulated** in sports 수능
스포츠에서 신체가 어떻게 다루어지는지에 대한 질문들

mani + pul + ate
손   채우다(ple) 동·접
➡ 어떤 것을 손 안에 채워 이리저리 다루다

---

manifest★★
[mǽnəfèst]
☐☐☐

형 명백한, 분명한
동 나타내다, 분명해지다

manifestation 명 나타남, 징후

Emotional eaters **manifest** their problem in lots of different ways. 수능
감정적으로 식사하는 사람들은 많은 다른 방식으로 자신들의 문제를 나타낸다.

mani + fest
손   쥐어진
➡ 손에 쥐어진 듯 분명하게 보이는, 손에 쥔 듯 분명하게 나타내다

---

maintain★★★
[meintéin]
☐☐☐

동 유지하다, 지속하다, 주장하다

maintenance★★ 명 유지, 지속

In a factory, the temperature was **maintained** at 72°F. 수능
한 공장에선 온도가 화씨 72도로 유지되었다.

main + tain
손   잡다
➡ 손으로 꼭 잡아 상태를 유지하다

어원으로 줄줄이! **manu**와 유사한 의미의 어근 **hand**(손)

- **beforehand** 부 사전에, 미리 — before 전에 + hand 손 ▶ 누군가 손 대기 전에, 사전에
- **handle** 명 손잡이 동 다루다 — hand 손 + le 명·접 ▶ 손으로 잡기 위한 손잡이, 손으로 다루다
- **hands-on** 형 직접 해 보는 — hand(s) 손 + on ~ 위에 ▶ 어떤 것 위에 직접 손을 대서 해보는
- **handy** 형 유용한, 편리한 — hand 손 + y 형·접 ▶ 손이 자주 가게 유용한
- **secondhand** 형 간접적인, 중고의 — second 두 번째 + hand 손 ▶ 누군가를 이미 거친 후에 두 번째로 손을 대는, 즉 간접적인 또는 중고의

---

ped   발 (foot)

---

pedal★★
[pédl]
☐☐☐

명 페달, 발로 밟는 건반
동 페달을 밟다
형 발의, 페달 방식의

Keep **pedaling**. You'll be able to ride by yourself. 수능
계속 페달을 밟아라. 너는 곧 혼자 탈 수 있게 될 것이다.

ped + al
발   명·접
➡ 발로 밟는 페달, 페달을 밟다

pedestrian★★★

[pədéstriən]

□□□

명 보행자

형 도보의, 보행의

One day a truck hit a **pedestrian** on the street. 수능

어느 날 한 트럭이 길에 있는 보행자를 쳤다.

ped(estr) + ian
발　　　　명·접(사람)

➡ 발로 걷는 사람, 즉 보행자

---

expedition★★

[èkspədíʃən]

□□□

명 탐험(대), 원정(대)

expedite 동 빠르게 진척시키다, 급히 보내다

The first eight **expeditions** to Everest were British. 수능

최초 여덟 팀의 에베레스트 원정대는 영국인들이었다.

ex + ped(i) + tion
밖으로　　발　　　명·접

➡ 발을 밖으로 내디뎌 미지의
　　 장소로 가는 탐험

---

nerv

신경 (nerve)

변화형 neuro

---

nerve★★

[nə:rv]

□□□

명 신경, 긴장, 불안

Her **nerves** were hurting her. 수능

그녀의 불안이 그녀를 고통스럽게 했다.

nerv(e)
신경

➡ 신경, 신경의 긴장 또는 불안

---

nervous★★★

[nə́:rvəs]

□□□

형 신경이 과민한, 신경성의, 불안한

nervously★★ 부 신경질적으로

nervousness 명 신경과민

Taking a bath helps when you are feeling **nervous**. 수능

신경이 과민할 때 목욕을 하는 것은 도움이 된다.

nerv + ous
신경　　 형·접

➡ 신경이 과민한 상태의

---

neural★★

[njúərəl]

□□□

형 신경의, 신경계의

The brain is made up of a complex **neural** network.

뇌는 복잡한 신경망으로 이루어져 있다.

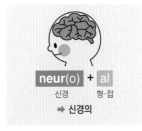

neur(o) + al
신경　　　형·접

➡ 신경의

DAY 38

자연
lumin, astro, terra, hum, insula, aqua, flori, radic

MP3 바로 듣기

---

lumin

빛 (light)

변화형 lustr, lun

---

illuminate★★
[ilú:mənèit]
☐☐☐

图 (불을) 밝히다, 밝게 하다, 명백히 하다

illumination★ 圐 빛, 조명, 깨달음

He turned on the lamp to **illuminate** the room.
그는 방을 밝게 하기 위해 등에 불을 밝혔다.

il + **lumin** + ate
안에(in)   빛   동·접
➡ 어떤 것 안에 빛이 나게
불을 밝히다

---

illustrate★★
[íləstrèit]
☐☐☐

图 설명하다, 삽화를 넣다

illustration★★ 圐 삽화
illustrative 圀 설명적인, 예증이 되는

Use an example to **illustrate** the theory.
그 이론을 설명하기 위해 예시를 사용해라.

il + **lustr** + ate
안에(in)   빛   동·접
➡ 안에 빛을 밝힌 듯 잘 이해되게
설명하다

어원으로 줄줄이! **illustrate**와 유사한 의미의 어휘

- **clarify**   图 명백하게 설명하다   clar 명백한 + ify 동·접 ▶ 명백하게 설명하다
- **explain**   图 설명하다, 해석하다   ex 밖으로 + plain 분명한 ▶ 밖으로 분명히 보이게 내놓고 설명하다
- **depict**   图 그리다, 묘사하다   de 아래로 + pict 그리다 ▶ 고개를 아래로 숙여 대상을 그리다, 묘사하다
- **interpret**   图 설명하다, 해석하다   inter 서로 + pret 거래하다
    ▶ 거래 당사자들이 서로 이해할 수 있도록 생각을 설명하다, 해석하다
- **portray**   图 그리다, 묘사하다   por 앞으로(pro) + tray 끌다(tract)
    ▶ 특징을 앞으로 끌어내어 그리다, 묘사하다

---

lunar★
[lú:nər]
☐☐☐

圀 달의, 음력의

The **lunar** surface is covered with holes and hills.
달의 표면은 구멍과 언덕으로 덮여 있다.

lun + ar
빛   형·접
➡ 밤 하늘에 빛나는 달의

---

astro

별 (star)

변화형 sider

---

astronaut★★
[ǽstrənɔ̀ːt]
☐☐☐

명 우주 비행사

Robots and **astronauts** use much of the same equipment in space. 수능
로봇과 우주 비행사는 우주에서 거의 똑같은 장비를 사용한다.

astronomy★★
[əstrɑ́ːnəmi]
☐☐☐

명 천문학

astronomical★★ 형 천문학의, 천문학적인
astronomer★★ 명 천문학자

Astronomy was first studied in ancient Mesopotamia.
천문학은 고대 메소포타미아에서 처음 연구되었다.

disastrous★★★
[dizǽstrəs]
☐☐☐

형 재난을 일으키는, 비참한

disastrously 부 비참하게

Contact between humans and rare plants can be **disastrous** for the plants. 수능
인간과 희귀 식물 간의 접촉이 식물에게는 재난을 일으킬 수 있다.

astrology★
[əstrɑ́ːlədʒi]
☐☐☐

명 점성술, 점성학

astrologist 명 점성술사

I believe **astrology** is a superstition.
나는 점성술이 미신이라고 믿는다.

consider★★★
[kənsídər]
☐☐☐

동 고려하다, 숙고하다, 간주하다

considerate★★ 형 사려 깊은, 배려하는
consideration★★★ 명 고려 사항, 숙고
considerable★★★ 형 상당한, 많은
considerably★★ 부 상당히, 많이

He was **considered** to be more successful as an architect than a painter. 수능
그는 화가보다 건축가로서 더 성공적인 것으로 고려되었다.

---

terra

땅 (land), 대지 (earth)

변화형 terr

---

terrain*

[təréin]

□□□

명 지형, 지역, 지세

The **terrain** of Colorado is quite rocky.
콜로라도의 지형은 꽤 험난하다.

terra + (a)in
땅　　명·접
➡ 땅의 형태, 즉 지형

Mediterranean**

[mèdətəréiniən]

□□□

형 지중해의, 지중해 연안의

Greece is a **Mediterranean** country.
그리스는 지중해 연안의 국가이다.

Medi + terra(n) + ean
중간　　땅　　형·접
➡ 땅 중간에 있는 바다인 지중해의

---

territory**

[térətɔ̀ːri]

□□□

명 영역, 영토, 지역

territorial 형 영토의

You have to explore new **territory.** 수능
당신은 새로운 영역을 탐험해야 한다.

terr(it) + ory
땅　　명·접(장소)
➡ 일정한 범위의 땅,
즉 영역 또는 영토

---

terrestrial*

[təréstriəl]

□□□

형 육지의, 지상의, 지구의

extraterrestrial 형 지구 밖의, 외계의

Terrestrial ecosystems are under threat from climate change.
육지의 생태계는 기후 변화로 인해서 위협받고 있다.

terr(estr) + ial
땅　　형·접
➡ 땅의, 즉 육지의 또는 지상의

---

terrace**

[térəs]

□□□

명 테라스, 작은 발코니

We sat on the **terrace** and drank tea.
우리는 테라스에 앉아서 차를 마셨다.

terra(ce)
대지
➡ 건물 밖까지 이어져 있는
대지 영역인 테라스

---

hum

땅 (earth)

변화형 humili

---

humanity ★★★

[hju:mǽnəti]

□□□

명 인류, 인간(성), 인간애

humanitarian★★ 형 인도주의적인, 인간애의

solve social problems out of their love for **humanity** 수능

인류에 대한 그들의 사랑으로 사회 문제를 해결하다

hum + an + ity
땅   형·접 명·접

➡ 땅에 사는 사람들, 즉 인류

---

humid ★★

[hjú:mid]

□□□

형 습한, 습기가 있는

humidity★★ 명 습도, 습함

It was so hot and **humid** that I couldn't enjoy the tour fully. 수능

너무 덥고 습해서 여행을 완전히 즐길 수 없었다.

hum + id
땅   형·접

➡ 땅에서 물기가 올라와 습한

---

humble ★★

[hʌ́mbl]

□□□

형 겸손한, 변변찮은
동 겸손하게 만들다, (자존심 따위를) 낮추다

humbly 부 겸손하게
humbleness 명 겸손함, 변변치 않음

humbling experiences an adult can undergo 수능

성인이 겪을 수 있는 겸손하게 만드는 경험들

hum(b) + le
땅   형·접

➡ 몸을 땅 쪽으로 낮게 숙이는,
즉 겸손한

---

humility ★★

[hju:míləti]

□□□

명 겸손, 겸손한 행동

His **humility** and kindness made him very popular.

그의 겸손과 친절은 그를 매우 인기있게 만들었다.

humili + ty
땅   명·접

➡ 몸을 땅으로 숙이는 것, 즉 겸손

---

humiliate ★★

[hju:mílièit]

□□□

동 굴욕감을 주다, 창피하게 하다

humiliation★★ 명 굴욕, 창피

Chris **humiliated** himself by forgetting the lyrics while on stage.

Chris는 무대 위에 있는 동안 노래 가사를 잊어버려서 굴욕감을 느꼈다.

핵심표현 **humiliate** oneself 굴욕감을 느끼다, 창피를 당하다

humili + ate
땅   동·접

➡ 상대를 땅으로 숙이게 하여
굴욕감을 주다

---

insula

섬 (island)

[변화형] isol

insulate★★
[ínsəlèit]

☐☐☐

동 단열 처리를 하다, 방음 처리를 하다

insulation★ **명** 단열 처리, 방음 처리

insulate throughout for winter and summer comfort [수능]

겨울과 여름의 안락함을 위해 구석구석 단열 처리를 하다

insula + (a)te
섬　　　동·접
➡ 땅과 떨어져 있어 못 가는 섬처럼 열과 소리가 못 들어가게 하다

peninsula★★
[pənínsjulə]

☐☐☐

명 반도

peninsular **형** 반도의

People speaking Korean have been limited to those from the **peninsula**. [수능]

한국어를 말하는 사람들은 그 반도 출신의 사람들로 한정되어 왔다.

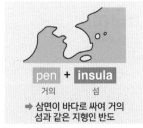

pen + insula
거의　　섬
➡ 삼면이 바다로 싸여 거의 섬과 같은 지형인 반도

isolate★★
[áisəlèit]

☐☐☐

동 격리하다, 고립시키다

isolated★★ **형** 고립된
isolation★★★ **명** 격리, 고립

The hospital **isolated** the patient to prevent his disease from spreading.

병원은 그 환자의 병이 퍼지는 것을 막기 위해 그를 격리했다.

isol + ate
섬　　동·접
➡ 섬처럼 혼자 있게 격리하다

aqua

물 (water)

aquatic★
[əkwǽtik]

☐☐☐

형 물의, 물속의, 수상의

Aquatic sports are an important part of the summer Olympics.

수상 스포츠는 하계 올림픽의 중요한 부분이다.

aqua + tic
물　　형·접
➡ 물의, 물속의, 수상의

aquarium**

[əkwéəriəm]

□□□

명 수족관

The **aquarium** is famous for its dolphins.

그 수족관은 돌고래로 유명하다.

aqua + (o)rium
물   명·접(장소)

➡ 물에 사는 생물을 모아 놓고
기르는 수족관

aquaculture**

[ǽkwəkλltʃər]

□□□

명 (어류 등의) 양식, 수경 재배

The **aquaculture** industry was rapidly
expanding. 수능

양식 산업은 빠르게 확장되고 있었다.

aqua + cult + ure
물   경작하다 명·접

➡ 물에 사는 생물을 경작하는 양식

어원으로 줄줄이! **aqua**와 유사한 의미의 어근 hydro(물)

• **hydro**	형 수력의 명 수력 전기	hydro 물 ▶ 물로 전기를 만드는 수력의
• **carbohydrate**	명 탄수화물	carbo 탄소 + hydr(o) 물 + ate 명·접 ▶ 탄소와 물이 결합한 탄수화물
• **dehydrate**	동 건조시키다, 탈수되다	de 떨어져 + hydr(o) 물 + ate 동·접 ▶ 물이 떨어져 없는 상태가 되도록 건조시키다
• **hydrogen**	명 (기체 원소인) 수소	hydro 물 + gen 발생 ▶ 물이 발생할 때 필요한 원소인 수소

---

flori

꽃 (flower)

변화형 flour

---

florist**

[flɔ́:rist]

□□□

명 꽃집 (주인/직원), 화초 재배자

In the past, a **florist** shop was most likely a local
business. 수능

과거에는 꽃 가게가 대부분 지역 사업이었을 것이다.

flori + ist
꽃   명·접(사람)

➡ 꽃을 파는 사람/가게,
꽃을 재배하는 사람

flour**

[fláuər]

□□□

명 (고운) 가루, 밀가루

Flour is used to make bread.

밀가루는 빵을 만들기 위해 사용된다.

flour
꽃

➡ 꽃가루와 형태가 유사한
가루, 밀가루

★★★ = 최빈출 ★★ = 빈출 ★ = 기출

flourish**

[fláːriʃ]

□□□

동 번성하다, 잘 자라다

Bamboo **flourishes** in a tropical climate.
대나무는 열대 기후에서 번성한다.

flour + ish
꽃   동·접
➡ 꽃이 활짝 핀 것과 같이
번성하다

어원으로 줄줄이! **flourish**와 유사한 의미의 어휘

• **progress**   동 진보하다, 나아가다   pro 앞으로 + gress 가다(grad) ▶ 앞으로 나아가며 진보하다
• **prosper**   동 번영하다, 번창하다   pro 앞으로 + sper 희망 ▶ 희망차게 앞으로 나아가며 번영하다

---

radic   뿌리 (root)

---

radical***

[rǽdikəl]

□□□

형 근본적인, 기초적인, 급진적인
명 급진주의자

radically** 부 근본적으로, 급진적으로

The husband and wife could not overcome their
radical differences about raising children.
그 남편과 아내는 아이들을 양육하는 것에 대한 근본적인 차이를 극복하지 못했다.

radic + al
뿌리   형·접
➡ 식물의 뿌리와 같이 어떤 것의
근본이 되는

---

eradicate*

[irǽdəkèit]

□□□

동 근절하다, 뿌리 뽑다

eradication 명 근절, 박멸

The goal of the new campaign is to **eradicate**
drunk driving.
새로운 캠페인의 목표는 음주운전을 근절하는 것이다.

e + radic + ate
밖으로(ex) 뿌리 동·접
➡ 뿌리를 밖으로 뽑아 없애다,
즉 근절하다

어원으로 줄줄이! **eradicate**와 유사한 의미의 어휘

• **destroy**   동 파괴하다, 말살하다   de 아래로 + stroy 세우다(struct)
                                      ▶ 세운 것을 아래로 무너뜨려 파괴하다
• **eliminate**   동 제거하다, 삭제하다   e 밖으로(ex) + limin 경계(limit) + ate 동·접
                                      ▶ 경계 밖으로 치워 제거하다
• **remove**   동 제거하다, 치우다   re 뒤로 + mov(e) 움직이다(mob)
                                      ▶ 뒤로 움직여 안 보이게 제거하다

DAY 39

행동하다, 추구하다, 시도/시험하다
act, pet, quir, per, tempt, prob

MP3 바로 듣기

act

행동하다 (do)
변화형 ag

---

actual★★★
[ǽktʃuəl]
□□□

형 실제의, 현실의

actually★★★ 부 실제로, 사실은
actuality★★ 명 실제, 현실(성)

In Siberia, the **actual** challenge is to produce and deliver oil. 수능
시베리아에서 실제 문제는 석유를 생산하고 전달하는 것이다.

act + ual
행동하다 형·접
➡ 행동으로 옮겨서 실제가 된

어원으로 줄줄이! **actual**과 유사한 의미의 어휘

• **authentic** 형 진짜의, 실제의 aut 스스로(auto) + hent 되다 + ic 형·접
▶ 자기 스스로 원본이 되는, 즉 진짜인

• **factual** 형 실제의, 사실의 fac(t) 하다 + ual 형·접 ▶ 실제로 행해져 사실인

---

active★★★
[ǽktiv]
□□□

형 활동적인, 적극적인

actively★★ 부 활동적으로
activity★★★ 명 활동, 활기
inactive★★ 형 활동하지 않는, 소극적인

Most moths are **active** after dark. 수능
대부분의 나방들은 어두워진 이후에 활동적이다.

act + ive
행동하다 형·접
➡ 행동을 많이 하는, 즉 활동적인

---

activate★★
[ǽktəvèit]
□□□

동 작동시키다, 활성화하다

activation★★ 명 활성화

Press the button to **activate** the machine.
기계를 작동시키기 위해 그 버튼을 눌러라.

activ(e) + ate
활동적인 동·접
➡ 어떤 것을 활동적인 상태로 만들기 위해 작동시키다

★★★ =최빈출 ★★ =빈출 ★ =기출

react***
[riǽkt]

☐☐☐

동 반응하다, 반응을 보이다

reaction* 명 반응
reactive* 형 반응을 보이는, 반응이 빠른
reactivity 명 반응성, 반작용

Plants are known to **react** to environmental
pressures. 수능 식물들은 환경적인 압박에 반응한다고 알려져 있다.

핵심표현 **react to** ~에 반응하다

re + act
다시   행동하다
➡ 어떤 행동에 대해 다시 행동으로
반응하다

---

exact***
[igzǽkt]

☐☐☐

형 정확한, 정밀한

exactly* 부 정확히, 틀림없이
exactness* 명 정확성

Amazonian people were unable to make **exact**
calculations. 수능
아마존 사람들은 정확한 계산을 할 수 없었다.

ex + act
밖으로   행동하다
➡ 밖으로 드러낼 수 있을 만큼
행동의 결과가 정확한

어원으로 줄줄이! **exact**와 유사한 의미의 어휘

• **accurate**	형 정확한, 정밀한	ac ~에(ad) + cur 관심 + ate 형·접 ▶ 어떤 것에 관심을 쏟아 정확하게 만든
• **correct**	형 정확한, 올바른	cor 모두(com) + rect 바르게 이끌다 ▶ 잘못된 것을 모두 바르게 이끌어 정확해진
• **precise**	형 정확한, 정밀한	pre 앞에 + cise 자르다(cide) ▶ 앞에 붙은 군더더기를 잘라내 정확한

---

enact**
[inǽkt]

☐☐☐

동 (법을) 제정하다, (연극 등을) 상연하다

enactment* 명 법률 제정, 입법

The government **enacted** a new law.
정부는 새로운 법을 제정했다.

en + act
하게 만들다 행동하다
➡ 어떤 행동을 하게 만들기 위해
법을 제정하다

---

agent***
[éidʒənt]

☐☐☐

명 대리인, 중개상, (특정 기관의) 요원/직원

agency* 명 대리점, 대행사

We need an **agent** to negotiate the contract
for us.
우리는 우리를 위해 계약 협상을 할 대리인이 필요하다.

ag + ent
행동하다 명·접(사람)
➡ 대신해서 행동하는 사람,
즉 대리인

어원으로 줄줄이! **act** 추가 어휘

• **counteract**	동 대항하다, 대응하다	counter 대항하여 + act 행동하다 ▶ 대항하여 행동하다, 즉 대항하다
• **interact**	동 상호 작용하다	inter 서로 + act 행동하다 ▶ 서로에게 영향을 미치는 행동을 하여 상호 작용하다
• **proactive**	형 앞서서 주도하는	pro 앞에 + act 행동하다 + ive 형·접 ▶ 남보다 앞에 나서서 행동을 주도하는
• **transaction**	명 거래, 매매, 처리	trans 가로질러 + act 행동하다 + ion 명·접 ▶ 사람 사이를 가로질러 일어나는 행동, 즉 거래

pet

찾다, 추구하다 (seek)

변화형 peat

---

compete★★★
[kəmpíːt]
□□□

동 경쟁하다, 겨루다, (경기에) 참가하다

competitor★★★ 명 경쟁자, 경쟁 상대
competition★★★ 명 경쟁, 대회
competitive★★★ 형 경쟁력 있는, 경쟁심이 강한
competitiveness★★ 명 경쟁력

Animals can live without **competing** for food. 수능
동물들은 식량을 위해 경쟁하지 않고 살 수 있다.

com + pet(e)
함께   찾다
➡ 먼저 찾기 위해 여럿이 함께
경쟁하다

---

competent★★★
[kɑ́ːmpətənt]
□□□

형 유능한, 능숙한

competence★★ 명 능숙함, 능력

how to hire a **competent** employee 수능
유능한 직원을 고용하는 방법

compete + (e)nt
경쟁하다   형·접
➡ 경쟁에서 이길 능력이 있는,
즉 유능한

어원으로 줄줄이! **competent**와 유사한 의미의 어휘

• **professional** 형 전문적인, 프로의   pro 앞에 + fess 말하다(fa) + ion 명·접 + al 형·접
▶ 남들 앞에서 공개적으로 말할 수 있을 만큼 어떤 일에 전문적인

• **proficient** 형 능숙한, 숙달한   pro 앞으로 + fic(i) 만들다(fac) + ent 형·접
▶ 어떤 것을 빠르게 만들며 앞으로 나갈 수 있는, 즉 능숙한

---

appetite★★
[ǽpətàit]
□□□

명 식욕, 욕구

appetizer 명 식욕을 돋우는 것, 전채

I don't have an **appetite** today.
나는 오늘 식욕이 없다.

ap + pet + ite
~에(ad) 추구하다 명·접
➡ 음식 등에 끌려 그것을 추구하는
욕구, 식욕

---

petition★
[pətíʃən]
□□□

명 탄원, 청원(서)
동 탄원하다, 청원하다

The **petition** was agreed to by 1,000 people.
그 탄원은 천 명의 사람들에게 동의를 받았다.

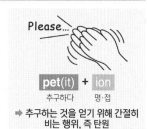

Please...

pet(it) + ion
추구하다   명·접
➡ 추구하는 것을 얻기 위해 간절히
비는 행위, 즉 탄원

★★★ =최빈출   ★★ =빈출   ★ =기출

repeat***

[ripíːt]

☐☐☐

图 반복하다, 되풀이하다

repeatedly*** 图 반복적으로, 되풀이하여
repetition** 图 반복, 되풀이
repetitive** 图 반복적인
repeatable 图 반복할 수 있는, 되풀이할 만한

Muscle cells can sustain **repeated**
contractions. 수능 근육 세포는 반복적인 수축을 견딜 수 있다.

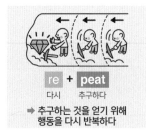

re + peat
다시 추구하다
➡ 추구하는 것을 얻기 위해
행동을 다시 반복하다

---

quir

구하다 (seek), 묻다 (ask)

변화형 quer, quest, quisit

---

acquire***

[əkwáiər]

☐☐☐

图 얻다, 습득하다, 획득하다

acquisition** 图 습득, 획득

the process of **acquiring** cultural knowledge 수능
문화적 지식을 습득하는 과정

ac + quir(e)
~쪽으로(ad) 구하다
➡ 구하는 것 쪽으로 가서
그것을 얻다, 습득하다

---

require***

[rikwáiər]

☐☐☐

图 요구하다, 필요로 하다

requirement*** 图 요건, 필요조건

Becoming a doctor **requires** a lot of studying.
의사가 되는 것은 많은 공부를 요구한다.

핵심표현 **require** A to B A에게 B하기를 요구하다

re + quir(e)
다시 구하다
➡ 구하는 것을 상대에게 반복해서
다시 요구하다

---

inquire**

[inkwáiər]

☐☐☐

图 묻다, 질문하다, 알아보다

inquiry** 图 문의, 질문

"How much is plain ice cream?" he **inquired**. 수능
"플레인 아이스크림은 얼마인가요?"라고 그가 물었다.

in + quir(e)
안에 묻다
➡ 안에 무엇이 있는지 묻다

---

conquer***

[káŋkər]

☐☐☐

图 정복하다, 극복하다, 이기다

conquest 图 정복, 극복

I can do better if I **conquer** my indecision. 수능
나는 나의 우유부단함을 극복한다면 더 잘할 수 있다.

con + quer
모두(com) 구하다
➡ 어려움을 이기고 구하던 것을
모두 얻다, 즉 정복 또는 극복하다

---

quest★★
[kwest]
□□□

명 탐구, 추구, 탐색
동 탐구하다, 탐색하다

the **quest** for profit and the search for knowledge 수능
이윤 추구와 지식 탐구

핵심표현 **quest** for ~에 대한 탐구/추구

quest
구하다
➡ 원하는 것을 구하기 위한 탐구, 추구

request★★★
[rikwést]
□□□

동 요청하다, 요구하다
명 요청, 요구

We would like to **request** that you stop delivery to our home. 수능
저희는 당신에게 우리 집에 배달을 중단할 것을 요청하고 싶습니다.

핵심표현 make **request** for ~을 요청하다

re + quest
다시 구하다
➡ 구하는 것을 얻기 위해 반복해서 다시 요청하다

exquisite★
[ikskwízit]
□□□

형 매우 아름다운, 정교한

The gold necklace is **exquisite**.
그 금목걸이는 매우 아름답다.

ex + quisit(e)
밖으로 구하다
➡ 구한 것을 밖으로 내어 자랑할 만큼 매우 아름다운

---

per   시도하다 (try)

---

experience★★★
[ikspíəriəns]
□□□

명 경험, 경력   동 경험하다, 겪다

experienced 형 경험이 있는
experiential 형 경험상의, 경험에 의한

You should highlight your volunteer **experience** as a translator. 수능
당신은 번역가로 자원 봉사한 경험을 강조해야 한다.

ex + per(i) + ence
밖으로 시도하다 명·접
➡ 밖으로 나와 어떤 일을 시도해 보는 것, 즉 경험

experiment★★★
[명 ikspérəmənt]
[동 ikspérəmènt]
□□□

명 실험, 시험   동 실험하다, 시험하다

experimental★★★ 형 실험적인
experimentation★★ 명 실험 활동, 실험법

Faraday's **experiments** were the beginning of the electronic age. 수능
패러데이의 실험들이 전자 시대의 시작이었다.

ex + per(i) + ment
밖으로 시도하다 명·접
➡ 아이디어를 머리 밖으로 꺼내 시도해 보는 것, 즉 실험

expert★★★
[ékspəːrt]
☐☐☐

명 전문가, 달인
형 전문가인, 숙련된
expertise★★ 명 전문 지식/기술
Experts play a large role in the creation of policy. 수능
전문가들은 정책을 만드는 데 큰 역할을 한다.

ex + per(t)
밖으로   시도하다
➡ 어떤 일을 시도한 결과 밖으로 보여줄 만큼 잘하게 된 전문가

---

tempt   시도하다 (try)

---

tempt★★★
[tempt]
☐☐☐

동 유혹하다, 부추기다, 설득하다
tempting★★ 형 유혹적인, 솔깃한
temptation★★ 명 유혹

I was **tempted** to cheat in the game.
나는 그 경기에서 부정행위를 하고 싶은 유혹을 받았다.

핵심표현 **tempt** to ~하도록 유혹하다, ~할 생각이 나게 하다

tempt
시도하다
➡ 상대를 자기 뜻대로 움직이려는 시도로 유혹하다

attempt★★★
[ətémpt]
☐☐☐

동 시도하다, 꾀하다
명 시도, 노력

attempt to do something and fail 수능
무언가를 하려고 시도하고 실패하다

핵심표현 **attempt** to ~하려고 시도하다

at + tempt
~에(ad)   시도하다
➡ 목표에 이르려고 시도하다

---

prob   시험하다 (test), 증명하다 (demonstrate)
변화형 prov

---

probe★★
[proub]
☐☐☐

명 조사, 탐사
동 검사하다, (진상을) 규명하다

the knowledge we gain from space **probes** 수능
우주 탐사로부터 우리가 얻는 지식

prob(e)
시험하다
➡ 어떤 것을 이리저리 시험해 보는 것, 즉 조사 또는 탐사

probable**
[prάːbəbəl]
□□□

형 그럴듯한, (어떤 일이) 있음 직한

probably*** 부 아마, 대개는
probability** 명 그럴듯함, 개연성, 확률

After listening to his story, his claim seemed **probable**.
그의 이야기를 듣고 나니 그의 주장이 그럴듯한 것 같았다.

prob + able
증명하다   할 수 있는
➡ 진짜라고 증명할 수 있을 법한,
즉 그럴듯한

어원으로 줄줄이! **probable**과 유사한 의미의 어휘

- **feasible** 형 가능한, 실행할 수 있는   feas 행하다(fac) + ible 할 수 있는
  ▶ 어떤 일을 행할 수 있는, 즉 가능한
- **plausible** 형 그럴듯한, 정말 같은   plaus 박수 치다(plaud) + ible 할 수 있는
  ▶ 박수를 쳐 줄 수 있을 만큼 이야기가 그럴듯한
- **possible** 형 가능한, 있을 수 있는   pos(s) 힘(pot) + ible 할 수 있는
  ▶ 어떤 일을 할 힘이 있어 그 일이 가능한

---

prove***
- proved - proved[proven]
[pruːv]
□□□

동 증명하다, 입증하다, 판명되다

proven** 형 증명된, 입증된
proof** 명 증명, 증거

Bob's good record at work **proved** he could handle the job. 수능
Bob의 좋은 근무 기록은 그가 그 일을 처리할 수 있음을 증명했다.

prov(e)
시험하다, 증명하다
➡ 어떤 사실을 시험을 통해
증명하다

---

approve**
[əprúːv]
□□□

동 찬성하다, 승인하다

approval** 명 찬성, 승인
disapprove** 동 반대하다, 못마땅해하다
disapproval 명 반감, 불승인

do something that mother doesn't **approve** of 수능
어머니가 찬성하지 않는 일을 하다

핵심표현 **approve** of ~에 찬성하다

Good!

ap + prov(e)
~에(ad)   시험하다
➡ 어떤 것에 대해 시험해 본 결과
그것에 찬성하다

DAY 39

해커스 보카 어원편

DAY 40

취하다, 잡다, 소유하다

cap (2), sum (2), hab, tain

MP3 바로 듣기

---

cap (2)

취하다 (take), 잡다 (hold)

[변화형] cept, ceive, cupy

---

capable***
[kéipəbəl]
□□□

형 능력이 있는, 유능한

capability*** 명 능력, 역량
capacity*** 명 능력, 용량, 수용력
incapable** 형 능력이 없는, ~을 할 수 없는

Humans are **capable** of operating the instruments. 수능 인간은 도구들을 운용할 능력이 있다.

[핵심표현] be **capable** of ~할 능력이 있다

cap + able
취하다   할 수 있는
➡ 어떤 것을 취할 수 있는 능력이 있는, 그것을 가질 만큼 유능한

---

capture***
[kǽptʃər]
□□□

명 포획(물)
동 포획하다, 캡처하다

captive* 형 사로잡힌
captivity 명 감금, 억류
captivate 동 마음을 사로잡다, 매혹하다

capture some vivid imagery 수능
몇몇 생생한 이미지를 캡처하다

cap(t) + ure
잡다   명·접
➡ 다른 대상을 잡는 것, 즉 포획

---

accept***
[æksépt]
□□□

동 받아들이다, 인정하다

acceptable*** 형 받아들여지는, 용인되는
acceptance** 명 받아들임, 수락, 용인

I had **accepted** a job offer from Dr. Wayne. 수능
나는 Wayne 박사의 일자리 제안을 받아들였다.

ac + cept
~쪽으로(ad) 취하다
➡ 내 쪽으로 취해서 받아들이다

---

concept***
[kάːnsept]
□□□

명 개념, 관념

conception** 명 개념, 이해
conceive** 동 생각하다, 상상하다

The **concept** of war has become outdated. 수능
전쟁의 개념은 시대에 뒤떨어진 것이 되었다.

con + cept
모두(com)   잡다
➡ 여러 다른 설명을 모두 잡아서 일반화한 개념

---

misconception**
[mìskənsépʃən]
☐☐☐

명 오해, 잘못된 생각

misconceptions about organic foods 수능
유기농 식품에 관한 오해

mis + conception
잘못된   이해
➡ 어떤 것에 대한 잘못된 이해,
즉 오해

---

except*
[iksépt]
☐☐☐

전 ~을 제외하고, ~ 외에는   **동** 제외하다

exception** **명** 제외, 예외
exceptional** **형** 예외적인, 이례적인
exceptionally **부** 예외적으로, 특별히

Clear everything from your desk **except** your pencils. 수능 연필을 제외하고 모든 것을 책상에서 치워라.

핵심표현 **except for** ~을 제외하고

ex + cept
밖으로   잡다
➡ 어떤 것을 밖으로 잡아 빼내어,
즉 그것을 제외하고

---

deceive**
[disíːv]
☐☐☐

동 속이다, 기만하다, 사기 치다

deceit* **명** 속임(수), 기만, 사기
deception** **명** 속임(수), 기만, 사기
deceptive** **형** 속이는, 기만적인

Children shouldn't **deceive** their parents.
아이들은 부모님을 속이면 안 된다.

de + ceive
떨어져   취하다
➡ 다른 이의 것을 몰래 취하여
도망쳐 떨어지다, 즉 속이다

---

receive***
[risíːv]
☐☐☐

동 받다, 받아들이다, 수용하다

receipt* **명** 수령, 영수증
reception** **명** 수용, 수신
receptive** **형** 잘 받아들이는, 수용하는
recipient** **명** 받는 사람, 수령인

Participants who complete their hike will **receive** a medal. 수능 등산을 끝낸 참가자들은 메달을 받을 것이다.

re + ceive
다시   잡다
➡ 누군가 놓아서 보낸 것을
다시 잡다, 즉 받다

---

perceive***
[pərsíːv]
☐☐☐

동 인지하다, 감지하다, 이해하다

perception** **명** 인식, 지각
perceptual** **형** 지각의, 지각이 있는
misperception **명** 오인, 오해

I didn't **perceive** any problems with the product.
나는 그 제품에 대해 어떤 문제점도 인지하지 못했다.

per + ceive
완전히   잡다
➡ 어떤 것에 대해 완전히 감을
잡아 인지하다

어원으로 줄줄이! **perceive**와 유사한 의미의 어휘

- **comprehend** **동** 이해하다, 파악하다   com 모두 + prehend 붙잡다
  ▶ 관련된 것을 모두 붙잡아 전체를 이해하다

- **discover** **동** 발견하다, 알아채다   dis 떨어져 + cover 덮다
  ▶ 덮었던 것을 떨어뜨려 가려진 것을 발견하다, 알아채다

- **recognize** **동** 알아보다, 인식하다   re 다시 + cogn 알다 + ize 동·접
  ▶ 다시 보고 알게 되다, 즉 알아보다

occupy★★★
[á:kjupài]
☐☐☐

동 차지하다, 점령하다, 점거하다

occupation★★ 명 점령, 직업

You **occupy** several positions in the society. 수능
당신은 사회에서 몇 가지 지위를 차지하고 있다.

핵심표현 be **occupied** with ~에 열중해 있다, ~에 몰두하다

oc + cupy
향하여(ob) 취하다
➡ 어딘가로 향하여 가서 그곳을
취하다, 즉 차지하다

어원으로 줄줄이! **cap** (2) 추가 어휘

• **intercept**	동 가로채다, 가로막다	inter 사이에 + cept 취하다	▶ 다른 이들의 사이에 끼어들어 가서 그들의 물건을 취하다, 즉 가로채다
• **susceptible**	형 민감한, 받아들이는	sus 아래에(sub) + cept 잡다 + ible 할 수 있는 ▶ 잡아서 어떤 것의 영향 아래에 쉽게 둘 수 있도록 영향에 민감한	
• **conceit**	명 자만, 자부심, 독단	con 모두(com) + ceit 잡다	▶ 가진 것을 모두 손에 잡고 뽐냄, 즉 자만 또는 자부심
• **preoccupy**	동 몰두하게 하다	pre 앞서 + occupy 차지하다	▶ 한 생각이 다른 생각에 앞서 머릿속을 차지해 그것에 몰두하게 하다

---

sum (2)

취하다, 골라 가지다 (take)

변화형 sem

---

consume★★★
[kənsú:m]
☐☐☐

동 소비하다, 먹다, 소모하다

consumer★★★ 명 소비자
consumption★★★ 명 소비, 소모

When people **consume** a variety of foods, they tend to overeat. 수능
사람들은 다양한 음식을 먹을 때 과식하는 경향이 있다.

con + sum(e)
모두(com) 취하다
➡ 어떤 것을 취해서 모두
소비하다, 먹다

---

assume★★★
[əsú:m]
☐☐☐

동 추정하다, 맡다, (책임을) 지다

assumption★★★ 명 추정, 인수
assumptive 형 추정적인, 가정의

We **assume** that dogs can smell anything. 수능
우리는 개들이 무엇이든지 냄새를 맡을 수 있을 것이라 추정한다.

as + sum(e)
~쪽으로(ad) 취하다
➡ 생각의 방향을 어떤 쪽으로
취하다, 즉 그 방향으로 추정하다

---

presume★
[prizú:m]
☐☐☐

동 추정하다, 간주하다

presumption 명 추정
presumably 부 추정하건대, 아마

She **presumed** the meeting would finish early.
그녀는 그 회의가 일찍 끝날 것이라고 추정했다.

pre + sum(e)
앞서 취하다
➡ 미리 앞서 어떤 생각을 취하다,
즉 추정하다

---

resume★★

[rizú:m]

☐☐☐

동 다시 시작하다, 다시 차지하다

resumption 명 재개, 회복

Sharon **resumed** working just three weeks after having her baby.

Sharon은 아이를 낳은 지 3주 만에 일을 다시 시작했다.

re + sum(e)
다시   취하다

➡ 멈췄던 일을 취하여 다시 시작하다

exemplify★★

[igzémpləfài]

☐☐☐

동 예를 들다, ~의 좋은 예가 되다

example 명 예, 사례

Korean food is **exemplified** by bibimbap.

한국 음식은 비빔밥으로 예가 들어진다.

ex + (s)em + pl(e) + ify
밖으로 취하다   명·접   동·접

➡ 대표적인 것을 취해 밖으로 꺼내 보여주다, 즉 예를 들다

---

hab

가지다 (have), 잡다 (hold)

변화형 hav, hib

---

habit★★★

[hǽbit]

☐☐☐

명 버릇, 습관

habitual★★ 형 습관적인
habitually★ 부 습관적으로

Please get rid of your bad **habit**. 수능

부디 당신의 나쁜 버릇을 없애라.

hab(it)
가지다

➡ 쭉 가지고 사는 버릇

habitat★★★

[hǽbitæt]

☐☐☐

명 서식지, 거주지

Habitat diversity refers to the variety of places where life exists. 수능

서식지 다양성이란 생명체가 존재하는 장소들의 다양성을 일컫는다.

hab(it) + at
가지다   명·접

➡ 생물들이 자신의 영역으로 가지고 살아가는 서식지

inhabit★★

[inhǽbit]

☐☐☐

동 살다, 거주하다, 서식하다

inhabitant★★ 명 주민, 거주자

wildlife **inhabiting** areas close to the fish farms 수능

양식장 근처의 지역에 사는 야생동물

in + hab(it)
안에   가지다

➡ 어떤 장소를 가져서 그 안에 살다

---

behave★★★

[bihéiv]

☐☐☐

⑤ (예의 바르게) 행동하다, 처신하다

behavior★★★ ⑲ 행동
behavioral★★ ⑱ 행동의
misbehavior★★ ⑲ 부정행위, 버릇없음

We hope they'll learn to **behave** morally. 수능
우리는 그들이 도덕적으로 행동하는 것을 배우기를 바란다.

be + hav(e)
있다   가지다
➡ 자신이 있는 상황에 맞는
몸가짐을 가지고 행동하다

exhibit★★★

[igzíbit]

☐☐☐

⑤ 전시하다, 진열하다
⑲ 전시회, 전시품

exhibition★★★ ⑲ 전시, 작품

The museum **exhibits** collections of artistic ceramic works. 수능
그 박물관은 예술적인 도자기 작품 모음을 전시한다.

ex + hib(it)
밖으로   가지다
➡ 가진 것을 밖으로 내놓아
보여주다, 즉 전시하다

inhibit★★

[inhíbit]

☐☐☐

⑤ 억제하다, 제지하다, 금하다

inhibition ⑲ 억제, 금지

Fear of failure **inhibits** me from taking risks.
실패에 대한 두려움은 내가 위험을 감수하는 것을 억제한다.

핵심표현 **inhibit** A from B   A가 B하는 것을 억제하다

in + hib(it)
안에   잡다
➡ 안에 잡아두고 행동을 억제하다

prohibit★★

[prouhíbit]

☐☐☐

⑤ (법 등으로) 금지하다, 방해하다

prohibition ⑲ 금지, 금지법

In all cases, physical threats are **prohibited**. 수능
모든 경우에서 물리적인 위협은 금지된다.

pro + hib(it)
앞에   잡다
➡ 앞에서 잡아 더 진행하지 못하게
막다, 즉 금지하다

---

tain

잡다, 쥐다 (hold)

변화형 ten, tin

---

contain★★★

[kəntéin]

☐☐☐

⑤ 담고 있다, 포함하다

container★★★ ⑲ 용기, 통

A few magazines **contain** no advertising. 수능
몇몇 잡지들은 광고를 담고 있지 않다.

con + tain
함께(com)   잡다
➡ 여럿을 함께 잡아서 안에 넣어
두다, 즉 그것을 담고 있다

obtain★★★

[əbtéin]

□□□

图 얻다, 획득하다, 달성하다

obtainable★★ 웹 얻을 수 있는

In some villages, people **obtain** their water from ponds nearby. 수능

몇몇 마을에서는 사람들이 근처 연못에서 물을 얻는다.

ob + tain
향하여   잡다

➡ 어떤 것을 향하여 가서 잡다,
   즉 그것을 얻다

DAY 40

해커스 보카 어원편

어원으로 줄줄이! **obtain**과 유사한 의미의 어휘

- **accept** 图 받아들이다, 인정하다   ac ~쪽으로(ad) + cept 취하다(cap) ▶ 내 쪽으로 취해서 받아들이다
- **acquire** 图 얻다, 획득하다   ac ~쪽으로(ad) + quir(e) 구하다
  ▶ 구하는 것 쪽으로 가서 그것을 얻다
- **receive** 图 받다, 받아들이다   re 다시 + ceive 잡다(cap)
  ▶ 누군가 놓아서 보낸 것을 다시 잡다, 즉 그것을 받다

---

sustain★★★

[səstéin]

□□□

图 지속시키다, 계속 살아가게 하다

sustainable★ 웹 지속 가능한
sustainability★★ 뗑 지속 가능성
sustenance 뗑 지속, 유지
unsustainable★★ 웹 지속 불가능한

We are directed and **sustained** by others. 수능

우리는 다른 사람들에 의해 가르침을 받고 계속 살아가게 된다.

sus + tain
아래에(sub)   잡다

➡ 무너지지 않도록 아래에서 잡고
   지속시키다

---

entertain★★★

[èntərtéin]

□□□

图 즐겁게 하다, 대접하다

entertaining 웹 재미있는
entertainer★★ 뗑 연예인, 엔터테이너
entertainment★★★ 뗑 연예, 오락

Some of the most talented singers will **entertain** you. 수능

가장 재능 있는 가수 몇 사람이 여러분을 즐겁게 할 것입니다.

enter + tain
사이에(inter)   잡다

➡ 사람들 사이의 관심을 사로잡고
   그들을 즐겁게 하다

---

retain★★

[ritéin]

□□□

图 유지하다, 보유하다, 함유하다

retention★★ 뗑 유지, 보유
retentive 웹 보유하는, 기억력이 좋은

It is difficult to **retain** optimism. 수능

낙관주의를 유지하는 것은 힘들다.

re + tain
뒤로   잡다

➡ 잡아서 뒤로 보관하여 사라지지
   않도록 유지하다

---

content★★★

[뗑 káːntent]
[동 kəntént]

□□□

뗑 내용(물), 목차   图 만족시키다

contented 웹 만족한, 중요한
contentment★ 뗑 만족
discontent 뗑 불만

Bottles can reveal their **contents** without being opened. 수능

유리병은 열지 않아도 내용물을 보여줄 수 있다.

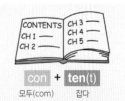

con + ten(t)
모두(com)   잡다

➡ 용기나 도서 등의 안에 잡아서
   넣어둔 모두, 즉 내용물 또는 목차

---

tenant**

[ténənt]

☐☐☐

명 세입자, 소작인

tenancy 명 임차, 차용

The **tenant** must pay rent each month.
세입자는 매달 집세를 내야만 한다.

ten + ant
잡다 명·접(사람)

➡ 땅, 건물 등을 잡고 대신
돈을 내는 세입자 또는 소작인

continue***

[kəntínju:]

☐☐☐

동 계속하다, 계속되다

continual* 형 계속적인
continually*** 부 계속해서
continuous*** 형 계속되는, 지속적인
continuously** 부 계속해서, 연속적으로
discontinue** 동 중단하다, 중단되다

Outside, snow **continued** to fall quietly. 수능
바깥에선 눈이 조용히 계속 내렸다.

con + tin(ue)
함께(com) 잡다

➡ 일이 계속되도록 여럿이 함께
잡고 있다, 즉 일을 계속하다

continent***

[ká:ntinənt]

☐☐☐

명 대륙, 본토

continental 형 대륙의
intercontinental 형 대륙 간의
transcontinental 형 대륙 횡단의

Asia is the largest **continent** on Earth.
아시아는 지구상에서 가장 큰 대륙이다.

con + tin + ent
함께(com) 잡다 명·접

➡ 여러 나라가 함께 손을 잡아
이룬 큰 땅덩어리인 대륙

DAY 41

서다
sta

MP3 바로 듣기

sta

서다, 세우다 (stand)

변화형 st, stit, sist

---

stand★★★
- stood - stood
[stænd]
□□□

동 서다, 세우다, 견디다
명 가판(대), 태도

He can **stand** the pain until the end of the class. 수능 그는 수업이 끝날 때까지 고통을 견딜 수 있다.

핵심표현 **stand** up to ~에게 맞서다, ~에게 저항하다
stand for ~을 대표하다, ~을 의미하다
stand out 눈에 띄다, 빼어나다

sta(nd)
서다, 세우다
➡ 서다, 세우다,
서서 견디다, 세워둔 가판대

---

standard★★★
[stǽndərd]
□□□

명 기준, 표준 단위
형 표준의

standardize★ 동 표준화하다

Different **standards** were used in the time of Mozart. 수능
모차르트의 시대에는 다른 기준들이 사용되었다.

sta(nd) + ard
서다   명·접
➡ 움직이지 않고 서 있는 기준

---

state★★★
[steit]
□□□

명 상태, 국가, 주   형 국가의, 주의
동 진술하다

statement★★★ 명 진술, 성명
statesman★ 명 정치인

Eighty percent of the students passed the **state**'s math test. 수능
그 학생들의 80퍼센트가 주의 수학 시험을 통과했다.

sta(te)
서다, 세우다
➡ 멈춰 서 있는 상태,
영토 위에 세워진 국가 또는 주

---

statistics★
[stətístiks]
□□□

명 통계(학), 통계 자료

statistical★★ 형 통계적인
statistically★ 부 통계(학)상으로
statistician★ 명 통계학자

Is **statistics** necessary in sports? 수능
통계학이 스포츠에 필요한가?

stat(e) + ist + ics
국가   명·접(사람) 명·접
➡ 국가를 운영하는 사람들에게
필요한 통계, 통계학

★★★ = 최빈출 ★★ = 빈출 ★ = 기출

stage★★★
[steidʒ]
☐☐☐

명 무대, 단계
동 (연극 등을) 상연하다

onstage★★ 형 무대 위의 부 무대 위에서
backstage 형 무대 뒤의, 막후의 부 무대 뒤에서, 은밀히

Stage fright is the sudden fear of public performance. 수능
무대 공포증은 대중 앞에서 공연하는 것에 대한 갑작스러운 두려움이다.

sta(ge)
서다
➡ 올라가서 서는 무대

status★★★
[stéitəs]
☐☐☐

명 지위, 신분, 상황

Women have fought for equal **status** in society.
여성들은 사회에서의 평등한 지위를 위해 싸워왔다.

핵심표현 **status** quo 현재의 상황

sta(tus)
서다
➡ 차지하고 서 있는 지위, 신분

stance★★
[stæns]
☐☐☐

명 입장, 태도, 자세

The party changed its **stance** on the immigration issue.
그 정당은 이민 문제에 대한 입장을 바꿨다.

Disagree Agree
sta + (a)nce
서다   명·접
➡ 어떤 쪽에 서서 취하는 입장, 태도

어원으로 줄줄이! **stance**와 유사한 의미의 어휘
• **attitude** 명 태도, 자세　att(i) 적합한(apt) + tude 명·접 ▶ 어떤 일을 하기에 적합한 태도, 자세
• **posture** 명 태도, 자세　pos(t) 놓다 + ure 명·접 ▶ 어떤 것 또는 누군가가 놓여 있는 태도, 자세

instance★★★
[ínstəns]
☐☐☐

명 예, 사례
동 예로 들다

Specific **instances** were detailed in the letters. 수능
구체적인 예는 편지에 상세히 설명되어 있었다.

핵심표현 for **instance** 예를 들어

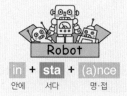
Robot
in + sta + (a)nce
안에 서다 명·접
➡ 안에 있는 여럿 중 대표로 일어서 있는 하나, 즉 예

substance★★★
[sʌ́bstəns]
☐☐☐

명 물질, 실체

substantial★★★ 형 실체의, 실재하는, 상당한
substantially★★ 부 실제적으로, 상당히, 주로

A black **substance** was discovered among the tree's roots. 수능
검은색 물질이 그 나무의 뿌리 사이에서 발견되었다.

sub + sta + (a)nce
아래에 서다 명·접
➡ 개념만 있는 것이 아닌 하늘 아래 실체를 가지고 서 있는 것, 즉 물질

constant***
[ká:nstənt]
□□□

형 지속적인, 끊임없는

constantly*** 부 끊임없이, 계속

We could sleep better since there isn't **constant** noise at night. 수능

밤에 지속적인 소음이 없어서 우리는 잠을 더 잘 잘 수도 있다.

con + sta + (a)nt
모두(com)   서다   형·접

➡ 모든 시간에 계속 그대로 서 있는, 즉 지속적인

---

instant***
[ínstənt]
□□□

형 즉각적인, 즉석의
명 순간, 인스턴트 식품

instantly*** 부 즉각, 즉시
instantaneous* 형 즉각적인, 순간적인
instantaneously** 부 즉석으로, 순간적으로

instant access to information 수능

정보로의 즉각적인 접근

in + sta + (a)nt
안에   서다   형·접

➡ 안에 서 있어서 바로 나올 수 있는, 즉 즉각적인

---

stable***
[stéibəl]
□□□

형 안정적인, 안정된

stabilize** 동 안정시키다   instability** 명 불안정
stability** 명 안정   unstable** 형 불안정한

a **stable** environment that enhances the ability to eat and mate 수능

먹고 짝짓기할 능력을 향상시켜주는 안정적인 환경

sta + (a)ble
서다   할 수 있는

➡ 서 있을 수 있게 상태가 안정적인

---

establish***
[istǽbliʃ]
□□□

동 설립하다, 수립하다, 확립하다

established** 형 확립된, 확실히 자리를 잡은
establishment** 명 설립, 기관

Please **establish** a new fire station in our area. 수능

부디 우리 지역에 새로운 소방서를 설립해 주세요.

(e)stabl(e) + ish
안정적인   동·접

➡ 체계, 기관 등이 안정적으로 존재할 수 있게 설립하다

---

stall**
[stɔːl]
□□□

명 외양간, 가판대
동 멎다, 멎게 하다

I cleaned the **stall** while the horse stayed outside.

나는 말들이 밖에 머무는 동안 외양간을 청소했다.

sta(ll)
세우다

➡ 가축이나 제품 등을 세워둔 외양간, 어떤 것이 멈춰 세워지다

---

install***
[instɔ́ːl]
□□□

동 설치하다, (소프트웨어 등을) 깔다

installer** 명 설치하는 사람   reinstall* 동 재설치하다
installation** 명 설치
installment** 명 할부, 1회분

I demand that more security cameras be **installed**. 수능

나는 더 많은 보안 카메라가 설치되어야 한다고 요구한다.

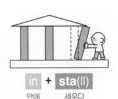

in + sta(ll)
안에   세우다

➡ 건물 등의 안에 어떤 것을 세우다, 즉 설치하다

DAY 41

해커스 보카 어원편

static★★★
[stǽtik]
☐☐☐

형 고정적인, 정지 상태의

statically **부** 정지하고 있어, 정적으로

The cost of electricity has been **static** for several years.

전기 요금은 몇 년 동안 고정적이었다.

sta(t) + ic
서다　형·접
➡ 움직이지 않고 가만히 서 있는,
즉 고정적인

statue★★
[stǽtʃuː]
☐☐☐

명 조각상

I like the bear **statue** in the middle of the picture. 수능

나는 사진 가운데 있는 곰 조각상을 좋아한다.

sta(tue)
세우다
➡ 만들어서 세워둔 조각상

estate★★
[istéit]
☐☐☐

명 사유지, 부동산, 재산

As real **estate** prices rose, many sold their homes. 수능

부동산 가격이 올라서 많은 사람들이 그들의 집을 팔았다.

핵심표현 real **estate** 부동산

(e)sta(te)
서다
➡ 서서 소유를 주장하는 주인이
있는 사유지, 부동산

stationery★★
[stéiʃənèri]
☐☐☐

명 문방구, 문구류

A notebook in the **stationery** department caught my eye. 수능

문방구 코너에 있는 공책 하나가 내 눈길을 끌었다.

sta + (a)tion + er + y
서다　명·접　명·접(사람)　명·접
➡ 돌아다니지 않고 학교 앞에
서 있는 상인이 파는 문방구

stationary★★
[stéiʃənèri]
☐☐☐

형 움직이지 않는, 고정된

station **명** 역, 정거장

The car was **stationary** in the middle of the road.

그 자동차는 도로 한가운데에서 움직이지 않았다.

sta + (a)tion + ary
서다　명·접　형·접
➡ 한 장소에 서서 움직이지 않는

system★★★
[sístəm]
☐☐☐

명 체계, 제도, 체제

systematic★★ **형** 체계적인, 조직적인

Alex has his own **system** for organizing books.

Alex는 책을 정리하는 자신만의 체계를 가지고 있다.

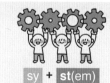

sy + st(em)
함께(sym)　서다
➡ 여럿이 함께 서서 이루는
체계, 제도

cost★★★

[kɔːst]

□□□

명 값, 비용　　동 (비용이) 들다

costly★★★ 형 많은 비용이 드는

One of the apartments is $50 more expensive in monthly rental **cost**. 수능

그 아파트들 중 하나는 월 임대 비용이 50달러 더 비싸다.

핵심표현 at all **costs** 어떤 값을 치르더라도, 반드시

co + st
함께(com) 세우다
➡ 파는 제품 곁에 함께 세워둔
값 또는 비용

rest★★★

[rest]

□□□

동 쉬다, 기대다　　명 휴식, 나머지

unrest★★ 명 불안, 불만

I need to take these pills and get enough **rest**. 수능

나는 이 약들을 먹고 충분한 휴식을 취할 필요가 있다.

핵심표현 get enough **rest** 충분한 휴식을 취하다
take a **rest** 휴식을 취하다, 쉬다

re + st
뒤로 　서다
➡ 뒤로 물러서서 쉬다

steady★★★

[stédi]

□□□

형 꾸준한, 변함없는, 안정된

steadily★★★ 부 끊임없이, 착실하게

Teaching Korean to foreigners has made **steady** progress. 수능

외국인들에게 한국어를 가르치는 것은 꾸준한 진전을 해왔다.

st(ead) + y
서다　형·접
➡ 한 자리에 변함없이 서서
꾸준한, 안정된

어원으로 줄줄이! **steady**와 유사한 의미의 어휘

• **constant** 형 지속적인, 끊임없는　　con 모두(com) + sta 서다 + (a)nt 형·접
▶ 모든 시간에 계속 그대로 서 있는, 즉 지속적인

• **enduring** 형 지속되는, 오래가는　　en 안에 + dur(ing) 지속적인 ▶ 어려운 상황 안에서도 계속 지속되는

destiny★★

[déstəni]

□□□

명 운명, 숙명

destined 형 ~할 운명인, ~로 향하는
destination★★★ 명 목적지, 도착지

The **destiny** of future generations depends on our effort.

미래 세대의 운명은 우리의 노력에 달려있다.

de + st(in) + y
아래로　서다　명·접
➡ 아래 서 있어 인생을 지배받게
되는 힘, 즉 운명

constitute★★★

[kάːnstətjùːt]

□□□

동 구성하다, 설립하다

constitution★ 명 구조, 설립, 헌법

The industry **constitutes** an important part of the economy. 수능

그 산업은 경제의 중요한 부분을 구성한다.

con + stit(ute)
함께(com)　서다
➡ 여럿이 함께 서서 기관, 단체
등을 구성하다

institute***

[ínstətjùːt]

□□□

동 세우다, 도입하다
명 협회, 연구소

institution*** 명 설립, 기관, 제도
institutionalize** 동 제도화하다, 규정하다

computer models built with help from the
institute of technology 수능
기술 협회의 도움으로 만들어진 컴퓨터 모델

in + stit(ute)
안에   세우다
➡ 집단 안에 규정 등을 세우다,
세워진 협회

어원으로 줄줄이! **institute**와 유사한 의미의 어휘

- **establish** 동 설립하다, 수립하다   (e)stabl(e) 안정된 + ish 동·접
  ▶ 체계, 기관 등이 안정적으로 존재할 수 있게 설립하다
- **found** 동 설립하다, 세우다   found 기반(fund) ▶ 어딘가에 기반을 두고 단체, 기관 등을 설립하다

---

substitute**

[sʌ́bstətjùːt]

□□□

동 대신하다, 대체하다
명 대신하는 사람/사물

substitution** 명 대리, 대용

Could you be a **substitute** for me? 수능
저를 대신하는 사람이 되어주실 수 있나요?

핵심표현 **substitute** A for B A로 B를 대체하다/대신하다

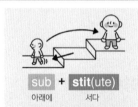
sub + stit(ute)
아래에   서다
➡ 아래에 있던 사람이 위의 사람
대신 서다, 즉 대신하다

---

exist***

[igzíst]

□□□

동 존재하다, 실재하다

existing*** 형 기존의
existence*** 명 존재, 실재
coexist** 동 공존하다
coexistence 명 공존

Photographs represent things as they **existed**. 수능
사진은 사물들을 존재했던 대로 표현한다.

ex + (s)ist
밖으로   서다
➡ 상상 밖으로 나와 현실에 실제로
서 있다, 즉 존재하다

---

consist***

[kənsíst]

□□□

동 이루어져 있다, 내재하다

consistent*** 형 일관된
consistently** 부 일관되게, 끊임없이
consistency*** 명 일관성

The meal **consists** of an appetizer, main course,
and dessert. 그 식사는 전채, 주요리, 그리고 후식으로 이루어져 있다.

핵심표현 **consist** of ~로 구성되다

con + sist
함께(com)   서다
➡ 여럿이 함께 서서 어떤 것
하나가 이루어져 있다

---

insist***

[insíst]

□□□

동 주장하다, 고집하다

insistent** 형 주장하는, 우기는
insistence* 명 주장, 고집

He **insisted** that his son go to a special school. 수능
그는 자신의 아들이 특수 학교에 가야 한다고 주장했다.

핵심표현 **insist** on ~을 주장하다

Belief
I'm right!
in + sist
안에   서다
➡ 믿는 것 안에 확고히 서서 그것을
주장하다

resist★★★

[rizíst]

□□□

re + sist
다시   서다

➡ 압박에 굴하지 않고 다시 일어서 저항하다

⑧ 저항하다, 방해하다, 견뎌내다

resistant★★★ ⑱ 저항하는, ~에 잘 견디는
resistance★★★ ⑲ 저항(력)
irresistible★★ ⑱ 저항할 수 없는
irresistibly★★ ⑭ 저항 못 할 정도로, 꼼짝없이

The army **resisted** the enemy's attack until the end. 그 부대는 적군의 공격에 끝까지 저항했다.

어원으로 줄줄이! resist와 유사한 의미의 어휘

- **disturb** ⑧ 방해하다, 어지럽히다   dis 떨어져 + turb 어지럽게 하다
  ▶ 어지럽게 해서 하던 일에서 떨어지게 방해하다

- **interrupt** ⑧ 방해하다, 중단시키다   inter 사이에 + rupt 깨다 ▶ 사이에 끼어들어 연결을 깨서 방해하다

- **oppose** ⑧ 저항하다, 반대하다   op 대항하여(ob) + pos(e) 놓다
  ▶ 상대에게 대항하는 의견을 놓아 저항하다

---

assist★★★

[əsíst]

□□□

as + sist
~쪽으로(ad)   서다

➡ 돕고자 하는 쪽으로 서서 그쪽을 돕다

⑧ 돕다, 원조하다   ⑲ 도움, 조력

assistant★★★ ⑲ 조수, 보조원
assistance★★ ⑲ 도움, 지원

Feel free to use any additional methods to **assist** you. 수능 당신을 도울 추가적인 방법을 자유롭게 사용하라.

핵심표현 **assist** A in/with B   A가 B하는 것을 돕다

어원으로 줄줄이! sta 추가 어휘

- **ecstasy** ⑲ 황홀감, 환희, 무아지경   ec 밖으로(ex) + sta(s) 서다 + y 명·접
  ▶ 마음이 붕 떠서 평소 상태 밖에 서 있는 듯 느껴지는 황홀감

- **obstacle** ⑲ 장애(물) ⑧ 불명확하게 하다   ob 맞서 + sta 서다 + cle 명·접 ▶ 가는 길에 맞서서 막고 서 있는 장애물

- **standpoint** ⑲ 관점, 논점, 견해, 관찰방식   sta(nd) 서다 + point 점, 지점 ▶ 어떤 것을 서서 바라보는 관점

- **withstand** ⑧ 버티다, 견뎌내다, 저항하다   with 뒤에 + sta(nd) 서다 ▶ 무너지지 않도록 뒤에 서서 버티다

- **arrest** ⑧ 체포하다, 저지하다 ⑲ 체포, 정지   ar ~쪽으로(ad) + re 뒤로 + st 서다 ▶ 뒤쪽으로 돌려세워 묶어서 체포하다

- **contrast** ⑲ 차이, 대비 ⑧ 대조하다, 대비하다   contra 반대의(counter) + st 서다 ▶ 반대하는 위치에 서 있어서 드러나는 차이, 대비

- **distance** ⑲ 거리, 간격 ⑧ 거리를 두다   di 떨어져(dis) + st 서다 + ance 명·접 ▶ 떨어져 서 있는 거리

- **superstition** ⑲ 미신, 미신적 행위, 맹신   super 넘어서 + stit 서다 + ion 명·접 ▶ 상식선을 넘어서 서 있는 미신

- **persist** ⑧ 고집하다, 주장하다, 지속하다   per 완전히 + sist 서다 ▶ 한 자리에 완전히 자리 잡고 서서 그것을 고집하다

해커스 보카 어원편

DAY 41

DAY 42

앉다, 기타 행동 및 사물
sid, clos, us, lut, pan, cell

MP3 바로 듣기

sid

앉다 (sit)

변화형 set, sess

---

president★★
[prézədənt]
☐☐☐

📖 대통령, 회장, 의장

presidential 형 대통령의, 주재하는
presidency★★ 명 대통령직, 의장직
preside 동 주재하다, 의장을 맡다

The U.S. **president** has toured various countries. 수능
미국 대통령은 여러 국가들을 순방했다.

pre + sid + ent
앞에　앉다　명·접(사람)
➡ 국가나 기업을 대표해 앞에 앉는
대통령, 회장

---

reside★★
[rizáid]
☐☐☐

🔘 살다, 거주하다

resident★★★ 명 거주자, 주민
residential★★ 형 주택지의, 거주하기 좋은
residence★★ 명 주택, 주거

If you **reside** in this area, you may get a library card free of charge. 수능
만약 당신이 이 지역에 살면, 도서관 카드를 무료로 받을 수도 있습니다.

re + sid(e)
뒤에　앉다
➡ 떠나지 않고 뒤에 남아 눌러앉다,
즉 그곳에 살다

---

subside★
[səbsáid]
☐☐☐

🔘 가라앉다, 진정되다, 주저앉다

subsidence 명 침하, 진정, 함몰, 감퇴

After heavy rain, the storm **subsided**.
폭우 후에 폭풍이 가라앉았다.

sub + sid(e)
아래로　앉다
➡ 높이 솟았던 것, 소란, 흥분 등이
아래로 가라앉다

---

settle★★★
[sétl]
☐☐☐

🔘 정착하다, (논쟁 등을) 끝내다

settler★ 명 정착민
settlement★★ 명 정착(지), 합의, 해결

He eventually **settled** in England. 수능
결국 그는 영국에 정착했다.

set(tle)
앉다
➡ 한곳에 눌러앉아 거기 정착하다

---

session***

[séʃən]

☐☐☐

명 (특정 활동을 위한) 기간/시간, 수업

The football team starts their training **session** at 9.
그 미식축구팀은 9시에 훈련 시간을 시작한다.

Training
09:00-10:00

sess + **ion**
앉다   명·접

➡ 특정한 일을 위해 앉아 있는
기간이나 시간

assess**

[əsés]

☐☐☐

동 평가하다, 가늠하다, 재다

assessment** 명 평가 (금액)

assess the size of actual losses 수능
실제 손실의 규모를 평가하다

$ 1,000

as + **sess**
~쪽으로(ad)   앉다

➡ 어떤 것 쪽으로 앉아 자세히 보고
그것을 평가하다

어원으로 줄줄이! **assess**와 유사한 의미의 어휘

• **estimate** 동 평가하다, (가치를) 추산하다   estim 평가하다 + ate 동·접 ▶ 가치, 값 등을 평가하다
• **evaluate** 동 평가하다, (가치를) 감정하다   e 밖으로(ex) + val(u) 가치 있는 + ate 동·접
                                         ▶ 가치가 밖으로 보이게 가격, 등급 등으로 평가하다
• **value** 동 평가하다, 가치있게 여기다   val(ue) 가치 있는 ▶ 얼마나 가치 있는지 평가하다

obsess**

[əbsés]

☐☐☐

동 (마음을) 사로잡다, ~에 집착하게 하다

obsession* 명 집착, 강박 상태
obsessive 형 사로잡힌, 강박적인
obsessively* 부 집요하게, 강박적으로

Some workers are **obsessed** with pleasing their bosses. 어떤 근로자들은 자신의 상사를 기쁘게 하는 것에 집착한다.

핵심표현 be **obsessed** with ~에 집착하다, ~에 사로잡히다

ob + **sess**
향하여   앉다

➡ 자신을 향하여 앉도록 마음을
사로잡다

---

clos

닫다 (close)

변화형 clud

---

close***

[동, 명 klouz]
[형, 부 klous]

☐☐☐

동 닫다, 닫히다, 폐쇄하다   명 끝
형 가까운, 친밀한   부 가까이

closely* 부 접근하여, 바싹
closeness** 명 접근, 친밀
closure 명 폐쇄, 종결

The parking lot for this building will be **closed**. 수능
이 건물의 주차장은 폐쇄될 것이다.

closed

clos(e)
닫다

➡ 열려 있던 것을 닫다, 폐쇄하다

DAY 42

해커스 보카 어원편

disclose ★★
[disklóuz]
□□□

⑤ 드러내다, 밝히다, 폭로하다

disclosure★ 몡 적발, 폭로, 탄로

The secrets of biological aging were **disclosed**. 수능
생물학적 노화의 비밀이 드러났다.

dis + clos(e)
반대의　　닫다
➡ 닫혀서 안 보이던 것을 반대
상태로 만들다, 즉 드러내다

---

enclose ★★
[inklóuz]
□□□

⑤ 둘러싸다, 에워싸다, 동봉하다

enclosure★★ 몡 (담, 울타리 등으로) 둘러쌈, 포위

The garden was **enclosed** with high wooden walls.
그 정원은 높은 나무 벽으로 둘러싸여 있었다.

en + clos(e)
안에　　닫다
➡ 어떤 것을 안에 넣고 주변을 모두
닫아 그것을 둘러싸다

---

closet ★★★
[klɑ́:zit]
□□□

몡 벽장

A dress may hang in the back of a **closet**. 수능
벽장 뒤편에 드레스가 한 벌 걸려 있을 수 있다.

clos + et
닫다　명·접
➡ 옷 등의 물건을 넣고 닫아 두는
벽장

---

include ★★★
[inklú:d]
□□□

⑤ 포함하다, 포함시키다

inclusion★ 몡 포함, 포함된 것/사람
inclusive 혱 모든 것을 포함한, 포괄적인

Comfortable living conditions **include** privacy and space. 수능
편안한 생활 환경은 개인적 자유와 공간을 포함한다.

in + clud(e)
안에　　닫다
➡ 어떤 것을 안에 집어넣고 닫아
그것을 포함하다

어원으로 줄줄이! include와 유사한 의미의 어휘

- **comprise** ⑤ 포함하다, 구성하다　　com 함께 + pris(e) 붙잡다(prehend)
  ▶ 여럿을 함께 붙잡고 안에 넣어 포함하다

- **contain** ⑤ 포함하다, 담고 있다　　con 함께(com) + tain 잡다
  ▶ 여럿을 함께 잡아서 안에 넣어 두다, 즉 그것을 포함하다

- **involve** ⑤ 포함하다, 수반하다　　in 안에 + volv(e) 말다 ▶ 어떤 것을 다른 것 안에 말아 넣어 포함하다

---

conclude ★★★
[kənklú:d]
□□□

⑤ 결론을 내다, 끝내다

conclusion★★★ 몡 결론, 결말
conclusive 혱 결정적인

They decided to **conclude** the conference early.
그들은 그 회담을 일찍 끝내기로 결정했다.

con + clud(e)
모두(com)　닫다
➡ 논의하던 것을 모두 닫다,
즉 논의를 끝내고 결론을 내다

exclude★★
[iksklú:d]
☐☐☐

동 제외하다, 배제하다, 차단하다

exclusion★★ **명** 제외, 배제, 차단
exclusive★★ **형** 배타적인, 독점적인
exclusively★★ **부** 배타적으로, 독점적으로

Try to **exclude** dairy products from your diet.
당신의 식단에서 유제품을 제외하려 해보아라.

ex + clud(e)
밖에   닫다

➡ 밖에 두고 문을 닫아 못 들어오게
제외하다

---

us

사용하다 (use)

변화형 ut

---

use★★★
[동 ju:z]
[명 ju:s]
☐☐☐

동 사용하다, 쓰다
명 사용, 이용, 용도

used★ **형** 중고의   useful★★★ **형** 유용한, 도움이 되는
usage★★ **명** 사용   useless★★ **형** 소용없는, 쓸모없는

A variety of animals **use** flowers as a food source. 수능
다양한 동물들이 꽃을 먹이로 사용한다.

us(e)
사용하다

➡ 어떤 것을 사용하다

---

usual★★★
[jú:ʒuəl]
☐☐☐

형 평상시의, 보통의

usually★★★ **부** 보통, 대개
unusual★★★ **형** 특이한, 드문
unusually★★ **부** 평소와 달리, 특이하게

She was eating slower than **usual**. 수능
그녀는 평상시보다 느리게 먹고 있었다.

핵심표현 as **usual** 평상시처럼, 늘 그렇듯이

MON
to
SUN

us + ual
사용하다   형·접

➡ 늘 사용하는, 즉 평상시의

어원으로 줄줄이! **usual**과 유사한 의미의 어휘

• **general**	**형** 일반적인, 전반적인	gener 종류(gen) + al 형·접 ▶ 종류 전체에 걸쳐 일반적인
• **moderate**	**형** 보통의, 중간의	mod(er) 기준 + ate 형·접 ▶ 중간 정도에 있어 기준이 되는, 즉 보통의
• **normal**	**형** 보통의, 평범한	norm 기준 + al 형·접 ▶ 기준과 크게 다르지 않은 보통의, 평범한
• **ordinary**	**형** 평상시의, 일상적인	ordin 순서(ord) + ary 형·접 ▶ 일이 보통의 순서대로 흘러가는 평상시의

---

abuse★★
[동 əbjú:z]
[명 əbjú:s]
☐☐☐

동 남용하다, 오용하다, 학대하다
명 남용, 오용, 학대

abusive★ **형** 남용하는, 학대하는, 폭력적인

The **abuse** of technology can cause serious problems.
기술의 남용은 심각한 문제를 초래할 수 있다.

ab + us(e)
떨어져   사용하다

➡ 정해진 것과 동떨어지게 함부로
사용하다, 즉 남용하다

★★★ =최빈출   ★★ =빈출   ★ =기출

misuse★★

[동 misjúːz]
[명 mìsjúːs]
☐☐☐

동 오용하다, 남용하다, 악용하다
명 오용, 남용, 악용

misusage 명 오용, 악용, 혹사

For too long, we have been **misusing** natural resources.
너무 오랫동안 우리는 천연자원을 오용해 오고 있었다.

---

utility★★★

[juːtíləti]
☐☐☐

명 설비, 유용함, 공익 설비/사업
형 실용적인, 다용도의

utilize★★ 동 활용하다, 이용하다
utilization★ 명 활용, 이용
utilitarian★★ 형 실용적인, 실리주의의

CO_2 emissions from power **utilities** 수능
전력 설비로부터의 이산화탄소 배출

---

utensil★

[juːténsəl]
☐☐☐

명 도구, 기구

The store has a range of kitchen **utensils** and appliances.
그 상점에는 다양한 주방 도구들과 가전제품들이 있다.

---

lut

씻다 (wash)

변화형 laundr

---

dilute★★

[dilúːt]
☐☐☐

동 희석하다, 묽어지다
형 희석한, 묽은

dilutive 형 묽게 하는

He added water to **dilute** the chemicals.
그는 화학 물질을 희석하기 위해 물을 첨가했다.

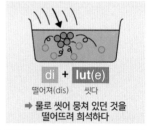

---

laundry★★★

[lɔ́ːndri]
☐☐☐

명 세탁(물), 세탁소

How about taking the **laundry** to my parents' house? 수능
우리 부모님 댁에 세탁물을 가져가는 것은 어떨까?

핵심표현 do the **laundry** 세탁하다

---

pan

빵 (bread)

[변화형] past

---

company***

[kʌ́mpəni]

□□□

명 회사, 일행

I am a fairly important person in my **company**. [수능]

나는 우리 회사에서 꽤 중요한 사람이다.

com + pan(y)
함께   빵

➡ 일을 같이 하며 함께 빵을 먹는 단체, 즉 회사

---

accompany***

[əkʌ́mpəni]

□□□

동 동반하다, 동행하다

accompaniment 명 동반되는 것, 곁들이는 것, (노래의) 반주

Children under eight must be **accompanied** by an adult. [수능]

8세 이하의 어린이들은 반드시 성인을 동반해야 합니다.

[핵심표현] be **accompanied** by ~을 동반하다

ac + company
~에(ad)   일행, 동반

➡ 어딘가에 일행으로 같이 동반하다

---

companion***

[kəmpǽnjən]

□□□

명 친구, 동반자

companionship** 명 동료애, 우정

Children often develop imaginary **companions**.

아이들은 종종 상상의 친구를 만든다.

com + pan + ion
함께   빵   명·접

➡ 빵을 함께 나누는 사이, 즉 친구

[어원으로 줄줄이!] **companion**과 유사한 의미의 어휘

- **associate** 명 친구, 동료   as ~에(ad) + soci 친구, 동료 + ate 명·접
  ▶ 다른 사람에 관계를 맺어서 생긴 친구, 동료

- **colleague** 명 (직장) 동료   col 함께(com) + leag(ue) 위임하다(leg)
  ▶ 일을 함께 위임받아 같이 하는 동료

---

paste*

[peist]

□□□

명 반죽, 풀
동 풀칠하다

The flour **paste** is not thick enough.

그 밀가루 반죽은 충분히 걸쭉하지 않다.

past(e)
빵

➡ 빵을 만드는 반죽

---

cell   작은 방 (small room)

cell★★★
[sel]
□□□

명 독방, 세포, (작은) 칸

The **cells** within our body are continually being replaced. 수능
우리 몸속에 있는 세포들은 계속해서 교체되고 있는 중이다.

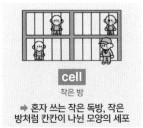

cell
작은 방
➡ 혼자 쓰는 작은 독방, 작은 방처럼 칸칸이 나뉜 모양의 세포

cellular★★
[séljulər]
□□□

형 세포의, 휴대 전화의

Tiny **cellular** factories of energy are called mitochondria. 수능
에너지를 만드는 작은 세포 공장은 미토콘드리아라고 불린다.

핵심표현 **cellular** phone 휴대 전화

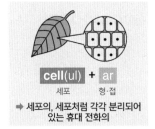

cell(ul) + **ar**
세포   형·접
➡ 세포의, 세포처럼 각각 분리되어 있는 휴대 전화의

DAY 43 | 생각하다, 믿다
ment, memor, put, rat, cause, cred, fid

MP3 바로 듣기

---

ment
정신 (mind), 생각하다 (think), 경고하다 (warn)
변화형 mind, mon

---

mental***
[méntl]
☐☐☐

형 정신의, 정신적인

mentally*** 부 정신적으로, 마음속으로
mentality* 명 정신 상태, 사고방식

dangers of playing violent games to **mental** health 수능
폭력적인 게임을 하는 것이 정신 건강에 미치는 위험

ment + al
정신   형·접
➡ 정신의

---

mention***
[ménʃən]
☐☐☐

명 언급
동 언급하다

The advertisement didn't **mention** a fee.
그 광고는 수수료를 언급하지 않았었다.

ment + ion
생각하다   명·접
➡ 어떤 것에 대해 생각나게 하는 언급

---

comment***
[ká:ment]
☐☐☐

명 논평, 언급
동 논평하다, 견해를 밝히다

commentary** 명 논평, 해설, 비판
commentator* 명 논평자, 해설자

She **commented** on the poor quality of the article.
그녀는 그 기사의 형편없는 품질에 대해 논평했다.

com + ment
함께   생각하다
➡ 어떤 대상을 생각하면 함께 말하게 되는 논평

---

remind***
[rimáind]
☐☐☐

동 상기시키다, 생각나게 하다

reminder** 명 상기시키는 것
remindful** 형 생각나게 하는, 기억하고 있는

I want to **remind** you of a few things. 수능
나는 너에게 몇 가지 것들을 상기시켜주고 싶다.

핵심표현 **remind** A of B A에게 B에 대해 상기시키다

re + mind
다시   생각하다
➡ 예전의 것을 다시 생각나게 상기시키다

---

monument★★

[mάːnjumənt]

□□□

명 기념비, 기념물

monumental★★ **형** 기념비적인
monumentality★★ **명** 기념비적임, 장엄함

It is a **monument** to those who died in World War II.
이것은 제2차 세계 대전에서 죽은 사람들에 대한 기념비이다.

mon(u) + **ment**
생각하다   명·접

➡ 과거를 생각할 수 있도록 만든
기념비, 기념물

monitor★★★

[mάːnitər]

□□□

명 감시 요원, 화면
동 감시하다, 상태를 확인하다

monitor underground nuclear-explosion tests 수능
지하 핵폭발 실험을 감시하다

mon(it) + **or**
경고하다   명·접(사람)

➡ 상황을 살펴보고 경고하는
감시 요원

summon★

[sΛmən]

□□□

동 소환하다, 호출하다

summons **명** 소환장, 호출

The president **summoned** his secretary urgently.
대통령은 자신의 비서관을 긴급하게 소환했다.

sum + **mon**
아래에(sub)   경고하다

➡ 누군가의 아래에 와야만 한다고
경고하여 소환하다

memor   기억하는, 마음에 새겨둔 (mindful)

memory★★★

[méməri]

□□□

명 기억(력), 추억

memorial★★ **명** 기념관, 기념비
memorize★★★ **동** 기억하다, 암기하다
memorable★★ **형** 기억할 만한

She wished all the **memories** would remain in her mind forever. 수능
그녀는 모든 기억들이 마음속에 영원히 남아있기를 바랐다.

memor + **y**
기억하는   명·접

➡ 과거의 일에 대해 새겨둔 기억

commemorate★

[kəmémərèit]

□□□

동 기념하다, 기념식을 거행하다

commemoration **명** 기념, 기념행사
commemorative **형** 기념하는, 기념이 되는

The country's independence is **commemorated** every year.
그 나라의 독립은 매년 기념된다.

com + **memor** + **ate**
함께   기억하는   동·접

➡ 여럿이 함께 어떤 일을 기억하여
기념하다

put 생각하다 (think)

reputation***
[rèpjutéiʃən]
□□□

명 명성, 평판

reputable 형 명성 있는, 평판이 좋은

The **reputation** of an airline is damaged after a plane crash. 수능
항공기 추락 사고 이후에 항공사의 명성이 훼손되었다.

re + **put** + ation
다시 생각하다 명·접

➡ 다시 생각이 날 만큼 대단한 명성

dispute**
[dispjú:t]
□□□

명 분쟁, 논란
동 분쟁을 벌이다, 다투다

disputation 명 논쟁, 토론
disputable 형 논란의 여지가 있는

mediate labor **disputes** 수능
노동 분쟁들을 조정하다

dis + **put**(e)
반대의 생각하다

➡ 서로 반대의 생각을 해서 생기는 분쟁

compute*
[kəmpjú:t]
□□□

동 계산하다, 산출하다

computation 명 계산
computer 명 컴퓨터, 계산하는 기기/사람
computerize 동 컴퓨터로 처리하다, 전산화하다

The navigation system **computes** the travel time.
내비게이션 시스템은 이동 시간을 계산한다.

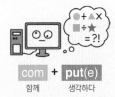

com + **put**(e)
함께 생각하다

➡ 많은 것을 함께 생각하여 값을 계산하다

rat 추론하다 (reason), 계산하다 (calculate)
변화형 reas

rate***
[reit]
□□□

동 평가하다, 등급을 매기다
명 비(율), 속도, 요금

The graph shows changes in school enrollment **rates** by age group. 수능
그 도표는 연령 집단별 취학률의 변화를 보여준다.

50%?

rat(e)
추론하다, 계산하다

➡ 추론이나 계산을 통해 평가하다, 계산해서 나온 비율

ratio★★

[réiʃou]

□□□

명 (~에 대한) 비, 비율

I changed the **ratio** of sugar to butter in the recipe.

나는 조리법에서 버터 대 설탕의 비율을 바꾸었다.

핵심표현 the **ratio** of A to B B대 A의 비율

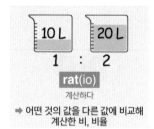

계산하다

➡ 어떤 것의 값을 다른 값에 비교해 계산한 비, 비율

rational★★★

[ræʃənəl]

□□□

형 합리적인, 이성적인, 추론의

rationally 부 합리적으로, 이성적으로

rationality★★ 명 합리성, 이치에 맞음

rational models of decision making 수능

의사 결정의 합리적 모델

추론하다 명·접 형·접

➡ 이성에 따라 추론이 가능한 상태인, 즉 합리적인

irrational★★

[iræʃənəl]

□□□

형 비이성적인, 불합리한

irrationally 부 비이성적으로, 불합리하게

Many errors seem **irrational** on the surface. 수능

표면적으로는 많은 오류들이 비이성적으로 보인다.

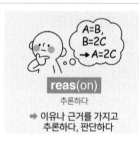

아닌(in) 이성적인

➡ 이성적이지 않은, 합리적이지 않은

reason★★★

[ríːzən]

□□□

명 이유, 근거, 이성

동 추론하다, 판단하다

reasonable★★★ 형 합리적인, 타당한

reasonably★★ 부 합리적으로

I **reasoned** that since I was going to be a journalist, I'd need a special notebook. 수능

나는 기자가 될 것이기 때문에 특별한 노트가 필요할 것이라고 판단했다.

reas(on)

추론하다

➡ 이유나 근거를 가지고 추론하다, 판단하다

---

cause

이유 (reason)

변화형 cuse

---

cause★★★

[kɔːz]

□□□

명 원인, 이유

동 야기하다, 초래하다

causality★★ 명 인과 관계

Changing the meeting time **caused** confusion.

회의 시간을 바꾼 것이 혼란을 야기했다.

핵심표현 **cause** and effect 원인과 결과

WHY?

cause

이유

➡ 어떤 일이 일어나도록 야기하는 원인, 이유

accuse★★

[əkjúːz]

☐☐☐

동 고발하다, 기소하다, 비난하다

accused* 명 피고인, 피의자

He was **accused** of robbery.
그는 강도 사건으로 고발당했다.

핵심표현 **accuse** A of A를 ~으로 고발하다/기소하다

ac + cuse
~쪽으로(ad) 이유

➡ 사건의 이유를 상대 쪽으로
돌리다, 즉 상대를 고발하다

---

excuse★★★

[동 ikskjúːz]
[명 ikskjúːs]

☐☐☐

동 변명하다, 용서하다, 면제하다
명 변명, 사과

inexcusable★★ 형 용서할 수 없는

People **excuse** themselves for the messiness of
their workspaces. 수능
사람들은 자신들의 근무 공간이 지저분한 것에 대해 변명한다.

핵심표현 **excuse** oneself for ~에 대해 변명하다/사과하다

ex + cuse
밖으로 이유

➡ 사건의 이유를 밖으로 돌리다,
즉 변명하다

---

cred   믿다 (believe)

---

credit★★★

[krédit]

☐☐☐

명 신뢰, 신용 (거래)
동 믿다, 신용하다

creditor 명 채권자

Would you like to pay in cash or by **credit**
card? 수능
현금으로 계산하시겠어요 아니면 신용카드로 하시겠어요?

cred(it)
믿다

➡ 믿음, 믿음을 근거로 하는
신용 거래

---

credible★★

[krédəbəl]

☐☐☐

형 믿을 수 있는, 신용할 만한

credibility★★ 명 신뢰성

predict the outcome with **credible** information 수능
믿을 수 있는 정보로 결과를 예측하다

cred + ible
믿다 할 수 있는

➡ 믿을 수 있는

---

incredible★★★

[inkrédəbəl]

☐☐☐

형 놀라운, 대단한, 믿어지지 않는

incredibly★★ 부 믿을 수 없을 정도로

Our **incredible** growth rate leads to a continuous
recruitment. 수능
우리의 놀라운 성장률은 지속적인 채용으로 이어진다.

in + cred + ible
아닌 믿다 할 수 있는

➡ 믿을 수 없을 정도로 놀라운

DAY 43

해카스보카 어원편

fid

믿다 (trust)

변화형 fed, fai, fy

---

confident★★★
[kάːnfidənt]
☐ ☐ ☐

형 자신 있는, 확신하는

confidential★ 형 신뢰받는, 기밀의
confidence★★★ 명 자신(감), 확신
overconfident★★ 형 지나치게 자신만만한
self-confidence★★ 명 자기 스스로를 믿음, 자신 과잉

I am **confident** to pass this test.
나는 이번 시험에 합격할 자신 있다.

con + fid + ent
모두(com) 믿다 형·접
➡ 자신의 모든 것을 믿어 자신 있는

---

federal★★
[fédərəl]
☐ ☐ ☐

형 연방제의, 연방 정부의, 연합의

The US **federal** government oversees the 50 states.
미연방 정부는 50개의 주를 감독한다.

fed(er) + al
믿다 형·접
➡ 믿음을 바탕으로 연합한 연방제의, 연방 정부의

---

faith★★
[feiθ]
☐ ☐ ☐

명 믿음, 신뢰, 신앙

faithful★★ 형 신의 있는, 충실한
faithfully★★ 부 신의 있게, 충실히

Some have **faith** that we'll solve our dependence on fossil fuels. 수능
일부 사람들은 우리가 화석연료에 대한 의존을 해결할 것이라는 믿음을 가지고 있다.

fai + th
믿다 명·접
➡ 어떤 대상에 대한 믿음

---

defy★★
[difάi]
☐ ☐ ☐

동 저항하다, 반항하다

defiance 명 저항, 반항

a mysterious illness which **defied** the medicines 수능
약물에 저항하는 불가사의한 병

de + fy
떨어져 믿다
➡ 누군가를 믿지 못해 그에게서 떨어져 저항하다

어원으로 줄줄이! **defy**와 유사한 의미의 어휘

- **confront** 동 맞서다, 직면하다   con 함께(com) + front 앞쪽
  ▶ 둘이 함께 서로의 앞쪽에 서서 맞서다, 직면하다

- **oppose** 동 저항하다, 반대하다   op 대항하여(ob) + pos(e) 놓다
  ▶ 상대에게 대항하는 의견을 놓아 저항하다

- **protest** 동 항의하다, 반대하다   pro 앞 + test 증언하다
  ▶ 앞에 나서서 잘못된 것을 증언하며 항의하다

- **resist** 동 저항하다, 반항하다   re 다시 + sist 서다(sta)
  ▶ 압박에 굴하지 않고 다시 일어서서 저항하다

DAY 44 | 알다, 느끼다
cogn, sci, not, sens

cogn

알다 (know)

변화형 (g)no, know, quaint

---

recognize★★★
[rékəgnàiz]
□□□

동 알아보다, 인정하다, 인식하다

recognizable★★ 형 알아볼 수 있는
recognition★★ 명 알아봄, 인정, 인식

Don instantly **recognized** the error and corrected his interpretation. 수능
Don은 즉시 오류를 알아보았고 그의 해석을 수정했다.

re + **cogn** + ize
다시   알다   동·접
➡ 다시 보고 알게 되다,
   즉 알아보다

---

cognitive★★★
[káːgnitiv]
□□□

형 인식의, 인지의

cognitively★ 부 인식적으로
cognition★ 명 인식, 인지

An invention changes our **cognitive** abilities dramatically. 수능
발명은 우리의 인지 능력을 극적으로 변화시킨다.

cogn(it) + ive
알다   형·접
➡ 아는 것과 관련한,
   즉 인식의 또는 인지의

---

ignore★★★
[ignɔ́ːr]
□□□

동 무시하다, 못 본 척하다
명 무시

ignorance★★★ 명 무지, 무식
ignorant★★ 형 무지한, 무식한

How do you know when to follow the instincts and when to **ignore** them? 수능
본능을 따라야 할 때와 무시해야 할 때를 어떻게 아나요?

i + **gno**(re)
아닌(in)   알다
➡ 아는체하지 않고 무시하다

---

diagnose★★
[dáiəgnòus]
□□□

동 (질병, 문제의 원인 등을) 진단하다

diagnosis★ 명 진단
diagnostic 형 진단(용)의

the percentages of male children **diagnosed** with asthma 수능
천식으로 진단받은 남자아이들의 비율

핵심표현 be **diagnosed** with ~으로 진단받다

dia + **gno**(se)
가로질러   알다
➡ 몸 전체를 가로질러 살펴 질병
   등을 알아내다, 즉 진단하다

---

noble**

[nóubəl]

□□□

형 고귀한, 귀족의
명 귀족

nobility 명 고귀함, 귀족

He had one **noble** purpose in life. 수능
그는 인생에 한 가지 고귀한 목적을 가지고 있었다.

no + ble
알다 형·접
➡ 누구나 잘 알 정도로
신분이 높거나 고귀한

acknowledge***

[æknάːlidʒ]

□□□

동 인정하다, 사례하다

acknowledgement* 명 인정

Critics **acknowledged** the artist's influence.
비평가들은 그 예술가의 영향력을 인정했다.

ac(know) + know(ledge)
인정하다 알다
➡ 어떤 사실에 대해 아는 것을
인정하다

어원으로 줄줄이!	**acknowledge**와 유사한 의미의 어휘

- **accept**　동 인정하다, 받아들이다　ac ~쪽으로(ad) + cept 취하다(cap)
  ▶ 어떤 사실을 내 쪽으로 취해서 받아들이다, 즉 인정하다
- **admit**　동 인정하다, 받아들이다　ad ~에 + mit 보내다
  ▶ 내게로 보내진 평가, 혐의 등을 받아들여 인정하다
- **recognize**　동 인정하다, 알아보다　re 다시 + cogn 알다 + ize 동·접
  ▶ 다시 보고 그 가치를 알게 되어 인정하다

acquaint**

[əkwéint]

□□□

동 알게 하다, 익히다, 숙지하다

acquaintance** 명 아는 사람, 지인
acquaintanceship** 명 안면, 면식

He became **acquainted** with the Swedish
naturalist. 수능
그는 스웨덴의 박물학자와 알게 되었다.

핵심표현 be **acquainted** with ~을 알고 있다, ~와 안면이 있다

ac + quaint
~쪽으로(ad) 알다
➡ 상대 쪽으로 어떤 것을 알려
그것을 알게 하다

sci　알다 (know)

conscious***

[kάːnʃəs]

□□□

형 의식하는, 의식이 있는, 자각하는

consciously** 부 의식하여, 의식적으로
consciousness** 명 의식, 자각
self-conscious** 형 자의식이 강한, 남을 의식하는

Jennifer was not **conscious** of her talents.
Jennifer는 그녀의 재능에 대해 의식하지 못했다.

핵심표현 **conscious** of ~을 의식하는

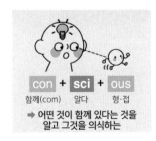

con + sci + ous
함께(com) 알다 형·접
➡ 어떤 것이 함께 있다는 것을
알고 그것을 의식하는

unconscious★★

[ʌ̀nkɑ́:nʃəs]

☐☐☐

휑 의식이 없는, 의식하지 못하는

unconsciously★★ **부** 무의식적으로

She was **unconscious** when the police found her.
경찰이 그녀를 발견했을 때 그녀는 의식이 없었다.

un + conscious
아닌 　의식 있는, 의식하는
➡ 의식이 없는, 의식하지 않는

subconscious★★

[sʌ̀bkɑ́:nʃəs]

☐☐☐

휑 잠재의식의

subconsciously★ **부** 잠재의식적으로

subconscious thoughts that you were not aware you were thinking 수능
당신이 생각하고 있다는 것을 깨닫지 못했던 잠재의식의 생각들

sub + conscious
아래에 　의식 있는
➡ 의식의 아래에 있는 잠재의식의

science★★★

[sɑ́iəns]

☐☐☐

휑 과학, ~학

scientific★★ **휑** 과학의, 과학적인
scientifically **부** 과학적으로
unscientific **휑** 비과학적인

New discoveries change our understanding of **science**.
새로운 발견은 과학에 대한 우리의 이해를 변화시킨다.

sci + ence
알다 　명·접
➡ 진리, 법칙에 대해 알아내려는 학문, 즉 과학

conscience★★

[kɑ́:nʃəns]

☐☐☐

휑 양심, 선악에 대한 판단력

conscientious★ **휑** 양심적인

We want our children to develop a **conscience**. 수능
우리는 우리의 자녀들이 양심을 발달시키기를 원한다.

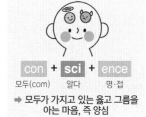

con + sci + ence
모두(com) 　알다 　명·접
➡ 모두가 가지고 있는 옳고 그름을 아는 마음, 즉 양심

---

not 　알다 (know)

---

notice★★★

[nóutis]

☐☐☐

동 알아채다, 통지하다, 주목하다
명 알아챔, 통지, 주목

noticeable★★ **휑** 눈에 띄는, 주목할 만한
unnoticeably★★ **부** 눈에 띄지 않게

She **notices** that Owen doesn't look well. 수능
그녀는 Owen이 건강해 보이지 않는다는 것을 알아챈다.

not(ice)
알다
➡ 어떤 것을 알아채다, 알아채도록 통지하다

notion***
[nóuʃən]
☐☐☐

명 개념, 관념

Everyone has a different **notion** of what success means.
모든 사람은 성공이 무엇을 의미하는지에 대한 다른 개념을 가지고 있다.

not + ion
알다   명·접
➡ 사물이나 현상에 대해 알려진 일반적인 지식, 즉 개념

---

notify**
[nóutəfài]
☐☐☐

동 알리다, 통지하다

notification* **명** 통지, 공고

You will be **notified** of the final results about a week after the audition. [수능]
여러분은 오디션 후 일주일쯤 지나서 최종 결과를 알게 될 것입니다.

[핵심표현] **notify** A of B A에게 B를 알리다

not + ify
알다   동·접
➡ 어떤 것에 대해 알게 하다, 즉 알리다

[어원으로 줄줄이!] notify와 유사한 의미의 어휘
- **announce** **동** 알리다, 발표하다   an ~에(ad) + nounc(e) 알리다 ▶ 누군가에게 알리다, 발표하다
- **inform** **동** 알리다, 통지하다   in 안에 + form 형태 ▶ 머릿속에 형태가 그려지도록 정보를 알리다

---

notation**
[noutéiʃən]
☐☐☐

명 표기법, 기호

Music has a special system of **notation**.
음악엔 특별한 기호 체계가 있다.

not + ation
알다   명·접
➡ 어떤 것을 알리기 위해 통일된 표기법, 기호

---

notable**
[nóutəbəl]
☐☐☐

형 유명한, 눈에 띄는
명 유명한 인물

notably** **부** 현저하게, 뚜렷하게, 특히

The statue was **notable** for being the biggest in America. 그 조각상은 미국에서 가장 큰 것으로 유명했다.

[핵심표현] **notable** for ~으로 유명한

not + able
알다   할 수 있는
➡ 누구나 알 수 있는, 즉 유명한

[어원으로 줄줄이!] notable과 유사한 의미의 어휘
- **outstanding** **형** 눈에 띄는, 뛰어난   out 밖으로 + standing 서 있는
  ▶ 혼자 밖으로 우뚝 솟아 서 있어서 눈에 띄는
- **prominent** **형** 두드러진, 유명한   pro 앞으로 + min 돌출하다(mount) + ent 형·접
  ▶ 앞으로 돌출되어 있어 두드러지고 유명한

sens

느끼다 (feel)

변화형 sent, scent

---

sense***
[sens]
□□□

동 느끼다, 감지하다　　명 느낌, 감각

sensory** 형 감각의　　sensitive*** 형 세심한, 예민한
sensual* 형 감각적인　　sensitivity** 명 세심함, 예민함

Humans use all their five **senses** to analyze food quality. 수능

인간은 음식의 질을 평가하기 위해 다섯 가지의 감각을 모두 활용한다.

핵심표현 make **sense** 의미가 통하다, 말이 되다

---

sensible**
[sénsəbəl]
□□□

형 분별력 있는, 느낄 수 있는

sensibility** 명 감성, 감수성

The time spent on regular examinations is a **sensible** investment in good health. 수능

정기 검진에 쓰이는 시간은 좋은 건강에 대한 분별력 있는 투자이다.

---

sensation**
[senséiʃən]
□□□

명 큰 감흥을 주는 사건, 느낌/감각

sensational** 형 세상을 놀라게 하는

The unknown athlete's Olympic victory was a **sensation**.

그 무명 선수의 올림픽 우승은 큰 감흥을 주는 사건이었다.

---

nonsense**
[náːnsens]
□□□

명 터무니없는 생각, 허튼 소리

This is **nonsense**. 수능

이것은 터무니없는 생각이다.

---

consensus**
[kənsénsəs]
□□□

명 의견의 일치, 합의, 여론

The two political parties could not reach a **consensus**.

그 두 정당은 의견 일치에 도달할 수 없었다.

---

sentence***

[séntəns]

□□□

명 문장, (판결의) 선고
동 선고하다

My voice was growing louder with each **sentence**. 수능
내 목소리는 각 문장을 말할 때마다 점점 커지고 있었다.

sent + ence
느끼다 명·접
➡ 느낌을 말이나 글로 표현한 문장,
죄에 대해 문장으로 내려진 선고

sentiment**

[séntəmənt]

□□□

명 감정, 감상, 정서

sentimental 형 감정적인, 감상적인

Negative **sentiments** are emotions like grief, guilt, and anger. 수능
부정적인 감정은 슬픔, 죄책감, 그리고 분노와 같은 감정이다.

sent(i) + ment
느끼다 명·접
➡ 느끼는 것, 즉 감정 또는 감상

resent**

[rizént]

□□□

동 분개하다, 억울하게 여기다

resentful** 형 분개한
resentment** 명 분함, 억울함

Brad **resented** the negative reviews he received.
Brad는 그가 받은 부정적인 비평에 분개했다.

re + sent
다시 느끼다
➡ 나쁜 자극에 대한 반응으로 다시
분노를 느끼다, 즉 분개하다

dissent**

[disént]

□□□

동 반대하다
명 반대, 반대 의견

No one **dissented** and the law was passed.
아무도 반대하지 않아서 그 법안이 통과되었다.

dis + sent
반대의 느끼다
➡ 반대로 느끼다, 즉 반대하다

consent*

[kənsént]

□□□

동 동의하다, 찬성하다
명 동의, 찬성

Get **consent** from your manager before starting work.
업무를 시작하기 전에 관리자의 동의를 얻어라.

con + sent
함께(com) 느끼다
➡ 함께 똑같이 느끼다, 즉 동의하다

scent***

[sent]

□□□

명 향(기), 냄새
동 향기가 나다

the **scent** of flowers and pines 수능
꽃들과 소나무의 향기

scent
느끼다
➡ 코로 느끼는 향기, 냄새

DAY 45 | 감정
path, pen, terr, trem, pleas, grat, sper

MP3 바로 듣기

---

path
고통을 겪다 (suffer), 느끼다 (sense)
변화형 pat, pass

---

pathetic★
[pəθétik]
☐☐☐

형 불쌍한, 무기력한

The puppy looked so **pathetic** she decided to feed it.
그 강아지가 너무 불쌍해 보여서 그녀는 먹이를 주기로 결정했다.

path(et) + ic
고통을 겪다　형·접
➡ 고통을 겪고 있어 불쌍한

---

sympathy★★
[símpəθi]
☐☐☐

명 동정, 연민

sympathetic★★★ 형 동정심 있는, 동조하는
sympathize★★ 동 동정하다

I have a lot of **sympathy** for homeless people.
나는 노숙자들에게 많은 동정을 가지고 있다.

sym + **path** + y
함께　고통을 겪다　명·접
➡ 상대의 고통을 함께 겪으며 불쌍히 여기는 동정, 연민

---

empathy★★
[émpəθi]
☐☐☐

명 공감, 감정이입

empathetic★★ 형 공감하는, 감정이입의
empathize★ 동 공감하다

It was hard to feel **empathy** for the movie's characters.
그 영화의 등장인물들에게 공감을 하기는 어려웠다.

em + **path** + y
안에(en)　느끼다　명·접
➡ 마음 안에서 상대의 감정을 똑같이 느끼는 공감

---

patient★★★
[péiʃənt]
☐☐☐

명 환자　형 인내심 있는, 참을성 있는

patiently★★ 부 참을성 있게
patience★★★ 명 참을성, 인내심
impatient★★ 형 참을성 없는, 조급한
impatiently★ 부 참지 못할 만큼, 조급하게
impatience★★ 명 성급함, 조급

Be **patient** and wait. 수능 인내심을 가지고 기다려라.

Disease

pat(i) + ent
고통을 겪다　명·접(사람)
➡ 고통을 겪는 환자, 겪는 고통에 대해 인내심이 있는

---

passion***
[pǽʃən]
□□□

명 열정, 격정

passionate** 형 열정을 느끼는, 열정적인

My **passion** for books continued throughout my life. 수능

책에 대한 나의 열정은 평생 동안 지속되었다.

핵심표현 **passion** for ~에 대한 열정

pass + ion
느끼다   명·접

➡ 강하게 느끼는 애정, 즉 열정

---

compassion**
[kəmpǽʃən]
□□□

명 연민, 동정심

compassionate* 형 연민 어린, 동정하는

Her heart was touched with **compassion** for the distressed mother. 수능

고통스러워하는 어머니에 대한 연민으로 그녀의 마음이 움직였다.

com + pass + ion
함께   느끼다   명·접

➡ 다른 사람의 고통을 함께 느끼며 가엾게 여기는 연민

어원으로 줄줄이! **compassion**과 유사한 의미의 어휘

• **mercy**   명 자비, 동정   merc 보상하다 + y 명·접
  ▶ 불쌍히 여겨 보상을 잘해주는 마음, 즉 자비심 또는 동정

• **sympathy**   명 동정, 연민   sym 함께 + path 고통을 겪다 + y 명·접
  ▶ 상대의 고통을 함께 겪으며 불쌍히 여기는 동정, 연민

---

passive***
[pǽsiv]
□□□

형 수동적인, 소극적인

passiveness 명 수동적임, 소극적임

The best moments in our lives are not the **passive** times. 수능

우리 삶의 최고의 순간들은 수동적인 시간이 아니다.

pass + ive
느끼다   형·접

➡ 행동하지 않고 자극을 느끼기만 하는, 즉 수동적인

---

pen

벌 (penalty), 고통 (pain)

변화형 pun, pain

---

penalty*
[pénəlti]
□□□

명 처벌, 벌칙

penalize* 동 처벌하다, 벌주다

the **penalty** for smoking on an airplane

비행기에서의 흡연에 대한 처벌

pen + al + ty
벌   형·접   명·접

➡ 잘못에 대한 처벌 또는 벌칙

---

punish***
[pʌ́niʃ]
□□□

동 벌하다, 처벌하다

punishing 형 벌하는, 극도로 힘든
punishment 명 벌, 처벌

Ideas about how to **punish** children differ from
family to family. 수능
아이들을 어떻게 벌해야 하는지에 대한 생각은 가족마다 다르다.

pun + ish
벌   동·접
➡ 벌을 주다

pain***
[pein]
□□□

명 고통, 통증
동 고통스럽게 하다

painful*** 형 고통스러운
painless 형 고통 없는

Put some ice on your back to relieve the **pain**. 수능
고통을 완화시키기 위해 허리에 얼음을 올려라.

pain
고통
➡ 고통, 고통스럽게 하다

terr
두려워하게 하다 (frighten)

terror*
[térər]
□□□

명 두려움, 두려운 대상

terrible*** 형 두려운, 끔찍한
terrorist 명 테러리스트, 테러범

Tim felt **terror** about losing his job.
Tim은 직장을 잃는 것에 대해 두려움을 느꼈다.

terr + or
두려워하게 하다 명·접
➡ 두려움, 두려운 대상

terrify***
[térəfài]
□□□

동 두려워하게 하다, 무섭게 하다

terrifying 형 무서운
terrific*** 형 무서운, 엄청난, 아주 멋진

When you have to give a speech, you may be
terrified. 수능
연설을 해야 할 때, 당신은 두려워질지도 모릅니다.

terr + ify
두려워하게 하다 동·접
➡ 두려워하게 만들다

deterrent*
[ditə́:rənt]
□□□

형 제지시키는, 방해하는
명 방해물

deterrence 명 제지, 저지
deter 동 단념시키다, 그만두게 하다

Security cameras have a **deterrent** effect on
crime.
보안 카메라는 범죄를 제지시키는 효과가 있다.

de + terr + ent
떨어져 두려워하게 하다 형·접
➡ 두려워서 하던 일에서 떨어지게
하는, 즉 제지시키는

★★★ =최빈출   ★★ =빈출   ★ =기출

trem 떨다 (shake)

tremble ★★
[trémbəl]
□□□

동 떨다, 흔들리다
명 떨림, 전율

tremor 명 떨림, 전율

Kate was nervous and **trembling**. 수능
Kate는 긴장했고 떨고 있었다.

trem(ble)
떨다
➡ 떨다, 떨림

tremendous ★★
[triméndəs]
□□□

형 엄청난, 막대한

tremendously ★★ 부 엄청나게

Our generation has a **tremendous** amount of experiences in common. 수능
우리 세대는 엄청난 양의 경험을 공유한다.

trem(endous)
떨다
➡ 떨게 만들 정도로 엄청난

어원으로 줄줄이! **tremendous**와 유사한 의미의 어휘

- **enormous** 형 엄청난, 거대한
  e 밖으로(ex) + norm 기준 + ous 형·접
  ▶ 기준 밖으로 벗어날 만큼 거대하고 엄청난

- **immense** 형 거대한, 막대한
  im 아닌(in) + mens(e) 재다(meter)
  ▶ 너무 커서 잴 수 있는 것이 아닌, 즉 거대한

- **massive** 형 거대한, 대규모의
  mass 덩어리 + ive 형·접 ▶ 덩어리가 거대하고, 규모가 큰

pleas 기쁘게 하다 (please)
변화형 plea

please ★★★
[pliːz]
□□□

동 기쁘게 하다, 즐겁게 하다

pleasure ★★★ 명 기쁨, 즐거움
pleasant ★★★ 형 즐거운, 기분 좋은
unpleasant ★★★ 형 불쾌한, 기분 나쁜

You can't **please** the whole world. 수능
당신은 온 세상을 기쁘게 할 수 없다.

핵심표현 be **pleased** with ~에 기뻐하다

pleas(e)
기쁘게 하다
➡ 기쁘게 하다, 즐겁게 하다

displease★

[displíːz]

□□□

⑤ 불만스럽게 하다, 불쾌하게 만들다

The children were **displeased** with their gifts.
아이들은 그 선물에 불만스러워했다.

핵심표현 be **displeased** with ~에 불만스러워하다/불쾌해하다

dis + pleas(e)
반대의   기쁘게 하다

➡ '기쁘게 하다'의 반대,
즉 불만스러워하게 하다

plead★

- pleaded[pled]
- pleaded[pled]

[pliːd]

□□□

⑤ 간청하다, 탄원하다

plea 명 간청, 애원

Chris **pleaded** with the taxi driver to go faster.
Chris는 택시 운전사에게 더 빨리 가달라고 간청했다.

plea(d)
기쁘게 하다

➡ 기쁘게 해서 원하는 바를 얻고자
간청하다

---

grat

감사하는 (thankful), 기쁨을 주는 (pleasing)

변화형 grac, gree

---

grateful★★★

[gréitfəl]

□□□

형 감사하는, 고마워하는

gratefully 부 감사하여, 기꺼이

Citizens were **grateful** for the government's help.
시민들은 정부의 도움에 고마워했다.

grat(e) + ful
감사하는   형·접

➡ 감사하는, 고마워하는

어원으로 줄줄이! **grateful**과 유사한 의미의 어휘

• **appreciative** 형 감사하는, 감사를 나타내는 ap ~에(ad) + preci 값 + ative 형·접
▶ 누군가에게 값을 치르고 싶을 정도로 감사하는

• **thankful** 형 감사하는, 고맙게 생각하는 thank 감사하다 + ful 형·접 ▶ 감사하는

gratitude★★

[grǽtətjùːd]

□□□

명 감사, 고마움

The purpose of the letter is to express
gratitude. 수능
그 편지의 목적은 감사를 표현하는 것이다.

grat(i) + tude
감사하는   명·접

➡ 감사함, 고마움

---

gratify★

[grǽtəfài]
□□□

동 기쁘게 하다, 만족시키다

gratification 명 큰 기쁨, 만족(감)

The high sales figures **gratified** the company CEO.
높은 매출액은 회사 CEO를 기쁘게 했다.

grat + ify
기쁨을 주는   동·접
➡ 기쁨을 주다

어원으로 줄줄이! **gratify**와 유사한 의미의 어휘

- **please** 동 기쁘게 하다, 즐겁게 하다   pleas(e) 기쁘게 하다 ▶ 기쁘게 하다, 즐겁게 하다
- **satisfy** 동 만족시키다, 충족시키다   satis 충분한 + fy 동·접 ▶ 충분함을 느끼게 만들어 만족시키다

---

congratulate★

[kəngrǽtʃulèit]
□□□

동 축하하다, 기뻐하다

congratulation★ 명 축하, 축하 인사

Dan **congratulated** Peter, shaking his hand. 수능
Dan은 Peter와 악수를 하며 그를 축하했다.

핵심표현 **congratulate** on ~을 축하하다
Congratulations! 축하해!

con + grat(ul) + ate
함께(com) 기쁨을 주는 동·접
➡ 다른 이의 기쁨을 함께 축하하다

---

grace★★

[greis]
□□□

명 우아함, 품위, (신의) 은총

graceful★★ 형 우아한, 품위를 지키는
gracefully 부 우아하게, 품위 있게
gracious★ 형 우아한, 품위 있는
disgrace★★ 명 불명예, 망신

The audience was amazed by the **grace** of the dancers. 관중은 무용수들의 우아함에 놀라워했다.

grac(e)
기쁨을 주는
➡ 보는 사람에게 기쁨을 주는 우아함

---

agree★★★

[əgríː]
□□□

동 동의하다, 합의가 되다

agreement★★★ 명 동의, 합의   disagree★★★ 동 동의하지 않다
agreeable★ 형 동의할 만한, 기꺼이 동의하는

As we **agreed** during the meeting, please send a service engineer. 수능
저희가 회의 중에 동의했던 바와 같이 수리 기사를 보내주세요.

핵심표현 **agree** on ~에 동의하다

Good!
a + gree
~에(ad) 기쁨을 주는
➡ 기쁨을 줄 수 있도록 상대에게 동의하다

어원으로 줄줄이! **grat**과 유사한 의미의 어근 **mir**(감탄하다, 놀라다)

- **admire** 동 감탄하다, 존경하다   ad ~에 + mir(e) 감탄하다 ▶ ~에 감탄하다
- **miracle** 명 기적, 기적 같은 일   mir(a) 감탄하다 + cle 명·접 ▶ 감탄하게 하는 놀라운 일, 즉 기적
- **marvelous** 형 놀라운, 아주 훌륭한   mar(vel) 감탄하다(mir) + ous 형·접 ▶ 감탄하게 할 정도로 놀랍거나 훌륭한

sper

희망 (hope)

[변화형] spair

---

prosper**
[prá:spər]

☐☐☐

⑧ 번영하다, 번창하다

prosperity** ⑲ 번영, 번창
prosperous ⑲ 번영하는, 성공한

The demand for comfortable living conditions will increase as we **prosper.** [수능]
우리가 번영함에 따라 편안한 생활 환경에 대한 요구가 증가할 것이다.

→ 희망차게 앞으로 발전해 나가다, 즉 번영하다

어원으로 줄줄이! **prosper**와 유사한 의미의 어휘

• **flourish** ⑧ 번성하다, 잘 자라다 　flour 꽃(flori) + ish 동·접 ▶ 꽃이 활짝 핀 것과 같이 번성하다
• **succeed** ⑧ 성공하다, 뒤를 잇다 　suc 아래로(sub) + ceed 가다(cede)
　　　　　　　　　　　　　　　　　▶ 왕위가 아래 후손에게 가는 데 성공하다

---

desperate***
[déspərət]

☐☐☐

⑱ 절망적인, 자포자기한, 필사적인

desperately** ⑭ 절망적으로, 필사적으로
desperation ⑲ 자포자기, 필사적임

how to reach out a hand to people in **desperate** need [수능]
절망적인 어려움에 처한 사람들에게 손을 내미는 방법

→ 희망에서 떨어진 상태인, 즉 절망적인

---

despair***
[dispéər]

☐☐☐

⑲ 절망
⑧ 절망하다, 체념하다

Our feeling of **despair** can be eased if we act instead of just thinking over problems. [수능]
문제에 대해 생각만 하는 대신 행동한다면 우리의 절망감이 줄어들 수 있다.

→ 희망에서 떨어진 상태, 즉 절망

DAY 46 | 말하다
log, lingu, dict, fa, nounc

MP3 바로 듣기

---

log 말 (speech)

---

catalog*** (= catalogue)
[kǽtəlɔ̀ːg]
☐☐☐

명 (물품, 도서 등의) 목록, 카탈로그
동 목록을 작성하다

Take a look at this **catalog**. 수능
이 카탈로그를 한 번 보세요.

cata + **log**(ue)
아래로　　말
➡ 말을 아래로 적어 내려간 목록, 카탈로그

---

logic**
[lάːdʒik]
☐☐☐

명 논리, 타당성

logical*** 형 논리적인, 타당한
logically** 부 논리적으로

Logic must be learned through actual problem-solving. 수능
논리는 실제적 문제 해결을 통해서 학습되어야 한다.

log(ic)
말
➡ 말을 이끌어 가는 원리, 즉 논리

---

monolog** (= monologue)
[mάːnəlɔ̀ːg]
☐☐☐

명 독백, (혼자서 하는) 긴 이야기

monologues recorded by famous comedians 수능
유명한 코미디언들에 의해 녹음된 독백들

mono + **log**(ue)
혼자　　말
➡ 혼자 말하는 독백

---

technology***
[teknάːlədʒi]
☐☐☐

명 (과학) 기술, 공학

technological*** 형 기술적인
technologically 부 기술적으로

Technology gives us more and more of what we want. 수능
과학 기술은 우리가 원하는 것을 점점 더 많이 우리에게 준다.

techno + **log** + y
기술　　말　　명·접
➡ 기술에 대해 말하는 것, 기술에 대한 학문인 공학

---

psychology***
[saikά:lədʒi]
□□□

명 심리학, 심리 (상태)

psychological* **형** 심리(학)적인, 정신의
psychologically **부** 심리(학)적으로
psychologist* **명** 심리학자

He took my positive **psychology** class in college. 수능
그는 대학에서 내 긍정 심리학 강의를 들었다.

psycho + log + y
정신, 심리 　 말 　 명·접
➡ 심리에 대해 말하는 것,
즉 심리에 대한 학문인 심리학

---

apology***
[əpά:lədʒi]
□□□

명 사과, 사죄

apologize* **동** 사과하다
apologetic **형** 사과하는, 미안해하는
apologetically **부** 사과의 뜻으로, 변명 조로

Sincere **apologies** are readily accepted by the victims. 수능
진심 어린 사과는 피해자들에 의해 기꺼이 받아들여진다.

apo + log + y
떨어져(ab) 　 말 　 명·접
➡ 죄에서 떨어지기 위해서
말하는 사과

---

ideology**
[ài diά:lədʒi]
□□□

명 사상, 이념, 관념

ideological **형** 사상적인, 이념적인

Christian **ideology** spread across the world over 500 years.
기독교 사상은 500년이 넘도록 전 세계로 확산되었다.

ide(o) + log + y
생각 　 말 　 명·접
➡ 어떤 것에 대한 생각을 구체적인
말이 되게 한 것, 즉 사상

---

analogy**
[ənǽlədʒi]
□□□

명 비유, 유사(함), 유추

analogical **형** 유사한, 유추적인

superficial **analogies** between the eye and a camera 수능
눈과 카메라 사이의 표면적인 유사함

핵심표현 an **analogy** between ~ 사이의 유사함

ana + log + y
따라 하는 　 말 　 명·접
➡ 어떤 것을 따라 하는 다른
것으로 빗대어 말하는 비유

어원으로 줄줄이! **analogy**와 유사한 의미의 어휘

- **likeness**　　**명** 닮음, 비슷함　like ~과 같은 + ness 명·접 ▶ 다른 어떤 것과 같아 보임, 즉 닮음
- **resemblance**　**명** 닮음, 비슷함　re 다시 + sembl 비슷한(simil) + ance 명·접
　　　　　　　　　　　　　　　　　　▶ 다시 볼 정도로 비슷하게 닮음
- **similarity**　　**명** 유사성, 비슷함　simil 비슷한 + ar 형·접 + ity 명·접 ▶ 비슷함, 유사함

---

anthropology**
[ǽnθrəpά:lədʒi]
□□□

명 인류학

anthropologist **명** 인류학자

the rise of **anthropology** of the 1930s 수능
1930년대 인류학의 성장

anthropo + log + y
인간 　 말 　 명·접
➡ 인간에 대해 말하는 것,
즉 인간에 대한 학문인 인류학

---

ecology**

[ikάːlədʒi]

□□□

명 생태학, 생태(계)

ecological** **형** 생태학의, 생태계의, 환경의
ecologist** **명** 생태학자

Studying **ecology** has become important due to climate change.
기후 변화로 인해 생태학을 공부하는 것은 중요해져 왔다.

어원으로 줄줄이! **log** 추가 어휘

- **biology** **명** 생물학, 생태학　　bio 생명 + log 말 + y 명·접 ▶ 생명에 대해 말하는 것, 즉 생물에 대한 학문인 생물학
- **geology** **명** 지질(학), 암석 분포　geo 땅 + log 말 + y 명·접 ▶ 땅에 대해 말하는 것, 즉 땅의 구성 물질에 대한 학문인 지질학
- **trilogy** **명** (소설 등의) 3부작　tri 셋 + log 말 + y 명·접 ▶ 이야기를 세 번에 나눠 말하는 것, 즉 3부작

---

lingu

언어 (language), 혀 (tongue)

변화형 langu

---

linguist*

[líŋgwist]

□□□

명 언어학자, 언어에 능통한 사람

linguistic** **형** 언어의, 언어학의

As a **linguist**, he researches the roots of words.
언어학자로서, 그는 단어들의 기원을 연구한다.

---

monolingual**

[màːnəlíŋgwəl]

□□□

형 단일 언어를 사용하는

The vast majority of Americans remain **monolingual**. 수능
대다수의 미국인들은 여전히 단일 언어를 사용한다.

---

language***

[lǽŋgwidʒ]

□□□

명 언어, 말

You're going to Korea to study Korean **language** and culture. 수능
너는 한국에 가서 한국의 언어와 문화를 공부할 예정이다.

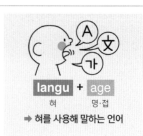

dict

말하다 (speak, say, tell)

[변화형] dic, dex

---

dictate★★★
[díkteit]
□□□

동 지시하다, 받아쓰게 하다
명 명령, 지시

dictator★ 명 독재자
dictation★ 명 지시, 받아쓰기 (시험)

Anderson **dictated** his plan for the event over the phone.
Anderson은 그 행사에 대한 자신의 방침을 전화로 지시했다.

dict + ate
말하다   동·접
➡ 말한 것을 하도록 지시하다, 받아 쓰도록 시키다

---

contradict★
[kà:trədíkt]
□□□

동 반박하다, 모순되다, 부정하다

contradiction★★ 명 반박, 모순
contradictory★ 형 반박의, 모순되는

This article **contradicts** the government report.
이 기사는 정부 보고서를 반박한다.

contra + dict
반대의(counter)   말하다
➡ 상대의 의견에 반대로 말하다, 즉 반박하다

---

addict★★
[동 ədíkt]
[명 ǽdikt]
□□□

동 중독되게 하다, (~에) 빠지게 하다
명 중독자

addiction★★ 명 중독
addictive★★ 형 중독성의, 중독성 있는

I am **addicted** to playing video games.
나는 비디오 게임 하는 것에 중독되었다.

[핵심표현] be **addicted** to ~에 중독되다

ad + dict
~에   말하다
➡ 어떤 것에 대해서 계속 말해 그것에 중독되게 하다

---

indicate★★★
[índikèit]
□□□

동 보여주다, 나타내다, 가리키다

indicator★★ 명 지표, (상태, 방향 등을 나타내는) 표시기
indication 명 암시, 조짐

Status symbols can **indicate** the cultural values of a society. [수능]
지위의 상징은 한 사회의 문화적 가치를 보여줄 수 있다.

in + dic + ate
안에   말하다   동·접
➡ 안에 가진 생각을 말로 하여 보여주다

---

dedicate★★★
[dédikèit]
□□□

동 바치다, 헌신하다, 전념하다

dedication★★ 명 헌신, 전념

Greenpeace is **dedicated** to the protection of the natural world. [수능]
그린피스는 자연 세계의 보호에 헌신한다.

[핵심표현] be **dedicated** to ~에 헌신하다, ~에 전념하다
dedicate oneself to ~에 자신을 바치다, ~에 헌신하다

de + dic + ate
떨어져   말하다   동·접
➡ 다른 유혹에서 떨어져 자신을 바치겠다고 말하다, 즉 헌신하다

DAY 46

해커스 보카 어원편

index***

[índeks]

□□□

명 색인, 지표
동 색인을 달다

Look in the **index** to find the information you need.
네가 필요한 정보를 찾기 위해 색인을 찾아봐라.

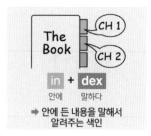

---

fa

말하다 (speak, say, tell)

변화형 fess, phe

---

fame***

[feim]

□□□

명 명성, 명망

famed* 형 아주 유명한, 저명한
famous 형 유명한
infamous* 형 악명 높은

His mathematical theory earned him lasting **fame.** 수능
그의 수학 이론이 그에게 오랜 명성을 가져다주었다.

---

infant***

[ínfənt]

□□□

명 유아
형 유아용의, 초기의

infantile 형 어린애 같은, 유치한
infancy* 명 유아기, 초기

We begin life as an **infant**, totally dependent on others. 수능
우리는 전적으로 다른 사람들에게 의지하는 유아로서 삶을 시작한다.

---

fate**

[feit]

□□□

명 운명, 숙명

fateful 형 운명적인
fatal* 형 치명적인

One cannot hide from **fate.**
사람은 운명으로부터 숨을 수 없다.

---

fable*

[féibəl]

□□□

명 우화, (꾸며낸) 이야기

fabulous* 형 멋진, 믿어지지 않는, 우화에 나오는

A **fable** usually teaches a moral lesson.
우화는 주로 도덕적인 교훈을 가르쳐 준다.

---

profess*
[prəfés]
□□□

동 공언하다, 주장하다

professor*** 명 공언하는 사람, 교수
profession** 명 공언, 직업, 전문직
professional*** 형 전문적인, 직업적인

Ian **professed** his love for Ella from the stage.
Ian은 무대에서 Ella에 대한 그의 사랑을 공언했다.

pro + fess
앞에   말하다

➡ 남들 앞에서 공개적으로 말하다,
즉 공언하다

---

prophecy**
[prá:fəsi]
□□□

명 예언(서), 예언 능력

prophet 명 예언자
prophetic** 형 예언의, 예언적인, 예언자의

No one believed the old man's **prophecy**.
아무도 그 노인의 예언을 믿지 않았다.

pro + phe + cy
앞에   말하다   명·접

➡ 사건 발생보다 앞서 말하는 것,
즉 예언

어원으로 줄줄이! **fa** 추가 어휘

- **fairy** 명 (이야기 속의) 요정 형 요정의, 요정 같은
- **preface** 명 서론, (책의) 서문, 머리말 동 서문을 쓰다
- **confess** 동 고백하다, (죄를) 자백하다, 인정하다

fa(i) 말하다 + ry 명·접 ▶ 이야기 속에서만 말해지는 신비한 존재인 요정
pre 앞서 + fa(ce) 말하다 ▶ 본론에 앞서서 말하는 서론
con 모두(com) + fess 말하다 ▶ 감추는 것 없이 모두 말하여 고백하다

---

nounc 알리다, 보고하다 (report)

---

announce***
[ənáuns]
□□□

동 발표하다, 알리다, 선언하다

announcer 명 발표자, 아나운서
announcement*** 명 발표, 소식

The Ministry of Education **announced** that all schools will be closed until further notice. 수능
교육부는 추가 통지가 있을 때까지 모든 학교가 폐쇄될 것이라고 발표했다.

an + nounc(e)
~에(ad)   알리다

➡ 누군가에게 알리다, 발표하다

---

pronounce**
[prənáuns]
□□□

동 선언하다, 발음하다

pronouncement 명 선언, 공표
pronunciation** 명 발음

Ms. Jones **pronounced** the project a complete success.
Jones 씨는 그 프로젝트가 완벽히 성공했다고 선언했다.

pro + nounc(e)
앞에   알리다

➡ 사람들 앞에서 공개적으로
알리다, 즉 선언하다

DAY 47

(노래) 부르다, 듣다, 박수 치다
cit, voc, claim, audi, ton, od, plaud

MP3 바로 듣기

---

cit   부르다 (call)

---

cite★★
[sait]
☐☐☐

동 인용하다, (예나 이유를) 들다

citation★★ 명 인용(구)

The student **cited** Aristotle in his essay.
그 학생은 자신의 에세이에 아리스토텔레스를 인용했다.

cit(e)
부르다
➡ 다른 사람의 말이나 글을
불러와서 인용하다

---

excite★★★
[iksáit]
☐☐☐

동 흥분시키다, 자극하다

excitement★★ 명 흥분, 신남
excitedly 부 흥분하여
overexcite★★ 동 과도하게 흥분시키다

We were **excited** by the fact that space can be entered. [수능]
우리는 우주에 진입할 수 있다는 사실에 흥분했었다.

ex + cit(e)
밖으로   부르다
➡ 감정을 밖으로 더 크게
불러일으키다, 즉 흥분시키다

어원으로 줄줄이! excite와 유사한 의미의 어휘

• **arouse**   동 (감정을) 일으키다, 자극하다   a 매우 + rouse 깨우다
▶ 잠재된 감정, 생각 등을 깨워서 매우 강하게 일으키다

• **stimulate**   동 자극하다, 활기 띠게 하다   stim(ul) 찌르다(sting) + ate 동·접
▶ 움직이도록 찔러서 자극하다

---

recite★★
[risáit]
☐☐☐

동 암송하다, 낭독하다

recital★ 명 낭송, 낭독, 연주회

I can **recite** the names of nearly every player on the team. [수능]
나는 그 팀에 있는 거의 모든 선수들의 이름을 암송할 수 있다.

re + cit(e)
다시   부르다
➡ 시, 노래 등을 외워서
다시 부르다, 즉 암송하다

VOC

부르다 (call), 목소리 (voice)

[변화형] vok, vow

---

vocabulary★★★

[voukǽbjulèri]

□□□

图 어휘, 용어

the reasons for acquiring a large **vocabulary** [수능]
많은 어휘를 습득해야 할 이유

voc(abul) + ary
부르다　　명·접
➡ 어떤 것을 부르기 위한
이름, 즉 어휘

---

advocate★★★

[명 ǽdvəkət]
[동 ǽdvəkèit]

□□□

图 지지자, 변호사, 대변자
图 지지하다, 옹호하다

advocacy★★ 图 지지, 옹호, 변호

historians' efforts to **advocate** their own
culture [수능]
자신들의 문화를 옹호하려는 역사가들의 노력

ad + voc + ate
~쪽으로　부르다　명·접
➡ 편을 들어주기 위해 누군가
쪽으로 불려온 지지자, 변호사

[어원으로 줄줄이!] **advocate**과 유사한 의미의 어휘

• **promoter** 图 촉진자, 옹호자　　pro 앞으로 + mot(e) 움직이다(mob) + er 명·접(사람)
▶ 어떤 것을 앞으로 더 잘 움직이게 하는 촉진자

• **supporter** 图 지지자, 후원자　　sup 아래에(sub) + port 운반하다 + er 명·접(사람)
▶ 어떤 것을 아래에서 떠받치고 운반하는 지지자

---

vocation★

[voukéiʃən]

□□□

图 천직, 직업, 사명감

vocational★ 图 직업과 관련된, 천직의

Mr. Loren felt that teaching was his true
vocation.
Loren 씨는 가르치는 일이 자신의 진정한 천직이라고 느꼈다.

voc + ation
부르다　명·접
➡ 신이 불러서 하게 된 일, 즉 천직

---

vocal★★

[vóukəl]

□□□

图 목소리의, 노래의, 발성의
图 가창, 보컬

vocalize★ 图 목소리를 내다, 표현하다

Everyone was amazed by the singer's **vocal**
abilities.
모두가 그 가수의 노래 능력에 놀라워했다.

voc + al
목소리　형·접
➡ 목소리의, 목소리로 하는 노래의

---

evoke***

[ivóuk]

□□□

동 일깨우다, 환기시키다

Being in my parents' house **evokes** memories of childhood.

부모님 집에 있는 것은 어린 시절의 기억들을 일깨운다.

e + vok(e)
밖으로(ex)   부르다

➡ 기억, 감정 등을 밖으로 불러 일깨우다

provoke**

[prəvóuk]

□□□

동 (반응을) 유발하다, 화나게 하다

provocation 명 도발, 자극

Loud noises can **provoke** fear in animals.

큰 소음은 동물들에게 공포심을 유발할 수 있다.

pro + vok(e)
앞으로   부르다

➡ 어떤 반응이 앞으로 나오게 불러서 유발하다

invoke*

[invóuk]

□□□

동 빌다, 기원하다

invocation 명 기도, 기원

Many people **invoke** God for help in times of crisis.

많은 사람들은 위기 상황에 신에게 도움을 빈다.

God! Please...

in + vok(e)
안에   부르다

➡ 신, 법과 같은 큰 힘을 안에 불러들여 도움을 빌다

vowel*

[váuəl]

□□□

명 모음
형 모음의

German **vowels** are more difficult to pronounce than English ones.

독일어 모음이 영어 모음보다 발음하기 더 어렵다.

vow(el)
목소리

➡ 목의 성대를 울려서 내는 'ㅏ', 'ㅗ' 등의 소리, 즉 모음

---

claim

외치다 (shout)

변화형 cil

---

claim***

[kleim]

□□□

동 주장하다, 요구하다
명 주장, 요구

Tolstoy **claimed** that works of art have an impact on people's feelings. 수능

톨스토이는 예술 작품이 사람들의 감정에 영향을 끼친다고 주장했다.

I want!

claim
외치다

➡ 크게 외쳐 주장하다, 요구하다

exclaim★★
[ikskléim]
□□□

동 외치다, 소리치다

exclamation 명 외침, 감탄(사)

"What a wonderful adventure!" I **exclaimed**. 수능
"정말 멋진 모험이야!"라고 내가 외쳤다.

ex + claim
밖으로 · 외치다
➡ 밖으로 소리를 내서 외치다

---

proclaim★
[proukléim]
□□□

동 선언하다, 분명히 나타내다

proclamation★ 명 선언(서)

The two countries **proclaimed** an end to the war.
두 국가는 그 전쟁의 종결을 선언했다.

pro + claim
앞에 · 외치다
➡ 사람들 앞에서 외쳐 선언하다

어원으로 줄줄이! **proclaim**과 유사한 의미의 어휘

- **announce** 동 알리다, 선언하다　　an ~에(ad) + nounc(e) 알리다
  ▶ 사람들에게 널리 알리다, 선언하다
- **profess** 동 공언하다, 주장하다　　pro 앞에 + fess 말하다(fa)
  ▶ 사람들 앞에서 공개적으로 말하다, 즉 공언하다

---

acclaim★
[əkléim]
□□□

동 환호하다, 호평하다
명 환호, 호평

The baseball player was **acclaimed** for hitting a home run.
그 야구 선수는 홈런을 쳐서 환호받았다.

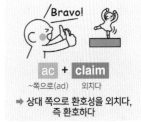

ac + claim
~쪽으로(ad) · 외치다
➡ 상대 쪽으로 환호성을 외치다,
　즉 환호하다

어원으로 줄줄이! **acclaim**과 유사한 의미의 어휘

- **applaud** 동 갈채를 보내다, 칭찬하다　　ap ~에(ad) + plaud 박수 치다
  ▶ 누군가에게 박수를 치며 갈채를 보내다, 칭찬하다
- **celebrate** 동 축하하다, 찬양하다　　celebr 사람들이 몰리는 + ate 동·접
  ▶ 사람들 몰려들어 축하하다
- **praise** 동 칭찬하다, 찬양하다　　prais(e) 값(preci) ▶ 값어치를 인정하여 칭찬하다, 찬양하다

---

council★★★
[káunsəl]
□□□

명 의회, 위원회

We were asked by the city **council** to paint pictures on the walls. 수능
우리는 시의회로부터 그 벽에 그림을 그려 달라고 요청받았다.

coun + cil
함께(com) · 외치다
➡ 여럿이 모여서 함께 의견이나
　주장을 외치는 의회

audi

듣다 (hear)

audience***
[ɔ́:diəns]
☐☐☐

명 청중, 관중, 시청자, 독자

The **audience** tried to listen more carefully to what he said. 수능
청중들은 그가 말하는 것을 더욱 주의 깊게 들으려고 노력했다.

audi + ence
듣다 명·접
➡ 듣는 사람들의 무리, 즉 청중

> **어원으로 쭐쭐이!** **audience**와 유사한 의미의 어휘
>
> • **spectator** 명 관중, 구경꾼   spect 보다(spec) + at(e) 동·접 + or 명·접(사람)
>   ▶ 보는 행위를 하는 사람들, 즉 관중
> • **viewer** 명 시청자, 관찰자   view 보다 + er 명·접(사람) ▶ TV 프로그램 등을 보는 사람, 즉 시청자

audition***
[ɔ:díʃən]
☐☐☐

명 (가수, 배우 등의) 오디션
동 오디션을 하다

Send in a completed **audition** application form by November 30th. 수능
11월 30일까지 완성된 오디션 지원 양식을 보내시오.

audi(t) + ion
듣다 명·접
➡ 지원자의 노래 등을 듣고 평가하는 오디션

auditory***
[ɔ́:ditɔ̀:ri]
☐☐☐

형 귀의, 청각의

The **auditory** system allows us to hear.
청각 체계는 우리가 들을 수 있게 한다.

audi(t) + ory
듣다 형·접
➡ 듣는 귀의, 청각의

auditorium**
[ɔ̀:ditɔ́:riəm]
☐☐☐

명 강당, 관객석

The **auditorium** can hold over 700 people.
그 강당은 700명 이상의 사람들을 수용할 수 있다.

audi(t) + orium
듣다 명·접(장소)
➡ 공연, 강연 등을 듣는 장소인 강당

ton

소리 (sound)

변화형 tun

---

tone***

[toun]

□□□

명 어조/음조/색조, 분위기, 신호음

The **tone** in another's voice gives us information. 수능

다른 사람의 목소리의 어조는 우리에게 정보를 준다.

ton(e)
소리

➡ 말/음악 등의 소리가 내는 분위기, 즉 어조/음조

---

intonation*

[ìntounéiʃən]

□□□

명 억양

Americans have a different **intonation** than British people.

미국인들은 영국인들과는 다른 억양을 가지고 있다.

How are you?

in + ton + ation
안에   소리   명·접

➡ 말소리 안에 포함된 높낮이, 즉 억양

---

tune***

[tjuːn]

□□□

명 곡(조), 선율
동 조율하다, (채널 등을) 맞추다

tuning** 명 조율

The band often **tuned** their instruments to give their music an uncommon sound. 수능

그 밴드는 종종 자신들의 음악에 흔하지 않은 소리를 넣기 위해 악기를 조율했다.

tun(e)
소리

➡ 음이 있는 소리인 곡조, 소리를 조율하다

---

od

노래 부르다 (sing)

변화형 ed

---

melody***

[mélədi]

□□□

명 곡, 노래, 멜로디

I remember the **melody**, but not the lyrics.

나는 곡은 기억하는 데 가사가 기억이 안 난다.

mel + od + y
음조 노래 부르다 명·접

➡ 음조에 따라 부르는 노래 또는 그 곡

★★★ = 최빈출 ★★ = 빈출 ★ = 기출

tragedy★★★
[trǽdʒədi]
□□□

📖 비극 (작품), 비극적 사건

tragic★★ 휑 비극적인

A great **tragedy** took place in our city last week. 수능

지난주에 우리 도시에 큰 비극적 사건이 발생했습니다.

trag + ed + y
염소   노래 부르다   명·접
➡ 고대의 배우들이 염소 가죽을
   입고 노래를 불렀던 비극

---

plaud

박수 치다 (clap)

변화형 plod

---

applaud★★
[əplɔ́ːd]
□□□

📖 박수를 치다, 갈채를 보내다

applause★★ 휑 박수

She **applauded** his passionate performance. 수능

그녀는 그의 열정적인 공연에 박수를 쳤다.

ap + plaud
~에(ad)   박수 치다
➡ 누군가에게 박수를 쳐 주다

---

explode★★
[iksplóud]
□□□

📖 터지다, 터뜨리다, 폭발하다

explosion★★ 휑 폭발, 폭발적 증가
explosive★★ 휑 폭발적인, 폭발하기 쉬운

The fireworks **exploded** in the sky.

불꽃놀이가 하늘에서 터졌다.

ex + plod(e)
밖으로   박수 치다
➡ 박수를 쳐서 손 안의 것이 밖으로
   터지다

DAY 48

쓰다, 읽다
scrib, graph, lect, liter, sign

MP3 바로 듣기

DAY 48

해커스 보카 어원편

---

scrib

쓰다 (write)

변화형 script

---

describe***
[diskráib]
□□□

동 서술하다, 묘사하다

description*** 명 서술, 묘사
descriptive 형 서술적인, 묘사하는

The coastal town has been **described** as closer
to heaven than to the sea. 수능
그 해안 마을은 바다보다 천국에 더 가까운 것으로 묘사되어 왔다.

de + scrib(e)
아래로   쓰다

➡ 어떤 것에 대해 아래로
써 내려가며 서술하다, 묘사하다

어원으로 줄줄이! **describe**와 유사한 의미의 어휘

- **depict**   동 그리다, 묘사하다   de 아래로 + pict 그리다
  ▶ 고개를 아래로 숙여 대상을 그리다, 묘사하다

- **illustrate**   동 설명하다, 삽화를 넣다   il 안에(in) + lustr 빛(lumin) + ate 동·접
  ▶ 안에 빛을 밝힌 듯 잘 이해되게 설명하다

- **portray**   동 보여주다, 묘사하다   por 앞으로(pro) + tray 끌다(tract)
  ▶ 특징을 앞으로 끌어내어 보여주다, 묘사하다

---

subscribe**
[səbskráib]
□□□

동 가입하다, 구독하다

subscriber* 명 구독자
subscription*** 명 가입, 구독

encourage you to **subscribe** to magazines 수능
당신이 잡지를 구독하도록 부추기다

JOIN
NAME
park

sub + scrib(e)
아래에   쓰다

➡ 신청서 아래쪽에 이름을 써서
가입하다, 구독하다

---

prescribe**
[priskráib]
□□□

동 (약, 치료법을) 처방하다, 규정하다

prescription** 명 처방(전)
prescriptive 형 규정하는, 지시하는

The doctor **prescribed** some painkillers.
그 의사는 약간의 진통제를 처방했다.

pre + scrib(e)
전에   쓰다

➡ 환자가 약을 사기 전에 의사가
약을 정해서 써주다, 즉 처방하다

---

script***
[skript]

□□□

📖 대본, 원고
📖 대본을 쓰다

scripter 📖 대본 작가

We should rewrite the **script** of the musical. 수능
우리는 뮤지컬의 대본을 다시 써야 한다.

script
쓰다

➡ 연극 등을 위해 쓴 대본,
대본을 쓰다

어원으로 줄줄이! scrib 추가 어휘

- **ascribe** 📖 ~의 탓으로/것으로 돌리다   a ~에(ad) + scrib(e) 쓰다
  ▶ 누군가에게 책임이 있거나 속한다고 써서 그의 탓으로/것으로 돌리다

- **inscribe** 📖 (이름 등을) 쓰다, 새기다   in 안에 + scrib(e) 쓰다 ▶ 어떤 것 안에 깊숙이 써넣다, 즉 새기다

- **transcribe** 📖 (다른 형태로) 바꿔 쓰다   tran(s) 가로질러 + scrib(e) 쓰다
  ▶ 먼 거리를 가로지른 듯 원래 것과 동떨어진 다른 형태로 바꿔 쓰다

- **manuscript** 📖 손으로 쓴 것, 원고, 사본   manu 손 + script 쓰다 ▶ 손으로 쓴 것, 원고

---

graph

쓰다 (write), 그리다 (draw)

변화형 gram

---

autograph***
[ɔ́ːtəgræf]

□□□

📖 서명, 사인
📖 서명하다

autographic 📖 자필의, 친필의

The girl asked the violinist for his **autograph**. 수능
소녀는 그 바이올리니스트에게 사인을 요청했다.

auto + graph
스스로   쓰다

➡ 스스로 자신의 이름을 쓴 것,
즉 서명 또는 사인

---

biography**
[baiάːgrəfi]

□□□

📖 전기, 일대기

biograph 📖 ~의 전기를 쓰다
biographical 📖 전기의

biography of Marie Curie 수능
마리 퀴리의 전기

bio + graph + y
생애   쓰다   명·접

➡ 누군가의 생애에 대해 쓴
전기, 일대기

---

autobiography**
[ɔ̀ːtəbaiάːgrəfi]

□□□

📖 자서전

autobiographical* 📖 자서전의, 자전적인

Forman wrote his **autobiography**, which was
published in 1994. 수능
Forman은 자서전을 썼고, 그것은 1994년에 출판되었다.

auto + biography
스스로   전기

➡ 스스로 쓴 자신의 전기,
즉 자서전

---

photograph★★★
[fóutəgræf]
☐☐☐

명 사진
동 사진을 찍다

photography★★★ 명 사진 촬영 (기법)
photographer★★★ 명 사진작가, 사진사

In courts of law, **photographs** often had more value than words. 수능
재판정에서 사진은 종종 말보다 더 많은 가치가 있었다.

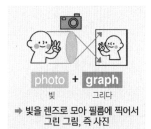
photo + graph
빛   그리다
➡ 빛을 렌즈로 모아 필름에 찍어서
   그린 그림, 즉 사진

topography★★
[təpá:grəfi]
☐☐☐

명 지형(도), 지형학

The **topography** of the valley is perfect for growing tomatoes.
그 계곡의 지형은 토마토를 재배하기에 완벽하다.

topo + graph + y
지역   그리다   명·접
➡ 어떤 지역의 모양을 그린 것,
   즉 지형(도)

paragraph★★
[pǽrəgræf]
☐☐☐

명 단락, 절

A **paragraph** should not extend beyond 15 lines.
한 단락은 열다섯 줄 이상으로 길어지면 안 된다.

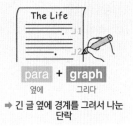
The Life
para + graph
옆에   그리다
➡ 긴 글 옆에 경계를 그려서 나눈
   단락

program★★★
[próugræm]
☐☐☐

명 프로그램, 계획(표)
동 프로그램을 짜다

programmer 명 프로그래머

The **program** would be a great opportunity for our students to have fun. 수능
그 프로그램은 우리 학생들이 즐거운 시간을 보낼 훌륭한 기회가 될 것이다.

PROGRAM
09:00 ~ 10:00
➡ Meeting
10:0 12:00
pro + gram
앞에   쓰다
➡ 교육, 행사 등을 위해 앞에 써둔
   계획, 프로그램

diagram★★
[dáiəgræm]
☐☐☐

명 도표, 도식, 도형

The **diagram** shows how the machine works.
그 도표는 기계가 어떻게 작동하는지 보여준다.

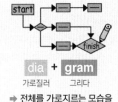
start   finish
dia + gram
가로질러   그리다
➡ 전체를 가로지르는 모습을
   간단히 그린 도표, 도식

어원으로 줄줄이! **graph** 추가 어휘

- **geography** 명 지리, 지리학, 지형   geo 땅 + graph 쓰다 + y 명·접 ▶ 땅에 대해 쓴 것, 즉 지리(학)
- **telegraph** 명 전보 동 전보를 치다   tele 멀리 + graph 쓰다 ▶ 멀리 보내기 위해 쓴 전보
- **typography** 명 인쇄 체제, 활판 인쇄(술)   typo 모양, 형태 + graph 쓰다 + y 명·접 ▶ 글을 쓰는 모양에 대해 정해둔 인쇄 체제
- **grammar** 명 문법, 어법, 문법책   gram(m) 쓰다 + ar 명·접 ▶ 쓰는 방법, 즉 문법

lect

읽다 (read), 모으다 (gather), 선택하다 (choose)

[변화형] leg, lig

---

lecture***
[léktʃər]
□□□

몡 강의, 강연 통 강의하다, 강연하다

lecturer* 몡 강연자

special **lectures** on natural history and
environmental science 수능
자연사와 환경 과학에 대한 특별 강의

[핵심표현] **lecture** on ~에 대해 강의하다

lect + ure
읽다   명·접
➡ 원고, 책 등을 읽어 가르치는 것,
즉 강의 또는 강연

---

dialect**
[dáiəlèkt]
□□□

몡 사투리, 방언

Regional **dialects** can be hard to understand.
지역 사투리는 이해하기에 어려울 수 있다.

dia + lect
가로질러 읽다
➡ 먼 거리를 가로질러 가면 다르게
읽는 것, 즉 사투리

---

collect***
[kəlékt]
□□□

통 모으다, 수집하다

collection*** 몡 수집품, 소장품
collectible** 혱 모을 수 있는
collective*** 혱 집합적인, 집단의, 공통의
collectively*** 뷔 집합적으로

I **collect** stamps as a hobby. 수능
나는 취미로 우표를 모은다.

col + lect
함께(com) 모으다
➡ 비슷한 것들끼리 함께 모으다

---

recollect*
[rèkəlékt]
□□□

통 기억해 내다, 생각해 내다

recollection* 몡 기억(력), 기억나게 하는 것
recollective 혱 기억의, 추억의

She was unable to **recollect** why she had called.
그녀는 자신이 왜 전화했었는지 기억해 낼 수 없었다.

re + col + lect
다시 함께(com) 모으다
➡ 흩어진 기억을 다시 함께 모아
기억해 내다

---

elect**
[ilékt]
□□□

통 (선거로) 선출하다, 선택하다

election*** 몡 선거, 당선
electoral** 혱 선거의

I was **elected** president of my class. 수능
나는 우리 반 반장으로 선출됐다.

e + lect
밖으로(ex) 선택하다
➡ 후보들 중에서 선택해서 밖으로
뽑아내다, 즉 선출하다

---

intellect★★
[íntəlèkt]
☐☐☐

명 지성, 지적 능력, 지식인

intellectual★★★ 형 지능의, 지적인
intelligence★★★ 명 지능, 지성, 정보
intelligent★★ 형 지능이 있는, 지적인
intelligible★ 형 이해할 수 있는, 알기 쉬운

His **intellect** led the way to the achievements of modern science. 수능 그의 지성은 현대 과학의 업적들로 이어졌다.

intel + lect
사이에(inter) 선택하다
➡ 여럿 사이에서 맞는 답을 선택하는 지성, 지적 능력

---

legend★★
[lédʒənd]
☐☐☐

명 전설, 전설적 인물

legendary★★ 형 전설적인

This movie is based on an ancient **legend**.
이 영화는 고대 전설에 기반을 둔다.

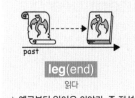

leg(end)
읽다
➡ 예로부터 읽어온 이야기, 즉 전설

---

elegant★★
[éligənt]
☐☐☐

형 품위 있는, 우아한, 고상한

elegance★★ 명 우아, 고상

They were trying to make dolls more **elegant** and beautiful. 수능
그들은 인형들을 더 우아하고 아름답게 만들기 위해 노력하는 중이었다.

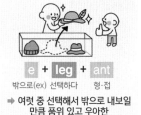

e + leg + ant
밖으로(ex) 선택하다 형·접
➡ 여럿 중 선택해서 밖으로 내보일 만큼 품위 있고 우아한

어원으로 줄줄이! elegant와 유사한 의미의 어휘

• delicate   형 우아한, 섬세한, 여린   de 아래로 + lic 빛 + ate 형·접 ▶ 빛 아래에 서서 빛나는 듯 우아한
• exquisite   형 매우 아름다운, 최고의   ex 밖으로 + quisit(e) 구하다(quir)
                                    ▶ 구한 것을 밖으로 내어 자랑할 만큼 매우 아름다운
• graceful   형 우아한, 품위를 지키는   grace 우아함, 품위 + ful 형·접 ▶ 우아한, 품위 있는

---

diligent★★
[dílədʒənt]
☐☐☐

형 근면한, 성실한

diligently 부 부지런히, 열심히
diligence 명 근면, 성실

He's quite a **diligent** farmer. 수능
그는 꽤 근면한 농부이다.

di + lig + ent
떨어져(dis) 선택하다 형·접
➡ 여럿 중 일꾼으로 따로 떨어뜨려 선택할 만큼 근면한

어원으로 줄줄이! lect 추가 어휘

• neglect   동 무시하다, 간과하다 명 방치, 소홀   neg 아닌 + lect 선택하다 ▶ 어떤 것을 선택하지 않고 넘어가다, 즉 무시하다
• select   동 선택하다, 고르다 형 고른, 엄선한   se 떨어져 + lect 선택하다 ▶ 다른 것에서 따로 떨어뜨려 선택하다

DAY 48
해커스 보카 어원편

liter 글자 (letter)

literature★★★
[lítərətʃər]
☐☐☐

명 문학, 문예

literary★★★ **형** 문학의, 문학적인

The people of Wales struggle to keep their language and **literature** alive. 수능
웨일스 사람들은 그들의 언어와 문학이 살아있도록 하기 위해 분투한다.

liter + at(e) + ure
글자   형·접   명·접
➡ 여러 형태의 예술 중 글자로
    된 것, 즉 문학

literal★★
[lítərəl]
☐☐☐

형 문자 그대로의, 문자의, 문자로 된

literally★★★ **부** 문자 그대로

The **literal** meaning of democracy is 'rule by the people.'
민주주의의 문자 그대로의 의미는 '국민에 의한 통치'이다.

liter + al
글자   형·접
➡ 글자의, 글자 그대로의

literate★
[lítərət]
☐☐☐

형 글을 읽고 쓸 줄 아는
명 글을 아는 사람, 학자

literacy★★ **명** 글을 읽고 쓸 줄 아는 능력
illiterate★ **형** 글을 (읽거나 쓸 줄) 모르는

Only a century ago, many people were not **literate**.
한 세기 전만 해도 많은 사람들은 글을 읽고 쓸 줄 몰랐다.

liter + ate
글자   형·접
➡ 글자를 아는

sign 표시 (mark, token)

변화형 seal

sign★★★
[sain]
☐☐☐

명 표지판, 기호, 징후, 조짐
동 신호를 보내다, 서명하다

signature★★ **명** 서명

I'm supposed to make a welcome **sign** for them. 수능 나는 그들을 위해 환영 표지판을 만들기로 되어 있다.

핵심표현 **sign** for ~에 서명하다

sign
표시
➡ 상황/사물/장소 등을 표시하여
    알리는 표지판, 기호

signal***

[sígnəl]

□□□

명 신호
동 신호를 보내다

signaller** 명 신호를 보내는 사람/장치
signalize 동 ~에게 신호를 보내다, 유명하게 하다

We cannot drive without traffic **signals**. 수능
우리는 교통 신호 없이 운전할 수 없다.

sign + al
표시 　명·접

➡ 상황을 알리기 위해 보내는
표시, 즉 신호

---

significant***

[signífikənt]

□□□

형 중요한, 의미 있는, 상당한

significantly** 부 중요하게, 상당히
significance** 명 중요성, 의의
insignificant** 형 중요하지 않은, 하찮은

a **significant** improvement of circumstances 수능
상황에 대한 의미 있는 개선

sign(i) + fic + ant
표시　 만들다(fac)　 형·접

➡ 특별히 표시를 만들어 둘 만큼
중요한, 의미 있는

---

assign***

[əsáin]

□□□

동 배정하다, (일을) 맡기다

assignment** 명 배정, 배치, 과제

He was **assigned** to a small school in North Carolina. 수능
그는 노스캐롤라이나에 있는 작은 학교에 배정되었다.

핵심표현 be **assigned** to ~에 배정되다

・Room 101
・Room 102

as + sign
~에(ad)　 표시

➡ 어떤 것에 누구 것인지 표시하여
그 사람에게 배정하다

---

designate**

[dézignèit]

□□□

동 지정하다, 지명하다
형 지정된, 지명된

designation 명 지정, 지명

John was **designated** the game's MVP.
John은 그 경기의 MVP로 지정되었다.

Leader

de + sign + ate
아래로　 표시　 동·접

➡ 누군가의 아래에 특별히
표시하여 어떤 역할을 지정하다

---

resign*

[rizáin]

□□□

동 사임하다, 사직하다, 그만두다

resignation** 명 사임, 사직

The CEO will **resign** at the end of the month.
그 CEO는 월말에 사임할 것이다.

Leader

re + sign
뒤로　 표시

➡ 직책 표시에서 뒤로 물러나
그 직책을 사임하다

---

seal***

[siːl]

□□□

동 밀봉하다, 봉인하다
명 밀봉된 부분, 직인, 인장

We **sealed** the package with tape.
우리는 그 소포를 테이프로 밀봉했다.

seal
표시

➡ 열어보지 않은 상태임을
표시하기 위해 밀봉하다

보다
spec, vis, opt, phas

MP3 바로 듣기

---

spec

보다 (look)

변화형 spect, spic

---

special ★★★
[spéʃəl]
□□□

형 특별한　명 특별한 것, 특별 상품/방송

specially 부 특별히　　　　especial 형 특별한
specialist ★★★ 명 전문가　especially ★★★ 부 특히
specialty ★★ 명 특수성, 전문

We hold a **special** event every year. 수능
저희는 매년 특별한 행사를 개최합니다.

spec + ial
보다　　형·접

➡ 다른 것과 달라서 보게 되는,
즉 특별한

어원으로 줄줄이! **special**과 유사한 의미의 어휘

- **extraordinary** 형 특별한, 놀라운　　extra 밖에 + ordinary 평범한 ▶ 평범한 범위 밖에 있는, 즉 특별한
- **particular** 형 특정한, 특별한　　part(i) 나누다 + cul 명·접 + ar 형·접
　　　　　　　　　　　　　　　　　　▶ 나눠진 것들 중 특정한, 특별한
- **unique** 형 독특한, 유일한　　uni 하나 + (i)que 형·접 ▶ 하나만 있어 독특하고 유일한

---

specialize ★★
[spéʃəlàiz]
□□□

동 특수화하다, 전문으로 하다

specialized ★★★ 형 특수화된, 전문적인
specialization ★ 명 특수화, 전문화

attend middle and high schools which **specialize**
in science 수능
과학을 전문으로 하는 중, 고등학교에 다니다

핵심표현 **specialize** in ~을 전문으로 하다

special + ize
특별한　　동·접

➡ 특별하게 만들다,
어떤 일을 특별히 전문으로 하다

---

specific ★★★
[spisífik]
□□□

형 구체적인, 특정한, 분명한

specify ★ 동 (구체적으로) 명시하다
specifically ★★★ 부 구체적으로 말하면, 분명히
specificity ★★ 명 특수함, 전문성
specification 명 설명서, 사양

Each swimming stroke had **specific** rules. 수능
각각의 수영 영법은 구체적인 규칙들을 가지고 있었다.

spec(i) + fic
보다　　만들다(fac)

➡ 볼 수 있도록 형태가 다 만들어져
모습이 구체적인

---

species***
[spíːʃiːz]
☐☐☐

명 (분류상의) 종, 종류

The foundation has rescued several **species** of animals since 1961. 수능

그 재단은 1961년부터 여러 종의 동물을 구조해왔다.

spec(ies)
보다
➡ 생물을 보이는 모습에 따라 나눈 것, 즉 종

expect***
[ikspékt]
☐☐☐

동 예상하다, 기대하다

expectation★★★ 명 예상, 기대
expectancy★★ 명 기대, 전망
unexpected★★★ 형 예상 밖의, 뜻밖의
unexpectedly★★★ 부 예상외로, 뜻밖에

The presentation went better than **expected**. 수능

그 발표는 예상했던 것보다 더 잘됐다.

ex + (s)pect
밖으로   보다
➡ 밖을 내다보며 다가올 일을 예상하다

spectator**
[spékteitər]
☐☐☐

명 관중, 구경꾼

spectator sports where people could be charged for entry 수능

사람들이 입장료를 청구받을 수도 있는 관중 스포츠

spect + at(e) + or
보다   동·접   명·접(사람)
➡ 보는 사람, 즉 관중

suspect**
[동 səspékt]
[명, 형 sʌ́spekt]
☐☐☐

동 의심하다
명 용의자
형 의심스러운

unsuspecting★★ 형 의심하지 않는

She **suspected** her little brother. 수능

그녀는 자신의 남동생을 의심했다.

su + spect
아래로(sub) 보다
➡ 상대를 위에서 아래로 훑어보며 의심하다

spectacular**
[spektǽkjulər]
☐☐☐

형 장관인, 호화로운
명 화려한 공연

spectacularly★ 부 구경거리로, 장대하게
spectacle★ 명 구경거리, 장관

The displays were **spectacular**.

그 광경은 장관이었다.

spect(a) + cul + ar
보다   명·접   형·접
➡ 볼 만한, 즉 장관인

spectrum**
[spéktrəm]
☐☐☐

명 범위, 영역, 빛의 띠

people from opposite ends of the **spectrum** economically and politically 수능

경제 또는 정치적인 영역의 반대쪽 끝에 있는 사람들

spect(rum)
보다
➡ 사람이 볼 수 있는 빛의 범위 또는 특정 영역

inspect*

[inspékt]

□□□

동 검사하다, 점검하다

inspector** 명 조사관, 감독관
inspection** 명 검사, 점검

The security guard **inspected** the visitors' bags.
보안 요원이 방문객들의 가방을 검사했다.

in + spect
안에 　보다

➡ 안에 문제가 없는지 살펴보다,
즉 검사하다

어원으로 줄줄이! inspect와 유사한 의미의 어휘

- **examine** 동 조사하다, 시험하다 　ex 밖으로 + amine 움직이게 하다
  ▶ 밖으로 움직여 나오게 해서 자세히 조사하다

- **investigate** 동 조사하다, 연구하다 　in 안에 + vestig 흔적을 쫓다 + ate 동·접
  ▶ 흔적을 쫓아 어떤 곳 안에 들어가서 조사하다

---

suspicion**

[səspíʃən]

□□□

명 의심, 혐의, 의혹

suspicious** 형 의심스러운, 의혹을 갖는

Large eyes suggest **suspicion** or tension. 수능
큰 눈은 의심이나 긴장을 암시한다.

su + spic + ion
아래로(sub) 　보다 　명·접

➡ 상대를 위에서 아래로 훑어보며
하는 의심

어원으로 줄줄이! spec 추가 어휘

- **specimen** 명 견본, 샘플, 표본 　spec(imen) 보다 ▶ 미리 볼 수 있게 해주는 견본
- **speculate** 동 추측하다, 짐작하다 　spec(ul) 보다 + ate 동·접 ▶ 보이지 않는 것을 보고 있는 듯이 미루어 생각하다, 즉 추측하다
- **respect** 동 존중하다 명 존경 　re 뒤로 + spect 보다(spec) ▶ 존경심에 뒤로 돌아 다시 볼 만큼 존경하다
- **conspicuous** 형 눈에 잘 띄는, 뚜렷한 　con 모두(com) + spic(u) 보다(spec) + ous 형·접 ▶ 모두 다 완전히 눈에 잘 보이는

---

vis

보다 (see)

변화형 vid, view, vy, vey, wit

---

vision***

[víʒən]

□□□

명 시력, 시야, 환상, 통찰력

visionary 형 환상의, 예지력 있는
visible*** 형 보이는, 알아볼 수 있는
visual*** 형 시각의, 보이는

World leaders should have the **vision** to protect
our environment. 수능
세계 지도자들은 우리의 환경을 보호하기 위한 시야를 가져야 한다.

vis + ion
보다 　명·접

➡ 보는 능력 또는 범위,
즉 시력 또는 시야

advise***

[ədváiz]

□□□

動 조언하다, 충고하다, 권고하다

adviser** 名 조언자
advisory 形 자문의, 권고하는
advice** 名 조언, 충고

I **advise** you to take some medicine. 수능
저는 당신에게 약을 좀 먹을 것을 조언합니다.

ad + vis(e)
~쪽으로   보다

➡ 일을 어떤 쪽으로 보라고
조언하다

---

revise***

[riváiz]

□□□

動 수정하다, 변경하다

revision** 名 수정, 변경

There will be time for **revising** any ideas. 수능
어떤 아이디어든 수정할 시간이 있을 것이다.

re + vis(e)
다시   보다

➡ 마친 일을 다시 보고 수정하다

| 어원으로 줄줄이! | **revise**와 유사한 의미의 어휘 |

- **alter** 動 변경하다, 바꾸다   alter 다른 ▶ 다른 것으로 변경하다
- **amend** 動 고치다, 수정하다   a ~로부터(ab) + mend 고치다 ▶ 원래 것으로부터 달라지도록 고치다

---

improvise**

[ímprəvàiz]

□□□

動 즉흥적으로 하다/만들다, 임시로 마련하다

improvisation 名 즉흥적으로 하기, 즉석에서 만든 것

In jazz, the performers often **improvise** their own melodies. 수능
재즈에서는 연주자들이 종종 그들 자신만의 멜로디를 즉흥적으로 만든다.

im + pro + vis(e)
아닌(in) 앞에   보다

➡ 앞에 정해둔 것을 보지 않고
즉흥적으로 하다

---

supervise**

[súːpərvàiz]

□□□

動 관리하다, 감독하다, 통제하다

supervisor** 名 관리자, 감독관
supervision 名 관리, 감독, 통제

Luke had **supervised** one of his company's warehouses. 수능
Luke는 회사의 창고들 중 하나를 관리했었다.

super + vis(e)
위에   보다

➡ 위에서 내려다보며
관리 또는 감독하다

---

provide***

[prəváid]

□□□

動 제공하다, 공급하다

provision* 名 제공, 공급

We **provide** a job experience program for high schoolers. 수능
우리는 고등학생들에게 직업 체험 프로그램을 제공한다.

핵심표현 **provide** A for B   A를 B에게 제공하다
provide A with B   A에게 B를 제공하다

pro + vid(e)
앞으로   보다

➡ 앞으로 필요할 것을 미리 보고
제공하다

---

evident★★
[évidənt]
□□□

형 분명한, 명백한

evidently 부 분명히, 눈에 띄게
evidence★★★ 명 증거, 증언

It was **evident** that we would lose the game.
우리가 경기에서 질 것이 분명했다.

e + vid + ent
밖으로(ex) 보다 형·접
➜ 밖으로 잘 보이는, 즉 분명한

> **어원으로 줄줄이!** **evident**와 유사한 의미의 어휘
>
> • **apparent** 형 분명히 보이는   ap ~쪽으로(ad) + par 보이는 + ent 형·접
>   ▶ 보이는 쪽으로 있어 분명히 잘 보이는
> • **explicit** 형 분명한, 명백한   ex 밖으로 + plic(it) 접다 ▶ 밖으로 접어 안의 것이 분명히 드러나는
> • **manifest** 형 분명한, 명백한   mani 손(manu) + fest 쥐어진 ▶ 손에 쥐어진 듯 분명하게 보이는
> • **obvious** 형 분명한, 확실한   ob 맞서 + vi 길(via) + ous 형·접 ▶ 길 앞에 맞서 있어 분명히 보이는

view★★★
[vju:]
□□□

명 견해, 관점
동 생각하다

viewer★★★ 명 시청자, 관찰자, 감독관

I do not agree with the politician's **view** on taxes.
나는 세금에 대한 그 정치인의 견해에 동의하지 않는다.

view
보다
➜ 어떤 일을 보는 견해, 관점

review★★★
[rivjú:]
□□□

명 검토, 복습
동 검토하다, 복습하다

reviewer 명 검토자, 비평가

You'd better **review** what you learned. 수능
너는 배운 것을 복습하는 것이 좋을 것이다.

re + view
다시 보다
➜ 봤던 것을 다시 보는
검토 또는 복습

envy★★
[énvi]
□□□

동 부러워하다
명 부러움, 선망의 대상

envious★★★ 형 부러워하는

Many people **envy** the rich and famous.
많은 사람들은 부유하고 유명한 사람들을 부러워한다.

en + vy
위에 보다
➜ 위에 있는 것을 올려다보며
부러워하다

survey★★★
[명 sə́:rvei]
[동 sərvéi]
□□□

명 (설문) 조사
동 (설문) 조사하다

The graph shows the results of a **survey** conducted in 2012. 수능
그 도표는 2012년에 실시된 조사의 결과를 보여준다.

sur + vey
위에(super) 보다
➜ 어떤 것을 위에서 두루 살펴서
보는 조사

witness★★★

[wítnis]

□□□

명 목격자, 증인
동 목격하다, 증언하다

unwitnessed 형 목격되지 않은

We **witnessed** their struggles, triumphs, and failures. 수능
우리는 그들의 투쟁, 승리, 그리고 실패를 목격했다.

wit + ness
보다 명·접
➡ 사건을 본 사람, 즉 목격자

---

opt

보다 (see), 선택하다 (choose)

변화형 opin

---

optical★★

[á:ptikəl]

□□□

형 눈의, 시각의

There are few acoustical illusions while there are many **optical** illusions. 수능
시각적 착각은 많은 반면 청각적 착각은 거의 없다.

opt + ical
보다 형·접
➡ 보는 눈의, 시각의

---

option★★★

[á:pʃən]

□□□

명 선택(권), 옵션

optional★ 형 선택의, 선택적인

There're two **options** left. 수능
두 가지 선택권이 남는다.

opt + ion
선택하다 명·접
➡ 선택, 선택할 수 있는 권리

---

adopt★★★

[ədá:pt]

□□□

동 채택하다, 입양하다, 취하다

adoption 명 채택, 입양

They **adopted** a curriculum consisting of running and swimming. 수능
그들은 달리기와 수영으로 구성된 커리큘럼을 채택했다.

ad + opt
~쪽으로 선택하다
➡ 선택해서 내 쪽으로 가져오다, 즉 채택 또는 입양하다

---

opinion★★★

[əpínjən]

□□□

명 의견, 견해

Bella showed the speech to Shawn so she could get his **opinion**. 수능
Bella는 Shawn의 의견을 얻기 위해 그에게 연설을 보여줬다.

opin + ion
선택하다 명·접
➡ 여러 생각 중 선택하여 취한 의견

★★★ =최빈출 ★★ =빈출 ★ =기출

phas

보여주다, 보이다 (show)

[변화형] phen

---

phase★★
[feiz]
□□□

명 단계, 국면, 모습

The next **phase** of construction starts tomorrow.

그 공사의 다음 단계는 내일 시작한다.

phas(e)
보여주다

➡ 때에 따라 보여지는 모습,
즉 단계 또는 국면

---

emphasize★★★
[émfəsàiz]
□□□

동 강조하다, 두드러지게 하다

emphasis★★ 명 강조, 중점

He **emphasizes** that trust is the most important factor. [수능]

그는 신뢰가 가장 중요한 요소라고 강조한다.

em + **phas** + ize
안에(en)　보여주다　동·접

➡ 안에 있는 여럿 중에 특별히
잘 보여주려고 강조하다

---

phenomenon★★★
[finá:mənà:n]
□□□

명 현상, (경이로운) 사건

phenomenal 형 (자연) 현상의, 놀랄 만한

Auroras are a natural **phenomenon**.

오로라는 자연적인 현상이다.

phen(omenon)
보이다

➡ 밖으로 드러나서 보이는 모양새,
즉 현상

사람

popul, civil, soci, ama, host, patr

popul

사람들 (people)

변화형 publ

---

popular★★★
[pɑ́:pjulər]
☐☐☐

형 인기 있는, 대중적인, 일반적인

popularly 부 일반적으로, 통속적으로
popularity★★★ 명 인기, 대중성

The program has always been **popular** among international students. 수능
그 프로그램은 국제 학생들 사이에서 항상 인기 있었다.

popul + ar
사람들   형·접
➡ 사람들에게 인기 있는

---

populate★
[pɑ́:pjulèit]
☐☐☐

동 거주하다, 거주시키다, 살다

population★★★ 명 인구, 주민
populous★ 형 인구가 많은

The town is mainly **populated** by elderly people.
그 마을은 주로 노인들이 거주한다.

popul + ate
사람들   동·접
➡ 사람들이 거주하다

어원으로 줄줄이! **populate**와 유사한 의미의 어휘

• **inhabit** 동 거주하다, 살다   in 안에 + hab(it) 가지다 ▶ 어떤 장소를 가져서 그 안에 거주하다, 살다
• **reside** 동 거주하다, 살다   re 뒤에 + sid(e) 앉다
                                ▶ 떠나지 않고 뒤에 남아 눌러앉았다, 즉 그곳에 거주하다

---

overpopulation★
[òuvərpɑ:pjəléiʃən]
☐☐☐

명 인구 과잉

Overpopulation causes traffic congestion. 수능
인구 과잉은 교통 혼잡을 야기한다.

over + popul + ation
과도하게   사람들   명·접
➡ 사람들이 과도하게 많음,
즉 인구 과잉

---

public***
[pʌ́blik]
□□□

형 대중의, 공공의   명 대중

publicity** 명 널리 알려짐, 홍보
publicist** 명 홍보 담당자, 정치 평론가/기자
publicize 동 알리다, 홍보하다

Public transportation is sometimes crowded and dirty. 수능 대중교통은 때때로 붐비고 더럽다.

핵심표현 in **public** 공개적으로

publ + ic
사람들   형·접
➡ 한 사람이 아닌 여러 사람들의,
즉 대중의

republic***
[ripʌ́blik]
□□□

명 공화국, 공화제 국가

republican 명 공화주의자
republicanism 명 공화주의

The **republic** of Lithuania emphasizes its ethnic identity. 수능
리투아니아 공화국은 그들의 민족 정체성을 강조한다.

re + public
것   대중의
➡ 대중의 것인 나라,
즉 주권이 대중에게 있는 공화국

publish***
[pʌ́bliʃ]
□□□

동 출판하다, 발행하다

publishing 명 출판(업), 발행
publisher*** 명 출판인, 출판사
publication*** 명 출판(물), 발행

Her novels are **published** in more than 20 languages. 수능
그녀의 소설들은 20개 이상의 언어로 출판된다.

publ + ish
사람들   동·접
➡ 사람들이 볼 수 있게 출판하다

어원으로 줄줄이!   **popul**과 유사한 의미의 어근 **dem**(사람들)

• **democracy** 명 민주주의, 민주 국가   dem(o) 사람들 + cracy 통치 ▶ 사람들이 주인이 되어 통치하는 민주주의, 민주 국가
• **epidemic** 형 전염성의 명 전염병   epi 사이에 + dem 사람들 + ic 형·접 ▶ 사람들 사이에 널리 퍼지는 전염성의

---

civil

시민 (citizen), 시 (city)

변화형 citi

---

civil**
[sívəl]
□□□

형 시민의, 민간의

civilian* 명 일반 시민, 민간인
civility* 명 정중함, 예의 바름

Alarms are a constant irritation to urban **civil** life. 수능
도시 시민의 생활에서 알람은 지속적인 자극이다.

civil
시민
➡ 시민의

civilize*
[sívəlàiz]
□□□

동 문명화하다, 개화하다

civilization*** 명 문명 (사회)

Early explorers often believed they were **civilizing** native people.
초기 탐험가들은 종종 그들이 원주민들을 문명화하고 있다고 믿었다.

civil + ize
시민　동·접
➡ 원시 상태에서 발전하여 시민으로 문명화하다

civic*
[sívik]
□□□

형 (도)시의, 시민의

civically 부 시민으로서, 시민답게

Voting is a right and a **civic** duty.
투표는 권리이자 시민의 의무이다.

civ(il) + ic
시, 시민　형·접
➡ 시의, 시민의

어원으로 줄줄이! **civic**과 유사한 의미의 어휘

- **communal** 형 자치 단체의, 공동의 　com 함께 + mun 의무 + al 형·접
  ▶ 소속 구성원들 스스로 함께 의무를 지는, 즉 자치 단체의
- **municipal** 형 자치 도시의, 시(립)의 　mun(i) 의무 + cip 잡다(cap) + al 형·접
  ▶ 도시 스스로 행정 의무를 잡고 있는, 즉 자치 도시의
- **public** 형 대중의, 공공의 　publ 사람들 + ic 형·접 ▶ 여러 보통 사람들의, 즉 대중의

citizen***
[sítəzən]
□□□

명 시민, 도시인, 국민

citizenship** 명 시민권, 시민의 신분

The food will go to senior **citizens** who live alone in our neighborhood. 수능
그 음식은 우리 이웃에 혼자 사는 고령의 시민들에게 갈 것이다.

citi(z) + en
시　명·접
➡ 도시에 사는 시민

soci
친구, 동료 (companion)

society***
[səsáiəti]
□□□

명 사회, 집단, 사교계

sociable** 형 사교적인

Every **society** needs heroes, and every **society** has them. 수능
모든 사회는 영웅을 필요로 하며 모든 사회에는 영웅이 있다.

soci + ety
친구, 동료　명·접
➡ 친구, 동료가 모여서 이룬 사회

DAY 50

해커스 보카 어원편

social***
[sóuʃəl]
□□□

형 사회의, 사회적인, 사교의

socially 부 사회적으로, 사교적으로
socialize** 동 사회화시키다, 어울리다
socialization** 명 사회화

social signal that indicates appropriate or inappropriate behavior 수능
적절하거나 부적절한 행위를 알려주는 사회적 신호

soci + al
친구, 동료　형·접
➡ 친구, 동료들과 함께 이루는 사회의

antisocial*
[æ̀ntisóuʃəl]
□□□

형 반사회적인, 비사교적인

Breaking the law is an **antisocial** action.
법을 어기는 것은 반사회적인 행동이다.

anti + social
반대의　사회적인
➡ 사회에 반대하는, 즉 반사회적인

associate***
[동 əsóusièit]
[명, 형 əsóuʃiət]
□□□

동 연관 짓다, 연상하다　명 동료, 연상되는 것
형 연합한, 동료의

association*** 명 연관, 연상, 협회
disassociate** 동 분리하다, 관계를 끊다

hormones **associated** with stress response 수능
스트레스 반응과 연관된 호르몬

핵심표현 be **associated** with ~과 연관되다

as + soci + ate
~에(ad)　친구, 동료　동·접
➡ 친구, 동료와 관계를 맺듯이 다른 대상에 연관을 짓다

sociology**
[sòusiá:lədʒi]
□□□

명 사회학

sociologist 명 사회학자

Culture is central to the study of **sociology**.
문화는 사회학 연구의 중심이다.

soci(o) + log + y
친구, 동료　말　명·접
➡ 친구나 동료 집단 등을 포함한 사회에 대해 말하는 사회학

ama

사랑 (love), 친구 (friend)
변화형 emy

amateur**
[ǽmətʃùər]
□□□

명 아마추어, 비전문가
형 아마추어의

amateurish 형 비전문적인, 서투른

common mistakes made by **amateur** photographers 수능
아마추어 사진가들이 저지르는 흔한 실수들

ama(t) + eur
사랑　사람
➡ 어떤 일을 직업으로가 아닌 사랑을 가지고 하는 아마추어

enemy★★★
[énəmi]
☐☐☐

명 적, 적군

enmity 명 적대감, 원한

Differences and similarities in culture determine partners and **enemies**. 수능
문화에서의 차이점과 유사성은 동지와 적을 결정한다.

en + emy
아닌(in) 친구
➡ 친구가 아닌 상대, 즉 적

DAY 50

해커스 보카 어원편

어원으로 줄줄이! **enemy**와 유사한 의미의 어휘

- **adversary** 명 적, 반대자   ad ~에 + vers(e) 돌리다(vert) + ary 명·접(사람)
  ▶ 상대에게 등을 돌린 적, 반대자

- **opponent** 명 상대, 적수   op 맞서(ob) + pon 놓다(pos) + ent 명·접(사람)
  ▶ 맞서서 반대 수를 놓는 상대, 적수

---

host
손님 (guest), 낯선 사람 (stranger)

변화형 hospit

---

host★★★
[houst]
☐☐☐

명 주최자, 진행자, 주인
동 주최하다, 진행하다

hostess★ 명 여성 진행자, 여주인

The league is **hosting** a camp for high school students. 수능
그 연맹은 고등학생들을 위한 캠프를 주최하고 있다.

Welcome!

host
손님
➡ 손님을 맞는 사람,
즉 행사의 주최자 또는 주인

---

hospitality★
[hὰːspətǽləti]
☐☐☐

명 환대, 후한 대접

hospitable 형 환대하는, 친절한

Thank you for your **hospitality**.
당신의 환대에 감사드립니다.

hospit + al + ity
손님   형·접   명·접
➡ 손님을 잘 대하는 환대

---

hospitalize★
[hǽːspitəlàiz]
☐☐☐

동 입원시키다, 병원 치료를 하다

hospitalization 명 입원

Harry was **hospitalized** for testing.
Harry는 검사를 위해 입원했었다.

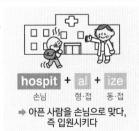

hospit + al + ize
손님   형·접   동·접
➡ 아픈 사람을 손님으로 맞다,
즉 입원시키다

---

hostile***
[háːstl]
☐☐☐

[형] 적대적인, 거부하는

hostility** [명] 적대감, 반감

Citizens had a **hostile** reaction to the travel restrictions.
시민들은 여행 제한에 대해 적대적인 반응을 보였다.

host + ile
낯선 사람　　형·접
➡ 낯선 사람을 대하듯 적대적인

hostage*
[háːstidʒ]
☐☐☐

[명] 인질, 볼모

The soldiers successfully saved the **hostages**.
그 군인들은 성공적으로 인질들을 구했다.

host + age
낯선 사람　　명·접
➡ 낯선 사람이 무언가를 요구하며 담보로 잡아둔 인질 또는 볼모

---

patr

아버지 (father)
변화형 patter

---

patron**
[péitrən]
☐☐☐

[명] 후원자, 보호자, 단골 고객

patronize [동] 후원하다, 보호하다, 단골이 되다

He gained many commissions from wealthy **patrons**. 수능
그는 부유한 후원자들로부터 많은 의뢰를 받았다.

patr(on)
아버지
➡ 아버지와 같이 돌봐주는 후원자

patriot*
[péitriət]
☐☐☐

[명] 애국자, 애국지사

patriotic [형] 애국적인
patriotism* [명] 애국심

Being a **patriot**, he decided to join the army.
애국자로서 그는 군에 입대하기로 결정했다.

patr(iot)
아버지
➡ 아버지의 나라, 즉 조국을 사랑하는 애국자

pattern***
[pǽtərn]
☐☐☐

[명] 양식, 패턴, 무늬, 견본
[동] 패턴을 만들다, 무늬를 넣다, 본을 뜨다

change eating **patterns** to meet the needs of different situations 수능
다른 상황에서의 필요에 맞게 식사 패턴을 바꾸다

patter(n)
아버지
➡ 아버지처럼 다른 것의 원형 또는 본이 되는 것, 즉 양식 또는 패턴

DAY 51

거래, 상속, 부채
der, don, mut, merc, dam, hered, deb

MP3 바로 듣기

---

der

주다 (give)

변화형 dit, t

---

render★★
[réndər]
□□□

图 (대가로) 주다, 표현하다, 제시하다

surrender★★ 图 넘겨주다, 포기하다, 항복하다

Painters **rendered** emotion in the color. 수능
화가들은 색채로 감정을 표현했다.

re(n) + der
다시   주다

➡ 받은 것의 대가로 다시 주다,
감정 등을 표현해 주다

---

addition★★★
[ədíʃən]
□□□

图 추가(물), 덧셈

additional★★★ 图 추가의, 부가적인
additionally★★ 图 게다가, 추가적으로

In **addition**, teachers must maintain a good
relationship with the parents. 수능
게다가, 교사들은 부모들과 좋은 관계를 유지해야 한다.

핵심표현 in **addition** (to) 게다가, ~에 더하여

ad + dit + ion
~에 주다 명·접

➡ 어떤 것에 다른 것을 더하여
주는 추가

---

tradition★★
[trədíʃən]
□□□

图 전통, 관례

traditional★★★ 图 전통의, 전통적인
traditionally★★★ 图 전통적으로

I created my own Christmas **tradition**. 수능
나는 나만의 크리스마스 전통을 만들었다.

tra + dit + ion
가로질러(trans) 주다 명·접

➡ 긴 시간을 가로질러 후세에
전달해 주는 전통

---

edit★★★
[édit]
□□□

图 편집하다, 교정하다

editor★★★ 图 편집자
editorial★★ 图 편집의 图 (신문, 잡지의) 사설
edition★★★ 图 (출간된 책의) 판

It took an hour to **edit** the essay.
그 에세이를 편집하는 데 한 시간이 걸렸다.

e + dit
밖으로(ex) 주다

➡ 밖으로 내어 주기 위해 모양을
다듬어 편집하다

---

rent★★★

[rent]

□□□

동 빌리다, 임대하다
명 임대료, 집세

rental★★★ 명 임대료, 임대

You can **rent** the DVD from the library. 수능
너는 도서관에서 DVD를 빌릴 수 있다.

핵심표현 **rent out** ~을 임대하다

---

don

주다 (give)

변화형 dot, dos

---

donate★★★

[dóuneit]

□□□

동 기부하다, 기증하다

donation★★★ 명 기부, 기증
donator 명 기부자, 기증자

All money raised will be **donated** to charity. 수능
모아진 돈 전부는 자선 단체에 기부될 것이다.

어원으로 줄줄이! **donate**와 유사한 의미의 어휘

- **contribute** 동 기부하다, 기여하다   con 함께(com) + tribute 나눠주다
  ▶ 함께 가질 수 있도록 대가 없이 나눠주다, 즉 기부하다
- **grant** 동 주다, 수여하다   grant 믿다(cred) ▶ 상대를 믿어 군말 없이 주다
- **present** 동 주다, 제시하다   pre 앞에 + sent 존재하다(ess)
  ▶ 앞에 존재하는 상대에게 선물 등을 주다

---

donor★★★

[dóunər]

□□□

명 기증자, 기부자

The hospital is looking for blood **donors**.
그 병원은 혈액 기증자를 찾고 있다.

---

anecdote★★

[ǽnikdòut]

□□□

명 개인적 이야기, 일화

Starting a speech with an **anecdote** is a good choice.
개인적인 이야기로 연설을 시작하는 것은 좋은 선택이다.

---

dose★
[dous]
☐☐☐

몡 (약물) 복용량, 투여량

dosage 몡 (약의) 정량, 투약

Keep your daily **dose** under 5 pills.
일일 복용량을 5알 아래로 유지하세요.

dos(e)
주다

➡ 환자에게 주기로 정해둔 약물의 양, 즉 투여량 또는 복용량

---

mut 교환하다, 바꾸다 (change)

---

mutual★★
[mjúːtʃuəl]
☐☐☐

혱 상호 간의, 서로의, 공동의

mutually★★ 튄 상호 간에, 서로

the **mutual** agreement of two or more persons 수능
둘 또는 그 이상의 사람들의 상호 동의

mut + ual
교환하다 혱·접

➡ 상대와 서로 교환하는, 즉 상호 간의

어원으로 줄줄이! **mutual**과 유사한 의미의 어휘

• **common** 혱 공통의, 보통의 com 함께 + mon 의무(mun) ▶ 함께 지고 있는 의무가 같은, 즉 공통의
• **joint** 혱 공동의, 합동의 joint 연결하다(junct) ▶ 서로 연결되어 같이 하는, 즉 공동의

---

mutation★★
[mjuːtéiʃən]
☐☐☐

몡 돌연변이, 변화, 변천

mutant 혱 돌연변이의

A genetic **mutation** can cause health problems.
유전자적 돌연변이는 건강 문제를 야기할 수 있다.

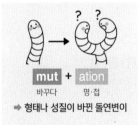

mut + ation
바꾸다 명·접

➡ 형태나 성질이 바뀐 돌연변이

---

commute★★
[kəmjúːt]
☐☐☐

통 통근하다, 통학하다, 교환하다
몡 통근 (거리), 통학

commuter★★ 몡 통근자

Shorter **commutes** make people happier.
짧은 통근은 사람들을 더 행복하게 만든다.

com + mut(e)
함께 바꾸다

➡ 집과 학교/직장을 함께 오가며 위치를 바꾸다, 즉 통근/통학하다

merc

장사하다 (trade), 보상하다 (reward)

변화형 mark

---

commerce★★
[ká:mərs]
☐☐☐

명 상업, 무역, 교역

commercial★★★ 형 상업의 명 (TV, 라디오의) 광고
commercialize 동 상업화하다
commercialization★ 명 상업화, 영리화

rise in **commerce** and the decline of authoritarian religion 수능
상업의 번성과 권위주의적인 종교의 쇠락

---

merchant★★
[má:rtʃənt]
☐☐☐

명 상인
형 상업용의, 무역의

Gregorio Dati was a successful **merchant** of Florence. 수능
그레고리오 다티는 플로렌스의 성공한 상인이었다.

---

merchandise★★
[má:rtʃəndàis]
☐☐☐

동 장사하다, 매매하다
명 상품, 제품

merchandising 명 판매, 판촉
merchandiser 명 상인

profitable partnerships dealing in wool, silk, and other **merchandise** 수능
양털, 비단, 그리고 다른 상품을 거래하는 수익성 있는 협력 관계

---

mercy★
[má:rsi]
☐☐☐

명 자비(심), 다행한 일

merciful 형 자비로운, 다행스러운
mercifully 부 자비롭게, 다행히도
merciless 형 무자비한
mercilessly★★ 부 무자비하게

Some people plead for **mercy** from God.
어떤 사람들은 신에게 자비를 간청한다.

---

marketplace★★
[má:rkitplèis]
☐☐☐

명 시장, 장터

They went to a local **marketplace**. 수능
그들은 지역 시장에 갔다.

---

dam

손실 (loss), 비난 (blame)

[변화형] demn

---

damage***
[dǽmidʒ]
☐☐☐

- 명 손상, 피해
- 동 손상을 주다, 피해를 입히다

damaged** 형 손상된, 손해를 입은

The **damage** to the earth's environment has become more serious. 수능

지구 환경의 손상이 더 심각해져 왔다.

dam + age
손실 · 명·접
➡ 손실을 입히는 것, 즉 손상

condemn*
[kəndém]
☐☐☐

- 동 비난하다, 나무라다

condemnation 명 비난

I don't **condemn** people who eat meat though I'm a vegetarian.

나는 채식주의자지만 고기를 먹는 사람들을 비난하지 않는다.

con + demn
모두(com) · 비난
➡ 상대의 모든 것을 비난하다

---

hered

상속인 (heir)

[변화형] herit, heir

---

heredity*
[hərédəti]
☐☐☐

- 명 유전, 유전적 특징, 세습, 상속

hereditary* 형 유전적인, 세습되는

Heredity can affect a person's health.

유전은 사람의 건강에 영향을 줄 수 있다.

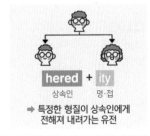

hered + ity
상속인 · 명·접
➡ 특정한 형질이 상속인에게 전해져 내려가는 유전

heritage**
[hérritidʒ]
☐☐☐

- 명 유산, 상속 재산

The child acquires the **heritage** of his culture by observing adults. 수능

어린이는 어른들을 관찰함으로써 자신의 문화유산을 습득한다.

herit + age
상속인 · 명·접
➡ 상속인이 받는 유산

---

inherit**
[inhérit]
☐☐☐

⑧ 상속받다, 물려받다

inheritance* ⑨ 상속, 유산
disinherit ⑧ 상속권을 박탈하다

He **inherited** his wealth from his parents.
그는 부모님으로부터 부를 상속받았다.

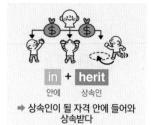

in + herit
안에   상속인
➡ 상속인이 될 자격 안에 들어와 상속받다

heir**
[eər]
☐☐☐

⑨ 상속인, 후계자

heirship ⑨ 상속(권)

The **heirs** have rights for 70 years after the creator's death. 수능
창작자의 죽음 후 70년 동안 상속인들이 권리를 갖는다.

heir
상속인
➡ 상속인, 후계자

---

deb

신세 지다 (owe)

변화형 du

---

debt***
[det]
☐☐☐

⑨ 빚, 부채

debtor ⑨ 채무자

The national **debt** continues to rise.
국가 부채가 계속 증가하고 있다.

deb(t)
신세 지다
➡ 신세를 지면 생기는 빚

due***
[djuː]
☐☐☐

⑱ ~ 때문인, ~으로 인한, 예정된
⑨ 마땅히 받을 것

Most bike accidents are **due** to equipment failure. 수능
대부분의 자전거 사고는 장비 고장 때문이다.

핵심표현 **due** to ~ 때문인, ~으로 인해

du(e)
신세 지다
➡ 어떤 것에 원인을 신세 지고 있는, 즉 그것 때문인

duty***
[djúːti]
☐☐☐

⑨ 의무, 임무, 직무

Fighting fires is your main **duty**. 수능
화재와 싸우는 것이 당신의 주요한 임무입니다.

핵심표현 **duty**-free 면세의

du + ty
신세 지다   명·접
➡ 신세를 지면 같이 따라오는 갚아야 할 의무, 임무

DAY 52

갈등, 다툼

agon, vict, venge, cide, bat, flict, fend, sting

MP3 바로 듣기

---

agon 싸우다 (struggle)

---

protagonist★★
[proutǽgənist]
□□□

명 (연극, 이야기 등의) 주인공

antagonist 명 적대자

Dorothy is the **protagonist** in *The Wizard of Oz.*
도로시는 '오즈의 마법사'의 주인공이다.

prot + **agon** + ist
가장 먼저의 싸우다 명·접(사람)
➡ 이야기에서 가장 먼저 나서서
싸우는 인물, 즉 주인공

agony★
[ǽgəni]
□□□

명 심한 고통, 괴로움

It is an **agony** to keep secrets.
비밀을 지키는 것은 심한 고통이다.

agon + y
싸우다 명·접
➡ 내적인 싸움 때문에 생기는
심한 고통

---

vict 이기다 (conquer)

변화형 vinc

---

victory★★★
[víktəri]
□□□

명 승리, 정복

victor★ 명 승리자
victorious★ 형 승리의, 승리한

The Greek soldier brought the news of the
Athenian **victory** over the Persians. 수능
그 그리스 군인은 페르시아인들에 대한 아테네의 승리 소식을 가져왔다.

vict + ory
이기다 명·접
➡ 이김, 즉 승리

---

convict*

[동 kənvíkt]
[명 kάːnvikt]

☐☐☐

동 유죄 판결하다, 유죄를 입증하다
명 (유죄가 입증된) 죄인, 죄수

conviction** 명 유죄 판결, 신념, 확신

The man was **convicted** of stealing.
그 남자는 절도로 유죄 판결을 받았다.

핵심표현 be **convicted** of ~로 유죄 판결을 받다

con + vict
모두(com) 이기다

➡ 재판의 모든 쟁점에서 이겨
유죄로 판결하다

---

convince***

[kənvíns]

☐☐☐

동 납득시키다, 확신시키다, 설득하다

convincible 형 설득할 수 있는

The news story **convinced** me to make an investment.
그 보도 기사는 내가 투자를 하도록 납득시켰다.

핵심표현 **convince** A to B A가 B하도록 납득/확신시키다

con + vinc(e)
모두(com) 이기다

➡ 논쟁의 모든 쟁점에서 이겨
상대를 납득시키다

어원으로 졸졸이! **convince**와 유사한 의미의 어휘

• **assure** 동 확신시키다, 보장하다   as ~에(ad) + sure 확신하다
▶ 상대가 어떤 것에 대해 확신하게 하다

• **induce** 동 설득하다, 유도하다   in 안에 + duc(e) 이끌다
▶ 상대를 이끌어 어떤 것 안에 들어오도록 설득하다, 유도하다

• **persuade** 동 설득하다, 납득시키다   per 완전히 + suade 충고하다
▶ 의견을 완전히 바꾸라고 충고하여 설득하다

---

province*

[prάːvins]

☐☐☐

명 지방, (행정 구역상의) 주/도

provincial 형 지방의, (행정 구역상의) 주/도의

More than 4 million people live in the **province**.
4백만 명 이상의 사람들이 그 지방에 산다.

pro + vinc(e)
앞으로 이기다

➡ 전투에서 이기고 앞으로 나아가
차지하게 된 지방

---

venge   복수하다 (revenge)

---

avenge*

[əvéndʒ]

☐☐☐

동 복수하다, 앙갚음하다

avenger** 명 복수하는 사람

The team **avenged** its loss in the prior match.
그 팀은 이전 경기에서의 패배에 복수했다.

a + venge
~에(ad) 복수하다

➡ 누군가에게 복수하다

---

revenge★

[rivéndʒ]

□□□

명 복수, 보복, 설욕

revengeful 형 복수심에 불타는

It's better to forgive than to get **revenge**.
복수하는 것보다 용서하는 것이 더 낫다.

re + venge
다시   복수하다
➡ 원수를 다시 되갚기 위해
하는 복수

---

cide

죽이다 (kill), 자르다 (cut)

변화형 cis

---

pesticide★★

[péstisàid]

□□□

명 농약, 살충제

pesticidal 형 농약의, 살충제의

encourage farmers to use less **pesticide** 수능
농부들에게 더 적은 농약을 쓰라고 권장하다

pest(i) + cide
해충   죽이다
➡ 해충을 죽이는 농약 또는 살충제

---

decide★★★

[disáid]

□□□

동 결정하다, 결심하다

decidedly★ 부 확실히, 분명히
decision★★★ 명 결정, 판단
decisive★★ 형 결정적인, 결단력 있는

Because of the rain, we have **decided** to cancel today's game. 수능
비 때문에 우리는 오늘 경기를 취소하기로 결정했다.

de + cide
떨어져   자르다
➡ 고민을 잘라서 떨어뜨려
그만하고 결정하다

> **어원으로 줄줄이!** decide와 유사한 의미의 어휘
>
> • **conclude**　　동 결론을 내다, 결정하다　　con 모두(com) + clud(e) 닫다(clos)
> 　　　　　　　　　　　　　　　　　　　　　　　▶ 고민하던 것을 모두 닫다, 즉 고민을 끝내고 결론을 내다
> • **determine**　　동 결정하다, 확정하다　　de 떨어져 + termin(e) 경계(term)
> 　　　　　　　　　　　　　　　　　　　　　　　▶ 서로 떨어지도록 경계를 확실히 결정하다
> • **resolve**　　　동 결심하다, 해결하다　　re 다시 + solv(e) 느슨하게 하다
> 　　　　　　　　　　　　　　　　　　　　　　　▶ 고민을 끝내서 엉켰던 머릿속을 다시 느슨하게 풀다, 즉 결심하다

---

precise★★★

[prisáis]

□□□

형 정확한, 정밀한

precisely★★ 부 정확히, 바로
precision★★★ 명 정확, 정밀
imprecisely 부 부정확하게

I do not know the **precise** meaning of the word.
나는 그 단어의 정확한 의미를 모른다.

pre + cis(e)
앞에   자르다
➡ 앞에 붙은 군더더기를 잘라내
정확한

DAY 52

해커스 보카 어원편

bat   치다 (beat)

batter★★★
[bǽtər]
☐☐☐

동 강타하다, 때려 부수다
명 (야구에서) 타자

Imagine that baseballs are pitched to two different **batters.** 수능
야구공이 두 명의 다른 타자에게 던져진다고 상상해보아라.

bat(ter)
치다
➡ 세게 치다, 공을 치는 타자

debate★★★
[dibéit]
☐☐☐

명 토론, 논쟁
동 토론하다, 논쟁하다

debatable 형 논쟁의 여지가 있는

have time to reflect and **debate** 수능
숙고하고 토론할 시간을 가지다

de + bat(e)
아래로   치다
➡ 상대 의견을 쳐서 아래로 쓰러뜨리는 과정인 토론

어원으로 줄줄이! **debate와 유사한 의미의 어휘**

- **discussion** 명 토론, 논의   dis 떨어져 + cuss 흔들다 + ion 명·접
  ▶ 현재 생각에서 떨어지도록 상대의 마음을 흔드는 과정인 토론
- **dispute** 명 분쟁, 논란   dis 반대의 + put(e) 생각하다 ▶ 서로 반대의 생각을 해서 생기는 분쟁, 논란

battle★★
[bǽtl]
☐☐☐

명 전투, 싸움   동 싸우다, 투쟁하다

battlefield★★ 명 싸움터, 전장
battlefront 명 (최)전선
battleground★ 명 싸움터, 전장

Fiona felt like she was losing the **battle**, but she fought on. 수능
Fiona는 전투에서 지고 있다고 느꼈지만 계속해서 싸웠다.

bat(t) + le
치다   명·접
➡ 여럿이 서로 치며 싸우는 전투, 싸움

combat★★

[명 ká:mbæt]
[동 kəmbǽt]

□□□

명 싸움, 전투
동 싸우다, 전투를 벌이다

combatant 명 전투원, 전투 부대
combative 형 전투적인, 싸우기 좋아하는

He came across a pair of male giraffes locked in **combat**. 수능
그는 우연히 싸움에 몰두하고 있는 한 쌍의 수컷 기린들을 발견했다.

com + bat
함께   치다

➡ 상대와 함께 치고받는 싸움, 전투

---

flict   치다, 때리다 (strike)

---

conflict★★★

[명 ká:nflikt]
[동 kənflíkt]

□□□

명 갈등, 충돌
동 충돌하다, 다투다

conflicting★★ 형 충돌하는, 상충되는

We must work to resolve **conflicts**. 수능
우리는 갈등을 해결하기 위해 노력해야 한다.

con + flict
함께(com)   치다

➡ 상대와 함께 치고받으며 겪는 갈등, 충돌

어원으로 줄줄이! **conflict**와 유사한 의미의 어휘

- **collide** 동 충돌/상충하다, 부딪치다   col 함께(com) + lide 치다 ▶ 서로 함께 치고 받으며 충돌하다
- **confront** 동 맞서다, 직면하다, 닥치다   con 함께(com) + front 앞쪽
           ▶ 둘이 함께 서로의 앞쪽을 맞대고 맞서다
- **discord** 동 불화하다, 일치하지 않다   dis 떨어져 + cord 마음
           ▶ 마음이 다른 쪽으로 떨어져 화합하지 못하고 불화하다

---

afflict★

[əflíkt]

□□□

동 괴롭히다, 들볶다

affliction 명 고통, 고통의 원인

A person **afflicted** with loneliness will realize that only he can find his own cure. 수능
외로움으로 괴로워하는 사람은 오직 그만이 스스로의 치유법을 찾을 수 있다는 것을 깨달을 것이다.

af + flict
~쪽으로(ad)   치다

➡ 누군가 쪽으로 계속 쳐서 그 사람을 괴롭히다

---

inflict★

[inflíkt]

□□□

동 (피해, 상처 등을) 입히다, 괴롭히다

infliction 명 (고통, 벌 등을) 가함, 고통, 시련

The storm **inflicted** massive damage across the region.
폭풍은 그 지역 전역에 막대한 피해를 입혔다.

in + flict
안에   때리다

➡ 때려서 안에 피해를 입히다

★★★ = 최빈출   ★★ = 빈출   ★ = 기출

DAY 52

해커스 보카 어원편

fend

때리다, 치다 (strike)

변화형 fenc

defend★★★
[difénd]
☐☐☐

동 방어하다, 수비하다

defendant★ 명 (재판에서) 피고
defense★★★ 명 방어, 수비
defensive★★ 형 방어의, 수비의
defenseless★ 형 무방비의

support and **defend** their position consistently 수능
자신들의 입장을 일관되게 옹호하고 방어하다

de + fend
떨어져   때리다
➡ 때리는 상대에게서 떨어져
방어하다

offend★★
[əfénd]
☐☐☐

동 기분을 상하게 하다, 위반하다

offender★★ 명 범죄자
offense★★ 명 공격, 위반, 반칙, 범죄
offensive★★ 형 불쾌한, 공격적인
inoffensive 형 불쾌감을 주지 않는, 악의가 없는

The racist joke **offended** the hearer. 수능
그 인종 차별적인 농담은 듣는 사람의 기분을 상하게 했다.

of + fend
맞서(ob)   치다
➡ 맞서는 말이나 행동으로 상대를
쳐서 기분을 상하게 하다

fence★★★
[fens]
☐☐☐

명 울타리, 장애물
동 울타리를 치다

There are two trees near the **fence.** 수능
그 울타리 근처에는 두 그루의 나무가 있다.

fenc(e)
치다
➡ 외부의 적을 쳐서 쫓아내기 위해
두른 울타리

sting

찌르다 (prick)

변화형 stinct, stim

sting★★★
[stiŋ]
☐☐☐

동 찌르다, (벌 등이) 쏘다
명 침, 쏘인 상처

stinging★★ 형 찌르는 듯 아픈, 날카로운

Most bees **sting** when they feel threatened. 수능
대부분의 벌들은 위협받는다고 느낄 때 쏜다.

sting
찌르다
➡ 찌르다, 찌르는 침

instinct★★★

[ínstiŋkt]

☐☐☐

명 본능, 직감, 타고난 재능

instinctive★★ 형 본능적인, 직관적인

Everyone has **instincts**, and listening to your inner voice is a good idea. 수능

모든 사람들은 직감을 가지고 있어서, 당신의 내면의 소리를 듣는 것은 좋은 생각이다.

in + stinct
안에 찌르다

➡ 머리나 마음 안에 쿡 찌르고 들어오는 본능, 직감

---

distinct★★★

[distíŋkt]

☐☐☐

형 뚜렷한, 구별되는, 별개의

distinction★★★ 명 차이, 대조
distinctive★★★ 형 구별되는, 독특한
distinguish★★★ 동 구별하다, 구분하다

distinct differences in the ways of recording history 수능

역사를 기록하는 방식에 있어서의 뚜렷한 차이점

di + stinct
떨어져(dis) 찌르다

➡ 서로 다른 것 사이에 막대를 찔러 넣어 그 차이가 뚜렷이 보이는

어원으로 줄줄이! distinct와 유사한 의미의 어휘

• individual 형 개별의, 개개의 in 아닌 + di 떨어져(dis) + vid 나누다 + ual 형·접
▶ 더 이상 떨어뜨려 나눌 수 없는 개별 개체의

• separate 형 분리된, 별개의 se 떨어져 + par 준비하다 + ate 형·접 ▶ 따로 떨어져 준비하도록 분리된

---

extinct★★

[ikstíŋkt]

☐☐☐

형 멸종된, 사라진, (불이) 꺼진

extinction★★ 명 멸종, 소멸, (불의) 진화
extinguish★★ 동 소멸시키다, (불을) 진화하다

The dodo is an **extinct** species.

도도새는 멸종된 종이다.

ex + (s)tinct
밖으로 찌르다

➡ 찔러서 밖으로 쫓아내어 없어져 버린, 즉 멸종된

---

stimulate★★★

[stímjulèit]

☐☐☐

동 자극하다, 활성화하다, 고무하다

stimulation★★ 명 자극, 고무, 격려
stimulus★★ 명 자극(제), 자극이 되는 것

Ideas expressed imprecisely may be more **stimulating** than simple facts. 수능

부정확하게 표현된 아이디어는 단순한 사실보다 더 자극적일 수도 있다.

stim(ul) + ate
찌르다 동·접

➡ 움직이도록 찔러서 자극하다

어원으로 줄줄이! stimulate와 유사한 의미의 어휘

• encourage 동 격려하다, 고무하다 en 하게 만들다 + courage 용기
▶ 용기가 나게 만들다, 즉 격려하다

• prompt 동 자극하다, 격려하다 pro 앞으로 + (e)mpt 취하다
▶ 생각, 자세 등을 취한 것이 앞으로 드러나게 자극하다

DAY 53 | 방해, 자율
bar, turb, rupt, prehend, proper, liber, vol

MP3 바로 듣기

---

bar   장애 (barrier), 막대 (bar)

---

bar***
[bɑːr]
☐☐☐

명 막대, 장애물, 바
동 빗장을 지르다, 방해하다

People brought drinks from the **bar**. 수능
사람들은 바에서 음료를 가져왔다.

Bar the door so no one can enter.
문에 빗장을 질러서 아무도 못 들어오게 해라.

bar
장애, 막대
➡ 막대, 막대로 막아 만든 장애물,
막대로 빗장을 지르다

---

embarrass***
[imbǽrəs]
☐☐☐

동 당황하게 하다, 곤란하게 하다

embarrassed★★★ 형 당황한, 곤란해하는
embarrassing★ 형 당황케 하는, 난처한
embarrassment★ 명 난처, 당황, 곤란한 상황

Explain how it **embarrasses** you when she tells others your problems. 수능
그녀가 다른 사람들에게 당신의 문제를 이야기할 때 그것이 얼마나 당신을 당황하게 하는지 설명하라.

em + bar(rass)
안에(en)   장애
➡ 경로 안에 장애물을 놓아
당황하게 하다

---

barn***
[bɑːrn]
☐☐☐

명 외양간, 헛간

At night the cattle were securely locked into the **barns**. 수능
밤에는 소들이 외양간에 안전하게 가두어졌다.

bar(n)
막대
➡ 막대로 막아 소, 말 등이
머물게 한 외양간

---

barrier***
[bǽriər]
☐☐☐

명 장벽, 장애물

barricade 명 바리케이드, 장애물

surmount the **barrier** to science by associating science with mathematics 수능
과학을 수학과 연관시켜서 과학으로의 장벽을 극복하다

bar(r) + ier
막대   명·접
➡ 막대를 쌓아 만든 장벽

---

barrel★★
[bǽrəl]
☐☐☐

명 (가운데가 불룩한) 통

Lots of wooden **barrels** and boards were around them. 수능
많은 나무통과 나무판이 그들 주변에 있었다.

bar(r) + el
막대　명·접
➡ 막대를 모아서 만든 큰 통

---

turb

어지럽게 하다 (disorder)

변화형 troub

---

disturb★★★
[distə́:rb]
☐☐☐

동 방해하다, 어지럽히다

disturbed★ 형 어지러운, 불안해하는
disturbing★ 형 방해가 되는, 불안감을 주는
disturbingly★ 부 불안하게 하여
disturbance★★ 명 방해, 소란

Noisy crowds **disturbed** their peace of mind. 수능
시끄러운 군중들이 그들의 마음의 평화를 방해했다.

dis + turb
떨어져　어지럽게 하다
➡ 어지럽게 해서 하던 일에서
떨어지게 방해하다

---

trouble★★★
[trʌ́bəl]
☐☐☐

명 곤란, 골칫거리, 문제

troublesome★ 형 골칫거리인
untroubled★ 형 괴로워하지 않는, 흐트러지지 않은

There was one student who had **trouble** with grammar. 수능 문법으로 곤란을 겪던 한 학생이 있었다.

핵심표현 have **trouble** with ~으로 곤란을 겪다

troub(le)
어지럽게 하다
➡ 어지럽게 하는 것, 즉 곤란

---

rupt

깨다 (break)

변화형 rout

---

interrupt★★★
[ìntərʌ́pt]
☐☐☐

동 방해하다, 중단시키다

interruption 명 방해, 중단
uninterrupted★★ 형 중단되지 않는, 연속된

Office workers are regularly **interrupted** by ringing phones. 수능
사무실 직원은 자주 전화벨 소리에 의해 방해받는다.

핵심표현 **interrupt** A with B B로 A를 방해하다/중단시키다

inter + rupt
사이에　깨다
➡ 사이에 끼어들어 연결을 깨서
방해하다

---

disrupt★★
[disrʌ́pt]
□□□

圐 붕괴시키다, 분열시키다

disruption 圑 붕괴, 분열
disruptive 圔 분열시키는, 지장을 주는

Do you fear that crime will **disrupt** your security? 수능
범죄가 당신의 안전을 붕괴시킬까 봐 두려운가요?

dis + rupt
떨어져 깨다
➡ 서로 떨어지도록 사이를 깨뜨려 붕괴 또는 분열시키다

erupt★★
[irʌ́pt]
□□□

圐 분출하다, 터지다, 폭발하다

eruption★ 圑 분출, 폭발

The volcano **erupted** for the first time in centuries.
그 화산은 수 세기 만에 처음으로 분출했다.

e + rupt
밖으로(ex) 깨다
➡ 막았던 것을 깨고 밖으로 쏟아져 나오다, 즉 분출하다

bankrupt★★
[bǽŋkrʌpt]
□□□

圔 파산한
圐 파산시키다

bankruptcy★ 圑 파산

The man's bad decision **bankrupted** his business.
그 남자의 나쁜 결정은 그의 사업을 파산시켰다.

bank + rupt
책상 깨다
➡ 더 이상 돈이 없어 돈을 세던 책상을 깨고 파산한

route★★★
[ru:t]
□□□

圑 길, 경로, 노선

What **route** is the fastest? 수능
어떤 길이 가장 빠른가요?

핵심표현 en **route** to ~로 가는 길에, ~로 가는 도중에

rout(e)
깨다
➡ 미지의 세상으로 깨고 들어간 길, 경로

routine★★★
[ru:tí:n]
□□□

圑 일상, 늘 하는 일, 틀에 박힌 일
圔 일상의, 틀에 박힌

They stick to **routines** for predictable life. 수능
그들은 예측 가능한 삶을 위해 늘 하는 일을 고수한다.

rout(e) + ine
길 명·접
➡ 길을 따라가듯 늘 하도록 정해져 있는 일, 일상

어원으로 줄줄이! **rupt** 추가 어휘

• **abrupt** 圔 갑작스러운, 퉁명스러운, 비약적인, 가파른   ab 떨어져 + rupt 깨다 ▶ 모르는 사이에 떨어져 깨져서 갑작스러운
• **corrupt** 圐 부패하게 만들다, 타락시키다 圔 부패한, 타락한   cor 모두(com) + rupt 깨다 ▶ 법이나 도덕을 모두 깨뜨려 부패하게 하다

prehend

붙잡다 (seize)

변화형 pris, prey

---

comprehend★★
[kàːmprihénd]
□□□

동 이해하다, 파악하다

comprehension★★ 명 이해(력), 포함
comprehensive★★ 형 종합적인, 포괄적인
comprehensible★ 형 이해할 수 있는

comprehend things by adding knowledge to the experience 수능
경험에 기술을 더하여 사건들을 이해하다

com + prehend
모두   붙잡다
➡ 관련된 것을 모두 붙잡아
   종합적으로 이해하다

---

surprise★★★
[sərpráiz]
□□□

동 놀라게 하다   명 놀라운 일, 놀라운 소식

surprisingly★★★ 부 놀랍게도

Her students looked at her in **surprise**. 수능
그녀의 학생들은 놀라서 그녀를 쳐다봤다.

핵심표현 in **surprise** 놀라서
to one's **surprise** 놀랍게도

sur + pris(e)
위에(super) 붙잡다
➡ 위에서 갑자기 붙잡아
   놀라게 하다

---

enterprise★★
[éntərpràiz]
□□□

명 기업, 모험적인 사업

enterprising★ 형 모험심이 많은, 진취적인

leisure activities organized by capitalist **enterprises** 수능
자본주의 기업들에 의해 조직된 여가 활동

enter + pris(e)
사이에(inter) 붙잡다
➡ 잘 안 보이는 사이에 숨어있는
   기회를 붙잡으려 노력하는 기업

---

prison★★
[prízən]
□□□

명 교도소, 감옥

prisoner 명 재소자, 죄수

We cannot solve the problem by building new **prisons**. 수능
우리는 새로운 교도소를 건설하는 것으로 그 문제를 해결할 수 없다.

pris(on)
붙잡다
➡ 범죄자를 붙잡아 두는 교도소

---

imprison★★
[imprízən]
□□□

동 가두다, 감금하다

imprisonment 명 감금, 구금

You can no longer see a life beyond the invisible walls that **imprison** you. 수능
당신은 당신을 가두고 있는 보이지 않는 벽 너머의 삶을 더 이상 볼 수 없다.

im + prison
안에(in) 감옥
➡ 감옥 안에 가두다, 즉 감금하다

---

comprise*
[kəmpráiz]
☐☐☐

⑧ 구성되다, 포함하다

The group **comprises** top experts.
그 집단은 최고의 전문가들로 구성된다.

com + pris(e)
함께   붙잡다
➡ 함께 붙잡힌 여럿으로 어떤 것 하나가 구성되다

어원으로 줄줄이! comprise와 유사한 의미의 어휘

- **compose** ⑧ 구성하다, 조립하다 com 함께 + pos(e) 놓다
  ▶ 여러 요소를 함께 놓아 어떤 것을 구성하다
- **consist** ⑧ 구성되다, 이루어지다 con 함께(com) + sist 서다(sta)
  ▶ 안에 여럿이 함께 서서 어떤 것 하나가 구성되다
- **contain** ⑧ 포함하다, 담고 있다 con 함께(com) + tain 잡다
  ▶ 여럿을 함께 잡아서 안에 넣어 두다, 즉 그것들을 포함하다
- **include** ⑧ 포함하다, 포함시키다 in 안에 + clud(e) 닫다(clos)
  ▶ 어떤 것을 안에 집어넣고 닫아 그것을 포함하다

---

prey***
[prei]
☐☐☐

⑲ 먹이, 사냥감
⑧ 잡아먹다

Deer were leopards' natural **prey**. 수능
사슴은 표범의 자연적인 먹이였다.

prey
붙잡다
➡ 붙잡아서 먹는 먹이, 사냥감

---

proper
자기 자신의 (one's own)
변화형 propri

---

proper***
[prá:pər]
☐☐☐

⑲ 적절한, 제대로 된

properly* ⑲ 적절히, 제대로
propriety* ⑲ 적절성, 타당, 예의
improper* ⑲ 부적절한, 부당한

All new houses must now be built with **proper** building materials. 수능
이제 모든 신축 주택은 적절한 건축 자재로 지어져야만 한다.

proper
자기 자신의
➡ 자기 자신의 것처럼 딱 맞는, 즉 적절한

---

property***
[prá:pərti]
☐☐☐

⑲ 재산, 소유물

Individual authors have rights to their intellectual **property**. 수능
개인 작가들은 그들의 지적 재산에 대한 권리를 갖는다.

proper + ty
자기 자신의   명·접
➡ 자기 자신의 소유물, 재산

appropriate***

[형 əpróupriət]
[동 əpróuprièit]

☐☐☐

형 적절한, 알맞은
동 도용하다, 책정하다

appropriately★★ 부 적당하게, 알맞게
inappropriate★★ 형 부적절한, 부적합한
inappropriately 부 부적절하게, 부적합하게

Reading at an **appropriate** level is more enjoyable. 수능 적절한 수준의 독서가 더 즐겁다.

ap + propri + ate
~쪽으로(ad) 자기 자신의 형·접
➡ 자기 자신의 쪽으로 맞춰 놓아 적절한

---

liber

자유, 자유롭게 하다 (free)

변화형 liver

---

liberate**

[líbərèit]

☐☐☐

동 해방시키다, 자유롭게 하다

liberation 명 해방, 석방

Financial security can **liberate** us from work. 수능
재정적 안정은 우리를 노동으로부터 해방시킬 수 있다.

liber + ate
자유   동·접
➡ 자유롭게 해방시키다

---

liberal**

[líbərəl]

☐☐☐

형 자유로운, 자유민주적인
명 자유주의자

liberalize 동 자유화하다, 완화하다
liberalism 명 자유주의, 진보주의
liberty★★ 명 자유

People have more choices in a **liberal** society.
사람들은 자유로운 사회에서 더 많은 선택권을 가진다.

liber + al
자유   형·접
➡ 자유로운

---

deliver***

[dilívər]

☐☐☐

동 배달하다, (연설 등을) 하다, 출산하다

delivery★★★ 명 배달, 전달

She got up at 5:30 every morning to **deliver** the newspapers. 수능
그녀는 신문을 배달하기 위해 매일 아침 5시 30분에 일어났다.

de + liver
떨어져 자유롭게 하다
➡ 어떤 것을 떨어진 곳에서도 자유롭게 쓸 수 있도록 배달하다

어원으로 줄줄이! **deliver**와 유사한 의미의 어휘

- **convey**　　동 나르다, 운반하다　　con 함께(com) + vey 길(via) ▶ 길을 갈 때 함께 날라 운반하다
- **transport**　동 운송하다, 수송하다　 trans 가로질러 + port 운반하다
　　　　　　　　　　　　　　　　　　　　 ▶ 바다 등을 가로질러 다른 지역으로 운반하다

---

vol

의지 (will)

변화형 will

---

volunteer***

[vàːləntíər]

□□□

명 자원봉사자

동 자원 봉사하다, 자진하다

volunteerism* 명 자원봉사활동, 자유 지원제

For the last 10 years, we have been **volunteering** in the community. 수능

지난 10년간, 우리는 그 지역 사회에서 자원 봉사해왔다.

핵심표현 **volunteer** for ~에 자원하다, ~에 지원하다

vol(unte) + er

의지 　명·접(사람)

➡ 의지를 가지고 스스로 자원한 자원봉사자

---

voluntary***

[váːləntèri]

□□□

형 자발적인, 자원봉사의

voluntarily** 부 자발적으로

involuntary** 형 본의 아닌, 무의식중의

voluntary effort to accomplish something difficult 수능

무언가 어려운 일을 성취해내기 위한 자발적인 노력

vol(unt) + ary

의지 　형·접

➡ 의지를 가지고 스스로 하는, 즉 자발적인

---

will***

[wil]

□□□

명 의지　조 ~할 것이다, ~일 것이다

willful 형 고의적인, 의도적인

willingly 부 자진해서, 기꺼이

unwillingness* 명 본의 아님, 자발적이 아님

The results of the vote showed the **will** of the people.

그 투표 결과는 국민들의 의지를 보여주었다.

I will do!

will

의지

➡ 의지, 의지를 가지고 어떤 일을 할 것이다

어원으로 줄줄이! **vol 추가 어휘**

- **benevolent** 형 자비로운, 인정 많은　　bene 좋은 + vol 의지 + ent 형·접 ▶ 좋은 의지를 갖고 상대를 대하는, 즉 자비롭고 인정 많은
- **goodwill** 명 호의, 선의, 친선　　good 좋은 + will 의지 ▶ 좋은 의지, 즉 호의나 선의

DAY 54

돌봄, 보호
cur, nutr, serv, gard, war

---

cur
돌봄/관심 (care), 달리다 (run), 흐르다 (flow)

---

cure***
[kjuər]
☐☐☐

동 낫게 하다, 치료하다
명 치료(법), 치료제

curable 형 치료 가능한

Doctors are working hard to find a **cure**.
의사들은 치료법을 찾기 위해 열심히 노력 중이다.

핵심표현 a **cure** for (질병)의 치료법/치료제

cur(e)
돌봄
➡ 아픈 사람을 돌보아 낫게 하다,
병을 낫게 하는 치료(법)

---

accurate***
[ǽkjurət]
☐☐☐

형 정확한, 정밀한

accurately*** 부 정확히
accuracy*** 명 정확(도)
inaccurate** 형 부정확한
inaccurately 부 부정확하게

Being **accurate** is not always smart. 수능
정확한 것이 항상 똑똑한 것은 아니다.

ac + cur + ate
~에(ad)   관심   형·접
➡ 어떤 것에 관심을 쏟아 정확한

어원으로 줄줄이! accurate과 유사한 의미의 어휘

- **correct** 형 정확한, 옳은   cor 모두(com) + rect 바르게 이끌다
  ▶ 잘못된 것을 모두 바르게 이끌어 정확해진

- **exact** 형 정확한, 정밀한   ex 밖으로 + act 행동하다
  ▶ 밖으로 드러낼 수 있을 만큼 행동의 결과가 정확한

- **precise** 형 정확한, 정밀한   pre 앞에 + cis(e) 자르다(cide) ▶ 앞에 붙은 군더더기를 잘라내 정확한

---

curious***
[kjúəriəs]
☐☐☐

형 궁금해하는, 호기심이 많은

curiosity*** 명 호기심

No wonder you're **curious** about your test results. 수능
당신이 시험 결과에 대해 궁금해하는 것은 놀랄 일이 아니다.

cur(i) + ous
관심   형·접
➡ 어떤 것에 관심이 있어
궁금해하는

---

occur***
[əkə́:r]
□□□

동 일어나다, 발생하다
occurrent** 형 현재 일어나고 있는, 우연의
occurrence** 명 발생, 사건, 존재

A gradual process of bone loss **occurs** naturally
as people age. 수능
사람들이 나이가 들어감에 따라, 뼈 손실의 점진적인 과정이 자연히 일어난다.

oc + cur
향하여(ob) 달리다
➡ 어떤 일이 나를 향해 달려오다,
즉 일어나다

---

recur**
[rikə́:r]
□□□

동 재발하다, 반복되다

The shortage of the water supply is unlikely to
recur.
물 공급 부족이 재발할 가능성은 낮다.

re + cur
다시 달리다
➡ 어떤 일이 다시 달려오다,
즉 재발하다

---

excursion*
[ikskə́:rʒən]
□□□

명 소풍, 짧은 여행

Ann is planning to go on an **excursion** abroad.
Ann은 해외로 짧은 여행을 가려고 계획하는 중이다.

ex + cur(s) + ion
밖으로 달리다 명·접
➡ 밖으로 달려 나가 잠시 노는
소풍, 짧은 여행

---

current***
[kə́:rənt]
□□□

형 현재의, 통용되는
명 추세, 흐름, 해류/기류/전류
currently*** 부 현재, 지금
currency** 명 통화, 통용

Consider your work and your **current** life. 수능
당신의 일과 현재의 삶을 고려해 보세요.

now

cur(r) + ent
흐르다 형·접
➡ 지금 세상에 흐르고 있는,
즉 현재의 또는 현재 통용되는

---

curriculum**
[kəríkjuləm]
□□□

명 교육 과정, 교과 과정
extracurricular** 형 정식 과목 이외의, 과외의

All teachers must follow the government's
curriculum.
모든 선생님들은 반드시 정부의 교육 과정을 따라야 한다.

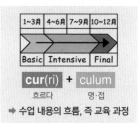

| 1~3月 | 4~6月 | 7~9月 | 10~12月 |
| Basic | Intensive | | Final |

cur(ri) + culum
흐르다 명·접
➡ 수업 내용의 흐름, 즉 교육 과정

어원으로 줄줄이! cur 추가 어휘

- **curator** 명 (미술관, 박물관 등의) 전시 책임자, 큐레이터   cur 돌봄 + at(e) 동·접 + or 명·접(사람) ▶ 전시를 돌보는 전시 책임자
- **secure** 형 안전한, 확신하는 동 안전하게 하다, 확보하다   se 떨어져 + cure 돌봄 ▶ 위험한 것에서 떨어져 있도록 돌보아 안전한
- **incur** 동 (어려운 상황에) 처하다, (분노 등을) 초래하다   in 안에 + cur 달리다 ▶ 어떤 상황 안으로 달려가 그 상황에 처하다

nutr

영양분을 주다 (nourish), 돌보다 (nurse)

[변화형] nur, nour

---

nutrient***
[njúːtriənt]
□□□

图 영양소, 영양분

The soil was rich in minerals and **nutrients**. 수능
그 토양은 미네랄과 영양분이 풍부했다.

nutr(i) + ent
영양분을 주다   명·접
➡ 영양분을 주는 영양소

---

nutrition**
[njuːtríʃən]
□□□

图 영양, 영양물 (섭취)

nutritional** 형 영양상의
nutritionist* 명 영양학자
nutritious** 형 영양분이 많은
malnutrition** 명 영양실조

the **nutrition** in fruit peel 수능
과일 껍질에 있는 영양

nutr(i) + tion
영양분을 주다   명·접
➡ 생물에게 필요한 영양분을
주는 일, 영양

---

nurture***
[nə́ːrtʃər]
□□□

图 양육, 양성
图 양육하다

nurturer 명 양육하는 사람

We are part of and **nurtured** by the earth. 수능
우리는 지구의 일부이고 지구에 의해 양육된다.

nur(t) + ure
돌보다   명·접
➡ 돌보아서 자라게 하는 양육

---

nurse***
[nəːrs]
□□□

图 간호사, 유모
图 간호하다, 돌보다

nursery** 명 육아실, 탁아소

She found a job as a **nurse**'s assistant. 수능
그녀는 간호조무사로서 직업을 구했다.

nur(se)
돌보다
➡ 환자나 어린이를 돌보다,
돌보는 간호사나 유모

---

nourish**
[nə́ːriʃ]
□□□

图 영양분을 공급하다, (생각 등을) 키우다

nourishment** 명 영양(분), 자양분

This lotion can **nourish** dry skin.
이 로션은 건조한 피부에 영양분을 공급할 수 있다.

nour + ish
영양분을 주다   동·접
➡ 영양분을 주다,
영양분을 줘서 키우다

---

serv

섬기다 (serve), 지키다 (protect)

변화형 sert

---

serve★★★
[sə:rv]
□□□

통 (음식을) 차려 주다, 시중을 들다, 봉사하다

service 명 서비스
servant★★ 명 하인, 종업원

If you can speak another language, please **serve** as a translator. 수능
만약 당신이 다른 언어를 할 줄 안다면 부디 통역가로 봉사해 주세요.

serv(e)
섬기다
➡ 상대를 섬기기 위해 음식을 차리거나 시중을 들며 봉사하다

---

deserve★★★
[dizə́:rv]
□□□

통 ~을 받을 자격이 있다, 마땅히 ~할 만하다

deserved 형 마땅한, 응분의
undeserved★★ 형 받을 만하지 않은, 부당한

All life is precious and **deserves** a chance to live. 수능
모든 생명은 귀중하며 살아갈 기회를 받을 자격이 있다.

de + **serv**(e)
완전히   섬기다
➡ 완전히 섬기어 그 대가를 마땅히 받을 자격이 있다

---

reserve★★★
[rizə́:rv]
□□□

통 예약하다, 따로 남겨두다   명 예비, 보존

reserved★ 형 남겨둔, 예비의
reservation★★★ 명 예약
reservoir★★ 명 저수지, 저장

Let's **reserve** the tickets now. 수능 지금 표를 예약하자.

핵심표현 **on reserve** 예약이 되어 있는, 단기 대출만 가능한

re + **serv**(e)
뒤에   지키다
➡ 지켜서 뒤에 따로 남겨두다, 즉 예약하다

---

preserve★★★
[prizə́:rv]
□□□

통 지키다, 보호하다, 저장하다

preservation★★ 명 보존, 보호
preservative 형 보존의, 예방하는 명 방부제

ways to **preserve** natural habitats for endangered species 수능
멸종 위기의 종들을 위한 자연 서식지를 지키기 위한 방법들

pre + **serv**(e)
전에   지키다
➡ 어떤 것이 손상되기 전에 지키다

---

conserve★★★
[kənsə́:rv]
□□□

통 보존하다, 아끼다, 유지하다

conservation★★ 명 보존, 보호
conservatory★ 형 보존성의 명 온실

We had to **conserve** our energy. 수능
우리는 에너지를 보존해야 했다.

con + **serv**(e)
모두(com)   지키다
➡ 모두 사라지지 않도록 지켜서 보존하다

---

dessert★★★
[dizə́:rt]
□□□

뎽 디저트, 후식

The **dessert** was really good. 수능
그 디저트는 정말 맛있었어요.

des + sert
반대의(dis) 섬기다
➡ 섬기는 것의 반대, 즉 봉사를
마치기 위한 마지막 음식인 디저트

---

gard

지켜보다 (watch out), 보호하다 (protect)

변화형 gar, guard, guarant

---

regard★★★
[rigá:rd]
□□□

뎽 ~으로 여기다, 간주하다   뎽 관심, 고려

regardless★★★ 뮝 상관없이
disregard★★ 뎽 무시하다 뎽 무시, 묵살

Jim Marshall is **regarded** as one of the most
celebrated photographers. 수능
짐 마셜은 가장 칭송받는 사진가들 중 하나로 여겨진다.

핵심표현 be **regarded** as ~로 여겨지다

Nice guy!

re + gard
다시 지켜보다
➡ 반복해서 다시 지켜본 결과
상대를 어떤 것으로 여기다

어원으로 줄줄이! **regard**와 유사한 의미의 어휘

• **consider** 뎽 고려하다, 간주하다 con 함께(com) + sider 별(astro)
  ▶ 미래를 점칠 때 여러 별을 함께 보고 고려하다

• **judge** 뎽 판단하다, 판결하다 jud 올바른(just) + ge 말하다
  ▶ 무엇이 올바른지 결정하여 말하다, 즉 판단 또는 판결하다

---

garment★
[gá:rmənt]
□□□

뎽 의복, 옷

The king wore special **garments** for the
Christmas ceremony.
왕은 그 성탄절 의식을 위해 특별한 의복을 입었다.

gar + ment
보호하다 명·접
➡ 몸을 외부 환경으로부터
보호하는 의복

---

guard★★★
[gɑ:rd]
□□□

뎽 보호하다, 지키다
뎽 경호(원), 보호

guardian★ 뎽 보호자, 수호자

many present efforts to **guard** and maintain
human progress 수능
인간의 진보를 보호하고 유지하려는 현재의 많은 노력

guard
보호하다
➡ 보호하는 사람 또는 행위,
보호하다

DAY 54

해커스 보카 어원편

guarantee***

[gærəntíː]

☐☐☐

명 보증(서), 보장
동 보장하다, (품질을) 보증하다

The introduction of unique products doesn't **guarantee** market success. 수능
특이한 상품을 소개하는 것이 시장에서의 성공을 보장하지는 않는다.

guarant + ee
보호하다   명·접

➡ 약속한 내용이 지켜지도록
보호하는 보증 또는 보장

---

war

지켜보다, 주의하다 (watch out)

변화형 ward, warn

---

aware***

[əwéər]

☐☐☐

형 의식하고 있는, 깨달은

awareness*** 명 의식, 관심
unaware** 형 알지 못하는

The zebras were not **aware** of the hiding lions.
얼룩말들은 숨어있는 사자들을 의식하고 있지 못했다.

핵심표현 be **aware** of ~을 의식하다, ~을 알다

(a)war(e)
지켜보다

➡ 계속 지켜보며 상대를
의식하고 있는

---

beware*

[biwéər]

☐☐☐

동 조심하다, 주의하다

Tourists must **beware** of thieves in the city center.
관광객들은 도심에서 도둑들을 조심해야만 한다.

핵심표현 **beware** of ~을 조심하다

be + war(e)
있다   주의하다

➡ 주의하는 상태로 있다,
즉 조심하다

---

ward**

[wɔːrd]

☐☐☐

명 병동, 감독, 감시(인)

This **ward** has beds for over 30 patients.
이 병동은 30명이 넘는 환자들을 위한 병상을 가지고 있다.

ward
지켜보다

➡ 환자 등을 지켜보는 장소인 병동

---

reward***

[riwɔ́ːrd]

☐☐☐

동 보상하다, 사례하다
명 보상(금), 현상금

rewarding** 형 돈을 많이 버는, 보람 있는

My efforts were **rewarded** only a month later. 수능
나의 노력은 한 달 후에야 보상되었다.

re + ward
다시   지켜보다

➡ 상대의 노력을 지켜본 후 대가로
다시 보상하다

---

award★★★

[əwɔ́ːrd]

☐☐☐

동 수여하다   명 상(금), 수여

awarder 명 수여자
awardee 명 수상자

The Nobel Prize is **awarded**, not for a lifetime of achievement, but for a single discovery, a result. 수능
노벨상은 평생의 업적이 아니라 하나의 발견, 결과에 대해 수여된다.

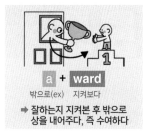

a + ward
밖으로(ex) 지켜보다
➡ 잘하는지 지켜본 후 밖으로
상을 내어주다, 즉 수여하다

---

warn★★★

[wɔːrn]

☐☐☐

동 경고하다, 주의를 주다

warning★★★ 명 경고, 주의

Doctors **warn** about the increasing number of overweight children. 수능
의사들은 비만 아동 수의 증가에 대해 경고한다.

warn
주의하다
➡ 주의하라고 경고하다

DAY 55 | 조화, 협력, 의무
temper, junct, lig, mun, vot, spond

MP3 바로 듣기

---

temper 섞다 (mix), 조화시키다 (moderate)

---

temper★★
[témpər]
□□□

명 화, 성미, 기질
동 누그러뜨리다

In situations like this, I used to lose my **temper** when I was younger. 수능
이와 같은 상황에서, 내가 더 어렸을 때에는 화를 내곤 했었다.

핵심표현 lose one's **temper** 화를 내다

temper
섞다
➡ 여러 생각이 섞여서 나는 화

---

temperament★★
[témpərəmənt]
□□□

명 기질, 성질, 격한 성미

personality factors such as aggressive behavior or a passive **temperament** 수능
공격적인 태도나 수동적인 기질과 같은 성격 요인

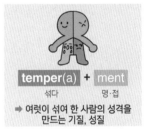

temper(a) + ment
섞다   명·접
➡ 여럿이 섞여 한 사람의 성격을 만드는 기질, 성질

---

temperate★★
[témpərət]
□□□

형 온화한, 적당한, 절제하는

temperance 명 절제, 자제

They enjoyed the **temperate** climate. 수능
그들은 온화한 기후를 즐겼다.

temper + ate
조화시키다 형·접
➡ 잘 조화가 되어 적당한, 온화한

어원으로 줄줄이! **temperate**과 유사한 의미의 어휘

- **gentle**　　형 온화한, 부드러운　　gen(t) 태생 + le 형·접 ▶ 태생이 좋아 성품이 모나지 않고 온화한
- **moderate**　　형 온화한, 적당한　　mod(er) 기준 + ate 형·접
　　　　　　　　　　　　　　　　　▶ 가운데 기준에 맞아 너무 덥거나 춥지 않고 온화한

---

temperature***

[témpərətʃər]

□□□

명 온도, 기온, 체온

Our blood stays the same **temperature**. 수능

우리의 혈액은 같은 온도를 유지한다.

temperat(e) + ure
온화한 　　　 명·접
➡ 온화한 정도를 숫자로
　 나타낸 것, 즉 온도

---

junct

연결하다 (join)

변화형 joint, join

---

junction*

[dʒʌŋkʃən]

□□□

명 교차로, 나들목, 연결 지점

This is the busiest **junction** in the city.

이곳은 도시에서 가장 바쁜 교차로이다.

junct + ion
연결하다 　　명·접
➡ 여러 길이 연결되는 교차로

---

joint**

[dʒɔint]

□□□

형 공동의, 합동의
명 관절, 연결 부위

join 동 연결하다, 합류하다, 가입하다

The act of communicating is always a **joint**,
creative effort. 수능

의사소통의 행위는 언제나 공동의 창의적 노력이다.

joint
연결하다
➡ 서로 연결되어 같이 하는,
　 즉 공동의

---

disjointed*

[disdʒɔintid]

□□□

형 연결이 안 되는, 흐트러진

disjoint 동 해체하다, (관절을) 삐게 하다

The **disjointed** story was so confusing.

그 연결이 안 되는 이야기는 너무 혼란스러웠다.

dis + joint(ed)
반대의 　　연결하다
➡ 연결된 것과는 반대 상태인,
　 즉 연결이 안 되는

---

adjoin*

[ədʒɔin]

□□□

동 붙어 있다, 인접하다

The restaurant **adjoins** the hotel lobby.

그 식당은 호텔 로비에 붙어 있다.

ad + join
~에 　　연결하다
➡ 어떤 것에 연결되어 붙어 있다

---

lig

묶다 (bind)

[변화형] leag, ly

---

religion***
[rilídʒən]
□□□

명 종교

religious*** 형 종교의, 종교적인, 독실한
religiously 부 종교적으로

some personal information like family background
and **religion** 수능
가정환경 및 종교와 같은 일부 개인 정보

re + **lig** + ion
다시   묶다   명·접
➡ 인간을 신과 다시 묶어 주는 종교

---

oblige**
[əbláidʒ]
□□□

동 의무적으로 ~하게 하다, 강요하다

obligate** 동 의무를 지우다   obligation** 명 의무

The first Everesters were **obliged** to trek 400
miles. 수능
최초의 에베레스트 등반가들은 400마일을 의무적으로 걸어야 했다.

핵심표현 be **obliged** to 의무적으로 ~해야 하다, 어쩔 수 없이 ~하다

ob + **lig(e)**
향하여   묶다
➡ 어떤 일을 향하도록 묶어두고
의무적으로 하게 하다

---

league**
[li:g]
□□□

명 연합, 연맹, (스포츠 경기의) 리그

We were the champions of our soccer **league**
last year.
우리는 작년에 우리 축구 연맹의 챔피언이었다.

leag + ue
묶다   명·접
➡ 여럿을 하나로 묶어서 만든
연합, 연맹

---

rely***
[rilái]
□□□

동 의지하다, 신뢰하다

reliance** 명 의지, 의존   unreliable* 형 신뢰할 수 없는
reliable*** 형 신뢰할 수 있는

Most people attack a problem by **relying** on skills
that are familiar to them. 수능
대부분의 사람들은 그들에게 익숙한 기술에 의지해 문제에 대처한다.

핵심표현 **rely** on ~에 의지하다

re + **ly**
세계   묶다
➡ 상대에게 몸을 세게 묶어
의지하다

---

ally**
[동 əlái]
[명 ǽlai]
□□□

동 연합하다, 동맹을 맺다, 제휴하다
명 연합국, 동맹국

alliance* 명 연합, 동맹

The UK and the US **allied** during both world wars.
영국과 미국은 두 차례 세계 대전 동안 연합했다.

al + **ly**
~에(ad)   묶다
➡ 다른 상대에 묶어 한 팀으로
연합하다

---

rally★★

[rǽli]

☐☐☐

명 (대규모) 집회, 재결집
동 다시 불러 모으다, 재결집하다

More than 10,000 people attended the political **rally**.

만 명이 넘는 사람들이 그 정치 집회에 참석했다.

r + ally
다시(re) 연합하다

➡ 많은 사람이 다시 연합하는
재결집 또는 집회

---

mun

의무 (duty)

변화형 mon

---

community★★★

[kəmjúːnəti]

☐☐☐

명 (지역) 사회, 공동체

He grew up in a farming **community**. 수능

그는 농촌 사회에서 자랐다.

com + mun + ity
함께 의무 명·접

➡ 의무를 함께 지는 지역 사회
또는 공동체

---

communicate★★★

[kəmjúːnəkèit]

☐☐☐

동 의사소통하다, 연락을 주고받다

communication★★★ 명 의사소통, 연락
miscommunicate★ 동 잘못 전달하다

the chance to **communicate** with others no matter where we are 수능

우리가 어디에 있든지 다른 사람들과 의사소통할 기회

com + mun + (ic)ate
함께 의무 동·접

➡ 의무를 함께 하기 위해
서로 의사소통하다

---

communal★★

[kəmjúːnəl]

☐☐☐

형 공동의, 자치 단체의

communally★ 부 공동으로, 공유하여

The dormitory has **communal** showers.

그 기숙사는 공동 샤워실을 가지고 있다.

com + mun + al
함께 의무 형·접

➡ 함께 의무를 지는, 즉 공동의

---

immune★★

[imjúːn]

☐☐☐

형 면제된, 면역의, 면역이 있는

Vitamins are important for our **immune** systems.

비타민은 우리 면역 체계에 중요하다.

im + mun(e)
아닌(in) 의무

➡ 의무를 지지 않도록 면제된,
병에서 면제되어 면역이 있는

---

municipal**

[mjuːnísəpəl]

☐☐☐

웹 자치 도시의, 시(립)의

The **municipal** council prohibited smoking in the city's public buildings.
시의회는 도시의 공공건물에서의 흡연을 금지했다.

mun(i) + cip + al
의무   잡다(cap) 형·접
➡ 시 스스로 행정 의무를 잡고 있는, 즉 자치 도시의

common***

[káːmən]

☐☐☐

웹 공통의, 보통의, 흔한

commonly*** 🔺 흔히, 보통
commoner** 🔹 평민, 서민
commonality** 🔹 공통성, 보통

Jazz and classical music have a number of things in **common**. 수능 재즈와 클래식 음악은 공통점이 많다.

핵심표현 have ~ in **common** ~을 공통으로 가지다, 공통점이 있다

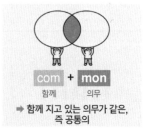

com + mon
함께   의무
➡ 함께 지고 있는 의무가 같은, 즉 공통의

---

vot

서약하다 (vow)

변화형 vow

---

vote***

[vout]

☐☐☐

🔹 투표(권)
🔸 투표하다, 선출하다

voter 🔹 투표자, 유권자

Canadian voters denied that their **votes** had been influenced by physical appearance. 수능
캐나다의 유권자들은 그들의 투표가 신체적 외모에 영향을 받아왔다는 것을 부정했다.

vot(e)
서약하다
➡ 지지를 서약한 대상에게 표를 주는 행위, 즉 투표

devote***

[divóut]

☐☐☐

🔸 바치다, 헌신하다, 전념하다

devotion** 🔹 헌신, 전념   devotedly 🔺 헌신적으로
devotee 🔹 헌신하는 사람

They **devoted** themselves to hours of unpaid work for the poor. 수능
그들은 가난한 사람들을 위해서 몇 시간씩 무보수 일을 하는 데 헌신했다.

핵심표현 **devote** oneself to ~에 헌신하다

de + vot(e)
아래로   서약하다
➡ 몸과 마음을 상대의 아래에 바친다고 서약하다, 즉 헌신하다

vow*

[vau]

☐☐☐

🔸 맹세하다, 서약하다
🔹 맹세, 서약

Mike **vowed** to be a good father.
Mike는 좋은 아버지가 되기로 맹세했다.

I promise...

vow
서약하다
➡ 서약을 지킨다고 맹세하다

spond

약속하다 (promise)

변화형 spon, spou

---

respond***

[rispá:nd]

□□□

동 대답하다, 응답하다, 반응하다

respondent* 명 응답자
response* 명 대답, 응답
responsive 형 대답의, 즉각 반응하는

The subject is too sensitive to **respond** to openly. 수능 그 주제는 공개적으로 대답하기에 너무 민감하다.

핵심표현 **respond** to ~에 대답하다/반응하다

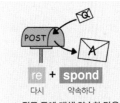

re + spond
다시   약속하다

➡ 질문 등에 대해 약속한 답을 다시 보내다, 즉 대답하다

---

correspond**

[kɔ̀:rəspá:nd]

□□□

동 일치하다, 부합하다, 상응하다

corresponding 형 상응하는
correspondingly 부 일치하여, 상응하여
correspondence 명 일치, 상응

Your words don't **correspond** with facts.
당신의 말은 사실과 일치하지 않습니다.

핵심표현 **correspond** with/to ~과 일치하다, ~에 상응하다

cor + respond
함께(com)   반응하다

➡ 함께 같은 반응을 하다, 즉 일치하다

---

responsible***

[rispá:nsəbəl]

□□□

형 책임이 있는, 책임감 있는

responsibility* 명 책임
irresponsible 형 무책임한

Borrowers are **responsible** for returning items on time. 수능 대여자는 물품들을 제시간에 돌려줄 책임이 있다.

핵심표현 **responsible** for ~에 책임이 있는

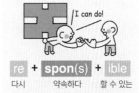

re + spon(s) + ible
다시   약속하다   할 수 있는

➡ 받은 의무를 하겠다는 약속을 다시 돌려줄 수 있는, 즉 책임이 있는

---

sponsor**

[spá:nsər]

□□□

명 후원자, 스폰서
동 후원하다, 주최하다

sponsorship 명 후원, 협찬

the science essay contest **sponsored** by the science institute 수능
과학 협회에 의해 후원받은 과학 에세이 대회

spon(s) + or
약속하다   명·접(사람)

➡ 도움을 약속한 후원자

---

spouse**

[spaus]

□□□

명 배우자

spousal 형 배우자의, 결혼의

Spouses should always listen to one another.
배우자들은 항상 서로에게 귀 기울여야 한다.

spou(se)
약속하다

➡ 미래를 함께하겠다고 약속한 배우자

DAY 56

법, 통치
norm, leg, test, mand, dom, polic, urb

MP3 바로 듣기

norm   규범, 기준 (rule)

norm***
[nɔːrm]
□□□

📖 규범, 기준, 표준

small communities to adopt harsh social
norms 수능
가혹한 사회 규범을 도입한 작은 공동체들

norm
규범, 기준

➡ 따르거나 맞춰야 하는 규범, 기준

어원으로 줄줄이! **norm**과 유사한 의미의 어휘

• **criterion** 📖 기준, 표준   crit(er) 구별하다 + ion 명·접 ▶ 여럿을 구별하는 기준
• **standard** 📖 기준, 표준   sta(nd) 서다 + ard 명·접 ▶ 움직이지 않고 서 있는 기준

normal***
[nɔ́ːrməl]
□□□

📝 정상적인, 보통의, 평범한
📖 정상, 보통
normally* 📝 정상적으로, 보통
abnormal* 📝 비정상적인, 보통과 다른

It is perfectly **normal** not to feel good. 수능
기분이 좋지 않은 것은 완벽하게 정상적이다.

norm + al
기준   형·접

➡ 기준에 맞는, 즉 정상적인

enormous***
[inɔ́ːrməs]
□□□

📝 거대한, 막대한
enormously* 📝 엄청나게, 대단히

Enormous waves reminded you of the wonderful
memories you had. 수능
거대한 파도가 당신이 가지고 있는 멋진 기억을 상기시킨다.

e + norm + ous
밖으로(ex) 기준 형·접

➡ 기준 밖으로 벗어날 만큼 거대한

어원으로 줄줄이! **enormous**와 유사한 의미의 어휘

• **immense** 📝 거대한, 엄청난   im 아닌(in) + mens(e) 재다(meter)
  ▶ 잴 수 없을 정도로 크기가 거대한
• **massive** 📝 거대한, 대량의   mass 덩어리 + ive 형·접 ▶ 덩어리가 거대한
• **tremendous** 📝 엄청난, 막대한   trem(endous) 떨다 ▶ 떨게 만들 정도로 규모가 엄청나고 막대한

leg

법 (law), 위임하다 (entrust)

[변화형] leag, loy

---

legal★★★

[líːɡəl]

□□□

[형] 법(률)의, 법률에 관한, 합법적인

legalize★ [동] 합법화하다
illegal★★ [형] 불법적인, 위법의

the buildings which housed **legal**, religious, and other rituals 수능
법적인, 종교적인, 그리고 다른 의식들에 장소를 제공했던 건물들

[핵심표현] **legal** suit 소송

leg + al
법   형·접
➡ 법의, 법에 관련된

---

legislation★★

[lèdʒisléiʃən]

□□□

[명] 법률 (제정), 입법 행위

legislate★ [동] 법률을 제정하다
legislative [형] 입법의, 입법부의

The government passed **legislation** that makes the desired activity more profitable. 수능
정부가 바람직한 활동을 더 수익성 있게 만드는 법률을 통과시켰다.

leg(is) + lat + ion
법   제안하다   명·접
➡ 제안되어 만들어진 법률,
법을 만드는 입법 행위

---

legitimate★★

[lidʒítəmət]

□□□

[형] 정당한, 타당한, 합법적인

These are **legitimate** concerns that many people share. 수능
이것들은 많은 사람들이 공유하는 정당한 우려이다.

leg(itim) + ate
법   형·접
➡ 법에 맞는, 정당한

---

privilege★★

[prívəlidʒ]

□□□

[명] 특권, 특별한 혜택
[동] 특권을 주다

privileged [형] 특권을 가진
underprivileged★★ [형] 혜택을 못 받는

Freedom is a basic right, not a **privilege**.
자유는 특권이 아니라 기본적인 권리이다.

priv(i) + leg(e)
떼어놓다   법
➡ 법에서 떼어놓고 특별히
취급하는 것, 즉 특권

[어원으로 줄줄이!] **privilege**와 유사한 의미의 어휘

- **advantage** [명] 유리함, 이점   adv ~로부터(ab) + ant 앞에(ante) + age 명·접
  ▶ 남들로부터 앞에서 시작하는 유리함, 이점

- **benefit** [명] 혜택, 이득   bene 좋은 + fit 행하다(fac)
  ▶ 어떤 대상에게 좋게 행해진 것, 즉 혜택 또는 이득

legacy*
[légəsi]
☐☐☐

명 유산, 물려받은 것

Shakespeare left an important **legacy** for literature.
셰익스피어는 문학에 중요한 유산을 남겼다.

leg + acy
법   명·접
➡ 법으로 인정받아 물려받게 된 유산

어원으로 줄줄이! legacy와 유사한 의미의 어휘

- **heritage**　명 유산, 상속 재산　herit 상속인(hered) + age 명·접 ▶ 상속인이 받는 유산, 상속 재산
- **inheritance**　명 유산, 상속 재산　in 안에 + herit 상속인(hered) + ance 명·접
　　　　　　　　　　　　　　　　　▶ 상속인이 될 자격 안으로 들어와 받은 것, 즉 유산, 상속 재산

---

delegate*
[동 déligèit]
[명 déligət]
☐☐☐

동 (대리인을) 파견하다, (대표를) 뽑다
명 대표, 대리인

delegation** 명 대표단, 위임

The company **delegated** 20 people to attend the conference.
회사는 20명을 그 회의에 참석하도록 파견했다.

de + leg + ate
떨어져 위임하다 동·접
➡ 일을 위임해서 멀리 떨어진 곳에 파견하다

---

colleague***
[káːliːg]
☐☐☐

명 (주로 직업상의) 동료

Ekman and his **colleagues** studied the facial reactions to a horrific film. 수능
Ekman과 그의 동료들은 공포 영화에 대한 얼굴 반응을 연구했다.

col + leag(ue)
함께(com) 위임하다
➡ 일을 함께 위임받아 같이 하는 동료

어원으로 줄줄이! colleague와 유사한 의미의 어휘

- **associate**　명 친구, 동료　as ~에(ad) + soci 친구, 동료 + ate 명·접
　　　　　　　　　　　　　　▶ 누군가에 관계를 맺어 생긴 친구 또는 동료
- **companion**　명 친구, 동료　com 함께 + pan 빵 + ion 명·접
　　　　　　　　　　　　　　▶ 빵을 함께 나눌 수 있는 사이, 즉 친구 또는 동료

---

loyal**
[lɔ́iəl]
☐☐☐

형 충실한, 성실한

loyalty** 명 충실, 충성

His dog was a **loyal** friend for life.
그의 개는 일생 동안 충실한 친구였다.

loy + al
법   형·접
➡ 정해진 법을 잘 지키는, 즉 충실한

---

test

증인, 증언하다 (witness)

contest★★★

[동 kəntést]
[명 ká:ntest]
□□□

동 경쟁을 벌이다, 다투다
명 대회, 시합, 경쟁

contestant★ 명 경쟁자, (대회 또는 시합의) 참가자

Last year our club won prizes at a number of invention **contests**. 수능
작년에 우리 동호회가 많은 발명 대회에서 수상했다.

con + test
함께(com)   증인
➡ 증인을 함께 불러 누가 맞는지 경쟁을 벌이다

protest★★

[동 prətést]
[명 próutest]
□□□

동 항의하다, 반대하다
명 항의, 시위

protester 명 항의자, 시위자

Students **protested** against the raising of tuition fees.
학생들은 등록금 인상에 대해 항의했다.

pro + test
앞에   증언하다
➡ 앞에 나서서 잘못된 것을 증언하며 항의하다

testify★

[téstəfài]
□□□

동 증언하다, 진술하다

testimony★★ 명 증언, 증거

The witness **testified** at the trial.
그 증인은 재판에서 증언했다.

test + ify
증인   동·접
➡ 어떤 일의 증인이 되어 증언하다

mand

명령하다 (order), 맡기다 (entrust)

변화형 mend

demand★★★

[diménd]
□□□

명 요구 (사항), 수요
동 요구하다, 필요로 하다

demanding★★ 형 요구가 많은, 부담이 큰

The **demand** for coffee in the world had dropped. 수능
세계의 커피에 대한 수요가 하락했었다.

de + mand
아래로   명령하다
➡ 어떤 것을 자신의 아래로 가져 오라는 명령, 즉 요구 또는 수요

command***

[kəmǽnd]

□□□

图 명령하다, 지시하다
图 명령, 지휘

commander** 图 지휘관, 사령관

The captain **commanded** everyone to leave the boat. 선장은 모두에게 배를 떠나라고 명령했다.

핵심표현 in **command** (of) (~을) 지휘하는

com + mand
함께   명령하다
➡ 여러 사람에게 함께 명령하다

recommend***

[rèkəménd]

□□□

图 추천하다, 권고하다, 권장하다

recommender 图 추천자, 주선인
recommendation*** 图 추천, 권고

I visited the art exhibition you **recommended**. 수능
나는 당신이 추천했던 미술 전시회에 다녀왔다.

re + commend
다시   명령하다(command)
➡ 내가 했던 것을 다시 해보라고 명령하다, 즉 추천하다

mandate**

[mǽndeit]

□□□

图 명령하다, (정부에) 권한을 주다
图 (선거로 정부에 위임한) 권한

mandatory** 图 의무적인, 위임받은

The new law **mandates** seat belt usage.
새로운 법안은 안전벨트 사용을 명령한다.

mand + ate
명령하다, 맡기다 동·접
➡ 정부에 명령할 권한을 맡기다, 명령하다

---

dom

다스리다 (rule), 집 (house)

변화형 domin

---

domestic**

[dəméstik]

□□□

图 국내의, 자국의, 가정(용)의

domesticate** 图 자국화하다, (동물 등을) 길들이다

The **domestic** oil industry may require protection. 수능
국내의 석유 산업은 보호가 필요할 수도 있다.

dom(est) + ic
다스리다, 집   형·접
➡ 다스리는 영역 안의, 즉 국내 또는 집 안의

dominate***

[dá:mənèit]

□□□

图 장악하다, 지배하다, 우세하다

domination* 图 지배, 우세
dominant*** 图 지배적인, 우세한

The Romans **dominated** Western Europe once.
로마인들은 한때 서유럽을 장악했었다.

domin + ate
다스리다   동·접
➡ 어떤 곳을 다스릴 수 있게 장악하다, 장악하여 지배하다

predominant*

[pridá:mənənt]

□□□

(형) 두드러진, 우세한, 지배적인

Green is the most **predominant** color in the picture.

녹색이 그 그림에서 가장 두드러진 색이다.

pre + **domin** + ant

앞서 　다스리다 　형·접

➡ 분위기 등을 앞에서 다스리는, 즉 두드러지는

---

polic

도시 (city)

[변화형] polit, polis

---

policy***

[pá:ləsi]

□□□

(명) 정책, 방침

policymaker* (명) 정책 입안자

I didn't know that you changed the **policy**. [수능]

나는 당신이 정책을 바꿨는지 몰랐다.

polic + y

도시 　명·접

➡ 도시를 운영하기 위한 정책

---

politics***

[pá:lətiks]

□□□

(명) 정치, 정치학

political* (형) 정치적인
politically (부) 정치적으로
politician (명) 정치인

Are you interested in **politics**? [수능]

당신은 정치에 관심이 있나요?

polit + ics

도시 　명·접

➡ 도시를 다스리는 일, 즉 정치

---

cosmopolitan**

[kà:zməpá:lətən]

□□□

(형) 세계적인, 국제적인

New York is one of the most **cosmopolitan** cities.

뉴욕은 가장 세계적인 도시 중 하나이다.

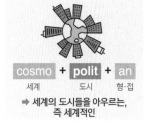

cosmo + **polit** + an

세계 　　도시 　형·접

➡ 세계의 도시들을 아우르는, 즉 세계적인

---

metropolis*

[mitrá:pəlis]

□□□

(명) 대도시, 주요 도시, 중심지

metropolitan* (형) 대도시의

When there are over 10 million inhabitants, a city is considered a **metropolis**.

천만 명이 넘는 거주자가 있을 때, 그 도시는 대도시로 여겨진다.

metro + **polis**

어머니 　　도시

➡ 주변 위성도시의 어머니가 되는 대도시

---

urb   도시 (city)

urban***
[ə́:rbən]
□□□

형 도시의, 도회지의

poor conditions in the **urban** areas such as a
lack of housing and unemployment 수능
주택 부족과 실업 같은 도시 지역 내의 열악한 조건들

urb + an
도시   형·접
➡ 도시의

suburb**
[sʌ́bə:rb]
□□□

명 교외, 시외
suburban* 형 교외의

Fire destroyed an entire block of homes in the
suburbs. 수능
화재가 교외에 있는 하나의 주택 구역 전체를 파괴했다.

sub + urb
아래에   도시
➡ 도시 아래쪽의 주택지 등이 있는
　 교외 지역

DAY 57

교육, 일
tuit, rect, labor, oper, art, cult, text

---

tuit
가르치다 (teach)
[변화형] tut

---

tuition★★
[tjuːíʃən]
□□□

명 수업료, 등록금

You don't need to pay your **tuition**. [수능]
너는 수업료를 낼 필요가 없다.

tuit + ion
가르치다   명·접
➡ 가르침의 대가로 지불하는
비용, 즉 수업료

---

intuition★★
[ìntjuːíʃən]
□□□

명 직관(력), 직감

intuitive★★ 형 직관적인
intuitively★★ 부 직관에 의하여
counterintuitive 형 직관에 어긋나는

effects of **intuition** on scientific discoveries [수능]
과학적 발견에 미치는 직관력의 영향

in + tuit + ion
안에   가르치다   명·접
➡ 자신 안에서 스스로에게
가르침을 주는 감각인 직관

---

tutor★★★
[tjúːtər]
□□□

명 개인 지도 교사, 가정교사
동 가르치다, 개인 교습을 하다

Once you are registered, we will match you with
a perfect **tutor**. [수능]
일단 등록하시면, 저희는 여러분을 완벽한 개인 지도 교사와 연결시킬 것입니다.

tut + or
가르치다 명·접(사람)
➡ 어떤 개인을 가르치는 지도 교사

[어원으로 줄줄이!] **tuit**과 유사한 의미의 어근 **doct**(가르치다)

- **doctor** 명 박사 (학위), 의학 박사, 의사   doct 가르치다 + or 명·접(사람) ▶ 지식이 많아 다른 사람을 가르치는 박사, 의사
- **doctrine** 명 교리, 원칙, 가르침, 정책, 주의   doct(r) 가르치다 + ine 명·접 ▶ 종교 등에서 가르쳐지는 교리, 원칙
- **indoctrinate** 동 (사상 등을) 가르치다, 세뇌하다   in 안에 + doctrine 가르침 + ate 동·접
  ▶ 어떤 사람 안에 가르침을 심어 믿거나 따르게 가르치다, 세뇌하다
- **document** 명 문서, 서류 동 문서에 기록하다   docu 가르치다(doct) + ment 명·접 ▶ 어떤 내용을 싣고 있어 가르침을 주는 문서

---

rect

바르게 이끌다 (guide), 통치하다 (rule)

[변화형] rig, reg, reig, roy

---

direct★★★
[dirékt]
☐☐☐

⑧ 안내하다, 감독하다, ~로 향하다
⑱ 직접적인, 직행의

directly★★★ ㉮ 곧장, 똑바로   **indirect**★★ ⑱ 간접적인
direction★★★ ⑲ 방향, 지시   **indirectly**★★ ㉮ 간접적으로
director★★★ ⑲ 감독, 관리자

I met a man and asked him to **direct** me. 수능
나는 한 남자를 만났고 그에게 안내해달라고 요청했다.

di + rect
떨어져(dis) 바르게 이끌다
➡ 무리에서 떨어져 나와 그들을
바르게 이끌다, 즉 안내하다

---

rectangular★★★
[rektǽŋgjulər]
☐☐☐

⑱ 직각의, 직사각형의

rectangle ⑲ 직사각형

We tend to perceive the door as **rectangular** no matter from which angle it is viewed. 수능
우리는 어떤 각도에서 보든 문이 직사각형이라고 인식하는 경향이 있다.

rect + angul + ar
바르게 이끌다   각도   형·접
➡ 각도를 바르게 이끌어 직각인,
직사각형인

---

righteous★★
[ráitʃəs]
☐☐☐

⑱ 정의로운, 옳은, 당연한

His **righteous** life was admired by others.
그의 정의로운 삶은 다른 사람들에 의해 존경받았다.

rig(hte) + ous
바르게 이끌다   형·접
➡ 바르게 이끌어져 정의로운

---

rigid★★
[rídʒid]
☐☐☐

⑱ 엄격한, 뻣뻣한, 융통성 없는

rigidity ⑲ 엄격, 경직

The **rigid** social control was not beneficial to science. 수능
그 엄격한 사회 통제는 과학에 이롭지 않았다.

rig(id)
바르게 이끌다
➡ 바르게 이끌기 위해 엄격한

---

regular★★★
[régjulər]
☐☐☐

⑱ 규칙적인, 정규의, 표준의

regularly★★★ ㉮ 규칙적으로   **irregular**★ ⑱ 불규칙적인
regularity★★ ⑲ 규칙적임   **irregularity** ⑲ 불규칙(한 것)
regularize★★ ⑧ 규칙화하다

learn new skills while keeping **regular** jobs 수능
정규 직업을 유지하면서 새로운 기술을 배우다

[핵심표현] on a **regular** basis 정기적으로

reg(ul) + ar
바르게 이끌다   형·접
➡ 바르게 이끌어져 규칙적이고
정규적인

regulate★★
[régjulèit]
☐☐☐

동 규제하다, 단속하다, 조절하다

regulation★★★ 명 규제, 단속, 통제
regulatory★ 형 규제력을 지닌, 단속하는

The object of the rules is to **regulate** the import of cars.
그 규정의 목적은 자동차 수입을 규제하는 것이다.

reg(ul) + ate
바르게 이끌다　동·접
➡ 바르게 이끌기 위해 제한을 두어 규제하다

---

region★★★
[ríːdʒən]
☐☐☐

명 지방, 지역, 부분

regional★★ 형 지방의, 지역의

I'll introduce you to the sausage tree, which is found in tropical **regions** of Africa. 수능
여러분께 아프리카의 열대 지방에서 발견되는 소시지 나무를 소개하겠습니다.

reg + ion
통치하다　명·접
➡ 통치하는 지방, 지역

---

regime★
[reiʒíːm]
☐☐☐

명 정권, 제도, 체제

The new **regime** guaranteed lower taxes to all citizens.
새로운 정권은 모든 시민들에게 더 낮은 세금을 보장했다.

reg + ime
통치하다　명·접
➡ 통치하는 권력, 즉 정권

---

reign★
[rein]
☐☐☐

명 통치 (기간)
동 군림하다, 지배하다

King Henry VIII's **reign** ended in 1547.
국왕 헨리 8세의 통치는 1547년에 끝났다.

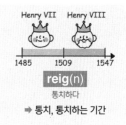

Henry VII　Henry VIII
1485　1509　1547
reig(n)
통치하다
➡ 통치, 통치하는 기간

---

royal★★
[rɔ́iəl]
☐☐☐

형 왕의, 왕실의
명 왕족

royalty 명 왕권, 왕족

Golf was known as "the **royal** game." 수능
골프는 "왕실의 경기"로 알려져 있었다.

roy + al
통치하다　형·접
➡ 통치하는 사람의, 즉 왕 또는 왕실의

어원으로 줄줄이!　rect 추가 어휘

- **bidirectional** 형 두 방향으로 작용하는, 양방향의 　　bi 둘 + direction 방향 + al 형·접 ▶ 두 방향의
- **correct** 동 바로잡다, 정정하다 형 정확한 　　cor 모두(com) + rect 바르게 이끌다 ▶ 잘못된 것을 모두 바르게 이끌어 바로잡다
- **incorrect** 형 부정확한, 틀린, 사실이 아닌 　　in 아닌 + correct 정확한 ▶ 정확하지 않은
- **erect** 형 똑바로 선 동 (똑바로) 서다, 세우다 　　e 밖으로(ex) + rect 바르게 이끌다 ▶ 바르게 이끌어 밖으로 똑바로 선

---

labor 일, 일하다 (work)

labor***
[léibər]
□□□

⟨명⟩ 노동, 근로
⟨동⟩ 노동을 하다, 애를 쓰다

laborer ⟨명⟩ 노동자
laborious* ⟨형⟩ 힘든
laboriously ⟨부⟩ 힘들게

the growth rate of **labor** productivity 〔수능〕
노동 생산성의 성장률

labor
일, 일하다
➡ 일, 즉 노동

collaborate*
[kəlǽbərèit]
□□□

⟨동⟩ 협력하다, 공동 작업하다

collaboration** ⟨명⟩ 협력, 공동 작업
collaborative* ⟨형⟩ 협력적인, 공동의

The students **collaborated** to complete their science project.
그 학생들은 자신들의 과학 프로젝트를 끝내기 위해서 협력했다.

col + labor + ate
함께(com) 일 동·접
➡ 함께 일하다, 즉 협력하다

laboratory***
[lǽbərətɔ̀ːri]
□□□

⟨명⟩ 실험실, 연구실

To be a mathematician you don't need an expensive **laboratory**. 〔수능〕
수학자가 되기 위해서 비싼 실험실이 필요하지는 않다.

labor(at) + ory
일 명·접(장소)
➡ 이론을 증명하려 실제로 일을 하는 실험실

elaborate***
[형 ilǽbərət]
[동 ilǽbərèit]
□□□

⟨형⟩ 정교한, 공들인
⟨동⟩ 자세히 설명하다, 정교하게 만들다

elaboration ⟨명⟩ 정교, 공들여 만듦

a more **elaborate** defense mechanism than alarm calls 〔수능〕
비상 신호보다 더 정교한 방어 체계

e + labor + ate
밖으로(ex) 일 형·접
➡ 공들여 일한 결과 밖으로 내놓을 만큼 정교한

〔어원으로 줄줄이!〕 **elaborate**과 유사한 의미의 어휘

• **delicate**　⟨형⟩ 정교한, 섬세한　de 아래로 + lic 빛 + ate 형·접
　▶ 빛 아래로 가서 봐야 할 만큼 정교한

• **detailed**　⟨형⟩ 상세한, 자세한　de 떨어져 + tail(ed) 자르다
　▶ 잘게 잘라 떨어뜨려 보여주어서 설명이 상세한

• **sophisticated**　⟨형⟩ 정교한, 세련된　soph 현명한 + ist 명·접(사람) + (ic)ate(d) 형·접
　▶ 현명한 사람처럼 행동이나 생각이 정교하고 세련된

oper

일 (work)

[변화형] offic

---

operate★★★

[ɑ́:pərèit]

□□□

동 작동하다, 운영하다, 수술하다

operator★★ 몡 조작자, 운영자
operation★★★ 몡 조작, 운영, 수술, 작전
operational★ 혱 가동의, 운영상의, 작전상의

You might want to read something about how the engine **operates**. 수능

당신은 엔진이 어떻게 작동하는지에 대해 무언가를 읽어보기를 원할 수도 있다.

oper + ate
일   동·접

➡ 기계나 사람 등이 일을 하다,
즉 작동하다, 운영하다

---

cooperate★★★

[kouɑ́:pərèit]

□□□

동 협력하다, 협조하다

cooperation★★★ 몡 협력, 협조
cooperative★★★ 혱 협력적인, 협동하는

Sperm whales **cooperate** to defend and protect each other. 수능

향유고래는 서로를 방어하고 보호하기 위해 협력한다.

co + oper + ate
함께(com) 일 동·접

➡ 함께 일하기 위해 협력하다

---

official★★★

[əfíʃəl]

□□□

혱 공식적인, 공무상의
몡 공무원

officially★ 뷔 공식적으로

In northeastern Spain, the Catalan language is the **official** language. 수능

스페인 북동부에서는 카탈로니아어가 공식적인 언어이다.

offic + ial
일   형·접

➡ 사적인 것이 아니라 일에
관련된, 즉 공식적인

---

art

예술, 기술 (art)

---

artistic★★★

[ɑːrtístik]

□□□

혱 예술의, 예술적인

artistically★ 뷔 예술적으로
artist 몡 예술가

He traveled around Europe, developing his **artistic** skills. 수능

그는 자신의 예술적 기교를 발달시키면서 유럽을 여행했다.

art + ist + ic
예술 명·접 형·접

➡ 예술의, 예술적인

★★★ =최빈출 ★★ =빈출 ★ =기출

artwork★★★
[ɑ́:rtwə̀rk]
□□□

🅜 예술 작품, 삽화

Do research on the experts' opinions about the **artworks**. 수능
그 예술 작품들에 대한 전문가들의 견해를 조사해보아라.

artificial★★★
[ɑ̀:rtəfíʃəl]
□□□

🅗 인공의, 인조의, 인위적인

artifact★★★ 🅜 인공물, 인공 유물

benefit of the arrival of **artificial** intelligence 수능
인공 지능의 도래에 대한 이점

cult

경작하다 (grow, cultivate)
변화형 colon

culture★★★
[kʌ́ltʃər]
□□□

🅜 문화, 재배

cultural★★★ 🅗 문화의
culturally★★★ 🅟 문화적으로.

growing interest in Korean **culture** 수능
한국 문화에 대해 증가하는 관심

agriculture★★★
[ǽgrəkʌ̀ltʃər]
□□□

🅜 농업

agricultural★★★ 🅗 농업의, 농사의
agriculturalist★★ 🅜 농업 전문가

Those remaining in **agriculture** are not benefiting from technological advances. 수능
농업에 남아있는 사람들은 기술적인 발전으로부터 이익을 얻고 있지 못하다.

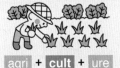

cultivate★★★
[kʌ́ltəvèit]
□□□

🅥 경작하다, 재배하다, 기르다

cultivation★★ 🅜 경작, 재배

The farmer **cultivates** corn on his farm.
그 농부는 자신의 농장에서 옥수수를 재배한다.

colony★★★
[ká:ləni]
□□□

명 식민지, 집단 거주지, (동·식물의) 군집

colonist 명 식민지 주민
colonize★★ 동 식민지로 만들다

Brazil was once a Portuguese **colony**.
브라질은 한때 포르투갈의 식민지였다.

colon + y
경작하다　명·접
➡ 점령하여 경작의 결과물을
빼앗는 지역인 식민지

text

(천을) 짜다 (weave)

---

text★★★
[tekst]
□□□

명 글, 문서
동 문자를 보내다

textual 형 원문의, 본문의
textbook 명 교과서

A well-trained monk could transcribe around four pages of **text** per day. 수능
잘 훈련된 수도승은 하루에 약 4쪽의 문서를 필사할 수 있었다.

text
짜다
➡ 천을 짠 것처럼 짜임새를
갖춘 글, 문서

context★★★
[ká:ntekst]
□□□

명 맥락, 문맥, 전후 사정

contextual 형 문맥상의, 전후 사정과 관련된

Words can have different meanings in different **contexts**.
단어들은 다른 맥락에서는 다른 의미를 가질 수 있다.

con + text
함께(com)　짜다
➡ 앞뒤에 함께 짜여 있는
맥락 또는 전후 사정

texture★★
[tékstʃər]
□□□

명 감촉, 질감, 조직, 구조

textural 형 조직의, 구조상의

The **texture** of velvet is so soft.
벨벳의 감촉은 매우 부드럽다.

Soft

text + ure
짜다　명·접
➡ 짜놓은 천에서 느껴지는 감촉

textile★
[tékstail]
□□□

명 옷감, 섬유

Three different **textiles** were used in this dress.
이 드레스에 세 가지의 다른 옷감이 사용되었다.

text + ile
짜다　명·접
➡ 천을 짜서 만든 옷감, 섬유

PART

03

뒤에서 품사를 결정하는

접미사 | SUFFIX

접미사는 어근 뒤에 붙어 단어에 "~하는 사람", "~할 수 있는" 등의
특정한 의미를 더해주는 동시에 명사, 동사, 형용사, 부사로 단어의
품사를 결정하는 기능을 한다.

이 파트에서는 가장 자주 만날 수 있는 접미사와 그 접미사가 포함된
빈출 어휘를 형태별로 나누어 익혀보도록 하자.

1. 사람을 나타내는 명사형 접미사

-er/or/ar/ee   **employ** 고용하다 + **er** 사람 = **employer** (고용을 하는) 고용주
  ee 사람 = **employee** (고용이 되는) 고용인

---

owner★★★
[óunər]
☐☐☐

명 주인, 소유주 | **own** 소유하다 + **er** 사람 = **owner** 주인, 소유주 |

Store **owners** predict that shoppers will spend a lot of money this Christmas. 수능
상점 주인들은 쇼핑객들이 이번 크리스마스에 많은 돈을 쓸 것이라고 예측한다.

---

predator★★★
[prédətər]
☐☐☐

명 포식자, 포식 동물 | **predat** 먹이 + **or** 사람 = **predator** (먹이를 잡아먹는) 포식자 |

predatory 형 포식성의

Some **predators** like owls and bats hunt only at night.
부엉이와 박쥐와 같은 일부 포식 동물들은 오직 밤에만 사냥한다.

---

scholar★★★
[skáːlər]
☐☐☐

명 학자, 학생, 장학생 | **schola** 학교 + **ar** 사람 = **scholar** 학자, 학생 |

scholarly 형 학자의, 학구적인

When Napoleon invaded Egypt, Fourier and other **scholars** accompanied the expedition. 수능
나폴레옹이 이집트를 침략했을 때, 푸리에와 다른 학자들은 그 원정에 함께했다.

---

committee★★★
[kəmíti]
☐☐☐

명 위원회, 위원 | **commit** 이행하다 + **ee** 사람 = **committee** (일을 이행하기 위한) 위원회, 위원 |

We are trying to form a strong **committee**. 수능
우리는 강력한 위원회를 구성하려고 노력하고 있다.

어원으로 줄줄이! er/or/ar/ee 추가 어휘

er	• **pioneer** 개척자	• **lawyer** 변호사	• **coworker** 동료	• **seeker** 수색자
	• **plumber** 배관공	• **wholesaler** 도매업자	• **shopkeeper** 상인	• **potter** 도예가
	• **toddler** 유아	• **onlooker** 구경꾼	• **healer** 치료자	• **interviewer** 면접관
or	• **author** 작가	• **counselor** 조언자	• **mentor** 멘토, 스승	• **warrior** 전사
ar	• **beggar** 거지			
ee	• **referee** 심판	• **attendee** 참석자, 출석자	• **retiree** 은퇴자, 퇴직자	• **interviewee** 면접 대상자

-ant/ent

assist 보조하다 + **ant** 사람 = **assistant** 보조원, 조수

peasant**
[pézənt]
□□□

명 농부, 소작농 | **peas** 시골에 사는 + **ant** 사람 = **peasant** 농부, 소작농 |
형 농민의, 소작인의

Chinese **peasants** no longer suffered from the famines. 수능
중국의 농부들은 더 이상 기근에 고통받지 않았다.

resident***
[rézədənt]
□□□

명 거주자, 주민 | **reside** 거주하다 + **ent** 사람 = **resident** 거주자, 주민 |
형 거주하는

residential** 형 거주의, 거주하기 좋은   **reside**** 동 거주하다, 살다
residence** 명 거주(지), 주택

The **residents**' meeting is this Wednesday. 수능 거주자 회의는 이번 주 수요일이다.

어원으로 줄줄이! ant/ent 추가 어휘

ant • **participant** 참가자   • **applicant** 지원자   • **descendant** 후손, 자손   • **servant** 하인
    • **attendant** 종업원, 수행원 • **accountant** 회계사

ent • **client** 고객   • **respondent** 응답자   • **agent** 대리인, 중개사

-ist/ian

journal 신문, 잡지 + **ist** 사람 = **journalist** 신문기자, 방송/잡지 기자

racist**
[réisist]
□□□

명 인종 차별주의자, 민족주의자 | **race** 인종, 민족 + **ist** 사람 = **racist** 인종 차별주의자, 민족주의자 |
형 인종 차별의, 민족주의의

race 명 인종, 민족, 품종
racism** 명 인종 차별(주의), 민족 우월 의식

Racists believe they're superior to others.
인종 차별주의자들은 그들이 다른 사람들보다 우월하다고 믿는다.

technician**
[tekníʃən]
□□□

명 기술자, 전문가 | **technic** 기술 + **ian** 사람 = **technician** 기술자 |

technical** 형 기술의, 전문적인
technically** 부 기술적으로, 전문적으로, 엄밀히
technique** 명 기술, 기법

Fred called a **technician** to repair the computer.
Fred는 컴퓨터를 고치기 위해 기술자를 불렀다.

어원으로 줄줄이! ist/ian 추가 어휘

ist • **psychologist** 심리학자   • **archaeologist** 고고학자   • **physicist** 물리학자   • **specialist** 전문가
    • **anthropologist** 인류학자 • **individualist** 개인주의자 • **ecologist** 생태학자   • **generalist** 다방면에 지식을 가진 사람

ian • **mathematician** 수학자   • **vegetarian** 채식주의자   • **utilitarian** 공리주의자 • **politician** 정치가

-ary/ate/ive   secret 비밀 + ary 사람 = secretary (비밀을 지켜주는) 비서

missionary*
[míʃənèri]
☐☐☐

명 선교사, 전도사 | mission 선교 + ary 사람 = missionary 선교사 |
형 전도의, 선교(사)의

mission** 명 선교, 임무

Missionaries were sent around the city to promote the church.
교회를 활성화시키기 위해 선교사들이 그 도시 전역으로 파견되었다.

candidate***
[kǽndidèit]
☐☐☐

명 후보자, 지원자
| candid 하얀 + ate 사람 = candidate 후보자(고대 로마의 공직 후보자들이 흰옷을 입었던 것에서 유래) |

register as a presidential **candidate** 수능
회장 후보자로 등록하다

detective*
[ditéktiv]
☐☐☐

명 탐정, 형사 | detect 발견하다 + ive 사람 = detective (증거나 죄를 발견하는) 탐정, 형사 |
형 탐정의

detect*** 동 발견하다, 감지하다
detector** 명 탐지 장치, 발견자
detection* 명 탐지, 발견

The **detective** discovered some clues.
그 탐정은 몇 가지 단서를 발견했다.

어원으로 줄줄이!   ate/ive 추가 어휘

ate • **graduate** 졸업생 • **subordinate** 부하, 하급자 • **advocate** 지지자, 변호사
ive • **representative** 대표자 • **relative** 친척, 동족

---

2. 행위/성질/상태를 나타내는 명사형 접미사

-ion/(a)tion   express 표현하다 + ion = expression 표현

discussion***
[diskʌ́ʃən]
☐☐☐

명 논의, 협의, 토론 | discuss 논의하다 + ion = discussion 논의 |

It is hard for everyone to take part equally in **discussions**. 수능
모두가 동등하게 논의에 참여하는 것은 어렵다.

imagination***
[imædʒənéiʃən]
☐☐☐

명 상상력, 창의력, 가상 | imagine 상상하다 + ation = imagination 상상력 |

imagine*** 동 상상하다
imaginary*** 형 상상의, 가상의
imaginative*** 형 상상력이 풍부한, 창의적인

Reading develops the powers of **imagination**. 수능
독서는 상상력의 힘을 성장시킨다.

ion	• decision 결정	• tension 긴장	• emission 배출	• admission 입장, 입학
	• conclusion 결론	• impression 인상, 느낌	• precision 정확	• submission 제출
	• extension 연장, 확대	• depression 우울	• permission 허락	
(a)tion	• function 기능	• situation 상황	• invitation 초대	• frustration 좌절
	• variation 변화	• starvation 기아, 굶주림	• qualification 자격(증), 자질	

-ment   improve 개선하다 + ment = improvement 개선

government***
[gʌ́vərnmənt]
□□□

명 정부, 정권, 행정 | **govern** 다스리다 + **ment** = **government** 정부, 행정 |

govern*** 동 다스리다, 통치하다
governor 명 군주, (식민지) 총독, (미국의) 주지사
governmental 형 정부의, 통치(상)의, 관영의

The **government** has encouraged the farmers to produce more food. 수능
정부는 농부들이 더 많은 식량을 생산하도록 장려해왔다.

어원으로 줄줄이! ment 추가 어휘

• environment 환경   • element 요소, 성분   • argument 논쟁   • amusement 재미, 오락

-ness   ill 아픈 + ness = illness 아픔, 병

stillness**
[stílnis]
□□□

명 고요(함), 정적, 평온 | **still** 고요한 + **ness** = **stillness** 고요함 |

still*** 형 고요한, 가만히 있는 부 아직도, 여전히

Nothing disturbed the **stillness** of the lake. 수능
어떤 것도 그 호수의 고요함을 방해하지 않았다.

어원으로 줄줄이! ness 추가 어휘

• fitness 신체 단련   • wilderness 황폐함, 야생   • closeness 가까움, 친밀함   • carelessness 부주의
• openness 솔직함, 개방성   • dizziness 현기증   • selfishness 이기심   • sleeplessness 불면(증)

-ance/ence   guide 안내하다 + ance = guidance 안내, 지도

insurance★★★
[inʃúərəns]
□□□

명 보험, 보험금, 보호/예방 수단 | insure 보증하다, 보험에 들다 + ance = insurance 보험 |
형 보험의

insure* 동 보증하다, 보험에 들다

Insurance helps cover costs from unexpected injuries.
보험은 예상하지 못했던 부상에 대한 비용을 대는 데 도움이 된다.

violence★★★
[váiələns]
□□□

명 폭력, 격렬함, 맹렬함 | viol 난폭한, 과격한 + ence = violence 폭력, 격렬함 |

violent★★★ 형 폭력적인, 격렬한, 극심한
violate★★ 동 위반하다, 침해하다
nonviolent★ 형 비폭력(주의)의

There is a relevance to **violence** and war. 수능
폭력과 전쟁에는 관련성이 있다.

어원으로 줄줄이! ance/ence 추가 어휘

ance	• **entrance** 입장, 입구	• **reluctance** 주저함	• **allowance** 허용(량), 용돈	• **annoyance** 짜증
	• **arrogance** 거만, 건방짐	• **acquaintance** 친분, 면식		
ence	• **intelligence** 지성, 지능	• **competence** 능력	• **emergence** 출현, 발생	

-al   arrive 도착하다 + al = arrival 도착

trial★★★
[tráiəl]
□□□

명 시도, 시험, 재판 | try 시도하다, 시험하다 + al = trial 시도, 시험 |
형 시험적인

In general, every achievement requires **trial** and error. 수능
일반적으로, 모든 성취는 시행착오를 필요로 한다.

핵심표현 **trial** and error 시행착오

어원으로 줄줄이! al 추가 어휘

| • **survival** 생존 | • **proposal** 제안 | • **rehearsal** 리허설 | • **refusal** 거절 |

-(a)cy   efficient 효율적인 + cy = efficiency 효율

frequency***
[fríːkwənsi]
□□□

명 빈도, 자주 일어남, 진동수 | frequent 빈번한, 잦은 + cy = frequency 빈도, 자주 일어남 |

frequent*** 형 빈번한, 잦은
frequently*** 부 자주, 빈번하게
infrequent 형 드문, 희귀한

Products are not being purchased with the same **frequency** as in the previous year. 수능
제품들이 작년과 같은 빈도로 구매되고 있지 않다.

어원으로 줄줄이! (a)cy 추가 어휘

- **tendency** 경향, 성향
- **accuracy** 정확(성)
- **agency** 대리(점), 대행(사)
- **pharmacy** 약국
- **hesitancy** 망설임
- **advocacy** 옹호, 변호
- **consistency** 일관성
- **privacy** 사생활

-ty/ity/ety   safe 안전한 + ty = safety 안전

warranty***
[wɔ́ːrənti]
□□□

명 보증(서), 근거 | warrant 보증하다 + ty = warranty 보증(서) |

The product **warranty** says that you provide spare parts for free. 수능
제품 보증서는 당신이 여분의 부품들을 무료로 제공한다고 말한다.

---

authority***
[əθɔ́ːrəti]
□□□

명 권위, 권력, 권한, 당국 | author 창조자, 저자 + ity = authority (창조자가 가지는) 권위, 권한 |

authoritarian** 형 권위주의적인 명 권위주의자
authoritative** 형 권위적인, 권위 있는

We plan the design you need and obtain local **authority** approval. 수능
저희는 당신이 필요로 하는 디자인을 설계하고 지방 당국의 승인을 얻습니다.

---

anxiety***
[æŋzáiəti]
□□□

명 불안감, 염려, 열망 | anxi 옥죄는, 고통스러운 + ety = anxiety (고통스럽게 마음을 옥죄는) 불안감 |

anxious*** 형 불안해하는, 열망하는
anxiously** 부 걱정스럽게, 열망하여

Babies experience **anxiety** when they see strangers. 수능
아기들은 낯선 사람을 보면 불안감을 경험한다.

어원으로 줄줄이! ty/ity/ety 추가 어휘

ty	• **honesty** 정직, 솔직함	• **poverty** 가난	
ity	• **quality** 품질	• **reality** 현실	• **electricity** 전기	• **quantity** 수량
	• **density** 밀도, 농도	• **maturity** 성숙함	• **centrality** 중심적 위치, 중요성	
ety	• **variety** 여러 가지	• **propriety** 적절성, 예의범절	

-ure

please 기쁘게 하다 **+ ure = pleasure** 기쁨

figure★★★
[fígjər]
□□□

명 모양, 도형, 수치, 숫자, 인물 | **fig** 만들다(fac) **+ ure = figure** (만들어서 생긴) 모양 |
동 생각하다, 판단하다

These **figures** show how successful the two movies were around the world. 수능
이 수치들은 그 두 영화가 전 세계적으로 얼마나 성공적이었는지를 보여준다.

어원으로 줄줄이! ure 추가 어휘

- **leisure** 여가, 자유 시간
- **sculpture** 조각품
- **pasture** 초원, 목초지
- **moisture** 수분
- **treasure** 보물
- **exposure** 노출, 폭로
- **mixture** 혼합물
- **architecture** 건축(학)

-th

grow 자라다 **+ th = growth** 성장

strength★★★
[streŋkθ]
□□□

명 힘, 체력, 강점 | **strong** 강한 **+ th = strength** 힘, 강점 |
strengthen★★★ 동 강화하다

This consultant can more objectively analyze the company's **strengths** and weaknesses. 수능
이 자문 위원은 그 회사의 강점과 약점을 더 객관적으로 분석할 수 있다.

어원으로 줄줄이! th 추가 어휘

- **youth** 젊음
- **warmth** 따뜻함
- **worth** 가치
- **length** 길이
- **wealth** 부, 부유함
- **faith** 믿음
- **depth** 깊이

-sis

analyze 분석하다 **+ sis = analysis** 분석

crisis★★★
[kráisis]
□□□

명 위기, 중대한 국면 | **cri** 분리하다(cern) **+ sis = crisis** (평소 상황과 분리되는) 위기, 중대한 국면 |

When photography came along in the 19th century, painting was put in **crisis**. 수능
사진술이 19세기에 나타났을 때, 그림은 위기에 처했다.

어원으로 줄줄이! sis 추가 어휘

- **basis** 기초, 기반, 근거
- **emphasis** 강조
- **hypothesis** 가설, 추측
- **paralysis** 마비

-ry / y

poet 시인 **+ ry = poetry** (시인이 쓰는) 시, 운문

---

theory***
[θíːəri]
☐☐☐

명 **이론, 학설** | **theo** 보다 **+ ry = theory** (사물이나 현상을 보는 방식을 체계화한) 이론 |

theorize** 동 이론을 제시하다, 이론화하다
theoretically** 부 이론적으로는

There is absolutely no scientific evidence for this **theory**. 수능
이 이론에 대한 과학적인 증거는 전혀 없다.

---

strategy***
[strǽtədʒi]
☐☐☐

명 **전략, 계획** | **strat** 군대 **+ eg** 이끌다 **+ y = strategy** (군대를 이끄는) 전략 |

strategic** 형 전략적인, 계략의

The general was a master of military **strategy**.
그 장군은 군사 전략의 대가였다.

어원으로 줄줄이! ry / y 추가 어휘

ry
- **chemistry** 화학
- **salary** 급여, 월급
- **surgery** 수술
- **machinery** 기계

y
- **army** 군대
- **entry** 입장, 가입, 출입 (권한)

DAY 59 | 명사형 (2), 동사형

MP3 바로 듣기

1. 학문/주의/권리/시기 등을 나타내는 명사형 접미사

-ics

economy 경제 **+ ics** 학문 **= economics** 경제학

---

electronics***
[ilektrá:niks]
□□□

명 전자 공학, 전자 기술, 전자 기기

| **electron** 전자 **+ ics** 학문, 특성 **= electronics** 전자 공학, 전자 기술/기기 |

Electronics and graphic design are very popular majors today.
전자 공학과 그래픽 디자인은 오늘날 매우 인기 있는 전공이다.

---

aesthetics**
[esθétiks]
□□□

명 미학, 감성론 | **aesthet** 감각 **+ ics** 학문 **= aesthetics** (감각으로 느끼는 미에 대한 학문인) 미학 |

Aesthetics is the study of art and beauty.
미학은 예술과 아름다움에 대한 학문이다.

> **어원으로 줄줄이!** **ics** 추가 어휘
>
> - **politics** 정치(학)
> - **physics** 물리학
> - **genetics** 유전학
> - **gymnastics** 체육학, 체조
> - **dynamics** 역학, 원동력
> - **ethics** 윤리(학)
> - **statistics** 통계(학)

-ism

ideal 이상적인 **+ ism** 주의 **= idealism** 이상주의

---

optimism**
[á:ptəmìzm]
□□□

명 낙관주의, 낙관론 | **optim** 가장 좋은 **+ ism** 주의 **= optimism** (가장 좋은 쪽만 보는) 낙관주의 |

optimist* 명 낙관론자, 낙천주의자
optimistic* 형 낙관적인, 낙천주의의
optimistically 부 낙관적으로, 낙천적으로

Too much **optimism** is dangerous in the medical field.
의학 분야에서 지나친 낙관주의는 위험하다.

---

criticism***
[krítəsìzm]
□□□

명 비판, 비평, 평론, 비난 | **critic** 판단의 **+ ism** 행위 **= criticism** 비판, 비평 |

critic* 명 비평가
critical* 형 비판적인
critically 부 비판적으로

criticize* 동 비판하다
critique 명 비평한 글, 평론

If you want to be a mathematician, you had better expose your new ideas to the **criticism** of others. 수능
네가 수학자가 되고 싶다면, 너의 새로운 아이디어를 다른 사람들의 비판에 노출시키는 것이 좋을 것이다.

- **pessimism** 비관주의
- **materialism** 물질주의
- **skepticism** 회의주의
- **perfectionism** 완벽주의
- **realism** 현실주의
- **moralism** 교훈주의, 윤리주의
- **racism** 인종 차별(주의)

-ship

member 회원 + **ship** 권리, 자격 = **membership** 회원권, 회원 자격

ownership★★
[óunərʃìp]

명 소유, 소유권 | **owner** 소유주 + **ship** 권리 = **ownership** 소유권 |

Ownership of a stock gives the illusion of having control of the performance of the stock. 수능
주식의 소유는 그 주식의 성과에 대한 통제력을 가지고 있다는 착각을 제공한다.

hardship★★★
[háːrdʃip]

명 고난, 곤란 | **hard** 어려운 + **ship** 상태 = **hardship** 고난, 곤란 |

People get wiser by overcoming difficulties and **hardships**. 수능
사람들은 어려움과 고난들을 이겨내며 더 현명해진다.

어원으로 줄줄이! ship 추가 어휘

- **championship** 선수권
- **scholarship** 장학금
- **internship** 인턴십
- **worship** 예배, 숭배
- **partnership** 협력, 동업
- **relationship** 관계

-hood

child 어린이 + **hood** 시기 = **childhood** 유년기, 어린 시절

adulthood★★★
[ədʌ́lthùd]

명 성년(기), 성인(임) | **adult** 성인 + **hood** 시기 = **adulthood** 성인기 |

The amount of information available to children is quickening the beginning of **adulthood**. 수능
아이들이 이용 가능한 정보의 양이 성년기의 시작을 더 빠르게 하고 있다.

likelihood★★
[láiklihùd]

명 가능성, 있음 직함, 가망 | **likely** 가능성 있는 + **hood** 상태 = **likelihood** 가능성, 있음 직함 |
likely★★★ 형 ~할 것 같은, 가능성 있는

There was little **likelihood** of success for the building project.
그 건설 프로젝트는 성공할 가능성이 거의 없었다.

어원으로 줄줄이! hood 추가 어휘

- **livelihood** 생계, 생활
- **neighborhood** 이웃, 인근

2. 장소/사물을 나타내는 명사형 접미사

-ory/(or)ium   observe 관찰하다 + ory 장소 = observatory 관측소, 천문대

---

dormitory***
[dɔ́:rmətɔ̀:ri]
☐☐☐

圀 기숙사, 공동 침실 | **dormit** 잠자다 + **ory** 장소 = **dormitory** (잠자는 장소인) 기숙사, 공동 침실 |

You have to live in a **dormitory**. 수능
너는 기숙사에서 살아야 한다.

---

gymnasium**
[dʒimnéiziəm]
☐☐☐

圀 체육관, (실내) 경기장 | **gymnast** 운동하다 + **ium** 장소 = **gymnasium** 체육관 |
gymnastics ** 圀 체조, 체육학

The students played basketball in the **gymnasium**.
학생들이 체육관에서 농구를 했다.

> **어원으로 줄줄이!** ory/(or)ium 추가 어휘
> - **laboratory** 실험실
> - **stadium** 경기장
> - **aquarium** 수족관
> - **auditorium** 강당

-let/et(te)   book 책 + let 작은 것 = booklet 소책자

---

tablet**
[tǽblit]
☐☐☐

圀 알약, 현판 | **table** 납작한 것/판 + **let** 작은 것 = **tablet** (납작하고 작은) 알약, 현판 |

The specialists have uncovered a substance that can be taken orally in **tablet** form. 수능
그 전문가들은 알약 형태로 입으로 복용될 수 있는 물질을 발견했다.

---

target***
[tá:rgit]
☐☐☐

圀 과녁, 표적, 목표(물) | **targ** 방패 + **et** 작은 것 = **target** (방패에 쏘듯 활을 쏘려고 작게 만든) 과녁 |
图 목표로 삼다, 겨냥하다

I slowly aimed at the **target**. 수능
나는 천천히 과녁을 겨냥했다.

> 핵심표현 aim at a **target** 과녁을 겨냥하다
> **target** at ~을 겨냥하다

> **어원으로 줄줄이!** let/et(te) 추가 어휘
> | let | • **bullet** 총알 | • **leaflet** 전단지 | • **pamphlet** 팸플릿, 소논문 |
> | et(te) | • **planet** 행성 | • **silhouette** 윤곽, 실루엣 | • **etiquette** 예절, 에티켓 |

-c(u)le
part(i) 부분 **+ cle** 작은 것 **= particle** (부분을 이루는 작은) 입자

article★★★
[ɑ́ːrtikəl]
☐☐☐

圐 (신문·잡지의) 글, 기사, 조항, 물품
| **arti** 부분 **+ cle** 작은 것 **= article** (신문·잡지 등 큰 문서의 작은 부분인) 글, 기사 |
It's an **article** about next year's fashion trends. 수능
그것은 내년의 패션 동향에 관한 기사이다.

molecule★★
[mɑ́ːləkjùːl]
☐☐☐

圐 분자, 미분자 | **mole** 덩어리 **+ cule** 작은 것 **= molecule** (물질을 이루는 작은 덩어리인) 분자 |
molecular★ 圀 분자의, 분자로 된
A water **molecule** has one oxygen atom.
물 분자는 하나의 산소 원자를 가진다.

어원으로 줄줄이! c(u)le 추가 어휘

- **muscle** 근육
- **vehicle** 차량, 자동차
- **miracle** 기적
- **ridicule** 조롱, 비웃음

3. 동사형 접미사

-ize
memory 기억 **+ ize = memorize** 기억하다, 암기하다

maximize★★★
[mǽksəmàiz]
☐☐☐

圐 극대화하다, 최대한 활용하다
| **maxim** 큰(magni) **+ ize = maximize** (크게 만들어서) 극대화하다 |
maximizer 圐 극대화하는 사람/사물
maximization 圐 극대화
Evolution works to **maximize** the number of descendants. 수능
진화는 후손의 수를 극대화하기 위해 작동한다.

subsidize★
[sʌ́bsədàiz]
☐☐☐

圐 보조금을 지급하다 | **subsidy** 보조금 **+ ize = subsidize** 보조금을 지급하다 |
subsidy★★ 圐 보조금, 장려금
The government **subsidizes** small businesses.
정부는 작은 사업체들에 보조금을 지급한다.

어원으로 줄줄이! ize 추가 어휘

- **minimize** 최소화하다
- **emphasize** 강조하다
- **digitize** 디지털화하다
- **recognize** 알아보다
- **summarize** 요약하다
- **categorize** 분류하다
- **apologize** 사과하다
- **specialize** 전문화하다
- **fantasize** 공상하다
- **organize** 조직하다
- **symbolize** 상징하다
- **internalize** 내면화하다

-ate

motive 동기 **+ ate = motivate** 동기를 부여하다

demonstrate***
[démənstrèit]
□□□

동 증명하다, 입증하다, 설명하다

| **de** 완전히 **+ monstr** 가리키다 **+ ate = demonstrate** (완전한 증거를 가리켜) 증명하다 |

demonstration* 명 증명, 입증, 설명
demonstrable* 형 증명할 수 있는, 분명한

Researchers have **demonstrated** how laughing affects our bodies. 수능
연구원들은 웃음이 우리 신체에 어떻게 영향을 미치는지 증명했다.

imitate***
[ímətèit]
□□□

동 모방하다, 본뜨다, 흉내 내다 | **imit** 모방하다 **+ ate = imitate** 모방하다 |

imitation* 명 모방

The 'leaf fish' **imitates** the movement of a drifting leaf underwater. 수능
'리프 피시'는 물속에서 떠다니는 나뭇잎의 움직임을 모방한다.

어원으로 줄줄이! **ate 추가 어휘**

- **participate** 참여하다
- **concentrate** 집중하다
- **decorate** 장식하다
- **appreciate** 감사하다
- **relate** 관련시키다
- **frustrate** 좌절시키다
- **separate** 분리하다
- **indicate** 나타내다
- **irritate** 짜증 나게 하다
- **communicate** 의사소통하다
- **donate** 기부하다
- **investigate** 조사하다

-(i)fy

just 정당한, 옳은 **+ ify = justify** 정당화하다, 옳다고 주장하다

qualify***
[kwá:ləfài]
□□□

동 자격을 주다, 자격을 얻다 | **qual** 어떤 종류의 **+ ify = qualify** (어떤 종류에 속할) 자격을 주다 |

qualifier 명 자격을 주는 사람, 유자격자
qualification* 명 자격, 능력
quality* 명 자질, 품질

I'm not **qualified** to apply for the position. 수능
나는 그 자리에 지원할 자격이 없다.

핵심표현 be **qualified** to ~할 자격이 있다

classify**
[klǽsəfài]
□□□

동 분류하다, 구분하다, 등급별로 하다 | **class** 종류 **+ ify = classify** (종류별로) 분류하다 |

class 명 종류, 수업

Typhoons are **classified** by their wind speed.
태풍은 바람의 속도에 의해 분류된다.

어원으로 줄줄이! **(i)fy 추가 어휘**

- **satisfy** 만족시키다
- **terrify** 무섭게 하다
- **defy** 반항하다
- **intensify** 강화하다
- **quantify** 수량화하다
- **magnify** 확대하다
- **modify** 수정하다
- **notify** 알리다

-en

short 짧은 **+ en = shorten** (짧게) 줄이다

ripen★★
[ráipən]
☐☐☐

동 익다, 숙성시키다 ㅣ **ripe** 익은, 숙성한 **+ en = ripen** 익다, 숙성시키다 ㅣ

ripe★★ 형 익은, 숙성한
ripeness★ 명 무르익음, 성숙

Breadfruit is gathered before it **ripens** and is cooked on hot stones. 수능
빵나무 열매는 익기 전에 수확되어 뜨거운 돌 위에서 요리된다.

stiffen★★
[stífən]
☐☐☐

동 경직되다, 뻣뻣해지다, 뻣뻣하게 하다 ㅣ **stiff** 경직된 **+ en = stiffen** 경직되다 ㅣ

stiff★ 형 경직된, 뻣뻣한

Her legs started to shake and she felt her body **stiffen**. 수능
그녀의 다리는 떨리기 시작했고 그녀는 몸이 경직되는 것을 느꼈다.

어원으로 줄줄이! **en** 추가 어휘

- **loosen** 느슨해지다
- **fasten** 매다, 묶다
- **weaken** 약화시키다
- **strengthen** 강화하다
- **worsen** 악화되다
- **threaten** 위협하다, 협박하다
- **awaken** 깨다, 깨우다
- **frighten** 무섭게 하다

-ish

public 공공의, 공개적인 **+ ish = publish** 공표하다, 출판하다

cherish★★
[tʃériʃ]
☐☐☐

동 소중히 여기다, 아끼다, (마음속에) 간직하다 ㅣ **cher** 소중한 **+ ish = cherish** 소중히 여기다 ㅣ

cherishable 형 소중히 간직할 만한

In a society that **cherishes** honor, a battle wound would be a status symbol. 수능
명예를 소중히 여기는 사회에서는 전투에서 입은 상처가 지위의 상징이 될 것이다.

polish★★
[páːliʃ]
☐☐☐

동 닦다, 윤내다 ㅣ **pol** 밀다 **+ ish = polish** (밀어서 깨끗이) 닦다, 윤내다 ㅣ
명 윤내기, 광택(제)

polishing 명 연마, 윤내기
polishable 형 닦을 수 있는, 광이 나는

She **polished** her brand new car every day.
그녀는 매일 자신의 최신형 자동차를 닦았다.

어원으로 줄줄이! **ish** 추가 어휘

- **establish** 설립하다
- **diminish** 줄어들다, 약해지다
- **distinguish** 구별하다
- **astonish** 놀라게 하다
- **punish** 처벌하다, 벌주다
- **furnish** 설치하다, 제공하다
- **accomplish** 성취하다, 이루다
- **perish** 죽다, 사라지다

형용사형, 부사형

MP3 바로 듣기

1. 성질/상태를 나타내는 형용사형 접미사

-ic/ical

history 역사 + ic/ical = historic/historical 역사적인

---

characteristic*
[kæriktərístik]
□□□

형 독특한, 특유의 | character 특징 + ist 명·접 + ic = characteristic (특징이 있어) 독특한 |
명 특징, 특질

character*** 명 특징, 성격
characterize** 동 특징 짓다
uncharacteristic** 형 특징이 없는

Samba is the **characteristic** music of Brazil.
삼바는 브라질 특유의 음악이다.

---

practical*
[prǽktikəl]
□□□

형 실용적인, 현실적인 | practice 실행 + ical = practical (실행할 수 있게) 실용적인, 현실적인 |

practically** 부 실용적으로, 현실적으로, 사실상
impractical*** 형 비실용적인, 비현실적인

There'll be lectures by famous designers and **practical** workshops. 수능
유명한 디자이너들에 의한 강연과 실용적인 워크숍이 있을 것이다.

어원으로 졸졸이! ic/ical 추가 어휘

ic			
• academic 학문적인	• classic 고전적인	• realistic 현실적인	• intrinsic 본질적인, 고유한
• ethnic 민족의	• athletic 운동의	• electric 전기의	• extrinsic 외적인, 외부의
ical	• classical 고전적인	• chemical 화학적인	• critical 비판적인
• electrical 전기의	• typical 전형적인	• mechanical 기계적인	• skeptical 회의적인
• ethical 윤리의			

-ar(y)/ory

second 제2의, 부가의 + ary = secondary 이차적인, 부차적인

---

familiar*
[fəmíljər]
□□□

형 익숙한, 친숙한, ~을 아주 잘 아는 | family 가족 + ar = familiar (가족처럼) 익숙한, 친숙한 |

familiarity 명 익숙함
familiarize 동 익숙하게 하다
unfamiliar*** 형 낯선

We like things that are **familiar** to us. 수능
우리는 우리에게 익숙한 것들을 좋아한다.

핵심표현 **familiar** to ~에게 익숙한

---

mandatory**

[mǽndətɔ̀:ri]

□□□

형 의무적인, 법에 정해진, 명령의 | **mandate** 명령 + ory = **mandatory** (명령을 받아) 의무적인 |

mandate** 동 명령하다, (정부에) 권한을 주다 명 명령, 권한

It is **mandatory** that students take a music class.

학생들이 음악 수업을 듣는 것은 의무적이다.

어원으로 줄줄이! ar(y)/ory **추가 어휘**

ar(y)
- **solar** 태양의
- **literary** 문학의
- **customary** 관례적인

- **nuclear** 핵의, 원자력의
- **evolutionary** 진화의
- **ordinary** 보통의, 일상적인

- **polar** 극지방의
- **dietary** 식이 요법의

- **peculiar** 이상한
- **complementary** 상호 보완적인

ory
- **auditory** 청각의

- **sensory** 감각의

-ous

mystery 신비, 불가사의 + ous = **mysterious** 신비한, 불가사의한

---

furious**

[fjúəriəs]

□□□

형 맹렬한, 몹시 화가 난 | **fury** 맹렬, 분노 + ous = **furious** 맹렬한, 몹시 화가 난 |

The local human population was cutting down the reed at a **furious** rate. 수능

그 지역의 인간 거주자들은 맹렬한 속도로 갈대를 베어 넘어뜨리고 있었다.

---

ambiguous**

[æmbígjuəs]

□□□

형 모호한, 여러 가지로 해석할 수 있는

| **ambi** 주변의 + **gu** 이끌다 + **ous** = **ambiguous** (핵심이 아닌 주변으로 이끌어져) 모호한 |

ambiguity** 명 애매모호함
unambiguous** 형 모호하지 않은, 명백한
unambiguously** 부 명백하게

It was difficult for me to understand his **ambiguous** remark.

그의 모호한 말은 내가 이해하기에 어려웠다.

어원으로 줄줄이! ous **추가 어휘**

- **jealous** 질투하는
- **cautious** 조심스러운

- **poisonous** 독성이 있는
- **glorious** 영광스러운

- **harmonious** 조화로운
- **vicious** 잔인한, 나쁜

- **ridiculous** 터무니없는, 우스운
- **vigorous** 활발한, 건강한

-ate/ite

fortune 운, 행운 + ate = **fortunate** 운 좋은, 다행한

---

ultimate***

[ʌ́ltəmət]

□□□

형 궁극적인, 최후의, 최고의, 근본적인

| **ultim** 마지막의 + **ate** = **ultimate** (마지막 지경에 이르러) 궁극적인, 최후의 |

명 (~의) 극치

ultimately*** 부 궁극적으로

ultimate solutions for fuel and food problems 수능

연료와 식량 문제에 대한 궁극적인 해결책

polite***
[pəláit]
□□□

형 예의 바른, 공손한 | **pol** 밀다 + **ite** = **polite** (밀어서 깨끗이 닦인 듯 행동이 흠 없이) 예의 바른 |

politely** 부 정중하게
politeness** 명 공손함

impolite** 형 무례한

Be **polite** to other drivers, and you'll enjoy safer and more pleasant driving. 수능
다른 운전자들에게 예의 바르게 대하면 당신도 더 안전하고 쾌적한 운전을 즐길 것이다.

어원으로 줄줄이! ate / ite 추가 어휘

ate	• **passionate** 열정적인	• **intricate** 복잡한	• **intimate** 친밀한, 밀접한
ite	• **definite** 명확한	• **finite** 한정된, 유한한	

-ant / ent
please 즐겁게 하다 + **ant** = **pleasant** 즐거운, 기분 좋은

---

brilliant**
[bríljənt]
□□□

형 훌륭한, 눈부신 | **brilli** 빛나다 + **ant** = **brilliant** (빛나도록) 훌륭한, 눈부신 |

brilliantly** 부 훌륭하게
brilliance** 명 광명, 광채, 탁월

He had difficulty in speech, yet his music was **brilliant**. 수능
그는 말하는 데 어려움을 겪었지만, 그의 음악은 훌륭했다.

---

urgent***
[ə́:rdʒənt]
□□□

형 긴급한, 다급한, 계속 재촉하는 | **urge** 재촉하다 + **ent** = **urgent** (재촉할 만큼) 긴급한 |

urgently* 부 긴급하게, 시급하게
urgency 명 긴급, 긴급한 일

urge** 동 재촉하다, 촉구하다

We're in the middle of an **urgent** job right now. 수능
저희는 지금 긴급한 일을 하는 중입니다.

어원으로 줄줄이! ant / ent 추가 어휘

ant	• **vibrant** 활기찬	• **reluctant** 꺼리는, 마지못해 하는	• **arrogant** 오만한	• **fragrant** 향기로운
ent	• **obedient** 순종하는	• **frequent** 잦은	• **coherent** 일관성 있는	• **occurrent** 현재 일어나고 있는

-al / ial / ual
globe 지구, 세계 + **al** = **global** 전 지구적인, 세계적인

---

personal***
[pə́rsənəl]
□□□

형 개인의, 개인적인, 개별적인 | **person** 개인, 사람 + **al** = **personal** 개인적인 |

personally** 부 개인적으로, 직접
personality** 명 개성, 성격
personalize* 동 개인화하다, 의인화하다

impersonal** 형 비인간적인

Gather your **personal** belongings and leave immediately. 수능
당신의 개인 소지품을 챙겨서 바로 떠나세요.

crucial***

[krúːʃəl]

□□□

〔형〕 **중요한, 결정적인** | **cruc** 십자 + **ial** = **cruc**ial (십자 표시를 해둘 만큼) 중요한 |

crucially** 〔부〕 결정적으로

Every parent knows how **crucial** the choice of friends is for every child. 수능

모든 아이들에게 친구의 선택이 얼마나 중요한지 모든 부모가 안다.

---

ritual***

[rítʃuəl]

□□□

〔형〕 **의식(용)의, 의례적인** | **rite** 의식, 의례 + **ual** = **rit**ual 의식(용)의, 의례적인 |

〔명〕 **의식, 풍습**

rite** 〔명〕 의식, 의례

Some religions require their members to wear **ritual** garments.

일부 종교는 구성원들에게 의식용 의복을 입을 것을 요구한다.

어원으로 줄줄이! **al / ial / ual 추가 어휘**

al	• **total** 전체의	• **moral** 도덕의	• **rural** 시골의	• **internal** 내부의
	• **environmental** 환경의	• **verbal** 말의, 언어의		
ial	• **beneficial** 유익한	• **facial** 얼굴의	• **martial** 전쟁의, 싸움의	• **superficial** 피상적인, 표면적인
	• **spatial** 공간의, 장소의	• **racial** 인종의		
ual	• **visual** 시각의	• **virtual** 가상의		

-ish

child 아이 + **ish** = **child**ish 아이 같은, 유치한

---

selfish**

[sélfiʃ]

□□□

〔형〕 **이기적인** | **self** 자신 + **ish** = **self**ish (자신만 생각할 만큼) 이기적인 |

selfishly* 〔부〕 이기적으로
selfishness** 〔명〕 이기적임
selfless** 〔형〕 이타적인, 사심 없는

Peter was **selfish** and only worried about himself.

Peter는 이기적이었고 오직 자기 자신에 대해서만 걱정했다.

어원으로 줄줄이! **ish 추가 어휘**

• **stylish** 유행의, 멋진　　　• **outlandish** 이상한, 희한한

-ive / (a)tive

effect 효과 + **ive** = **effect**ive 효과적인

---

massive**

[mǽsiv]

□□□

〔형〕 **엄청나게 큰, 거대한, 대규모의** | **mass** 덩어리 + **ive** = **mass**ive (덩어리가) 엄청나게 큰 |

massiveness** 〔명〕 크고 묵직함, 대규모임

a beverage company's **massive** investment in the Olympics 수능

한 음료 회사의 올림픽에 대한 엄청나게 큰 투자

alternative***

[ɔːltə́ːrnətiv]

□□□

형 대체 가능한, 대안적인

| alternate 교대시키다 + ative = alternative (서로 교대시킬 수 있게) 대체 가능한 |

명 대안, 양자택일

alternatively 부 그 대신에

Solar energy can be a practical **alternative** energy source. 수능
태양열은 실질적인 대체 에너지원이 될 수 있다.

어원으로 줄줄이! ive/(a)tive 추가 어휘

ive	• **expressive** 표현하는	• **impressive** 인상적인	• **responsive** 반응하는	• **impulsive** 충동적인
(a)tive	• **innovative** 혁신적인	• **authoritative** 권위적인	• **sensitive** 세심한, 민감한	• **festive** 축제의, 축제 같은
	• **productive** 생산적인	• **distinctive** 독특한	• **receptive** 수용적인	• **competitive** 경쟁적인

-(i)le

mob 움직이다 + ile = mobile 움직이는, 휴대할 수 있는

---

futile**

[fjúːtl]

□□□

형 헛된, 쓸데없는, 시시한 | fut 쉽게 쏟아지는 + ile = futile (쉽게 쏟아져 버려) 쓸데없고 헛된 |

After several **futile** attempts to climb the mountain, the hikers gave up.
산을 오르려는 몇 번의 헛된 시도 후에 그 산악인들은 포기했다.

어원으로 줄줄이! (i)le 추가 어휘

• **pale** 창백한, 안색이 안 좋은	• **stale** 상한, 신선하지 않은	• **idle** 게으른, 나태한	• **fragile** 부서지기 쉬운, 깨지기 쉬운

-ly/y

friend 친구 + ly = friendly (친구와 같이) 친근한

---

likely***

[láikli]

□□□

형 ~할 것 같은, 가능성이 있는, 그럴듯한 | like ~과 같은 + ly = likely ~할 것 같은 |

likelihood** 명 가능성   unlikely** 형 ~할 것 같지 않은, 가능성이 없는

Staring at computer screens is **likely** to damage our eyes. 수능
컴퓨터 화면을 쳐다보는 것은 우리의 눈을 손상시킬 가능성이 있다.

핵심표현 be **likely** to ~할 가능성이 있다

---

gloomy***

[glúːmi]

□□□

형 우울한 | gloom 우울 + y = gloomy 우울한 |

She looked **gloomy**. 수능 그녀는 우울해 보였다.

어원으로 줄줄이! ly/y 추가 어휘

ly	• **costly** 값이 비싼	• **elderly** 연세가 드신	• **silly** 어리석은	• **deadly** 치명적인
y	• **steady** 꾸준한	• **scary** 무서운	• **messy** 지저분한	• **hasty** 성급한, 서두르는

2. 기타 의미를 가진 형용사형 접미사

-able/ible

accept 받아들이다 **+ able** ~할 수 있는 **= acceptable** 받아들일 수 있는

---

vulnerable★★★

[vʌ́lnərəbəl]

□□□

휑 취약한, 상처 입기 쉬운, 공격받기 쉬운

| **vulner** 상처를 입다 **+ able** ~할 수 있는 **= vulnerable** (상처 입을 수 있게) 취약한 |

As safety features are added, drivers feel less **vulnerable**. 수능

안전장치들이 추가될수록 운전자들은 덜 취약하다고 느낀다.

---

edible★★

[édəbəl]

□□□

휑 먹을 수 있는, 식용으로 알맞은　| **ed** 먹다 **+ ible** ~할 수 있는 **= edible** 먹을 수 있는 |

She isn't sure if the fruit is **edible**.

그녀는 그 과일이 먹을 수 있는 건지 확신하지 못한다.

어원으로 줄줄이! able/ible 추가 어휘

able　• **valuable** 귀중한　　　• **reasonable** 합리적인　　• **favorable** 호의적인　　• **knowledgeable** 박식한
　　　• **affordable** 감당할 수 있는　• **irritable** 짜증을 내는　　• **bearable** 참을 만한　　• **formidable** 엄청난, 무서운

ible　• **accessible** 접근 가능한　• **compatible** 양립할 수 있는　• **discernible** 식별할 수 있는　• **eligible** 자격이 있는

-ful

harm 해, 해악 **+ ful** ~으로 가득한 **= harmful** (해악으로 가득해) 해로운

---

regretful★★★

[rigrétfəl]

□□□

휑 유감으로 여기는, 후회하는

| **regret** 유감, 후회 **+ ful** ~으로 가득한 **= regretful** 유감으로 여기는, 후회하는 |

regretfully★★ 믿 유감스럽게도　　　　　**regrettable**★ 휑 유감스러운, 후회되는

I'm **regretful** about not attending my friend's wedding.

나는 내 친구의 결혼식에 참석하지 못한 것을 유감으로 여긴다.

어원으로 줄줄이! ful 추가 어휘

• **cheerful** 발랄한, 쾌적한　　• **sorrowful** (아주) 슬픈　　• **fruitful** 생산적인, 유익한　　• **thoughtful** 생각에 잠긴

-less

worth 가치 **+ less** ~이 없는 **= worthless** 가치 없는

---

helpless★★★

[hélplis]

□□□

휑 무력한, 곤경에 빠진　| **help** 도움 **+ less** ~이 없는 **= helpless** (도움이 없어) 무력한, 곤경에 빠진 |

This society is so harsh and complex that it makes us feel **helpless** and insecure. 수능

이 사회는 너무 냉혹하고 복잡해서 우리를 무력하고 불안하게 만든다.

• **homeless** 집 없는　　　　• **wireless** 무선의　　　　• **groundless** 근거 없는　　　　• **careless** 부주의한, 조심성 없는

-like　　　child 아이 + like ~과 같은 = childlike 아이 같은, 순진한

---

businesslike★★
[bíznəslàik]
□□□

형 사무적인, 능률적인, 실제적인
| **business** 업무 + **like** ~과 같은 = **businesslike** (업무 중인 것과 같이) 사무적인 |

Jeff's dark suit made him look serious and **businesslike**.
Jeff의 어두운색 정장은 그를 진지하고 사무적으로 보이게 만들었다.

• **alike** (매우) 비슷한, 서로 같은　　• **warlike** 호전적인, 전쟁의　　• **unlike** 서로 다른　　• **godlike** 신과 같은

---

3. 부사형 접미사

-ly　　　sudden 갑작스러운 + ly = suddenly 갑자기

---

rarely★★★
[réərli]
□□□

부 좀처럼 ~하지 않는, 드물게　| **rare** 드문 + **ly** = **rarely** 드물게, 좀처럼 ~하지 않는 |

People **rarely** get their best ideas at work. 수능
사람들은 직장에서는 최상의 아이디어를 좀처럼 얻지 못한다.

• **nearly** 거의　　　　　　　• **highly** 매우, 크게　　　　• **fully** 완전히　　　　　• **mostly** 주로, 일반적으로
• **definitely** 분명히, 확실히　　• **merely** 단지, 단순히　　　• **hardly** 거의 ~ 않다　　• **typically** 보통, 전형적으로

-way(s)/wise　　al(l) 모든 + ways = always 항상, 언제나

---

halfway★★
[hǽfwei]
□□□

부 중간에, 중도에서　| **half** 중간, 반 + **way** = **halfway** 중간에 |
형 중간의, 불완전한

The clerk got a ladder and climbed **halfway** up. 수능
그 점원은 사다리를 가져와서 중간에 올라갔다.

likewise***

[láikwàiz]

☐☐☐

부 마찬가지로, 또한 | **like** ~과 같은 **+ wise = likewise** (어떤 것과 같이) 마찬가지로 |

Sally was a great golfer. **Likewise**, she played tennis well.

Sally는 훌륭한 골프선수였다. 마찬가지로, 그녀는 테니스도 잘 쳤다.

어원으로 줄줄이! **wise 추가 어휘**

• **otherwise** 그렇지 않으면　　• **clockwise** 시계 방향으로

-ward(s)

after 후에 **+ ward(s) = afterward(s)** 그 후에, 나중에

---

forward(s)***

[fɔ́:rwərd(z)]

☐☐☐

부 앞으로, 앞쪽에 | **fore** 앞에 **+ ward(s) = forward(s)** 앞으로, 앞쪽에 |

형 전방의, 앞으로 가는

fast-forward* **동** (영상이나 음성 등을) 고속으로 앞으로 감다

straightforward* **형** 똑바른, 정직한

When my name was called, I stepped **forward** to receive an award.

내 이름이 불렸을 때, 나는 앞으로 걸어 나가서 상을 받았다.

핵심표현 look **forward** to ~을 기대하다, ~을 고대하다

어원으로 줄줄이! **ward(s) 추가 어휘**

• **inward(s)** 안으로　　• **outward(s)** 밖으로　　• **backward(s)** 뒤로

• **upward(s)** 위로　　• **downward(s)** 아래로

해커스 보카 어원편

어원 트리로 꽉 잡는
핵심 다의어

문맥으로 꽉 잡는
핵심 혼동어휘

어원 트리로 꽉 잡는 핵심 다의어

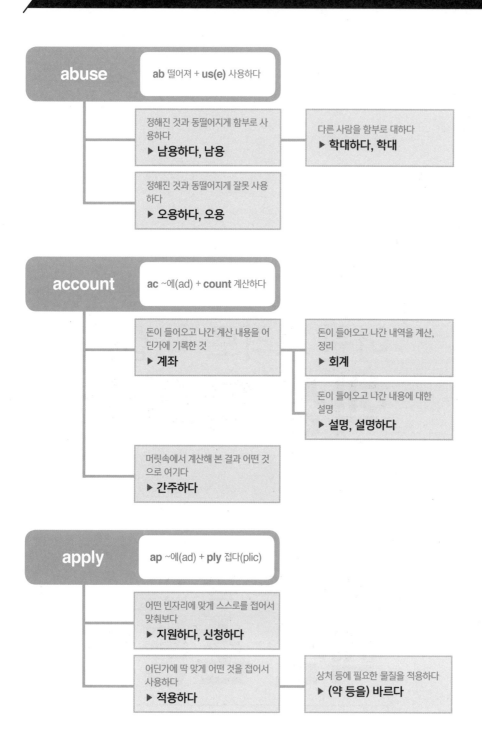

abuse　　**ab** 떨어져 + **us(e)** 사용하다

정해진 것과 동떨어지게 함부로 사용하다
▶ **남용하다, 남용**

다른 사람을 함부로 대하다
▶ **학대하다, 학대**

정해진 것과 동떨어지게 잘못 사용하다
▶ **오용하다, 오용**

account　　**ac** ~에(ad) + **count** 계산하다

돈이 들어오고 나간 계산 내용을 어딘가에 기록한 것
▶ **계좌**

돈이 들어오고 나간 내역을 계산, 정리
▶ **회계**

돈이 들어오고 나간 내용에 대한 설명
▶ **설명, 설명하다**

머릿속에서 계산해 본 결과 어떤 것으로 여기다
▶ **간주하다**

apply　　**ap** ~에(ad) + **ply** 접다(plic)

어떤 빈자리에 맞게 스스로를 접어서 맞춰보다
▶ **지원하다, 신청하다**

어딘가에 딱 맞게 어떤 것을 접어서 사용하다
▶ **적용하다**

상처 등에 필요한 물질을 적용하다
▶ **(약 등을) 바르다**

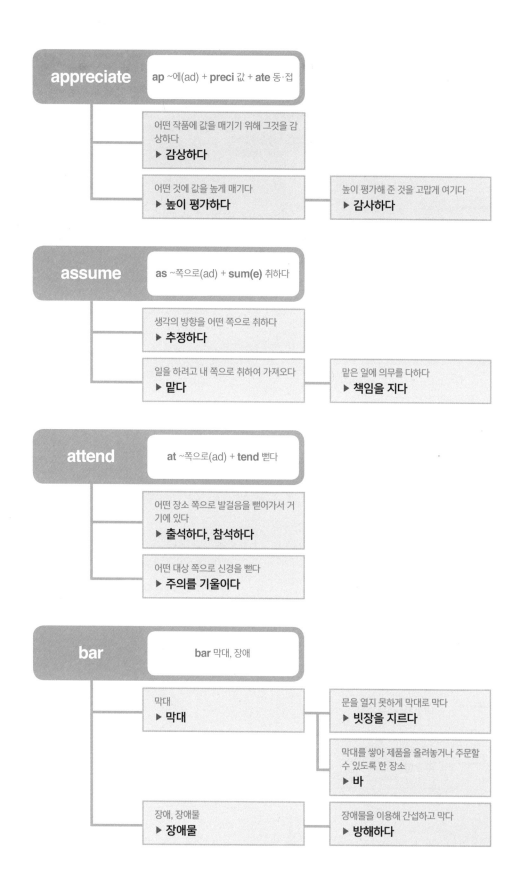

appreciate　ap ~에(ad) + preci 값 + ate 동·접

어떤 작품에 값을 매기기 위해 그것을 감상하다
▶ **감상하다**

어떤 것에 값을 높게 매기다
▶ **높이 평가하다**

높이 평가해 준 것을 고맙게 여기다
▶ **감사하다**

assume　as ~쪽으로(ad) + sum(e) 취하다

생각의 방향을 어떤 쪽으로 취하다
▶ **추정하다**

일을 하려고 내 쪽으로 취하여 가져오다
▶ **맡다**

맡은 일에 의무를 다하다
▶ **책임을 지다**

attend　at ~쪽으로(ad) + tend 뻗다

어떤 장소 쪽으로 발걸음을 뻗어가서 거기에 있다
▶ **출석하다, 참석하다**

어떤 대상 쪽으로 신경을 뻗다
▶ **주의를 기울이다**

bar　bar 막대, 장애

막대
▶ **막대**

문을 열지 못하게 막대로 막다
▶ **빗장을 지르다**

막대를 쌓아 제품을 올려놓거나 주문할 수 있도록 한 장소
▶ **바**

장애, 장애물
▶ **장애물**

장애물을 이용해 간섭하고 막다
▶ **방해하다**

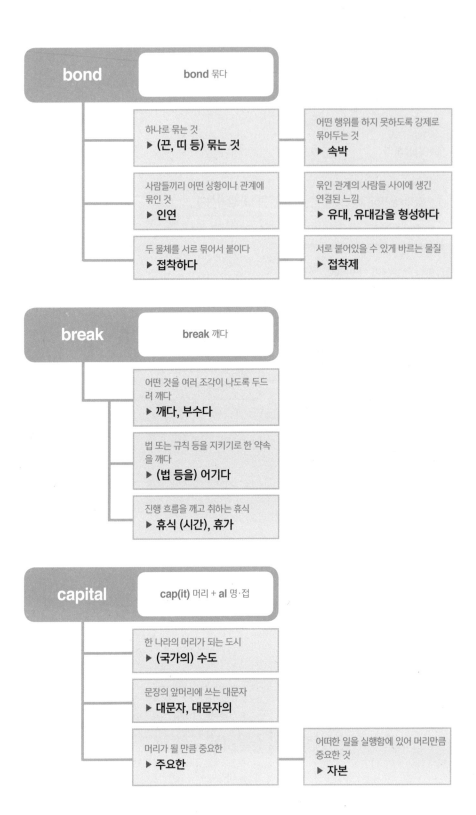

bond

bond 묶다

하나로 묶는 것
▶ (끈, 띠 등) 묶는 것

어떤 행위를 하지 못하도록 강제로
묶어두는 것
▶ 속박

사람들끼리 어떤 상황이나 관계에
묶인 것
▶ 인연

묶인 관계의 사람들 사이에 생긴
연결된 느낌
▶ 유대, 유대감을 형성하다

두 물체를 서로 묶어서 붙이다
▶ 접착하다

서로 붙어있을 수 있게 바르는 물질
▶ 접착제

break

break 깨다

어떤 것을 여러 조각이 나도록 두드
려 깨다
▶ 깨다, 부수다

법 또는 규칙 등을 지키기로 한 약속
을 깨다
▶ (법 등을) 어기다

진행 흐름을 깨고 취하는 휴식
▶ 휴식 (시간), 휴가

capital

cap(it) 머리 + al 명·접

한 나라의 머리가 되는 도시
▶ (국가의) 수도

문장의 앞머리에 쓰는 대문자
▶ 대문자, 대문자의

머리가 될 만큼 중요한
▶ 주요한

어떠한 일을 실행함에 있어 머리만큼
중요한 것
▶ 자본

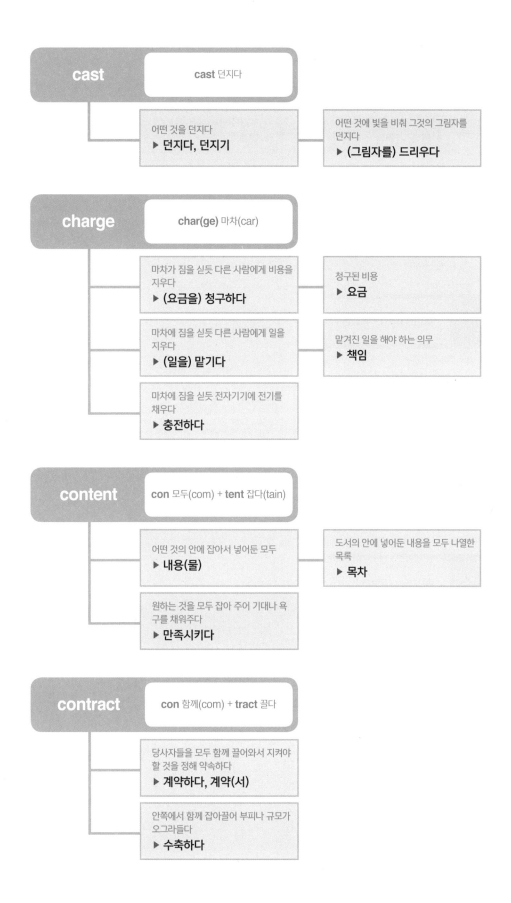

cast

cast 던지다

어떤 것을 던지다
▶ **던지다, 던지기**

어떤 것에 빛을 비춰 그것의 그림자를 던지다
▶ **(그림자를) 드리우다**

charge

char(ge) 마차(car)

마차가 짐을 싣듯 다른 사람에게 비용을 지우다
▶ **(요금을) 청구하다**

청구된 비용
▶ **요금**

마차에 짐을 싣듯 다른 사람에게 일을 지우다
▶ **(일을) 맡기다**

맡겨진 일을 해야 하는 의무
▶ **책임**

마차에 짐을 싣듯 전자기기에 전기를 채우다
▶ **충전하다**

content

con 모두(com) + **tent** 잡다(tain)

어떤 것의 안에 잡아서 넣어둔 모두
▶ **내용(물)**

도서의 안에 넣어둔 내용을 모두 나열한 목록
▶ **목차**

원하는 것을 모두 잡아 주어 기대나 욕구를 채워주다
▶ **만족시키다**

contract

con 함께(com) + **tract** 끌다

당사자들을 모두 함께 끌어와서 지켜야 할 것을 정해 약속하다
▶ **계약하다, 계약(서)**

안쪽에서 함께 잡아끌어 부피나 규모가 오그라들다
▶ **수축하다**

다의어

해커스보카 어원편

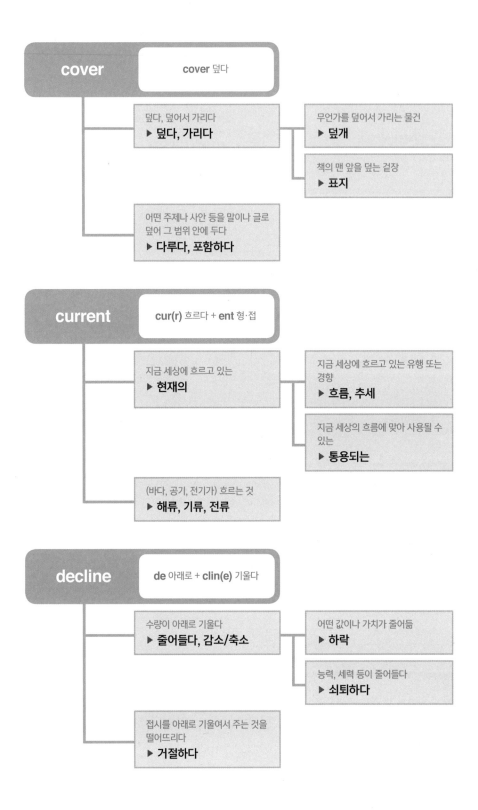

cover

cover 덮다

덮다, 덮어서 가리다
▶ **덮다, 가리다**

무언가를 덮어서 가리는 물건
▶ **덮개**

책의 맨 앞을 덮는 겉장
▶ **표지**

어떤 주제나 사안 등을 말이나 글로 덮어 그 범위 안에 두다
▶ **다루다, 포함하다**

current

cur(r) 흐르다 + **ent** 형·접

지금 세상에 흐르고 있는
▶ **현재의**

지금 세상에 흐르고 있는 유행 또는 경향
▶ **흐름, 추세**

지금 세상의 흐름에 맞아 사용될 수 있는
▶ **통용되는**

(바다, 공기, 전기가) 흐르는 것
▶ **해류, 기류, 전류**

decline

de 아래로 + **clin(e)** 기울다

수량이 아래로 기울다
▶ **줄어들다, 감소/축소**

어떤 값이나 가치가 줄어듦
▶ **하락**

능력, 세력 등이 줄어들다
▶ **쇠퇴하다**

접시를 아래로 기울여서 주는 것을 떨어뜨리다
▶ **거절하다**

degree

de 떨어져 + **gree** 단계(grad)

기온, 각의 크기 등을 표시하는 단계를 따로 떨어뜨려 표시하는 단위
▶ **온도, 각도**

학문적 성취의 단계를 따로 떨어뜨려 표시하는 단위
▶ **학위**

성질, 가치 등의 단계를 따로 떨어뜨려 구분한 수준
▶ **정도**

deliver

de 떨어져 + **liver** 자유롭게 하다(liber)

어떤 것을 떨어진 곳에서도 자유롭게 쓸 수 있도록 가져다주다
▶ **배달하다**

마음속의 말을 자유롭게 밖으로 뱉어 떨어져 있는 곳까지 전하다
▶ **(연설 등을) 하다**

산모가 배 속의 아기를 몸 밖으로 자유롭게 떨어져 나오게 하다
▶ **출산하다**

deposit

de 아래로 + **pos(it)** 놓다

계약 조건 아래에 미리 넣어 놓는 돈
▶ **보증금, 예치금**

다른 누군가의 관리 아래에 돈을 넣어 놓다
▶ **(돈을) 맡기다**

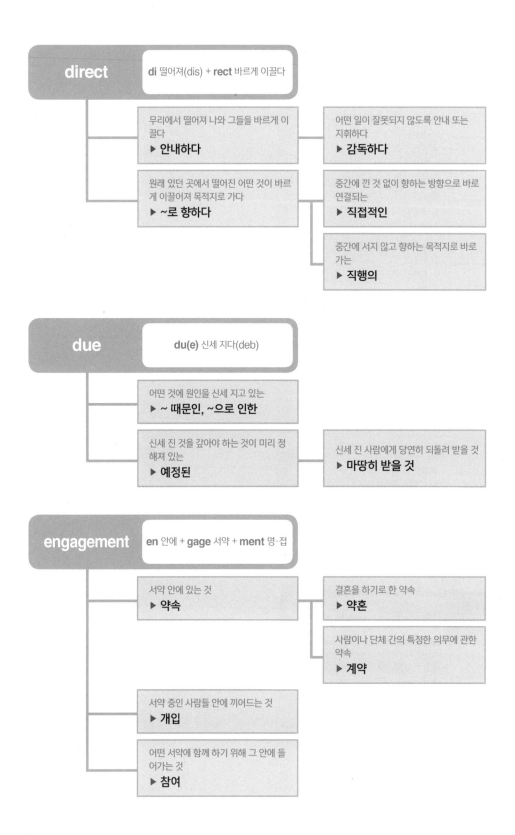

direct di 떨어져(dis) + rect 바르게 이끌다

무리에서 떨어져 나와 그들을 바르게 이끌다
▶ **안내하다**

어떤 일이 잘못되지 않도록 안내 또는 지휘하다
▶ **감독하다**

원래 있던 곳에서 떨어진 어떤 것이 바르게 이끌어져 목적지로 가다
▶ **~로 향하다**

중간에 낀 것 없이 향하는 방향으로 바로 연결되는
▶ **직접적인**

중간에 서지 않고 향하는 목적지로 바로 가는
▶ **직행의**

due du(e) 신세 지다(deb)

어떤 것에 원인을 신세 지고 있는
▶ **~ 때문인, ~으로 인한**

신세 진 것을 갚아야 하는 것이 미리 정해져 있는
▶ **예정된**

신세 진 사람에게 당연히 되돌려 받을 것
▶ **마땅히 받을 것**

engagement en 안에 + gage 서약 + ment 명·접

서약 안에 있는 것
▶ **약속**

결혼을 하기로 한 약속
▶ **약혼**

사람이나 단체 간의 특정한 의무에 관한 약속
▶ **계약**

서약 중인 사람들 안에 끼어드는 것
▶ **개입**

어떤 서약에 함께 하기 위해 그 안에 들어가는 것
▶ **참여**

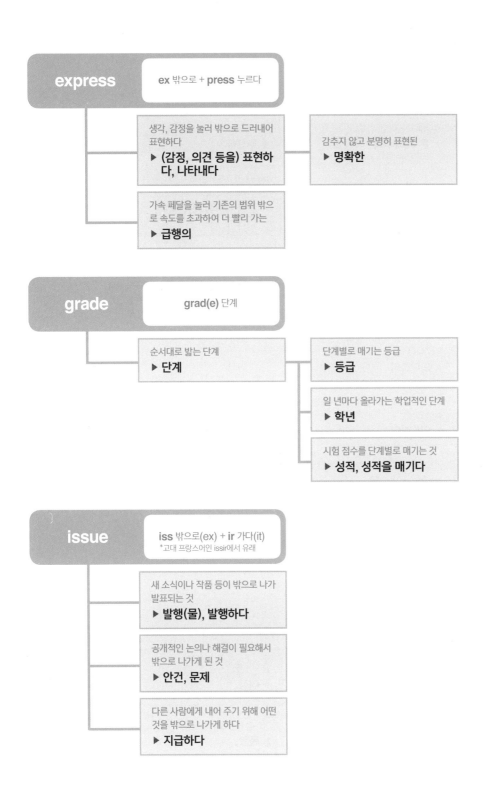

express   **ex** 밖으로 + **press** 누르다

생각, 감정을 눌러 밖으로 드러내어 표현하다
▶ **(감정, 의견 등을) 표현하다, 나타내다**

감추지 않고 분명히 표현된
▶ **명확한**

가속 페달을 눌러 기존의 범위 밖으로 속도를 초과하여 더 빨리 가는
▶ **급행의**

grade   **grad(e)** 단계

순서대로 밟는 단계
▶ **단계**

단계별로 매기는 등급
▶ **등급**

일 년마다 올라가는 학업적인 단계
▶ **학년**

시험 점수를 단계별로 매기는 것
▶ **성적, 성적을 매기다**

issue   **iss** 밖으로(ex) + **ir** 가다(it)
*고대 프랑스어인 issir에서 유래

새 소식이나 작품 등이 밖으로 나가 발표되는 것
▶ **발행(물), 발행하다**

공개적인 논의나 해결이 필요해서 밖으로 나가게 된 것
▶ **안건, 문제**

다른 사람에게 내어 주기 위해 어떤 것을 밖으로 나가게 하다
▶ **지급하다**

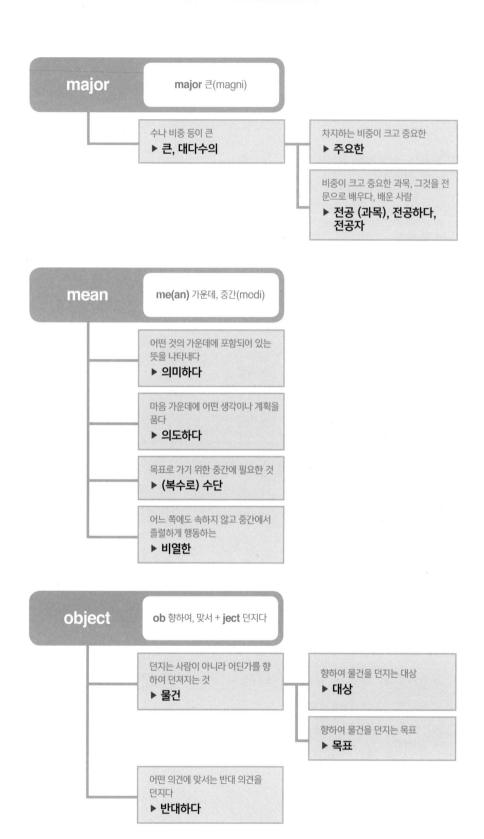

major

major 큰(magni)

수나 비중 등이 큰
▶ **큰, 대다수의**

차지하는 비중이 크고 중요한
▶ **주요한**

비중이 크고 중요한 과목, 그것을 전문으로 배우다, 배운 사람
▶ **전공 (과목), 전공하다, 전공자**

mean

me(an) 가운데, 중간(medi)

어떤 것의 가운데에 포함되어 있는 뜻을 나타내다
▶ **의미하다**

마음 가운데에 어떤 생각이나 계획을 품다
▶ **의도하다**

목표로 가기 위한 중간에 필요한 것
▶ **(복수로) 수단**

어느 쪽에도 속하지 않고 중간에서 졸렬하게 행동하는
▶ **비열한**

object

ob 향하여, 맞서 + **ject** 던지다

던지는 사람이 아니라 어딘가를 향하여 던져지는 것
▶ **물건**

향하여 물건을 던지는 대상
▶ **대상**

향하여 물건을 던지는 목표
▶ **목표**

어떤 의견에 맞서는 반대 의견을 던지다
▶ **반대하다**

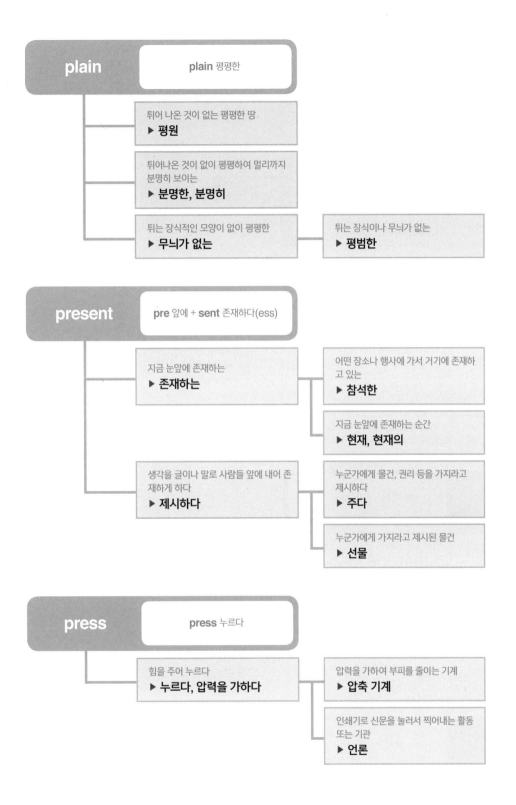

plain

plain 평평한

튀어 나온 것이 없는 평평한 땅
▶ **평원**

튀어나온 것이 없이 평평하여 멀리까지
분명히 보이는
▶ **분명한, 분명히**

튀는 장식적인 모양이 없이 평평한
▶ **무늬가 없는**

튀는 장식이나 무늬가 없는
▶ **평범한**

present

pre 앞에 + **sent** 존재하다(ess)

지금 눈앞에 존재하는
▶ **존재하는**

어떤 장소나 행사에 가서 거기에 존재하
고 있는
▶ **참석한**

지금 눈앞에 존재하는 순간
▶ **현재, 현재의**

생각을 글이나 말로 사람들 앞에 내어 존
재하게 하다
▶ **제시하다**

누군가에게 물건, 권리 등을 가지라고
제시하다
▶ **주다**

누군가에게 가지라고 제시된 물건
▶ **선물**

press

press 누르다

힘을 주어 누르다
▶ **누르다, 압력을 가하다**

압력을 가하여 부피를 줄이는 기계
▶ **압축 기계**

인쇄기로 신문을 눌러서 찍어내는 활동
또는 기관
▶ **언론**

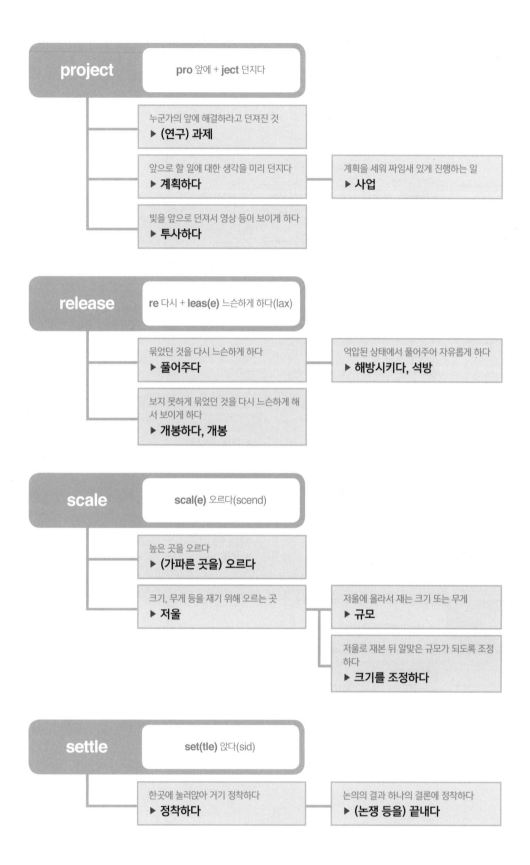

project

pro 앞에 + **ject** 던지다

누군가의 앞에 해결하라고 던져진 것
▶ **(연구) 과제**

앞으로 할 일에 대한 생각을 미리 던지다
▶ **계획하다**

계획을 세워 짜임새 있게 진행하는 일
▶ **사업**

빛을 앞으로 던져서 영상 등이 보이게 하다
▶ **투사하다**

release

re 다시 + **leas(e)** 느슨하게 하다(lax)

묶였던 것을 다시 느슨하게 하다
▶ **풀어주다**

억압된 상태에서 풀어주어 자유롭게 하다
▶ **해방시키다, 석방**

보지 못하게 묶었던 것을 다시 느슨하게 해서 보이게 하다
▶ **개봉하다, 개봉**

scale

scal(e) 오르다(scend)

높은 곳을 오르다
▶ **(가파른 곳을) 오르다**

크기, 무게 등을 재기 위해 오르는 곳
▶ **저울**

저울에 올라서 재는 크기 또는 무게
▶ **규모**

저울로 재본 뒤 알맞은 규모가 되도록 조정하다
▶ **크기를 조정하다**

settle

set(tle) 앉다(sid)

한곳에 눌러앉아 거기 정착하다
▶ **정착하다**

논의의 결과 하나의 결론에 정착하다
▶ **(논쟁 등을) 끝내다**

solid

sol 하나 + **id** 형·접

하나의 물질로 단단하게 꽉 채운
▶ **단단한, 꽉 찬**

꽉 차서 단단한 물체
▶ **고체, 고체의**

여러 면으로 이루어져 부피를 가진
하나의 물체
▶ **입체**

의견 등이 하나로 똑같이
▶ **일치하여**

state

sta(te) 서다, 세우다

멈춰 서 있는 상태
▶ **상태**

영토 위에 세워진 국가 또는 주
▶ **국가(의), 주(의)**

공식적인 자리에 서서 어떤 것에 대
해 자세하게 말하다
▶ **진술하다**

stress

stress 팽팽히 당기다(strict)

팽팽히 당겨서 생긴 긴장
▶ **스트레스,**
  스트레스를 받다/주다

성대를 팽팽히 당겨서 강하게 발음하
는 것
▶ **강세, 강세를 두다**

중요한 것에 강세를 두는 것
▶ **강조, 강조하다**

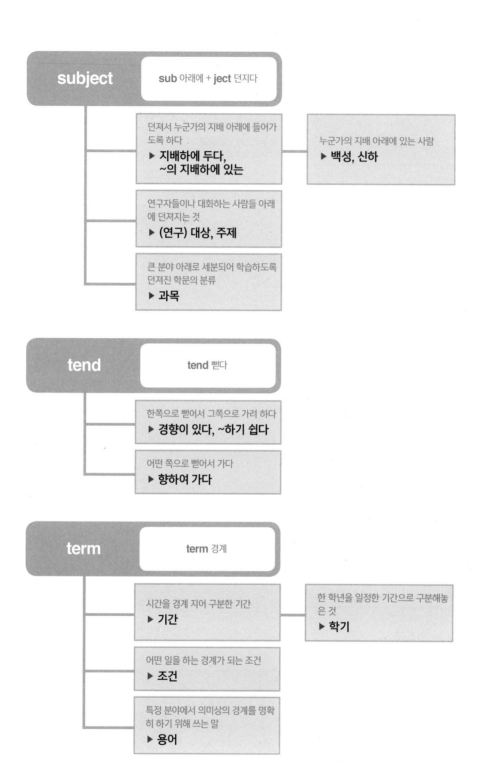

subject

sub 아래에 + **ject** 던지다

던져서 누군가의 지배 아래에 들어가
도록 하다
▶ **지배하에 두다,
~의 지배하에 있는**

누군가의 지배 아래에 있는 사람
▶ **백성, 신하**

연구자들이나 대화하는 사람들 아래
에 던져지는 것
▶ **(연구) 대상, 주제**

큰 분야 아래로 세분되어 학습하도록
던져진 학문의 분류
▶ **과목**

tend

tend 뻗다

한쪽으로 뻗어서 그쪽으로 가려 하다
▶ **경향이 있다, ~하기 쉽다**

어떤 쪽으로 뻗어서 가다
▶ **향하여 가다**

term

term 경계

시간을 경계 지어 구분한 기간
▶ **기간**

한 학년을 일정한 기간으로 구분해놓
은 것
▶ **학기**

어떤 일을 하는 경계가 되는 조건
▶ **조건**

특정 분야에서 의미상의 경계를 명확
히 하기 위해 쓰는 말
▶ **용어**

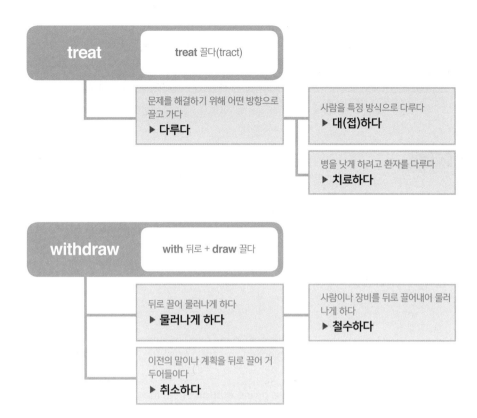

treat

treat 끌다(tract)

문제를 해결하기 위해 어떤 방향으로
끌고 가다
▶ **다루다**

사람을 특정 방식으로 다루다
▶ **대(접)하다**

병을 낫게 하려고 환자를 다루다
▶ **치료하다**

withdraw

with 뒤로 + draw 끌다

뒤로 끌어 물러나게 하다
▶ **물러나게 하다**

사람이나 장비를 뒤로 끌어내어 물러
나게 하다
▶ **철수하다**

이전의 말이나 계획을 뒤로 끌어 거
두어들이다
▶ **취소하다**

문맥으로 꽉 잡는 핵심 혼동어휘

MP3 바로 듣기

접사가 다른 혼동어휘

acquire	동 얻다, 습득하다, 획득하다
inquire	동 묻다, 질문하다, 알아보다
require	동 요구하다, 필요로 하다

He **required** a book and **inquired** about when he could **acquire** it.
그는 책 한 권을 요구했고 그것을 언제 얻을 수 있는지에 대해 물었다.

addition	명 추가(물), 덧셈
edition	명 (출간된 책의) 판

This coin is the most recent **addition** to my collection. 이 동전은 내 수집품에서 가장 최근의 추가물이다.

vs.

The online **edition** of the magazine is much cheaper. 그 잡지의 온라인판은 훨씬 저렴하다.

affect	동 영향을 미치다
effect	명 영향, 효과, 결과

The policies **affected** the residents and had a great **effect** on their lives.
그 정책은 주민들에게 영향을 미쳤고 그들의 삶에 엄청난 결과를 가져왔다.

afflict	동 괴롭히다, 들볶다
inflict	동 (피해, 상처 등을) 입히다, 괴롭히다

The man had several wounds **inflicted** during the accident and was **afflicted** with pain.
그 남자는 사고 중에 입은 여러 상처가 있었고 고통으로 괴로워했다.

alleviate	동 (고통 등을) 덜다, 완화하다
elevate	동 (들어) 올리다, 증가시키다

Tom **elevated** his leg to **alleviate** swelling.
Tom은 붓기를 완화하기 위해 그의 다리를 들어 올렸다.

alternate	동 번갈아 하다, 교대시키다 형 번갈아 하는, 교대의 명 교대자
alternative	형 대체 가능한, 대안적인 명 대안, 양자택일

He **alternated** between running and walking.
그는 달리기와 걷기를 번갈아 했다.

vs.

Solar energy can be a practical **alternative** energy source. 태양열은 실질적인 대체 에너지원이 될 수 있다.

| appliance | 명 적용, 응용, (가정용) 기기 | She submitted an **application** form to apply for a home **appliance** sales job. |
| application | 명 지원, 적용 | 그녀는 가정용 기기 판매 직무에 지원하기 위해 지원서를 제출했다. |

attribute	동 ~의 탓으로 돌리다, ~의 덕분으로 돌리다 명 속성, 자질	Mike **distributed** articles to **contribute** to medical research, and **attributed** his success to his teachers.
contribute	동 기여하다, 공헌하다	Mike는 의학 연구에 기여하기 위한 논문을 배포했고, 그의 성공을 선생님들의 덕분으로 돌렸다.
distribute	동 나눠주다, 분배하다, 배포하다	

| competent | 형 유능한, 능숙한 | Amy is a very **competent** worker, but she is too **competitive**. |
| competitive | 형 경쟁력 있는, 경쟁심이 강한 | Amy는 매우 유능한 근로자이지만 너무 경쟁심이 강하다. |

| complement | 명 보완물, 보충물
동 보완하다, 보충하다 | Dina got a **compliment** for preparing a **complement** to the presentation. |
| compliment | 명 칭찬, 경의
동 칭찬하다, 경의를 표하다 | Dina는 발표의 보완물을 준비한 것에 대해 칭찬을 받았다. |

| conscience | 명 양심, 선악에 대한 판단력 | James was **conscious** that he had done something that offended his **conscience**. |
| conscious | 형 의식하는, 의식이 있는,
자각하는 | James는 자신이 양심에 어긋나는 어떤 일을 했다는 것을 의식했다. |

| consequently | 부 그 결과, 따라서 | There was heavy rain, and **consequently** the dam flooded. **Subsequently** the rain stopped. |
| subsequently | 부 그 후에, 나중에, 이어서 | 비가 많이 왔고 그 결과 댐이 범람했다. 그 후에 비가 멈췄다. |

| considerable | 형 상당한, 많은 | He earned a **considerable** amount of encouragement from his **considerate** colleagues. |
| considerate | 형 사려 깊은, 배려하는 | 그는 자신의 사려 깊은 동료들로부터 상당한 양의 격려를 받았다. |

혼동어휘

헷갈리는 단어 완벽정리

credible	형 믿을 수 있는, 신용할 만한	predict the outcome with **credible** information 믿을 수 있는 정보로 결과를 예측하다
		vs.
incredible	형 놀라운, 대단한, 믿어지지 않는	Our **incredible** growth rate leads to a continuous recruitment. 우리의 놀라운 성장률은 지속적인 채용으로 이어진다.

define	동 정의를 내리다, 한정하다	AI will help **define** humanity. 인공지능이 인간성의 정의를 내리는 데 도움을 줄 것이다.
		vs.
refine	동 정제하다, 불순물을 제거하다, 세련되다	A billion gallons of crude oil is **refined** and used in the U.S. 10억 갤런의 원유가 미국에서 정제되고 사용된다.

definite	형 분명한, 확실한	It is **definite** that Lucy has **infinite** possibilities. Lucy가 무한한 가능성을 가지고 있다는 것은 분명하다.
infinite	형 무한한, 막대한 명 무한한 것	

effective	형 효과적인	Let's look for an **effective** way to make an **efficient** work process.
efficient	형 효율이 좋은, 효과 있는, 유능한	효율이 좋은 업무 절차를 만들기 위한 효과적인 방법을 찾아보자.

empathy	명 공감, 감정이입	Rob has no **empathy**, so he doesn't feel **sympathy** for the poor.
sympathy	명 동정, 연민	Rob은 공감을 못 해서 가난한 사람들에 대해 연민을 느끼지 않는다.

genius	명 천재(성), 특별한 재능	This is a **genuine** Van Gogh painting, and it shows he was a **genius**.
genuine	형 진짜의, 진품의, 진심인	이것은 진짜 반 고흐의 그림이고, 그것은 그가 천재였음을 보여준다.

heredity	명 유전, 유전적 특징, 세습, 상속	**Heredity** is the genetic **heritage** from our ancestors.
heritage	명 유산, 상속 재산	유전적 특징은 우리의 조상에게서 받은 유전적인 유산이다.

humiliate	동 굴욕감을 주다, 창피하게 하다	After being **humiliated** by defeats, the athlete learned **humility**.
humility	명 겸손, 겸손한 행동	패배로 인해 창피를 당한 후, 그 운동선수는 겸손을 배웠다.

literal	형 문자 그대로의, 문자의, 문자로 된	**Literate** children acquire more than the **literal** meanings of word by reading **literature**. 글을 읽고 쓸 줄 아는 아이들은 문학을 읽음으로써 문자 그대로의 단어 의미보다 더 많은 것을 습득한다.
literature	명 문학, 문예	
literate	형 글을 읽고 쓸 줄 아는 명 글을 아는 사람, 학자	
memorable	형 기억할 만한	**Carl** gave a **memorable** speech at the opening of the war **memorial**. Carl은 전쟁 기념관의 개관식에서 기억할 만한 연설을 했다.
memorial	명 기념관, 기념비	
mutation	명 돌연변이, 변화, 변천	The scientists were in **mutual** agreement that they could find the DNA **mutation**. 그 과학자들은 DNA 돌연변이를 발견할 수 있을 것이라고 상호 간의 동의를 했다.
mutual	형 상호 간의, 서로의, 공동의	
notion	명 개념, 관념	Many mathematical **notions** can only be understood through **notation**. 많은 수학적 개념은 기호를 통해서만 이해될 수 있다.
notation	명 표기법, 기호	
numeral	명 숫자 형 수의, 수를 나타내는	We used **numerous** techniques and finally solved the **numeral** codes. 우리는 수많은 기술을 이용했고, 마침내 숫자 암호를 풀었다.
numerous	형 수많은, 다수의	
nutrient	명 영양소, 영양분	If you don't eat **nutritious** food, you might lack certain **nutrients**. 만약 당신이 영양분이 많은 음식을 먹지 않으면 특정 영양소가 부족할 수 있다.
nutritious	형 영양분이 많은	
object	명 물건, 대상, 목표 동 반대하다	From an **objective** point of view, I **object** to the plan. 객관적인 관점에서 나는 그 계획에 반대한다.
objective	형 객관적인	
principal	형 주된, 주요한 명 (단체의) 장, 우두머리, 교장/학장	The **principal** reason Ann failed is that she didn't follow her **principles**. Ann이 실패한 주된 이유는 그녀가 자신의 원칙을 지키지 않은 것이다.
principle	명 원리, 원칙, 신조	

| satiety | 명 포만(감), 싫증 남 | Dennis was very **satisfied** with the buffet, and felt **satiety** after eating. |
| satisfy | 동 만족시키다, 충족시키다 | Dennis는 뷔페에 매우 만족했고, 식사 후에 포만감을 느꼈다. |

| sensible | 형 분별력 있는, 느낄 수 있는 | A **sensible** person is careful when talking about **sensitive** topics. |
| sensitive | 형 세심한, 예민한 | 분별력 있는 사람은 예민한 주제에 대해 말할 때 조심한다. |

| social | 형 사회의, 사회적인, 사교의 | **Sociable** people tend to participate in more **social** activities. |
| sociable | 형 사교적인 | 사교적인 사람들은 더 많은 사회 활동에 참여하는 경향이 있다. |

stationary	형 움직이지 않는, 고정된	The car was **stationary** in the middle of the road. 그 자동차는 도로 한가운데에서 움직이지 않았다.
		vs.
stationery	명 문방구, 문구류	A notebook in the **stationery** department caught my eye. 문방구 코너에 있는 공책 하나가 내 눈길을 끌었다.

| successful | 형 성공한 | The most **successful** team in the league had twelve **successive** wins. |
| successive | 형 연속적인 | 그 리그에서 가장 성공한 팀은 열두 번의 연속적인 승리를 했다. |

tuition	명 수업료, 등록금	You don't need to pay your **tuition**. 너는 수업료를 낼 필요가 없다.
		vs.
intuition	명 직관(력), 직감	effects of **intuition** on scientific discoveries 직관력이 과학적 발견에 미치는 영향

| valuable | 형 귀중한, 값비싼 | I got to see **valuable** works of art at the museum, and it was an **invaluable** experience. |
| invaluable | 형 값을 매길 수 없는, 매우 귀중한 | 나는 박물관에서 값비싼 예술 작품을 보게 되었고, 그것은 매우 귀중한 경험이었다. |

aboard	전 (배 · 비행기 등에) 탑승해 있는 부 (배 · 비행기 등을) 타고
abroad	부 해외에서, 해외로, 널리 명 해외, 국외

I traveled **abroad** for the first time **aboard** a cruise ship.

나는 유람선을 타고 처음으로 해외로 여행을 했다.

absurd	형 터무니없는, 불합리한 명 부조리, 불합리
absorb	동 빨아들이다, 흡수하다

It sounds **absurd** that the machine **absorbs** fine dust, but it's true.

그 기계가 미세먼지를 흡수한다는 것이 터무니없이 들리지만 그것은 사실이다.

access	동 접근하다, 이용하다 명 접근(권), 출입(구)
assess	동 평가하다, 가늠하다, 재다

The technician **accessed** the network and **assessed** the connection status.

그 기술자는 통신망에 접근해서 연결 상태를 평가했다.

adapt	동 조정하다, 적응하다, 개조하다
adopt	동 채택하다, 입양하다, 취하다

For the law to be **adopted**, some parts of it should be **adapted**.

그 법안이 채택되기 위해서 몇몇 부분들이 조정되어야 한다.

appreciate	동 감상하다, 높이 평가하다, 감사하다
appropriate	형 적절한, 알맞은 동 도용하다, 책정하다

I **appreciated** that the staff took **appropriate** action to reduce my inconvenience.

나는 직원이 내 불편을 줄여주기 위해 적절한 조치를 취한 것에 감사했다.

aptitude	명 적성, 소질
attitude	명 태도, 마음가짐, 자세

Her accomplishment was the result of her positive **attitude** and natural **aptitude**.

그녀의 업적은 긍정적인 태도와 타고난 소질의 결과였다.

arise	동 (문제 상황이) 일어나다, 발생하다
arouse	동 (감정 · 생각 등을) 일으키다, 자극하다, 깨우다

A lot of CO_2 emissions **arise** from transportation.

많은 이산화탄소 배출은 교통수단에서 발생한다.

vs.

The story **aroused** my curiosity.

그 이야기는 나의 호기심을 일으켰다.

career	명 (전문적) 직업, 경력 형 직업적인, 전문적인	Sally wants to build her **career** at an international **carrier**.
carrier	명 운송인, 운송 회사, 매개체	Sally는 국제 운송 회사에서 경력을 쌓기를 원한다.
chef	명 주방장, 요리사	The **chef** became the **chief** executive officer of the restaurant chain.
chief	명 (조직, 집단의) 장, 추장, 족장 형 주된, 최고위의	그 주방장은 식당 체인회사의 최고위 경영자가 되었다.
command	동 명령하다, 지시하다 명 명령, 지휘	The reporter wrote **comments** about the dictator's military **command**.
comment	명 논평, 언급 동 논평하다, 견해를 밝히다	그 기자는 독재자의 군사 명령에 대한 논평을 썼다.
confirm	동 (사실임을) 확인하다, 더 분명히 해주다	We should **confirm** if he **conforms** to our idea.
conform	동 (행동, 생각을) 같이하다, (규칙 등에) 순응하다	우리는 그가 우리의 생각과 같이하는지 확인해야 한다.
contact	동 접촉하다, 연락하다 명 접촉, 연락	You can **contact** us during business hours. 당신은 업무시간 중에 저희와 연락할 수 있습니다. vs.
contract	동 계약하다, 수축하다 명 계약(서)	Did you receive the **contract** I sent to you? 너는 내가 너에게 보낸 계약서를 받았니?
cooperate	동 협력하다, 협조하다	All employees must **cooperate** with each other to reach the **corporate** goal.
corporate	형 기업의, 법인의, 단체의	모든 직원들은 기업의 목표를 달성하기 위해 서로 협력해야 한다.
corps	명 부대, 군단	After the war ended, the **corps** was sent to find **corpses**.
corpse	명 시신, 시체	전쟁이 끝난 후에 그 부대는 시신들을 찾기 위해 보내졌다.
decide	동 결정하다, 결심하다	The hacker **decided** to **decode** the password of the terrorist organization.
decode	동 (암호를) 해독하다, 이해하다	그 해커는 테러 조직의 암호를 해독하기로 결심했다.

distinct	형 뚜렷한, 구별되는, 별개의	The **distinct** smell of sulfur came from the industrial **district**.
district	명 구역, (특정한) 지역, 지방	공업 구역으로부터 뚜렷한 유황 냄새가 났다.

elect	동 (선거로) 선출하다, 선택하다	The mayor was **elected** because he promised to **erect** a new hospital.
erect	형 똑바로 선 동 (똑바로) 서다, 세우다	그 시장은 새 병원을 세운다고 약속했기 때문에 선출되었다.

except	전 ~을 제외하고, ~ 외에는 동 제외하다	I **expect** that everyone in the team **except** Dan will participate in the project.
expect	동 예상하다, 기대하다	나는 Dan을 제외하고 팀의 모두가 그 프로젝트에 참여할 것이라 예상한다.

expand	동 확장하다, 확대하다, 팽창시키다	We **expended** much time **expanding** our office, but still had to **extend** the construction period.
expend	동 (시간, 노력, 돈 등을) 들이다, 소비하다	우리는 사무실을 확장하는 데 시간을 많이 들였지만 여전히 공사 기간을 연장해야만 했다.
extend	동 뻗다, 확장하다, 연장하다	

explicit	형 분명한, 명백한, 솔직한	It is an **explicit** truth that the company **exploited** the resources illegally.
exploit	동 (부당하게) 이용하다, 개척하다 명 위업, 공적	그 회사가 자원을 불법적으로 이용한 것은 분명한 진실이다.

explode	동 터지다, 터뜨리다, 폭발하다	While he was **exploring** the mountains, he heard something **explode**.
explore	동 탐험하다, 탐구하다, 조사하다	그는 산지를 탐험하는 동안 무언가 터지는 소리를 들었다.

immense	형 거대한, 엄청난, 막대한	We **immersed** our feet in the river and felt **immense** comfort.
immerse	동 담그다, 가라앉히다, 빠져들게 하다	우리는 강에 발을 담그고 엄청난 편안함을 느꼈다.

inhibit	동 억제하다, 제지하다, 금하다	Fear of failure **inhibits** me from taking risks. 실패에 대한 두려움은 내가 위험을 감수하는 것을 억제한다. vs. wildlife **inhabiting** areas close to the fish farms 양식장 근처의 지역에 사는 야생동물
inhabit	동 살다, 거주하다, 서식하다	

intact	형 온전한, 손상되지 않은	An **intact** mummy was found sticking out of the ice. 얼음 밖으로 튀어나와 있는 온전한 미라가 발견되었다.
		vs.
intake	명 섭취(량), 흡입(물)	Food **intake** is essential for survival. 음식 섭취는 생존에 필수적이다.

interpret	동 해석하다, 이해하다, 통역하다	Tim asks me to **interpret** English sentences often. So my tasks are **interrupted**.
interrupt	동 방해하다, 중단시키다	Tim은 나에게 영어 문장을 해석해달라고 너무 자주 요청한다. 그래서 내 일이 방해된다.

loyal	형 충실한, 성실한	The **royal** palace is protected by **loyal** guards.
royal	형 왕의, 왕실의 명 왕족	왕의 궁전은 충실한 경비대에 의해 보호된다.

mediation	명 중재, 조정, 매개	The counselor recommended doing **meditation** together during their conflict **mediation**.
meditation	명 명상, 심사숙고	상담사는 그들의 갈등 중재 중에 함께 명상하는 것을 추천했다.

nature	명 자연, 본성	It's a parent's **nature** to **nurture** their kids well.
nurture	명 양육, 양성 동 양육하다	아이들을 잘 양육하려는 것은 부모의 본성이다.

precise	형 정확한, 정밀한	**Precious** jewels are graded by a **precise** examination procedure.
precious	형 귀중한, 값비싼	귀중한 보석은 정밀한 검사 절차에 의해 등급이 매겨진다.

proper	형 적절한, 제대로 된	Enterprises can only **prosper** under **proper** management.
prosper	동 번영하다, 번창하다	기업들은 오직 적절한 경영하에서만 번창할 수 있다.

resolution	몡 해결, 결단력	Dr. Kim found a **resolution** to the dispute with his peers. Kim 박사는 동료들과의 갈등에 대한 해결을 찾았다.
		vs.
revolution	몡 회전, 공전, 혁명	The Earth makes one **revolution** around the sun each year. 지구는 매년 태양 주위를 한 바퀴 둘러 공전한다.

simulate	동 흉내 내다, 모의실험을 하다, 시뮬레이션하다	Researchers **simulated** the impact of a tornado on the city. 연구자들은 토네이도가 그 도시에 미치는 영향을 모의실험했다.
		vs.
stimulate	동 자극하다, 활성화하다, 고무하다	The government tried everything to **stimulate** economic growth. 정부는 경제 성장을 활성화하기 위해 모든 것을 시도했다.

suspect	동 의심하다 몡 용의자 혱 의심스러운	Everyone **suspected** that it was Sam who **suspended** Oliver's bag from the ceiling.
suspend	동 매달다, (잠시) 중단하다, 정학시키다	모두가 Oliver의 가방을 천장에 매단 사람이 Sam이라고 의심했다.

vacation	몡 휴가, 방학, 휴정	He thought this job was his **vocation**, and worked hard without a **vacation** for 10 years.
vocation	몡 천직, 직업, 사명감	그는 이 직업이 자신의 천직이라고 생각했고 휴가 없이 10년 동안 열심히 일했다.

인덱스

INDEX

■ 어원

■ 단어

INDEX

해커스 보카 어원편

INDEX

해커스 어학연구소

INDEX

해커스 보카 어원편

해커스
보카

어원편

점선을 오려 단어가리개로 활용하세요

찬란하게 빛날
너의 미래를 응원해

점선을 오려 단어가리개로 활용하세요

어원으로 **줄줄이** 쉽게 외워지는 영단어

해커스 보카
어원편

WORKBOOK

해커스 어학연구소

해커스 보카

어원편

WORKBOOK

해커스 어학연구소

■ 영어 단어를 보고 알맞은 우리말 뜻, 우리말 뜻을 보고 알맞은 영어 단어를 쓰세요.

1 foretell _____

2 ancient _____

3 ancestor _____

4 foresee _____

5 prospect _____

6 antique _____

7 preoccupy _____

8 predict _____

9 proactive _____

10 anticipate _____

11 발전, 진행; 진전(을 보이다) _____

12 (손목에서 팔꿈치까지) 팔뚝 _____

13 닻(을 내리다), 고정 장치 _____

14 예방책, 예방 조치, 사전 조치 _____

15 시기상조의, 조기의, 조숙한 _____

16 제시하다, 제안하다, 청혼하다 _____

17 이마, (사물의) 앞부분 _____

18 시사(회); 사전 검토(하다) _____

19 속담, 격언 _____

20 보호하다, 지키다 _____

■ 다음 한글 문장을 읽고 영어 문장의 빈칸에 알맞은 단어를 쓰세요.

21 일기 예보는 다음 주에 눈이 올 것이라고 말한다.
The weather f_____ says it will snow next week.

22 그 웹사이트는 한 유명한 배우의 약력을 포함하고 있다.
The website includes a p_____ of a popular actor.

23 긴 자동차 여행을 시작하기 전에 길을 미리 결정하는 것이 가장 좋다.
It's best to p_____ the route before starting a long car trip.

24 그는 이전의 경험을 이용해서 그 문제를 해결했다.
He solved the problem by using his p_____ experience. 학평

25 고객 서비스는 그 회사의 가장 중요한 관심사이다.
Customer service is the company's f_____ concern.

■ 두 단어 중 문장에 들어갈 알맞은 단어를 고르세요.

26 His (① forefathers ② antiques) were Russian nobles.

27 You're doing well in your studies, and I'm satisfied with your (① precaution ② progress). 모평

28 The (① anchor ② preview) was lowered into the water and the ship came to a stop.

29 Even without telescopes, early astronomers (① proposed ② protected) that the Earth orbited the Sun. 학평

30 The police should be (① proactive ② ancient) about stopping crime before it happens.

정답 및 해석 p.74

■ 영어 단어를 보고 알맞은 우리말 뜻, 우리말 뜻을 보고 알맞은 영어 단어를 쓰세요.

1	bygone	_____	11	교체하다, 대신하다, 대체하다	_____
2	refuge	_____	12	다시 합류하다, 재가입하다	_____
3	reconcile	_____	13	구경꾼, 방관자	_____
4	withhold	_____	14	복원/복구하다, 회복시키다	_____
5	parade	_____	15	수단, 휴양지; 의지하다	_____
6	retrospect	_____	16	물러나게 하다, 취소/철수하다	_____
7	bypass	_____	17	마비시키다, 쓸모없게 만들다	_____
8	reunion	_____	18	역설, 모순	_____
9	by-product	_____	19	남아 있다, 계속 ~이다	_____
10	parasite	_____	20	존경/존중하다; 존경/경의	_____

■ 빈칸에 들어갈 알맞은 단어를 박스 안에서 고르세요.

paradise	parallel	remark	retire	withstand

21 The desks are neatly arranged in _____ rows.

22 Metal pots can _____ high heat better than pots made from other materials.

23 The elderly carpenter decided to _____ after a long career and rest at home.

24 He made a _____ to his teammate that he did not trust himself.

25 The most beautiful and colorful birds live in New Guinea, and they are named 'birds of _____.' 학평

■ 두 단어 중 문장에 들어갈 알맞은 단어를 고르세요.

26 We should (① replace ② recycle) more to prevent trees from being cut down.

27 I planned a (① paradox ② reunion) to meet all of my former classmates again.

28 Drivers can use a (① bypass ② bystander) to avoid the city center.

29 She will do a lot of (① respect ② research) before buying her first car.

30 As soon as harmony is broken, we do whatever we can to (① restore ② resort) it. 학평

정답 및 해석 p.74

DAILY CHECKUP

DAY 03

■ 영어 단어를 보고 알맞은 우리말 뜻, 우리말 뜻을 보고 알맞은 영어 단어를 쓰세요.

1	surround _____	11	똑바른, 수직의, 꼿꼿이 _____
2	overlap _____	12	책임을 맡다, 착수하다 _____
3	depict _____	13	못 보고 넘어가다, 간과하다 _____
4	uphold _____	14	넘치다; 넘쳐흐른 물, 범람 _____
5	overcome _____	15	게걸스럽게 먹다, 집어삼키다 _____
6	superstition _____	16	~의 기초가 되다 _____
7	upcoming _____	17	전반적인; 전반적으로; 작업복 _____
8	undermine _____	18	우월한, 상급의; 선배, 상급자 _____
9	detect _____	19	섬세한, 세련된, 연약한 _____
10	desire _____	20	떠나다, 출발하다 _____

■ 빈칸에 들어갈 알맞은 단어를 박스 안에서 고르세요.

overwhelm	subtle	surface	undergo	update

21 _____ things that other people might not notice may spoil your date.

22 Giving too many tasks to employees can _____ them and lead to mistakes.

23 Turtles spend most of their time in the water and only rise to the _____ to get food. 학평

24 Because the plan changed, Dennis had to _____ the project schedule.

25 Emergency workers should _____ a counseling to help them after stressful events. 학평

■ 빈칸에 들어갈 알맞은 단어를 보기 중에서 고르세요.

26 I couldn't _____ my laughter as I watched the funny movie.
① surrender   ② undermine   ③ suppress

27 Register for this seminar on sleep health if you _____ from a sleep disorder. 학평
① uphold   ② suffer   ③ detect

28 These paintings _____ their names from Greek gods.
① devour   ② depart   ③ derive

29 Experts _____ that young people stop wasting money and save more. 학평
① overcome   ② suggest   ③ surround

30 He is not a person who believes in _____ beings, such as ghosts.
① supernatural   ② overall   ③ upcoming

정답 및 해석 p. 74

■ 영어 단어를 보고 알맞은 우리말 뜻, 우리말 뜻을 보고 알맞은 영어 단어를 쓰세요.

1 asset _____

2 advent _____

3 introduction _____

4 admire _____

5 await _____

6 illusion _____

7 aspect _____

8 assure _____

9 approximate _____

10 interior _____

11 자극하다, 불을 붙이다 _____

12 통찰(력), 간파, 이해 _____

13 내성적인/내향적인 (사람) _____

14 자극/고무하는; 보상, 장려(금) _____

15 내재된, 본질적인, 고유의 _____

16 섭취(량), 흡입(물) _____

17 쌓아 올림, 축적(물) _____

18 강요하다, 부과하다, 도입하다 _____

19 놀라게 하다; 경보, 불안 _____

20 가속하다, 빨라지다 _____

■ 설명에 맞는 영어 단어를 쓰세요.

21 a_____ : to give up something and leave it for someone else

22 i_____ : to spend time or money to make profits

23 i_____ : having a characteristic or talent since birth

24 i_____ : the money that a person or store earns

25 i_____ : considering one's own thoughts and feelings

■ 빈칸에 들어갈 알맞은 단어를 보기 중에서 고르세요.

26 This hotel has an _____ pool that guests can enjoy during any season.
① inherent　　② incentive　　③ indoor

27 Never _____ a dog, even slowly, when its tail is between its legs. 학평
① await　　② approach　　③ accelerate

28 For most people, their home is the greatest _____ they own.
① aspect　　② asset　　③ insight

29 To protect his shop, he sets the _____ before leaving every day.
① interior　　② intake　　③ alarm

30 The judge will _____ a fine on the company for polluting the river.
① impose　　② assure　　③ admire

정답 및 해석 p.74

■ 영어 단어를 보고 알맞은 우리말 뜻, 우리말 뜻을 보고 알맞은 영어 단어를 쓰세요.

1 transition _____
2 outcome _____
3 utmost _____
4 expand _____
5 diabetes _____
6 transform _____
7 output _____
8 diarrhea _____
9 examine _____
10 outstanding _____

11 대각선의, 사선의 _____
12 옮기다, 환승하다; 이동, 전학 _____
13 교환(하다), 환전(하다) _____
14 호위/동행하다; 호위대, 수행원 _____
15 다 써버리다; 배출 (장치) _____
16 ~보다 무겁다, 능가하다 _____
17 증발하다, 사라지다 _____
18 전송하다, (질병 등을) 옮기다 _____
19 이국적인, 색다른, 외국(풍)의 _____
20 경치, 전망, 견해 _____

■ 설명에 맞는 영어 단어를 쓰세요.

21 e_____ : belonging to the outside of something

22 o_____ : the sudden start of something bad, such as a war or disease

23 o_____ : a way for something to go outside

24 t_____ : to carry people or objects from one place to another

25 e_____ : special, unusual or very different from normal

■ 다음 한글 문장을 읽고 영어 문장의 빈칸에 알맞은 단어를 쓰세요.

26 침식은 물이나 바람 같은 자연적인 힘에 의한 행성 표면의 느린 파괴이다.
    E_____ is the slow destruction of planet's surface by natural forces such as water or wind.

27 나는 내 피자에 추가 치즈를 위해 2달러를 더 지불했다.
    I paid $2 more for e_____ cheese on my pizza.

28 그의 임무는 미국 회사들과 일하는 것의 가능성을 조사하는 것이었다.
    His task was to e_____ the possibility of working with American firms. 모평

29 당신은 지름이 약 1미터인 꽃을 본 적이 있나요?
    Have you ever seen a flower which is about one meter in d_____? 학평

30 여름 오후 중에는 길 위의 물이 빠르게 공기 중으로 증발할 것이다.
    During summer afternoons, water on the road will quickly e_____ into the air.

정답 및 해석 p.75

맞은 개수: / 30

■ 영어 단어를 보고 알맞은 우리말 뜻, 우리말 뜻을 보고 알맞은 영어 단어를 쓰세요.

1	abnormal	11	안전한; 안전하게 지키다
2	abundant	12	터무니없는, 부조리; 불합리
3	absorb	13	변장(하다), 숨기다; 거짓 행동
4	dispersal	14	외국의, 타지역의
5	distance	15	무능(력), 장애
6	diffusion	16	분리 (정책), 차별 (정책)
7	discard	17	불편(하게 하다); 통증
8	disadvantage	18	혐오; 혐오감을 유발하다
9	disobedient	19	고르다, 선택하다; 고른, 엄선한
10	amend	20	용서하다, 면제해 주다

■ 다음 한글 문장을 읽고 영어 문장의 빈칸에 알맞은 단어를 쓰세요.

21 터치스크린의 한 가지 장점은 그것이 사용하기에 매우 쉽다는 것이다.
One a_____ of touch screens is that they're very easy to use. 학평

22 1859년에 미국은 알래스카를 구매하는 것에 대해 러시아와 논의를 했다.
The United States had a d_____ with Russia in 1859 about buying Alaska. 학평

23 파키스탄은 인도로부터 분리하기로 결정했고 무슬림 국가가 되었다.
Pakistan decided to s_____ from India and became a Muslim country.

24 그 마술사는 마술의 일부로 토끼를 사라지게 만들었다.
The magician made a rabbit d_____ as part of a trick.

25 많은 국가들이 멸종 위기에 처한 종을 낚는 것을 금지하는 법들을 통과시켰다.
Many countries have passed laws to f_____ the fishing of endangered species. 학평

■ 두 단어 중 문장에 들어갈 알맞은 단어를 고르세요.

26 (① Advances ② Distances) in transportation made international travel more practical. 학평

27 People with heart (① diffusion ② disease) should ask their doctor first before taking a bath above 39°C. 수능

28 My parents (① dislike ② discard) going out, so they usually stay home.

29 When food is (① abnormal ② abundant), some birds hide nuts for harder times. 학평

30 A bank is a(n) (① secure ② foreign) place to keep money.

정답 및 해석 p.75

DAILY CHECKUP

맞은 개수: / 30

■ 영어 단어를 보고 알맞은 우리말 뜻, 우리말 뜻을 보고 알맞은 영어 단어를 쓰세요.

1	compact	_____	11	증상, 조짐, 징후	_____
2	symphony	_____	12	충돌, 대립, 상충	_____
3	correction	_____	13	결합하다, 겸비하다	_____
4	interpret	_____	14	집중시키다, 집중하다; 농축물	_____
5	interpersonal	_____	15	부패한; 타락시키다	_____
6	interval	_____	16	증후군, 신드롬	_____
7	automobile	_____	17	윤곽(선), 등고선	_____
8	configuration	_____	18	상호 작용하다, 소통하다	_____
9	authenticity	_____	19	면접(을 보다), 인터뷰(하다)	_____
10	automatic	_____	20	국가 간의, 국제적인	_____

■ 두 단어 중 문장에 들어갈 알맞은 단어를 고르세요.

21 Please (① synthesize ② interchange) this table and the one in the break room.

22 Mobile phones are now used to (① coexist ② connect) patients to doctors to share basic health information. 학평

23 (① Combustion ② Collision) occurs inside the engine, and this burns fuel and allows the vehicle to move.

24 There will be a 15-minute (① intermission ② concentrate) after the first part of the performance.

25 Language is a system of (① contours ② symbols) that represent ideas. 학평

■ 빈칸에 들어갈 알맞은 단어를 박스 안에서 고르세요.

authenticity	automobile	concern	interpret	symphony

26 My illness should not _____ you because it is not serious.

27 The orchestra will perform Beethoven's most famous _____ this weekend.

28 I asked an art expert to confirm the _____ of the painting.

29 In the early days of the _____, tires were seldom black and were usually white or tan. 학평

30 Mr. Polson hired someone to _____ his speech for the visitors from China.

정답 및 해석 p. 75

■ 영어 단어를 보고 알맞은 우리말 뜻, 우리말 뜻을 보고 알맞은 영어 단어를 쓰세요.

1	opponent	11	항생 물질의; 항생제
2	antibacterial	12	반대의; 상반되는 것; 반대로
3	embrace	13	분명치 않은, 모호한
4	antibody	14	확실하게 하다
5	enlarge	15	~할 수 있게 하다
6	oppress	16	위험에 빠뜨리다
7	counterpart	17	약속하다, 참가하다, 종사하다
8	Antarctic	18	부유하게 하다, 풍요롭게 하다
9	ensue	19	깊이 박다, 끼워 넣다
10	empower	20	통제(하다), 지배(하다)

■ 빈칸에 들어갈 알맞은 단어를 박스 안에서 고르세요.

enthusiasm	enhance	obstacle	observe	occasion

21 Save great wine for a special _____, like your birthday. 학평

22 The workers removed the _____ that was blocking the road.

23 Some scientists _____ every little detail in a dinosaur fossil, like detectives. 학평

24 People at the concert were so full of energy and _____.

25 Ideas to _____ our lives may be encouraged by the desire for comfort. 학평

■ 빈칸에 들어갈 알맞은 단어를 보기 중에서 고르세요.

26 This medicine will _____ the fever and cure the patient.
① counteract   ② offer   ③ entitle

27 Let's compare and _____ a fiction and a nonfiction text covering similar ideas. 학평
① embed   ② contrast   ③ control

28 Some kings used to _____ citizens by taking away their freedom of speech.
① oppress   ② ensue   ③ empower

29 The two armies will _____ in battle on the north side of the river.
① enrich   ② engage   ③ endanger

30 The photograph is too small, so could you _____ it?
① embrace   ② enable   ③ enlarge

정답 및 해석 p.75

맞은 개수: / 30

■ 영어 단어를 보고 알맞은 우리말 뜻, 우리말 뜻을 보고 알맞은 영어 단어를 쓰세요.

1	incorrect	11	불멸, 불사, 영원한 생명
2	demerit	12	원치 않는, 불필요한
3	immoral	13	알려지지 않은, 미지의 (것)
4	innocent	14	잊을 수 없는
5	invariable	15	~할 것 같지 않은
6	unfamiliar	16	견딜 수 없는, 참기 어려운
7	inability	17	(잠긴 것을) 열다, 드러내다
8	unexpected	18	삼림 벌채, 삼림 개간
9	unable	19	피할 수 없는, 필연적인
10	unfair	20	간접적인, 우회하는

■ 설명에 맞는 영어 단어를 쓰세요.

21 i_____ : a situation in which things do not occur in the same numbers, amounts, etc.

22 u_____ : knowing very little about something because you have not seen or experienced it

23 d_____ : to break down a password, or understand something

24 u_____ : having bad luck

25 i_____ : not useful, not easy to use, or can't easily be realized

■ 빈칸에 들어갈 알맞은 단어를 보기 중에서 고르세요.

26 He tried to stop eating junk food, but the desire was _____.
  ① irresistible   ② unwanted   ③ innocent

27 We'll make the last _____ happy memories of our high school life. 모평
  ① incorrect   ② unforgettable   ③ unfair

28 His new job had a few _____, but the benefits were greater.
  ① inabilities   ② demerits   ③ invariables

29 Eva gave up music because she was _____ to make a living. 학평
  ① unable   ② immoral   ③ unknown

30 The hot weather this summer is so _____ that we can't go outside.
  ① indirect   ② illegal   ③ unbearable

정답 및 해석 p.76

■ 영어 단어를 보고 알맞은 우리말 뜻, 우리말 뜻을 보고 알맞은 영어 단어를 쓰세요.

1 unique _____
2 monopoly _____
3 monotonous _____
4 sole _____
5 solitary _____
6 duet _____
7 union _____
8 dual _____
9 doubt _____
10 binocular _____

11 연합하다, 결합하다, 통합하다 _____
12 고체의, 꽉 찬; 고체; 일치하여 _____
13 고독, 독거, 외딴 장소 _____
14 복제하다; 중복의; 사본 _____
15 이산화물 _____
16 외교관, 외교나 흥정에 능한 사람 _____
17 양방향의, 두 방향으로 작용하는 _____
18 쌍둥이, 쌍둥이의; 쌍둥이로 낳다 _____
19 세발자전거, 삼륜 오토바이 _____
20 (극·소설 등의) 3부작 _____

■ 설명에 맞는 영어 단어를 쓰세요.

21 u_____ : same clothing worn by all members of a group, such as a team

22 d_____ : a situation in which you must choose between two bad choices

23 d_____ : a certificate that shows a person has finished school or a class

24 b_____ : being capable of using and understanding two languages

25 t_____ : a small group of people who share the same culture, language, and beliefs

■ 다음 한글 문장을 읽고 영어 문장의 빈칸에 알맞은 단어를 쓰세요.

26 노동조합 지도자인 George Meany는 경제학자들은 늘 정확하지 않아도 명성을 높일 수 있다고 말했다.
George Meany, a labor u_____ leader, said that economists can rise to fame without ever being right. 학평

27 그 공장의 목표는 생산량을 세 배로 만드는 것이다.
The factory's goal is to t_____ its production.

28 많은 국가에서 음식을 준비하기가 더 쉬워지고 있다는 것에 의심의 여지가 없다.
There is no d_____ that food has become easier to prepare in many countries. 학평

29 그 회사는 그 지역의 채굴에 독점권을 가지고 있다.
The company has a m_____ on mining in the area.

30 그 새는 솔방울을 비틀어 열기 위해 자신의 강한 부리를 사용한다.
The bird uses its powerful bill to t_____ and open cones of pine trees. 학평

■ 영어 단어를 보고 알맞은 우리말 뜻, 우리말 뜻을 보고 알맞은 영어 단어를 쓰세요.

1	refuge	D02	18	보호하다, 지키다		D01
2	erosion	D05	19	배치, 배열; 별자리		D07
3	overcome	D03	20	위험하게 하다, 위험에 빠뜨리다		D08
4	absorb	D06	21	초자연적인, 불가사의한		D03
5	enhance	D08	22	연합, 조합, 동맹		D10
6	bypass	D02	23	탐험하다, 탐구하다, 조사하다		D05
7	introduction	D04	24	재활용하다, 재생하다		D02
8	innocent	D09	25	약속하다, 참가하다, 종사하다		D08
9	symptom	D07	26	포기하다, 버리다, 떠나다		D04
10	transaction	D05	27	독점(권), 독점 기업		D10
11	proverb	D01	28	유리함, 장점, 우위		D06
12	enthusiasm	D08	29	시기상조의, 조기의, 조숙한		D01
13	illusion	D04	30	불균형, 불안정		D09
14	segregation	D06	31	책임을 맡다, 착수하다		D03
15	surround	D03	32	공존하다, 동시에 존재하다		D07
16	doubt	D10	33	단점, 결점, 잘못		D09
17	irresistible	D09	34	부족, 종족		D10

■ 보기 중 밑줄 친 단어의 뜻으로 알맞은 것을 고르세요.

35 People often try to <u>impose</u> their opinions on others. D04　　① 부과하다　② 강요하다

36 Creativity is released if the right <u>outlet</u> is found. 학평 D05　　① 배출구　② 할인점

37 Drew <u>proposed</u> changing the location of today's meeting. D01　　① 제안하다　② 청혼하다

■ 빈칸에 들어갈 알맞은 단어를 보기 중에서 고르세요.

38 The _____ items from the 1800s really improve our collection. 수능
① antique D01　② diagonal D05　③ approximate D04　④ obscure D08

39 The group was attracted by the _____ with its colorful night life. 수능
① twist D10　② syndrome D07　③ resort D02　④ antibody D08

40 The only way to overcome loneliness is to _____ with others.
① forbid D06　② connect D07　③ transmit D05　④ accelerate D04

정답 및 해석 p. 76

DAILY CHECKUP

DAY 11

■ 영어 단어를 보고 알맞은 우리말 뜻, 우리말 뜻을 보고 알맞은 영어 단어를 쓰세요.

1	amazing	_____	11	10년, 10개가 한 벌로 된 것 _____
2	ashamed	_____	12	100년, 1세기 _____
3	arise	_____	13	분석하다, 해부하다 _____
4	perspective	_____	14	원자, 미립자 _____
5	abroad	_____	15	매우 비슷한, 서로 같은; 똑같이 _____
6	millionaire	_____	16	고집하다, 주장하다, 지속하다 _____
7	persuade	_____	17	다문화의, 여러 문화가 공존하는 _____
8	perform	_____	18	다목적의, 여러 용도로 쓰이는 _____
9	multiple	_____	19	탑승해 있는; 타고 _____
10	multitask	_____	20	(감정·생각 등을) 일으키다, 깨우다 _____

■ 다음 한글 문장을 읽고 영어 문장의 빈칸에 알맞은 단어를 쓰세요.

21 다빈치의 인체 해부 스케치는 della Torre와의 공동 작업이었다.

Da Vinci's sketches of human a_____ were a collaboration with della Torre. 학평

22 레모네이드는 화창한 날에 완벽한 음료이고, 많은 비타민 C도 포함하고 있다. 모평

Lemonade is the p_____ drink on a sunny day, and it also contains a lot of vitamin C.

23 그 박물관은 절대 바뀌지 않는 영구적인 전시품을 가지고 있다.

The museum has a p_____ exhibit that never changes.

24 David는 Jenna가 더 가까이 걸어올 때 그녀의 라벤더 향수 냄새를 맡을 수 있었다.

David could smell Jenna's lavender p_____ as she walked closer.

25 그 극장은 100년 전에 세워졌고, 100주년 기념식을 개최할 것이다.

The theater was founded 100 years ago, and is holding a c_____ celebration.

■ 두 단어 중 문장에 알맞은 단어를 고르세요.

26 Businesses have experienced more global competition since the new
(① million ② millennium). 학평

27 There are a (① multitude ② millionaire) of planets in the universe.

28 The opening speech was intended to (① arouse ② arise) excitement.

29 Each year, the number of Koreans going (① abroad ② aboard) is larger than
that of foreigners visiting Korea. 학평

30 Begin immediately and then (① persuade ② persist) until the task is complete. 학평

정답 및 해석 p.76

13

DAILY CHECKUP

DAY 12

■ 영어 단어를 보고 알맞은 우리말 뜻, 우리말 뜻을 보고 알맞은 영어 단어를 쓰세요.

1	ecosystem	___	11	생물학, 생태학	___
2	telecommunication	___	12	지리(학), 지형	___
3	misplace	___	13	현미경	___
4	mislead	___	14	마이크, 확성기	___
5	misunderstand	___	15	바이오 연료	___
6	telegraph	___	16	친환경적인, 환경친화적인	___
7	biochemistry	___	17	기하학, 기하학적 구조	___
8	biodiversity	___	18	지열의, 지열에 관한	___
9	misguide	___	19	미기후	___
10	mistake	___	20	전자레인지(로 조리하다)	___

■ 빈칸에 들어갈 알맞은 단어를 박스 안에서 고르세요.

benevolent	economy	geology	misplace	misery

21 Thirty years later, South Korea had become an industrial giant with the fourteenth largest _____ in the world. 학평

22 I got a very large gift from a kind and _____ neighbor.

23 We don't need knowledge to be happy since knowing more often leads to a life of _____. 학평

24 If you _____ your keys, I will help you find them.

25 Scientists studied the _____ of Hawaii to learn about how it formed from volcanoes.

■ 두 단어 중 문장에 알맞은 단어를 고르세요.

26 A rainforest is a(n) (① biodiversity ② ecosystem) named for its many trees and a lot of rain.

27 One (① mistake ② benefit) of being a member of this club is that you can make lots of friends.

28 The small valley has a (① microclimate ② biochemistry) that is much cooler than the surrounding areas.

29 The observatory offers a view of stars with five (① microscopes ② telescopes). 학평

30 Use this (① microwave ② microphone) to make the speech because the other one is broken.

정답 및 해석 p.77

DAILY CHECKUP

DAY 13

맞은 개수: / 30

■ 영어 단어를 보고 알맞은 우리말 뜻, 우리말 뜻을 보고 알맞은 영어 단어를 쓰세요.

1	passport	_____	11	넘어서다, 능가하다
2	passage	_____	12	나침반, 컴퍼스; 둘러싸다
3	remove	_____	13	모터, 자동차; 동력을 내는
4	migrate	_____	14	(언어가) 유창한, 능수능란한
5	emigrate	_____	15	이동하는, 휴대의; 휴대 전화
6	immigrate	_____	16	액체, 마실 것; 유동성 있는
7	emotion	_____	17	촉진하다, 홍보하다, 승진시키다
8	motion	_____	18	걸음, 보폭, 속도; 보조를 맞추다
9	moment	_____	19	움직이게 하는; 주제, 동기
10	obvious	_____	20	영향, 영향력; 영향을 주다

■ 빈칸에 들어갈 알맞은 단어를 박스 안에서 고르세요.

passenger	pastime	trivial	via	voyage

21 The application form must be submitted _____ e-mail. 학평

22 Cycling is a popular _____ that is also good exercise.

23 Christopher Columbus's _____ to North America happened in 1492.

24 Regulations prohibit an airline _____ from leaving a seat just before landing. 학평

25 There were a few _____ errors in the report, but no serious ones.

■ 빈칸에 들어갈 알맞은 단어를 보기 중에서 고르세요.

26 His _____ for moving to Boston was to attend university.
   ① motive   ② emotion   ③ compass

27 The monkey's alarm calls _____ very specific information about the predator. 학평
   ① motivate   ② convey   ③ promote

28 Doctors Without Borders brings health care to _____, isolated areas. 학평
   ① obvious   ② remote   ③ mobile

29 I handed him the newspaper and pointed to the _____ I wanted him to read.
   ① passage   ② motor   ③ moment

30 People who _____ to France are required to learn the French language.
   ① remove   ② influence   ③ immigrate

정답 및 해석 p.77

해석 및 어휘 구주 홍보기 편리 어휘고

15

■ 영어 단어를 보고 알맞은 우리말 뜻, 우리말 뜻을 보고 알맞은 영어 단어를 쓰세요.

1	precede	_____	11	성공하다, ~의 뒤를 잇다	_____
2	proceed	_____	12	(버스/택시 등의) 요금; 가다	_____
3	access	_____	13	복지, 번영, 행복; 복지의	_____
4	cease	_____	14	주저하다, 망설이다	_____
5	exit	_____	15	야망, 야심	_____
6	pervade	_____	16	경향이 있다, ~하기 쉽다	_____
7	pretend	_____	17	의도하다, 작정하다	_____
8	tender	_____	18	팽팽한, 긴장한; 시제	_____
9	intense	_____	19	절차, 순서, 수술	_____
10	evade	_____	20	휴식, 휴정; 휴정하다	_____

■ 설명에 맞는 영어 단어를 쓰세요.

21 i_____ : to enter a country, city, or other place by force

22 a_____ : to go to a meeting, class, or other event

23 e_____ : to make something last longer or make something bigger

24 f_____ : the act of leaving a place, or something you say to someone who departs

25 i_____ : happening at the beginning of something; or the first letter in a name

■ 빈칸에 들어갈 알맞은 단어를 보기 중에서 고르세요.

26 The size of your image file cannot _____ 100 megabytes when you submit it. 모평
　　① hesitate　　　　② exceed　　　　③ succeed

27 People who can admit not knowing are more confident than those who _____ to know everything. 학평
　　① recess　　　　② pervade　　　　③ pretend

28 The plan to create more city parks will _____ next month.
　　① tend　　　　② access　　　　③ proceed

29 An important _____ facing these countries is the differences among cultures. 수능
　　① fare　　　　② exit　　　　③ issue

30 The mother gently sang a(n) _____ song to help her child relax.
　　① tender　　　　② tense　　　　③ intense

정답 및 해석 p.77

■ 영어 단어를 보고 알맞은 우리말 뜻, 우리말 뜻을 보고 알맞은 영어 단어를 쓰세요.

1 prosecute _____
2 avenue _____
3 consequence _____
4 subsequently _____
5 suit _____
6 event _____
7 intervene _____
8 gradually _____
9 ingredient _____
10 adventurous _____

11 단계, 학년; 등급/성적을 매기다 _____
12 실행하다, 수행하다, 처형하다 _____
13 추구하다, 추격하다, 계속하다 _____
14 막다, 방해하다, 예방하다 _____
15 공격적인, 적극적인 _____
16 모험, 벤처 (사업); 모험하다 _____
17 불편; ~에게 불편함을 주다 _____
18 집회/총회, 관습, 전통 _____
19 업그레이드(하다); 향상 _____
20 순서, 연속; 차례로 배열하다 _____

■ 설명에 맞는 영어 단어를 쓰세요.

21 d_____ : a unit of measurement used especially for temperature and angles

22 c_____ : easy and comfortable to do or use

23 s_____ : something to remind people of a memory of a place, event, etc.

24 i_____ : to design or create something that didn't exist before

25 g_____ : to finish a course of study at a school and earn a degree or diploma

■ 다음 한글 문장을 읽고 영어 문장의 빈칸에 알맞은 단어를 쓰세요.

26 스웨덴 같은 나라에서는, 대중 매체가 공공의 세금을 통해 수입을 얻는다.
    In countries such as Sweden, the media gets r_____ through public taxes. 학평

27 DNA는 범죄자들을 기소하기 위해 증거로 사용되어 왔다.
    DNA has been used as evidence to p_____ criminals. 학평

28 저희는 이 지연이 당신께 야기한 불편을 유감스럽게 생각합니다.
    We regret the i_____ this delay has caused you. 학평

29 Elena는 6학년이었을 때, 그녀의 삶을 변화시킨 선생님을 만났다.
    When Elena was in sixth g_____, she met a teacher who changed her life. 학평

30 여러분의 도전은 딸기 같은 계절 재료를 사용하여 맛있는 요리를 만들어내는 것입니다.
    Your challenge is to use a seasonal i_____, such as strawberries, to create
    a delicious dish.

정답 및 해석 p.78

해커스 보카 어원편 워크북

■ 영어 단어를 보고 알맞은 우리말 뜻, 우리말 뜻을 보고 알맞은 영어 단어를 쓰세요.

1	relieve	_____	11	모욕하다; 모욕, 무례
2	emerge	_____	12	우연한, 돌발적인, 부수적인
3	belief	_____	13	우연의 일치, 동시 발생
4	result	_____	14	합병하다, 녹아들게 하다
5	salient	_____	15	추문, 스캔들, 불명예
6	incident	_____	16	공격(하다), 폭행(하다)
7	decay	_____	17	상담하다, 상의하다; 상담
8	submerge	_____	18	무관한, 엉뚱한, 부적절한
9	alleviate	_____	19	올라가다, 증가하다; 산
10	immerse	_____	20	지렛대; 지렛대로 움직이다

■ 다음 한글 문장을 읽고 영어 문장의 빈칸에 알맞은 단어를 쓰세요.

21 그는 자신이 끝내야 하는 업무의 많은 양에 압도감을 느낀다.
He feels overwhelmed by the large a_____ of work he needs to complete. 학평

22 여러 날의 하이킹 후에, 그들은 마침내 그 산을 타고 넘을 수 있었다.
After several days of hiking, they were finally able to s_____ the mountain.

23 그 1세대 이민자는 대학에 다니지 않았지만, 그의 자손은 다녔다.
The first-generation immigrant didn't attend college, but his d_____ did.

24 우리 세계의 크기는 변화하지 않았지만, 인간 활동의 규모는 크게 증가해 왔다.
Our world's size has not changed, but the s_____ of human activities has increased greatly. 수능

25 그 마술사는 공중으로 자기 자신을 들어 올리기 위해 숨겨진 밧줄을 사용한다.
The magician uses hidden ropes to e_____ himself in the air.

■ 두 단어 중 문장에 들어갈 알맞은 단어를 고르세요.

26 We saw a bird dive into the water and then (① submerge ② emerge) with a fish in its beak.

27 She became very (① accidental ② prominent) as a politician after winning the debate.

28 It was a nice (① coincidence ② scale) that two of us had the same birthday.

29 The company apologized for causing the financial (① consult ② scandal).

30 The bus driver was taken to the hospital after the (① assault ② result) by a passenger.

정답 및 해석 p. 78

DAILY CHECKUP

■ 영어 단어를 보고 알맞은 우리말 뜻, 우리말 뜻을 보고 알맞은 영어 단어를 쓰세요.

1	relate	_____	11	(교통) 혼잡, (인구) 밀집	_____
2	differ	_____	12	소화시키다, 요약(문)	_____
3	infer	_____	13	과장하다, 지나치게 강조하다	_____
4	defer	_____	14	더 좋아하다, 선호하다	_____
5	cast	_____	15	참고하다, 언급하다, 인용하다	_____
6	object	_____	16	무관심한, 무관한	_____
7	correlation	_____	17	비옥한, 다산의	_____
8	project	_____	18	(사람, 화물 운반용의) 연락선	_____
9	broadcast	_____	19	지배하에 두다; 과목, 주제	_____
10	eject	_____	20	주사하다, 주입하다	_____

■ 빈칸에 들어갈 알맞은 단어를 보기 중에서 고르세요.

conference	outcast	register	reject	translate

21 _____ by Friday to attend our seminar about interview skills.

22 Jack was asked to _____ the report from French into English.

23 Teachers should carefully watch their class to make sure there isn't a(n) _____.

24 Some people _____ the chance to study abroad because they don't consider themselves adventurous. 학평

25 None of the speakers can come to the _____ because of a big snowstorm. 학평

■ 두 단어 중 문장에 들어갈 알맞은 단어를 고르세요.

26 The couple decided to (① differ ② defer) their wedding to a later date.

27 The doctor will (① inject ② eject) the patient with medicine to help relax.

28 I made fifty students write an essay on the (① subject ② object) of the Roman Empire. 모평

29 Television stations (① cast ② broadcast) various programs all day and all night.

30 People who (① prefer ② infer) rock music tend to be active. 학평

DAILY CHECKUP

맞은 개수: / 30

■ 영어 단어를 보고 알맞은 우리말 뜻, 우리말 뜻을 보고 알맞은 영어 단어를 쓰세요.

1	extract	_____	11	맥박, 진동, 파동; 맥박치다	_____
2	trace	_____	12	계약하다, 수축하다; 계약(서)	_____
3	repel	_____	13	생산하다, 제작하다	_____
4	deduce	_____	14	교육 (기관), 교육학	_____
5	propel	_____	15	(주의를) 산만하게 하다	_____
6	attract	_____	16	빼다, 덜다	_____
7	appeal	_____	17	재생하다, 번식하다, 복사하다	_____
8	abstract	_____	18	특성, 특징	_____
9	portray	_____	19	이끌다, 지휘하다; 지도, 행위	_____
10	treaty	_____	20	대(접)하다, 치료하다; 대접	_____

■ 빈칸에 들어갈 알맞은 단어를 박스 안에서 고르세요.

expel	impulsive	retreat	track	trade

21 The principal decided to _____ him from school for his repeated misbehavior.

22 She was unable to control her _____ spending and bought too many shoes.

23 The sands wiped out the _____ across the desert, and the travelers got lost. 학평

24 It would have been wise for the soldiers to _____, but they continued to attack.

25 Suppose a farmer wants to _____ eggs with a baker for a loaf of bread. 학평

■ 빈칸에 들어갈 알맞은 단어를 보기 중에서 고르세요.

26 Some plants produce chemicals to _____ other creatures to leave them alone. 학평
   ① compel   ② pulse   ③ appeal

27 By reusing plastic containers, we can _____ the amount of waste we make.
   ① deduce   ② reduce   ③ induce

28 We decided to _____ with a company to provide food for our party.
   ① contract   ② distract   ③ subtract

29 Valley Hike is a hiking program that guides participants along a local _____. 학평
   ① trail   ② trait   ③ treat

30 I _____ juice from lemons to make lemonade.
   ① attract   ② portray   ③ extract

정답 및 해석 p.78

■ 영어 단어를 보고 알맞은 우리말 뜻, 우리말 뜻을 보고 알맞은 영어 단어를 쓰세요.

1	mission	11	받아들이다, 인정하다
2	disposable	12	혼합물, 합성의; 혼합하다
3	commit	13	타협하다, 양보하다; 타협
4	thesis	14	해산시키다, 해고하다
5	posture	15	위원(회), 수수료; 의뢰하다
6	suppose	16	구성 요소; 구성 요소를 이루는
7	photosynthesis	17	목적, 용도, 의도
8	oppose	18	자리, 위치, 입장; 배치하다
9	emit	19	자세(를 취하다); 제기하다
10	hypothesis	20	보증금, 예치금; (돈을) 맡기다

■ 설명에 맞는 영어 단어를 쓰세요.

21 p _____ : to assure someone that you will do something

22 p _____ : being hopeful or sure that good things will happen

23 c _____ : to create something such as a piece of music or writing

24 p _____ : to allow someone to do something

25 m _____ : a very dirty or difficult situation

■ 빈칸에 들어갈 알맞은 단어를 보기 중에서 고르세요.

26 For a chance to win the contest, just _____ a selfie of yourself to our Web site! 학평
   ① submit   ② commit   ③ emit

27 If we _____ children to many different activities, they can experience new things.
   ① oppose   ② expose   ③ compose

28 The _____ of that romantic movie is first love.
   ① mission   ② mess   ③ theme

29 I decided to cut the grass just in the front yard and _____ doing the backyard. 학평
   ① postpone   ② posture   ③ compound

30 When we don't want to believe something, we search for contrary evidence so we can _____ it. 학평
   ① admit   ② dismiss   ③ deposit

정답 및 해석 p.79

21

■ 영어 단어를 보고 알맞은 우리말 뜻, 우리말 뜻을 보고 알맞은 영어 단어를 쓰세요.

1	port	11	지지하다, 지원하다; 후원
2	opportunity	12	수출(품), 수출액; 수출하다
3	effort	13	가능한, 있을 수 있는
4	potent	14	해군, 짙은 남색
5	importantly	15	항해하다, 길을 찾다, 운전하다
6	discharge	16	(전문적) 직업, 경력; 전문적인
7	workforce	17	목수
8	enforce	18	마차, 운반, 수송
9	impossible	19	편안(함), 위안; 위로하다
10	reinforce	20	요금; 청구하다, 충전하다

■ 설명에 맞는 영어 단어를 쓰세요.

21 c_____ : a person who delivers letters, packages, etc.

22 f_____ : a strong building, usually protected by soldiers

23 p_____ : to have or own something

24 i_____ : to buy products from abroad and bring them into a country

25 f_____ : strength or power that can cause movement

■ 다음 한글 문장을 읽고 영어 문장의 빈칸에 알맞은 단어를 쓰세요.

26 아이들은 어떻게 동물과 상호 작용하는지, 그리고 가장 중요하게, 언제 그들을 혼자 둬야 하는지 배워야 한다.
Children need to be taught how to interact with animals and, most i_____, when to leave them alone. 학평

27 가만히 앉아서 아무것도 하지 않는 것은 거의 불가능하다.
It's almost i_____ to sit still and do nothing. 학평

28 그 회사는 노동자를 만 명 이상으로 늘렸다.
The company expanded its w_____ to more than 10,000 people.

29 케냐에서는, 농부들이 수출하기 위한 차와 커피를 적극적으로 재배한다.
In Kenya, farmers actively grow tea and coffee to e_____. 수능

30 당신이 전문가가 되기를 희망한다면 시간과 노력이 든다.
It takes time and e_____ if you wish to become an expert. 학평

정답 및 해석 p.79

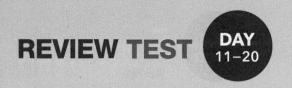
■ 영어 단어를 보고 알맞은 우리말 뜻, 우리말 뜻을 보고 알맞은 영어 단어를 쓰세요.

1	emotion	D13	18	100년, 1세기	D11
2	biology	D12	19	재료, 성분, 구성 요소	D15
3	postpone	D19	20	번역하다, 해석하다	D17
4	precede	D14	21	승객, 통행인	D13
5	inject	D17	22	타협(하다), 양보(하다)	D19
6	irrelevant	D16	23	복지(의), 번영, 행복	D14
7	motivate	D13	24	항해하다, 길을 찾다, 운전하다	D20
8	produce	D18	25	우연한, 돌발적인, 부수적인	D16
9	execute	D15	26	백만장자, 큰 부자	D11
10	hypothesis	D19	27	계약하다, 수축하다; 계약(서)	D18
11	telescope	D12	28	야망, 야심	D14
12	exaggerate	D17	29	항구, 항구 도시	D20
13	induce	D18	30	친환경적인, 환경친화적인	D12
14	persuade	D11	31	목적, 용도, 의도	D19
15	effort	D20	32	고발하다, 기소하다	D15
16	merge	D16	33	(언어가) 유창한, 능수능란한	D13
17	possess	D20	34	거래(하다), 무역; 교역하다	D18

■ 보기 중 밑줄 친 단어의 뜻으로 알맞은 것을 고르세요.

35 It takes 20 minutes to <u>charge</u> my phone's battery. D20 　　① 청구하다　② 충전하다

36 Students who are confident often <u>succeed</u> in school. 학평 D14 　　① 성공하다　② ~의 뒤를 잇다

37 Cindy completed a science <u>degree</u> at Yale University. D15 　　① 정도　② 학위

■ 빈칸에 들어갈 알맞은 단어를 보기 중에서 고르세요.

38 Danielle has a _____ and generous heart, and she volunteers in her community.
① geothermal D12 　② remote D13 　③ benevolent D12 　④ disposable D19

39 If he thought his comment would _____ me, he was wrong. In fact, I loved it. 모평
① support D20 　② deduce D18 　③ pretend D14 　④ insult D16

40 I asked what they wanted to eat, but nobody answered because they were _____.
① permanent D11 　② indifferent D17 　③ motive D13 　④ convenient D15

정답 및 해석 p.79

23

■ 영어 단어를 보고 알맞은 우리말 뜻, 우리말 뜻을 보고 알맞은 영어 단어를 쓰세요.

1	aspect	_____ D04	**6**	차이, 대조(하다), 대비(하다)	_____	D08
2	international	_____ D07	**7**	졸업하다; (대학) 졸업자	_____	D15
3	protect	_____ D01	**8**	상담(하다); 상의하다	_____	D16
4	discussion	_____ D06	**9**	재생하다, 번식하다, 복사하다	_____	D18
5	register	_____ D17	**10**	동시에 여러 일을 처리하다	_____	D11

■ 두 단어 중 우리말 뜻에 맞는 단어에 체크하세요.

11 Will cyber schools
□ replace
□ respect
traditional schools some day? 수능 D02

언젠가 사이버 학교가 전통적인 학교를 대체할까?

12 Carts pulled by horses could
□ transport
□ transform
goods to markets more quickly. 학평 D05

말들이 끄는 수레들은 상품을 더 빨리 시장으로 운송할 수 있었다.

13 She will work hard to
□ overlook
□ overcome
the challenges in her life. D03

그녀는 자신의 삶의 문제들을 극복하기 위해 열심히 노력할 것이다.

14 This
□ syndrome
□ synergy
causes major health problems for some people. D07

이 증후군은 몇몇 사람들에게 큰 건강 문제를 야기한다.

15 Make a(n)
□ comfort
□ effort
to explain your idea so that everyone understands it. 모평 D20

모두가 이해할 수 있도록 네 생각을 설명하는 노력을 해라.

■ 보기 중 두 문장의 빈칸에 공통으로 알맞은 단어를 고르세요.

16 The _____ man told everyone that he was not the one who stole the money.

The _____ child asked many curious questions.

① innocent D09　　　　② parallel D02　　　　③ fertile D17

17 Police officers are allowed to _____ the speed limit only when there is an emergency.

The demand for resources will _____ the ecosystem's ability to provide them. 모평

① cast D17　　　　② exceed D14　　　　③ arouse D11

18 The soccer player will _____ with the professional soccer team.

The economies of most countries will probably _____ this year because of the disease.

① misunderstand D12　　　　② surround D03　　　　③ contract D18

19 After completing the application form, _____ it by e-mail before July 15. 모평

The villagers tried to defend their land, but were forced to _____ to the invaders.

① outweigh D05　　　　② submit D19　　　　③ compact D07

20 The _____ of North Africa includes large deserts.

Andy plans to study _____ in university because he is interested in volcanoes.

① geography D12　　　　② control D08　　　　③ emotion D13

■ 빈칸에 들어갈 알맞은 단어를 박스 안에서 고르세요.

asset D04　　　descendant D16　　　opportunity D20　　　passage D13　　　uniform D10

21 Soldiers wear the same _____ to easily notice each other during a war.

22 I read a short _____ on the front page of the newspaper.

23 She took a DNA test and now believes she's a _____ of a royal family.

24 I cannot accept your offer of the engineer position because I have decided to take another _____. 모평

25 The Taj Mahal is a historic building, and it is an important cultural _____ of India.

정답 및 해석 p.79

DAILY CHECKUP

■ 영어 단어를 보고 알맞은 우리말 뜻, 우리말 뜻을 보고 알맞은 영어 단어를 쓰세요.

1 local _____

2 meanwhile _____

3 midst _____

4 confront _____

5 median _____

6 profound _____

7 frontier _____

8 immediate _____

9 forefront _____

10 sum _____

11 실망시키다 _____

12 구두점을 찍다, 중단시키다 _____

13 정면의, 앞면의, 앞부분의 _____

14 기금, 자금; 자금을 제공하다 _____

15 설립하다, 세우다, 기반을 두다 _____

16 매체, 수단, 중간; 중간의 _____

17 중재, 조정, 매개 _____

18 중세의, 중세풍의 _____

19 명상, 심사숙고 _____

20 의미/의도하다; 비열한; 수단 _____

■ 다음 한글 문장을 읽고 영어 문장의 빈칸에 알맞은 단어를 쓰세요.

21 몇 주 뒤에 중간고사 시험이 있을 것이다.
There will be a m_____ exam after a few weeks.

22 우리는 일출을 보기 위해 밤에 산의 정상으로 하이킹을 했다.
We hiked to the s_____ at night to watch the sunrise.

23 그는 매우 시간을 잘 지키고 절대 직장에 늦게 도착하지 않는다.
He is very p_____ and never arrives to work late.

24 이 해변은 초보자들과 중급 서퍼들에게 좋은 파도를 가지고 있다.
This beach has good waves for beginner and i_____ surfers.

25 나는 전체 보고서를 읽을 시간이 없어서, 그것의 짧은 요약만 읽었다.
I didn't have time to read the whole report, so I just read a short s_____ of it.

■ 두 단어 중 문장에 들어갈 알맞은 단어를 고르세요.

26 The president will (① point ② appoint) a high-ranking official to a new position next week.

27 The Republic of South Africa is a country (① located ② allocated) at the southern tip of Africa. 학평

28 Honesty is a (① fundamental ② medieval) part of every strong relationship. 학평

29 After the governor decided to (① confront ② found) the university, it took two years to build.

30 Doing (① mediation ② meditation) alone allows me to think about my life very deeply.

정답 및 해석 p.80

맞은 개수: / 30

■ 영어 단어를 보고 알맞은 우리말 뜻, 우리말 뜻을 보고 알맞은 영어 단어를 쓰세요.

1	circuit	_____	11	같이하다, 순응하다 _____
2	circumstance	_____	12	긴, 오랜; 오랫동안; 갈망하다 _____
3	inform	_____	13	(직)선의, 직선 모양의 _____
4	biosphere	_____	14	줄, 범위, 산맥; 정렬시키다 _____
5	arrange	_____	15	운하, (체내의) 관 _____
6	outline	_____	16	(행성의) 대기, 공기, 분위기 _____
7	formula	_____	17	장수, 수명 _____
8	circular	_____	18	지침, 정책, 가이드라인 _____
9	canyon	_____	19	(지구나 뇌의) 반구 _____
10	form	_____	20	수단, (TV 등의) 채널 _____

■ 빈칸에 들어갈 알맞은 단어를 보기 중에서 고르세요.

borderline	informal	length	linger	reform

21 This book is on the _____ between fact and fiction.

22 A law was proposed to _____ the country's tax system.

23 Telling jokes was viewed as too _____ and unprofessional in a German business setting. 학평

24 We wanted to _____ outside a little longer, but it was time to go.

25 A foot was the _____ of the royal foot, and an inch was the width of the royal thumb.

■ 두 단어 중 문장에 들어갈 알맞은 단어를 고르세요.

26 The name Lily became popular again in 1970 and reached its highest (① rank ② canal) in 2009. 학평

27 The (① outline ② deadline) to apply for the art contest is November 23.

28 It was discovered that Earth is a (① sphere ② range) over 2000 years ago.

29 The zero degree line of (① longevity ② longitude) passes through Greenwich.

30 New medical technology is able to greatly (① prolong ② belong) our lives.

정답 및 해석 p.80

DAILY CHECKUP

DAY 23

맞은 개수: / 30

■ 영어 단어를 보고 알맞은 우리말 뜻, 우리말 뜻을 보고 알맞은 영어 단어를 쓰세요.

1	truth	_____	11	무덤, 묘(석); 엄숙한, 중대한 _____
2	tomb	_____	12	평원; 평범한, 분명한; 분명히 _____
3	masterpiece	_____	13	포개 놓은 것, 무더기; 쌓다 _____
4	majestic	_____	14	신뢰하다, 의지하다; 신뢰, 위탁 _____
5	aggravate	_____	15	줄어들다, 약해지다, 깎아내리다 _____
6	administer	_____	16	(지구의) 중력, 엄숙함, 중대함 _____
7	grieve	_____	17	(엄청난) 규모, 거대함, 중요성 _____
8	entrust	_____	18	큰, 대다수의; 전공 (과목) _____
9	pillow	_____	19	최대, 최고; 최고의, 최대의 _____
10	mayor	_____	20	달인/주인, 석사 (학위) _____

■ 빈칸에 들어갈 알맞은 단어를 박스 안에서 고르세요.

explain	magnify	masterpiece	minimum	minister

21 Aristotle tried to _____ that a stone falls due to gravity. 수능

22 It is important to design spaces where noise can be kept to a(n) _____ . 학평

23 Joseph is a very talented musician, and this _____ might be his best work.

24 Microscopes can _____ things more than 1,000 times their normal size.

25 The head of a government department is often called a(n) _____ .

■ 빈칸에 들어갈 알맞은 단어를 보기 중에서 고르세요.

26 She's an honest person, so there's no reason to _____ her.
① master　　　　② trust　　　　③ mistrust

27 People will vote for a new _____ to lead the city.
① magnitude　　　　② mayor　　　　③ tumor

28 A tall _____ stands in the middle of the room, supporting the ceiling.
① plain　　　　② pillow　　　　③ pillar

29 He graduated from university with a major in education and a _____ in art.
① grave　　　　② minor　　　　③ truth

30 It's natural to _____ over lost things, and it takes time to recover from loss. 학평
① pile　　　　② entrust　　　　③ grieve

정답 및 해석 p.80

■ 영어 단어를 보고 알맞은 우리말 뜻, 우리말 뜻을 보고 알맞은 영어 단어를 쓰세요.

1	feat	_____	
2	obstruct	_____	
3	instruct	_____	
4	difficulty	_____	
5	magnificent	_____	
6	efficient	_____	
7	defect	_____	
8	destruction	_____	
9	effect	_____	
10	feature	_____	

11 능력, (대학의) 교수진 _____

12 영향을 미치다 _____

13 적자, 부족액, 결손 _____

14 능숙한, 숙달한 (사람) _____

15 요소, 요인 _____

16 사실의, 사실에 근거한 _____

17 구조(물), 건축물; 구조화하다 _____

18 감염시키다, 전염시키다 _____

19 파괴하다, 말살하다 _____

20 산업(계), 제조업, 근면(성) _____

■ 설명에 맞는 영어 단어를 쓰세요.

21 f_____ : a building, place, or piece of equipment that makes something easier to do

22 i_____ : to teach someone something, or order someone to do something

23 i_____ : a tool used to play music, such as a piano

24 f_____ : stories about events, people, etc. that aren't real

25 c_____ : to make a fake copy that looks like the actual thing

■ 빈칸에 들어갈 알맞은 단어를 보기 중에서 고르세요.

26 The meal was not _____, so I still feel hungry.
　① sufficient　　　② factual　　　③ proficient

27 In spite of the pain, she kept running and would not accept _____. 학평
　① factor　　　② feature　　　③ defeat

28 They design and _____ houses, offices, and sometimes even entire cities. 학평
　① infect　　　② obstruct　　　③ construct

29 The company's annual _____ increased and caused financial problems.
　① effect　　　② profit　　　③ deficit

30 The kind _____ at the university always help their students.
　① feat　　　② faculty　　　③ difficulty

정답 및 해석 p.80

■ 영어 단어를 보고 알맞은 우리말 뜻, 우리말 뜻을 보고 알맞은 영어 단어를 쓰세요.

1	convert	_____	11	부정적인, 불리한, 반대하는	_____
2	diverse	_____	12	광고하다, 선전하다	_____
3	imply	_____	13	수직의, 세로의, 수직선	_____
4	employ	_____	14	비틀다, 왜곡하다	_____
5	complicate	_____	15	단순함, 간단함	_____
6	metabolism	_____	16	뒤집다, 반전시키다; 반대, 반전	_____
7	metamorphosis	_____	17	드러내다, 전시하다; 전시	_____
8	explicit	_____	18	복잡한; 복잡하게 하다; 복합 건물	_____
9	converse	_____	19	지원하다, 적용하다, 바르다	_____
10	method	_____	20	이용하다, 개척하다; 위업, 공적	_____

■ 설명에 맞는 영어 단어를 쓰세요.

21 r_____ : to make something exactly the same

22 u_____ : the whole of space, including all stars, planets, etc.

23 d_____ : to end a marriage between two people

24 r_____ : to answer someone by speaking, writing, etc.

25 t_____ : great suffering or pain

■ 다음 한글 문장을 읽고 영어 문장의 빈칸에 알맞은 단어를 쓰세요.

26 그는 미국 버전의 출판을 위해 영국식 영어를 미국식 영어로 바꿨다.
He changed the British English into American English for the publication of an American
v_____ . 모평

27 내 이야기의 어떤 부분이 너를 가장 혼란케 하는지 말해줘.
Tell me which parts of my story p_____ you the most.

28 Cohen은 이상적인 사회에 대한 비유로 캠핑 여행의 예시를 제공한다.
Cohen provides the example of a camping trip as a m_____ for the ideal society. 학평

29 당신은 우리의 소프트웨어를 일단 써보면 간단함에 놀랄 것이다.
You'll be surprised by the s_____ of our software once you try it.

30 회사들은 때때로 한 상품의 이미지나 그것의 이름을 반복적으로 광고한다.
Companies sometimes a_____ a picture of a product or its name repeatedly. 학평

정답 및 해석 p.81

DAILY CHECKUP

DAY 26

맞은 개수: / 30

■ 영어 단어를 보고 알맞은 우리말 뜻, 우리말 뜻을 보고 알맞은 영어 단어를 쓰세요.

1	involve	**11**	기울다, 경향이 생기게 하다; 기울기
2	delay	**12**	긴장을 풀다, 쉬다, 완화하다
3	resolve	**13**	풀어주다; 개봉(하다), 석방
4	absolute	**14**	강조, 강세, 스트레스(를 받다/주다)
5	distress	**15**	진료소의, 임상의; 병원
6	constrain	**16**	부피, 양, 음량
7	dissolve	**17**	(일을) 교대로 하다, 회전하다
8	enroll	**18**	회전, 공전, 혁명
9	district	**19**	엄격한, 긴장한, 정밀한
10	restrict	**20**	긴장(시키다), 잡아당기다; 접질림

■ 다음 한글 문장을 읽고 영어 문장의 빈칸에 알맞은 단어를 쓰세요.

21 물은 넓은 바다를 가로지르는 것보다 좁은 해협을 통해서 더 빠르게 흐른다.

Water flows faster through a narrow s_____ than across the open sea. 모평

22 우리는 미지의 언어로 쓰인 고대 두루마리를 발견했다.

We found an ancient s_____ written in an unknown language.

23 나무들은 비와 온도와 같은 지역 기후 조건에 민감하다.

Trees are sensitive to local c_____ conditions, such as rain and temperature. 학평

24 그 영화는 여러 상을 받은 후 엄청난 명성을 얻었다.

The film gained great p_____ after it won several awards.

25 지능은 과거의 경험들을 이용해서 새로운 문제를 해결하는 능력이다.

Intelligence is the ability to s_____ a new problem by using past experiences. 학평

■ 두 단어 중 문장에 들어갈 알맞은 단어를 고르세요.

26 Drivers are happy about the (① decline ② incline) in the price of gas.

27 Heated foods allowed our ancestors to (① distress ② evolve) into smarter creatures. 학평

28 The nurses tried to (① restrain ② rotate) the patient as he began to panic.

29 If you receive a message from Alice, (① delay ② relay) it to me so I can know what she says.

30 If you mix sugar into hot water, it will (① strain ② dissolve) quickly.

정답 및 해석 p.81

31

■ 영어 단어를 보고 알맞은 우리말 뜻, 우리말 뜻을 보고 알맞은 영어 단어를 쓰세요.

1	uncover	_____	11	덮다, 다루다, 포함하다; 표지 _____
2	compress	_____	12	아첨하다, 추켜세우다 _____
3	vacant	_____	13	융합되다, 녹이다; 도화선 _____
4	complement	_____	14	많음, 충분함; 풍부한, 충분히 _____
5	recover	_____	15	진공(의); 진공청소기로 청소하다 _____
6	vague	_____	16	보충(제); 보충하다, 추가하다 _____
7	confuse	_____	17	표현하다, 명확한, 급행의 _____
8	comply	_____	18	누르다, 압력을 가하다; 언론 _____
9	avoid	_____	19	환불(하다), 상환(하다) _____
10	implement	_____	20	깊은 인상을 주다, 감명을 주다 _____

■ 빈칸에 들어갈 알맞은 단어를 박스 안에서 고르세요.

accomplish	inflation	refuse	supply	vanish

21 The road appeared to _____ because of the heavy fog.

22 Once children can use a toilet by themselves, they _____ to accept their parents' help. 학평

23 _____ means that the cost of goods and services goes up.

24 Focus on one task at a time, and you'll _____ it faster. 학평

25 Mr. Scott will _____ us with the food we asked for during our camping trip.

■ 두 단어 중 문장에 들어갈 알맞은 단어를 고르세요.

26 Tolkien could (① deplete ② complete) his great work thanks to the encouragement of Lewis. 학평

27 Look actively for good qualities so that you can give a (① compliment ② complement) to another person.

28 Bad news always seems to (① depress ② compress) me.

29 Employees sometimes (① fuse ② flatter) their managers in order to get some benefits.

30 Getting lots of rest will help a patient (① recover ② discover) sooner from a disease.

정답 및 해석 p.81

DAILY CHECKUP

■ 영어 단어를 보고 알맞은 우리말 뜻, 우리말 뜻을 보고 알맞은 영어 단어를 쓰세요.

1   dispense   _____
2   intact   _____
3   attain   _____
4   attach   _____
5   integrate   _____
6   pension   _____
7   independent   _____
8   bind   _____
9   entire   _____
10 stake   _____

11 분리하다, 파견하다   _____
12 끼워 넣다, 꽂다; 삽입(물)   _____
13 (시간, 돈 등을) 들이다, 소비하다   _____
14 붕대; 붕대를 감다   _____
15 전염성 있는, 전염병에 걸린   _____
16 묶는 것, 접착제; 유대(감을 형성하다)   _____
17 만질 수 있는, 실체가 있는, 명백한   _____
18 보상하다, 보완하다, 보충하다   _____
19 (힘을) 행사하다, 노력을 기울이다   _____
20 가격표; 꼬리표(를 붙이다)   _____

■ 빈칸에 들어갈 알맞은 단어를 박스 안에서 고르세요.

attack	bundle	contact	ponder	series

21 The final volume of the Harry Potter _____ sold 8 million copies in the first 24 hours. 학평

22 If you need further information, feel free to _____ me. 학평

23 I purchased a _____ of roses at the flower shop.

24 John thinks everyone should take time to _____ the meaning of life.

25 Lions used to _____ villagers, so they had to defend themselves. 모평

■ 빈칸에 들어갈 알맞은 단어를 보기 중에서 고르세요.

26 The mayor _____ that crime is not a serious problem in the city.
    ① inserted   ② asserted   ③ exerted

27 Offering discounts is an effective _____ for increasing a business's sales.
    ① tag   ② pension   ③ tactic

28 We _____ greatly on fossil fuels since 75% of the energy we use comes from them. 학평
    ① depend   ② suspend   ③ expend

29 The electronics company must _____ customers who purchased defective phones.
    ① compensate   ② dispense   ③ integrate

30 Many people catch the flu because it is highly _____.
    ① intact   ② tangible   ③ contagious

정답 및 해석 p.81

33

DAILY CHECKUP DAY 29

맞은 개수: / 30

■ 영어 단어를 보고 알맞은 우리말 뜻, 우리말 뜻을 보고 알맞은 영어 단어를 쓰세요.

1	contribute		11	~의 탓으로 돌리다; 속성/자질
2	apart		12	균열, 골절(이 되다); 부서지다
3	part		13	세부 목록/사항; 상세히 열거하다
4	deprive		14	파편, 조각; 산산이 부수다
5	fraction		15	부서지기 쉬운, 연약한
6	section		16	부분적인, 편파적인, 불완전한
7	particular		17	참가하다, 참여하다
8	sector		18	부분, 일부, 몫; 분할하다
9	segment		19	고장, 분해
10	particle		20	돌파(구), 큰 발전

■ 설명에 맞는 영어 단어를 쓰세요.

21 i_____ : a small creature that has six legs and a body divided into three sections

22 p_____ : belonging to only a person or a group

23 r_____ : the sale of goods directly to individual consumers

24 t_____ : a person who makes or fixes clothing

25 p_____ : a package that is delivered to someone

■ 빈칸에 들어갈 알맞은 단어를 보기 중에서 고르세요.

26 Our company _____ brochures to shoppers by mail once a month.
   ① distributes   ② attributes   ③ contributes

27 The traffic accident occurred at the _____ of Elm Street and Center Avenue.
   ① proportion   ② brick   ③ intersection

28 Building a new school will _____ destroying some old houses.
   ① entail   ② deprive   ③ fracture

29 The glass cup is more _____ than the plastic one, so it breaks easily.
   ① fragile   ② apart   ③ particular

30 I play guitar for 45 minutes to learn some new techniques, and then I take a 20-minute _____ . 학평
   ① part   ② break   ③ fragment

정답 및 해석 p.82

■ 영어 단어를 보고 알맞은 우리말 뜻, 우리말 뜻을 보고 알맞은 영어 단어를 쓰세요.

1	adequate	_____	11	또래, 동료, 동등한 사람 _____
2	emperor	_____	12	(신원을) 확인하다, 동일시하다 _____
3	altruism	_____	13	같은, 동등한; ~과 같다 _____
4	equation	_____	14	분명히 보이는, 겉보기의 _____
5	otherwise	_____	15	동등한 (것), 같은 양의; 등가물 _____
6	similar	_____	16	동화하다, (완전히) 이해하다 _____
7	equilibrium	_____	17	흉내 내다, 모의실험을 하다 _____
8	identity	_____	18	번갈아 하다; 교대의, 교대자 _____
9	alter	_____	19	소외시키다, 멀리하다 _____
10	assemble	_____	20	나타나다, 생기다, ~인 것 같다 _____

■ 설명에 맞는 영어 단어를 쓰세요.

21 s_____ : happening or existing at the exact same time

22 a_____ : an abnormal reaction to something such as food or medicine

23 r_____ : to fix an item that is broken

24 r_____ : to look similar to someone or something

25 a_____ : coming from a different country or planet

■ 다음 한글 문장을 읽고 영어 문장의 빈칸에 알맞은 단어를 쓰세요.

26 세계 가구 엑스포는 가구들의 질과 가격을 비교하기에 좋은 장소일 것이다.
The World Furniture Expo would be a good place to c_____ the quality and prices of the furniture. 수능

27 로마의 황제인 Claudius는 자신의 군대 규모를 늘리고 싶어 했다.
Claudius, e_____ of Rome, wanted to increase the size of his army. 학평

28 참가자들은 자신의 음식을 미리 준비해서 행사에 가져와야 한다.
Participants should p_____ their dishes beforehand and bring them to the event. 학평

29 이타심은 다른 사람을 돕고 당신 자신을 위한 이득을 기대하지 않는 것을 포함한다.
A_____ involves helping others and not expecting benefits for yourself.

30 겉으로 보기에 쉬운 그 퍼즐은 사실 완성하기에 매우 어려웠다.
The s_____ easy puzzle was actually very difficult to complete.

정답 및 해석 p.82

■ 영어 단어를 보고 알맞은 우리말 뜻, 우리말 뜻을 보고 알맞은 영어 단어를 쓰세요.

1	minister	D23	18	감염/전염시키다, 오염시키다	D24
2	complicate	D25	19	교차(로), 횡단	D29
3	deplete	D27	20	개정(하다), 개혁(하다)	D22
4	local	D21	21	(문제를) 풀다, 용해하다	D26
5	involve	D26	22	혼동하다, 혼란스럽게 하다	D27
6	metaphor	D25	23	운하, (체내의) 관	D22
7	accomplish	D27	24	말뚝, 이해관계, 지분	D28
8	deadline	D22	25	만질 수 있는, 실체가 있는, 명백한	D28
9	climate	D26	26	무덤, 묘(석); 엄숙한, 중대한	D23
10	employ	D25	27	나눠주다, 분배하다, 배포하다	D29
11	private	D29	28	동등한 (것), 같은 양의; 등가물	D30
12	explain	D23	29	(신원 등을) 확인하다, 동일시하다	D30
13	feature	D24	30	도구, 수단, 악기	D24
14	disappoint	D21	31	환불(하다), 상환(하다)	D27
15	circumstance	D22	32	접촉(하다), 연락(하다)	D28
16	entail	D29	33	걸작, 명작	D23
17	simultaneous	D30	34	해협, 곤경; 좁은, 곤란한	D26

■ 보기 중 밑줄 친 단어의 뜻으로 알맞은 것을 고르세요.

35 It is beyond our facility's ability to care for the animals. 학평 D24 　① 시설 　② 편의

36 I saw a man break a glass with just his voice. 학평 D29 　① 부수다 　② 어기다

37 I decided to apply to a college to study further. 모평 D25 　① 적용하다 　② 지원하다

■ 빈칸에 들어갈 알맞은 단어를 보기 중에서 고르세요.

38 The hockey referee's shirt has _____ black stripes that look like those of a zebra.
　① vertical D25 　② factual D24 　③ medieval D21 　④ vacuum D27

39 In an act of _____, he gave all his money to charity.
　① segment D29 　② altruism D30 　③ pension D28 　④ supplement D27

40 The trains are always _____ so I'm never worried about being late to work.
　① borderline D22 　② contagious D28 　③ punctual D21 　④ counterfeit D24

정답 및 해석 p.82

■ 영어 단어를 보고 알맞은 우리말 뜻, 우리말 뜻을 보고 알맞은 영어 단어를 쓰세요.

1 negotiate _____

2 failure _____

3 justice _____

4 verdict _____

5 negligence _____

6 verify _____

7 just _____

8 certain _____

9 firm _____

10 clarity _____

11 편견, 선입관; 편견을 갖게 하다 _____

12 필요한, 필수적인 _____

13 잘못(을) 저지르다; 결점 _____

14 상처를 입히다, 손상시키다 _____

15 판사, 심판; 판결하다, 심사하다 _____

16 확인하다, 더 분명히 해주다 _____

17 증명(서); 증명서를 주다 _____

18 단언하다, 확언하다, 주장하다 _____

19 선언하다, 공표하다, 신고하다 _____

20 명확하게 하다, 정화하다 _____

■ 다음 한글 문장을 읽고 영어 문장의 빈칸에 알맞은 단어를 쓰세요.

21 그는 자신이 얼마나 스트레스를 받았는지 설명함으로써 그의 나쁜 태도를 정당화하려고 노력했다.
   He tried to j_____ his bad attitude by explaining how stressed he was.

22 자외선에 직접적인 노출은 피부에 일부 부정적인 영향을 미칠 수 있다.
   Direct exposure to ultraviolet light can have some n_____ effects on the skin. 학평

23 스위스는 중립적이었기 때문에 제2차 세계 대전 동안 공격받지 않았다.
   Switzerland was not attacked during World War II because it was n_____.

24 당신이 저칼로리 식단을 시도할 때 당신의 몸은 더 적은 칼로리를 태움으로써 적응할 것이다.
   Your body will a_____ by burning fewer calories when you try a low calorie diet. 학평

25 두 운전자 모두 자동차 사고에 대한 책임을 부인한다.
   Both drivers d_____ responsibility for the car accident.

■ 두 단어 중 문장에 알맞은 단어를 고르세요.

26 A common (① firm ② fallacy) is sunflowers point to the sun.

27 Some writers (① injure ② neglect) to explain why readers should believe them. 학평

28 When people go abroad, they sometimes experience (① certificate ② prejudice).

29 The judge read the (① negligence ② verdict) of the case out loud in the courtroom.

30 Doctors shouldn't give (① false ② necessary) or incorrect information to their patients.

정답 및 해석 p.82

DAILY CHECKUP

DAY 32

■ 영어 단어를 보고 알맞은 우리말 뜻, 우리말 뜻을 보고 알맞은 영어 단어를 쓰세요.

1   valor _____
2   apt _____
3   sophisticated _____
4   during _____
5   innovate _____
6   durable _____
7   duration _____
8   valid _____
9   sacred _____
10 novel _____

11 포만(감), 싫증 남 _____
12 양면적인, 모순된 감정을 가진 _____
13 갱신하다, 다시 시작하다 _____
14 성인, 성자 _____
15 태도, 마음가짐, 자세 _____
16 만족시키다, 충족시키다 _____
17 견디다, 참다, 지속하다 _____
18 개조하다, 보수하다 _____
19 철학 _____
20 희생(하다), 제물(을 바치다) _____

■ 빈칸에 들어갈 알맞은 단어를 박스 안에서 고르세요.

adapt	dissatisfy	duration	prevail	sacred

21 In Hinduism, cows are _____ animal, and people shouldn't kill them.

22 The heroes usually _____ over the bad guys in stories with happy endings.

23 _____ refers to the time that events last. 수능

24 In a new environment, we have to _____ and learn to perform in new ways. 학평

25 I wouldn't want to _____ you by being late for the convention.

■ 두 단어 중 문장에 들어갈 알맞은 단어를 고르세요.

26 He received a medal for his bravery and (① satiety ② valor) in the war.

27 The item has a (① value ② novel) of around $1,000.

28 Most businesses have Web sites where pictures of their products are
    (① ambivalent ② available) to customers. 학평

29 You can (① evaluate ② renovate) the problem and find the best way to solve it. 수능

30 We had to (① endure ② satisfy) a five-hour hike up a mountain path.

정답 및 해석 p.83

DAILY CHECKUP

DAY 33

■ 영어 단어를 보고 알맞은 우리말 뜻, 우리말 뜻을 보고 알맞은 영어 단어를 쓰세요.

1	moderate	_____	11 동시대의, 현대의, 당대의	_____
2	countless	_____	12 수용하다, 공간을 제공하다	_____
3	symmetry	_____	13 차원, 측면, 치수	_____
4	modify	_____	14 시간의, 현세의, 특정 시기의	_____
5	priceless	_____	15 과대평가하다	_____
6	immense	_____	16 할인(액); 할인하다, 무시하다	_____
7	mold	_____	17 귀중한, 값비싼	_____
8	annual	_____	18 계좌, 회계; 설명(하다)	_____
9	modern	_____	19 계산(하다); 의지하다, 중요하다	_____
10	thermometer	_____	20 평가(하다), 추정(하다), 견적(을 내다)	_____

■ 빈칸에 들어갈 알맞은 단어를 박스 안에서 고르세요.

anniversary	appreciate	measure	modest	tempo

21 The fast _____ of the song makes people want to dance.

22 I _____ your support of my college tuition. 모평

23 He earns a(n) _____ amount of money that allows him to live a normal life.

24 The museum has a special event for the _____ of its opening.

25 The government _____ to reduce the number of homeless people was successful.

■ 빈칸에 들어갈 알맞은 단어를 보기 중에서 고르세요.

26 Buying a new thing might make you happy, but it would only be _____. 학평
  ① countless　　　② temporary　　　③ contemporary

27 _____ is one way of showing people you value them. 학평
  ① Symmetry　　　② Dimension　　　③ Praise

28 The country's largest _____ was gold, which they sold to wealthier countries.
  ① account　　　② commodity　　　③ mold

29 She is _____ and respected by everyone for her successful work in medicine.
  ① esteemed　　　② discounted　　　③ modified

30 This hotel room can _____ up to four people.
  ① estimate　　　② accommodate　　　③ count

정답 및 해석 p.83

DAILY CHECKUP

DAY 34

■ 영어 단어를 보고 알맞은 우리말 뜻, 우리말 뜻을 보고 알맞은 영어 단어를 쓰세요.

1 origin _____

2 aboriginal _____

3 eliminate _____

4 limit _____

5 numerous _____

6 infinite _____

7 confine _____

8 numeral _____

9 determine _____

10 prior _____

11 동양; (~ 방향으로) 맞추게 하다 _____

12 중단하다, 유산하다, 낙태하다 _____

13 순서, 질서, 명령(하다), 주문(하다) _____

14 첫 번째의, 1위의, 근본적인 _____

15 자금(을 조달하다), 재정, 재무 _____

16 주된, 최고 (등급)의; 전성기 _____

17 정제하다, 불순물을 제거하다 _____

18 기간, 학기, 조건, 용어 _____

19 예비의; 사전 준비, 예비 시험 _____

20 종착역; 끝의, 말기의 _____

■ 설명에 맞는 영어 단어를 쓰세요.

21 s_____ : a person of lower rank or with less authority in a group

22 f_____ : happening at the end; or an exam at the end of a class

23 p_____ : belonging to a very early time in the development

24 f_____ : being good; or money as a penalty for breaking a rule or law

25 p_____ : a belief that someone has about the right way of behaving

■ 빈칸에 들어갈 알맞은 단어를 보기 중에서 고르세요.

26 Basketball has its _____ in the U.S. in the 1890s.

① terminal ② origin ③ orient

27 China has had a single _____ language for a long time. 학평

① preliminary ② numerous ③ principal

28 What is beauty? Different cultures _____ beauty differently from each other. 학평

① define ② abort ③ eliminate

29 I decided to _____ my apartment contract and move to a new home.

① refine ② terminate ③ order

30 Quitting smoking will make _____ activities, such as climbing stairs and running, easier. 학평

① infinite ② ordinary ③ aboriginal

정답 및 해석 p.83

DAILY CHECKUP

■ 영어 단어를 보고 알맞은 우리말 뜻, 우리말 뜻을 보고 알맞은 영어 단어를 쓰세요.

1	generate	_____	11	재현하다, 기분 전환하다	_____
2	kin	_____	12	유전(학)의, 유전자의	_____
3	generous	_____	13	종류, 유형, 장르	_____
4	homogeneous	_____	14	증가(하다), 인상(하다); 늘리다	_____
5	oxygen	_____	15	태어난 곳의, 토종의; 현지인	_____
6	natal	_____	16	일반적인, 전반적인; 장군(의)	_____
7	create	_____	17	타고난, 선천적인, 고유의	_____
8	genuine	_____	18	온화한, 완만한, 부드러운	_____
9	degenerate	_____	19	줄(이)다; 하락(하다), 감소	_____
10	nature	_____	20	확실한, 구체성; 구체화하다	_____

■ 설명에 맞는 영어 단어를 쓰세요.

21 g_____ : the sex of a person

22 n_____ : having a lack of experience or wisdom

23 p_____ : having a baby growing in one's body

24 g_____ : an individual who is incredibly smart, talented, and clever

25 k_____ : a place of learning for children before starting elementary school

■ 다음 한글 문장을 읽고 영어 문장의 빈칸에 알맞은 단어를 쓰세요.

26 미국은 제2차 세계 대전 중에 천만 명이 넘는 새 군인을 모집해야만 했다.
    The U.S. had to r_____ over 10 million new soldiers during World War II.

27 학교 아이들은 매년 약 65파운드의 점심 도시락 쓰레기를 발생시킨다.
    School kids g_____ about 65 pounds of lunch bag waste every year. 모평

28 에콰도르는 헌법에 자연의 권리를 포함한 최초의 국가이다.
    Ecuador is the first n_____ to include the rights of nature in its constitution. 학평

29 경찰의 목표는 어린이 유괴를 줄이는 것이다.
    The goal of the police force is to reduce child k_____ .

30 이런 고립된 상황에서 생존을 위한 새로운 유전자가 나타났고 다음 세대로 전해졌다.
    In these isolated situations, a new g_____ for survival emerged and was passed
    down to the next generation. 학평

DAILY CHECKUP

DAY 36

■ 영어 단어를 보고 알맞은 우리말 뜻, 우리말 뜻을 보고 알맞은 영어 단어를 쓰세요.

1	accord	_____	11	만기가 되다, (숨을) 내쉬다
2	revive	_____	12	본질, 정수, 에센스
3	remedy	_____	13	좌절시키다, 말리다, 단념시키다
4	microorganism	_____	14	의료의, 의학의
5	respire	_____	15	영감을 주다, 격려하다
6	medicine	_____	16	체계화하다, 조직하다, 준비하다
7	surgeon	_____	17	생생한, 선명한, 생기 있는
8	courage	_____	18	에너지, 활기, 기운
9	organism	_____	19	격려하다, 용기를 북돋우다
10	core	_____	20	참석한; 현재(의), 선물; 주다

■ 다음 한글 문장을 읽고 영어 문장의 빈칸에 알맞은 단어를 쓰세요.

21 당신이 다른 사람들을 도울 수 있는 한 가지 방법은 장기 기증자가 되는 것이다.
One way you can help other people is by becoming an o_____ donor.

22 뇌의 85퍼센트가 물이기 때문에 물은 우리의 뇌의 기능에 필수적이다.
Water is v_____ for the function of our brain because 85 percent of brain is water. 학평

23 그 은행은 내 대출에 대해 2.5퍼센트의 이자를 나에게 청구한다.
The bank charges me 2.5 percent i_____ on my loan.

24 학생들은 감기 때문에 겨울 동안 학교에 더 자주 결석한다.
Students are a_____ from school more often during winter because of the cold.

25 우리는 때때로 누군가의 영혼이나 존재를 느낀다.
We sometimes sense the s_____ or presence of someone. 학평

■ 두 단어 중 문장에 들어갈 알맞은 단어를 고르세요.

26 Some animals require medical care to (① survive ② expire) in foreign climates. 모평

27 The colors in the painting (① respire ② represent) the artist's feelings and emotions.

28 The brothers (① aspire ② present) to travel to many countries when they grow up.

29 The coach talked with the players to solve the (① accord ② discord) among the team.

30 We must (① encourage ② discourage) the curiosity of our children with comments such as "That's a wonderful question." 학평

정답 및 해석 p.84

DAILY CHECKUP

DAY 37

■ 영어 단어를 보고 알맞은 우리말 뜻, 우리말 뜻을 보고 알맞은 영어 단어를 쓰세요.

1	precipitation	_____	**11**	통합/포함하다; 결합한, 법인의 _____
2	manipulate	_____	**12**	신체적인, 물리적인, 자연의 _____
3	nervous	_____	**13**	탈출하다, 빠져나오다; 탈출, 도피 _____
4	corpse	_____	**14**	장/추장; 주된, 최고위의 _____
5	maintain	_____	**15**	탐험(대), 원정(대) _____
6	physics	_____	**16**	생리학, 생리 (기능) _____
7	chef	_____	**17**	작전 (행동을 취하다), 연습(하다) _____
8	manifest	_____	**18**	신경, 긴장, 불안 _____
9	neural	_____	**19**	관리하다, 경영/운영하다, 해내다 _____
10	pedestrian	_____	**20**	손의, 수동의; 설명서, 소책자 _____

■ 빈칸에 들어갈 알맞은 단어를 박스 안에서 고르세요.

achieve	capital	corps	manufacture	pedal

21 Seoul became the _____ of Korea in 1394.

22 She jumped on her bike and started to _____ as fast as she could. 학평

23 He needs to perform well enough to help _____ the team goal. 모평

24 The factory will _____ a new microwave model from next month.

25 A _____ of soldiers was ordered to attack the enemy troops.

■ 두 단어 중 문장에 들어갈 알맞은 단어를 고르세요.

26 The CEO decided to move the (① corporate ② manual) headquarters to New York.

27 The editor reviewed the (① pedestrian ② manuscript) of the new book for grammar errors.

28 This work is part of our effort to (① maintain ② escape) the great services of our city. 학평

29 People are often (① nervous ② neural) about doing something new and difficult. 학평

30 Since winds affect (① expedition ② precipitation), changes in wind patterns influence the amount of rainfall. 학평

DAILY CHECKUP

DAY 38

■ 영어 단어를 보고 알맞은 우리말 뜻, 우리말 뜻을 보고 알맞은 영어 단어를 쓰세요.

1	consider	_____	11	설명하다, 삽화를 넣다	_____
2	flourish	_____	12	격려하다, 고립시키다	_____
3	humiliate	_____	13	우주 비행사	_____
4	terrestrial	_____	14	물의, 물속의, 수상의	_____
5	illuminate	_____	15	인류, 인간(성), 인간애	_____
6	Mediterranean	_____	16	재난을 일으키는, 비참한	_____
7	eradicate	_____	17	단열/방음 처리를 하다	_____
8	territory	_____	18	반도	_____
9	lunar	_____	19	근본적인, 기초적인, 급진주의자	_____
10	humility	_____	20	꽃집 (주인/직원), 화초 재배자	_____

■ 빈칸에 들어갈 알맞은 단어를 박스 안에서 고르세요.

aquaculture	astronomy	flour	humility	terrace

21 We relaxed and watched the sunset from the _____ next to the house.

22 People who study _____ need powerful telescopes to observe stars and planets.

23 Even though he's the best basketball player, he still shows _____.

24 Many seafood products include fish raised in _____ facilities.

25 Wind power has been used for long to draw water and grind grain into _____. 학평

■ 빈칸에 들어갈 알맞은 단어를 보기 중에서 고르세요.

26 Before a typhoon, the weather will often become very hot and _____.
　① humble　　　　② humid　　　　③ terrestrial

27 Many people believe that _____ can be used to predict the future.
　① astronaut　　　② peninsula　　　③ astrology

28 Einstein _____ the workings of the universe to allow us to admire its beauty. 모평
　① illuminated　　② humiliated　　　③ isolated

29 The lack of rain had _____ consequences for farmers.
　① aquatic　　　　② lunar　　　　　③ disastrous

30 Some organisms only _____ in places where humans don't live.
　① consider　　　② illustrate　　　③ flourish

정답 및 해석 p.84

DAILY CHECKUP

DAY 39

■ 영어 단어를 보고 알맞은 우리말 뜻, 우리말 뜻을 보고 알맞은 영어 단어를 쓰세요.

1 exact _____

2 require _____

3 attempt _____

4 approve _____

5 competent _____

6 inquire _____

7 activate _____

8 tempt _____

9 request _____

10 exquisite _____

11 조사, 탐사; 검사하다, 규명하다 _____

12 정복하다, 극복하다, 이기다 _____

13 실제의, 현실의 _____

14 반응하다, 반응을 보이다 _____

15 탄원(하다), 청원(하다) _____

16 탐구, 탐색; 탐구하다, 탐색하다 _____

17 경쟁하다, 겨루다 _____

18 경험, 경력; 경험하다, 겪다 _____

19 그럴싸한, (어떤 일이) 있음 직한 _____

20 증명하다, 입증하다, 판명되다 _____

■ 설명에 맞는 영어 단어를 쓰세요.

21 a_____ : a person who acts or works instead of the other person

22 a_____ : a strong desire and liking for food or other things

23 e_____ : the testing or trial of an idea

24 r_____ : to say, do, etc. something again

25 e_____ : a person who is very skillful and knowledgeable in a subject

■ 빈칸에 들어갈 알맞은 단어를 보기 중에서 고르세요.

26 People who are physically _____ tend to be healthier and live longer.

① actual   ② active   ③ exact

27 Only the government has the power to _____ new laws.

① enact   ② experience   ③ react

28 Language skills can be _____ only through practice. 학평

① acquired   ② required   ③ inquired

29 Sandra must _____ her fear of water to swim in the ocean.

① tempt   ② conquer   ③ request

30 Her family did not _____ when she decided to become an artist, but her desire was strong. 학평

① attempt   ② probe   ③ approve

정답 및 해석 p.84

■ 영어 단어를 보고 알맞은 우리말 뜻, 우리말 뜻을 보고 알맞은 영어 단어를 쓰세요.

1 capable _____

2 receive _____

3 presume _____

4 accept _____

5 inhibit _____

6 inhabit _____

7 obtain _____

8 prohibit _____

9 retain _____

10 deceive _____

11 오해, 잘못된 생각 _____

12 포획(물); 포획하다, 캡처하다 _____

13 인지하다, 감지하다, 이해하다 _____

14 차지하다, 점령하다, 점거하다 _____

15 추정하다, 맡다, (책임을) 지다 _____

16 전시/진열하다; 전시회, 전시품 _____

17 지속시키다, 계속 살아가게 하다 _____

18 개념, 관념 _____

19 내용(물), 목차; 만족시키다 _____

20 즐겁게 하다, 대접하다 _____

■ 설명에 맞는 영어 단어를 쓰세요.

21 c_____ : to eat some food, or use something, such as time or money

22 t_____ : a person or company that pays rent for a house or building

23 h_____ : a behavior that has been done for a long time and is difficult to stop

24 c_____ : a very large area of land that includes many countries

25 r_____ : to begin an activity again after stopping

■ 다음 한글 문장을 읽고 영어 문장의 빈칸에 알맞은 단어를 쓰세요.

26 그 백화점은 월요일을 제외하고 매일 연다.
The department store is open every day e_____ for Monday.

27 지금 동물원들은 콘크리트를 풀, 바위, 나무로 교체하며 동물의 자연 서식지를 다시 만들려고 노력한다.
Zoos now try to reproduce the natural h_____ of an animal, replacing concrete with grass, rocks, and trees. 모평

28 반 고흐의 그림들은 후기 인상주의 스타일의 좋은 예가 된다.
Van Gogh's paintings e_____ the post-impressionist style.

29 내일은 다시 화창할 것이고 한동안 맑은 날씨가 계속될 것이다.
Tomorrow, it'll be sunny again, and the clear weather should c_____ for a while. 수능

30 오늘날 만들어진 많은 제품들은 해로운 화학 물질과 성분을 포함한다.
Many products made today c_____ harmful chemicals and ingredients. 학평

정답 및 해석 p.85

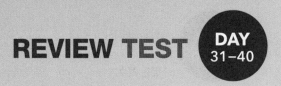

맞은 개수: / 40

■ 영어 단어를 보고 알맞은 우리말 뜻, 우리말 뜻을 보고 알맞은 영어 단어를 쓰세요.

1	attitude	_____ D32	18	선언하다, (세관에) 신고하다	_____	D31
2	gene	_____ D35	19	신체적인, 물리적인, 자연의	_____	D37
3	inspire	_____ D36	20	원시의, 원시적인	_____	D34
4	habitat	_____ D40	21	인류, 인간(성), 인간애	_____	D38
5	justice	_____ D31	22	정제하다, 세련되다	_____	D34
6	corporate	_____ D37	23	정복하다, 극복하다, 이기다	_____	D39
7	generate	_____ D35	24	이용할 수 있는, 여유가 있는	_____	D32
8	require	_____ D39	25	유지하다, 지속하다, 주장하다	_____	D37
9	survive	_____ D36	26	기념일, 기념일의	_____	D33
10	consider	_____ D38	27	인지하다, 감지하다, 이해하다	_____	D40
11	sacred	_____ D32	28	협상하다, 교섭하다	_____	D31
12	concept	_____ D40	29	소비하다, 먹다, 소모하다	_____	D40
13	naive	_____ D35	30	근본적인, 기초적인; 급진주의자	_____	D38
14	certain	_____ D31	31	경험, 경력; 경험하다, 겪다	_____	D39
15	valid	_____ D32	32	경쟁하다, 겨루다, 참가하다	_____	D39
16	determine	_____ D34	33	재난을 일으키는, 비참한	_____	D38
17	organism	_____ D36	34	감상하다, 감사하다	_____	D33

■ 보기 중 밑줄 친 단어의 뜻으로 알맞은 것을 고르세요.

35 She lost all <u>interest</u> in music composition. 수능 D36   ① 흥미   ② 이자

36 The <u>term</u> "law" has two different meanings. 수능 D34   ① 학기   ② 용어

37 Nauru is an island country that has no official <u>capital</u>, but   ① 수도   ② 자본
government buildings are located in Yaren. 학평 D37

■ 빈칸에 들어갈 알맞은 단어를 보기 중에서 고르세요.

38 Someone who reads only books by _____ authors might look nearsighted. 수능
   ① countless D33   ② infinite D34   ③ absent D36   ④ contemporary D33

39 She used a(n) _____ fabric to make the dress so that it would last a long time.
   ① durable D32   ② temporary D33   ③ just D31   ④ innate D35

40 Jay is always _____ and never has anything nice to say.
   ① negative D31   ② temporal D33   ③ numerous D34   ④ homogeneous D35

정답 및 해설 p.85

■ 영어 단어를 보고 알맞은 우리말 뜻, 우리말 뜻을 보고 알맞은 영어 단어를 쓰세요.

1	consider	_____	D38	6	탈출하다; 탈출, 도피	_____	D37
2	active	_____	D39	7	신원, 정체(성), 동일함	_____	D30
3	vital	_____	D36	8	편견(을 갖게 하다), 선입관	_____	D31
4	adapt	_____	D32	9	원리, 원칙, 신조	_____	D34
5	temporal	_____	D33	10	버릇, 습관	_____	D40

■ 두 단어 중 우리말 뜻에 맞는 단어에 체크하세요.

11 Increased CO_2 in the ☐ atmosphere / ☐ hemisphere causes climate change. 모평 D22

대기 중의 늘어난 이산화탄소가 기후 변화를 야기한다.

12 He has ☐ sufficient / ☐ efficient cash to buy the computer. D24

그는 그 컴퓨터를 사기에 충분한 현금을 가지고 있다.

13 Fantasy ☐ involves / ☐ evolves imagining an ideal future. 학평 D26

공상은 이상적인 미래를 상상하는 것을 포함한다.

14 The boss will ☐ appoint / ☐ disappoint someone to lead the project. D21

사장은 그 프로젝트를 이끌 사람을 임명할 것이다.

15 I read a ☐ detail / ☐ retail about the accident in the newspaper. D29

나는 신문에서 그 사고에 대한 세부 사항을 읽었다.

■ 보기 중 두 문장의 빈칸에 공통으로 알맞은 단어를 고르세요.

16 Please _____ the table with this cloth, and then put the plates and cups on it.

Mark Cooper's books _____ important issues in American history.

① cover (D27)　　　　　② deprive (D29)　　　　　③ aggravate (D23)

17 Steve's granddad was a chess _____, and Steve liked to observe him play. 모평

A learner must _____ one topic before moving on to the next. 모평

① converse (D25)　　　　② scroll (D26)　　　　③ master (D23)

18 You need to bring paper and a writing _____ to class.

We couldn't _____ our plan because there wasn't enough time to finish it.

① point (D21)　　　　　② implement (D27)　　　　③ experience (D39)

19 Let's _____ this banner from the ceiling for the party.

The principal decided to _____ Jerry for three days for stealing from other kids.

① deceive (D40)　　　　② suspend (D28)　　　　③ esteem (D33)

20 Dictionaries contain a list of words in alphabetical _____.

A customer fills in a(n) _____ form with his name, address, and the product to be purchased. 학평

① order (D34)　　　　　② attitude (D32)　　　　③ essence (D36)

■ 빈칸에 들어갈 알맞은 단어를 박스 안에서 고르세요.

assimilate (D30)　　　fund (D21)　　　infect (D24)　　　manufacture (D37)　　　reverse (D25)

21 The disease can spread quickly and _____ many people.

22 Ms. Hooper's donation will _____ the construction of the museum.

23 We _____ clothes from wool and cotton.

24 Some people think older people cannot _____ into a new culture because they dislike change.

25 They had to _____ their decision to raise prices because it was so unpopular.

정답 및 해석 p.85

■ 영어 단어를 보고 알맞은 우리말 뜻, 우리말 뜻을 보고 알맞은 영어 단어를 쓰세요.

1 static	_____	**11** 서다/세우다, 견디다; 간판, 태도	_____
2 cost	_____	**12** 존재하다, 실재하다	_____
3 status	_____	**13** 이루어져 있다, 내재하다	_____
4 steady	_____	**14** 설립하다, 수립하다, 확립하다	_____
5 stable	_____	**15** 설치하다, 깔다	_____
6 stance	_____	**16** 문방구, 문구류	_____
7 insist	_____	**17** 쉬다, 기대다; 휴식, 나머지	_____
8 statue	_____	**18** 외양간, 가판대; 멎다, 멎게 하다	_____
9 stationary	_____	**19** 세우다, 도입하다; 협회, 연구소	_____
10 resist	_____	**20** 지속적인, 끊임없는	_____

■ 다음 한글 문장을 읽고 영어 문장의 빈칸에 알맞은 단어를 쓰세요.

21 그는 나라의 대통령이 되는 것이 자신의 운명이라고 생각했다.

He thought it was his d_____ to become the president of the country.

22 Tom은 무대 위에 섰을 때, 관중의 지켜보는 눈들을 느낄 수 있었다.

As Tom stood on s_____, he could feel the watchful eyes of the audience. 모평

23 그 보고서는 중국어를 공부하는 학생의 수에 대한 통계 자료를 포함했다.

The report included s_____ about the numbers of students study Chinese.

24 우리는 사진을 표준과 대형의 두 가지 다른 크기로 출력할 수 있다.

We can print photos in two different sizes, s_____ and large. 수능

25 지하철 체계는 사람들이 도시 주변을 쉽게 이동하게 해준다.

The subway s_____ allows people to move around the city easily.

■ 두 단어 중 문장에 알맞은 단어를 고르세요.

26 Plants can transform water and sunlight into other (① instances ② substances). 학평

27 For a richer taste, (① constitute ② substitute) cream for milk when making muffins.

28 The customer service department provides (① state ② instant) answers, so you won't have to wait.

29 The royal family owns a large (① estate ② stationery) in Scotland.

30 Please (① assist ② resist) me with completing this science report for school.

정답 및 해석 p.85

DAILY CHECKUP   DAY 42

■ 영어 단어를 보고 알맞은 우리말 뜻, 우리말 뜻을 보고 알맞은 영어 단어를 쓰세요.

1	disclose	_____	11	결론을 내다, 끝내다	_____
2	abuse	_____	12	제외하다, 배제하다, 차단하다	_____
3	usual	_____	13	대통령, 회장, 의장	_____
4	closet	_____	14	독방, 세포, (작은) 칸	_____
5	companion	_____	15	동반하다, 동행하다	_____
6	cellular	_____	16	설비; 실용적인, 다용도의	_____
7	utensil	_____	17	세탁(물), 세탁소	_____
8	obsess	_____	18	가라앉다, 진정되다, 주저앉다	_____
9	misuse	_____	19	희석하다, 묽어지다; 희석한, 묽은	_____
10	company	_____	20	포함하다, 포함시키다	_____

■ 빈칸에 들어갈 알맞은 단어를 박스 안에서 고르세요.

disclose	paste	session	settle	use

21 The baker created a thick _____ using flour, butter, and a little water.

22 Mr. Sawyer will _____ his retirement date to his coworkers.

23 The fitness instructor told us that Thursday's exercise _____ will start at 10 a.m.

24 They got married and decided to _____ in Boston, so they bought a house on 1st Avenue. 학평

25 High-efficiency dishwashers _____ 50 percent less water than older models. 학평

■ 두 단어 중 문장에 들어갈 알맞은 단어를 고르세요.

26 Many students (① reside ② exclude) in university dormitories.

27 To find ways to fix your problems, first (① assess ② misuse) your situation objectively.

28 We would like to (① obsess ② conclude) the meeting now and go for lunch.

29 Your schedule will (① subside ② include) interviews with designers and the opportunity to watch a fashion show. 모평

30 The law firm had to (① close ② enclose) in 1888 because of a lack of money. 수능

DAILY CHECKUP

DAY 43

■ 영어 단어를 보고 알맞은 우리말 뜻, 우리말 뜻을 보고 알맞은 영어 단어를 쓰세요.

1　rational　_____

2　irrational　_____

3　credible　_____

4　defy　_____

5　reputation　_____

6　confident　_____

7　accuse　_____

8　summon　_____

9　ratio　_____

10　commemorate　_____

11　원인, 이유; 야기하다, 초래하다　_____

12　상기시키다, 생각나게 하다　_____

13　신뢰, 신용 (거래); 믿다　_____

14　감시 요원, 화면; 상태를 확인하다　_____

15　언급; 언급하다　_____

16　분쟁, 논란; 분쟁을 벌이다　_____

17　이유, 이성; 추론하다, 판단하다　_____

18　연방제의, 연방 정부의, 연합의　_____

19　변명(하다), 사과; 용서하다　_____

20　평가하다; 비(율), 속도, 요금　_____

■ 빈칸에 들어갈 알맞은 단어를 박스 안에서 고르세요.

| comment | faith | incredible | mental | monument |

21　This _____ was built to honor the country's soldiers.

22　The professor wrote a positive _____ on my essay.

23　My friend told me a(n) _____ story about seeing a UFO.

24　Many people have lost _____ in the political leaders of the nation.

25　Anxiety damages _____ performance, and it undermines the intellect. 수능

■ 빈칸에 들어갈 알맞은 단어를 보기 중에서 고르세요.

26　Most accomplished musicians can play long compositions from _____. 모평
　① credit　② memory　③ dispute

27　We use the latest program to _____ the distance to the moon from the earth.
　① summon　② commemorate　③ compute

28　My company has a high _____ of female to male employees.
　① mention　② ratio　③ reason

29　A guard at Windsor Castle was _____ of being asleep on duty. 학평
　① caused　② accused　③ defied

30　The police solved the crime because they got _____ information from an observer.
　① irrational　② credible　③ federal

정답 및 해석 p.86

DAILY CHECKUP

DAY 44

■ 영어 단어를 보고 알맞은 우리말 뜻, 우리말 뜻을 보고 알맞은 영어 단어를 쓰세요.

1 sentiment _____
2 consent _____
3 conscious _____
4 notion _____
5 noble _____
6 acknowledge _____
7 subconscious _____
8 notify _____
9 dissent _____
10 ignore _____

11 문장, (판결의) 선고; 선고하다 _____
12 유명한, 눈에 띄는; 유명한 인물 _____
13 분별력 있는, 느낄 수 있는 _____
14 인식의, 인지의 _____
15 양심, 선악에 대한 판단력 _____
16 의견의 일치, 합의, 여론 _____
17 알아채다; 통지(하다), 주목(하다) _____
18 느끼다, 감지하다; 느낌, 감각 _____
19 분개하다, 억울하게 여기다 _____
20 과학, ~학 _____

■ 설명에 맞는 영어 단어를 쓰세요.

21 a_____ : to learn about something, or to let someone know about something
22 n_____ : words, ideas, etc. that are foolish or strange
23 r_____ : to know something or someone you have previously met, seen, etc.
24 n_____ : a system of symbols that can represent information
25 s_____ : a usually pleasant smell

■ 빈칸에 들어갈 알맞은 단어를 보기 중에서 고르세요.

26 The doctor will perform a test to _____ the illness.
   ① diagnose   ② dissent   ③ ignore

27 The children were happy when their _____ father woke up.
   ① conscious   ② unconscious   ③ subconscious

28 Many recent games allow players to feel the _____ of motion and touch. 모평
   ① notable   ② sensation   ③ consensus

29 Most people complain about and _____ others who insult them.
   ① resent   ② acknowledge   ③ consent

30 Written language is complex, but you don't need complex _____ to express your ideas. 학평
   ① notices   ② sentences   ③ consciences

해커스 북 수능 어원편 보카

맞은 개수: / 30

■ 영어 단어를 보고 알맞은 우리말 뜻, 우리말 뜻을 보고 알맞은 영어 단어를 쓰세요.

1	grace		11	동의하다, 합의가 되다
2	plead		12	제지시키는, 방해하는; 방해물
3	tremendous		13	열정, 격정
4	compassion		14	두려워하게 하다, 무섭게 하다
5	displease		15	절망적인, 자포자기한, 필사적인
6	gratitude		16	공감, 감정이입
7	punish		17	번영하다, 번창하다
8	please		18	수동적인, 소극적인
9	sympathy		19	불쌍한, 무기력한
10	grateful		20	절망; 절망하다, 체념하다

■ 설명에 맞는 영어 단어를 쓰세요.

21 p_____ : a person who is sick or getting medical treatment

22 t_____ : to shake because of fear or excitement

23 p_____ : an unpleasant feeling that results from an injury or illness

24 g_____ : to make someone happy

25 p_____ : a disadvantage that is received for breaking a law, rule, etc.

■ 다음 한글 문장을 읽고 영어 문장의 빈칸에 알맞은 단어를 쓰세요.

26 학교는 시험에서 부정행위를 하는 어느 학생이든 벌해야 한다.
    The school should p_____ any student who cheats on a test.

27 지진은 도시 주민들 사이에서 두려움을 야기했다.
    The earthquake caused t_____ among the residents of the city.

28 그녀는 놀이공원에 가자고 자신의 부모님에게 간청할 것이다.
    She will p_____ with her parents to visit an amusement park.

29 우리는 대학에서의 당신의 놀라운 성취를 축하합니다.
    We c_____ you on your remarkable achievements in college. 수능

30 발레 무용수들은 우아함과 아름다움을 지니고 그들의 몸을 움직인다.
    Ballet dancers move their bodies with g_____ and beauty.

정답 및 해석 p.86

DAILY CHECKUP

DAY 46

맞은 개수: / 30

■ 영어 단어를 보고 알맞은 우리말 뜻, 우리말 뜻을 보고 알맞은 영어 단어를 쓰세요.

1	announce _____	11	명성, 명망 _____
2	indicate _____	12	지시(하다); 받아쓰게 하다 _____
3	fate _____	13	바치다, 헌신하다, 전념하다 _____
4	apology _____	14	언어학자, 언어에 능통한 사람 _____
5	anthropology _____	15	비유, 유사(함), 유추 _____
6	infant _____	16	독백, 긴 이야기 _____
7	profess _____	17	중독되게 하다; 중독자 _____
8	language _____	18	우화, (꾸며낸) 이야기 _____
9	ecology _____	19	심리학, 심리 (상태) _____
10	contradict _____	20	선언하다, 발음하다 _____

■ 다음 한글 문장을 읽고 영어 문장의 빈칸에 알맞은 단어를 쓰세요.

21 그 예언자의 예언은 정확하지 않았다.

The foreteller's p_____ was not correct.

22 그들은 복잡한 문제들을 정복하기 위해 논리와 그들의 감각을 통해 얻은 정보를 사용한다.

They use l_____ and the information gained through their senses to conquer complex problems. 모평

23 디지털 기술은 영화로 할 수 있는 것을 재정의한다.

Digital t_____ redefines what can be done with cinema. 모평

24 이것은 두꺼운 책처럼 보이지만, 마지막 50페이지는 그저 색인이다.

This seems like a thick book, but the last 50 pages are just the i_____.

25 그 언어 정책의 목표는 단일 언어를 사용하는 미국인들에게 "외국의" 언어를 가르치는 것이다.

The language policy's goal is to teach "foreign" languages to m_____ Americans. 수능

■ 두 단어 중 문장에 들어갈 알맞은 단어를 고르세요.

26 Just look through the online (① catalog ② monolog), and select your books. 학평

27 I don't think judges should decide cases based on their political (① analogy ② ideology).

28 She is a talented (① language ② linguist) and can speak English, German, and Spanish.

29 For three decades, Jim (① dedicated ② indicated) himself to the clothing business. 학평

30 Winning the Olympic gold medal brought her a lot of (① fame ② fate).

정답 및 해석 p.87

55

DAILY CHECKUP

DAY 47

■ 영어 단어를 보고 알맞은 우리말 뜻, 우리말 뜻을 보고 알맞은 영어 단어를 쓰세요.

1	vowel	_____	11	목소리의, 노래의; 가창	_____
2	evoke	_____	12	청중, 관중, 시청자, 독자	_____
3	exclaim	_____	13	오디션; 오디션을 하다	_____
4	excite	_____	14	천직, 직업, 사명감	_____
5	proclaim	_____	15	비극 (작품), 비극적 사건	_____
6	intonation	_____	16	귀의, 청각의	_____
7	recite	_____	17	인용하다, (예나 이유를) 들다	_____
8	explode	_____	18	곡(조); 조율하다, 맞추다	_____
9	applaud	_____	19	의회, 위원회	_____
10	tone	_____	20	빌다, 기원하다	_____

■ 빈칸에 들어갈 알맞은 단어를 박스 안에서 고르세요.

acclaim	advocate	auditorium	melody	vocabulary

21 You are invited to attend a special presentation in our school _____. 학평

22 Part of English _____ comes from other languages such as Latin.

23 The song's lyrics did not match its _____.

24 Parents will _____ their children with cheers and applause for graduating from university.

25 My mother is a(n) _____ for protecting the environment and supports recycling laws.

■ 두 단어 중 문장에 들어갈 알맞은 단어를 고르세요.

26 The professor showed a video to (① provoke ② proclaim) a discussion in class.

27 Lots of media reports (① claim ② invoke) that breakfast is the most important meal of the day. 학평

28 When hearing just one or two words on a page, he would (① excite ② recite) the rest of the page like a parrot. 학평

29 The author discovered at a young age that writing was her true (① vocation ② vocal).

30 I ask the city (① vowel ② council) to cancel the plan and to keep libraries open. 학평

정답 및 해석 p.87

■ 영어 단어를 보고 알맞은 우리말 뜻, 우리말 뜻을 보고 알맞은 영어 단어를 쓰세요.

1	collect	11	도표, 도식, 도형
2	significant	12	글을 읽고 쓸 줄 아는; 학자
3	legend	13	(선거로) 선출하다, 선택하다
4	subscribe	14	밀봉하다; 밀봉된 부분, 인장
5	literal	15	문학, 문예
6	topography	16	근면한, 성실한
7	signal	17	자서전
8	designate	18	배정하다, (일을) 맡기다
9	resign	19	대본, 원고; 대본을 쓰다
10	biography	20	프로그램(을 짜다), 계획(표)

■ 빈칸에 들어갈 알맞은 단어를 박스 안에서 고르세요.

dialect	intellect	paragraph	photograph	sign

21 The longest _____ of the story had 20 sentences.

22 My mother showed me the _____ album of her high school days. 수능

23 A fever can be a(n) _____ of an infection.

24 A person of great _____ is called a genius.

25 She speaks a southern _____, so I don't understand her words sometimes.

■ 빈칸에 들어갈 알맞은 단어를 보기 중에서 고르세요.

26 The doctor will _____ medicine in order to relieve the patient's pain.
  ① describe   ② subscribe   ③ prescribe

27 My favorite actor's _____ is written on the top of this poster.
  ① autograph   ② biography   ③ autobiography

28 She was unable to _____ the name of her former boss.
  ① assign   ② collect   ③ recollect

29 There is a lot of _____ furniture and art in the Palace of Versailles.
  ① elegant   ② diligent   ③ literate

30 Think back to the most recent _____ or presentation you attended. 학평
  ① diagram   ② lecture   ③ topography

정답 및 해석 p.87

DAILY CHECKUP

DAY 49

■ 영어 단어를 보고 알맞은 우리말 뜻, 우리말 뜻을 보고 알맞은 영어 단어를 쓰세요.

1	revise	_____	11	제공하다, 공급하다	_____
2	vision	_____	12	특별한; 특별한 것	_____
3	opinion	_____	13	예상하다, 기대하다	_____
4	adopt	_____	14	(분류상의) 종, 종류	_____
5	suspicion	_____	15	특수화하다, 전문으로 하다	_____
6	suspect	_____	16	눈의, 시각의	_____
7	view	_____	17	범위, 영역, 빛의 띠	_____
8	survey	_____	18	분명한, 명백한	_____
9	phase	_____	19	목격자, 증인; 목격하다, 증언하다	_____
10	spectacular	_____	20	즉흥적으로 하다, 임시로 마련하다	_____

■ 설명에 맞는 영어 단어를 쓰세요.

21 r_____ : to check if something is right or to study something again

22 o_____ : a choice of something, or the right to choose something

23 e_____ : to give more importance to something, or to make something more noticeable

24 s_____ : someone who watches an event or activity

25 s_____ : to watch and instruct so that a task is done correctly

■ 빈칸에 들어갈 알맞은 단어를 보기 중에서 고르세요.

26 My best friend decided to _____ a cat as an animal companion.
① advise   ② revise   ③ adopt

27 Comparing yourself to others may cause you to _____ them. 모평
① envy   ② provide   ③ witness

28 The security guard at the airport asked to _____ my bag before I boarded the plane.
① expect   ② specialize   ③ inspect

29 You can choose a(n) _____ date and time for your speech depending on your schedule. 모평
① optical   ② specific   ③ suspect

30 Lightning is a natural _____ that happens during a storm.
① species   ② phenomenon   ③ opinion

정답 및 해석 p.87

■ 영어 단어를 보고 알맞은 우리말 뜻, 우리말 뜻을 보고 알맞은 영어 단어를 쓰세요.

1	patron	_____	11	인구 과잉
2	civil	_____	12	적, 적군
3	public	_____	13	인기 있는, 대중적인, 일반적인
4	civic	_____	14	인질, 볼모
5	society	_____	15	공화국, 공화제 국가
6	hospitalize	_____	16	문명화하다, 개화하다
7	antisocial	_____	17	사회의, 사회적인, 사교의
8	citizen	_____	18	양식, 무늬, 견본, 패턴(을 만들다)
9	publish	_____	19	연관 짓다; 동료(의); 연합한
10	sociology	_____	20	환대, 후한 대접

■ 설명에 맞는 영어 단어를 쓰세요.

21 a _____ : someone who does something because he or she likes it, not as a professional

22 p _____ : to live in an area, or to make other people live in an area

23 h _____ : a person who invites guests to a party or other social event

24 p _____ : a person who loves his or her country

25 h _____ : being unfriendly and aggressive, or against something

■ 다음 한글 문장을 읽고 영어 문장의 빈칸에 알맞은 단어를 쓰세요.

26 체로키족 사람들은 그들 자신의 언어로 신문을 발행하기 시작했다.
   The Cherokee people began to p _____ newspapers in their own language. 모평

27 영어는 공공 생활에서 가장 흔히 말해지는 언어이다.
   English is the most commonly spoken language in p _____ life. 학평

28 모든 사회에는 어떻게 입고 행동해야 하는지에 대한 규칙들이 있다.
   There are rules in every s _____ about how to dress and behave.

29 그녀는 캐나다에서 10년 동안 산 후에 캐나다의 시민이 되었다.
   She became a c _____ of Canada after living there for 10 years.

30 귀족은 후원자가 되어 예술가에게 돈을 줌으로써 한 예술가를 지원할 수 있었다.
   A noble could support an artist by becoming a p _____ and giving the artist money.

정답 및 해석 p.88

맞은 개수: / 40

■ 영어 단어를 보고 알맞은 우리말 뜻, 우리말 뜻을 보고 알맞은 영어 단어를 쓰세요.

1	memory	D43	18	(공익) 설비, 유용함; 다용도의		D42
2	constant	D41	19	환자; 인내심 있는, 참을성 있는		D45
3	desperate	D45	20	(과학) 기술, 공학		D46
4	include	D42	21	합리적인, 이성적인, 추론의		D43
5	subscribe	D48	22	어휘, 용어		D47
6	sense	D44	23	문학, 문예		D48
7	popular	D50	24	세우다, 도입하다; 협회, 연구소		D41
8	language	D46	25	(분류상의) 종, 종류		D49
9	establish	D41	26	배정하다, (일을) 맡기다		D48
10	civilize	D50	27	정신의, 정신적인		D43
11	announce	D46	28	과학, ~학		D44
12	scent	D44	29	지지자, 대변자; 지지하다		D47
13	reputation	D43	30	고통, 통증; 고통스럽게 하다		D45
14	emphasize	D49	31	시력, 시야, 환상, 통찰력		D49
15	companion	D42	32	존재하다, 실재하다		D41
16	indicate	D46	33	공화국, 공화제 국가		D50
17	revise	D49	34	청중, 관중, 시청자, 독자		D47

■ 보기 중 밑줄 친 단어의 뜻으로 알맞은 것을 고르세요.

35 Some city residents decide to <u>settle</u> in the countryside. D42   ① 정착하다   ② 끝내다

36 Though humans have power, they must not <u>abuse</u> it. 학평 D42   ① 남용하다   ② 학대하다

37 We will restore the old building to its original <u>state</u>. D41   ① 국가   ② 상태

■ 빈칸에 들어갈 알맞은 단어를 보기 중에서 고르세요.

38 People want a(n) _____ improvement when they exercise, but it takes months.
   ① dilute D42   ② passive D45   ③ instant D41   ④ vowel D47

39 Just like in a Shakespearean _____, their love was prohibited. 학평
   ① penalty D45   ② suspect D49   ③ tragedy D47   ④ host D50

40 The guests were given kind _____ when they arrived.
   ① hospitality D50   ② status D41   ③ laundry D42   ④ paragraph D48

정답 및 해석 p.88

DAILY CHECKUP

DAY 51

■ 영어 단어를 보고 알맞은 우리말 뜻, 우리말 뜻을 보고 알맞은 영어 단어를 쓰세요.

1	render	11	장사하다, 매매하다; 상품/제품
2	anecdote	12	추가(물), 덧셈
3	commerce	13	편집하다, 교정하다
4	mutual	14	상인; 상업용의, 무역의
5	heir	15	손상(을 주다), 피해(를 입히다)
6	condemn	16	상속받다, 물려받다
7	donor	17	빚, 부채
8	dose	18	~ 때문인, ~으로 인한, 예정된
9	duty	19	통근/통학하다; 통근/통학
10	heredity	20	자비(심), 다행한 일

■ 다음 한글 문장을 읽고 영어 문장의 빈칸에 알맞은 단어를 쓰세요.

21 내 아파트의 월 임대료는 500달러이다.

The monthly r＿＿＿＿ for my apartment is $500.

22 농업에 기초를 둔 사회의 발전과 함께 새로운 삶의 전통도 나타났다.

With the evolution of society based on agriculture, a new t＿＿＿＿ of life emerged. 모평

23 저희는 여러분께 통조림 제품, 따뜻한 옷, 담요와 돈을 기부하기를 요청하고 있습니다.

We are asking you to d＿＿＿＿ canned goods, warm clothes, blankets, and money. 학평

24 암은 세포의 돌연변이의 결과이다.

Cancer is the result of a m＿＿＿＿ of a cell.

25 우리 회사는 국제 시장에서 경쟁하는 것에 어려움을 겪어 왔다.

Our company has had difficulties competing in the international m＿＿＿＿.

■ 두 단어 중 문장에 들어갈 알맞은 단어를 고르세요.

26 Eighty percent of millionaires in America made their fortunes themselves, and didn't (① inherit ② edit) them from their family. 학평

27 The doctor gave the patient a regular (① dose ② donor) of the medicine.

28 I usually (① commute ② condemn) by car, but today I took the bus.

29 It is the legal (① mercy ② duty) of the police to protect people.

30 The water pipe froze (① due ② debt) to the cold weather.

정답 및 해석 p.88

DAILY CHECKUP

맞은 개수: / 30

■ 영어 단어를 보고 알맞은 우리말 뜻, 우리말 뜻을 보고 알맞은 영어 단어를 쓰세요.

1	distinct	_____	11	기분을 상하게 하다, 위반하다 _____
2	instinct	_____	12	정확한, 정밀한 _____
3	conflict	_____	13	괴롭히다, 들볶다 _____
4	debate	_____	14	방어하다, 수비하다 _____
5	revenge	_____	15	결정하다, 결심하다 _____
6	avenge	_____	16	유죄 판결하다; 죄인, 죄수 _____
7	stimulate	_____	17	울타리, 장애물; 울타리를 치다 _____
8	extinct	_____	18	승리, 정복 _____
9	inflict	_____	19	(연극, 이야기 등의) 주인공 _____
10	battle	_____	20	강타하다; (야구에서) 타자 _____

■ 빈칸에 들어갈 알맞은 단어를 박스 안에서 고르세요.

convince	instinct	pesticide	province	sting

21 Farmers put _____ on their crops to protect them from insects.

22 A small tribe lives in the jungle of a southeast Indonesian _____. 학평

23 When writers want to _____ people of something, they often appeal to the reader's emotions. 학평

24 _____ from a bee is very painful, and can even kill people.

25 Animals act on _____ to avoid threats such as predators.

■ 두 단어 중 문장에 들어갈 알맞은 단어를 고르세요.

26 Losing the championship caused him grief and (① convict ② agony) for a long time.

27 James joined the United States Marine Corps and experienced (① protagonist ② combat) during the Korean War.

28 The (① battle ② batter) between the two armies lasted for seven hours.

29 The flu is a disease that can (① afflict ② conflict) many people.

30 Ben tried to be as (① extinct ② precise) as he could when he made a flower with the cream. 모평

정답 및 해석 p.88

맞은 개수: / 30

■ 영어 단어를 보고 알맞은 우리말 뜻, 우리말 뜻을 보고 알맞은 영어 단어를 쓰세요.

1	disturb	11	해방시키다, 자유롭게 하다
2	proper	12	적절한, 알맞은; 도용하다
3	comprise	13	붕괴시키다, 분열시키다
4	barrel	14	당황하게 하다, 곤란하게 하다
5	erupt	15	먹이, 사냥감; 잡아먹다
6	imprison	16	배달하다, 출산하다
7	property	17	자원봉사자, 자원 봉사하다
8	barrier	18	의지; ~할 것이다, ~일 것이다
9	interrupt	19	막대, 장애물; 빗장을 지르다
10	voluntary	20	놀라게 하다; 놀라운 일/소식

■ 빈칸에 들어갈 알맞은 단어를 박스 안에서 고르세요.

bankrupt	prison	route	routine	trouble

21 The first humans took a northern _____ to leave the African continent. 모평

22 I'm having _____ with my car, but it's hard to find someone to repair it. 학평

23 Debt may _____ a company and cause it to close.

24 My evening _____ includes an hour exercising and two hours watching TV.

25 At age 12, Stewart was sent to _____ for stealing toys from a store. 학평

■ 빈칸에 들어갈 알맞은 단어를 보기 중에서 고르세요.

26 The farmer's cows and pigs live together in a large _____.
   ① barn   ② barrier   ③ barrel

27 The shop my father opened has become a successful _____.
   ① volunteer   ② prey   ③ enterprise

28 The poem is too difficult for me to fully _____ it.
   ① surprise   ② disrupt   ③ comprehend

29 Construction workers need _____ equipment to do their jobs safely.
   ① liberal   ② voluntary   ③ proper

30 It will _____ me if I make a mistake during my speech.
   ① comprise   ② embarrass   ③ liberate

정답 및 해석 p.89

63

DAILY CHECKUP

■ 영어 단어를 보고 알맞은 우리말 뜻, 우리말 뜻을 보고 알맞은 영어 단어를 쓰세요.

1	conserve	_____	
2	ward	_____	
3	award	_____	
4	nutrient	_____	
5	occur	_____	
6	warn	_____	
7	nutrition	_____	
8	preserve	_____	
9	aware	_____	
10	recur	_____	

11 예약하다; 예비, 보존　_____

12 소풍, 짧은 여행　_____

13 궁금해하는, 호기심이 많은　_____

14 영양분을 공급하다, 키우다　_____

15 간호사; 간호하다, 돌보다　_____

16 ~으로 여기다, 간주하다; 관심　_____

17 양육, 양성; 양육하다　_____

18 보호하다, 지키다; 경호(원)　_____

19 정확한, 정밀한　_____

20 보증(서); (품질을) 보증하다　_____

■ 설명에 맞는 영어 단어를 쓰세요.

21　c_____ : to successfully treat an illness

22　c_____ : the courses taught at an educational institution

23　s_____ : to give food or drink, or to provide assistance to others

24　r_____ : a benefit that is given to someone for their effort or service

25　d_____ : a small, final course eaten after the main part of a meal

■ 빈칸에 들어갈 알맞은 단어를 보기 중에서 고르세요.

26　I can _____ a table at a French restaurant for you. 모평
　　① recur　　　　　② reserve　　　　　③ regard

27　_____ of the ice on the roads as you drive home.
　　① Award　　　　② Beware　　　　　③ Conserve

28　The _____ season of this TV program is better than the last one.
　　① curious　　　　② accurate　　　　③ current

29　We went on a(n) _____ to a national park last weekend.
　　① excursion　　　② garment　　　　③ ward

30　Doctors _____ that exposure to the polluted air is very dangerous. 수능
　　① warn　　　　　② occur　　　　　③ nurture

정답 및 해석 p.89

맞은 개수:　　/ 30

■ 영어 단어를 보고 알맞은 우리말 뜻, 우리말 뜻을 보고 알맞은 영어 단어를 쓰세요.

1 spouse _____

2 disjointed _____

3 adjoin _____

4 temperament _____

5 respond _____

6 communal _____

7 devote _____

8 rely _____

9 correspond _____

10 league _____

11 온화한, 적당한, 절제하는 _____

12 공동의; 관절, 연결 부위 _____

13 교차로, 나들목, 연결 지점 _____

14 책임이 있는, 책임감 있는 _____

15 종교 _____

16 자치 도시의, 시(립)의 _____

17 의사소통하다, 연락을 주고받다 _____

18 투표(권); 투표하다, 선출하다 _____

19 후원자; 후원하다, 주최하다 _____

20 화, 성미, 기질; 누그러뜨리다 _____

■ 설명에 맞는 영어 단어를 쓰세요.

21 a_____ : to join with another person, country, etc., to be on the same team

22 c_____ : a group of people living in the same area

23 r_____ : a very large public gathering to support or oppose something

24 i_____ : being unable to get a disease, or being free from a requirement

25 v_____ : a serious promise to do something

■ 다음 한글 문장을 읽고 영어 문장의 빈칸에 알맞은 단어를 쓰세요.

26 중부 유럽의 평균 기온이 섭씨 1.5도 올랐다.
The average t_____ in Central Europe has gone up 1.5°C. 학평

27 그 대학은 학생들이 의무적으로 수업의 80퍼센트를 출석하게 할 것이다.
The university will o_____ students to attend 80 percent of their classes.

28 Amy는 그것을 진짜 운동으로 보지 않기 때문에 지역 축구 리그에서 뛰고 싶어 하지 않을 수도 있다.
Amy may not want to play in the local soccer l_____ because she doesn't see it as a real sport. 모평

29 모든 사회는 공통의 특징을 공유한다.
All societies share c_____ characteristics. 수능

30 당신과 당신의 배우자가 필요로 하는 것은 대화할 귀중한 시간이다.
What you and your s_____ need is quality time to talk. 학평

맞은 개수:　　 / 30

■ 영어 단어를 보고 알맞은 우리말 뜻, 우리말 뜻을 보고 알맞은 영어 단어를 쓰세요.

1	cosmopolitan _____	11	도시의, 도회지의 _____
2	suburb _____	12	법(률)의, 합법적인 _____
3	metropolis _____	13	명령하다, 지시하다; 지휘 _____
4	loyal _____	14	요구(하다), 수요; 필요로 하다 _____
5	colleague _____	15	특권(을 주다), 특별한 혜택 _____
6	recommend _____	16	경쟁(을 벌이다), 대회, 시합 _____
7	norm _____	17	국내의, 자국의, 가정(용)의 _____
8	predominant _____	18	항의(하다), 시위; 반대하다 _____
9	legitimate _____	19	명령하다, (정부에) 권한을 주다 _____
10	dominate _____	20	정상(적인), 보통(의); 평범한 _____

■ 다음 한글 문장을 읽고 영어 문장의 빈칸에 알맞은 단어를 쓰세요.

21 유럽에서 광고를 규제하기 위한 법률 제정에 대한 요구가 있어 왔다.
There have been calls for l_____ to regulate advertising in Europe. 모평

22 아프리카계 미국인들은 세계 정치에서 갈수록 더 중요한 역할을 하고 있다.
African Americans have played an increasingly important role in global p_____. 모평

23 증인은 내일 법정에서 그 범죄에 대해 증언할 것이다.
The witness will t_____ about the crime in court tomorrow.

24 Dave는 그에게 영수증을 가져왔는지 그리고 환불 정책에 대해 들었는지 웃으며 물었다.
Dave smiled and asked him if he got a receipt and heard of the return p_____. 학평

25 스웨덴에서 온 대표가 국제 무역 총회에서 연설을 했다.
A d_____ from Sweden gave a speech at the international trade convention.

■ 두 단어 중 문장에 들어갈 알맞은 단어를 고르세요.

26 I was surprised to see a(n) (① normal ② enormous) spider that was larger than my hand.

27 My grandmother left each of her grandchildren a (① legacy ② privilege) of $10,000.

28 Most bosses who show care and concern have (① urban ② loyal) employees. 학평

29 Each year, he and his friends participated in the diving (① contest ② colleague) at the community pool. 학평

30 Ms. Alexander offered to (① command ② recommend) some books for me to read during my vacation.

정답 및 해석 p.89

DAILY CHECKUP DAY 57

■ 영어 단어를 보고 알맞은 우리말 뜻, 우리말 뜻을 보고 알맞은 영어 단어를 쓰세요.

1   context _____
2   region _____
3   texture _____
4   agriculture _____
5   rigid _____
6   regular _____
7   collaborate _____
8   official _____
9   artwork _____
10 cooperate _____

11 옷감, 섬유 _____
12 글, 문서; 문자를 보내다 _____
13 안내하다, ~로 향하다; 직접적인 _____
14 정교한; 정교하게 만들다 _____
15 식민지, 집단 거주지, 군집 _____
16 실험실, 연구실 _____
17 예술의, 예술적인 _____
18 왕의, 왕실의; 왕족 _____
19 직각의, 직사각형의 _____
20 문화, 재배 _____

■ 빈칸에 들어갈 알맞은 단어를 박스 안에서 고르세요.

cultivate	regime	regulate	righteous	tutor

21 Mother Teresa was _____ person who always tried to do help others.

22 The government must _____ social media websites by making them delete harmful content.

23 The Lee family has their own garden, and they _____ sweet potatoes and other vegetables. 학평

24 My parents hired a private _____ to help me learn German.

25 The country has been ruled by a military _____ for 30 years.

■ 두 단어 중 문장에 들어갈 알맞은 단어를 고르세요.

26 I would like to thank the company for paying my college (① tuition ② intuition). 모평

27 Some high achievers bring work home and (① direct ② labor) over it until bedtime. 수능

28 Buffon was a famous zoologist and botanist during the (① region ② reign) of the French king Louis XVI. 모평

29 The printer manual explains how to (① operate ② cooperate) the machine correctly.

30 (① Rigid ② Artificial) light does not seem to have the same effects that sunlight has. 학평

정답 및 해석 p. 90

67

■ 영어 단어를 보고 알맞은 우리말 뜻, 우리말 뜻을 보고 알맞은 영어 단어를 쓰세요.

1	imagination _____	11	인종 차별주의자; 인종 차별의 _____
2	owner _____	12	모양, 수치, 인물; 생각하다 _____
3	technician _____	13	시도, 시험, 재판; 시험적인 _____
4	committee _____	14	빈도, 자주 일어남, 진동수 _____
5	crisis _____	15	포식자, 포식 동물 _____
6	anxiety _____	16	소작농; 소작인의, 농민의 _____
7	strength _____	17	선교사, 전도사; 선교(사)의 _____
8	discussion _____	18	이론, 학설 _____
9	strategy _____	19	탐정, 형사; 탐정의 _____
10	authority _____	20	보험(금), 보호 수단; 보험의 _____

■ 빈칸에 들어갈 알맞은 단어를 박스 안에서 고르세요.

candidate	government	stillness	violence	warranty

21 We spent a peaceful afternoon in the _____ of the forest.

22 As the head of the city _____, the mayor administers laws and public policies.

23 Since the toaster has a one-year _____, we will replace it with a new one. 학평

24 I think we should hire this _____ for the secretary position.

25 The police try to prevent assaults and other forms of _____.

■ 빈칸에 들어갈 알맞은 단어를 보기 중에서 고르세요.

26 Professor Dawson is a leading _____ who researches Roman history.
   ① owner   ② peasant   ③ scholar

27 I'm a _____ of Irvine, and I'm concerned about the traffic in my neighborhood. 모평
   ① predator   ② resident   ③ strategy

28 You must learn how to investigate crime scenes to become a _____. 모평
   ① discussion   ② missionary   ③ detective

29 Dragons are products of the human _____ and have never existed. 학평
   ① racist   ② committee   ③ imagination

30 The earthquake was a _____ that affected many people.
   ① authority   ② crisis   ③ technician

정답 및 해석 p.90

DAILY CHECKUP

DAY 59

맞은 개수: / 30

■ 영어 단어를 보고 알맞은 우리말 뜻, 우리말 뜻을 보고 알맞은 영어 단어를 쓰세요.

1 ownership _____

2 gymnasium _____

3 ripen _____

4 likelihood _____

5 demonstrate _____

6 subsidize _____

7 molecule _____

8 hardship _____

9 aesthetics _____

10 adulthood _____

11 모방하다, 본뜨다, 흉내 내다 _____

12 비판, 비평, 평론, 비난 _____

13 소중히 여기다, 아끼다 _____

14 기숙사, 공동 침실 _____

15 자격을 주다/얻다 _____

16 극대화하다, 최대한 활용하다 _____

17 경직되다, 뻣뻣하게 하다 _____

18 전자 공학, 전자 기술, 전자 기기 _____

19 (신문·잡지의) 기사, 조항, 물품 _____

20 과녁, 표적; 목표(물), 겨냥하다 _____

■ 설명에 맞는 영어 단어를 쓰세요.

21 c_____ : to divide things into groups by type

22 t_____ : a small piece of medicine, or a flat piece of stone or wood that people used to write on

23 o_____ : the belief that the future will be good, or a hopeful attitude

24 p_____ : to rub something until is clean and shiny

25 o_____ : the state of having something, or the right to have something

■ 빈칸에 들어갈 알맞은 단어를 보기 중에서 고르세요.

26 With too little water, the grape skins become too tough and they fail to _____. 수능

① ripen   ② subsidize   ③ imitate

27 In times of economic _____, many people lose their jobs, and the unemployment rate goes higher. 학평

① criticism   ② hardship   ③ aesthetics

28 The basketball game was played in the high school _____.

① adulthood   ② article   ③ gymnasium

29 The _____ of the company's advertisement is people who will buy their first car.

① target   ② likelihood   ③ dormitory

30 I _____ my friends and try to spend lots of time with them.

① stiffen   ② demonstrate   ③ cherish

정답 및 해석 p. 90

69

■ 영어 단어를 보고 알맞은 우리말 뜻, 우리말 뜻을 보고 알맞은 영어 단어를 쓰세요.

1	characteristic	___	**11** 맹렬한, 몹시 화가 난	___
2	massive	___	**12** 궁극적인, 근본적인; (~의) 극치	___
3	crucial	___	**13** 개인의, 개인적인, 개별적인	___
4	practical	___	**14** 헛된, 쓸데없는, 시시한	___
5	brilliant	___	**15** ~할 것 같은, 가능성이 있는	___
6	helpless	___	**16** 모호한, 여러 가지로 해석할 수 있는	___
7	selfish	___	**17** 긴급한, 다급한, 계속 재촉하는	___
8	likewise	___	**18** 사무적인, 능률적인, 실제적인	___
9	regretful	___	**19** 의식(용)의, 의례적인; 의식, 풍습	___
10	halfway	___	**20** 앞으로, 앞쪽에; 전방의	___

■ 설명에 맞는 영어 단어를 쓰세요.

21 f_____ : knowing something well because you have seen or experienced it

22 m_____ : necessary to do because of a rule or law

23 g_____ : depressing, sad and unhappy

24 v_____ : easily able to be harmed

25 e_____ : safe to be eaten

■ 다음 한글 문장을 읽고 영어 문장의 빈칸에 알맞은 단어를 쓰세요.

26 그 직원들은 관리자의 모호한 지시로 인해 혼란스러웠다.
The staff were confused by their supervisor's a_____ instructions.

27 그 식당은 환상적이었고 모든 직원들은 매우 예의 바르고 친절했다.
The restaurant was fantastic and all the staff were very p_____ and kind. 모평

28 이기적인 사람들은 오직 자신들만 생각하며 다른 사람들과 아무것도 나누지 않는다.
S_____ people only think of themselves and do not share anything with others.

29 그의 예술작품은 당신에게 모양과 색채를 사용하는 대안적인 방법을 보여준다.
His artwork shows you a_____ ways of using shapes and colors. 학평

30 일하는 성인들은 점심식사를 위해 좀처럼 집에 가지 않고, 많은 학생들은 학교에서 먹는다.
Working adults r_____ go home for lunch, and many students eat at school. 학평

정답 및 해석 p. 90

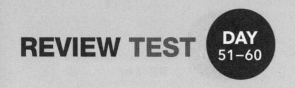

맞은 개수: / 40

■ 영어 단어를 보고 알맞은 우리말 뜻, 우리말 뜻을 보고 알맞은 영어 단어를 쓰세요.

1	accurate	D54	18	납득/확신시키다, 설득하다	D52
2	debt	D51	19	실험실, 연구실	D57
3	religion	D55	20	당황하게 하다, 곤란하게 하다	D53
4	committee	D58	21	(주로 직업상의) 동료	D56
5	interrupt	D53	22	성년(기), 성인(임)	D59
6	regular	D57	23	교육 과정, 교과 과정	D54
7	heritage	D51	24	거주자, 주민; 거주하는	D58
8	dormitory	D59	25	(지역) 사회, 공동체	D55
9	command	D56	26	결정하다, 결심하다	D52
10	nurture	D54	27	인공의, 인조의, 인위적인	D57
11	demonstrate	D59	28	상상력, 창의력, 가상	D58
12	donate	D51	29	적절한, 알맞은; 도용하다	D53
13	crucial	D60	30	의식(의), 의례적인	D60
14	candidate	D58	31	본능, 직감, 타고난 재능	D52
15	property	D53	32	대체 가능한; 대안(적인)	D60
16	temperature	D55	33	추천하다, 권고하다, 권장하다	D56
17	maximize	D59	34	소풍, 짧은 여행	D54

■ 보기 중 밑줄 친 단어의 뜻으로 알맞은 것을 고르세요.

35 If Santa existed, could he <u>deliver</u> the presents in one night? D53   ① 배달하다   ② 출산하다

36 The <u>current</u> was so strong that we could hardly swim. D54   ① 추세   ② 해류

37 Ethical systems are different for every <u>culture</u>. 학평 D57   ① 문화   ② 재배

■ 빈칸에 들어갈 알맞은 단어를 보기 중에서 고르세요.

38 Gases from automobiles are mainly _____ for air pollution. 수능
   ① precise D52   ② curious D54   ③ voluntary D53   ④ responsible D55

39 Lone animals _____ on their own senses to defend themselves. 모평
   ① imitate D59   ② labor D57   ③ contest D56   ④ rely D55

40 People used to have many children, but now smaller families are the _____.
   ① gymnasium D59   ② norm D56   ③ hardship D59   ④ revenge D52

정답 및 해석 p.91

해커스 보카 어위끝 완성편

■ 영어 단어를 보고 알맞은 우리말 뜻, 우리말 뜻을 보고 알맞은 영어 단어를 쓰세요.

1	scholar	_____ D58	**6**	익숙한, ~을 아주 잘 아는	_____ D60
2	acknowledge	_____ D44	**7**	토론(하다), 논쟁(하다)	_____ D52
3	dormitory	_____ D59	**8**	궁금해하는, 호기심이 많은	_____ D54
4	public	_____ D50	**9**	특권(을 주다), 특별한 혜택	_____ D56
5	civilize	_____ D50	**10**	기간/시간, 수업	_____ D42

■ 두 단어 중 우리말 뜻에 맞는 단어에 체크하세요.

11 He tried to □ compute □ dispute what I was saying, but I didn't want to argue. D43

그는 내가 말하던 것에 분쟁을 벌이려 하였지만, 나는 논쟁하고 싶지 않았다.

12 One teacher stood out for her □ passion □ compassion and devotion this year. 수능 D45

올해 한 선생님이 열정과 헌신으로 눈에 띄었습니다.

13 She published a short □ biography □ topography of Steve Jobs. D48

그녀는 스티브 잡스의 짧은 일대기를 출판했다.

14 With your donation, we can □ serve □ preserve coral reefs. 모평 D54

당신의 기부로, 우리는 산호초들을 보호할 수 있습니다.

15 The book presents the Vietnam War in a global □ colony. □ context. D57

그 책은 베트남 전쟁을 세계적인 맥락에서 보여준다.

■ 보기 중 두 문장의 빈칸에 공통으로 알맞은 단어를 고르세요.

16 Catalonia hoped to _____ its independence and become a free nation.

Young children copy their parents to learn how to _____ certain words.

① instance D41　　　② pronounce D46　　　③ interrupt D53

17 Art can often _____ strong feelings in its viewers.

We want to avoid violence, so let's not _____ anyone.

① accuse D43　　　② provoke D47　　　③ rent D51

18 Large storms _____ the houses along the shore every summer.

A good baseball pitcher knows the weaknesses of each _____ he faces.

① batter D52　　　② delegate D56　　　③ polish D59

19 People should wear shoes and clothes that are _____ for the climate. 모평

Some musicians _____ the work of others but are rarely punished for it.

① close D42　　　② elaborate D57　　　③ appropriate D53

20 Alice didn't _____ that her friends were organizing a party, so she was surprised.

The police asked customers in the store if they saw the robbery _____.

① suspect D49　　　② temper D55　　　③ rate D43

■ 빈칸에 들어갈 알맞은 단어를 박스 안에서 고르세요.

| cite D47 | communicate D55 | damage D51 | install D41 | resign D48 |

21 Like stress, negative emotions can _____ the immune response.

22 If you want us to _____ the TV on the wall, there is an additional $50 fee. 학평

23 Professors often _____ research reports from well-known academics in their lectures.

24 My father will _____ from his job when he turns 65.

25 Bees _____ by dancing to tell other bees the location of flowers. 학평

정답 및 해석 p.91

DAILY CHECKUP DAY 01   p.2

| 정답 |

1 예언하다, 예고하다 2 고대의, 아주 오래된, 먼 옛날의 3 조상, 선조 4 예견하다, 예상하다 5 전망, 예상, 가능성 6 과거의, 오래된, 고대의; 골동품 7 몰두하게 하다, 사로잡게 하다 8 예측하다, 전망하다 9 앞서서 주도하는 10 예상하다, 기대하다 11 progress 12 forearm 13 anchor 14 precaution 15 premature 16 propose 17 forehead 18 preview 19 proverb 20 protect 21 forecast 22 profile 23 predetermine 24 previous 25 foremost 26 ① 27 ② 28 ① 29 ① 30 ①

| 해석 |

26 그의 조상들은 러시아의 귀족이었다. 27 너는 학업을 잘하고 있고, 나는 너의 발전에 만족한다. 28 닻이 물속으로 내려졌고 배가 멈췄다. 29 망원경이 없이도, 초기 천문학자들은 지구가 태양 궤도를 돈다고 제시했다. 30 경찰은 범죄가 일어나기 전에 그것을 막는 것에 대해 앞서서 주도해야 한다.

DAILY CHECKUP DAY 02   p.3

| 정답 |

1 지나간, 과거의 2 도피(처), 피난(처) 3 화해시키다, 조화시키다 4 억제하다, 주지 않다 5 (가두) 행진, 퍼레이드; 행진하다 6 돌이켜보다, 추억하다; 추억, 회상 7 우회 도로; 우회하다 8 재결합, 재회, 모임 9 부산물, 부작용 10 기생충, 기생 동물/식물 11 replace 12 rejoin 13 bystander 14 restore 15 resort 16 withdraw 17 paralyze 18 paradox 19 remain 20 respect 21 parallel 22 withstand 23 retire 24 remark 25 paradise 26 ② 27 ② 28 ① 29 ② 30 ①

| 해석 |

21 책상들이 나란한 줄로 깔끔하게 정렬되어 있다. 22 금속 냄비는 다른 소재로 만들어진 냄비보다 높은 열을 더 잘 견뎌낼 수 있다. 23 그 연로한 목수는 오랜 직장 생활 후에 은퇴하고 집에서 쉬기로 결정했다. 24 그는 팀 동료에게 자신을 믿지 않는다고 말했다. 25 가장 아름답고 화려한 새들이 뉴기니에 살고, 그들은 '낙원의 새'라고 이름 지어져 있다. 26 우리는 나무가 베어지는 것을 막기 위해 더 많이 재활용해야 한다. 27 나는 이전의 반 친구들을 다시 만나기 위해 모임을 계획했다. 28 운전자들

은 도심부를 피하기 위해 우회 도로를 이용할 수 있다. 29 그녀는 자신의 첫 자동차를 사기 전에 많은 조사를 할 것이다. 30 화합이 깨지자마자, 우리는 그것을 회복시키기 위해 우리가 할 수 있는 무엇이든지 한다.

DAILY CHECKUP DAY 03   p.4

| 정답 |

1 에워싸다, 둘러싸다 2 겹치다, 포개지다; 겹침, 중복 3 그리디, 묘사하다 4 지지하다, 유지시키다 5 극복하다, 이기다 6 미신 7 다가오는, 곧 있을 8 약화시키다, ~의 밑을 파다 9 발견하다, 감지하다 10 바람, 욕구; 바라다, 원하다 11 upright 12 undertake 13 overlook 14 overflow 15 devour 16 underlie 17 overall 18 superior 19 delicate 20 depart 21 Subtle 22 overwhelm 23 surface 24 update 25 undergo 26 ③ 27 ② 28 ③ 29 ② 30 ①

| 해석 |

21 다른 사람들은 알아채지 못할 수 있는 미묘한 것들이 당신의 데이트를 망칠 수도 있다. 22 직원들에게 너무 많은 업무를 주는 것은 그들을 압도해서 실수로 이끌 수 있다. 23 거북이들은 물속에서 대부분의 시간을 보내고 먹이를 얻기 위해서만 수면으로 떠 오른다. 24 계획이 바뀌었기 때문에, Dennis는 프로젝트 일정을 업데이트해야 했다. 25 응급실 근로자들은 스트레스가 많은 일 후에는 그들을 돕기 위해 상담 절차를 겪어야 한다. 26 나는 그 웃긴 영화를 보면서 웃음을 억제할 수 없었다. 27 당신이 수면 장애로 고통받는다면 수면 건강에 대한 이 세미나에 등록하세요. 28 이 그림들은 그리스 신들로부터 이름이 유래한다. 29 전문가들은 젊은 사람들이 돈을 낭비하는 것을 멈추고 더 많이 저축해야 한다고 제안한다. 30 그는 유령과 같은 초자연적인 존재를 믿는 사람이 아니다.

DAILY CHECKUP DAY 04   p.5

| 정답 |

1 자산, 재산, 유용한 것 2 출현, 도래 3 도입, 소개, 서론 4 감탄하다, 존경하다, 칭찬하다 5 기다리다, 대기하다 6 환상, 착각, 망상 7 (측)면, 방향, 관점 8 확신시키다, 보장하다, 안심시키다 9 대략의, 근사치의; ~에 가깝다 10 실내의, 내부의; 실내, 내부 11 inflame 12 insight 13 introvert 14 incentive 15 inherent 16 intake 17 accumulation

18 impose **19** alarm **20** accelerate **21** abandon
22 invest **23** inborn **24** income **25** introspective
26 ③ **27** ② **28** ② **29** ③ **30** ①

| 해석 |

21 어떤 것을 포기하고 다른 누군가에게 그것을 넘기다 **22** 수
익을 내기 위해 시간이나 돈을 쓰다 **23** 특성이나 재능을 태어나
면서부터 가지고 있는 **24** 한 사람이나 상점이 버는 돈 **25** 자기
자신의 생각과 감정을 숙고하는 **26** 이 호텔에는 손님들이 어느
계절 동안에나 즐길 수 있는 실내 수영장이 있다. **27** 개의 꼬리
가 다리 사이에 있을 때는, 느리게라도 절대 개에게 접근하지 말
아라. **28** 대부분의 사람들에게, 집은 그들이 소유한 가장 큰 재
산이다. **29** 자신의 가게를 보호하기 위해, 그는 매일 떠나기 전
에 경보를 설정한다. **30** 판사는 강을 오염시킨 것에 대해 그 회
사에 벌금을 부과할 것이다.

DAILY CHECKUP DAY 05　　　　p.6

| 정답 |

1 변화, 변천, 전환, 전이 **2** 결과, 성과, 결론 **3** 최고의, 최대
(한)의, 극도의 **4** 확장하다, 확대하다, 팽창시키다 **5** 당뇨병 **6**
변화시키다, 변형하다 **7** 생산(량), 산출(량); 생산/산출하다 **8**
설사 **9** 조사하다, 시험하다, 진찰하다 **10** 눈에 띄는, 뛰어난
11 diagonal **12** transfer **13** exchange **14** escort
15 exhaust **16** outweigh **17** evaporate **18** transmit
19 exotic **20** outlook **21** external **22** outbreak **23**
outlet **24** transport **25** extraordinary **26** Erosion
27 extra **28** explore / examine **29** diameter **30**
evaporate

| 해석 |

21 어떤 것의 바깥쪽에 속하는 **22** 전쟁이나 질병 같은 나쁜 어
떤 일의 갑작스러운 시작 **23** 어떤 것이 밖으로 나가는 길 **24**
사람이나 물건들을 한 장소에서 다른 장소로 옮기다 **25** 특별한,
흔하지 않거나 보통과는 매우 다른

DAILY CHECKUP DAY 06　　　　p.7

| 정답 |

1 보통과 다른, 비정상적인, 이상한 **2** 풍부한, 넘칠 정도로 많은
3 빨아들이다, 흡수하다 **4** 분산, 해산, 살포 **5** 거리(를 두다), 간
격; 멀리 두다 **6** 확산, 유포, 보급 **7** 버리다, 폐기하다; 폐기, 포
기 **8** 불리(함), 약점; 불리하게 하다 **9** 순종하지 않는, 반항하는
10 고치다, 개정하다, 수정하다 **11** secure **12** absurd **13**
disguise **14** foreign **15** disability **16** segregation
17 discomfort **18** disgust **19** select **20** forgive
21 advantage **22** discussion **23** separate **24**

disappear **25** forbid **26** ① **27** ② **28** ① **29** ② **30** ①

| 해석 |

26 교통수단의 발전이 국가 간의 여행을 더 현실적으로 만들었
다. **27** 심장 질환이 있는 사람들은 섭씨 39도가 넘는 목욕을 하
기 전에 의사에게 먼저 물어봐야 한다. **28** 나의 부모님은 외출
하는 것을 싫어해서 보통 집에 머무른다. **29** 먹이가 풍부할 때,
어떤 새들은 더 어려운 시기에 대비해 열매를 숨겨둔다. **30** 은
행은 돈을 보관하기에 안전한 장소이다.

DAILY CHECKUP DAY 07　　　　p.8

| 정답 |

1 꽉 찬, 간결한; 꽉 채우다, 압축하다 **2** 교향곡, 교향악단
3 수정, 정정, 교정 **4** 해석하다, 이해하다, 통역하다 **5** 사람
과 사람 사이의, 대인 관계의 **6** 간격, 중간 휴식 시간 **7** 자동
차, 자동차의, 자동의 **8** 배치, 배열, 별자리 **9** 진품임, 진짜
임, 신빙성 **10** 자동의; 자동 조작 기계 **11** symptom **12**
collision **13** combine **14** concentrate **15** corrupt
16 syndrome **17** contour **18** interact **19** interview
20 international **21** ② **22** ② **23** ① **24** ① **25** ②
26 concern **27** symphony **28** authenticity **29**
automobile **30** interpret

| 해석 |

21 부디 이 테이블을 휴게실에 있는 것과 서로 교환해 주세요.
22 지금은 휴대 전화가 환자와 의사를 연결해서 기본적인 건강
정보를 공유하는 데 사용된다. **23** 엔진 내부에서 연소가 발생
하고, 이것은 연료를 태워서 차량이 움직이도록 해준다. **24** 공
연의 첫 부분 이후에 15분의 휴식 시간이 있을 것이다. **25** 언어
는 생각을 표현하는 상징의 체계이다. **26** 나의 병은 심각하지
않기 때문에 너를 걱정하게 해서는 안 된다. **27** 그 오케스트라
는 이번 주말에 베토벤의 가장 유명한 교향곡을 공연할 것이다.
28 나는 예술 전문가에게 그 그림이 진품임을 확인해달라고 요
청했다. **29** 초창기의 자동차에서, 타이어는 거의 검은색이 아
니었고 보통 흰색이나 황갈색이었다. **30** Polson 씨는 중국에
서 오는 방문객을 위해 자신의 말을 통역할 누군가를 고용했다.

DAILY CHECKUP DAY 08　　　　p.9

| 정답 |

1 상대, 반대자; 적대하는, 반대하는 **2** 항균성의 **3** 꺼안다,
받아들이다 **4** 항체 **5** 확대하다, 확장하다, 커지다 **6** 억압하
다, 압박하다 **7** 상대, 대응 관계에 있는 사물/사람 **8** 남극 (지
방); 남극의 **9** 잇따라 일어나다, 계속되다 **10** 권한을 주다, 권
력을 위임하다 **11** antibiotic **12** contrary **13** obscure
14 ensure **15** enable **16** endanger **17** engage

18 enrich 19 embed 20 control 21 occasion 22 obstacle 23 observe 24 enthusiasm 25 enhance 26 ① 27 ② 28 ① 29 ② 30 ③

| 해석 |
21 당신의 생일 같은 특별한 경우를 위해 좋은 와인을 아껴두세요. 22 노동자들이 길을 막고 있던 장애물을 제거했다. 23 어떤 과학자들은 탐정과 같이 공룡 화석의 모든 작은 세부 사항을 관찰한다. 24 그 콘서트에 있던 사람들은 에너지와 열정으로 매우 가득 차 있었다. 25 우리의 삶을 향상시키는 아이디어는 편안함에 대한 욕구에 의해 장려될 수도 있다. 26 이 약은 열에 대응하고 환자를 치료한다. 27 유사한 아이디어를 다루는 픽션과 논픽션 글을 비교하고 대조해 보자. 28 어떤 왕들은 언론의 자유를 빼앗음으로써 시민들을 억압하곤 했다. 29 그 2개 군대는 강의 북쪽에서 전투에 참여할 것이다. 30 사진이 너무 작아서 그것을 확대해 주시겠어요?

DAILY CHECKUP DAY 09   p.10

| 정답 |
1 부정확한, 틀린 2 단점, 결점, 잘못 3 비도덕적인, 부도덕한 4 결백한, 무죄의, 순진한 5 불변의, 변하지 않는; 불변의 것 6 익숙하지 않은, 낯선 7 무능, 불능, 할 수 없음 8 예상 밖의, 갑작스러운 9 ~할 수 없는, 무능한, 무력한 10 불공평한, 부당한 11 immortality 12 unwanted 13 unknown 14 unforgettable 15 unlikely 16 unbearable 17 unlock 18 deforestation 19 inevitable 20 indirect 21 imbalance 22 unfamiliar 23 decode 24 unfortunate 25 impractical 26 ① 27 ② 28 ② 29 ① 30 ③

| 해석 |
21 어떤 것이 같은 수, 양 등으로 발생하지 않은 상황 22 보거나 경험한 적이 없기 때문에 어떤 것을 거의 알지 못하는 23 암호를 해독하거나 어떤 것을 이해하다 24 나쁜 운을 가진 25 유용하지 않은, 사용하기 쉽지 않은, 또는 쉽게 실현될 수 없는 26 그는 정크 푸드를 먹는 것을 멈추려고 노력했지만, 그 욕구에 저항할 수 없었다. 27 우리는 고등학교 생활에 대한 마지막이자 잊을 수 없는 행복한 기억을 만들 것이다. 28 그의 새로운 직장은 몇몇 단점이 있지만, 복지가 더 훌륭하다. 29 Eva는 생계를 유지할 수 없었기 때문에 음악을 포기했다. 30 올여름의 더운 날씨가 너무 참기 어려워서 우리는 밖으로 나갈 수 없다.

DAILY CHECKUP DAY 10   p.11

| 정답 |
1 유일한, 고유한, 독특한 2 독점(권), 독점 기업 3 단조로운,

지루한, 변화가 없는 4 유일한, 단독의; 발바닥, 신발 밑창 5 혼자의, 고독한, 외딴 6 이중창, 이중주 7 연합, 조합, 동맹 8 둘의, 이중의, 두 부분으로 된 9 의심, 의혹; 의심하다 10 두 눈으로 보는; (복수형으로) 쌍안경 11 unite 12 solid 13 solitude 14 duplicate 15 dioxide 16 diplomat 17 bidirectional 18 twin 19 tricycle 20 trilogy 21 uniform 22 dilemma 23 diploma 24 bilingual 25 tribe 26 union 27 triple 28 doubt 29 monopoly 30 twist

| 해석 |
21 팀과 같은 집단의 모든 구성원이 입는 같은 옷 22 두 개의 나쁜 선택권 중에서 골라야 하는 상황 23 한 사람이 학교나 수업을 마쳤다는 것을 보여주는 증명서 24 두 개의 언어를 사용하고 이해할 능력이 있는 25 같은 문화, 언어, 믿음을 공유하는 사람들의 작은 집단

REVIEW TEST DAY 01-10   p.12

| 정답 |
1 도피(처), 피난(처) 2 침식, 부식, 쇠퇴 3 극복하다, 이기다 4 빨아들이다, 흡수하다 5 향상시키다, 강화하다 6 우회 도로, 우회하다 7 도입, 소개, 서론 8 결백한, 무죄의, 순진한 9 증상, 조짐, 징후 10 거래, 매매, 처리 11 속담, 격언 12 열정, 열광(시키는 것) 13 환상, 착각, 망상 14 분리 (정책), 차별 (정책) 15 에워싸다, 둘러싸다 16 의심, 의혹; 의심하다 17 저항/거부할 수 없는 18 protect 19 configuration 20 endanger 21 supernatural 22 union 23 explore 24 recycle 25 engage 26 abandon 27 monopoly 28 advantage 29 premature 30 imbalance 31 undertake 32 coexist 33 demerit 34 tribe 35 ② 36 ① 37 ① 38 ① 39 ③ 40 ②

| 해석 |
35 사람들은 종종 자신의 의견을 다른 사람들에게 강요하려고 한다. 36 창의력은 적절한 배출구가 발견되면 발산된다. 37 Drew는 오늘 회의의 장소를 바꾸는 것을 제안했다. 38 1800년대의 그 오래된 품목들은 우리의 소장품을 정말 좋게 한다. 39 그 그룹은 다채로운 야간 생활이 있는 휴양지에 매료되었다. 40 외로움을 극복하는 유일한 방법은 타인과 연결되는 것이다.

DAILY CHECKUP DAY 11   p.13

| 정답 |
1 놀라운, 굉장한 2 부끄러운, 수치스러운 3 (문제 상황이) 일어나다 4 관점, 시각, 원근법 5 해외에서, 해외로, 널리; 해외, 국외 6 백만장자, 큰 부자 7 설득하다, 납득시키다 8 공연하다, 수행하다 9 많은, 다수의; 배수 10 동시에 여러 일을 처리하

다 **11** decade **12** century **13** analyze **14** atom **15** alike **16** persist **17** multicultural **18** multipurpose **19** aboard **20** arouse **21** anatomy **22** perfect **23** permanent **24** perfume **25** centennial **26** ② **27** ① **28** ① **29** ① **30** ②

| 해석 |

26 사업체들은 새천년 이후로 더 많은 세계적인 경쟁을 겪어 왔다. **27** 우주에는 많은 행성이 있다. **28** 그 개회사는 흥분을 일으키기 위해 의도된 것이었다. **29** 매년 해외로 가는 한국인들의 수가 한국을 방문하는 외국인의 수보다 더 크다. **30** 즉시 시작하고 그다음엔 일이 완수될 때까지 지속해라.

DAILY CHECKUP DAY 12   p.14

| 정답 |

1 생태계 **2** 원격 통신, 원거리 전기통신 **3** 잘못된 장소에 두다, 두고 잊어버리다 **4** 잘못 인도하다, 오도하다, 속이다 **5** 오해하다, 잘못 해석하다 **6** 전보, 전신; 전보를 치다 **7** 생화학, 생리 **8** 생물의 다양성 **9** 잘못 지도하다, 그릇되게 이끌다 **10** 실수, 잘못; 오해하다, 잘못 생각하다 **11** biology **12** geography **13** microscope **14** microphone **15** biofuel **16** eco-friendly **17** geometry **18** geothermal **19** microclimate **20** microwave **21** economy **22** benevolent **23** misery **24** misplace **25** geology **26** ② **27** ② **28** ① **29** ② **30** ②

| 해석 |

21 30년 후에, 한국은 세계에서 14번째로 가장 큰 경제를 가진 산업의 거인이 되었다. **22** 나는 친절하고 인정 많은 이웃에게 매우 큰 선물을 받았다. **23** 더 많이 아는 것은 종종 불행한 삶으로 이어지기 때문에 우리는 행복해지기 위해 지식이 필요하지 않다. **24** 네가 열쇠를 잘못된 장소에 두었다면 내가 그것들을 찾는 것을 도와줄게. **25** 과학자들은 하와이가 어떻게 화산으로부터 형성되었는지에 대해 알기 위해 지질을 연구했다. **26** 열대우림은 많은 나무와 비 때문에 이름 붙여진 생태계이다. **27** 이 클럽의 회원이 되는 것의 한 가지 이득은 네가 많은 친구를 만들 수 있다는 것이다. **28** 그 작은 계곡은 주변의 지역보다 훨씬 더 시원한 미기후를 가지고 있다. **29** 그 천문대는 5대의 망원경으로 별을 볼 수 있는 관람 기회를 제공한다. **30** 다른 것은 고장 났기 때문에 연설할 때 이 마이크를 사용하세요.

DAILY CHECKUP DAY 13   p.15

| 정답 |

1 여권, 통행증 **2** 통과, 통로, 통행, (글·음악 등의) 한 구절 **3** 제거하다, 지우다 **4** 이동하다, 이주하다 **5** (타국으로) 이주하다,

이민 가다 **6** 이주해 오다, 와서 살다 **7** 감정, 정서 **8** 움직임, 동작, 운동 **9** 순간, 잠깐, 지금 **10** 분명한, 확실한 **11** surpass **12** compass **13** motor **14** fluent **15** mobile **16** fluid **17** promote **18** pace **19** motive **20** influence **21** via **22** pastime **23** voyage **24** passenger **25** trivial **26** ① **27** ② **28** ② **29** ① **30** ③

| 해석 |

21 지원 양식은 이메일을 통해 제출되어야 한다. **22** 자전거 타기는 좋은 운동이자 인기 있는 취미이다. **23** 크리스토퍼 콜럼버스의 북아메리카로의 항해는 1492년에 일어났다. **24** 규정은 비행기 승객이 착륙 직전에 좌석을 떠나는 것을 금지한다. **25** 보고서에 몇몇 사소한 실수가 있었지만, 심각한 것은 없었다. **26** 그가 보스턴으로 이사한 동기는 대학에 다니기 위해서였다. **27** 원숭이의 경고음은 포식자에 대한 매우 구체적인 정보를 전한다. **28** 국경없는의사회는 외딴, 고립된 지역에 의료를 제공한다. **29** 나는 그에게 신문을 건네주었고, 그가 읽기를 원하는 구절을 가리켰다. **30** 프랑스로 이주해 온 사람들은 프랑스의 언어를 배우도록 요구받는다.

DAILY CHECKUP DAY 14   p.16

| 정답 |

1 앞서다, 선행하다, 우선하다 **2** 나아가다, 계속하다, 진척되다 **3** 접근하다, 이용하다; 접근(권), 출입(구) **4** 그만두다, 그치다, 중지하다 **5** 출구, 퇴장; 나가다, 퇴장하다 **6** 널리 퍼지다, 고루 미치다 **7** ~인 척하다, 가장하다 **8** 다정한, 부드러운, 약한 **9** 강렬한, 치열한, 심한 **10** 피하다, 회피하다, 빠져나가다 **11** succeed **12** fare **13** welfare **14** hesitate **15** ambition **16** tend **17** intend **18** tense **19** procedure **20** recess **21** invade **22** attend **23** extend **24** farewell **25** initial **26** ② **27** ③ **28** ③ **29** ③ **30** ①

| 해석 |

21 국가, 도시, 또는 기타 장소에 강제로 들어가다 **22** 회의, 수업, 또는 기타 행사에 가다 **23** 어떤 것을 더 오래 가게 만들거나 더 크게 만들다 **24** 한 장소를 떠나는 행위, 또는 떠나는 사람에게 말하는 것 **25** 어떤 일을 시작할 때 벌어지는; 또는 이름의 첫 번째 글자 **26** 네가 이미지 파일을 제출할 때 그것의 크기가 100메가바이트를 넘을 수 없다. **27** 알지 못하는 것을 인정하는 사람들이 모든 것을 아는 척하는 사람들보다 더 자신감 있다. **28** 더 많은 도시공원을 만들려는 계획은 다음 달에 진척될 것이다. **29** 이 국가들이 직면하고 있는 한 가지 중요한 문제는 문화 사이의 차이점이다. **30** 어머니는 자신의 아이가 진정하는 것을 돕기 위해 다정하게 부드러운 노래를 불렀다.

| 정답 |

1 고발하다, 기소하다 2 길, 대로, 방법 3 결과, 결론, 중요성 4 그 후에, 나중에, 이어서 5 ~에 알맞다, 적응시키다; 정장, 소송 6 행사, 사건, 일 7 개입하다, 끼어들다, 방해하다 8 차츰, 서서히 9 재료, 성분, 구성요소 10 모험심이 강한, 모험적인, 위험한 11 grade 12 execute 13 pursue 14 prevent 15 aggressive 16 venture 17 inconvenience 18 convention 19 upgrade 20 sequence 21 degree 22 convenient 23 souvenir 24 invent 25 graduate 26 revenue 27 prosecute 28 inconvenience 29 grade 30 ingredient

| 해석 |

21 특히 온도와 각도에 사용되는 측정 단위 22 하거나 사용하기 쉽고 편안한 23 사람들에게 장소, 행사 등에 대한 기억을 떠오르게 하는 어떤 것 24 전에 존재하지 않았던 어떤 것을 고안하거나 창조하다 25 학교에서 학업 과정을 마치고 학위나 졸업장을 받다

| 정답 |

1 (고통 등을) 없애다, 완화하다 2 드러나다, 부상하다, 나오다 3 믿음, 신념, 신뢰 4 결과, 성과; 결과로 생기다 5 두드러진, 현저한, 핵심적인 6 (범죄 등) 사건, 사고 7 썩다; 부패(하다), 부식(하다), 쇠퇴(하다) 8 (물속에) 잠기다, 잠수하다, (물에) 담그다 9 (고통 등을) 덜다, 완화하다 10 담그다, 가라앉히다, 빠져들게 하다 11 insult 12 accidental 13 coincidence 14 merge 15 scandal 16 assault 17 consult 18 irrelevant 19 mount 20 lever 21 amount 22 surmount 23 descendant 24 scale 25 elevate 26 ② 27 ② 28 ① 29 ② 30 ①

| 해석 |

26 우리는 새 한 마리가 물속으로 뛰어들어서 부리에 물고기를 가지고 나오는 것을 보았다. 27 그녀는 그 토론에서 승리한 이후 정치인으로서 매우 유명해졌다. 28 우리 둘이 생일이 같다는 것은 멋진 우연의 일치였다. 29 그 회사는 재정상의 추문을 일으킨 것에 대해 사과했다. 30 그 버스 운전사는 한 승객에 의한 폭행 후에 병원으로 실려 갔다.

| 정답 |

1 관련짓다, 관련이 있다 2 다르다, 의견을 달리하다 3 추론하다, 암시하다 4 미루다, 연기하다, 경의를 표하다 5 던지다, (그림자를) 드리우다; 던지기 6 물건, 대상, 목표; 반대하다 7 연관성, 상호 관련 8 (연구) 과제, 사업; 계획하다, 투사하다 9 방송하다, 방영하다; 방송 10 튀어나오게 하다, 쫓아내다 11 congestion 12 digest 13 exaggerate 14 prefer 15 refer 16 indifferent 17 fertile 18 ferry 19 subject 20 inject 21 Register 22 translate 23 outcast 24 reject 25 conference 26 ② 27 ① 28 ① 29 ② 30 ①

| 해석 |

21 면접 기술에 관한 우리 세미나에 참석하기 위해 금요일까지 등록하세요. 22 Jack은 보고서를 프랑스어에서 영어로 번역해 달라고 요청받았다. 23 선생님들은 따돌려진 사람이 없는지 확실히 하기 위해 자신의 학급을 세심히 주시해야 한다. 24 어떤 사람들은 그들 자신을 모험적이라고 생각하지 않기 때문에 외국에서 공부할 기회를 거절한다. 25 심한 눈보라 때문에 발표자 중 아무도 학회에 올 수 없다. 26 그 커플은 그들의 결혼식을 나중으로 미루기로 결정했다. 27 그 의사는 긴장을 푸는 것을 돕기 위해 환자에게 약물을 주사할 것이다. 28 나는 50명의 학생에게 로마 제국을 주제로 하는 에세이를 쓰게 했다. 29 텔레비전 방송국들은 밤낮으로 다양한 프로그램들을 방송한다. 30 록 음악을 선호하는 사람들은 활동적인 경향이 있다.

| 정답 |

1 추출하다, 발췌하다; 추출물, 발췌 2 자취, 흔적; 추적하다, 따라가다 3 쫓아버리다, 물리치다 4 추론하다, 연역하다 5 나아가게 하다, 추진하다 6 (관심 등을) 끌다, 끌어모으다 7 관심을 끌다, 호소하다; 호소, 매력 8 추출하다, 끌어내다; 추상적인; 추상 (개념) 9 묘사하다, 그리다, 보여주다 10 조약, 협정 11 pulse 12 contract 13 produce 14 education 15 distract 16 subtract 17 reproduce 18 trait 19 conduct 20 treat 21 expel 22 impulsive 23 track 24 retreat 25 trade 26 ① 27 ② 28 ① 29 ① 30 ③

| 해석 |

21 그 교장은 그의 반복되는 나쁜 행실 때문에 그를 학교에서 쫓아내기로 결정했다. 22 그녀는 자신의 충동적인 소비를 통제할 수 없었고 너무 많은 신발을 샀다. 23 모래가 사막을 가로지르는 길을 없애 버렸고, 여행자들은 길을 잃었다. 24 그 군인들은 후퇴하는 것이 현명했을 것이지만, 그들은 계속해서 공격했다. 25 한 농부가 빵 한 덩이를 위해 제빵업자와 달걀을 거래하기를 원한다고 가정해 보아라. 26 어떤 식물들은 다른 생물들이 억지로 그들을 내버려두게 만들기 위해 화학 물질을 만들어낸다. 27 플라스틱 용기를 재사용함으로써 우리가 만드는 쓰레기의 양을 줄일 수 있다. 28 우리는 파티를 위한 음식을 제공하

기 위해 한 회사와 계약하기로 결정했다. **29** Valley Hike는 지역의 시골길을 따라 참가자들을 안내하는 하이킹 프로그램이다. **30** 나는 레모네이드를 만들기 위해 레몬에서 즙을 추출한다.

DAILY CHECKUP DAY 19 p.21

| 정답 |

1 임무, 과제, 선교 (단체) **2** 처분할 수 있는, 일회용의 **3** 이행하다, 전념하다, 저지르다 **4** 명제, 논제, 학위 논문 **5** 자세(를 취하다), 태도(를 보이다) **6** 추정하다, 가정하다 **7** 광합성 **8** 반대하다, 대항하다 **9** 배출하다, 내보내다, 내뿜다 **10** 가설, 가정, 추측 **11** admit **12** compound **13** compromise **14** dismiss **15** commission **16** component **17** purpose **18** position **19** pose **20** deposit **21** promise **22** positive **23** compose **24** permit **25** mess **26** ① **27** ② **28** ③ **29** ① **30** ②

| 해석 |

21 당신이 어떤 일을 할 것이라고 누군가를 확신시키다 **22** 좋은 일이 일어날 것이라고 기대하거나 확신하는 **23** 하나의 음악 작품 또는 글과 같은 것을 만들어 내다 **24** 누군가가 어떤 일을 하도록 허용하다 **25** 매우 더럽거나 어려운 상황 **26** 콘테스트에서 우승할 기회를 위해, 저희 웹사이트에 당신 자신의 셀카 사진을 제출하기만 하세요! **27** 우리가 아이들을 많은 다른 활동들에 노출시킨다면, 그들은 새로운 것들을 경험할 수 있다. **28** 그 낭만적인 영화의 주제는 첫사랑이다. **29** 나는 앞마당의 잔디만 깎고 뒷마당을 깎는 것은 뒤로 미루기로 결정했다. **30** 우리는 어떤 것을 믿고 싶지 않을 때, 그것을 묵살할 수 있도록 반대 증거를 찾는다.

DAILY CHECKUP DAY 20 p.22

| 정답 |

1 항구, 항구 도시 **2** (좋은) 기회, 호기 **3** 노력(의 성과), 수고 **4** 강한, 영향력/효력 있는 **5** 중요하게 **6** 방출하다, 해고하다; 방출(물), 해고, 이행 **7** 노동력, 노동자 **8** 강요하다, (법 등을) 집행하다, 시행하다 **9** 불가능한, 있을 수 없는 **10** 강화하다, 보강하다 **11** support **12** export **13** possible **14** navy **15** navigate **16** career **17** carpenter **18** carriage **19** comfort **20** charge **21** carrier **22** fort/fortress **23** possess **24** import **25** force **26** importantly **27** impossible **28** workforce **29** export **30** effort

| 해석 |

21 편지, 소포 등을 배달하는 사람 **22** 주로 군인들에 의해 지켜지는 튼튼한 건물 **23** 어떤 것을 가지거나 소유하다 **24** 상품을 해외에서 사서 나라 안으로 가져오다 **25** 움직임을 야기할 수 있는 힘 또는 세력

REVIEW TEST DAY 11-20 p.23

| 정답 |

1 감정, 정서 **2** 생물학, 생태학 **3** 연기하다, 뒤로 미루다 **4** 앞서다, 선행하다, 우선하다 **5** 주사하다, 주입하다 **6** 무관한, 엉뚱한, 부적절한 **7** 동기를 부여하다, 자극하다 **8** 생산하다, 제작하다 **9** 실행하다, 수행하다, 처형하다 **10** 가설, 가정, 추측 **11** 망원경 **12** 과장하다, 지나치게 강조하다 **13** 유도하다, 유발하다, 설득하다 **14** 설득하다, 납득시키다 **15** 노력(의 성과), 수고 **16** 합병/융합하다, 녹아들게 하다 **17** 소유하다, (능력 등을) 지니다 **18** century **19** ingredient **20** translate **21** passenger **22** compromise **23** welfare **24** navigate **25** accidental **26** millionaire **27** contract **28** ambition **29** port **30** eco-friendly **31** purpose **32** prosecute **33** fluent **34** trade **35** ② **36** ① **37** ② **38** ③ **39** ④ **40** ②

| 해석 |

35 내 전화기의 배터리를 충전하는 데 20분이 걸린다. **36** 자신감 있는 학생들이 종종 학교에서 성공한다. **37** Cindy는 Yale 대학에서 과학 학위를 마쳤다. **38** Danielle은 인정 많고 너그러운 마음을 가졌으며, 자신의 지역사회에서 자원봉사를 한다. **39** 만약 그가 자신의 논평이 나를 모욕하리라 생각했다면 그는 틀렸다. 사실, 나는 그것을 좋아했다. **40** 나는 그들에게 무엇을 먹고 싶었는지 물어봤지만, 그들은 무관심해서 아무도 대답하지 않았다.

COMPREHENSIVE TEST DAY 01-20 p.24-25

| 정답 |

1 (측)면, 방향, 관점 **2** 국가 간의, 국제적인 **3** 보호하다, 지키다 **4** 토론, 토의, 논의 **5** 등록하다, 신고하다; 등록부 **6** contrast **7** graduate **8** consult **9** reproduce **10** multitask **11** replace **12** transport **13** overcome **14** syndrome **15** effort **16** ① **17** ② **18** ③ **19** ② **20** ① **21** uniform **22** passage **23** descendant **24** opportunity **25** asset

| 해석 |

16 그 결백한 남자는 그가 돈을 훔친 사람이 아니라고 모두에게 말했다. 그 순진한 아이는 호기심에 찬 많은 질문을 했다. **17** 경찰관들은 비상사태가 있을 때만 속도 제한을 초과하는 것이 허용된다. 자원에 대한 수요가 그것을 제공할 수 있는 생태계의 능력을 능가할 것이다. **18** 그 축구 선수는 프로 축구팀과 계약할 것이다. 그 질병 때문에 아마도 올해 대부분 국가들의 경제는 수축할 것이다. **19** 신청서 작성을 마친 후에, 7월 15일 이전에 이 메일로 제출해라. 그 마을 사람들은 자신들의 땅을 지키려고 노력했지만, 침략군들에게 복종하도록 강요당했다. **20** 북아프리

카의 지형은 큰 사막을 포함한다. **21** 군인들은 전쟁 중에 서로를 쉽게 알아보기 위해 같은 제복을 입는다. **22** 나는 신문 1면에 있는 짧은 구절을 읽었다. **23** 그녀는 DNA 검사를 받았고 이제 자신이 왕가의 자손이라고 믿는다. **24** 저는 다른 기회를 잡기로 결정했기 때문에 엔지니어 직무에 대한 당신의 제안을 받아들일 수 없습니다. **25** 타지마할은 역사적인 건물이고, 인도의 중요한 문화적 자산이다.

경에서 농담을 하는 것은 너무 형식에 매이지 않고 전문적이지 못한 것으로 간주되었다. **24** 우리는 밖에 좀 더 오래 머무르고 싶었지만, 갈 시간이었다. **25** 피트는 국왕의 발 길이였고, 인치는 국왕의 엄지 너비였다. **26** Lily라는 이름은 1970년에 다시 인기를 얻게 되었고 2009년에 가장 높은 순위에 도달했다. **27** 그 미술 대회에 지원하기 위한 마감 시한은 11월 23일이다. **28** 지구가 구체라는 것은 2000년도 더 전에 발견되었다. **29** 경도 0도선은 그리니치를 지나간다. **30** 새로운 의료 기술은 우리의 생명을 크게 연장할 수 있다.

DAILY CHECKUP DAY 21 — p.26

| 정답 |

1 지방의, 지역의, 현지의 **2** 그동안에, 한편 **3** 중앙, 한가운데 **4** 직면하다, 맞서다, 닥치다 **5** 중간의, 중간값의, 중앙의 **6** 엄청난, 깊은, 심오한 **7** 국경, 경계, 미개척 영역 **8** 즉각적인, 직접적인 **9** 선두, 맨 앞 **10** 총합, 합계; 총합하다 **11** disappoint **12** punctuate **13** frontal **14** fund **15** found **16** medium **17** mediation **18** medi(a)eval **19** meditation **20** mean **21** midterm **22** summit **23** punctual **24** intermediate **25** summary **26** ② **27** ① **28** ① **29** ② **30** ②

| 해석 |

26 대통령은 다음 주에 새로운 자리에 한 고위 공무원을 임명할 것이다. **27** 남아프리카공화국은 아프리카의 남쪽 끝에 위치한 나라이다. **28** 정직은 모든 견고한 관계에서 중요한 부분이다. **29** 주지사가 새로운 대학을 설립하기로 결정한 후, 짓는 데 2년이 걸렸다. **30** 혼자 명상을 하는 것은 내가 삶에 대해 매우 깊이 생각할 수 있게 해준다.

DAILY CHECKUP DAY 22 — p.27

| 정답 |

1 순환 (도로), 둘레, (전기) 회로 **2** 환경, 상황 **3** 알리다, 알려주다, 통지하다 **4** 생물권(생물이 살 수 있는 지구 표면과 대기권) **5** 정리하다, 배열하다, 준비하다 **6** 윤곽(을 그리다), 개요(를 서술하다) **7** (수학) 공식, 화학식, 제조법 **8** 원형의, 둥근, 순환하는 **9** 협곡, 깊은 골짜기 **10** 형태, 형식; 형성되다, 구성하다 **11** conform **12** long **13** linear **14** range **15** canal **16** atmosphere **17** longevity **18** guideline **19** hemisphere **20** channel **21** borderline **22** reform **23** informal **24** linger **25** length **26** ① **27** ② **28** ① **29** ② **30** ①

| 해석 |

21 이 책은 사실과 허구 사이의 경계선에 있다. **22** 나라의 세금 제도를 개혁하기 위해 법이 제안되었다. **23** 독일의 업무 환

DAILY CHECKUP DAY 23 — p.28

| 정답 |

1 진실, 진리 **2** 무덤, 묘소 **3** 걸작, 명작 **4** 웅장한, 장엄한, 위엄 있는 **5** 악화시키다, 화나게 하다 **6** 관리하다, 운영하다, 집행하다 **7** 몹시 슬퍼하다, 슬프게 하다 **8** (일을) 맡기다, 위임하다 **9** 베개, 머리 받침 **10** 시장 **11** grave **12** plain **13** pile **14** trust **15** diminish **16** gravity **17** magnitude **18** major **19** maximum **20** master **21** explain **22** minimum **23** masterpiece **24** magnify **25** minister **26** ③ **27** ② **28** ③ **29** ② **30** ③

| 해석 |

21 아리스토텔레스는 돌이 중력 때문에 떨어진다는 것을 설명하기 위해 노력했다. **22** 소음이 최소한도로 유지될 수 있는 공간을 설계하는 것은 중요하다. **23** Joseph은 매우 재능 있는 음악가이고, 이 걸작은 그의 최고의 작품일 수도 있다. **24** 현미경은 사물을 정상 크기의 1,000배 이상 확대할 수 있다. **25** 정부 부서의 장은 종종 장관으로 불린다. **26** 그녀는 정직한 사람이므로, 그녀를 의심할 이유는 없다. **27** 사람들은 시를 이끌 새로운 시장을 위해 투표할 것이다. **28** 높은 기둥이 천장을 지탱하며 방의 중앙에 서 있다. **29** 그는 교육 전공과 미술 부전공으로 대학을 졸업했다. **30** 잃어버린 것에 대해 몹시 슬퍼하는 것은 자연스러우며, 상실을 회복하는 데에는 시간이 걸린다.

DAILY CHECKUP DAY 24 — p.29

| 정답 |

1 공(적), 위업, 재주 **2** 막다, 방해하다 **3** 가르치다, 지시하다, 명령하다 **4** 어려움, 곤경 **5** 웅장한, 장엄한, 위대한 **6** 효율이 좋은, 효과 있는, 유능한 **7** 결함, 결점, 부족 **8** 파괴, 파멸, 말살 **9** 영향, 효과, 결과 **10** 특징, 기능; 특색으로 삼다 **11** faculty **12** affect **13** deficit **14** proficient **15** factor **16** factual **17** structure **18** infect **19** destroy **20** industry **21** facility **22** instruct **23** instrument **24** fiction **25** counterfeit **26** ① **27** ③ **28** ③ **29** ③ **30** ②

| 해석 |
21 어떤 것을 하기 더 쉽게 만드는 건물, 장소, 또는 장비 **22** 누군가에게 무엇을 가르치다, 또는 누군가에게 무엇을 하도록 명령하다 **23** 피아노와 같이 음악을 연주하기 위해 사용되는 도구 **24** 진짜가 아닌 사건, 사람들 등에 관한 이야기 **25** 실제인 것처럼 보이는 가짜 복제본을 만들다 **26** 식사가 충분하지 않아서, 나는 여전히 배가 고프다. **27** 통증에도 불구하고, 그녀는 계속해서 달렸고 패배를 받아들이지 않았다. **28** 그들은 집, 사무실, 그리고 때때로 도시 전체를 설계하고 건설한다. **29** 그 회사의 연간 적자가 증가했고 재정상의 문제를 초래했다. **30** 그 대학의 친절한 교수진은 항상 그들의 학생들을 돕는다.

DAILY CHECKUP DAY 25　　p.30

| 정답 |
1 바꾸다, 변화하다, 개조하다 **2** 다양한, 다른 종류의 **3** 암시하다, 넌지시 내비치다 **4** 고용하다, 이용하다 **5** 복잡하게 하다; 복잡한, 뒤얽힌 **6** 신진대사, 대사 (작용) **7** (생물의) 변태, 변형 **8** 분명한, 명백한, 솔직한 **9** 대화하다; 정반대의, 거꾸로의; 반대 **10** 방법, 방식, 체계 **11** adverse **12** advertise **13** vertical **14** distort **15** simplicity **16** reverse **17** display **18** complex **19** apply **20** exploit **21** replicate **22** universe **23** divorce **24** reply **25** torment **26** version **27** perplex **28** metaphor **29** simplicity **30** advertise

| 해석 |
21 어떤 것을 정확하게 똑같이 만들다 **22** 모든 별, 행성 등을 포함하는 우주 전체 **23** 두 사람 사이의 결혼을 끝내다 **24** 말하거나 쓰는 방식으로 누군가에게 대답하다 **25** 큰 괴로움 또는 고통

DAILY CHECKUP DAY 26　　p.31

| 정답 |
1 포함하다, 수반하다, 관련시키다 **2** 지연시키다, 연기하다; 지연, 연기 **3** 해결하다, 결심하다; 결심, 다짐, 결의 **4** 완전한, 확실한, 절대적인 (것) **5** 고통, 고민; 괴롭히다, 슬프게 하다 **6** 억누르다, 제약하다 **7** 녹다, (녹아) 없어지다 **8** 등록하다, 입대하다, 입학시키다 **9** 구역, (특정한) 지역, 지방 **10** 제한하다, 한정하다, 금지하다 **11** incline **12** relax **13** release **14** stress **15** clinic **16** volume **17** rotate **18** revolution **19** strict **20** strain **21** strait **22** scroll **23** climate **24** prestige **25** solve **26** ① **27** ② **28** ① **29** ② **30** ②

| 해석 |
26 운전자들은 휘발유 가격의 하락에 대해 기뻐한다. **27** 가열

된 음식은 우리 조상들이 더 똑똑한 존재로 진화할 수 있게 했다. **28** 간호사들은 그 환자가 공포에 질리기 시작하자 그를 억누르려고 노력했다. **29** Alice로부터 메시지를 받으면, 그녀가 말한 것을 내가 알 수 있도록 내게 전달해 줘. **30** 설탕을 뜨거운 물에 섞으면, 그것은 빠르게 녹을 것이다.

DAILY CHECKUP DAY 27　　p.32

| 정답 |
1 발견하다, 폭로하다 **2** 압축하다, 요약하다 **3** 빈, 비어 있는, 사람이 없는 **4** 보완물, 보충물; 보완/보충하다 **5** 회복하다, 되찾다 **6** 희미한, 막연한, 애매한 **7** 혼동하다, 혼란스럽게 하다 **8** (명령, 요구 등에) 따르다, 준수하다 **9** 피하다, 회피하다, 막다 **10** 도구, 수단; 이행하다, 실시하다 **11** cover **12** flatter **13** fuse **14** plenty **15** vacuum **16** supplement **17** express **18** press **19** refund **20** impress **21** vanish **22** refuse **23** Inflation **24** accomplish **25** supply **26** ② **27** ① **28** ① **29** ② **30** ①

| 해석 |
21 심한 안개 때문에 도로가 사라진 것처럼 보였다. **22** 일단 아이들이 화장실을 스스로 사용할 수 있으면, 그들은 부모의 도움을 받는 것을 거부할 것이다. **23** 인플레이션은 상품과 서비스의 비용이 올라가는 것을 의미한다. **24** 한 번에 한 가지 일에 집중하면, 당신은 그것을 더 빨리 완수할 것이다. **25** Scott 씨는 캠핑 여행 동안 우리가 요청했던 음식을 우리에게 공급할 것이다. **26** Tolkien은 Lewis의 격려 덕분에 위대한 작품을 완성할 수 있었다. **27** 다른 사람에게 칭찬을 해 줄 수 있도록 좋은 점들을 적극적으로 찾아라. **28** 나쁜 소식은 항상 나를 우울하게 하는 것 같다. **29** 직원들은 이득을 얻기 위해 때때로 그들의 관리자에게 아첨한다. **30** 많은 휴식을 취하는 것은 환자가 병에서 더 빨리 회복하는 것을 도울 것이다.

DAILY CHECKUP DAY 28　　p.33

| 정답 |
1 분배하다, 내놓다 **2** 온전한, 손상되지 않은 **3** 도달하다, 이루다, 달성하다 **4** 붙이다, 첨부하다, 덧붙이다 **5** 통합되다, 통합하다 **6** 연금, 수당, 보조금 **7** 독립된, 독립적인 **8** 묶다, 제본하다, 결박하다 **9** 전체의, 완전한 **10** 말뚝, 이해관계, 지분 **11** detach **12** insert **13** expend **14** bandage **15** contagious **16** bond **17** tangible **18** compensate **19** exert **20** tag **21** series **22** contact **23** bundle **24** ponder **25** attack **26** ② **27** ③ **28** ① **29** ① **30** ③

| 해석 |
21 해리포터 시리즈의 마지막 권은 첫 24시간 안에 8백만 부가 팔렸다. **22** 만약 더 많은 정보가 필요하다면, 마음 놓고 제게

연락하세요. **23** 나는 꽃집에서 장미 한 다발을 구매했다. **24** John은 모든 사람이 삶의 의미를 깊이 생각하는 시간을 가져야 한다고 생각한다. **25** 사자들이 마을 사람들을 공격하곤 해서, 그들은 자신을 방어해야 했다. **26** 시장은 범죄가 도시 내의 심각한 문제가 아니라고 주장했다. **27** 할인을 제공하는 것은 사업체의 판매를 증가시키기 위한 효과적인 전략이다. **28** 우리가 사용하는 에너지의 75퍼센트가 화석연료에서 오기 때문에 우리는 그것들에 크게 의존한다. **29** 그 전자제품 회사는 결함 있는 전화기를 구매한 고객들에게 보상해야만 한다. **30** 독감은 전염성이 높기 때문에 많은 사람이 걸린다.

DAILY CHECKUP DAY 29 p.34

| 정답 |

1 기여하다, 공헌하다 **2** 떨어진, 별개의; 떨어져, 따로 **3** 부분, 일부; 가르다, 갈라지다 **4** 빼앗다, 박탈하다 **5** 부분, 일부, 분수 **6** (잘라낸) 부분, 구역; 구분하다 **7** 특정한, 특별한 **8** 부문, 분야, 구역 **9** 조각, 부분; 분할하다 **10** 아주 작은 조각, 입자 **11** attribute **12** fracture **13** detail **14** fragment **15** fragile **16** partial **17** participate **18** portion **19** breakdown **20** breakthrough **21** insect **22** private **23** retail **24** tailor **25** parcel **26** ① **27** ③ **28** ① **29** ① **30** ②

| 해석 |

21 6개의 다리와 세 부분으로 나누어진 몸을 가지고 있는 작은 생물 **22** 오로지 한 사람이나 한 집단에만 속한 **23** 개인 소비자에 대한 상품의 직접적인 판매 **24** 옷을 만들거나 고치는 사람 **25** 누군가에게 배달되는 꾸러미 **26** 우리 회사는 한 달에 한 번 우편으로 쇼핑객들에게 광고 책자를 배포한다. **27** 그 교통사고는 Elm가와 Center로의 교차로에서 발생했다. **28** 새로운 학교를 짓는 것은 몇몇 오래된 집들을 파괴하는 것을 수반할 것이다. **29** 유리컵은 플라스틱 컵보다 더 부서지기 쉬워서 쉽게 깨진다. **30** 나는 새로운 기술을 배우기 위해 45분 동안 기타를 연주하고, 그 후에 20분의 휴식을 취한다.

DAILY CHECKUP DAY 30 p.35

| 정답 |

1 알맞은, 적절한, 충분한 **2** 황제 **3** 이타심, 이타주의 **4** 방식, 등식, 동일시 **5** 그렇지 않으면, 그 외에는, 달리 **6** 비슷한, 유사한 **7** 평형, 균형 (상태), 평정 **8** 신원, 정체(성), 동일함 **9** 바꾸다, 변경하다, 달라지다 **10** 모으다, 모이다, 조립하다 **11** peer **12** identify **13** equal **14** apparent **15** equivalent **16** assimilate **17** simulate **18** alternate **19** alienate **20** appear **21** simultaneous **22** allergy **23** repair **24** resemble **25** alien **26** compare **27**

---

emperor **28** prepare **29** Altruism **30** seemingly

| 해석 |

21 정확히 같은 시간에 일어나거나 존재하는 **22** 음식이나 약물과 같은 것에 대한 비정상적인 반응 **23** 고장 난 물건을 고치다 **24** 누군가나 어떤 것과 비슷해 보이는 **25** 다른 나라나 행성에서 온

REVIEW **TEST** DAY 21-30 p.36

| 정답 |

1 장관, 각료, 성직자 **2** 복잡하게 하다; 복잡한, 뒤얽힌 **3** 고갈시키다, 크게 감소시키다 **4** 지방의, 지역의, 현지의 **5** 포함하다, 수반하다, 관련시키다 **6** 은유, 비유, 상징 **7** 완수하다, 성취하다 **8** 기한, 마감 시한 **9** 기후, 풍토 **10** 고용하다, 이용하다 **11** 개인의, 사적인, 사립의 **12** 설명하다, 이유를 대다 **13** 특징, 기능; 특색으로 삼다 **14** 실망시키다 **15** 환경, 상황 **16** (결과를) 수반하다, 일으키다 **17** 동시의, 동시에 일어나는 **18** infect **19** intersection **20** reform **21** solve **22** confuse **23** canal **24** stake **25** tangible **26** grave **27** distribute **28** equivalent **29** identify **30** instrument **31** refund **32** contact **33** masterpiece **34** strait **35** ① **36** ① **37** ② **38** ① **39** ② **40** ③

| 해석 |

35 그 동물들을 돌보는 것은 우리 시설의 능력을 넘어선다. **36** 나는 목소리만으로 유리잔을 부수는 남자를 보았다. **37** 나는 공부를 더 하기 위해 대학에 지원하기로 결정했다. **38** 하키 심판의 셔츠는 얼룩말의 것처럼 보이는 검은색 세로줄 무늬가 있다. **39** 이타심에서 나온 행동으로 그는 자신의 모든 돈을 자선 단체에 줬다. **40** 기차는 항상 시간을 잘 지켜서 나는 직장에 늦는 것에 대해 절대 걱정하지 않는다.

DAILY CHECKUP DAY 31 p.37

| 정답 |

1 협상하다, 교섭하다 **2** 실패, 실수, 고장 **3** 정의, 정당성, 공정(성) **4** 판결, 평결, 판단 **5** 태만, 부주의 **6** 증명하다, 입증하다 **7** 공정한, 올바른; 방금, 단지, 꼭 **8** 확실한, 확신하는, 어떤 **9** 확실한, 확고한, 단단한; 회사 **10** 명확성, 깨끗함 **11** prejudice **12** necessary **13** fault **14** injure **15** judge **16** confirm **17** certificate **18** affirm **19** declare **20** clarify **21** justify **22** negative **23** neutral **24** adjust **25** deny **26** ② **27** ② **28** ② **29** ② **30** ①

| 해석 |

26 흔한 착오는 해바라기가 태양을 향한다는 것이다. **27** 어떤 작가들은 독자들이 그들을 왜 믿어야 하는지 설명하는 것을 등

한시한다. **28** 사람들은 해외에 갈 때, 때때로 편견을 경험한다. **29** 그 판사는 법정에서 그 사건에 대한 판결을 소리 내어 읽었다. **30** 의사들은 자신의 환자에게 잘못되거나 부정확한 정보를 주면 안 된다.

DAILY CHECKUP DAY 32　　　p.38

| 정답 |

1 용기, 용맹 **2** 적합한, 적당한, ~하기 쉬운 **3** 세련된, 교양 있는, 정교한 **4** ~하는 동안, ~ 중에 **5** 혁신하다, 새로 시작하다 **6** 오래가는, 튼튼한, 내구성이 있는 **7** 지속 (기간) **8** 유효한, 타당한 **9** 신성한, 성스러운, 종교적인 **10** (장편) 소설; 새로운, 신기한 **11** satiety **12** ambivalent **13** renew **14** saint **15** attitude **16** satisfy **17** endure **18** renovate **19** philosophy **20** sacrifice **21** sacred **22** prevail **23** Duration **24** adapt **25** dissatisfy **26** ② **27** ① **28** ② **29** ① **30** ①

| 해석 |

21 힌두교에서 소는 신성한 동물이고, 사람들은 그들을 죽이면 안 된다. **22** 해피 엔딩인 이야기에서는 보통 영웅들이 나쁜 자들을 이긴다. **23** 지속 기간이란 일이 지속되는 시간을 가리킨다. **24** 새로운 환경에서, 우리는 새로운 방식으로 적응하고 일을 수행하는 법을 배워야 한다. **25** 나는 집회에 늦음으로써 너를 실망시키고 싶지 않다. **26** 그는 전쟁에서의 용기와 용맹에 대한 훈장을 받았다. **27** 그 물품은 약 1,000달러의 가치가 있다. **28** 대부분의 사업체는 고객들이 그들의 제품 사진을 이용할 수 있는 웹사이트를 가지고 있다. **29** 너는 문제를 평가해서 그것을 해결하기 위해 가장 좋은 방법을 찾을 수 있다. **30** 우리는 5시간 동안 산길을 걸어 올라가는 것을 견뎌야 했다.

DAILY CHECKUP DAY 33　　　p.39

| 정답 |

1 보통의, 중간의, 적당한 **2** 셀 수 없이 많은, 무수한 **3** 대칭, 균형 **4** 변경하다, 변형하다, 수정하다 **5** 값을 매길 수 없는, 아주 귀중한 **6** 거대한, 엄청난, 막대한 **7** 틀, 거푸집(을 만들다); 본뜨다 **8** 해마다의, 연례의, 1년의 **9** 현대의, 근대의 **10** 온도계, 체온계 **11** contemporary **12** accommodate **13** dimension **14** temporal **15** overestimate **16** discount **17** precious **18** account **19** count **20** estimate **21** tempo **22** appreciate **23** modest **24** anniversary **25** measure **26** ② **27** ③ **28** ② **29** ① **30** ②

| 해석 |

21 그 노래의 빠른 속도는 사람들을 춤추고 싶게 만든다. **22** 제 대학 등록금에 대한 당신의 지원에 감사합니다. **23** 그는 평범한

삶을 살 수 있도록 허락하는 적당한 금액의 돈을 번다. **24** 그 박물관은 개관 기념일을 위한 특별한 행사를 연다. **25** 노숙자들의 수를 줄이기 위한 정부 대책은 성공적이었다. **26** 새로운 물건을 사는 것은 당신을 행복하게 만들 수도 있지만, 그것은 오직 일시적일 것이다. **27** 칭찬은 사람들에게 당신이 그들을 얼마나 아끼는지 보여주는 한 가지 방법이다. **28** 그 국가의 가장 큰 상품은 금이었고, 그들은 더 부유한 국가들에 팔았다. **29** 그녀는 의학에서의 성공적인 연구로 인해 모든 이들에게 존경받고 존중받는다. **30** 이 호텔 방은 4명까지 수용할 수 있다.

DAILY CHECKUP DAY 34　　　p.40

| 정답 |

1 기원, 근원, 유래, 출처 **2** (호주) 원주민의, 토착의 **3** 제거하다, 삭제하다, 탈락시키다 **4** 한정하다, 제한하다; 한계, 한도 **5** 수많은, 다수의 **6** 무한한, 막대한; 무한한 것 **7** 제한하다, 한정하다, 가두다 **8** 숫자, 수의, 수를 나타내는 **9** 결정하다, 확정하다, 알아내다 **10** 이전의, 우선하는, 사전의 **11** orient **12** abort **13** order **14** primary **15** finance **16** prime **17** refine **18** term **19** preliminary **20** terminal **21** subordinate **22** final **23** primitive **24** fine **25** principle **26** ② **27** ③ **28** ① **29** ② **30** ②

| 해석 |

21 한 집단 내에서 낮은 계급이거나 권력을 덜 가진 사람 **22** 마지막에 일어나는; 또는 수업의 마지막에 치르는 시험 **23** 발달의 매우 이른 단계에 속하는 **24** 좋은; 또는 규칙이나 법을 어긴 것에 대한 벌칙으로 내는 돈 **25** 옳은 행동 방식에 대해 누군가가 가지고 있는 믿음 **26** 농구는 1890년대 미국에 기원이 있다. **27** 중국은 오랫동안 단일한 주요 언어를 가져왔다. **28** 아름다움이란 무엇인가? 다른 문화에서는 아름다움에 대해 서로 다르게 정의 내린다. **29** 나는 내 아파트 계약을 끝내고 새로운 집으로 이사하기로 결정했다. **30** 담배를 끊는 것은 계단 오르기, 달리기와 같은 일상적인 활동들을 더 쉽게 만들 것이다.

DAILY CHECKUP DAY 35　　　p.41

| 정답 |

1 발생시키다, 일으키다 **2** 친척, 친족; 친족인 **3** 관대한, 너그러운, 후한 **4** 동종의, 동질적인 **5** 산소 **6** 태어난 (고향의), 출생의 **7** 만들어 내다, 창조하다 **8** 진짜의, 진품의, 진심인 **9** 퇴화하다, 퇴보하다, 타락하다 **10** 자연, 본성 **11** recreate **12** genetic **13** genre **14** increase **15** native **16** general **17** innate **18** gentle **19** decrease **20** concrete **21** gender **22** naive **23** pregnant **24** genius **25** kindergarten **26** recruit **27** generate **28** nation **29** kidnap **30** gene

21 한 사람의 성별 22 경험이나 지혜가 부족한 23 몸 안에 자라고 있는 아기가 있는 24 놀랍게 똑똑하고, 재능 있고, 영리한 개인 25 초등학교에 들어가기 전의 어린이들을 위한 학습 장소

DAILY CHECKUP DAY 36　　p.42

| 정답 |

1 일치하다, 조화하다; 합의, 일치　2 활기를 되찾다, 되살리다　3 치료(약), 해결(책); 치료하다, 고치다　4 (세균 등) 미생물　5 호흡하다, 숨 쉬다　6 의학, 약, 의료　7 외과 의사　8 용기, 담력　9 생물, 유기체　10 핵심, 주요부; 핵심의, 중심적인　11 expire　12 essence　13 discourage　14 medical　15 inspire　16 organize　17 vivid　18 energy　19 encourage　20 present　21 organ　22 vital　23 interest　24 absent　25 spirit　26 ①　27 ②　28 ①　29 ②　30 ①

| 해석 |

26 어떤 동물들은 외국의 기후에서 살아남기 위해 의학적 관리를 필요로 한다.　27 그 그림에 있는 색채는 미술가의 느낌과 감정을 표현한다.　28 그 형제는 커서 많은 나라를 여행하기를 열망한다.　29 코치는 팀 내의 불화를 해결하기 위해 선수들과 이야기했다.　30 우리는 "그것은 훌륭한 질문이야"와 같은 발언으로 우리 아이들의 호기심을 격려해야만 한다.

DAILY CHECKUP DAY 37　　p.43

| 정답 |

1 강수(량), 강우(량)　2 (교묘하게) 다루다, 조작하다, 조종하다　3 신경이 과민한, 신경성의, 불안한　4 시신, 시체　5 유지하다, 지속하다, 주장하다　6 물리학　7 주방장, 요리사　8 명백한, 분명한; 나타내다, 분명해지다　9 신경의, 신경계의　10 보행자; 도보의, 보행의　11 incorporate　12 physical　13 escape　14 chief　15 expedition　16 physiology　17 maneuver　18 nerve　19 manage　20 manual　21 capital　22 pedal　23 achieve　24 manufacture　25 corps　26 ①　27 ②　28 ①　29 ①　30 ②

| 해석 |

21 서울은 1394년에 한국의 수도가 되었다.　22 그녀는 자신의 자전거에 뛰어올라 할 수 있는 한 빠르게 페달을 밟기 시작했다.　23 그는 팀의 목표를 달성하는 것을 돕기 위해 충분히 잘 해낼 필요가 있다.　24 그 공장은 다음 달부터 새로운 전자레인지 모델을 생산할 것이다.　25 한 군인 부대가 적의 군대를 공격하도록 명령받았다.　26 그 최고경영자는 기업의 본사를 뉴욕으로 옮기기로 결정했다.　27 그 편집자는 문법적 오류를 확인하기 위해 새로운 책의 원고를 검토했다.　28 이 일은 우리 도시의 훌륭한 서비스를 유지하기 위한 우리의 노력의 일부이다.　29

사람들은 때때로 새롭고 어려운 일을 하는 것에 대해 불안해한다.　30 바람이 강수에 영향을 미치기 때문에, 바람 패턴의 변화는 강우량에 영향을 준다.

DAILY CHECKUP DAY 38　　p.44

| 정답 |

1 고려하다, 숙고하다, 간주하다　2 번성하다, 잘 자라다　3 굴욕감을 주다, 창피하게 하다　4 육지의, 지상의, 지구의　5 (불을) 밝히다, 밝게 하다, 명백히 하다　6 지중해의, 지중해 연안의　7 근절하다, 뿌리 뽑다　8 영토, 영역, 지역　9 달의, 음력의　10 겸손, 겸손한 행동　11 illustrate　12 isolate　13 astronaut　14 aquatic　15 humanity　16 disastrous　17 insulate　18 peninsula　19 radical　20 florist　21 terrace　22 astronomy　23 humility　24 aquaculture　25 flour　26 ②　27 ③　28 ①　29 ③　30 ③

| 해석 |

21 우리는 집 옆의 테라스에서 긴장을 풀고 일몰을 보았다.　22 천문학을 연구하는 사람들은 별과 행성을 관찰하기 위해 강력한 망원경이 필요하다.　23 비록 최고의 농구선수일지라도, 그는 여전히 겸손을 보인다.　24 많은 해산물 제품은 양식 시설에서 길러진 물고기를 포함한다.　25 물을 끌어당겨 곡식을 가루로 갈기 위해 오랫동안 풍력이 이용되어 왔다.　26 태풍 전에는 날씨가 종종 매우 덥고 습해질 것이다.　27 많은 사람들은 점성술이 미래를 예측하기 위해 사용될 수 있다고 믿는다.　28 아인슈타인은 우리가 우주의 아름다움에 감탄할 수 있게 하기 위해 그것의 작동방식을 밝혔다.　29 비의 부족은 농부들에게 비참한 결과를 가져왔다.　30 어떤 생물들은 인간이 살지 않는 장소에서만 번성한다.

DAILY CHECKUP DAY 39　　p.45

| 정답 |

1 정확한, 정밀한　2 요구하다, 필요로 하다　3 시도하다, 꾀하다; 시도, 노력　4 찬성하다, 승인하다　5 유능한, 능숙한　6 묻다, 질문하다, 알아보다　7 작동시키다, 활성화하다　8 유혹하다, 부추기다, 설득하다　9 요청하다, 요구하다; 요청, 요구　10 매우 아름다운, 정교한　11 probe　12 conquer　13 actual　14 react　15 petition　16 quest　17 compete　18 experience　19 probable　20 prove　21 agent　22 appetite　23 experiment　24 repeat　25 expert　26 ②　27 ①　28 ①　29 ②　30 ③

| 해석 |

21 다른 사람을 대신해 행동하거나 일하는 사람　22 음식이나 다른 것들에 대한 강한 욕구나 애호　23 아이디어에 대한 시험

또는 시도 **24** 어떤 것을 다시 말하기, 하기 등 **25** 한 주제에 대해 매우 숙련되고 아는 것이 많은 사람 **26** 신체적으로 활동적인 사람들이 더 건강하고 오래 사는 경향이 있다. **27** 오직 정부만이 새로운 법을 제정할 힘을 가지고 있다. **28** 언어 기술은 오로지 연습을 통해서 습득될 수 있다. **29** Sandra는 바다에서 수영하기 위해 물에 대한 두려움을 극복해야만 한다. **30** 그녀가 예술가가 되기로 결정했을 때 그녀의 가족은 찬성하지 않았지만, 그녀의 욕망은 강했다.

DAILY CHECKUP DAY 40　　　p.46

| 정답 |

1 능력이 있는, 유능한 **2** 받다, 받아들이다, 수용하다 **3** 추정하다, 간주하다 **4** 받아들이다, 인정하다 **5** 억제하다, 제지하다, 금하다 **6** 살다, 거주하다, 서식하다 **7** 얻다, 획득하다, 달성하다 **8** (법 등으로) 금지하다, 방해하다 **9** 유지하다, 보유하다, 함유하다 **10** 속이다, 기만하다, 사기 치다 **11** misconception **12** capture **13** perceive **14** occupy **15** assume **16** exhibit **17** sustain **18** concept **19** content **20** entertain **21** consume **22** tenant **23** habit **24** continent **25** resume **26** except **27** habitat **28** exemplify **29** continue **30** contain

| 해석 |

21 어떤 음식을 먹거나, 시간 또는 돈과 같은 어떤 것을 사용하다 **22** 집 또는 건물의 임대료를 지불하는 사람 또는 회사 **23** 오랫동안 해왔고 멈추기 어려운 행동 **24** 많은 나라를 포함하는 매우 큰 지역의 땅 **25** 활동을 멈춘 뒤에 다시 시작하다

REVIEW TEST DAY 31-40　　　p.47

| 정답 |

1 태도, 마음가짐, 자세 **2** 유전자 **3** 영감을 주다, 격려하다 **4** 서식지, 거주지 **5** 정의, 정당성, 공정(성) **6** 기업의, 법인의, 단체의 **7** 발생시키다, 일으키다 **8** 요구하다, 필요로 하다 **9** 살아남다, 생존하다 **10** 고려하다, 숙고하다, 간주하다 **11** 신성한, 성스러운, 종교적인 **12** 개념, 관념 **13** 순진해 빠진, 경험이 없는 **14** 확실한, 확신하는, 어떤 **15** 유효한, 타당한 **16** 결정하다, 확정하다, 알아내다 **17** 생물, 유기체 **18** declare **19** physical **20** primitive **21** humanity **22** refine **23** conquer **24** available **25** maintain **26** anniversary **27** perceive **28** negotiate **29** consume **30** radical **31** experience **32** compete **33** disastrous **34** appreciate **35** ① **36** ② **37** ① **38** ④ **39** ① **40** ①

| 해석 |

35 그녀는 음악 작곡에 모든 흥미를 잃었다. **36** "law"라는 용어에는 두 가지 다른 뜻이 있다. **37** Nauru는 공식적인 수도가 없는 섬나라지만, 정부 건물들은 Yaren에 위치해 있다. **38** 현대 작가들의 책만 읽는 사람은 근시안적으로 보일 수도 있다. **39** 그녀는 오랜 시간 지속될 수 있도록 드레스를 만드는 데 튼튼한 천을 사용했다. **40** Jay는 항상 부정적이고 결코 좋은 말을 하지 않는다.

COMPREHENSIVE TEST DAY 21-40 p. 48-49

| 정답 |

1 고려하다, 숙고하다, 간주하다 **2** 활동적인, 적극적인 **3** 생명의, 필수적인 **4** 조정하다, 적응하다, 개조하다 **5** 시간의, 현세의, 특정 시기의 **6** escape **7** identity **8** prejudice **9** principle **10** habit **11** atmosphere **12** sufficient **13** involves **14** appoint **15** detail **16** ① **17** ③ **18** ② **19** ② **20** ① **21** infect **22** fund **23** manufacture **24** assimilate **25** reverse

| 해석 |

16 부디 이 천으로 탁자를 덮은 다음 접시와 컵을 그 위에 놓아줘. Mark Cooper의 책들은 미국 역사에서 중요한 문제들을 다룬다. **17** Steve의 할아버지는 체스 달인이었고, Steve는 그가 경기하는 것을 보는 것을 좋아했다. 학습자는 다음으로 넘어가기 전에 한 주제를 완전히 익혀야 한다. **18** 너는 수업에 종이와 필기도구를 가져올 필요가 있다. 우리는 끝낼 충분한 시간이 없어서 우리의 계획을 이행할 수 없었다. **19** 파티를 위해 천장에 이 현수막을 매달자. 교장은 다른 아이들의 물건을 훔쳤기 때문에 Jerry를 3일간 정학시키기로 결정했다. **20** 사전들은 알파벳순으로 된 단어 목록을 포함한다. 고객은 주문 양식에 이름, 주소와 구매될 제품을 기재한다. **21** 그 질병은 빨리 퍼지고 많은 사람들을 감염시킬 수 있다. **22** Hooper 씨의 기부는 박물관 건축에 자금을 제공할 것이다. **23** 우리는 양털과 면으로 옷을 제조한다. **24** 어떤 사람들은 노인들이 변화를 싫어하기 때문에 새로운 문화에 동화할 수 없다고 생각한다. **25** 너무 인기가 없었기 때문에 그들은 가격을 올리기로 한 자신들의 결정을 뒤집어야만 했다.

DAILY CHECKUP DAY 41　　　p.50

| 정답 |

1 고정적인, 정지 상태의 **2** 값, 비용; (비용이) 들다 **3** 지위, 신분, 상황 **4** 꾸준한, 변함없는, 안정된 **5** 안정적인, 안정된 **6** 입장, 태도, 자세 **7** 주장하다, 고집하다 **8** 조각상 **9** 움직이지 않는, 고정된 **10** 저항하다, 방해하다, 견뎌내다 **11** stand **12** exist **13** consist **14** establish **15** install **16** stationery **17** rest **18** stall **19** institute **20** constant **21** destiny **22** stage **23** statistics **24** standard **25** system **26** ② **27** ② **28** ② **29** ① **30** ①

26 식물들은 물과 햇빛을 다른 물질들로 변형시킬 수 있다. 27 더 풍부한 맛을 위해, 머핀을 만들 때 우유를 크림으로 대체해라. 28 고객 서비스 부서는 즉각적인 답을 제공하므로, 당신은 기다릴 필요가 없을 것이다. 29 왕가는 스코틀랜드에 큰 사유지를 소유하고 있다. 30 부디 내가 학교에 제출할 이 과학 보고서를 완성하는 것을 도와줘.

DAILY CHECKUP DAY 42　　　　p.51

| 정답 |

1 드러내다, 밝히다, 폭로하다 2 남용(하다), 오용(하다), 학대(하다) 3 평상시의, 보통의 4 벽장 5 친구, 동반자 6 세포의, 휴대 전화의 7 도구, 기기 8 (마음을) 사로잡다, ~에 집착하게 하다 9 오용(하다), 남용(하다), 악용(하다) 10 회사, 일행 11 conclude 12 exclude 13 president 14 cell 15 accompany 16 utility 17 laundry 18 subside 19 dilute 20 include 21 paste 22 disclose 23 session 24 settle 25 use 26 ① 27 ① 28 ② 29 ② 30 ①

| 해석 |

21 그 제빵사는 밀가루, 버터, 그리고 약간의 물을 이용해 걸쭉한 반죽을 만들어냈다. 22 Sawyer 씨는 자신의 동료들에게 은퇴 날짜를 밝힐 것이다. 23 그 헬스 강사는 목요일의 운동 시간이 오전 10시에 시작할 것이라고 우리에게 말했다. 24 그들은 결혼해서 보스턴에 정착하기로 결정했고, 그래서 1번가에 있는 집을 샀다. 25 고효율 식기세척기는 더 오래된 모델보다 50퍼센트 더 적은 물을 사용한다. 26 많은 학생이 대학교 기숙사에 산다. 27 네 문제점을 고칠 방법을 찾기 위해, 먼저 너의 상황을 객관적으로 평가해라. 28 우리는 이제 회의를 끝내고 점심을 먹으러 가고 싶습니다. 29 당신의 일정은 디자이너들과의 인터뷰와 패션쇼를 볼 기회를 포함할 것이다. 30 그 법률 사무소는 자금 부족 때문에 1888년에 닫아야 했다.

DAILY CHECKUP DAY 43　　　　p.52

| 정답 |

1 합리적인, 이성적인, 추론의 2 비이성적인, 불합리한 3 믿을 수 있는, 신용할 만한 4 저항하다, 반항하다 5 명성, 평판 6 자신 있는, 확신하는 7 고발하다, 기소하다, 비난하다 8 소환하다, 호출하다 9 (~에 대한) 비, 비율 10 기념하다, 기념식을 거행하다 11 cause 12 remind 13 credit 14 monitor 15 mention 16 dispute 17 reason 18 federal 19 excuse 20 rate 21 monument 22 comment 23 incredible 24 faith 25 mental 26 ② 27 ③ 28 ② 29 ② 30 ②

| 해석 |

21 이 기념비는 나라의 군인들을 예우하기 위해 지어졌다. 22 교수님이 내 과제물에 긍정적인 논평을 쓰셨다. 23 나의 친구는 내게 UFO를 본 것에 대해 놀라운 이야기를 했다. 24 많은 사람들이 국가의 정치 지도자들에 대한 믿음을 잃어버렸다. 25 불안감은 정신적 작용에 손상을 주고, 지적 능력을 약화시킨다. 26 대부분의 뛰어난 음악가들은 긴 곡을 기억해서 연주할 수 있다. 27 우리는 지구에서 달까지의 거리를 계산하기 위해 최신 프로그램을 사용한다. 28 나의 회사는 여성 직원 대 남성 직원의 높은 비율을 가지고 있다. 29 원저성의 한 경비가 임무 중에 잠이 든 것에 대해 고발당했다. 30 경찰은 목격자로부터 믿을 수 있는 정보를 얻었기 때문에 그 범죄를 해결했다.

DAILY CHECKUP DAY 44　　　　p.53

| 정답 |

1 감정, 감상, 정서 2 동의하다, 찬성하다; 동의, 찬성 3 의식하는, 의식이 있는, 자각하는 4 개념, 관념 5 고귀한, 귀족의; 귀족 6 인정하다, 사례하다 7 잠재의식의 8 알리다, 통지하다 9 반대하다; 반대, 반대 의견 10 무시하다, 못 본 척하다; 무시 11 sentence 12 notable 13 sensible 14 cognitive 15 conscience 16 consensus 17 notice 18 sense 19 resent 20 science 21 acquaint 22 nonsense 23 recognize 24 notation 25 scent 26 ① 27 ② 28 ② 29 ① 30 ②

| 해석 |

21 어떤 것을 익히다, 또는 누군가가 어떤 것에 대해 알게 하다 22 어리석거나 이상한 말, 생각 등 23 이전에 만났거나 본 적 있는 어떤 것 또는 누군가를 알아보다 24 정보를 표현할 수 있는 상징의 체계 25 주로 기분 좋은 냄새 26 그 의사는 병을 진단하기 위해 검사를 시행할 것이다. 27 그 아이들은 의식이 없던 아버지가 깨어났을 때 기뻐했다. 28 많은 최근 게임들은 게임을 하는 사람들이 움직임과 접촉하는 느낌을 느낄 수 있게 해준다. 29 대부분의 사람들은 그들을 모욕하는 다른 사람들에게 항의하고 분개한다. 30 문자 언어는 복잡하지만, 너는 네 생각을 표현하기 위해 복잡한 문장들이 필요하지 않다.

DAILY CHECKUP DAY 45　　　　p.54

| 정답 |

1 우아함, 품위, (신의) 은총 2 간청하다, 탄원하다 3 엄청난, 막대한 4 연민, 동정심 5 불만스럽게 하다, 불쾌하게 만들다 6 감사, 고마움 7 벌하다, 처벌하다 8 기쁘게 하다, 즐겁게 하다 9 동정, 연민 10 감사하는, 고마워하는 11 agree 12 deterrent 13 passion 14 terrify 15 desperate 16 empathy 17 prosper 18 passive 19 pathetic 20 despair 21 patient 22 tremble 23 pain 24

gratify **25** penalty **26** punish **27** terror **28** plead **29** congratulate **30** grace

| 해석 |
21 아프거나 의학적 치료를 받는 사람 **22** 두려움이나 흥분 때문에 떨다 **23** 상처나 질병의 결과로 발생하는 불쾌한 느낌 **24** 누군가를 기쁘게 만들다 **25** 법, 규칙 등을 어긴 것에 대해 받는 불이익

DAILY CHECKUP DAY 46 p.55

| 정답 |
1 발표하다, 알리다, 선언하다 **2** 보여주다, 나타내다, 가리키다 **3** 운명, 숙명 **4** 사과, 사죄 **5** 인류학 **6** 유아; 유아용의, 초기의 **7** 공연하다, 주장하다 **8** 언어, 말 **9** 생태학, 생태(계) **10** 반박하다, 모순되다, 부정하다 **11** fame **12** dictate **13** dedicate **14** linguist **15** analogy **16** monolog(ue) **17** addict **18** fable **19** psychology **20** pronounce **21** prophecy **22** logic **23** technology **24** index **25** monolingual **26** ① **27** ② **28** ② **29** ① **30** ①

| 해석 |
26 그저 온라인 카탈로그를 훑어보고, 당신의 책을 선택하세요. **27** 나는 판사들이 그들의 정치적 이념에 근거하여 사건의 판결을 내리면 안 된다고 생각한다. **28** 그녀는 재능 있는 언어학자이고, 영어, 독일어, 그리고 스페인어를 할 수 있다. **29** 30년 동안, Jim은 의류 사업에 전념했다. **30** 올림픽 금메달을 딴 것은 그녀에게 많은 명성을 가져다주었다.

DAILY CHECKUP DAY 47 p.56

| 정답 |
1 모음; 모음의 **2** 일깨우다, 환기시키다 **3** 외치다, 소리치다 **4** 흥분시키다, 자극하다 **5** 선언하다, 분명히 나타내다 **6** 억양 **7** 암송하다, 낭독하다 **8** 터지다, 터뜨리다, 폭발하다 **9** 박수를 치다, 갈채를 보내다 **10** 어조/음조/색조, 분위기, 신호음 **11** vocal **12** audience **13** audition **14** vocation **15** tragedy **16** auditory **17** cite **18** tune **19** council **20** invoke **21** auditorium **22** vocabulary **23** melody **24** acclaim **25** advocate **26** ① **27** ① **28** ② **29** ① **30** ②

| 해석 |
21 당신은 우리 학교 강당에서 있을 특별 발표에 참석하도록 초대받았다. **22** 영어 어휘의 일부는 라틴어 같은 다른 언어들로부터 온다. **23** 그 노래의 가사는 멜로디와 어울리지 않았다. **24** 부모들은 그들의 아이들이 대학을 졸업한 것에 함성과 박수로 환호할 것이다. **25** 나의 어머니는 환경 보호에 대한 지지자이

며 재활용법을 지지한다. **26** 교수는 수업에서 토론을 유발하기 위해 비디오를 보여주었다. **27** 많은 언론 보도들이 아침 식사가 하루 중 가장 중요한 식사라고 주장한다. **28** 한 페이지에 있는 한두 단어만 들으면, 그는 그 페이지의 나머지를 앵무새처럼 암송할 것이다. **29** 그 작가는 어린 나이에 글쓰기가 그녀의 진정한 천직임을 발견했다. **30** 나는 시의회에 그 계획을 취소하고 도서관을 계속 열어두라고 요구한다.

DAILY CHECKUP DAY 48 p.57

| 정답 |
1 모으다, 수집하다 **2** 중요한, 의미 있는, 상당한 **3** 전설, 전설적 인물 **4** 가입하다, 구독하다 **5** 문자 그대로의, 문자의, 문자로 된 **6** 지형(도), 지형학 **7** 신호; 신호를 보내다 **8** 지정하다, 지명하다; 지정된, 지명된 **9** 사임하다, 사직하다, 그만두다 **10** 전기, 일대기 **11** diagram **12** literate **13** elect **14** seal **15** literature **16** diligent **17** autobiography **18** assign **19** script **20** program **21** paragraph **22** photograph **23** sign **24** intellect **25** dialect **26** ③ **27** ① **28** ③ **29** ① **30** ②

| 해석 |
21 그 이야기의 가장 긴 단락은 20문장으로 되어있었다. **22** 나의 어머니는 나에게 그녀의 고등학교 시절 사진첩을 보여주었다. **23** 열은 감염의 징후일 수 있다. **24** 훌륭한 지적 능력을 갖춘 사람은 천재라고 불린다. **25** 그녀는 남부 사투리를 써서, 나는 때때로 그녀의 말을 이해하지 못한다. **26** 그 의사는 환자의 고통을 완화하기 위해 약을 처방할 것이다. **27** 내가 가장 좋아하는 배우의 사인이 이 포스터의 맨 위에 적혀 있다. **28** 그녀는 자신의 예전 상사의 이름을 기억해 낼 수 없었다. **29** 베르사유 궁전 안에는 많은 우아한 가구와 미술품이 있다. **30** 네가 참석했던 가장 최근의 강의나 발표를 돌이켜 생각해 봐라.

DAILY CHECKUP DAY 49 p.58

| 정답 |
1 수정하다, 변경하다 **2** 시력, 시야, 환상, 통찰력 **3** 의견, 견해 **4** 채택하다, 입양하다, 취하다 **5** 의심, 혐의, 의혹 **6** 의심하다; 용의자; 의심스러운 **7** 견해, 관점; 생각하다 **8** (설문) 조사; (설문) 조사하다 **9** 단계, 국면, 모습 **10** 장관인, 호화로운; 화려한 공연 **11** provide **12** special **13** expect **14** species **15** specialize **16** optical **17** spectrum **18** evident **19** witness **20** improvise **21** review **22** option **23** emphasize **24** spectator **25** supervise **26** ③ **27** ① **28** ③ **29** ② **30** ②

| 해석 |

21 어떤 것이 맞는지 확인하거나 어떤 것을 다시 공부하다 **22** 어떤 것의 선택, 또는 어떤 것을 선택할 권리 **23** 어떤 것에 더 많은 중요성을 부여하다, 또는 어떤 것을 더 눈에 띄게 만들다 **24** 사건이나 활동을 바라보는 누군가 **25** 일이 정확하게 되도록 지켜보고 지시하다 **26** 나의 가장 친한 친구는 고양이를 반려동물로 입양하기로 결정했다. **27** 너 자신을 다른 사람들과 비교하는 것은 네가 그들을 부러워하게 할 수도 있다. **28** 공항에서 보안 요원이 내가 비행기에 탑승하기 전에 내 가방을 검사하겠다고 요청했다. **29** 당신은 일정에 따라 연설을 위한 특정한 날짜와 시간을 선택할 수 있습니다. **30** 번개는 폭풍 동안에 일어나는 자연적인 현상이다.

DAILY CHECKUP DAY 50   p.59

| 정답 |

1 후원자, 보호자, 단골 고객 **2** 시민의, 민간의 **3** 대중의, 공공의; 대중 **4** (도)시의, 시민의 **5** 사회, 집단, 사교계 **6** 입원시키다, 병원 치료를 하다 **7** 반사회적인, 비사교적인 **8** 시민, 도시인, 국민 **9** 출판하다, 발행하다 **10** 사회학 **11** overpopulation **12** enemy **13** popular **14** hostage **15** republic **16** civilize **17** social **18** pattern **19** associate **20** hospitality **21** amateur **22** populate **23** host **24** patriot **25** hostile **26** publish **27** public **28** society **29** citizen **30** patron

| 해석 |

21 어떤 일을 직업인으로서가 아니라 좋아하기 때문에 하는 누군가 **22** 한 지역 내에 살다, 또는 다른 사람들을 한 지역 내에 살게 만들다 **23** 손님들을 파티나 다른 사교적인 행사에 초대하는 사람 **24** 자신의 나라를 사랑하는 사람 **25** 우호적이지 않고 공격적인, 또는 어떤 것에 반대하는

REVIEW TEST DAY 41-50   p.60

| 정답 |

1 기억(력), 추억 **2** 지속적인, 끊임없는 **3** 절망적인, 자포자기한, 필사적인 **4** 포함하다, 포함시키다 **5** 가입하다, 구독하다 **6** 느끼다, 감지하다; 느낌, 감각 **7** 인기 있는, 대중적인, 일반적인 **8** 언어, 말 **9** 설립하다, 수립하다, 확립하다 **10** 문명화하다, 개화하다 **11** 발표하다, 알리다, 선언하다 **12** 향(기), 냄새; 향기가 나다 **13** 명성, 평판 **14** 강조하다, 두드러지게 하다 **15** 친구, 동반자 **16** 보여주다, 나타내다, 가리키다 **17** 수정하다, 변경하다 **18** utility **19** patient **20** technology **21** rational **22** vocabulary **23** literature **24** institute **25** species **26** assign **27** mental **28** science **29** advocate **30** pain **31** vision **32** exist **33** republic

34 audience **35** ① **36** ① **37** ② **38** ③ **39** ③ **40** ①

| 해석 |

35 어떤 도시 거주자들은 시골에 정착하기로 결정한다. **36** 비록 인간이 권력을 가지고 있지만, 그들은 그것을 남용하면 안 된다. **37** 우리는 그 오래된 건물을 원래 상태로 복구할 것이다. **38** 사람들은 운동할 때 즉각적인 개선을 원하지만, 몇 달 걸린다. **39** 마치 셰익스피어의 비극에서처럼, 그들의 사랑은 금지되었다. **40** 그 손님들은 도착했을 때 친절한 환대를 받았다.

DAILY CHECKUP DAY 51   p.61

| 정답 |

1 (대가로) 주다, 표현하다, 제시하다 **2** 개인적 이야기, 일화 **3** 상업, 무역, 교역 **4** 상호 간의, 서로의, 공동의 **5** 상속인, 후계자 **6** 비난하다, 나무라다 **7** 기증자, 기부자 **8** (약물) 복용량, 투여량 **9** 의무, 임무, 직무 **10** 유전, 유전적 특징, 세습, 상속 **11** merchandise **12** addition **13** edit **14** merchant **15** damage **16** inherit **17** debt **18** due **19** commute **20** mercy **21** rent **22** tradition **23** donate **24** mutation **25** marketplace **26** ① **27** ① **28** ① **29** ② **30** ①

| 해석 |

26 미국에 있는 백만장자 중 80퍼센트가 스스로 자신들의 재산을 모았고, 가족으로부터 그것을 상속받지 않았다. **27** 의사는 환자에게 그 약의 표준 복용량을 주었다. **28** 나는 보통 차로 통근하지만, 오늘은 버스를 탔다. **29** 사람들을 보호하는 것은 경찰의 법적인 의무이다. **30** 추운 날씨 때문에 수도관이 얼었다.

DAILY CHECKUP DAY 52   p.62

| 정답 |

1 뚜렷한, 구별되는, 별개의 **2** 본능, 직감, 타고난 재능 **3** 갈등, 충돌; 충돌하다, 다투다 **4** 토론(하다), 논쟁(하다) **5** 복수, 보복, 설욕 **6** 복수하다, 앙갚음하다 **7** 자극하다, 활성화하다, 고무하다 **8** 멸종된, 사라진, (불이) 꺼진 **9** (피해, 상처 등을) 입히다, 괴롭히다 **10** 전투, 싸움; 싸우다, 투쟁하다 **11** offend **12** precise **13** afflict **14** defend **15** decide **16** convict **17** fence **18** victory **19** protagonist **20** batter **21** pesticide **22** province **23** convince **24** Sting **25** instinct **26** ② **27** ② **28** ① **29** ① **30** ②

| 해석 |

21 농부들은 곤충으로부터 자신들의 농작물을 보호하기 위해 농약을 뿌린다. **22** 한 작은 부족이 인도네시아 남동부 지방의 정글에 살고 있다. **23** 작가들이 사람들을 어떤 것에 대해 설득하고 싶을 때, 그들은 종종 독자의 감정에 호소한다. **24** 벌의 침

은 매우 아프며, 심지어 사람들을 죽일 수도 있다. **25** 동물들은 포식자와 같은 위협을 피하기 위해 본능에 따라 행동한다. **26** 선수권 대회에서 진 것은 그에게 오랫동안 슬픔과 괴로움을 야기했다. **27** James는 미국 해병대에 입대하여 한국 전쟁 동안 전투를 경험했다. **28** 두 부대의 전투는 7시간 동안 지속되었다. **29** 독감은 많은 사람들을 괴롭힐 수 있는 질병이다. **30** Ben은 크림으로 꽃을 만들 때 할 수 있는 한 정확하려고 노력했다.

DAILY CHECKUP DAY 53　　　p.63

| 정답 |

1 방해하다, 어지럽히다 **2** 적절한, 제대로 된 **3** 구성되다, 포함하다 **4** (가운데가 불룩한) 통 **5** 분출하다, 터지다, 폭발하다 **6** 가두다, 감금하다 **7** 재산, 소유물 **8** 장벽, 장애물 **9** 방해하다, 중단시키다 **10** 자발적인, 자원봉사의 **11** liberate **12** appropriate **13** disrupt **14** embarrass **15** prey **16** deliver **17** volunteer **18** will **19** bar **20** surprise **21** route **22** trouble **23** bankrupt **24** routine **25** prison **26** ① **27** ③ **28** ③ **29** ③ **30** ②

| 해석 |

21 최초의 인간은 아프리카 대륙을 떠나기 위해 북쪽으로 향하는 길로 갔다. **22** 나는 내 자동차에 문제를 겪고 있지만, 그것을 수리할 누군가를 찾기가 어렵다. **23** 빚은 회사를 파산시켜서 그것이 문을 닫게 할 수도 있다. **24** 나의 저녁 일상은 한 시간의 운동과 두 시간의 TV 보기를 포함한다. **25** 12살 나이에, Stewart는 상점에서 장난감을 훔쳐서 감옥에 보내졌다. **26** 그 농부의 소와 돼지는 큰 외양간에서 함께 산다. **27** 나의 아버지가 연 가게는 성공적인 기업이 되었다. **28** 그 시는 너무 어려워서 나는 그것을 완전히 이해할 수 없다. **29** 건설 노동자들은 그들의 일을 안전하게 하기 위해서 적절한 장비가 필요하다. **30** 만약 내가 연설하는 동안 실수를 한다면 나는 당황할 것이다.

DAILY CHECKUP DAY 54　　　p.64

| 정답 |

1 보존하다, 아끼다, 유지하다 **2** 병동, 감독, 감시(인) **3** 수여하다; 상(금), 수여 **4** 영양소, 영양분 **5** 일어나다, 발생하다 **6** 경고하다, 주의를 주다 **7** 영양, 영양물 (섭취) **8** 지키다, 보호하다, 저장하다 **9** 의식하고 있는, 깨달은 **10** 재발하다, 반복되다 **11** reserve **12** excursion **13** curious **14** nourish **15** nurse **16** regard **17** nurture **18** guard **19** accurate **20** guarantee **21** cure **22** curriculum **23** serve **24** reward **25** dessert **26** ② **27** ② **28** ③ **29** ① **30** ①

| 해석 |

21 질병을 성공적으로 치료하다 **22** 교육 기관에서 가르쳐지는 과정 **23** 음식이나 음료를 주다, 또는 다른 사람들에게 도움을 제공하다 **24** 노력이나 봉사에 대해 누군가에게 주어지는 이득 **25** 식사의 주요한 부분 후에 먹는 작은 마지막 코스 **26** 내가 너를 위해 프랑스 식당에 테이블을 예약할 수 있다. **27** 집으로 운전해 갈 때 도로 위의 얼음을 조심해라. **28** 이 TV 프로그램의 현재 시즌이 지난번 것보다 더 낫다. **29** 우리는 지난 주말에 국립 공원으로 소풍을 갔다. **30** 의사들은 오염된 공기에의 노출이 매우 위험하다고 경고한다.

DAILY CHECKUP DAY 55　　　p.65

| 정답 |

1 배우자 **2** 연결이 안 되는, 흐트러진 **3** 붙어 있다, 인접하다 **4** 기질, 성질, 격한 성미 **5** 대답하다, 응답하다, 반응하다 **6** 공동의, 자치 단체의 **7** 바치다, 헌신하다, 전념하다 **8** 의지하다, 신뢰하다 **9** 일치하다, 부합하다, 상응하다 **10** 연합, 연맹, 리그 **11** temperate **12** joint **13** junction **14** responsible **15** religion **16** municipal **17** communicate **18** vote **19** sponsor **20** temper **21** ally **22** community **23** rally **24** immune **25** vow **26** temperature **27** oblige **28** league **29** common **30** spouse

| 해석 |

21 같은 팀이 되기 위해 다른 사람, 국가 등과 함께 하다 **22** 같은 지역 안에 사는 사람들의 집단 **23** 어떤 것을 지지하거나 반대하기 위한 매우 큰 대중의 모임 **24** 병에 걸릴 수 없는, 또는 요구사항에서 자유로운 **25** 어떤 것을 하겠다는 진지한 약속

DAILY CHECKUP DAY 56　　　p.66

| 정답 |

1 세계적인, 국제적인 **2** 교외, 시외 **3** 대도시, 주요 도시, 중심지 **4** 충실한, 성실한 **5** (주로 직업상의) 동료 **6** 추천하다, 권고하다, 권장하다 **7** 규범, 기준, 표준 **8** 두드러진, 우세한, 지배적인 **9** 정당한, 타당한, 합법적인 **10** 장악하다, 지배하다, 우세하다 **11** urban **12** legal **13** command **14** demand **15** privilege **16** contest **17** domestic **18** protest **19** mandate **20** normal **21** legislation **22** politics **23** testify **24** policy **25** delegate **26** ② **27** ① **28** ② **29** ① **30** ②

| 해석 |

26 나는 내 손보다 더 큰 거대한 거미를 보고 놀랐다. **27** 나의 할머니는 그녀의 손주 각자에게 1만 달러의 유산을 남겼다. **28** 배려와 관심을 보이는 대부분의 사장은 충실한 직원들이 있다. **29** 매년, 그와 그의 친구들은 지역 수영장에서 열리는 다이빙 대

회에 참가했다. **30** Alexander 씨는 휴가 동안 내가 읽을 몇몇 책들을 추천하겠다고 제안했다.

DAILY CHECKUP DAY 57   p.67

| 정답 |

1 맥락, 문맥, 전후 사정 **2** 지방, 지역, 부분 **3** 감촉, 질감, 조직, 구조 **4** 농업 **5** 엄격한, 뻣뻣한, 융통성 없는 **6** 규칙적인, 정규의, 표준의 **7** 협력하다, 공동 작업하다 **8** 공식적인, 공무상의; 공무원 **9** 예술 작품, 삽화 **10** 협력하다, 협조하다 **11** textile **12** text **13** direct **14** elaborate **15** colony **16** laboratory **17** artistic **18** royal **19** rectangular **20** culture **21** righteous **22** regulate **23** cultivate **24** tutor **25** regime **26** ① **27** ② **28** ② **29** ① **30** ②

| 해석 |

21 테레사 수녀는 항상 다른 사람들을 돕기 위해 노력했던 정의로운 사람이었다. **22** 정부는 유해한 내용을 삭제하게 함으로써 소셜 미디어 웹사이트들을 규제해야만 한다. **23** Lee의 가족은 그들 자신의 정원이 있고, 고구마와 다른 채소들을 재배한다. **24** 나의 부모님은 내가 독일어를 배우는 것을 돕기 위해 개인 지도 교사를 고용했다. **25** 그 나라는 30년 동안 군사 정권에 의해 통치되어 왔다. **26** 저의 대학 등록금을 지불해 주신 것에 대해 회사에 감사하고 싶습니다. **27** 몇몇 높은 성취를 한 사람들은 집으로 일을 가져와서 취침 시간까지 그것에 애를 쓴다. **28** Buffon은 프랑스 왕 루이 16세의 통치 기간 동안 유명한 동물학자이자 식물학자였다. **29** 프린터 설명서는 그 기계를 정확하게 작동하는 방법을 설명한다. **30** 인공조명은 햇빛이 가지고 있는 것과 똑같은 효과를 가지고 있는 것 같지 않다.

DAILY CHECKUP DAY 58   p.68

| 정답 |

1 상상력, 창의력, 가상 **2** 주인, 소유주 **3** 기술자, 전문가 **4** 위원회, 위원 **5** 위기, 중대한 국면 **6** 불안감, 염려, 열망 **7** 힘, 체력, 강점 **8** 토론, 토의, 논의 **9** 전략, 계획 **10** 권위, 권력, 권한, 당국 **11** racist **12** figure **13** trial **14** frequency **15** predator **16** peasant **17** missionary **18** theory **19** detective **20** insurance **21** stillness **22** government **23** warranty **24** candidate **25** violence **26** ③ **27** ② **28** ③ **29** ③ **30** ②

| 해석 |

21 우리는 숲의 고요함 속에서 평화로운 오후를 보냈다. **22** 시 정부의 수장으로서, 시장은 법과 공공 정책을 집행한다. **23** 그 토스터는 1년 보증이 있기 때문에, 저희는 그것을 새것으로 교체해 드릴 것입니다. **24** 내 생각에는 우리가 이 지원자를 비서 직무에 고용해야 할 것 같다. **25** 경찰은 공격과 다른 형태의 폭력

을 막기 위해 노력한다. **26** Dawson 교수는 로마의 역사를 연구하는 손꼽히는 학자이다. **27** 나는 Irvine의 주민이고, 인근의 교통에 대해 걱정한다. **28** 당신은 탐정이 되기 위해서 범죄 현장을 조사하는 방법을 배워야만 한다. **29** 용은 인간의 상상력의 산물이고 결코 존재한 적은 없다. **30** 그 지진은 많은 사람들에게 영향을 미친 위기였다.

DAILY CHECKUP DAY 59   p.69

| 정답 |

1 소유, 소유권 **2** 체육관, (실내) 경기장 **3** 익다, 숙성시키다 **4** 가능성, 있음 직함, 가망 **5** 증명하다, 입증하다, 설명하다 **6** 보조금을 지급하다 **7** 분자, 미분자 **8** 고난, 곤란 **9** 미학, 감성론 **10** 성년(기), 성인(임) **11** imitate **12** criticism **13** cherish **14** dormitory **15** qualify **16** maximize **17** stiffen **18** electronics **19** article **20** target **21** classify **22** tablet **23** optimism **24** polish **25** ownership **26** ① **27** ② **28** ③ **29** ① **30** ③

| 해석 |

21 사물들을 유형에 따라 그룹으로 나누다 **22** 작은 약 한 개, 또는 사람들이 위에 글을 쓰곤 했던 평평한 돌이나 나뭇조각 **23** 미래가 좋을 것이라는 믿음, 또는 희망적인 태도 **24** 무언가가 깨끗하고 빛이 날 때까지 문지르다 **25** 어떤 것을 가지고 있는 상태, 또는 어떤 것을 가질 권리 **26** 물이 너무 적으면, 포도 껍질이 너무 질겨지고 익지 못한다. **27** 경제적 고난의 시기에는, 많은 사람들이 일자리를 잃고 실업률은 더 높아진다. **28** 그 농구 경기는 고등학교 체육관에서 열렸다. **29** 그 회사 광고의 목표는 첫차를 살 사람들이다. **30** 나는 내 친구들을 소중히 여기고 그들과 많은 시간을 보내려고 노력한다.

DAILY CHECKUP DAY 60   p.70

| 정답 |

1 독특한, 특유의; 특징, 특질 **2** 엄청나게 큰, 거대한, 대규모의 **3** 중요한, 결정적인 **4** 실용적인, 현실적인 **5** 훌륭한, 눈부신 **6** 무력한, 곤경에 빠진 **7** 이기적인 **8** 마찬가지로, 또한 **9** 유감으로 여기는, 후회하는 **10** 중간에, 중도에서; 중간의, 불완전한 **11** furious **12** ultimate **13** personal **14** futile **15** likely **16** ambiguous **17** urgent **18** businesslike **19** ritual **20** forward(s) **21** familiar **22** mandatory **23** gloomy **24** vulnerable **25** edible **26** ambiguous **27** polite **28** Selfish **29** alternative **30** rarely

| 해석 |

21 어떤 것을 봤거나 경험해 봤기 때문에 잘 아는 **22** 규칙이나 법 때문에 하는 것이 필수적인 **23** 우울한, 슬프고 불행한 **24**

쉽게 해를 입을 수 있는 **25** 먹기에 안전한

| 정답 |

1 정확한, 정밀한 **2** 빚, 부채 **3** 종교 **4** 위원회, 위원 **5** 방해하다, 중단시키다 **6** 규칙적인, 정규의, 표준의 **7** 유산, 상속 재산 **8** 기숙사, 공동 침실 **9** 명령하다, 지시하다; 명령, 지휘 **10** 양육, 양성; 양육하다 **11** 증명하다, 입증하다, 설명하다 **12** 기부하다, 기증하다 **13** 중요한, 결정적인 **14** 후보자, 지원자 **15** 재산, 소유물 **16** 온도, 기온, 체온 **17** 극대화하다, 최대한 활용하다 **18** convince **19** laboratory **20** embarrass **21** colleague **22** adulthood **23** curriculum **24** resident **25** community **26** decide **27** artificial **28** imagination **29** appropriate **30** ritual **31** instinct **32** alternative **33** recommend **34** excursion **35** ① **36** ② **37** ① **38** ④ **39** ④ **40** ②

| 해석 |

35 만약 산타가 존재한다면, 그는 하룻밤에 선물들을 배달할 수 있을까? **36** 해류가 너무 세서 우리는 거의 수영할 수 없었다. **37** 윤리적 체계는 모든 문화마다 다르다. **38** 자동차에서 나오는 가스는 대기오염에 대해 대부분 책임이 있다. **39** 혼자 사는 동물들은 스스로를 방어하기 위해 자신만의 감각에 의지한다. **40** 사람들은 많은 아이를 낳곤 했었지만, 지금은 더 작은 가족들이 표준이다.

COMPREHENSIVE TEST DAY 41-60 p. 72-73

| 정답 |

1 학자, 학생, 장학생 **2** 인정하다, 사례하다 **3** 기숙사, 공동 침실 **4** 대중의, 공공의; 대중 **5** 문명화하다, 개화하다 **6** familiar **7** debate **8** curious **9** privilege **10** session **11** dispute **12** passion **13** biography **14** preserve **15** context **16** ② **17** ② **18** ① **19** ③ **20** ① **21** damage **22** install **23** cite **24** resign **25** communicate

| 해석 |

16 카탈루냐는 독립을 선언하고 자유 국가가 되기를 희망했다. 어린아이들은 특정한 단어를 어떻게 발음하는지 배우기 위해 자신들의 부모님을 따라 한다. **17** 예술은 종종 보는 사람들에게 강한 감정을 유발할 수 있다. 우리는 폭력을 피하고 싶으니 누구든 화나게 하지 말자. **18** 여름마다 큰 폭풍이 해안을 따라 있는 집들을 강타한다. 훌륭한 야구 투수는 그가 마주하는 각 타자의 약점들을 안다. **19** 사람들은 기후에 알맞은 신발과 옷을 착용해야 한다. 몇몇 음악가들은 다른 사람들의 작품을 도용하지만, 그것에 대해 거의 처벌받지 않는다. **20** Alice는 그녀의 친구들이 파티를 준비하고 있다고 의심하지 않았기에 깜짝 놀랐

다. 경찰은 가게에 있는 손님들에게 강도 용의자를 봤는지 물었다. **21** 스트레스와 마찬가지로 부정적인 감정은 면역 반응에 손상을 줄 수 있다. **22** 만약 당신이 우리가 벽에 TV를 설치하기를 원한다면 50달러의 추가 요금이 있습니다. **23** 교수들은 잘 알려진 학자들의 연구 보고서를 종종 자신들의 강의에 인용한다. **24** 내 아버지는 65세가 되면 직장을 그만둘 것이다. **25** 벌들은 다른 벌들에게 꽃의 위치를 알려주기 위해 춤을 추는 것으로 의사소통한다.

어원으로 줄줄이 쉽게 외워지는 영단어

해커스 보카

어원편

WORKBOOK

어원으로 **줄줄이** 쉽게 외워지는 영단어

해커스 보카

어원편

초판 10쇄 발행 2024년 12월 9일

초판 1쇄 발행 2020년 9월 1일

지은이	해커스 어학연구소
펴낸곳	(주)해커스 어학연구소
펴낸이	해커스 어학연구소 출판팀

주소	서울특별시 서초구 강남대로61길 23 (주)해커스 어학연구소
고객센터	02-537-5000
교재 관련 문의	publishing@hackers.com
	해커스북 사이트(HackersBook.com) 고객센터 Q&A 게시판
동영상강의	star.Hackers.com

ISBN	978-89-6542-380-5 (53740)
Serial Number	01-10-01

한국 브랜드선호도 교육그룹 1위,
해커스북 HackersBook.com

 중·고등

- 교재 어휘를 언제 어디서나 들으면서 외우는 **MP3**
- 학습 어휘의 암기 여부를 쉽게 점검할 수 있는 **단어시험지**
- 단어 암기 훈련을 돕는 **보카 암기 트레이너**

한경비즈니스 선정 2019 한국 브랜드선호도 교육(교육그룹) 부문 1위

나에게 맞는 교재 선택!

	초6	예비중	중1	중2
문법			Hackers Grammar Smart Starter	Hackers Grammar Smart Level 1	Hackers Grammar Smart Level 2
				기출로 적중 해커스 중학영문법 1학년	기출로 적중 해커스 중학영문법 2학년
				해커스 중학영문법 중간·기말 대비 문제집 Level 1	해커스 중학영문법 중간·기말 대비 문제집 Level 2
서술형				해커스 쓰기 자신감 Level 1	해커스 쓰기 자신감 Level 2
구문					
독해	Hackers Reading Smart Starter Level 1	Hackers Reading Smart Starter Level 2	Hackers Reading Smart Level 1	Hackers Reading Smart Level 2	Hackers Reading Smart Level 3
				Hackers Reading Ground Level 1	Hackers Reading Ground Level 2
				Hackers Reading Path Level 1	Hackers Reading Path Level 2
					해커스 첫수능 영어 기초독해
듣기				해커스 중학영어듣기 모의고사 24회 Level 1	해커스 중학영어듣기 모의고사 24회 Level 2
어휘			해커스 3연타 중학영단어		
				해커스 보카 중학 기초	해커스 보카 중학 필수
					해커스 보카 중학 숙어

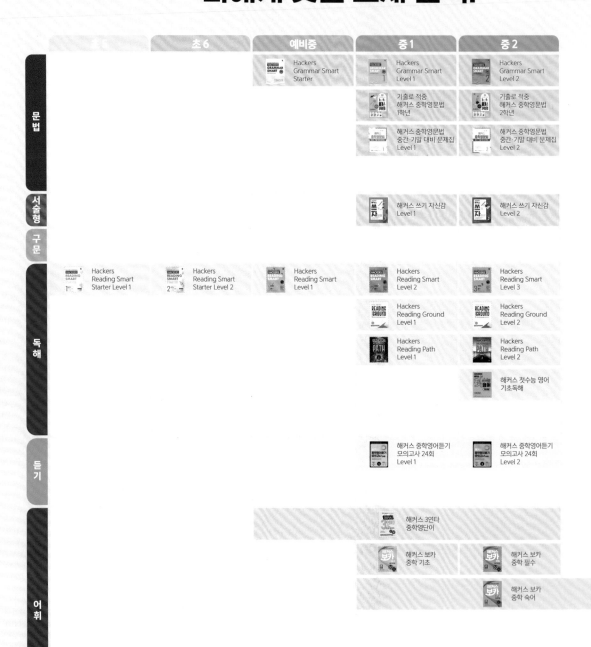

	READING	LISTENING	VOCA
토플	HACKERS APEX READING for the TOEFL iBT Basic/Intermediate/Advanced/Expert	HACKERS APEX LISTENING for the TOEFL iBT Basic/Intermediate/Advanced/Expert	HACKERS APEX VOCA for the TOEFL iBT HACKERS VOCABULARY

어원으로 **줄줄이** 쉽게 외워지는 영단어

해커스 보카

어원편

베스트셀러
1위

미니 암기장

해커스 어학연구소

해커스 보카

어원편

미니 암기장

해커스 어학연구소

1	protect	보호하다, 지키다
2	propose	제시하다, 제안하다, 청혼하다
3	prospect	전망, 예상, 가능성
4	proverb	속담, 격언
5	proactive	앞서서 주도하는
6	progress	발전, 진전, 진행; 나아가다, 진전을 보이다
7	profile	윤곽, 개요, 약력, (얼굴의) 옆 모습
8	predict	예측하다, 전망하다
9	preview	시사(회), 시연, 사전 검토; 사전 검토하다
10	predetermine	미리 결정하다, 미리 정하다, 예정하다
11	preoccupy	몰두하게 하다, (생각에) 사로잡히게 하다
12	precaution	예방책, 예방 조치, 사전 조치
13	premature	시기상조의, 조기의, 조숙한
14	previous	이전의, (시간순으로) 앞의
15	forearm	(손목에서 팔꿈치까지) 팔뚝
16	forehead	이마, (사물의) 앞부분
17	forefather	(남자) 조상, 선조
18	foremost	맨 앞의, 가장 중요한
19	forecast	예측하다, 예보하다; (일기) 예보, 예측
20	foresee	예견하다, 예상하다
21	foretell	예언하다, 예고하다
22	anticipate	예상하다, 기대하다
23	antique	과거의, 오래된, 고대의; 골동품
24	ancient	고대의, 아주 오래된, 먼 옛날의
25	ancestor	조상, 선조
26	anchor	닻, 고정 장치; 닻을 내리다, 정박시키다

1	replace	교체하다, 대신하다, 대체하다
2	respect	존경하다, 존중하다; 존경, 경의
3	retire	은퇴하다, 후퇴하다
4	refuge	도피(처), 피난(처)
5	remain	남아 있다, 계속 ~이다
6	research	연구, 조사; 연구하다, 조사하다
7	recycle	재활용하다, 재생하다
8	remark	논평, 말; 논평하다, 발언하다, 주목하다
9	rejoin	다시 합류하다, 재가입하다
10	resort	수단, 휴양지, 리조트; 의지하다, 자주 가다
11	reunion	재결합, 재회, 모임
12	restore	복원하다, 복구하다, 회복시키다
13	reconcile	화해시키다, 조화시키다
14	retrospect	돌이켜보다, 추억하다; 추억, 회상
15	withdraw	물러나게 하다, 취소하다, 철수하다
16	withhold	억제하다, 주지 않다
17	withstand	견뎌내다, 버티다
18	bygone	지나간, 과거의
19	bystander	구경꾼, 방관자
20	bypass	우회 도로; 우회하다
21	by-product	부산물, 부작용
22	parade	(가두) 행진, 퍼레이드; 행진하다
23	paradise	낙원, 천국, 파라다이스
24	parallel	나란한, 평행의, 비슷한
25	parasite	기생충, 기생 동물/식물
26	paralyze	마비시키다, 쓸모없게 만들다
27	paradox	역설, 모순

1	upcoming	다가오는, 곧 있을
2	update	갱신하다, 업데이트하다; 갱신, 업데이트
3	uphold	지지하다, 유지시키다
4	upright	똑바른, 수직의; 똑바로, 꼿꼿이
5	superior	우월한, 우수한, 상급의; 선배, 상급자
6	supernatural	초자연적인, 불가사의한
7	superstition	미신
8	surface	표면, 수면, 외양; 표면의, 외관의; 수면으로 올라오다
9	surround	에워싸다, 둘러싸다
10	surrender	넘겨주다, 항복하다, 포기하다; 항복, 굴복
11	overall	전반적인, 전체에 걸친; 전반적으로; (상·하의가 하나로 된) 작업복
12	overlap	겹치다, 포개다; 겹침, 중복
13	overwhelm	압도하다, 제압하다, 사로잡다
14	overlook	못 보고 넘어가다, 간과하다
15	overcome	극복하다, 이기다
16	overtake	따라잡다, 앞지르다
17	overflow	넘치다, 물에 잠기게 하다; 넘쳐흐른 물, 범람
18	devour	게걸스럽게 먹다, 집어삼키다
19	depict	그리다, 묘사하다
20	delicate	섬세한, 세련된, 연약한
21	desire	바람, 욕구; 바라다, 원하다
22	derive	비롯되다, 유래하다, 파생하다
23	detect	발견하다, 감지하다
24	depart	떠나다, 출발하다
25	underlie	~의 기초가 되다, ~의 밑바닥에 잠재하다
26	undermine	약화시키다, ~의 밑을 파다
27	undergo	겪다, 경험하다
28	undertake	책임을 맡다, 착수하다
29	subtle	미묘한, 감지하기 힘든, 희미한
30	suffer	고통받다, ~에 시달리다
31	suggest	제안하다, 암시하다
32	suppress	억제하다, 진압하다, 억압하다

1	admire	감탄하다, 존경하다, 칭찬하다
2	advent	출현, 도래
3	approach	접근하다, 다가오다; 접근(법), 다가감
4	approximate	대략의, 근사치의; (수량 등이) ~에 가깝다
5	assure	확신시키다, 보장하다, 안심시키다
6	asset	자산, 재산, 유용한 것
7	accumulation	쌓아 올림, 축적(물)
8	accelerate	가속하다, 빨라지다
9	alarm	놀라게 하다, ~에 경보를 발하다; 경보, 불안
10	aspect	(측)면, 방향, 관점
11	abandon	포기하다, 버리다, 떠나다
12	await	기다리다, 대기하다
13	income	수입, 소득
14	insight	통찰(력), 간파, 이해
15	invest	투자하다, (시간, 노력, 돈 등을) 들이다
16	intake	섭취(량), 흡입(물)
17	incentive	자극하는, 고무하는; 보상, 장려(금), 동기
18	indoor	실내(용)의, 내부의
19	inherent	내재된, 본질적인, 고유의
20	inborn	타고난, 선천적인
21	inflame	자극하다, 불을 붙이다, 타오르다
22	illusion	환상, 착각, 망상
23	impose	강요하다, 부과하다, (법, 세금 등을) 도입하다
24	introduction	도입, 소개, 서론
25	introvert	내성적인, 내향적인; 내성적인/내향적인 사람; 안으로 향하게 하다
26	introspective	자기 성찰적인, 자기반성의
27	interior	실내의, 내부의; 실내, 내부

1	outcome	결과, 성과, 결론
2	output	생산(량), 산출(량); 생산하다, 산출하다
3	outlet	배출구, 방수구, 할인점
4	outlook	경치, 전망, 견해
5	outstanding	눈에 띄는, 뛰어난
6	outbreak	(전쟁, 질병 등의) 발생, 발발
7	outweigh	~보다 무겁다, 능가하다
8	utmost	최고의, 최대(한)의, 극도의
9	exchange	교환하다, 환전하다; 교환, 환전
10	expand	확장하다, 확대하다, 팽창시키다
11	exhaust	다 써버리다, 기진맥진하게 만들다; 배출 (장치)
12	examine	조사하다, 시험하다, 진찰하다
13	explore	탐험하다, 탐구하다, 조사하다
14	exotic	이국적인, 색다른, 외국(풍)의
15	evaporate	증발하다, 증발시키다, 사라지다
16	erosion	침식, 부식, 쇠퇴
17	escort	호위하다, 동행하다; 호위대, 수행원
18	extra	추가의, 여분의; 여분의 것, 특별한 것; 추가로, 특별히
19	extraordinary	특별한, 보통이 아닌, 놀라운
20	external	외부의, 바깥쪽의
21	extreme	극단적인, 극심한, 맨 끝의; 극단
22	transfer	옮기다, 이동하다, 환승하다; 이동, 전학
23	transport	수송하다, 운송하다; 수송, 운송
24	transmit	전송하다, 발송하다, (질병 등을) 옮기다
25	transform	변화시키다, 변형하다
26	transaction	거래, 매매, 처리
27	transition	변화, 변천, 전환, 전이
28	diabetes	당뇨병
29	diagonal	대각선의, 사선의
30	diameter	지름, 직경
31	diarrhea	설사

1	abnormal	보통과 다른, 비정상적인, 이상한
2	absurd	터무니없는, 불합리한; 부조리, 불합리
3	absorb	빨아들이다, 흡수하다
4	abundant	풍부한, 넘칠 정도로 많은
5	amend	고치다, 개정하다, 수정하다
6	advantage	유리함, 장점, 우위
7	advance	전진, 발전; 전진하다, 발전하다
8	discussion	토론, 토의, 논의
9	discard	버리다, 폐기하다; 폐기, 포기
10	disguise	변장하다, 위장하다, 숨기다; 변장, 거짓 행동
11	dispersal	분산, 살포, 해산
12	disease	질병, 질환; 병에 걸리게 하다
13	disappear	사라지다, (눈앞에서) 없어지다
14	disadvantage	불리(함), 약점; 불리하게 하다
15	dislike	싫어하다, 좋아하지 않다; 혐오, 싫어함
16	disgust	혐오, 역겨움, 반감; 혐오감을 유발하다, 역겹게 만들다
17	disability	무능(력), (신체적·정신적) 장애
18	discomfort	불편(함), (가벼운) 통증; 불편하게 하다
19	disobedient	순종하지 않는, 반항하는
20	distance	거리, 간격; 거리를 두다, 멀리 두다
21	diffusion	확산, 유포, 보급
22	separate	분리하다, 갈라지다; 분리된, 별개의
23	select	고르다, 선택하다, 선발하다; 고른, 엄선한
24	secure	안전한, 확신하는; 안전하게 지키다, 확보하다
25	segregation	분리 (정책), 차별 (정책)
26	foreign	외국의, 타지역의
27	forbid	금(지)하다, 방해하다
28	forgive	용서하다, (빚 등을) 면제해 주다

1	symptom	증상, 조짐, 징후
2	symphony	교향곡, 교향악단
3	syndrome	증후군, 신드롬
4	synergy	시너지, 동반 상승효과
5	synthesize	종합하다, 통합하다, 합성하다
6	symbol	상징(물), 기호, 부호
7	combine	결합하다, 겸비하다
8	compact	꽉 찬, 간결한; 꽉 채우다, 압축하다
9	combustion	연소, 산화, 불에 탐
10	connect	연결하다, 이어지다, 접속하다
11	configuration	배치, 배열, 별자리
12	collision	충돌, 대립, 상충
13	correction	수정, 정정, 교정
14	coexist	공존하다, 동시에 존재하다
15	concern	걱정, 우려; 걱정하게 하다, ~에 관한 것이다
16	concentrate	집중시키다, 집중하다; 농축물
17	contour	윤곽(선), 등고선; ~의 윤곽을 그리다
18	corrupt	부패한, 타락한; 부패하게 만들다, 타락시키다
19	interview	면접, 인터뷰; 면접을 보다, 인터뷰하다
20	interpret	해석하다, 이해하다, 통역하다
21	interact	상호 작용하다, 소통하다
22	interfere	방해하다, 간섭하다
23	interchange	서로 교환하다, 주고받다; 교환, (도로의) 분기점
24	interrelate	서로 연관시키다, 상호 관계를 갖다
25	international	국가 간의, 국제적인
26	interpersonal	사람과 사람 사이의, 대인 관계의
27	interval	간격, 중간 휴식 시간
28	intermission	(공연 등의) 휴식 시간, 중단
29	automobile	자동차; 자동차의, 자동의
30	automatic	자동의; 자동 조작 기계
31	authenticity	진품임, 진짜임, 신빙성

1	antibiotic	항생 물질의; 항생제
2	antibacterial	항균성의
3	antibody	항체
4	Antarctic	남극 (지방); 남극의
5	counterpart	상대, 대응 관계에 있는 사물/사람
6	counteract	대항하다, 거스르다, 대응하다
7	contrast	차이, 대비, 대조; 대조하다, 대비하다
8	contrary	반대의, 반하는; 상반되는 것; 반대로, ~에 반해서
9	control	통제하다, 지배하다; 통제, 제어, 지배
10	obstacle	장애(물), 방해(물); 불명확하게 하다
11	obscure	분명치 않은, 모호한, 눈에 띄지 않는
12	opponent	상대, 반대자; 적대하는, 반대하는
13	oppress	억압하다, 압박하다
14	observe	(법 등을) 지키다, 관찰하다
15	occasion	(특별한) 일/경우, 행사
16	offer	제공하다, 제안하다, 주다; 제공, 제안
17	enable	~할 수 있게 하다, 가능하게 하다
18	enhance	향상시키다, 강화하다
19	ensure	확실하게 하다, 반드시 ~하게 하다
20	endanger	위험하게 하다, 위험에 빠뜨리다
21	entitle	자격/권리를 주다, ~이라 제목을 붙이다
22	ensue	잇따라 일어나다, 계속되다
23	enlarge	확대하다, 확장하다, 커지다
24	enrich	부유하게 하다, 풍요롭게 하다
25	empower	권한을 주다, 권력을 위임하다
26	engage	약속하다, 참가하다, 종사하다
27	enthusiasm	열정, 열광(시키는 것)
28	embrace	껴안다, 받아들이다
29	embed	깊이 박다, 끼워 넣다

1	incorrect	부정확한, 틀린
2	inevitable	피할 수 없는, 부득이한, 필연적인
3	innocent	결백한, 무죄의, 순진한
4	indirect	간접적인, 우회하는
5	invariable	불변의, 변하지 않는; 불변의 것
6	inability	무능, 불능, 할 수 없음
7	impractical	실용적이지 않은, 비현실적인
8	immortality	불멸, 불사, 영원한 생명
9	imbalance	불균형, 불안정
10	immoral	비도덕적인, 부도덕한
11	illegal	불법적인, 위법의
12	irresistible	저항할 수 없는, 거부할 수 없는
13	unknown	알려지지 않은, 미지의; 알려지지 않은 사람, 미지의 것
14	unexpected	예상 밖의, 갑작스러운
15	unable	~할 수 없는, 무능한, 무력한
16	unfair	불공평한, 부당한
17	unfamiliar	익숙하지 않은, 낯선
18	unforgettable	잊을 수 없는, 언제까지나 기억에 남는
19	unlikely	~할 것 같지 않은, 있을 법하지 않은
20	unwanted	원치 않는, 불필요한, 바람직하지 않은
21	unbearable	견딜 수 없는, 참기 어려운
22	unlock	(잠긴 것을) 열다, 드러내다
23	unfortunate	운이 없는, 불행한, 유감스러운
24	decode	(암호를) 해독하다, 이해하다
25	deforestation	삼림 벌채, 삼림 개간
26	demerit	단점, 결점, 잘못

1	unique	유일한, 고유한, 독특한
2	uniform	제복, 유니폼; 똑같은, 획일적인
3	union	연합, 조합, 동맹
4	unite	연합하다, 결합하다, 통합하다
5	monotonous	단조로운, 지루한, 변화가 없는
6	monopoly	독점(권), 독점 기업
7	sole	유일한, 단독의; 발바닥, 신발 밑창
8	solid	단단한, 고체의, 꽉 찬; 고체, 입체; 일치하여
9	solitary	혼자의, 고독한, 외딴
10	solitude	고독, 독거, 외딴 장소
11	dual	둘의, 이중의, 두 부분으로 된
12	duet	이중창, 이중주
13	duplicate	복제하다, 되풀이하다; 중복의, 복제의; 사본, 복제
14	doubt	의심, 의혹; 의심하다
15	dilemma	딜레마, 궁지, 진퇴양난
16	dioxide	이산화물
17	diploma	졸업증, 학위, (수료) 증서
18	diplomat	외교관, 외교나 흥정에 능한 사람
19	bilingual	두 언어를 할 줄 아는, 이중 언어 사용자인; 이중 언어 사용자
20	bidirectional	양방향의, 두 방향으로 작용하는
21	binocular	두 눈으로 보는; (복수형으로) 쌍안경
22	twin	쌍둥이 (중 한쪽); 쌍둥이의; 쌍둥이로 낳다
23	twist	꼬(이)다, 비틀다; 꼬임, 엉킴
24	tribe	부족, 종족
25	triple	세 배의, 세 부분으로 이루어진; 세 배로 만들다
26	tricycle	세발자전거, 삼륜 오토바이
27	trilogy	(극·소설 등의) 3부작

1	decade	10년, 10개가 한 벌로 된 것
2	century	100년, 1세기
3	centennial	100년마다의, 100년간의; 100주년
4	millennium	1000년, 새로운 천 년이 시작하는 시기
5	million	백만; 백만의, 다수의
6	millionaire	백만장자, 큰 부자
7	multiple	많은, 다수의; 배수
8	multitask	동시에 여러 일을 처리하다
9	multipurpose	다목적의, 여러 용도로 쓰이는
10	multicultural	다문화의, 여러 문화가 공존하는
11	multitude	다수, 수많음, 많은 사람
12	amazing	놀라운, 굉장한
13	ashamed	부끄러운, 수치스러운
14	alike	매우 비슷한, 서로 같은; 매우 비슷하게, 똑같이
15	arouse	(감정·생각 등을) 일으키다, 자극하다, 깨우다
16	arise	(문제 상황이) 일어나다, 발생하다
17	atom	원자, 미립자
18	abroad	해외에서, 해외로, 널리; 해외, 국외
19	aboard	(배·비행기 등에) 탑승해 있는; (배·비행기 등을) 타고
20	analyze	분석하다, 해부하다
21	anatomy	해부(학), 분석
22	perform	공연하다, 수행하다
23	perfect	완벽한, 완전한; 완성하다, 완전하게 하다
24	permanent	(반)영구적인, 오래 지속되는; 영원불변의 것
25	persuade	설득하다, 납득시키다
26	persist	고집하다, 주장하다, 지속하다, 존속하다
27	perspective	관점, 시각, 원근법
28	perfume	향기, 향수, 향료; 향을 풍기다

1	biology	생물학, 생태학
2	biodiversity	생물의 다양성
3	biofuel	바이오 연료
4	biochemistry	생화학, 생리
5	ecosystem	생태계
6	eco-friendly	친환경적인, 환경친화적인
7	economy	경제, 경기, 절약
8	geography	지리(학), 지형
9	geometry	기하학, 기하학적 구조
10	geology	지질(학), 암석 분포
11	geothermal	지열의, 지열에 관한
12	benefit	이익, 이득; 이익을 주다, ~에게 이롭다
13	benevolent	자비로운, 인정 많은, 자선 (목적)의
14	mistake	실수, 잘못; 오해하다, 잘못 생각하다
15	mislead	잘못 인도하다, 오도하다, 속이다
16	misery	불행, 고통, 비참(함)
17	misunderstand	오해하다, 잘못 해석하다
18	misguide	잘못 지도하다, 그릇되게 이끌다
19	misplace	잘못된 장소에 두다, 두고 잊어버리다
20	microphone	마이크, 확성기
21	microwave	전자레인지, 극초단파; 전자레인지 조리용의; 전자레인지로 조리하다
22	microclimate	미기후(특정 좁은 지역에서만 나타나는 주변과 다른 기후)
23	microscope	현미경
24	telescope	망원경
25	telegraph	전보, 전신; 전보를 치다
26	telecommunication	원격 통신, 원거리 전기통신

1	mobile	이동하는, 휴대의, 움직임이 자유로운; 휴대 전화, 모빌
2	motion	움직임, 동작, 운동
3	emotion	감정, 정서
4	promote	촉진하다, 홍보하다, 승진시키다
5	remote	(거리가) 먼, 외딴, 원격의
6	motive	움직이게 하는, 동력이 되는; 주제, 동기
7	motivate	동기를 부여하다, 자극하다
8	motor	원동력, 모터, 자동차; 모터가 달린, 동력을 내는
9	remove	제거하다, 치우다
10	moment	순간, 잠깐, 지금
11	migrate	이동하다, 이주하다
12	emigrate	(타국으로) 이주하다, 이민 가다
13	immigrate	이주해 오다, 와서 살다
14	passage	통과, 통로, 통행, (글·음악 등의) 한 구절
15	passenger	승객, 통행인
16	pastime	취미, 여가, 기분 전환
17	surpass	넘어서다, 능가하다
18	compass	나침반, 컴퍼스; 둘러싸다, 에워싸다
19	passport	여권, 통행증
20	pace	걸음, 보폭, 속도; 보조를 맞추다
21	influence	영향, 영향력; 영향을 주다, (마음을) 움직이다
22	fluent	(언어가) 유창한, 능수능란한
23	fluid	액체, 유동체, 마실 것; 유동성 있는, 부드러운
24	via	~를 거쳐, ~를 경유하여, ~을 통해
25	obvious	분명한, 확실한
26	trivial	사소한, 하찮은
27	convey	(생각·감정을) 전하다, 나르다
28	voyage	항해, 여행; 항해하다

1	precede	앞서다, 선행하다, 우선하다
2	procedure	절차, 순서, 수술
3	succeed	성공하다, ~의 뒤를 잇다
4	exceed	넘다, 초과하다, 능가하다
5	proceed	나아가다, 계속하다, 진척되다
6	access	접근하다, 이용하다; 접근(권), 출입(구)
7	recess	휴식, (법정의) 휴정, (우묵하게) 들어간 곳; 휴정하다, (깊숙한 곳에) 놓다
8	cease	그만두다, 그치다, 중지하다
9	fare	(버스/택시 등의) 요금, 승객; 가다, 여행하다
10	farewell	작별 (인사), 헤어짐; 작별의, 송별의; (헤어질 때 인사) 잘 가세요!, 잘 계세요!
11	welfare	복지, 번영, 행복; 복지의
12	exit	출구, 퇴장; 나가다, 퇴장하다
13	hesitate	주저하다, 망설이다, 망설이며 말하다
14	ambition	야망, 야심
15	initial	처음의, 초기의; 이름의 첫 글자
16	issue	안건, 문제, 발행(물); 발행하다, 지급하다
17	invade	쳐들어가다, 침략하다, 침해하다
18	evade	피하다, 회피하다, 빠져나가다
19	pervade	널리 퍼지다, 고루 미치다
20	tend	경향이 있다, ~하기 쉽다, 향하여 가다
21	attend	출석하다, 참석하다, 주의를 기울이다
22	extend	뻗다, 확장하다, 연장하다
23	intend	의도하다, 작정하다, (~하려고) 생각하다
24	pretend	~인 척하다, 가장하다
25	tender	다정한, 부드러운, 약한
26	intense	강렬한, 치열한, 심한
27	tense	팽팽한, 긴장한; (문법에서 동사의) 시제

1	grade	단계, 등급, 성적, 학년; 등급/성적을 매기다
2	gradually	차츰, 서서히
3	graduate	졸업하다, 학위를 수여하다; (대학) 졸업자
4	upgrade	(등급, 품질 등을) 올리다, 업그레이드하다; 향상, 개량형, 업그레이드
5	degree	온도, 각도, 정도, 학위
6	ingredient	재료, 성분, 구성 요소
7	aggressive	공격적인, 적극적인
8	sequence	순서, 연속, 연속적인 사건; 차례로 배열하다, 나열하다
9	consequence	결과, 결론, 중요성
10	subsequently	그 후에, 나중에, 이어서
11	execute	실행하다, 수행하다, 처형하다
12	prosecute	고발하다, 기소하다
13	suit	~에 알맞다, 적응시키다; 정장, 소송
14	pursue	추구하다, 추격하다, 계속하다
15	event	행사, 사건, 일
16	prevent	막다, 방해하다, 예방하다
17	invent	발명하다, 지어내다, 창작하다
18	venture	모험, 벤처 (사업); 모험하다
19	adventurous	모험심이 강한, 모험적인, 위험한
20	convention	(특정 집단의) 집회/총회, 관습, 전통
21	convenient	편리한, 손쉬운
22	inconvenience	불편(한 것/사람); ~에게 불편함을 주다
23	intervene	개입하다, 끼어들다, 방해하다
24	souvenir	기념품, 선물
25	avenue	길, 대로, 방법
26	revenue	수입, 세입

1	mount	올라가다, 증가하다; (산 이름 앞에 Mt.로 써서) 산
2	amount	총액/총계, 양; (액수·수량이) ~에 달하다
3	surmount	(산 등을) 타고 넘다, 극복하다
4	prominent	두드러진, 유명한, 중요한
5	descendant	자손, 후예
6	scandal	추문, 스캔들, 불명예
7	scale	규모, 저울; (가파른 곳을) 오르다, 크기를 조정하다
8	lever	지렛대, 레버; 지렛대로 움직이다
9	elevate	(들어) 올리다, 증가시키다
10	irrelevant	무관한, 엉뚱한, 부적절한
11	alleviate	(고통 등을) 덜다, 완화하다
12	relieve	(고통 등을) 없애다, 완화하다
13	belief	믿음, 신념, 신뢰
14	result	결과, 성과; 결과로 생기다
15	consult	상담하다, 상의하다; 상담, 협의
16	insult	모욕하다, ~에게 무례하게 하다; 모욕, 무례
17	assault	공격하다, 급습하다, 폭행하다; 공격, 습격, 폭행
18	salient	두드러진, 현저한, 핵심적인
19	incident	(범죄 등) 사건, 사고
20	coincidence	우연의 일치, 동시에 일어난 사건, 동시 발생
21	accidental	우연한, 돌발적인, 부수적인
22	decay	썩다, 부패하다, 쇠퇴하다; 부패, 부식, 쇠퇴
23	merge	합병하다, 녹아들게 하다, 융합하다
24	submerge	(물속에) 잠기다, 잠수하다, (물에) 담그다
25	emerge	드러나다, 부상하다, 나오다
26	immerse	담그다, 가라앉히다, 빠져들게 하다

1	relate	관련짓다, 관련이 있다
2	correlation	연관성, 상호 관련
3	translate	번역하다, 해석하다
4	congestion	(교통) 혼잡, (인구) 밀집
5	digest	소화시키다; 요약(문)
6	register	등록하다, 신고하다; 등록부
7	exaggerate	과장하다, 지나치게 강조하다
8	prefer	더 좋아하다, 선호하다, 차라리 ~을 택하다
9	refer	참고하다, 언급하다, 인용하다
10	conference	회의, 회담, 학회
11	differ	다르다, 의견을 달리하다
12	indifferent	무관심한, 무관한
13	infer	추론하다, 암시하다
14	fertile	비옥한, 다산의
15	ferry	(사람, 화물 운반용의) 연락선; 나르다, 수송하다
16	defer	미루다, 연기하다, 경의를 표하다
17	cast	던지다, (그림자를) 드리우다; 던지기
18	broadcast	방송하다, 방영하다; 방송
19	outcast	버림받은, 쫓겨난; 버림받은 사람, 따돌려진 사람
20	object	물건, 대상, 목표; 반대하다
21	subject	지배하에 두다; ~의 지배하에 있는; 과목, 주제, (연구) 대상, 백성/신하
22	project	(연구) 과제, 사업; 계획하다, 투사하다
23	reject	거절하다, 거부하다, 부인하다
24	inject	주사하다, 주입하다
25	eject	튀어나오게 하다, 쫓아내다

1	attract	(관심 등을) 끌다, 끌어모으다
2	contract	계약하다, 수축하다; 계약(서)
3	distract	(주의를) 산만하게 하다
4	abstract	추출하다, 끌어내다; 추상적인; 추상 (개념)
5	extract	추출하다, 발췌하다; 추출물, 발췌
6	subtract	빼다, 덜다
7	track	(지나다녀서 생긴) 길, 선로, 경주로; 추적하다
8	trace	자취, 흔적; 추적하다, 따라가다
9	trade	거래, 무역; 거래하다, 교역하다
10	trail	자국, 시골길, (특정한) 코스; 뒤쫓다
11	trait	특성, 특징
12	portray	묘사하다, 그리다, 보여주다
13	treat	대(접)하다, 다루다, 치료하다; 대접
14	retreat	후퇴하다, 물러나다; 후퇴, 철수, (일상에서 물러나서 가는) 휴양 시설
15	treaty	조약, 협정
16	produce	생산하다, 제작하다
17	reproduce	재생하다, 번식하다, 복사하다
18	reduce	줄이다, 감소하다
19	education	교육 (기관), 교육학
20	conduct	이끌다, 지휘하다, 실시하다; 지도, 행위, 품행
21	induce	유도하다, 유발하다, 설득하다
22	deduce	추론하다, 연역하다
23	compel	강요하다, 억지로 ~하게 하다
24	propel	나아가게 하다, 추진하다
25	expel	쫓아내다, 추방하다, 배출하다
26	repel	쫓아버리다, 물리치다
27	appeal	관심을 끌다, 호소하다; 호소, 매력
28	pulse	맥박, 진동, 파동; 맥박치다
29	impulsive	충동적인, 행동을 자극하는

1	submit	제출하나, 굴복시키다, 복종하다
2	admit	받아들이다, 인정하다, 시인하다
3	permit	허락하다; 허가(증), 면허(증)
4	emit	배출하다, 내보내다, 내뿜다
5	commit	이행하다, 전념하다, 저지르다
6	promise	약속하다; 약속, 전망
7	compromise	타협하다, 양보하다; 타협, 양보
8	dismiss	해산시키다, 해고하다, 묵살하다
9	mission	임무, 과제, 선교 (단체)
10	commission	위원(회), 수수료; 위임하다, 의뢰하다
11	mess	엉망진창, 곤경; 엉망으로 만들다
12	pose	자세를 취하다, (문제 등을) 제기하다; 자세
13	positive	긍정적인, 확신하는, 양성 (반응)의
14	position	자리, 위치, 입장; 배치하다
15	suppose	추정하다, 가정하다
16	purpose	목적, 용도, 의도
17	expose	노출시키다, 드러내다, 폭로하다
18	oppose	반대하다, 대항하다
19	compose	구성하다, 작곡/작문하다, 조립하다
20	posture	자세, 태도; 자세를 취하다, 태도를 보이다
21	deposit	보증금, 예치금; (돈을) 맡기다
22	disposable	처분할 수 있는, 일회용의
23	component	구성 요소; 구성 요소를 이루는
24	postpone	연기하다, 뒤로 미루다
25	compound	(화학적) 혼합물; 합성의; 혼합하다, 구성되다
26	thesis	명제, 논제, 학위 논문
27	hypothesis	가설, 가정, 추측
28	photosynthesis	광합성
29	theme	주제, 테마

1	port	항구, 항구 도시
2	opportunity	(좋은) 기회, 호기
3	support	지지하다, 지원하다, 떠받치다; 지지, 지원, 후원
4	export	수출(품), 수출액; 수출하다
5	import	수입(품); 수입하다
6	importantly	중요하게
7	navy	해군, 짙은 남색
8	navigate	항해하다, 길을 찾다, 운전하다
9	career	(전문적) 직업, 경력; 직업적인, 전문적인
10	carpenter	목수
11	carrier	운송인, 운송 회사, 매개체
12	carriage	마차, 운반, 수송
13	charge	요금, 책임; 청구하다, (일을) 맡기다, 충전하다
14	discharge	방출하다, 해고하다; 방출(물), 해고, 이행
15	fort	요새, 성채, (군의) 주둔지
16	effort	노력(의 성과), 수고
17	comfort	편안(함), 위안; 위로하다
18	force	힘, 폭력; 강요하다, 억지로 ~시키다
19	workforce	노동력, 노동자
20	enforce	강요하다, (법 등을) 집행하다, 시행하다
21	reinforce	강화하다, 보강하다
22	potent	강한, 영향력/효력 있는
23	possible	가능한, 있을 수 있는
24	impossible	불가능한, 있을 수 없는
25	possess	소유하다, (능력 등을) 지니다

1	local	지방의, 지역의, 현지의
2	locate	(~에) 두다, 위치시키다, 위치를 알아내다
3	allocate	할당하다, 배분하다, 배치하다
4	point	(손가락으로) 가리키다, 지적하다; 점, 지점, 요점
5	appoint	(시간, 장소 등을) 지정하다, 임명하다
6	disappoint	실망시키다
7	punctuate	구두점을 찍다, (말을) 중단시키다
8	punctual	시간을 잘 지키는, 규칙적인
9	confront	직면하다, 맞서다, 닥치다
10	frontier	국경, 경계, 미개척 영역
11	frontal	정면의, 앞면의, (머리) 앞부분의
12	forefront	선두, 맨 앞
13	fund	기금, 자금; 자금을 제공하다
14	fundamental	근본적인, 중요한; 기본 (원리), 근본
15	found	설립하다, 세우다, 기반을 두다
16	profound	엄청난, 깊은, 심오한
17	medium	매체, 수단, 중간; 중간의
18	immediate	즉각적인, 직접적인
19	mediation	중재, 조정, 매개
20	median	중간의, 중간값의, 중앙의
21	intemediate	중간의, 중급의; 중간물, 중급자
22	medi(a)eval	중세의, 중세풍의
23	meditation	명상, 심사숙고
24	midterm	중간, 중간고사; (학기, 임기 등의) 중간의
25	midst	중앙, 한가운데
26	mean	의미하다, 의도하다; 비열한; (복수로) 수단
27	meanwhile	그동안에, 한편
28	sum	총합, 합계; 총합하다
29	summit	산의 정상, 정점, (국가 사이의) 정상 회담
30	summary	요약, 개요; 간략한, 약식의

1	form	형태, 형식; 형성되다, 구성하다
2	informal	형식에 매이지 않는, 편안한
3	inform	알리다, 알려주다, 통지하다
4	conform	(행동, 생각을) 같이하다, (규칙 등에) 순응하다
5	reform	개정하다, 개혁하다; 개정, 개혁
6	formula	(수학) 공식, 화학식, 제조법
7	deadline	기한, 마감 시한
8	guideline	지침, 정책, 가이드라인
9	outline	윤곽, 개요; 윤곽을 그리다, 개요를 서술하다
10	borderline	국경선, 경계선; 국경의, 경계선상의
11	linear	(직)선의, 직선 모양의
12	range	줄, 열, 범위, 산맥; 정렬시키다, ~의 범위에 이르다
13	arrange	정리하다, 배열하다, 준비하다
14	rank	순위, 등급; (순위, 등급을) 매기다, (순위를) 차지하다
15	canal	운하, (체내의) 관
16	canyon	협곡, 깊은 골짜기
17	channel	(의사소통 등의) 수단, (TV 등의) 채널
18	long	긴, 오랜; 오랫동안; 갈망하다
19	belong	(~에) 속하다, (~의) 소유이다
20	longevity	장수, 수명
21	prolong	연장하다, 늘이다
22	longitude	경도
23	length	길이, 기간
24	linger	남아 있다, 계속되다, 오래 머무르다
25	circular	원형의, 둥근, 순환하는
26	circuit	순환 (도로), 둘레, (전기) 회로
27	circumstance	환경, 상황
28	sphere	구(체), 영역, 분야
29	atmosphere	(지구 등 행성의) 대기, 공기, 분위기
30	hemisphere	(지구나 뇌의) 반구
31	biosphere	생물권(생물이 살 수 있는 지구 표면과 대기권)

1	grave	무덤, 묘(석); 엄숙한, 중대한
2	gravity	(지구의) 중력, 엄숙함, 중대함
3	aggravate	악화시키다, 화나게 하다
4	grieve	몹시 슬퍼하다, 슬프게 하다
5	truth	진실, 진리
6	trust	신뢰하다, 맡기다, 의지하다; 신뢰, 위탁
7	entrust	(일을) 맡기다, 위임하다
8	mistrust	불신하다, 의심하다; 불신, 의혹
9	magnify	확대하다, 과장하다
10	magnitude	(엄청난) 규모, 거대함, 중요성
11	major	큰, 대다수의, 주요한; 전공 (과목), 전공자; 전공하다
12	mayor	시장
13	master	달인, 주인, 석사 (학위); 숙달하다, 완전히 익히다; 달인의
14	masterpiece	걸작, 명작
15	maximum	(수량/값 등의) 최대, 최고; 최고의, 최대의
16	majestic	웅장한, 장엄한, 위엄 있는
17	minor	작은, 소수의, 부전공의; 부전공
18	diminish	줄어들다, 줄이다, 약해지다, 깎아내리다
19	minister	장관, 각료, 성직자
20	administer	관리하다, 운영하다, 집행하다
21	minimum	최소한도, 최저치; 최소한의, 최저의
22	plain	평원; 무늬가 없는, 평범한, 분명한; 분명히
23	explain	설명하다, 이유를 대다
24	pile	포개 놓은 것, 무더기; 쌓다, 포개다
25	pillow	베개, 머리 받침
26	pillar	기둥, 중심이 되는 것
27	tumor	종양, 종기
28	tomb	무덤, 묘소

1	factor	요소, 요인
2	facility	시설, 설비, 편의
3	faculty	능력, (대학의) 교수진
4	difficulty	어려움, 곤경
5	factual	사실의, 사실에 근거한
6	affect	영향을 미치다
7	effect	영향, 효과, 결과
8	defect	결함, 결점, 부족
9	infect	감염시키다, 전염시키다, 오염시키다
10	sufficient	충분한
11	efficient	효율이 좋은, 효과 있는, 유능한
12	fiction	소설, 허구
13	deficit	적자, 부족액, 결손
14	magnificent	웅장한, 장엄한, 위대한
15	proficient	능숙한, 숙달한; 숙달한 사람
16	profit	이익, 수익, 이윤; 이익을 얻다, ~의 이익이 되다
17	feat	공(적), 위업, 재주
18	feature	특징, 기능; 특색으로 삼다
19	defeat	패배시키다; 패배, 실패
20	counterfeit	위조하다; 위조의, 가짜의; 위조품, 가짜
21	structure	구조(물), 건축물; 구조화하다
22	construct	건설하다, 세우다, 구성하다
23	destruction	파괴, 파멸, 말살
24	instruct	가르치다, 지시하다, 명령하다
25	instrument	도구, 수단, 악기
26	obstruct	막다, 방해하다
27	destroy	파괴하다, 말살하다
28	industry	산업(계), 제조업, 근면(성)

1	metaphor	은유, 비유, 상징
2	metabolism	신진대사, 대사 (작용)
3	metamorphosis	(생물의) 변태, 변형
4	method	방법, 방식, 체계
5	advertise	광고하다, 선전하다
6	convert	바꾸다, 변화하다, 개조하다
7	vertical	수직의, 세로의; 수직선
8	version	형태, 버전
9	universe	우주, 영역, 활동권
10	diverse	다양한, 다른 종류의
11	reverse	뒤집다, 반전시키다; 반대, 반전
12	adverse	부정적인, 불리한, 반대하는
13	converse	대화하다; 정반대의, 거꾸로의; 반대
14	divorce	이혼, 분리; 이혼하다, 분리하다
15	distort	비틀다, 왜곡하다, 일그러뜨리다
16	torment	고통, 고민거리; 고통을 주다, 괴롭히다
17	simplicity	단순함, 간단함
18	complicate	복잡하게 하다; 복잡한, 뒤얽힌
19	replicate	복제하다; 반복된
20	explicit	분명한, 명백한, 솔직한
21	apply	지원하다, 신청하다, 적용하다, (약 등을) 바르다
22	reply	답장하다, 대답하다; 답장, 대답
23	imply	암시하다, 넌지시 내비치다
24	display	드러내다, 전시하다; 전시
25	employ	고용하다, 이용하다
26	exploit	(부당하게) 이용하다, 개척하다; 위업, 공적
27	complex	복잡한, 복합의; 복잡하게 하다; 복합 건물, 합성물
28	perplex	당황하게 하다, 혼란케 하다

1	involve	포함하다, 수반하다, 관련시키다
2	evolve	발전시키다, 발달시키다, 진화하다
3	volume	부피, 양, 음량
4	revolution	회전, 공전, 혁명
5	rotate	(일을) 교대로 하다, 회전하다
6	enroll	등록하다, 입대하다, 입학시키다
7	scroll	두루마리; 두루마리에 쓰다
8	decline	줄어들다, 쇠퇴하다, 거절하다; 감소, 축소, 하락
9	incline	(마음이) 기울다, 경향이 생기게 하다; 기울기, 경사
10	clinic	진료소의, 임상의; 병원, 진료소
11	climate	기후, 풍토
12	strict	엄격한, 긴장한, 정밀한
13	restrict	제한하다, 한정하다, 금지하다
14	district	구역, (특정한) 지역, 지방
15	strain	팽팽함, 긴장(감), 접질림; 잡아당기다, 긴장시키다, (근육 등을) 상하게 하다
16	restrain	억누르다, 참다, 저지하다
17	constrain	억누르다, 제약하다
18	strait	해협, 곤경; 좁은, 곤란한
19	stress	스트레스, 강조, 강세; 스트레스를 받다/주다, 강조하다, 강세를 두다
20	distress	고통, 고민; 괴롭히다, 슬프게 하다
21	prestige	명성, 위세; 명성 있는
22	relax	긴장을 풀다, 쉬다, 완화하다
23	delay	지연시키다, 연기하다; 지연, 연기
24	relay	전달하다; 릴레이 경주, 교대
25	release	풀어주다, 해방시키다, 개봉하다; 석방, 개봉
26	solve	(문제 등을) 풀다, 해결하다, 용해하다
27	resolve	해결하다, 결심하다; 결심, 다짐, 결의
28	dissolve	녹다, (녹아) 없어지다
29	absolute	완전한, 절대적인, 확실한; 절대적인 것

1	complete	완성하다, 완료하다; 완벽한, 완전한
2	complement	보완물, 보충물; 보완하다, 보충하다
3	deplete	고갈시키다, 크게 감소시키다
4	implement	도구, 수단; 이행하다, 실시하다
5	supplement	추가(물), 보충(제); 보충하다, 추가하다
6	supply	공급하다, 주다; 공급(품)
7	comply	(명령, 요구 등에) 따르다, 준수하다
8	compliment	칭찬, 경의; 칭찬하다, 경의를 표하다
9	accomplish	완수하다, 성취하다
10	plenty	많음, 충분함, 풍부함; 많은, 충분한, 풍부한; 충분히
11	fuse	융합되다, 녹이다; 퓨즈, 도화선
12	confuse	혼동하다, 혼란스럽게 하다
13	refuse	거부하다, 거절하다
14	refund	환불하다, 상환하다; 환불, 상환
15	flatter	아첨하다, 추켜세우다
16	inflation	인플레이션 (통화량 증가로 물가가 크게 상승하는 현상)
17	vacuum	진공 (상태); 진공의; 진공청소기로 청소하다
18	vacant	빈, 비어 있는, 사람이 없는
19	vague	희미한, 막연한, 애매한
20	vanish	사라지다, 없애다
21	avoid	피하다, 회피하다, 막다
22	press	누르다, 압력을 가하다; 압축 기계, 언론
23	express	(감정, 의견 등을) 표현하다, 나타내다; 명확한, 급행의
24	impress	깊은 인상을 주다, 감명을 주다
25	depress	우울하게 하다, 낙담하게 하다
26	compress	압축하다, 요약하다
27	cover	덮다, 가리다, 다루다, 포함하다; 덮개, 표지
28	discover	발견하다, 알아채다, 찾아내다
29	recover	회복하다, 되찾다
30	uncover	발견하다, 폭로하다

1	insert	끼워 넣다, 꽂다; 삽입(물)
2	assert	주장하다, 단언하다, 확고히 하다
3	exert	(힘, 권력을) 행사하다, 노력을 기울이다
4	series	연속(물), 연쇄, 시리즈
5	attach	붙이다, 첨부하다, 덧붙이다
6	detach	분리하다, 파견하다
7	attack	공격하다, 폭행하다; 공격, 폭행
8	stake	말뚝, 이해관계, 지분
9	contact	접촉하다, 연락하다; 접촉, 연락
10	tactic	배열의, 전술적인; 전술, 전략
11	intact	온전한, 손상되지 않은
12	tag	꼬리표, 가격표; 꼬리표를 붙이다
13	contagious	전염성 있는, 전염병에 걸린
14	integrate	통합되다, 통합하다
15	tangible	만질 수 있는, 실체가 있는, 명백한
16	attain	도달하다, 이루다, 달성하다
17	entire	전체의, 완전한
18	bandage	붕대; 붕대를 감다
19	bind	묶다, 제본하다, 결박하다
20	bond	(끈, 띠 등) 묶는 것, 유대, 인연, 속박, 접착제; 유대감을 형성하다, 접착하다
21	bundle	묶음, 다발, 꾸러미
22	depend	의존하다, 의지하다, (~에) 달려 있다
23	independent	독립된, 독립적인
24	suspend	매달다, (잠시) 중단하다, 정학시키다
25	expend	(시간, 노력, 돈 등을) 들이다, 소비하다
26	compensate	보상하다, 보완하다, 보충하다
27	pension	연금, 수당, 보조금
28	dispense	분배하다, 내놓다
29	ponder	깊이 생각하다, 숙고하다

1	part	부분, 일부; 가르다, 갈라지다
2	partial	부분적인, 편파적인, 불완전한
3	particle	아주 작은 조각, 입자
4	particular	특정한, 특별한
5	participate	참가하다, 참여하다
6	apart	떨어진, 별개의; 떨어져, 따로
7	parcel	꾸러미, 소포
8	portion	부분, 일부, 몫; 분할하다
9	proportion	비(율), 비례, 부분
10	private	개인의, 사적인, 사립의
11	deprive	빼앗다, 박탈하다
12	distribute	나눠주다, 분배하다, 배포하다
13	contribute	기여하다, 공헌하다
14	attribute	~의 탓으로 돌리다, ~의 덕분으로 돌리다; 속성, 자질
15	insect	곤충, 벌레
16	section	(잘라낸) 부분, 구역; 구분하다
17	intersection	교차(로), 횡단
18	sector	부문, 분야, 구역
19	segment	조각, 부분; 분할하다
20	detail	세부 목록, 세부 사항; 상세히 열거하다
21	entail	(결과를) 수반하다, 일으키다
22	retail	소매(업), 소매상; 소매의, 소매상의; 소매하다
23	tailor	재단사; (양복을) 짓다; (목적, 사람 등에) 맞추다
24	break	깨다, 부수다, (법을) 어기다; 휴식 (시간), 휴가
25	breakdown	고장, 분해
26	breakthrough	돌파(구), 큰 발전
27	brick	벽돌; 벽돌로 지은
28	fragile	부서지기 쉬운, 연약한
29	fragment	(부서진) 파편, 조각; 산산이 부수다, 해체하다
30	fraction	부분, 일부, 분수
31	fracture	골절, 균열; 골절이 되다, 부서지다

1	equal	같은, 동일한, 동등한; ~과 같다
2	equilibrium	평형, 균형 (상태), 평정
3	adequate	알맞은, 적절한, 충분한
4	equation	방정식, 등식, 동일시
5	equivalent	동등한, 같은 양의; 동등한 것, 등가물
6	identify	(신원 등을) 확인하다, 식별하다, 동일시하다
7	identity	신원, 정체(성), 동일함
8	compare	비교하다, 비교가 되다
9	peer	또래, 동료, 동등한 사람
10	apparent	분명히 보이는, 명백한, 겉보기의
11	appear	나타나다, 나오다, 생기다, ~인 것 같다
12	prepare	준비하다, 마련하다
13	repair	수리하다, 회복하다; 수리
14	emperor	황제
15	similar	비슷한, 유사한
16	assimilate	동화하다, (완전히) 이해하다
17	simulate	흉내 내다, 모의실험을 하다, 시뮬레이션하다
18	simultaneous	동시의, 동시에 일어나는
19	resemble	닮다, 비슷하다
20	assemble	모으다, 모이다, 조립하다
21	seemingly	겉으로 보기에, 보아하니
22	alter	바꾸다, 변경하다, 달라지다
23	alternate	번갈아 하다, 교대시키다; 번갈아 하는, 교대의; 교대자
24	altruism	이타심, 이타주의
25	allergy	알레르기
26	alien	외국의, 외래의, 외계의; 외국인, 외계인
27	alienate	소외시키다, 멀리하다
28	otherwise	그렇지 않으면, 그 외에는, 달리

1	just	공정한, 올바른; 방금, 단지, 꼭
2	adjust	맞추다, 적응하다, 조정하다
3	justify	정당화하다, 정당하다고 주장하다
4	justice	정의, 정당성, 공정(성)
5	judge	판사, 심판, 심사위원; 판결하다, 심사하다
6	prejudice	편견, 선입관; 편견을 갖게 하다
7	injure	상처를 입히다, 해치다, 손상시키다
8	false	잘못된, 틀린, 가짜의
9	failure	실패, 실수, 고장
10	fallacy	그릇된 생각, 착오
11	fault	잘못, 결함, 결점; 잘못을 저지르다, ~의 흠을 찾다
12	verdict	판결, 평결, 판단
13	verify	증명하다, 입증하다
14	negative	부정적인, 반대의, 소극적인
15	neglect	무시하다, 등한시하다, 간과하다; 방치, 소홀
16	negligence	태만, 부주의
17	negotiate	협상하다, 교섭하다
18	necessary	필요한, 필수적인; (복수형으로) 필수품
19	neutral	중립적인, 중립(국)의; 중립국, 중립
20	deny	부정하다, 부인하다, 거부하다
21	certain	확실한, 확신하는, 어떤
22	certificate	증명(서), 면허증; 증명서를 주다
23	firm	확실한, 확고한, 단단한; 회사
24	confirm	(사실임을) 확인하다, 더 분명히 해주다
25	affirm	단언하다, 확언하다, 주장하다
26	clarity	명확성, 깨끗함
27	clarify	명확하게 하다, 정화하다
28	declare	선언하다, 공표하다, (세관에) 신고하다

1	apt	적합한, 적당한, ~하기 쉬운
2	adapt	조정하다, 적응하다, 개조하다
3	attitude	태도, 마음가짐, 자세
4	satisfy	만족시키다, 충족시키다
5	dissatisfy	불만을 갖게 하다, 실망시키다
6	satiety	포만(감), 싫증 남
7	philosophy	철학
8	sophisticated	세련된, 교양 있는, 정교한
9	value	가치 있게 여기다, 평가하다; 가치
10	evaluate	평가하다, (가치를) 감정하다
11	valid	유효한, 타당한
12	ambivalent	양면적인, 모순된 감정을 가진
13	valor	용기, 용맹
14	available	이용할 수 있는, 여유가 있는
15	prevail	우세하다, 압도하다, 만연하다
16	during	~하는 동안, ~ 중에
17	duration	지속 (기간)
18	endure	견디다, 참다, 지속하다
19	durable	오래가는, 튼튼한, 내구성이 있는
20	novel	(장편) 소설; 새로운, 신기한
21	innovate	혁신하다, 새로 시작하다
22	renovate	개조하다, 보수하다
23	renew	갱신하다, 다시 시작하다
24	sacrifice	희생(물), 제물; 희생하다, 제물을 바치다
25	sacred	신성한, 성스러운, 종교적인
26	saint	성인, 성자

1	thermometer	온도계, 체온계
2	symmetry	대칭, 균형
3	immense	거대한, 엄청난, 막대한
4	dimension	차원, 측면, 치수
5	measure	단위, 기준, 조치, 대책; 측정하다
6	modern	현대의, 근대의
7	accommodate	수용하다, 공간을 제공하다, 적응시키다
8	modest	적당한, 겸손한, 보통의
9	moderate	보통의, 중간의, 적당한
10	commodity	상품, 원자재, 유용한 것
11	modify	변경하다, 변형하다, 수정하다
12	mold	틀, 거푸집; 거푸집을 만들다, 본뜨다
13	estimate	평가하다, 추정하다, 견적을 내다; 평가, 추정(치), 견적
14	overestimate	과대평가하다
15	esteem	존경하다; 존경
16	count	계산하다, (수를) 세다, 의지하다, 중요하다; 계산
17	discount	할인(액); 할인하다, 무시하다
18	account	계좌, 회계, 설명; 설명하다, 간주하다
19	countless	셀 수 없이 많은, 무수한
20	appreciate	감상하다, 높이 평가하다, 감사하다
21	precious	귀중한, 값비싼
22	priceless	값을 매길 수 없는, 아주 귀중한
23	praise	칭찬하다; 칭찬
24	tempo	속도, 빠르기, 박자
25	temporal	시간의, 현세의, 특정 시기의
26	temporary	일시적인, 임시의
27	contemporary	동시대의, 현대의, 당대의
28	annual	해마다의, 연례의, 1년의
29	anniversary	(1년마다 돌아오는) 기념일; 기념일의

1	order	순서, 질서, 명령, 주문(품); 명령하다, 주문하다
2	ordinary	평상시의, 일상적인, 보통의, 평범한
3	subordinate	종속된, 하급의, 부수적인; 하급자, 부하 (직원); ~의 아래에 두다, 종속시키다
4	coordinate	조정하다, 조화시키다; 동등한 것/사람
5	numeral	숫자; 수의, 수를 나타내는
6	numerous	수많은, 다수의
7	prime	주된, 주요한, 최고 (등급)의; 전성기
8	primary	첫 번째의, 최초의, 1위의, 근본적인
9	primitive	원시의, 원시적인
10	principle	원리, 원칙, 신조
11	principal	주된, 주요한; (단체의) 장, 우두머리, 교장/학장
12	prior	이전의, 우선하는, 사전의
13	origin	기원, 근원, 유래, 출처
14	aboriginal	(호주) 원주민의, 토착의
15	orient	(the Orient로 써서) 동양; (~ 방향으로) 맞추게 하다, 적응시키다
16	abort	중단하다, 유산하다, 낙태하다
17	fine	좋은, 건강한, 미세한; 잘, 괜찮게; 벌금; 벌금을 부과하다
18	refine	정제하다, 불순물을 제거하다, 세련되다
19	final	마지막의, 최종적인, 결정적인; 결승전, 기말시험
20	infinite	무한한, 막대한; 무한한 것
21	finance	자금, 재정, 재무; 자금을 조달하다
22	define	정의를 내리다, 한정하다
23	confine	제한하다, 한정하다, 가두다
24	term	기간, 학기, 조건, 용어
25	determine	결정하다, 확정하다, 알아내다
26	terminal	종착역, 터미널; 끝의, 종점의, (병 등이) 말기의
27	terminate	끝내다, 종결하다, 경계를 짓다
28	limit	한정하다, 제한하다; 한계, 한도
29	eliminate	제거하다, 삭제하다, 탈락시키다
30	preliminary	예비의, 준비의; 사전 준비, 예비 시험, 예선 경기

1	nature	자연, 본성
2	nation	국가, 국민, 민족
3	native	태어난 곳의, 토종의; 현지인
4	natal	태어난 (고향의), 출생의
5	innate	타고난, 선천적인, 고유의
6	naive	순진해 빠진, 경험이 없는
7	kin	친척, 친족; 친족인
8	kindergarten	유치원, 유아원
9	kidnap	유괴, 납치; 유괴하다, 납치하다
10	gene	유전자
11	genetic	유전(학)의, 유전자의
12	gender	성, 성별
13	genius	천재(성), 특별한 재능
14	genuine	진짜의, 진품의, 진심인
15	gentle	온화한, 완만한, 부드러운
16	oxygen	산소
17	genre	종류, 유형, (예술 작품의) 장르
18	homogeneous	동종의, 동질적인
19	general	일반적인, 전반적인, 장군의; 장군
20	generous	관대한, 너그러운, 후한
21	degenerate	퇴화하다, 퇴보하다, 타락하다
22	generate	발생시키다, 일으키다
23	pregnant	임신한, 충만한
24	decrease	줄다, 줄이다, 하락하다, 감소시키다; 하락, 감소
25	increase	증가하다, 늘리다, 인상하다; 증가, 인상
26	create	만들어 내다, 창조하다
27	recreate	재현하다, 기분 전환하다
28	concrete	확실한, 구체적인, 콘크리트로 된; 구체성, 콘크리트; 구체화하다, 굳어지다
29	recruit	(신입사원, 신병 등을) 모집하다, 채용하다; 신입사원, 신병

1	survive	살아남다, 생존하다
2	revive	활기를 되찾다, 되살리다
3	vivid	생생한, 선명한, 생기 있는
4	vital	생명의, 필수적인
5	essence	본질, 정수, 에센스
6	interest	관심, 흥미, 이해관계, 이자; 관심을 갖게 하다, 흥미를 갖게 하다
7	present	존재하는, 참석한, 현재의; 선물, 현재; 주다, 제시하다
8	represent	대표하다, 대변하다, 표현하다
9	absent	결석한, 결근한; 결석하다, 결근하다
10	inspire	영감을 주다, 격려하다
11	expire	만기가 되다, (숨을) 내쉬다
12	spirit	영혼, 정신
13	aspire	열망하다, 염원하다, 포부를 가지다
14	respire	호흡하다, 숨 쉬다
15	medical	의료의, 의학의
16	medicine	의학, 약, 의료
17	remedy	치료(약), 해결(책); 치료하다, 고치다
18	organ	(신체) 기관, 장기, (특정 단체 등) 기관
19	organize	체계화하다, 조직하다, 준비하다
20	organism	생물, 유기체
21	microorganism	(세균 등) 미생물
22	surgeon	외과 의사
23	energy	에너지, 활기, 기운
24	accord	일치하다, 조화하다; 합의, 일치
25	discord	일치하지 않다, 불화하다; 불일치, 불화, 불협화음
26	courage	용기, 담력
27	encourage	격려하다, 용기를 북돋우다
28	discourage	좌절시키다, 말리다, 단념시키다
29	core	핵심, 주요부; 핵심의, 중심적인

1	corps	부대, 군단
2	corpse	시신, 시체
3	corporate	기업의, 법인의, 단체의
4	incorporate	통합하다, 포함하다, 법인으로 만들다; 결합한, 법인의
5	physical	신체적인, 물리적인, 자연의
6	physics	물리학
7	physiology	생리학, 생리 (기능)
8	capital	(국가의) 수도, 대문자, 자본; 주요한, 대문자의
9	escape	탈출하다, 빠져나오다; 탈출, 도피
10	precipitation	강수(량), 강우(량)
11	chef	주방장, 요리사
12	chief	(조직, 집단의) 장, 추장, 족장; 주된, 최고위의
13	achieve	달성하다, 이루다, 성취하다
14	manual	손의, 손으로 하는, 수동의; 설명서, 소책자
15	manufacture	생산, 제조, 제작; 생산하다, 제조하다, 제작하다
16	manuscript	원고, 손으로 쓴 것, 필사본
17	manage	관리하다, 경영/운영하다, (힘든 일을) 해내다
18	maneuver	작전, 조작, 연습; 작전 행동을 취하다, 연습하다
19	manipulate	(교묘하게) 다루다, 조작하다, 조종하다
20	manifest	명백한, 분명한; 나타내다, 분명해지다
21	maintain	유지하다, 지속하다, 주장하다
22	pedal	페달, 발로 밟는 건반; 페달을 밟다; 발의, 페달 방식의
23	pedestrian	보행자; 도보의, 보행의
24	expedition	탐험(대), 원정(대)
25	nerve	신경, 긴장, 불안
26	nervous	신경이 과민한, 신경성의, 불안한
27	neural	신경의, 신경계의

1	illuminate	(불을) 밝히다, 밝게 하다, 명백히 하다
2	illustrate	설명하다, 삽화를 넣다
3	lunar	달의, 음력의
4	astronaut	우주 비행사
5	astronomy	천문학
6	disastrous	재난을 일으키는, 비참한
7	astrology	점성술, 점성학
8	consider	고려하다, 숙고하다, 간주하다
9	terrain	지형, 지역, 지세
10	Mediterranean	지중해의, 지중해 연안의
11	territory	영역, 영토, 지역
12	terrestrial	육지의, 지상의, 지구의
13	terrace	테라스, 작은 발코니
14	humanity	인류, 인간(성), 인간애
15	humid	습한, 습기가 있는
16	humble	겸손한, 변변찮은; 겸손하게 만들다, (자존심 따위를) 낮추다
17	humility	겸손, 겸손한 행동
18	humiliate	굴욕감을 주다, 창피하게 하다
19	insulate	단열 처리를 하다, 방음 처리를 하다
20	peninsula	반도
21	isolate	격리하다, 고립시키다
22	aquatic	물의, 물속의, 수상의
23	aquarium	수족관
24	aquaculture	(어류 등의) 양식, 수경 재배
25	florist	꽃집 (주인/직원), 화초 재배자
26	flour	(고운) 가루, 밀가루
27	flourish	번성하다, 잘 자라다
28	radical	근본적인, 기초적인, 급진적인; 급진주의자
29	eradicate	근절하다, 뿌리 뽑다

1	actual	실제의, 현실의
2	active	활동적인, 적극적인
3	activate	작동시키다, 활성화하다
4	react	반응하다, 반응을 보이다
5	exact	정확한, 정밀한
6	enact	(법을) 제정하다, (연극 등을) 상연하다
7	agent	대리인, 중개상, (특정 기관의) 요원/직원
8	compete	경쟁하다, 겨루다, (경기에) 참가하다
9	competent	유능한, 능숙한
10	appetite	식욕, 욕구
11	petition	탄원, 청원(서); 탄원하다, 청원하다
12	repeat	반복하다, 되풀이하다
13	acquire	얻다, 습득하다, 획득하다
14	require	요구하다, 필요로 하다
15	inquire	묻다, 질문하다, 알아보다
16	conquer	정복하다, 극복하다, 이기다
17	quest	탐구, 추구, 탐색; 탐구하다, 탐색하다
18	request	요청하다, 요구하다; 요청, 요구
19	exquisite	매우 아름다운, 정교한
20	experience	경험, 경력; 경험하다, 겪다
21	experiment	실험, 시험; 실험하다, 시험하다
22	expert	전문가, 달인; 전문가인, 숙련된
23	tempt	유혹하다, 부추기다, 설득하다
24	attempt	시도하다, 꾀하다; 시도, 노력
25	probe	조사, 탐사; 검사하다, (진상을) 규명하다
26	probable	그럴듯한, (어떤 일이) 있음 직한
27	prove	증명하다, 입증하다, 판명되다
28	approve	찬성하다, 승인하다

1	capable	능력이 있는, 유능한
2	capture	포획(물); 포획하다, 캡처하다
3	accept	받아들이다, 인정하다
4	concept	개념, 관념
5	misconception	오해, 잘못된 생각
6	except	~을 제외하고, ~ 외에는; 제외하다
7	deceive	속이다, 기만하다, 사기 치다
8	receive	받다, 받아들이다, 수용하다
9	perceive	인지하다, 감지하다, 이해하다
10	occupy	차지하다, 점령하다, 점거하다
11	consume	소비하다, 먹다, 소모하다
12	assume	추정하다, 맡다, (책임을) 지다
13	presume	추정하다, 간주하다
14	resume	다시 시작하다, 다시 차지하다
15	exemplify	예를 들다, ~의 좋은 예가 되다
16	habit	버릇, 습관
17	habitat	서식지, 거주지
18	inhabit	살다, 거주하다, 서식하다
19	behave	(예의 바르게) 행동하다, 처신하다
20	exhibit	전시하다, 진열하다; 전시회, 전시품
21	inhibit	억제하다, 제지하다, 금하다
22	prohibit	(법 등으로) 금지하다, 방해하다
23	contain	담고 있다, 포함하다
24	obtain	얻다, 획득하다, 달성하다
25	sustain	지속시키다, 계속 살아가게 하다
26	entertain	즐겁게 하다, 대접하다
27	retain	유지하다, 보유하다, 함유하다
28	content	내용(물), 목차; 만족시키다
29	tenant	세입자, 소작인
30	continue	계속하다, 계속되다
31	continent	대륙, 본토

1	stand	서다, 세우다, 견디다; 가판(대), 태도
2	standard	기준, 표준 단위; 표준의
3	state	상태, 국가, 주; 국가의, 주의; 진술하다
4	statistics	통계(학), 통계 자료
5	stage	무대, 단계; (연극 등을) 상연하다
6	status	지위, 신분, 상황
7	stance	입장, 태도, 자세
8	instance	예, 사례; 예로 들다
9	substance	물질, 실체
10	constant	지속적인, 끊임없는
11	instant	즉각적인, 즉석의; 순간, 인스턴트 식품
12	stable	안정적인, 안정된
13	establish	설립하다, 수립하다, 확립하다
14	stall	외양간, 가판대; 멎다, 멎게 하다
15	install	설치하다, (소프트웨어 등을) 깔다
16	static	고정적인, 정지 상태의
17	statue	조각상
18	estate	사유지, 부동산, 재산
19	stationery	문방구, 문구류
20	stationary	움직이지 않는, 고정된
21	system	체계, 제도, 체제
22	cost	값, 비용; (비용이) 들다
23	rest	쉬다, 기대다; 휴식, 나머지
24	steady	꾸준한, 변함없는, 안정된
25	destiny	운명, 숙명
26	constitute	구성하다, 설립하다
27	institute	세우다, 도입하다; 협회, 연구소
28	substitute	대신하다, 대체하다; 대신하는 사람/사물
29	exist	존재하다, 실재하다
30	consist	이루어져 있다, 내재하다
31	insist	주장하다, 고집하다
32	resist	저항하다, 방해하다, 견뎌내다
33	assist	돕다, 원조하다; 도움, 조력

1	president	대통령, 회장, 의장
2	reside	살다, 거주하다
3	subside	가라앉다, 진정되다, 주저앉다
4	settle	정착하다, (논쟁 등을) 끝내다
5	session	(특정 활동을 위한) 기간/시간, 수업
6	assess	평가하다, 가늠하다, 재다
7	obsess	(마음을) 사로잡다, ~에 집착하게 하다
8	close	닫다, 닫히다, 폐쇄하다; 끝; 가까운, 친밀한; 가까이
9	disclose	드러내다, 밝히다, 폭로하다
10	enclose	둘러싸다, 에워싸다, 동봉하다
11	closet	벽장
12	include	포함하다, 포함시키다
13	conclude	결론을 내다, 끝내다
14	exclude	제외하다, 배제하다, 차단하다
15	use	사용하다, 쓰다; 사용, 이용, 용도
16	usual	평상시의, 보통의
17	abuse	남용하다, 오용하다, 학대하다; 남용, 오용, 학대
18	misuse	오용하다, 남용하다, 악용하다; 오용, 남용, 악용
19	utility	설비, 유용함, 공익 설비/사업; 실용적인, 다용도의
20	utensil	도구, 기구
21	dilute	희석하다, 묽어지다; 희석한, 묽은
22	laundry	세탁(물), 세탁소
23	company	회사, 일행
24	accompany	동반하다, 동행하다
25	companion	친구, 동반자
26	paste	반죽, 풀; 풀칠하다
27	cell	독방, 세포, (작은) 칸
28	cellular	세포의, 휴대 전화의

1	mental	정신의, 정신적인
2	mention	언급; 언급하다
3	comment	논평, 언급; 논평하다, 견해를 밝히다
4	remind	상기시키다, 생각나게 하다
5	monument	기념비, 기념물
6	monitor	감시 요원, 화면; 감시하다, 상태를 확인하다
7	summon	소환하다, 호출하다
8	memory	기억(력), 추억
9	commemorate	기념하다, 기념식을 거행하다
10	reputation	명성, 평판
11	dispute	분쟁, 논란; 분쟁을 벌이다, 다투다
12	compute	계산하다, 산출하다
13	rate	평가하다, 등급을 매기다; 비(율), 속도, 요금
14	ratio	(~에 대한) 비, 비율
15	rational	합리적인, 이성적인, 추론의
16	irrational	비이성적인, 불합리한
17	reason	이유, 근거, 이성; 추론하다, 판단하다
18	cause	원인, 이유; 야기하다, 초래하다
19	accuse	고발하다, 기소하다, 비난하다
20	excuse	변명하다, 용서하다, 면제하다; 변명, 사과
21	credit	신뢰, 신용 (거래); 믿다, 신용하다
22	credible	믿을 수 있는, 신용할 만한
23	incredible	놀라운, 대단한, 믿어지지 않는
24	confident	자신 있는, 확신하는
25	federal	연방제의, 연방 정부의, 연합의
26	faith	믿음, 신뢰, 신앙
27	defy	저항하다, 반항하다

1	recognize	알아보다, 인정하다, 인식하다
2	cognitive	인식의, 인지의
3	ignore	무시하다, 못 본 척하다; 무시
4	diagnose	(질병, 문제의 원인 등을) 진단하다
5	noble	고귀한, 귀족의; 귀족
6	acknowledge	인정하다, 사례하다
7	acquaint	알게 하다, 익히다, 숙지하다
8	conscious	의식하는, 의식이 있는, 자각하는
9	unconscious	의식이 없는, 의식하지 못하는
10	subconscious	잠재의식의
11	science	과학, ~학
12	conscience	양심, 선악에 대한 판단력
13	notice	알아채다, 통지하다; 알아챔, 통지
14	notion	개념, 관념
15	notify	알리다, 통지하다
16	notation	표기법, 기호
17	notable	유명한, 눈에 띄는; 유명한 인물
18	sense	느끼다, 감지하다; 느낌, 감각
19	sensible	분별력 있는, 느낄 수 있는
20	sensation	큰 감흥을 주는 사건, 느낌/감각
21	nonsense	터무니없는 생각, 허튼 소리
22	consensus	의견의 일치, 합의, 여론
23	sentence	문장, (판결의) 선고; 선고하다
24	sentiment	감정, 감상, 정서
25	resent	분개하다, 억울하게 여기다
26	dissent	반대하다; 반대, 반대 의견
27	consent	동의하다, 찬성하다; 동의, 찬성
28	scent	향(기), 냄새; 향기가 나다

1	pathetic	불쌍한, 무기력한
2	sympathy	동정, 연민
3	empathy	공감, 감정이입
4	patient	환자; 인내심 있는, 참을성 있는
5	passion	열정, 격정
6	compassion	연민, 동정심
7	passive	수동적인, 소극적인
8	penalty	처벌, 벌칙
9	punish	벌하다, 처벌하다
10	pain	고통, 통증; 고통스럽게 하다
11	terror	두려움, 두려운 대상
12	terrify	두려워하게 하다, 무섭게 하다
13	deterrent	제지시키는, 방해하는; 방해물
14	tremble	떨다, 흔들리다; 떨림, 전율
15	tremendous	엄청난, 막대한
16	please	기쁘게 하다, 즐겁게 하다
17	displease	불만스럽게 하다, 불쾌하게 만들다
18	plead	간청하다, 탄원하다
19	grateful	감사하는, 고마워하는
20	gratitude	감사, 고마움
21	gratify	기쁘게 하다, 만족시키다
22	congratulate	축하하다, 기뻐하다
23	grace	우아함, 품위, (신의) 은총
24	agree	동의하다, 합의가 되다
25	prosper	번영하다, 번창하다
26	desperate	절망적인, 자포자기한, 필사적인
27	despair	절망; 절망하다, 체념하다

1	catalog(ue)	(물품, 도서 등의) 목록, 카탈로그; 목록을 작성하다
2	logic	논리, 타당성
3	monolog(ue)	독백, (혼자서 하는) 긴 이야기
4	technology	(과학) 기술, 공학
5	psychology	심리학, 심리 (상태)
6	apology	사과, 사죄
7	ideology	사상, 이념, 관념
8	analogy	비유, 유사(함), 유추
9	anthropology	인류학
10	ecology	생태학, 생태(계)
11	linguist	언어학자, 언어에 능통한 사람
12	monolingual	단일 언어를 사용하는
13	language	언어, 말
14	dictate	지시하다, 받아쓰게 하다; 명령, 지시
15	contradict	반박하다, 모순되다, 부정하다
16	addict	중독되게 하다, (~에) 빠지게 하다; 중독자
17	indicate	보여주다, 나타내다, 가리키다
18	dedicate	바치다, 헌신하다, 전념하다
19	index	색인, 지표; 색인을 달다
20	fame	명성, 명망
21	infant	유아; 유아용의, 초기의
22	fate	운명, 숙명
23	fable	우화, (꾸며낸) 이야기
24	profess	공언하다, 주장하다
25	prophecy	예언(서), 예언 능력
26	announce	발표하다, 알리다, 선언하다
27	pronounce	선언하다, 발음하다

1	cite	인용하다, (예나 이유를) 들다
2	excite	흥분시키다, 자극하다
3	recite	암송하다, 낭독하다
4	vocabulary	어휘, 용어
5	advocate	지지자, 변호사, 대변자; 지지하다, 옹호하다
6	vocation	천직, 직업, 사명감
7	vocal	목소리의, 노래의, 발성의; 가창, 보컬
8	evoke	일깨우다, 환기시키다
9	provoke	(반응을) 유발하다, 화나게 하다
10	invoke	빌다, 기원하다
11	vowel	모음; 모음의
12	claim	주장하다, 요구하다; 주장, 요구
13	exclaim	외치다, 소리치다
14	proclaim	선언하다, 분명히 나타내다
15	acclaim	환호하다, 호평하다; 환호, 호평
16	council	의회, 위원회
17	audience	청중, 관중, 시청자, 독자
18	audition	(가수, 배우 등의) 오디션; 오디션을 하다
19	auditory	귀의, 청각의
20	auditorium	강당, 관객석
21	tone	어조/음조/색조, 분위기, 신호음
22	intonation	억양
23	tune	곡(조), 선율; 조율하다, (채널 등을) 맞추다
24	melody	곡, 노래, 멜로디
25	tragedy	비극 (작품), 비극적 사건
26	applaud	박수를 치다, 갈채를 보내다
27	explode	터지다, 터뜨리다, 폭발하다

1	describe	서술하다, 묘사하다
2	subscribe	가입하다, 구독하다
3	prescribe	(약, 치료법을) 처방하다, 규정하다
4	script	대본, 원고; 대본을 쓰다
5	autograph	서명, 사인; 서명하다
6	biography	전기, 일대기
7	autobiography	자서전
8	photograph	사진; 사진을 찍다
9	topography	지형(도), 지형학
10	paragraph	단락, 절
11	program	프로그램, 계획(표); 프로그램을 짜다
12	diagram	도표, 도식, 도형
13	lecture	강의, 강연; 강의하다, 강연하다
14	dialect	사투리, 방언
15	collect	모으다, 수집하다
16	recollect	기억해 내다, 생각해 내다
17	elect	(선거로) 선출하다, 선택하다
18	intellect	지성, 지적 능력, 지식인
19	legend	전설, 전설적 인물
20	elegant	품위 있는, 우아한, 고상한
21	diligent	근면한, 성실한
22	literature	문학, 문예
23	literal	문자 그대로의, 문자의, 문자로 된
24	literate	글을 읽고 쓸 줄 아는; 글을 아는 사람, 학자
25	sign	표지판, 기호, 조짐; 신호를 보내다, 서명하다
26	signal	신호; 신호를 보내다
27	significant	중요한, 의미 있는, 상당한
28	assign	배정하다, (일을) 맡기다
29	designate	지정하다, 지명하다; 지정된, 지명된
30	resign	사임하다, 사직하다, 그만두다
31	seal	밀봉하다, 봉인하다; 밀봉된 부분, 직인, 인장

1	special	특별한; 특별한 것, 특별 상품/방송
2	specialize	특수화하다, 전문으로 하다
3	specific	구체적인, 특정한, 분명한
4	species	(분류상의) 종, 종류
5	expect	예상하다, 기대하다
6	spectator	관중, 구경꾼
7	suspect	의심하다; 용의자; 의심스러운
8	spectacular	장관인, 호화로운; 화려한 공연
9	spectrum	범위, 영역, 빛의 띠
10	inspect	검사하다, 점검하다
11	suspicion	의심, 혐의, 의혹
12	vision	시력, 시야, 환상, 통찰력
13	advise	조언하다, 충고하다, 권고하다
14	revise	수정하다, 변경하다
15	improvise	즉흥적으로 하다/만들다, 임시로 마련하다
16	supervise	관리하다, 감독하다, 통제하다
17	provide	제공하다, 공급하다
18	evident	분명한, 명백한
19	view	견해, 관점; 생각하다
20	review	검토, 복습; 검토하다, 복습하다
21	envy	부러워하다; 부러움, 선망의 대상
22	survey	(설문) 조사; (설문) 조사하다
23	witness	목격자, 증인; 목격하다, 증언하다
24	optical	눈의, 시각의
25	option	선택(권), 옵션
26	adopt	채택하다, 입양하다, 취하다
27	opinion	의견, 견해
28	phase	단계, 국면, 모습
29	emphasize	강조하다, 두드러지게 하다
30	phenomenon	현상, (경이로운) 사건

1	popular	인기 있는, 대중적인, 일반적인
2	populate	거주하다, 거주시키다, 살다
3	overpopulation	인구 과잉
4	public	대중의, 공공의; 대중
5	republic	공화국, 공화제 국가
6	publish	출판하다, 발행하다
7	civil	시민의, 민간의
8	civilize	문명화하다, 개화하다
9	civic	(도)시의, 시민의
10	citizen	시민, 도시인, 국민
11	society	사회, 집단, 사교계
12	social	사회의, 사회적인, 사교의
13	antisocial	반사회적인, 비사교적인
14	associate	연관 짓다, 연상하다; 동료; 연합한, 동료의
15	sociology	사회학
16	amateur	아마추어, 비전문가; 아마추어의
17	enemy	적, 적군
18	host	주최자, 진행자, 주인; 주최하다, 진행하다
19	hospitality	환대, 후한 대접
20	hospitalize	입원시키다, 병원 치료를 하다
21	hostile	적대적인, 거부하는
22	hostage	인질, 볼모
23	patron	후원자, 보호자, 단골 고객
24	patriot	애국자, 애국지사
25	pattern	양식, 패턴, 무늬, 견본; 패턴을 만들다, 무늬를 넣다, 본을 뜨다

1	render	(대가로) 주다, 표현하다, 제시하다
2	addition	추가(물), 덧셈
3	tradition	전통, 관례
4	edit	편집하다, 교정하다
5	rent	빌리다, 임대하다; 임대료, 집세
6	donate	기부하다, 기증하다
7	donor	기증자, 기부자
8	anecdote	개인적 이야기, 일화
9	dose	(약물) 복용량, 투여량
10	mutual	상호 간의, 서로의, 공동의
11	mutation	돌연변이, 변화, 변천
12	commute	통근하다, 통학하다, 교환하다; 통근 (거리), 통학
13	commerce	상업, 무역, 교역
14	merchant	상인; 상업용의, 무역의
15	merchandise	장사하다, 매매하다; 상품, 제품
16	mercy	자비(심), 다행한 일
17	marketplace	시장, 장터
18	damage	손상, 피해; 손상을 주다, 피해를 입히다
19	condemn	비난하다, 나무라다
20	heredity	유전, 유전적 특징, 세습, 상속
21	heritage	유산, 상속 재산
22	inherit	상속받다, 물려받다
23	heir	상속인, 후계자
24	debt	빚, 부채
25	due	~ 때문인, ~으로 인한, 예정된; 마땅히 받을 것
26	duty	의무, 임무, 직무

1	protagonist	(연극, 이야기 등의) 주인공
2	agony	심한 고통, 괴로움
3	victory	승리, 정복
4	convict	유죄 판결하다, 유죄를 입증하다; (유죄가 입증된) 죄인, 죄수
5	convince	납득시키다, 확신시키다, 설득하다
6	province	지방, (행정 구역상의) 주/도
7	avenge	복수하다, 앙갚음하다
8	revenge	복수, 보복, 설욕
9	pesticide	농약, 살충제
10	decide	결정하다, 결심하다
11	precise	정확한, 정밀한
12	batter	강타하다, 때려 부수다; (야구에서) 타자
13	debate	토론, 논쟁; 토론하다, 논쟁하다
14	battle	전투, 싸움; 싸우다, 투쟁하다
15	combat	싸움, 전투; 싸우다, 전투를 벌이다
16	conflict	갈등, 충돌; 충돌하다, 다투다
17	afflict	괴롭히다, 들볶다
18	inflict	(피해, 상처 등을) 입히다, 괴롭히다
19	defend	방어하다, 수비하다
20	offend	기분을 상하게 하다, 위반하다
21	fence	울타리, 장애물; 울타리를 치다
22	sting	찌르다, (벌 등이) 쏘다; 침, 쏘인 상처
23	instinct	본능, 직감, 타고난 재능
24	distinct	뚜렷한, 구별되는, 별개의
25	extinct	멸종된, 사라진, (불이) 꺼진
26	stimulate	자극하다, 활성화하다, 고무하다

1	bar	막대, 장애물, 바; 빗장을 지르다, 방해하다
2	embarrass	당황하게 하다, 곤란하게 하다
3	barn	외양간, 헛간
4	barrier	장벽, 장애물
5	barrel	(가운데가 불룩한) 통
6	disturb	방해하다, 어지럽히다
7	trouble	곤란, 골칫거리, 문제
8	interrupt	방해하다, 중단시키다
9	disrupt	붕괴시키다, 분열시키다
10	erupt	분출하다, 터지다, 폭발하다
11	bankrupt	파산한; 파산시키다
12	route	길, 경로, 노선
13	routine	일상, 늘 하는 일, 틀에 박힌 일; 일상의, 틀에 박힌
14	comprehend	이해하다, 파악하다
15	surprise	놀라게 하다; 놀라운 일, 놀라운 소식
16	enterprise	기업, 모험적인 사업
17	prison	교도소, 감옥
18	imprison	가두다, 감금하다
19	comprise	구성되다, 포함하다
20	prey	먹이, 사냥감; 잡아먹다
21	proper	적절한, 제대로 된
22	property	재산, 소유물
23	appropriate	적절한, 알맞은; 도용하다, 책정하다
24	liberate	해방시키다, 자유롭게 하다
25	liberal	자유로운, 자유민주적인; 자유주의자
26	deliver	배달하다, (연설 등을) 하다, 출산하다
27	volunteer	자원봉사자; 자원 봉사하다, 자진하다
28	voluntary	자발적인, 자원봉사의
29	will	의지; ~할 것이다, ~일 것이다

1	cure	낫게 하다, 치료하다; 치료(법), 치료제
2	accurate	정확한, 정밀한
3	curious	궁금해하는, 호기심이 많은
4	occur	일어나다, 발생하다
5	recur	재발하다, 반복되다
6	excursion	소풍, 짧은 여행
7	current	현재의, 통용되는; 추세, 흐름, 해류/기류/전류
8	curriculum	교육 과정, 교과 과정
9	nutrient	영양소, 영양분
10	nutrition	영양, 영양물 (섭취)
11	nurture	양육, 양성; 양육하다
12	nurse	간호사, 유모; 간호하다, 돌보다
13	nourish	영양분을 공급하다, (생각 등을) 키우다
14	serve	(음식을) 차려 주다, 시중을 들다, 봉사하다
15	deserve	~을 받을 자격이 있다, 마땅히 ~할 만하다
16	reserve	예약하다, 따로 남겨두다; 예비, 보존
17	preserve	지키다, 보호하다, 저장하다
18	conserve	보존하다, 아끼다, 유지하다
19	dessert	디저트, 후식
20	regard	~으로 여기다, 간주하다; 관심, 고려
21	garment	의복, 옷
22	guard	보호하다, 지키다; 경호(원), 보호
23	guarantee	보증(서), 보장; 보장하다, (품질을) 보증하다
24	aware	의식하고 있는, 깨달은
25	beware	조심하다, 주의하다
26	ward	병동, 감독, 감시(인)
27	reward	보상하다, 사례하다; 보상(금), 현상금
28	award	수여하다; 상(금), 수여
29	warn	경고하다, 주의를 주다

1	temper	화, 성미, 기질; 누그러뜨리다
2	temperament	기질, 성질, 격한 성미
3	temperate	온화한, 적당한, 절제하는
4	temperature	온도, 기온, 체온
5	junction	교차로, 나들목, 연결 지점
6	joint	공동의, 합동의; 관절, 연결 부위
7	disjointed	연결이 안 되는, 흐트러진
8	adjoin	붙어 있다, 인접하다
9	religion	종교
10	oblige	의무적으로 ~하게 하다, 강요하다
11	league	연합, 연맹, (스포츠 경기의) 리그
12	rely	의지하다, 신뢰하다
13	ally	연합하다, 동맹을 맺다, 제휴하다; 연합국, 동맹국
14	rally	(대규모) 집회, 재결집; 다시 불러 모으다, 재결집하다
15	community	(지역) 사회, 공동체
16	communicate	의사소통하다, 연락을 주고받다
17	communal	공동의, 자치 단체의
18	immune	면제된, 면역의, 면역이 있는
19	municipal	자치 도시의, 시(립)의
20	common	공통의, 보통의, 흔한
21	vote	투표(권); 투표하다, 선출하다
22	devote	바치다, 헌신하다, 전념하다
23	vow	맹세하다, 서약하다; 맹세, 서약
24	respond	대답하다, 응답하다, 반응하다
25	correspond	일치하다, 부합하다, 상응하다
26	responsible	책임이 있는, 책임감 있는
27	sponsor	후원자, 스폰서; 후원하다, 주최하다
28	spouse	배우자

1	norm	규범, 기준, 표준
2	normal	정상적인, 보통의, 평범한; 정상, 보통
3	enormous	거대한, 막대한
4	legal	법(률)의, 법률에 관한, 합법적인
5	legislation	법률 (제정), 입법 행위
6	legitimate	정당한, 타당한, 합법적인
7	privilege	특권, 특별한 혜택; 특권을 주다
8	legacy	유산, 물려받은 것
9	delegate	(대리인을) 파견하다, (대표를) 뽑다; 대표, 대리인
10	colleague	(주로 직업상의) 동료
11	loyal	충실한, 성실한
12	contest	경쟁을 벌이다, 다투다; 대회, 시합, 경쟁
13	protest	항의하다, 반대하다; 항의, 시위
14	testify	증언하다, 진술하다
15	demand	요구 (사항), 수요; 요구하다, 필요로 하다
16	command	명령하다, 지시하다; 명령, 지휘
17	recommend	추천하다, 권고하다, 권장하다
18	mandate	명령하다, (정부에) 권한을 주다; (선거로 정부에 위임한) 권한
19	domestic	국내의, 자국의, 가정(용)의
20	dominate	장악하다, 지배하다, 우세하다
21	predominant	두드러진, 우세한, 지배적인
22	policy	정책, 방침
23	politics	정치, 정치학
24	cosmopolitan	세계적인, 국제적인
25	metropolis	대도시, 주요 도시, 중심지
26	urban	도시의, 도회지의
27	suburb	교외, 시외

1	tuition	수업료, 등록금
2	intuition	직관(력), 직감
3	tutor	개인 지도 교사, 가정교사; 가르치다, 개인 교습을 하다
4	direct	안내하다, 감독하다, ~로 향하다; 직접적인, 직행의
5	rectangular	직각의, 직사각형의
6	righteous	정의로운, 옳은, 당연한
7	rigid	엄격한, 뻣뻣한, 융통성 없는
8	regular	규칙적인, 정규의, 표준의
9	regulate	규제하다, 단속하다, 조절하다
10	region	지방, 지역, 부분
11	regime	정권, 제도, 체제
12	reign	통치 (기간); 군림하다, 지배하다
13	royal	왕의, 왕실의; 왕족
14	labor	노동, 근로; 노동을 하다, 애를 쓰다
15	collaborate	협력하다, 공동 작업하다
16	laboratory	실험실, 연구실
17	elaborate	정교한, 공들인; 자세히 설명하다, 정교하게 만들다
18	operate	작동하다, 운영하다, 수술하다
19	cooperate	협력하다, 협조하다
20	official	공식적인, 공무상의; 공무원
21	artistic	예술의, 예술적인
22	artwork	예술 작품, 삽화
23	artificial	인공의, 인조의, 인위적인
24	culture	문화, 재배
25	agriculture	농업
26	cultivate	경작하다, 재배하다, 기르다
27	colony	식민지, 집단 거주지, (동·식물의) 군집
28	text	글, 문서; 문자를 보내다
29	context	맥락, 문맥, 전후 사정
30	texture	감촉, 질감, 조직, 구조
31	textile	옷감, 섬유

1	owner	주인, 소유주
2	predator	포식자, 포식 동물
3	scholar	학자, 학생, 장학생
4	committee	위원회, 위원
5	peasant	농부, 소작농; 농민의, 소작인의
6	resident	거주자, 주민; 거주하는
7	racist	인종 차별주의자, 민족주의자; 인종 차별의, 민족주의의
8	technician	기술자, 전문가
9	missionary	선교사, 전도사; 전도의, 선교(사)의
10	candidate	후보자, 지원자
11	detective	탐정, 형사; 탐정의
12	discussion	논의, 협의, 토론
13	imagination	상상력, 창의력, 가상
14	government	정부, 정권, 행정
15	stillness	고요(함), 정적, 평온
16	insurance	보험, 보험금, 보호/예방 수단; 보험의
17	violence	폭력, 격렬함, 맹렬함
18	trial	시도, 시험, 재판; 시험적인
19	frequency	빈도, 자주 일어남, 진동수
20	warranty	보증(서), 근거
21	authority	권위, 권력, 권한, 당국
22	anxiety	불안감, 염려, 열망
23	figure	모양, 도형, 수치, 숫자, 인물; 생각하다, 판단하다
24	strength	힘, 체력, 강점
25	crisis	위기, 중대한 국면
26	theory	이론, 학설
27	strategy	전략, 계획

1	electronics	전자 공학, 전자 기술, 전자 기기
2	aesthetics	미학, 감성론
3	optimism	낙관주의, 낙관론
4	criticism	비판, 비평, 평론, 비난
5	ownership	소유, 소유권
6	hardship	고난, 곤란
7	adulthood	성년(기), 성인(임)
8	likelihood	가능성, 있음 직함, 가망
9	dormitory	기숙사, 공동 침실
10	gymnasium	체육관, (실내) 경기장
11	tablet	알약, 현판
12	target	과녁, 표적, 목표(물); 목표로 삼다, 겨냥하다
13	article	(신문·잡지의) 글, 기사, 조항, 물품
14	molecule	분자, 미분자
15	maximize	극대화하다, 최대한 활용하다
16	subsidize	보조금을 지급하다
17	demonstrate	증명하다, 입증하다, 설명하다
18	imitate	모방하다, 본뜨다, 흉내 내다
19	qualify	자격을 주다, 자격을 얻다
20	classify	분류하다, 구분하다, 등급별로 하다
21	ripen	익다, 숙성시키다
22	stiffen	경직되다, 뻣뻣해지다, 뻣뻣하게 하다
23	cherish	소중히 여기다, 아끼다, (마음속에) 간직하다
24	polish	닦다, 윤내다; 윤내기, 광택(제)

1	characteristic	독특한, 특유의; 특징, 특질
2	practical	실용적인, 현실적인
3	familiar	익숙한, 친숙한, ~을 아주 잘 아는
4	mandatory	의무적인, 법에 정해진, 명령의
5	furious	맹렬한, 몹시 화가 난
6	ambiguous	모호한, 여러 가지로 해석할 수 있는
7	ultimate	궁극적인, 최후의, 최고의, 근본적인; (~의) 극치
8	polite	예의 바른, 공손한
9	brilliant	훌륭한, 눈부신
10	urgent	긴급한, 다급한, 계속 재촉하는
11	personal	개인의, 개인적인, 개별적인
12	crucial	중요한, 결정적인
13	ritual	의식(용)의, 의례적인; 의식, 풍습
14	selfish	이기적인
15	massive	엄청나게 큰, 거대한, 대규모의
16	alternative	대체 가능한, 대안적인; 대안, 양자택일
17	futile	헛된, 쓸데없는, 시시한
18	likely	~할 것 같은, 가능성이 있는, 그럴듯한
19	gloomy	우울한
20	vulnerable	취약한, 상처 입기 쉬운, 공격받기 쉬운
21	edible	먹을 수 있는, 식용으로 알맞은
22	regretful	유감으로 여기는, 후회하는
23	helpless	무력한, 곤경에 빠진
24	businesslike	사무적인, 능률적인, 실제적인
25	rarely	좀처럼 ~하지 않는, 드물게
26	halfway	중간에, 중도에서; 중간의, 불완전한
27	likewise	마찬가지로, 또한
28	forward(s)	앞으로, 앞쪽에; 전방의, 앞으로 가는

접두사 한눈에 보기

접두사	의미	DAY
a-	매우, 정말 (very), 아닌 (not), ~(위)에 (on/in)	11
ab-	떨어져 (away from), ~로부터 (from)	6
ad-	~에 (to), ~쪽으로/향하여 (toward)	4
ante-	앞에, 전에 (before)	1
anti-	대항하여 (against), 반대의 (opposite)	8
auto-	스스로, 자신의 (self)	7
bene-	좋은 (good)	12
bio-	생명 (life)	12
by-	옆에/옆으로 (beside), 부수적인 (secondary)	2
cent-	백 (hundred)	11
com-	함께, 모두 (together)	7
counter-	대항하여 (against), 반대의 (opposite)	8
de- (1)	아래로 (down), 떨어져 (away)	3
de- (2)	아닌 (not)	9
deca-	십 (ten)	11
dia-	가로질러 (across)	5
dis-	떨어져 (away/apart), 반대의 (opposite)	6
du- / bi- / twi-	둘 (two)	10
eco-	환경 (environment), 집 (house)	12
en-	하게 만들다 (make), 안에 (in)	8
ex- / exo-	밖으로 (out)	5
extra-	밖에 (outside)	5
for-	떨어져 (away/apart)	6
fore-	앞에, 미리 (before)	1
geo-	땅, 지구 (earth)	12
in- (1)	안에 (in)	4
in- (2)	아닌 (not)	9

접두사	의미	DAY
inter-	서로 (each other), 사이에 (between)	7
intro-	안으로 (inward), 안쪽에 (inside)	4
micro-	작은, 미세한 (small)	12
milli-	천 (thousand)	11
mis-	잘못된 (bad, wrong)	12
multi-	여럿, 많은 (many, much)	11
ob-	맞서 (against), 향하여 (toward)	8
out-	밖으로 (out/outside), 더 ~한 (better/more ~ than)	5
over-	위에 (above), 넘어서 (beyond), 과도하게 (excessively)	3
para-	옆에 (beside), 반하는 (against)	2
per-	완전히 (completely), 두루 (through)	11
pre-	앞서, 미리 (before, beforehand)	1
pro-	앞에, 앞으로 (forward)	1
re- / retro-	뒤로/뒤에 (back), 다시 (again)	2
se-	떨어져 (away/apart)	6
sub-	아래에/아래로 (under/down), 부차적인 (secondary)	3
super-	위에 (above), 넘어서 (beyond)	3
sym-	함께 (together), 같은 (same)	7
tele-	멀리 (far off), 멀리 있는 (distant)	12
trans-	가로질러 (across)	5
tri-	셋 (three)	10
un-	아닌 (not)	9
under-	아래에 (under)	3
uni- / mono- / sol-	하나 (one), 혼자 (alone)	10
up-	위로 (up)	3
with-	뒤로, 뒤에 (back)	2

접미사 한눈에 보기

명사형 접미사	-al
사람 (DAY 58)	-(a)cy
-er	**-ty**
-or	**-ity**
-ar	**-ety**
-ee	**-ure**
-ant	**-th**
-ent	**-sis**
-ist	**-ry**
-ian	**-y**
-ary	학문/주의/권리/시기 등 (DAY 59)
-ate	**-ics**(학문)
-ive	**-ism**(주의)
행위/성질/상태 (DAY 58)	**-ship**(권리, 자격)
-ion	**-hood**(시기)
-(a)tion	장소/사물 (DAY 59)
-ment	**-ory**(장소)
-ness	**-(or)ium**(장소)
-ance	**-let**(작은 것)
-ence	**-et(te)**(작은 것)

-c(u)le(작은 것)	**-ual**(~의, ~한, ~적인)
동사형 접미사 (DAY 59)	**-ish**(~의, ~한, ~적인)
-ize(~하다, ~하게 하다)	**-ive**(~의, ~한, ~적인)
-ate(~하다, ~하게 하다)	**-(a)tive**(~의, ~한, ~적인)
-(i)fy(~하다, ~하게 하다)	**-(i)le**(~의, ~한, ~적인)
-en(~하다, ~하게 하다)	**-ly**(~의, ~한, ~적인)
-ish(~하다, ~하게 하다)	**-y**(~의, ~한, ~적인)
형용사형 접미사	**기타 (DAY 60)**
성질/상태 (DAY 60)	**-able**(~할 수 있는)
-ic(~의, ~한, ~적인)	**-ible**(~할 수 있는)
-ical(~의, ~한, ~적인)	**-ful**(~으로 가득한)
-ar(y)(~의, ~한, ~적인)	**-less**(~이 없는)
-ory(~의, ~한, ~적인)	**-like**(~과 같은)
-ous(~의, ~한, ~적인)	**부사형 접미사 (DAY 60)**
-ate(~의, ~한, ~적인)	**-ly**
-ite(~의, ~한, ~적인)	**-way(s)**
-ant(~의, ~한, ~적인)	**-wise**
-ent(~의, ~한, ~적인)	**-ward(s)**
-al(~의, ~한, ~적인)	
-ial(~의, ~한, ~적인)	

MEMO

MEMO